抗日战争时期中国人口伤亡和财产损失调研丛书

主　编　李忠杰

副主编　李　蓉　姚金果
　　　　霍海丹　蒋建农

广西抗日战争时期人口伤亡和财产损失

广西壮族自治区委党史研究室　编

中共党史出版社

图书在版编目(CIP)数据

广西抗日战争时期人口伤亡和财产损失/广西壮族自治区委党史研究室编.—北京:中共党史出版社,2014.10(2020.8重印)

(抗日战争时期中国人口伤亡和财产损失调研丛书/李忠杰主编)

ISBN 978-7-5098-2836-6

Ⅰ.①广… Ⅱ.①广… Ⅲ.①抗日战争－损失－史料－广西
Ⅳ.①K265.06

中国版本图书馆 CIP 数据核字(2014)第 228075 号

出版发行:中共党史出版社
责任编辑:贾京玉
复　审:陈海平
终　审:汪晓军
责任校对:龚秀华
责任印制:谷智宇
责任监制:贺冬英
社　址:北京市海淀区芙蓉里南街6号院1号楼
邮　编:100080
网　址:www.dscbs.com
经　销:新华书店
印　刷:北京君升印刷有限公司
开　本:170mm×240mm　1/16
字　数:566千字
印　张:29　19面插图
印　数:5016－6000册
版　次:2014年10月第1版
印　次:2020年8月第3次印刷
ISBN 978-7-5098-2836-6
定　价:69.00元

此书如有印制质量问题,请与中共党史出版社出版业务部联系
电话:010－82517197

《抗日战争时期中国人口伤亡和
财产损失调研丛书》

本课题在中共中央党史研究室室委会领导下进行。先后三位时任主任孙英、李景田、欧阳淞对本课题给予了重要指导。

主　编　李忠杰

副主编　李　蓉　姚金果　霍海丹　蒋建农

参加审稿的领导和专家：

一、中共中央党史研究室领导和专家

  曲青山　孙　英　龙新民　陈　威　石仲泉

  谷安林　张树军　黄小同　黄如军　李向前

  陈　夕　任贵祥　郑　谦　王　淇　黄修荣

  刘益涛　韩泰华

二、有关部门和单位的专家

  李景田（第十二届全国人大常委、民族委员会主任
     委员；中共中央党史研究室原主任；中共
     中央党校原常务副校长）

  何　理（中国人民解放军国防大学少将、教授、中
     国抗日战争史学会会长）

  支绍曾（中国人民解放军军事科学院少将、原军事
     历史研究部副部长、研究员）

罗焕章 （中国人民解放军军事科学院研究员）

刘庭华（中国人民解放军军事科学院原军事历史研
　　　　究部研究室主任、研究员、博士生导师、
　　　　首席军史专家）

阮家新（中国人民革命军事博物馆原副馆长、研究员）

步　平（中国社会科学院近代史研究所原所长、研
　　　　究员）

汤重南（中国社会科学院世界历史研究所研究员、
　　　　中国日本史学会名誉会长）

姜　涛（中国社会科学院近代史研究所研究员）

荣维木（《抗日战争研究》原主编）

郭德宏（中共中央党校党史教研部原主任、教授、
　　　　博士生导师）

肖一平（中共中央党校党史教研部教授）

杨圣清（中共中央党校党史教研部教授）

李东朗（中共中央党校党史教研部教授、博士生
　　　　导师）

徐　勇（北京大学历史系教授、博士生导师）

李良志（中国人民大学中共党史系教授）

王桧林 （北京师范大学教授、博士生导师）

谢忠厚（河北省社会科学院原现代史研究所所长、
　　　　历史研究所顾问、研究员）

中共中央党史研究室课题组成员

李忠杰　霍海丹　李　蓉　姚金果　李　颖
王志刚　王树林　杨　凯

《抗日战争时期中国人口伤亡和财产损失调研丛书》

总　序

中共中央党史研究室副主任　李忠杰

　　发生在 20 世纪三四十年代的中国人民抗日战争，是中华民族抵抗日本帝国主义侵略的一场规模巨大的战争，是世界反法西斯战争的重要组成部分和东方主战场，是近代以来中国反对外敌入侵第一次取得完全胜利的民族解放战争。中国人民抗日战争的胜利，成为中华民族由衰败走向振兴的重大转折点，也对世界各国人民取得反法西斯战争的胜利、争取世界和平的伟大事业产生了巨大影响。

　　这场战争，作为世界反法西斯战争的一部分，从根本上来说，是反法西斯正义力量与法西斯侵略势力之间的一场大决战，是文明与野蛮的一场大搏斗。日本侵略者，站在法西斯阵营一边，不仅与中国人民为敌，而且与世界人民为敌，肆意践踏人类的公理和正义，企图以残暴杀戮的手段，将中华民族置于自己的铁蹄之下。日本侵略者先后占领了中国、东南亚、南亚、大洋洲许多国家的领土，杀害居民，掠夺物资，强征劳工，施放毒气，蹂躏妇女和儿童，毁坏和窃取文物，造成了大量人员和财产的损失，给中国人民和亚洲其他许多国家人民留下了巨大的创伤，给世界文明造成了空前的破坏。

　　中国是受战争摧残最为严重的国家。从 1931 年到 1945 年的 14 年间，日本侵略者先后占领了东北、华北、华中、华南等大片中国最重要的经济政治文化战略地区。在整个战争进程中，日军到处屠杀、焚烧、抢掠、奸淫，使中国人民的生命财产惨遭蹂躏；大量使用生化武器，进行残酷的细菌战和化学战；把大批中国平民和俘虏当作细菌和毒气的试验品；对无辜的中国平民施放毒气，或在河流、湖泊、水井中投毒；掠走大批中国劳工，强迫他们筑路、开矿、拓荒，从事大型军事工程，使其大批冻、饿、病、累而死；强征中国妇女作为"慰安妇"，严重残害妇女的身心健康；对抗日根据地实行"烧光、杀光、抢光"政策，企图摧毁抗战军民起码的生存条件；在许多地方还制造了一系列触目惊心的大惨案。直至今天，日本侵略所造成的后果还难以完全消除，日军遗留的毒气弹还不时地威胁着中国人民的生命安全。

日本侵略者的罪行，违背了起码的人类良知和国际公法，不仅是对人权和人道主义的践踏，而且是对人类文明的挑战。它决不是如某些日本右翼分子所说是解放亚洲和太平洋地区人民的行动，而是亚洲和太平洋地区历史上最黑暗的一幕，是人类文明史上的一场浩劫。第二次世界大战结束后，根据《波茨坦公告》的规定，远东国际军事法庭在东京对日本首要战犯进行了国际审判，确认侵略战争为国际法上的犯罪，策划、准备、发动或进行侵略战争者为甲级战犯。此外，盟军还在马尼拉、新加坡、仰光、西贡、伯力等地，对日本的乙、丙级战犯进行了审判。中国也先后对日本的有关战犯进行了审判。这些审判，与欧洲的纽伦堡审判一起，使发动侵略战争的罪犯受到了应有的惩处，代表了全世界一切爱好和平人民的共同愿望。这是正义的审判，历史的审判！这一审判的结果是不容挑战的！

策划和制造当年这场战争的，是一小撮日本军国主义和法西斯分子。而日本人民，从根本上来说，也是受害者。所以，日本人民也用不同方式对这场战争进行了抵制和反抗。不少参加侵华战争的士兵认识到战争的性质，幡然悔悟，积极参加了国际和日本国内的反战活动。战后，很多人勇敢面对历史事实，以见证人的身份揭露了日本军国主义的罪行。还有很多当年的士兵，真诚忏悔战争的罪行，以实际行动推动世界和平和中日友好，做了很多有益的工作。他们的良知和勇气，应该得到充分的肯定和赞赏。

相反，日本国内一些右翼势力，直到今天仍然否认侵略战争的性质和罪行，竭力推卸侵略战争的责任。对早已由当年远东国际军事法庭作出严正判决的南京大屠杀一案，始终企图翻案。历史不容改变，事实岂能抹杀！企图歪曲历史，掩盖罪行，这是中国人民绝对不能同意的！

中国人民在当年那场战争中的胜利，是正义战胜邪恶、光明战胜黑暗、进步战胜反动的伟大胜利！是正义的胜利、人民的胜利、和平的胜利！既是中华民族永远值得纪念的胜利，也是世界人民永远值得纪念的胜利！但是，在纪念胜利的同时，我们不要忘记，这一胜利是用极为惨重的代价换来的。在这一伟大胜利的背后，是中华民族遭受的巨大人员伤亡和财产损失！中华民族，既为这场战争的胜利作出了巨大的贡献，也在这场战争中付出了巨大的民族牺牲。

1995 年，江泽民同志在首都各界纪念抗日战争暨世界反法西斯战争胜利 50 周年大会上，对当年日本侵略中国造成巨大人口伤亡和财产损失的基本数据作出了重要表述。2005 年，胡锦涛同志在纪念中国人民抗日战争暨世界反法西斯战争胜利 60 周年大会的讲话中，再次郑重宣布，据不完全统计，在抗日战争期间，中国军民死伤 3500 多万人；按 1937 年的比值折算，中国直接经济损失 1000 多亿美元，间接经济损失 5000 多亿美元。中国领导人公开宣布的基本数据，从整体上揭示了中国人口伤亡和财产损失的规模，有力地揭露了日本军国主义侵略的罪行。

数据，是历史的抽象。数据的背后，是大量的事实、确凿的证据，是无数人们的惨痛记忆和血泪控诉。为了更直接、更具体、更全面、更系统、更立体地还原当年的历史，展示中国人民遭受的灾难和损失，揭露日本军国主义的罪行，驳斥日本右翼势力否认侵略罪行的种种言论，我们必须通过更多档案资料的展示、历史文书的挖掘、具体事实的考查、当事人的证词证言、各种各样的物证书证，等等，将侵略者的罪行昭告天下。因此，作为炎黄子孙，作为郑重的历史工作者，有必要、有责任、有义务、也有权利对战争期间中国的人口伤亡和财产损失进行更加系统、详尽、具体的调查研究，将当年中国人民的巨大牺牲和惨重损失永远地记载下来。

这项调查研究工作，本来在抗日战争结束之后，或者在新中国成立时，就应该进行。但由于种种历史原因，未能系统、全面地进行。由于年代久远，资料散失，在世的证人越来越少，现在进行这方面的调查和研究已经有很大困难。但是，无论早晚，这项工作总得有人来做。现在才做，已经晚了几十年。但如果现在再不做，将来就更晚，也更困难了。所以，无论再困难，做，都是必要的。做好这项调研，是对历史负责、对人民负责、对当年的牺牲殉难者负责、对我们的子孙后代负责。根本上，是对整个中华民族负责，也是对国际社会和人类文明负责。

因此，2004 年，中央党史研究室决定开展《抗日战争时期中国人口伤亡和财产损失》的课题调研。从 2005 年开始，组织全国党史部门围绕这一重大课题，开展了系统深入的调研工作。其基本任务，是按照实事求是的原则，调查更加详实、有力、具体、准确的档案、材料、事实，更加清楚准确地掌握日本军国主义的侵略罪行，更加清楚准确地掌握日本侵略在各个不同领域、地区和方面对中国造成的破坏和损失。其中包括：各个省、自治区、直辖市在抗战中的人口伤亡和财产损失情况；历次重大战役战斗中中国军队伤亡的情况；日本从中国掠走各种资源的情况；日本从中国掠走和破坏文物的情况；日军在中国制造的一系列重大惨案；中国劳工的损失情况；中国妇女遭受日军性侵犯的情况，包括"慰安妇"的情况；日军在中国使用细菌武器、化学武器及其造成伤害的情况；日本侵略在其他方面给中国造成破坏的情况；等等。

课题调研的整体布局，实行块块和条条的结合。每个省、自治区、直辖市党史研究室，主要负责把本区域内的情况调查清楚。也可根据实际情况，选择一些重点，进行专题性的调研，形成专题性的研究成果。一些重要专题，单靠某个省（自治区、直辖市）做不了，就采取条条的办法，组织专题性的调研。还有一些，则是条条与块块相结合。如毒气，日军在不同区域使用过，有关的省（自治区、直辖市）都调查。但作为一个专题，由相关的区域进行协调，配合开展调研工作，并形成专项的调研成果。如劳工、性侵犯等，就大致属于这种类型。

课题调研的方式方法，主要是查阅和搜集档案文献资料，包括不同历史时期的统计报表。同时查阅当时有关的报刊资料，查阅多年来涉及有关地方、有关课题的研究成果。对一些特殊的重大事件，特别是重大惨案等，也同时进行社会调查，对当事人、知情人、有关研究人员等进行走访，记录证词证言。对于特别重要的事件，有条件的，还进行必要的司法公证，如南京大屠杀、潘家峪惨案等，使这些调查都成为在法律上可以采信的证据。根据需要与可能，也到国外境外包括台湾地区查阅搜集档案资料。

中央党史研究室进行了大量组织和指导工作。在课题确定前，首先进行了必要的论证，得到了许多专家的支持。随后，制定了详细的工作方案，向各省、自治区、直辖市党史研究室发出正式通知和实施意见，明确了工作的指导思想、组织领导、调研项目、工作步骤、基本要求、注意事项等等。为了提高认识，振奋精神，交流经验，落实措施，专门召开了工作培训会议，就课题的总体规划、调研方法、需要把握的问题等，作了全面部署，特别是提出了把调研工作做成"基础工程、精品工程、警世工程、传世工程"的要求。多年来，一直分阶段、有步骤地把这项课题调研推向前进。有关领导和专家分别到各地参加会议，指导培训，提出要求，统一规格，解答疑难问题。在调研过程中，随时就有关问题进行具体指导。工作班子及时编发简报和简讯，交流情况和经验。

各级党委和政府高度重视。多数地方成立了由党史研究室领导负责的课题组。各地先后召开工作会议、电话会议等，培训人员，落实任务。许多地方形成了由党史研究室牵头，档案、民政、财政、司法、地方志、社科院以及高校等部门单位联合攻关的局面，保证了调研工作扎扎实实、有计划有步骤地向前推进。

《抗日战争时期中国人口伤亡和财产损失》课题调研先后经历了六个阶段。第一，酝酿启动。第二，全面调研。这是最重要的阶段。各地组织专门人员，查询档案，实地走访，搜集了大量资料。第三，起草报告。凡参加调研的县以上单位，都要在搜集整理、考证研究档案文献资料和进行实地调查的基础上，写出调研报告，全面、准确地反映调研成果。同时，将调研中搜集的档案文献资料进行分类整理，制作统计表、大事记和人员伤亡名录等。第四，分级验收。为保证调研成果的科学性、准确性、严肃性，各省、自治区、直辖市调研报告都要经过四级验收。首先由课题领导小组审查通过，然后聘请所在省份资深专家审读验收，合格后报送中央党史研究室课题组。中央党史研究室课题组审读各省、自治区、直辖市的调研报告及相关调研成果，认为合格后，再聘请有全国影响的专家审读，写出书面意见并亲笔署名。根据审读意见，各地都要反复认真进行修改，只有达到规定要求才能通过验收。第五，上报成果。完成调研工作的省、自治区、直辖市，都按统一要求，将调研中收集的档案文献资料等所有文件，精心整理，分类成册，向中央党史研究室提交调研成果。各市县也要逐级向省级报送。第六，反复审核。中央党史研究室召开审稿会，组织各省、自治区、直辖市按照标准自审，相互间互审，将各种材料进行比对，将有关数据核实，解决带有共性的问题，进一步统一标准、统一规范、统一格式。

这项课题调研，作为一项浩大的工程，到目前为止，进行了将近10年之久。前后共有60多万党史工作者、史学工作者和其他各类有关人员参加。将近10年来，各个地方都周密组织，采取有力措施推动工作开展，保证调研质量。如山东省，先在30个县（市、区）进行试点，然后在全省普遍推开，形成了纵向省市县乡村五级联动、步调一致，横向十几个部门优势互补、携手攻关的工作格局。课题调研期间，山东省参加工作的同志共查阅档案238742卷，复印档案资料406912页，查阅抗战期间及战后出版的书刊61301册（期），复制文献资料220177页。走访调查8万余个行政村、609万名70岁以上（即1937年全国性抗战爆发以前出生）老人中的507万余人，收集证言证词79万余份。拍摄照片资料7376幅、录像资料49678分钟，制作光盘2037张。全省1931个乡镇，每个乡镇都建立了包括证人证言证词、伤亡人员名录、财产损失清单、人员伤亡和财产损失数字统计、人员伤亡和财产损失大事记、重大惨案证据材料以及证人和知情人口述录音、录像、照片等内容的抗战时期人口伤亡和财产损失材料卷宗，共12892个。

这项课题调研，也得到了社会各界特别是档案图书部门、专家学者的普遍支持。许多档案馆、图书馆为这次调研提供各种方便。不少专家学者在教学科研任务繁重、经费困难的情况下，承担专题研究任务。有的外请专家利用学校假期全力以赴做课题，缺少交通工具，就以自行车代步或徒步，到档案馆和图书馆查阅文献资料。

为了扩大搜寻面，中央党史研究室还组织查档小组，分赴美国、俄罗斯、日本，搜集了许多抗战史料。很多地方的课题组都到台湾查档。在台北"国史馆"、中国国民党党史馆、"中央研究院"近代史研究所档案馆等，找到了数量巨大、整理比较细致的抗战档案。台北"国史馆"馆藏的国民党在大陆统治时期行政院赔偿委员会档案，涉及抗战时期中国人口伤亡和财产损失的有8924卷，内容十分翔实具体。既有中央机关、军队系统人口伤亡和财产损失情况，也有地方省、市、县、区和个人填报的资料，包括台湾地区和华侨的档案资料。新疆防空委员会也报送有财产损失材料，如修筑防空工事、疏散费等财产损失。重庆市报送有日机空袭慰恤重伤难胞姓名卡，上面有卡号、伤员姓名、性别、年龄、籍贯、受伤时间、受伤地点、恤金额、发恤金时期、所住医院名称、医院地址、入院时间等，受伤部位还配有图片加以说明。所有这些，为查明当时各方面的人口伤亡和财产损失，提供了重要证据。

　　这项重大课题调研的成果，均编成《抗日战争时期中国人口伤亡和财产损失调研丛书》公开出版，为国内外学者提供并为子孙后代留下一份关于抗战时期中国人口伤亡和财产损失的系统资料。经过验收、审核合格的调研报告和主要档案文献资料，都按统一体例，编辑成为丛书的A、B两个系列。A系列为各省、自治区、直辖市各一本调研成果，以及若干重要专题的调研成果，由中央党史研究室负责审核。B系列为各省、自治区、直辖市的其他大量调研成果，由各省、自治区、直辖市党史研究室负责审核。全部成果统一设计、统一规格、统一版式、统一编号，由中共党史出版社统一出版。全部出齐之后，将有300本左右。

　　为了集中反映日本侵略者在中国制造的各种重大惨案，我们专门编纂了一套《抗日战争时期全国重大惨案》，收录抗战时期死伤平民（或以平民为主）800人以上的重大惨案100多个，配以档案、文献、口述及照片等作为历史证据。日本一些右翼分子，常常攻击中国为什么不拿出伤亡人员名单。我们专门安排了一个省，即山东省，公布该省具体的伤亡人员名录（第一批先公布该省100个县＜市、区＞的死难人员名录），包括姓名、籍贯、年龄、性别、伤亡时间等多项要素。以此说明，中国的伤亡人员都是有根有据、铁证如山的。

历史的生命在于真实、客观、准确。《抗日战争时期中国人口伤亡和财产损失》这一课题调研的生命也在于真实、客观、准确。所以，在开展这一课题调研的过程中，我们始终把保证调研质量，保证所有材料、事实、成果的真实性、客观性和准确性放在第一位，并在五个重要环节上严格要求、严格把关。第一，严格要求。一开始就明确规定，课题调研工作坚持实事求是的原则和科学严谨的态度。整个调研工作必须尊重历史事实。档案怎么记录的，就怎么记载，不能随意改变。当事人、知情人怎么说的，就怎么记录，不能随意加工。所有的材料、事实都要经得起法律上和学术上的质证。在需要与可能的情况下，对当事人、知情人的证词证言要进行司法公证。各种数据，都要确有根据，不能随便编排、采信。不许追求任何高数字、高指标。第二，统一规范。对课题调研的项目、内容，都做了认真细致的研究，提出了统一要求和严格规范。对全部调研项目设计了统一的表格，对调研报告的内容和格式做了统一规定。每个数字的内涵外延，包括如何计算、如何换算等等，都有明确的规定。事前对调研人员进行了培训。调研过程中，对没有理解的问题、疑难的问题等，都由专家给予统一的解释、说明。第三，责任到人。对所有参与课题调研的人员，都实行责任制。查档的、笔录的、整理的、起草调研报告的、审读的……，每个环节的人员都要签名，以对这一环节自己的工作负责，对子孙后代负责。明确规定，今后凡遇到质疑，有关环节的调研人员都要能够站出来进行证明、解释和辩论。第四，客观撰写。在汇总情况、起草调研报告阶段，要求所有的数据统计都必须客观、真实、准确。一律用事实说话，材料要具体、实在。不允许像写文艺作品那样来写调研报告；不允许作任何想象、编造和煽情性的描写；不允许刻意追求语言的生动华美；不允许使用任何带有夸张性、主观推断性的文字；不允许用"不计其数"、"无恶不作"这类抽象的形容词来概括相关内容；经过调研，凡是能够说清的事实、数字都予采用，但仍然说不清的情况、数据，就客观地说明未查核清楚，在汇总和整理数据时充分考虑这些因素，绝对不得编造数字。第五，逐级验收。除了在调研过程中由特聘的专家随时给予指导外，对各地提交的调研报告和相关材料，都实行逐级验收制度。其中，对省级调研成果实行由地方到中央的四级验收，其他调研成果由有关省、自治区、直辖市党史研究室组织验收。每一验收环节都要有专家审读、签字。凡存在问题和不符合要求之处，都要退回重新核查和修改。

经过艰苦努力，到 2010 年底，我们在深入调研的基础上，初步编出了几十本成果，先行印制了少量样本作为内部工作用书，组织力量作进一步的研究、审读、复查、校核。从 2014 年初开始，我们又组织展开了新一轮较大规模的审核工作。第一，召开有关省、自治区、直辖市党史部门参加的审稿会，进一步提高认识，明确规范，听取相互评审以及从社会各方面听到的意见，对审核工作提出要求，进行部署。第二，开展自审、复核、修改，确保准确无误。同时在各省、自治区、直辖市党史部门之间交叉审读，相互间进行比较、核对、衔接。自审互审完成后，都要确认是否具备正式出版的质量水准，签署是否同意交付出版的意见。第三，由中央党史研究室组织专家，对所有拟第一批出版的成果（书稿）进行六个环节的审读、检查、修改、校对，不仅检查是否还有表述不够准确或不够清楚的地方，而且对各本书稿之间、每本书稿各个部分之间的内容、叙述、时间、数字等进行统筹检查，排除表述不一致的内容。第四，如实客观地说明我们工作尽最大努力后达到的程度。始终强调，凡是已经清楚的，就清楚表述。还没有搞清楚的，就如实说明还没有搞清楚。某些数据、结论与其他书籍资料不完全一致的，则说明我们是依据什么材料、从什么角度得出和叙述的，不强求一致。第五，组织各地党史部门继续参与审核。凡有疑问的，都与有关地方党史部门联系、查核。多数省、自治区、直辖市都派专人来京参与审核、修改、校对。审核完毕后，又组织各地党史部门对自己书稿的清样再次进行审核。然后再按出版流程交付印制。今年以来对这些成果再次进行如此繁密、细致的复核工作，都是为了进一步保证成果的质量，保证历史事实的真实性和准确性。

特别需要强调的是，开展这项调研，不是为了简单汇总、计算这样那样的数据，而是为了寻找、展示更多的档案、更多的材料、更多的人证物证、更多的历史事实，用具体的事实来反映当年中华民族遭受的巨大灾难，揭露日本侵略者反人类的罪行。时隔几十年，很多数据难以查清，很多数据可能不很吻合，而且数据的分类、统计、核算都极为复杂，远远不是简单做一做加法就能算出来的。所以，我们在数据上采取了十分谨慎的态度。能统计出来的就统计出来，难以统计的也不强求。统计的口径、结果相互有差别的，也注意说明。今后，我们将会对数据问题作进一步研究。因此，目前的研究还只是阶段性的，不能说已经包罗万象，更不是最终的结论。总体上，还是在为今后更加综合性的研究提供一个详尽、扎实的基础。

由于自始至终都高度重视和强调调研的质量，所以，对于这一项目的真实性、客观性、准确性，我们有充分的信心。当然，无论如何，历史已经过去了六七十年，很多当事人已经去世，很多档案资料已经散失。现在再对发生在六七十年前的灾难进行大规模的调查，其困难是可想而知的。所以，即使做了最大的努力，我们仍然充分预计在调研成果及有关材料中，还是会有不足和差错之处，出版之后，肯定会有不同意见。所以，我们真诚地欢迎所有看到这些调研成果的人们，对其中的内容、材料、数据等进行审查、讨论。如此，必将有更多的人们关心和参与对当年那场灾难的调查，必将会提供和发现更多的档案、更多的资料、更多的见证，必将对我们调研成果中的很多内容进行不断的推敲琢磨，从而使我们能够更加准确、系统地展示当年中国的人口伤亡和财产损失，使我们为子孙后代留下的资料更为完整、更为丰富。我们也欢迎日本和其他国家的人们对这些调研成果进行阅读、审查、讨论、质疑。如此，将会有更多的国家和人们关注中国当年所遭受的灾难，也将会有更多的存留于国外境外的档案资料出现在公众面前，也将会使对当年这段历史和灾难的记录、研究更加准确和科学。

《抗日战争时期中国人口伤亡和财产损失》课题调研，是一项学术性的工作。开展这项课题调研，是为了更加准确和详尽地记录这场战争和灾难的历史，更加充分和有力地揭露日本军国主义的侵略罪行、反击日本右翼势力否认侵略战争的言行，更加充分和有效地进行爱国主义教育，毋忘国耻、振兴中华，更加积极地促进两岸交流、推进祖国和平统一进程，同时，也是为了给全世界所有关注当年这场战争和灾难的国家、政府和人们一个更加负责任的交代，为子孙后代继续研究当年中国人民抗日战争和日本军国主义的侵略罪行留下一笔丰富翔实的历史遗产。因此，虽然是学术性调研，但具有重大的历史意义、现实意义、国际意义、政治意义。作为历史工作者，我们有责任、有义务，实事求是地把中华民族在那场战争中蒙受的巨大灾难和损失尽可能完整地记载下来。推动和开展这项课题调研，是良心所在，是责任所在！每每读到那些令人震颤的历史事实，每每想到那数千万死难者的冤魂亡灵，每每掂量我们今人特别是历史工作者的责任，我们都禁不住潸然泪下。将近10年来，所有调研人员本着对历史和民族负责的精神，殚精竭虑，无私奉献，千方百计寻找各种线索，逐字逐页翻阅档案资料。为了做好对当事人、知情人的调查取证工作，顶酷暑，冒严寒，深入村镇，一家一户进行走访。也许，随着时间的流逝，这样的调研工作，以后再也不可能如此全面深入大规模地进行了。所以，对于能够基本完成这一课题的调研，我们极为欣慰，对能够取得今天这样的成果，我们极为珍惜。将近10年来，调研工作遇到过重重困难，调研人员付出了巨大心血，但只要能够对国家、对民族、对人民有一个负责任的交代，我们所有的努力、辛劳甚至痛苦都是值得的！

现在，《抗日战争时期中国人口伤亡和财产损失调研丛书》A系列第一批成果就要正式出版了，随后我们还将根据工作进程陆续出版第二批、第三批……B系列丛书的编纂和出版工作也将同时推进。而且，这项课题调研工作远没有结束。截至目前课题调研取得的成果，都还是阶段性的、部分的、不完全的成果。很多专题性调研还要继续进行，对大量档案资料还要进行分析研究。所有这些，都还需要我们继续不懈地努力。我们将以对历史负责的精神，一如既往地将这项课题调研工作做好。

历史，是现实的基础，更是未来的起点。打开尘封的记忆，重温昔日的往事，我们可以得到很多的启示和教诲，增长很多的聪明和智慧。所以，研究历史，形式上是向后看，但根本目的是向前看。作为一种科学的研究，我们调查历史的真相，记录历史的灾难，不是为了延续旧时的仇恨，不是为了扩大中日之间的裂痕，不是为了煽动狭隘民族主义的情绪，而是为了以史为鉴，不让历史的悲剧重演；面向未来，书写更加友好合作的美好篇章。经历了太多的苦难和挫折之后，我们更加坚定地热爱和平，更加执着地追求正义，更加珍惜国家的主权与独立，也更加关注世界的文明发展和进步。我们真诚地希望，世界各国能够携手努力，平等协商，求同存异，友好相处，共同推进世界的发展，共享人类文明的成果；我们真诚地希望，中日两国人民能够更多地加强交流、理解和合作，共同开辟中日关系的新局面，使中日关系更加健康稳定地向前发展，使中日两国人民真正世世代代地友好下去；我们真诚地希望，中华民族能够始终以坚韧不拔的努力，坚定不移地走和平发展之路，在中国特色社会主义旗帜下全面建设小康社会，努力实现社会主义现代化，为推动建设一个和平发展、文明进步的世界作出自己的贡献！

2014 年 4 月 30 日

《抗日战争时期中国人口伤亡和财产损失》课题①调研工作规范和要求

2004 年，中共中央党史研究室决定开展《抗日战争时期中国人口伤亡和财产损失》课题调研。2005 年向全国各省、自治区、直辖市党史研究室发出开展此项工作的正式通知，进行相应部署，着重说明工作的指导思想、调查项目、实施步骤及规范和要求。以后又随着课题调研的深入开展，对规范和要求进行了补充和完善。

一、课题调研的基本任务

抗战损失课题调研的目的和任务是深化对抗日战争时期中国人口伤亡和财产损失的研究。1995 年，在首都各界纪念抗日战争暨世界反法西斯战争胜利 50 周年之际，江泽民同志曾经对 20 世纪三四十年代日本侵略中国造成巨大人口伤亡和财产损失的基本数据做出了重要表述。2005 年，在纪念中国人民抗日战争暨世界反法西斯战争胜利 60 周年大会的讲话中，胡锦涛同志再次郑重宣布，据不完全统计，在抗日战争期间，中国军民伤亡 3500 多万人；按 1937 年的比值折算，中国直接经济损失 1000 多亿美元、间接经济损失 5000 多亿美元。中共中央党史研究室组织开展的课题调研，旨在全面详尽调查有关抗日战争时期中国人口伤亡和财产损失的具体事实，为这组基本数据提供强有力的史实支撑，并不是简单地做数据统计。

---

① 本课题亦简称为抗战损失课题或抗损课题。因为抗日战争时期及抗战胜利后国民政府统计人口伤亡和财产损失多采用"抗战损失"等概括性提法，其中将人口伤亡也称作抗战损失之一种，与财产损失并提，故沿用这一表述。

课题调研的基本任务是：按照实事求是的原则，经过广泛、全面、深入细致的调查研究，包括查阅搜集档案资料、对统计数据进行分析等，获得更多的证据，以更加全面和准确地揭露日本帝国主义侵略中国的罪行及其对中国人民造成的伤害。

课题调研的主要内容包括：（1）各个省、自治区、直辖市在抗战中的人口伤亡和财产损失情况；（2）历次重大战役战斗中中国军队伤亡的情况；（3）日本从中国掠走各种资源的情况；（4）日本从中国掠走和破坏文物的情况；（5）日军在中国制造的一系列重大惨案；（6）中国劳工的损失情况；（7）中国妇女遭受日军性侵犯的情况，包括"慰安妇"的情况；（8）日军在中国使用细菌武器、化学武器及其造成伤害的情况；（9）日本侵略在其他方面给中国造成破坏的情况；等等。

二、课题调研的方式和方法

主要是组织有关人员查阅和搜集档案馆、图书馆和其他文博单位以及民间保存的有关中国抗战人口伤亡和财产损失的档案资料、报刊杂志、历年出版的专题资料集和发表的研究成果。对一些特殊、重大的事件如重大惨案，则走访当事人、知情人和有关研究人员，进行录音录像，整理和保存证人证言，有条件的还进行司法公证，努力使这些调查材料成为在法律上可以采信的证据。有些省份的课题组还到境外的有关机构查阅相关档案资料，作为对大陆保存的档案资料的丰富和补充。这次课题调研的整体布局，实行块块和条条相结合。每个省、自治区、直辖市党史研究室在负责开展地区性的广泛调研的同时，也从实际出发开展一些专题性调研。一些重要的、涉及多个地方的带有全局性的专题，则另组织专家进行调研。

三、对搜集档案资料的要求

1. 明确搜集档案资料的范围。搜集档案资料是本课题调研工作的基础，调研成果的质量也主要决定于档案资料是否翔实，是否尽可能完整和全面。所以，凡相关内容的档案资料，不论是直接反映人口伤亡和财产损失的，还是间接反映的（如关于人口状况、财产状况、生产能力、各类资源情况等资料），都尽量搜集，作为撰写调研报告的客观的历史依据。搜集的要件有：档案、报刊、史志、时人日记、专著专论、实地调查报告、图片、影像资料以及出版、发表的研究成果等。

2. 认真整理原始档案和资料。对于搜集到的档案资料，不论是来自原始的档案，还是来自报刊、史志、日记、图书、专题论文等，都认真整理，每份每件都注明保存的地点、单位、文件卷号、出版或发表处等，然后分类汇总，妥善保存。档案资料使用时一律保持原貌，必要时作注释说明，不允许对原件内容增改、涂抹。对搜集到的档案资料要在分门别类整理的基础上进行必要的考证、鉴别和研究。整理后的档案资料，不仅是有关课题承担者撰写课题调研报告的重要依据，其主要内容也作为附件收入有关的调研成果之中。

四、有关数据统计中的几个问题

1. 根据搜集、掌握资料的情况，抗日战争时期中国的人口伤亡分为直接伤亡和间接伤亡两大类。直接伤亡，一般是指日本侵略中国的战争直接导致的中国方面人员的死、伤、失踪等；间接伤亡，一般是指在日本侵略中国的战争包括特定战争环境中造成的中国方面被俘捕人员、灾民、难民、劳工等的伤亡。抗战期间，被俘捕人员、灾民、难民、劳工等伤亡很大，但由于其流动性大等复杂原因，很难形成具体数据资料，统计起来十分困难。因此，本课题调研中，将已确定属于死、伤或失踪的被俘捕人员、灾民、难民、劳工的数据归入有关地方间接伤亡统计数据；无法确定是否伤亡失踪的，可视情况单列相关数据并加以说明。需要补充说明的是，在战争中失踪者，按通常惯例归为死亡。

2. 抗日战争时期中国的财产损失分为直接损失和间接损失两大类。直接损失，一般是指在日军攻击、轰炸或掠夺中直接造成的社会财产损失。居民财产损失列为直接损失。间接损失，一般包括：(1)政府机关等因抗战需要而增加的费用，如迁移费、防空设备费、疏散费、救济费、抚恤费等；(2)各种营业活动可获利润额的减少及由于成本上升等增加的费用；(3)有关伤亡人员的医药、埋葬等费用；(4)为抗战捐献的物资和钱财；(5)有关人力资源的损失。总之，一切因战争造成的间接财产损失均包括在内。

3. 在财产损失中所列的人力资源类损失，包括了被俘捕人员、劳工等在财产方面的损失。中国各级政府所组织的劳役，例如为战争修筑公路、机场、军事工事等抽调民工，都算作人力资源损失。但中国方面征用民工和日本侵略军强征劳工有所区别。日军强征劳工的伤亡率很高，和中国方面征用民工民夫的情况区别很大，因此要分别统计和说明，不能混淆。

4. 中国军队在重大战役战斗中的人员伤亡，分别情况加以统计处理。此次课题调研以统计平民伤亡为主。有关省（自治区、直辖市）如发现有本地发生过军队人员伤亡的重要资料，可以搜集整理并在调研报告中说明，但不计入本地人口伤亡总数。若是本地籍军人的伤亡，则计入本地人口伤亡总数。

5. 海外华侨拥有中国国籍，因此在计算抗日战争时期中国人口伤亡和财产损失时，华侨人口伤亡和财产损失均计算在内。各有关地方在计算本地人口伤亡和财产损失时，视情况可以将本地籍华侨的伤亡、损失计入统计数据总数，亦可单列数据并加以说明。

6. 工厂、学校、机关团体等由于战争原因搬迁造成的损失，算作间接损失，原则上由工厂、学校、机关团体等原所在地方统计。如果原所在地方缺少相关资料，新迁移处具备资料条件，也可由后者统计。为避免交叉和重复，遇到这类情况须特别加以说明。

7. 政党、政府机构的财产损失，归入公用事业的社会团体类财产损失一并计算。

8. 被日军、日本占领当局无偿征用、占用的中国耕地，按农作物的产量及其价值计算财产损失。

9. 伪军、伪政府的人员伤亡和财产损失，一般计入中国人口伤亡和财产损失。

10. 由战争原因导致的如黄河花园口决堤一类重大事件所造成的人口伤亡和财产损失，计算在间接人口伤亡和财产损失中。

11. 重大的财产损失，均以相应数额的货币反映价值。反映财产损失的货币一般要注明币种。

12. 通常用于抗日战争时期财产损失统计的货币（主要是法币），币值问题非常复杂。本课题调研中，涉及财产损失统计的货币数据，有条件进行折算的，一般按 1937 年即全国抗战爆发当年通用货币法币的币值进行折算，并说明折算的方式方法。因条件不具备，保留原始数据未作折算的，则注明有关数据中用以反映财产损失的货币系何种货币、何年币值。

五、关于撰写课题调研报告的要求

本次课题调研，有关课题组和承担专门课题的专家均按要求撰写出调研报告。

1. 各省、自治区、直辖市课题组撰写调研报告，内容大致分为概述、主体、结论三部分。

概述部分主要包括：介绍课题调研工作的基本情况，如：投入多少力量，到过什么地方查阅搜集档案资料，搜集了多少档案资料等。反映本地的自然地理概况，抗战爆发前的经济社会发展和人口状况，以及在抗战时期是重灾区还是大后方，是沦陷区还是根据地等。叙述日本侵略者在本地的主要罪行。还可简略回顾以往相关课题的资料和研究情况。

主体部分主要包括：分析说明本地人口伤亡和财产损失情

况。根据现掌握资料，将本地抗战时期人口伤亡分为直接伤亡和间接伤亡，将本地财产损失分为直接损失和间接损失，并分别说明主要的史料依据和分析结果。

结论部分，汇总本地人口伤亡数据、财产损失数据。据实说明迄今所掌握资料的局限性、本地遭受人口伤亡和财产损失的特点、影响等。

撰写调研报告依据的主要资料以及调研中同步完成的专题研究报告等，作为调研报告的附件，纳入课题调研成果中。

2. 由一批专家承担的全局性专门课题，如抗日战争时期重大惨案、劳工问题、"慰安妇"问题、细菌战、化学战、文化损失、海外华侨人口伤亡和财产损失、中国军队伤亡、重要战役战斗伤亡等，其调研报告的撰写和附件的收录，参照以上要求进行。

六、对调研成果的验收

在各省、自治区、直辖市课题调研工作结束后，完成的包括课题调研报告在内的省级调研成果和市、县等调研成果，要装订成册，通过审阅和验收，逐级上报，送交各省、自治区、直辖市党史研究室和中共中央党史研究室分别保存。

为确保质量，在调研过程中形成的各省、自治区、直辖市A、B两个系列书稿（省级调研成果为A系列书稿，市、县等调研成果为B系列书稿），要分别通过验收。其中，省级调研成果要通过由地方到中央的四级验收，市、县等调研成果则在有关省、自治区、直辖市内验收。

省级调研成果上报验收前，课题组先认真进行自审，以保证内容的完整准确，特别是调研报告和有关专题研究报告、资料、大事记的内容和数据要互相补充、印证，不能互相矛盾。课题组完成自审后，省级调研成果首先报送省级抗战损失课题领导小组验收。省级课题领导小组审查通过后，送省级专家验收组验收。省级专家验收组参加验收的专家一般为3—5人，人选来自党史系统、社会科学院和社科联系统、档案史志部门、高等院校等方面，为较有影响力、权威性的专家。省级专家验收组在本省（自治区、直辖市）课题领导小组的指导下，按照学术规范的严格要求和有关规定审读、验收本省（自治区、直辖市）拟提交中共中央党史研究室的省级调研成果。验收的主要标准和目的是确保调研成果的准确性、可靠性。对于验收中指出的问题、提出的意见和建议，各省（自治区、直辖市）课题组须采取有效措施解决和落实。对一次验收不合格的，修改、完善之后进行第二次以至多次验收，直到合格为止。省级专家验收组验收合格后，填写《A系列书稿验收报告表》。填写的报告表和书稿同时报送中共中央党史研究室课题组。

中共中央党史研究室课题组收到经省级专家验收组验收合格的省级调研成果后，先进行验收。认为合格后，再聘请国内知名专家进行验收，并填写《A系列书稿验收报告表》。验收中所提修改意见，由有关省、自治区、直辖市课题组予以逐条落实，对调研成果做出相应修改或者说明相关情况。

由一批专家承担的全局性专题研究成果，最后形成的书稿也纳入A系列，其验收也参照上述程序和要求，由中共中央党史研究室课题组组织有关专家进行。对于验收中提出的意见，承担课题的专家要逐条落实，对调研成果进行修改完善直至合格为止。

最后，中共中央党史研究室课题组对经过反复修改形成的省级调研成果和全局性专门课题调研成果进行复核。完成各项程序并符合要求的调研成果，包括通过四级验收的A系列书稿和由有关省、自治区、直辖市党史研究室组织验收并合格的B系列书稿，分批次送交中共党史出版社付印出版。

中共中央党史研究室课题组

《广西抗日战争时期人口伤亡和财产损失》编审委员会

1939年从北海涠洲岛起飞轰炸广西的侵华日军飞机机群。

日军飞机空袭在
隆安留下的炸弹。

落在苍梧县的日军炸弹。

南宁城居民收拾被日军轰炸后的残局。

柳州境内被日军飞机炸毁的火车。

被日军飞机炸死的柳州市平民。

柳州铁路工人在清理遭日军轰炸变形的钢轨。

日军轰炸后
的梧州盐仓街。

日军轰炸后的
苍梧图书馆。

1939年2月5日，日军出动18架飞机轰炸宜山，在内迁宜山浙江大学校园投下118枚炸弹。图为被炸后的标营校舍。

1939年8月14日，日军飞机炸毁南宁市区中山路道救医院。

被日军飞机轰炸后燃烧中的桂林市。

一个难民坐在已成废墟的桂林街道旁。

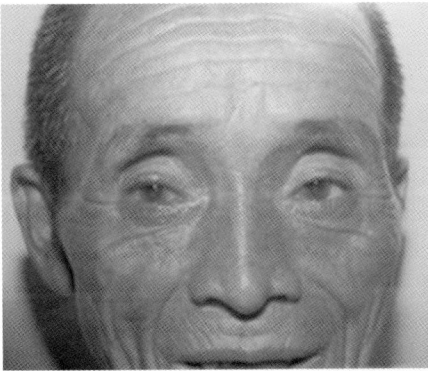

靖西县籍被俘军人杨清福被日军在脸上刻下"亡国奴"三字。

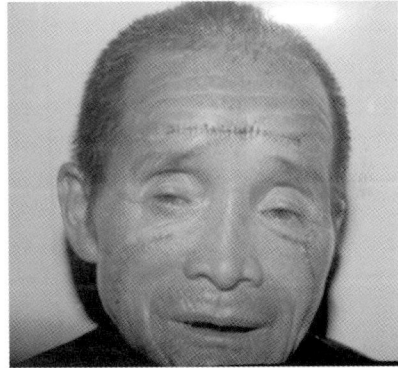

杨清福手术后。

从杨清福脸上割下的"亡国奴"三个字的脸皮。

1939年6月日军飞机轰炸桂林后，中国军队第5路军政治部艺术社在被毁的房屋墙上书写"这就是日本鬼的真面目"。

被日军破坏的广西省政府建筑。

1944年被日军飞机炸毁的柳州大桥。

日军飞机轰炸后的梧州南华酒店景象。

　　1939年11月15日，日军在钦州湾登陆，占领钦州、防城、合浦、灵山后向北推进，侵占桂南19县。图为日军船只在钦州湾。

　　1939年11月24日，日军强渡邕江，攻占南宁。图为日军渡过邕江上岸场面。

1939年11月29日，攻占南宁的日军举行阅兵仪式。

1939年11月日军攻占南宁后，在高级法院（现市区朝阳路）留下"十一月二十四日十时二十分三木部队新田队占"的字样。

1940年2月上旬，日军占领宾阳。

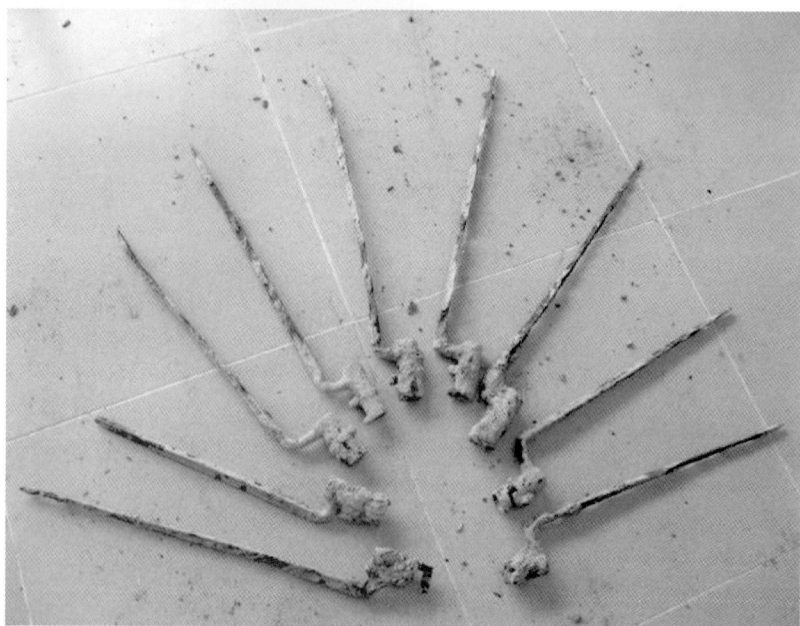

日军屠杀广西平民的刺刀。

日军入侵，广西民众被迫外出逃难。图为桂林市西门外避难的群众。

撤离桂林的火车上挤满了逃避入侵日军的民众。

救济总署广西分署所设难民收容所的难民正在用餐。

等待返乡的难民。

桂林南郊马埠江
村被日军化学毒气熏
死111人的白骨岩。

1945年桂林光复
后，一名妇女在惨遭炸
毁的房屋废墟中寻找到
丈夫的残尸及胶鞋。

民众清理被日军杀害的柳州市民遗体。

　　地处边远山区的少数民族也遭受重大人口伤亡和财产损失。图为仫佬族聚居的罗城县里胜村姚村屯"勇岩惨案"中被日军绝杀的姚克从家遗址。

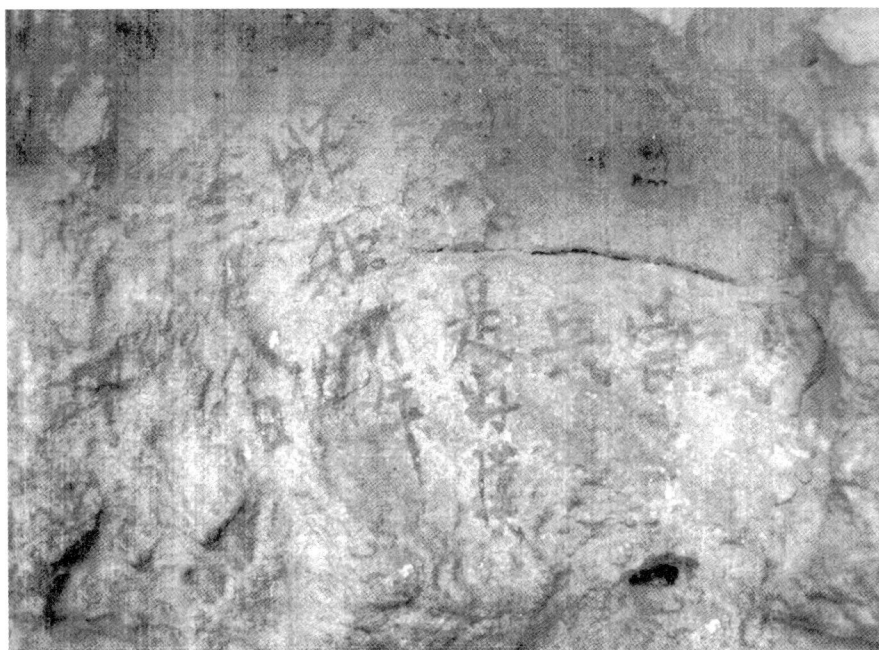

　　日军入侵广西后，为了实施其残暴的殖民统治，企图在政治、军事、经济、文化方面奴役广西人民。图为宜州市石别清街头小山洞里日军遗留的标语：当兵是好汉　昭和二十年三月八日（即1945年3月8日）。

　　广西民众为抵御日军入侵而参加破坏公路劳动的行动。

1945年光复后桂林城惨状。

桂林光复后，中国军队和难民进入废墟中的桂林城区。

遭受日军空袭和地面部队破坏后的柳州沿江一带残破景象。

桂林市中山中路交通
银行残存建筑（日军占领
时在此开办茶室）。

目　　录

总序
《抗日战争时期中国人口伤亡和财产损失》课题
　　调研工作规范和要求

一、广西抗日战争时期人口伤亡和财产
　　损失调研报告 ……………………………………… 1

　　（一）调研工作概述 …………………………………… 1
　　（二）全国抗战前及战争中广西的自然条件和社会经济状况 … 4
　　（三）日本侵略者在广西的主要罪行 ………………… 8
　　（四）抗战时期广西人口伤亡情况 …………………… 28
　　（五）抗战时期广西财产损失情况 …………………… 35
　　（六）结论 ……………………………………………… 64

二、专题研究 …………………………………………… 70

　　（一）日军两次入侵广西屠杀平民的罪行 …………… 70
　　（二）日军摧残广西妇女的罪行 ……………………… 76
　　（三）日军空袭广西的罪行 …………………………… 88
　　（四）日军对广西的经济掠夺 ………………………… 98
　　（五）日军在桂林的性侵犯罪行 ……………………… 108
　　（六）日军在玉林强征劳工的情况 …………………… 113
　　（七）桂林文物古迹的损毁 …………………………… 117

（八）日军在桂林的毒气战调查 ……………………………… 120

（九）日军空袭桂林市区调查 ………………………………… 125

（十）日军飞机轰炸柳州的罪行 ……………………………… 134

（十一）日军飞机轰炸梧州的罪行 …………………………… 138

（十二）日军飞机对玉林的狂轰滥炸 ………………………… 143

（十三）防城港福德祠惨案 …………………………………… 149

（十四）涠洲岛惨案 …………………………………………… 152

（十五）钦州惨案 ……………………………………………… 157

（十六）南宁市沙井千人坟惨案 ……………………………… 160

（十七）武宣县二塘镇乐业村惨案 …………………………… 164

（十八）钟山县黄竹山惨案 …………………………………… 169

（十九）宁明县左易村惨案——日军在左易村的细菌战 …… 173

（二十）"亡国奴"——杨清福惨遭刺字案 ………………… 177

（二十一）日军在河池县城的暴行 …………………………… 182

（二十二）日军焚毁桂林城的暴行 …………………………… 185

（二十三）日军焚烧柳州城镇的暴行 ………………………… 188

三、资料 ………………………………………………………… 192

（一）档案资料 ………………………………………………… 192

    1. 广西省抗战损失调查经过 ……………………………… 192

    2. 桂南十九县沦陷损失 …………………………………… 195

    3. 财产损失统计总表 ……………………………………… 196

    4. 财产损失统计 …………………………………………… 197

    5. 各县沦陷及收复日期 …………………………………… 202

    6. 各县受损失乡镇村街数及户数 ………………………… 204

    7. 人口伤亡统计总表 ……………………………………… 206

    8. 各县市人口伤亡统计 …………………………………… 207

    9. 沦陷期间财产损失统计总表 …………………………… 209

    10. 人民财产损失统计总表 ………………………………… 210

    11. 各县人民财产损失分类统计 …………………………… 211

12. 各县平均每户每人损失 ………………………………… 229

13. 各机关团体财产直接损失统计总表 ………………… 231

14. 各机关团体财产直接损失 ………………………………… 232

15. 各县市机关团体间接损失 ……………………………… 238

16. 公务员役财产损失统计总表 ………………………… 240

17. 各机关员役财产损失分类统计 ……………………… 241

18. 各县受损失机关及员役数 …………………………… 256

19. 各县市受损失机关分类统计 ………………………… 257

20. 交通事业损失统计总表 ……………………………… 260

21. 公路损失 ………………………………………………… 261

22. 各县县道及乡村道路损失 …………………………… 262

23. 四大城市电话损失 ……………………………………… 263

24. 长途电话损失 …………………………………………… 264

25. 区团电话损失 …………………………………………… 265

26. 乡村电话损失 …………………………………………… 266

27. 水电及工厂损失统计总表 …………………………… 267

28. 各电力工厂损失 ………………………………………… 268

29. 各自来水厂损失 ………………………………………… 269

30. 各县一般工厂损失 ……………………………………… 270

31. 公营民营矿业分类损失统计 ………………………… 272

32. 公营矿业损失 …………………………………………… 273

33. 民营矿业损失 …………………………………………… 274

34. 各级合作社及其社员财产损失统计 ………………… 276

（二）文献资料 ……………………………………………… 278

1. 日机入侵与轰炸概况 ………………………………… 278

2. 最近敌机狂袭本省与我们的对策 …………………… 282

3. 敌机轰炸下的梧州 …………………………………… 284

4. 桂林被炸惨状 …………………………………………… 286

5. 三年来敌人对广西妇女的暴行 ……………………… 287

6. 邕宁"皇军"暴行见闻录 ……………………………… 288

7. 敌人铁蹄下的南宁 …………………………………… 291

8. 日祸绥渌记 ……………………………………………… 292

9. 同正被劫后的伤痕 ·············· 295

10. 血和恨之城——宾阳 ··············· 296

11. 沦陷后的龙州 ·············· 297

12. 北海被敌抢劫损失统计 ·············· 299

13. 两敌舰肆虐 焚渔船数艘 ·············· 300

14. 旅途的一天（桂南劫后踏察记） ·············· 301

15. 敌舰劫货船 ·············· 304

16. 在疏散的日子里 ·············· 305

17. 敌在全县杀我同胞 2 万 ·············· 307

18. 柳州浩劫 片瓦无存 ·············· 308

19. 美高级将军视察柳州日军之罪行 ·············· 309

20. 受难的人民 ·············· 310

21. 宾阳上顾村被屠杀详记 ·············· 314

22. 广西在饥馑中 ·············· 317

23. 劫后灾黎 ·············· 324

（三）口述资料 ·············· 342

1. 南宁市周秀婵证言 ·············· 342

2. 南宁市黄法尧证言 ·············· 342

3. 南宁市邓留孚证言 ·············· 344

4. 南宁市王乃俭证言 ·············· 345

5. 宾阳县黄运清证言 ·············· 346

6. 横县黎秀立证言 ·············· 346

7. 马山县韦利英证言 ·············· 347

8. 马山县韦祖荣证言 ·············· 348

9. 上林县苏德仁证言 ·············· 348

10. 隆安县叶以业证言 ·············· 349

11. 柳州市陈国荣证言 ·············· 350

12. 融安县陈仕严证言 ·············· 351

13. 鹿寨县黄山云证言 ·············· 352

14. 桂林市王贱妹证言 ·············· 353

15. 桂林市林葱嫂证言 ·············· 353

16. 桂林市李春玉证言 ·············· 354

17. 荔浦县周必证言 ……………………………………………… 355

18. 临桂县李沛霖证言 …………………………………………… 356

19. 全州县郭德元证言 …………………………………………… 357

20. 岑溪市陈诠济证言 …………………………………………… 358

21. 北海市梁广钰证言 …………………………………………… 358

22. 北海市蔡维中证言 …………………………………………… 359

23. 北海市邓程景证言 …………………………………………… 360

24. 合浦县王贵儒等证言 ………………………………………… 361

25. 钦州市吴子成证言 …………………………………………… 361

26. 钦州市杨永文证言 …………………………………………… 363

27. 钦州市陈邦协证言 …………………………………………… 363

28. 钦州市彭智林证言 …………………………………………… 365

29. 钦州市陈业丰证言 …………………………………………… 365

30. 灵山县廖源芳证言 …………………………………………… 366

31. 防城港市江国宪证言 ………………………………………… 367

32. 上思县王国秀证言 …………………………………………… 367

33. 东兴市叶树秀证言 …………………………………………… 368

34. 贵港市黄亚华证言 …………………………………………… 368

35. 贵港市罗炳慧证言 …………………………………………… 369

36. 贵港市覃务昌证言 …………………………………………… 370

37. 玉林市李胜佳证言 …………………………………………… 370

38. 陆川县黄经参证言 …………………………………………… 371

39. 陆川县李超祥证言 …………………………………………… 372

40. 北流市谢奕海证言 …………………………………………… 372

41. 田东县李修恒等证言 ………………………………………… 373

42. 田东县梁翠荣等证言 ………………………………………… 373

43. 靖西县杨林甫证言 …………………………………………… 375

44. 平果县农振足证言 …………………………………………… 376

45. 平果县梁凤升证言 …………………………………………… 377

46. 平果县韦成荣证言 …………………………………………… 378

47. 宜州市张华松证言 …………………………………………… 378

48. 宜州市袁启植证言 …………………………………………… 379

49. 罗城仫佬族自治县周学美证言 ·········· 379

50. 罗城仫佬族自治县罗世勤证言 ·········· 380

51. 东兰县黄家林证言 ················· 381

52. 钟山县陈定发证言 ················· 382

53. 钟山县董苟三证言 ················· 384

54. 富川瑶族自治县李福姣证言 ············ 385

55. 富川瑶族自治县何焕德证言 ············ 385

56. 昭平县黎鑑清证言 ················· 386

57. 昭平县王安富证言 ················· 387

58. 龙州县岑雪映证言 ················· 387

59. 龙州县何秀芳证言 ················· 388

60. 龙州县李世林证言 ················· 388

61. 扶绥县郭崇证言 ·················· 389

62. 扶绥县凌汉财证言 ················· 390

四、大事记 ······················· 392

后记 ··························· 454

总后记 ·························· 455

一、广西抗日战争时期人口伤亡和财产损失调研报告

广西壮族自治区委党史研究室

（一）调研工作概述

2006 年，广西壮族自治区委党史研究室按照中央党史研究室关于开展《抗日战争时期中国人口伤亡和财产损失》课题调研工作的部署，以高度负责的态度和严谨治学的精神，深入、扎实地开展了课题调研的各项工作，努力把广西抗战损失调研课题做成基础工程、精品工程、警世工程、传世工程。经报自治区党委领导批示同意，广西壮族自治区委党史研究室成立了由室主任王福琨任课题编委会主任，室副主任邓群、韦秀康任副主任，全区 14 个地级市党史部门负责人为委员的编委会。本室副巡视员庾新顺任调研课题组组长，梁宝渭任副组长具体承担课题调研任务，并组织协调全区 14 个市党史部门抗战课题组在全区进行课题调研工作。

2006 年 4 月，广西抗战损失课题调研工作正式启动。经请示，自治区党委批准由自治区委党史研究室组织全区党史系统在全区范围内开展课题的调研工作。要求党史系统加大工作力度，保质按时完成课题调研工作。

三年来，自治区委党史研究室先后下发了《关于在全区开展〈抗战时期广西人口伤亡和财产损失〉调研活动的通知》、《关于切实做好全区各地抗战时期人口伤亡和财产损失调研工作的通知》、《关于抗战时期广西人口伤亡和财产损失课题调研工作进展情况的通报》、《关于进一步提高抗战时期广西人口伤亡和财产损失课题调研质量的要求》等文件和辅导材料，指导全区各市县开展课题调研工作；先后召开了三次全区市级调研工作会议，部署检查指导课题调研工作，自治区委党史研究室主任王福琨都到会并作重要讲话。室领导多次深入市县听取课题调查情况汇报，指导课题调研工作，帮助解决工作中的

实际问题；自治区课题调研组的同志多次深入全区各市、县，分别在南宁、北海、钦州、防城港、贵港、梧州、贺州、桂林、百色、河池、玉林、来宾、柳州等市召开了有市、县党史部门负责同志参加的座谈会，听取市县课题组调研工作汇报，解答调研过程中出现的问题，明确下一步调研工作的要求，同时还分别邀请了玉林、柳州、桂林、来宾、崇左、防城港、北海、钦州等市课题负责同志到我室座谈，听取他们开展调研工作的汇报，作出具体指导，切实推进全区调研工作。

三年来，参与课题调研的区市县三级课题组同志以高度的责任感和严谨求实的精神，克服各种困难，扎实做好课题调研的各项工作。全区各级课题组到广西壮族自治区档案馆、广东省档案馆、重庆市档案馆、南京中国第二历史档案馆、北京市档案馆等地查阅历史档案资料，共复印、扫描档案资料约 2 万余页；还到广西壮族自治区图书馆、桂林图书馆、广西师范大学图书馆、广西地方志编修委员会办公室、重庆图书馆、北京图书馆、南京图书馆、国家图书馆、广东省立中山图书馆等地，征集了大量书刊资料和口述资料。全区各市县参与课题调研的同志在多方征集馆藏历史档案、文献资料的基础上，组织协调有关县（区）、乡镇村街的基层干部，有重点地进行了有关史实的调查核实工作，有重点地采访了知情人、见证人、受害人共 7500 人，获得 2000 多份有价值的采访证言证词，并进行重点惨案的见证人证言公证程序，使这批口述资料更具有真实性和权威性。经过三年的努力形成了 400 个宗卷共约 8000 万字的文字材料的调研资料。

抗战时期广西人口伤亡和财产损失统计有一定的基础。1939 年 11 月，日军在钦州湾登陆后，继续北犯，桂南的邕宁、武鸣、上林、宾阳、永淳、横县、扶南、绥渌、上思、思乐、明江、上金、宁明、凭祥、龙津、崇善、左县、同正、迁江 19 县相继沦陷。此后，日军盘踞桂南地区及当时属广东省辖的钦县、防城县、合浦县、灵山县以及北海镇达一年之久。桂南各县光复后，广西省赈济会曾办理调查桂南沦陷期间的一切损失并将结果刊载于 1941 年《广西统计月刊》第 1 卷第 5 期上。1945 年 8 月抗日战争胜利后，广西省政府为配合救济善后工作及备供国民政府根据向日本索取赔偿损失，并供复兴建设参考，依照内政部抗战损失调查委员会颁发的抗战损失调查的办法，提经广西省政府第 772 次委员会议决，实施调查 1944 年 9 月至 1945 年 8 月日军入侵广西造成的人口伤亡和财产损失情况，广西省投入调查费用 243 万元，派遣调查专员 8 人，发放统计表 200 余万张，并派专业人员到 75 个县、市、局进行调查；对损失较轻的兴业、玉林、镇边、靖西、三江五个县，则采用通讯调查的方式。这次调查的范围共涉及 80 个县市局①。1945 年 8 月底，各调查员由当时广西省政府所在地——百色分别出发，至 11 月陆续完成调查回桂林，并带回了大量调查资料；少数县份调查资料则通过邮寄的方式寄回。此次调查前后共收到调查表 102.312 万张。同年 11 月 6 日，复成立由 49 人组成的广西抗战损失调查资料统计整理委员会，登记员 300 多人，涉及 80 个县市局、1101 个乡镇、9214 个村街、679794 户。又经过三个多月的努力，调查汇总工作至 1946 年 3 月 15 日结束，形成了《广西省抗战损失调查统计》，留下了广西省人口伤亡和财产损失概况、人口伤亡、财产总损失、机关团体财产损失、公务员役财产损失、交通事业损失、工业及公用事业损失、矿业损失等较为基础的统计资料。除此之外，在抗战结束后，广西当局还整理了《广西省抗战损失概况及请求救济统计》（1945 年 11 月）② 及战时、战后地方的各类统计资料（如月报、季报、年报等）、各县自编的年鉴、县志和一些抗战损失专项调查与统计，以及相关地方新闻媒体、学术团体、军事机关有关报道和记载的档案资料等，为后人研究地方抗战损失提供了较丰富的第一手资料。

课题组按照中央党史研究室课题组的统一要求，以 1931 年九一八事变至 1945 年 8 月抗战胜利为时间范围，以广西壮族自治区现辖区为地域范围，对征集到的大量资料进行梳理、分类。人口伤亡分为"直接伤亡"和"间接伤亡"两类。其中直接伤亡包括"死"、"伤"等项目；"间接伤亡"包括"被俘虏"人员、"灾民"、"劳工"伤亡等项目。财产损失分为社会财产损失和居民财产损失两部分。其中社会财产损失分为"直接损失"和"间接损失"两类，包括工业、农业、交通、邮电、商业、财政、金融、文化、教育、公共事业等项目；居民财产损失，包括"土地"、"房屋"、"树木"、"禽畜"、"粮食"、"服饰"、"农具"、"生活用品"等项目。而后分类列表，以档案资料为主，逐一提取相关史实和数字，完成专项统计和综合统计，并以档案和统计结果为依托形成调研报告。现将抗战前广西的基本情况、日本侵略者在广西的主要暴行、抗战时期广西人口伤亡和财产损失情况、课题调研的基本结论等，依次报告如下。

①② 白日新：《广西抗战损失调查经过》，载广西省政府统计室：《广西省抗战损失调查统计》，1946 年 12 月编，中国第二历史档案馆藏，全宗号 6，目录号 4，案卷号 641。

（二）全国抗战前及战争中广西的自然条件和社会经济状况

广西壮族自治区简称桂，位于中国南部，南临北部湾，与海南省隔海相望，东连广东，东北接湖南，西北靠贵州，西邻云南，西南与越南毗邻，总面积23.6万平方公里，现辖南宁、柳州、桂林、梧州、北海、防城港、钦州、贵港、玉林、百色、贺州、河池、来宾、崇左14个地级市，自治区首府为南宁市。自广西设省起直至民国时期，广西省会绝大部分时间在桂林，1912—1936年在南宁。1936年10月至1949年省会复在桂林。1944年广西省划分为8个区，辖99个县、桂林市和金秀设治局。截至中华人民共和国成立前夕，全省划分为1市（桂林）、15区、99县。1951年广西省怀集县划归广东省管辖。1958年3月5日，广西壮族自治区成立。1965年6月26日，广西壮族自治区增辖原属广东省的合浦（合浦县和浦北县合并）县、灵山县、钦州壮族自治县、东兴各族自治县和北海市，设立钦州专区。

全国抗日战争爆发前夕的广西为中国南部内陆省份。其西南与法属安南（越南）为邻，周边与广东、湖南、贵州、云南四省接壤。地势西北高而东南低，全省多山，只有江河流经的地方形成多个小平原，所以桂东南各县，土地多肥沃且有水利；而桂西北各县，则河流较少且土地贫瘠、地广人稀。下图为1936年至1945年广西历年人口比较[①]：

年别	户数	人数	年别	户数	人数
1936 年	2611521	13953394	1942 年	2727302	14859685
1937 年	2611989	14047618	1943 年	2776401	14957941
1938 年	2597729	14130584	1944 年	2777851	14970785
1939 年	2611204	14208606	1945 年	2759034	14545868
1940 年	2631387	14341876	1946 年	2800609	14603247
1941 年	2720064	14828399	1947 年	2820388	14636337

历年人口变化为：1937年比1936年增加468户、94224人；1938年比1937年减少14260户、人口增加82966人；1939年比1938年增加13475户、78022人；1940年比1939年增加20183户、133270人；1941年比1940年增加88677

---

① 广西省政府统计处：《广西年鉴》第三回上册，1948年印行，中共广西壮族自治区委党史研究室存，第155页；广西壮族自治区地方志编纂委员会：《广西通志·人口志》，广西人民出版社1993年版，第22页。

户、486523 人；1942 年比 1941 年增加 7238 户、31286 人；1943 年比 1942 年增加 49099 户、98256 人；1944 年比 1943 年增加 1450 户、12844 人；1945 年比 1944 年减少 18817 户、424917 人。其中 1944 至 1945 年户数和人口总数变化最大，这时期正是日军入侵广西之际，广西 73 县 1 市 1 设治局沦陷，造成大量民众直接或间接死于日军铁蹄之下。此外，还有兴业、玉林、镇边（今那坡）、靖西、三江五个县部分乡镇遭受日军侵扰，时属广东省的合浦、灵山、钦县、防城四县及北海镇都沦陷尽皆，但均没有列入上述统计。

全省交通多以水运为主。桂江、柳江、郁江、黔江等诸江，可直通湘黔滇三省以及越南；东下西江，可通粤港各港口。铁路方面，湘桂铁路已通车至来宾，黔桂铁路也已修建进入贵州。除水路和铁路运输外，还有公路贯穿其中。民国时期广西当局对发展公路事业颇为重视，至 1937 年全国抗日战争爆发前，总共修建 4409 公里公路，居全国领先地位。但这一时期大宗商品外销内运，仍多依赖水路运输，公路仅供旅客往来。工商事业发展较迟。除沿江各重要城市外，大部分区域，仍停留在农村自给自足的社会状况，大多依赖圩市进行交易。出口贸易虽逐年发展，但属入超状态。出口商品中，大都为农产品，其中以牲口、木材、谷米、柴炭等为大宗。至 1944 年日军第二次入侵广西前，省道有邕钦、邕龙、邕色、丹池、百渡、平岳、邕横、宾横、河田、贺怀、贺连、桂穗、荔新、太蒙等 14 条。抗日战争爆发后，广西的公路逐步成为接受外援物资的重要线路，为全国抗日战争的胜利作出了不可磨灭的贡献。但与此同时，由于日军的入侵，广西多条公路线路遭受破坏，汽车及厂房等交通设施也受到严重损毁。

1931 年至全国抗日战争爆发前夕，广西的经济建设均以发展农业为重心。就全国位置与气候而言，广西气候温暖，雨量充沛，土质方面桂西北一带较为贫瘠，桂东南比较肥沃，适合于农作物生长，被列为产粮地区。1933 年始至 1941 年，省政府农田灌溉工程投入共 600 多万元，完成大小工程 40 多处，灌溉面积 50 多万亩。广西人民多以米粮和甘薯、芋头、玉米、大小麦、大豆、高粱、木薯、粟、荞麦、豌豆等杂粮为食。据广西省政府统计处早年印行的《广西年鉴》（第二回）所载：1934 年，在调查 78 县农民膳食中，饭占 41%、粥占 29%、杂粮占 11%、粥加杂粮占 19%。广西每年的粮食产量，连同水稻、玉米、大小麦、荞麦、粟米、高粱、薯芋等，共约 8821.9 万担，其中除去种籽、牲畜饲料等其他用途外，实际可供人食用的粮食为 6500 万担左右。而全省约有人口 1400 多万人，以每人年需 5 担计，即每年共需粮 7000 多万担，缺口为 500 万担。据 1938 年及以前几年的数据看，广西每年输出的大米约为 70 万担至 140 万担之间，农村贫苦农民只能常年以甘薯、芋头、玉米等充饥。经济作物方面，1931年广西桐油产量22万市担，茶油16万市担，茴油6600市担。但自1937年起因受日本全面侵华战争影响，桐油、茴油出口困难，收购价格太低，产量逐年下降。

矿业方面，抗战爆发前广西开发矿藏以民营为主，民营投资失败或经营不力后，由政府投资经营或由官商合办。政府投资的矿业有望高锡矿经理处、昭平金矿经理处、西湾煤场、迁江合山煤矿公司、茶盘源锡矿公司5个单位。1939年省政府与资源委员会合资500万元（当年币值）成立平桂矿务局，省政府即以锡矿经理处、西湾煤场及八步电力厂并入该局，总计省政府投入矿场资本为470余万元（当年币值）。民营矿区多为使用土法开采的小公司。1941年民营公司达到478家，资本2100多万元（当年币值）。广西的矿业因抗战爆发逐步走向衰落，"1937年、1938年为矿产最盛时期，此后因战事影响，运输困难，收价太低，矿产量日趋衰落，每况愈下矣。"①

工业方面，广西省营工业可分公用事业与普通工业两种。公用事业有自来水厂和电力厂两种。自来水厂由1931年的梧州1厂，到1941年增加了南宁、桂林、柳州3厂。1941年省营电力厂有桂林、柳州、梧州、贵县、桂平、龙州、八步、南宁8厂，民营的有玉林、容县、北流、百色、平乐、田东6厂。1941年广西有省营普通工业20多家，其中除省政府独资经营外，纺织机械厂、面粉厂等与中央合办，铁工、卷烟、火柴等厂与商人合办，省政府投入的资金约1000万元（1941年币值）。自国民政府西迁重庆之后，桂林、柳州逐步成为西南工业区之一，桂林新办以及从全国各省西迁来共100多家新式工厂，柳州、梧州也有数十家工厂落户。广西的工业"其发展之速殆有一日千里之势"②。至于广西的手工业，因战时地方日用品缺乏，来源少，价格飞涨，利益空前优厚，发展速度极快，但由于分布广，当时没能估计出来。省营以及与各方面合办的企业还有：硫酸厂2座，资本达56万元（1941年币值），因日军飞机空袭1941年时已停工；广西酒厂，资本17万元（1941年币值），日出酒精2000多斤；广西糖厂，日可榨蔗300多吨，该厂被日机轰炸停工后，改设糖业指导所，并附设分蜜厂，及鼓励民间普遍设立半机制小型榨糖厂，继续推进广西糖业发展；广西制革厂，大宗制造各种猪皮、带皮、底皮；广西染织厂、第一民生工厂、广西纺织机械厂、广西纺织示范工场等4家纺织工业；广西机械厂、广西中华铁工厂、纺织机械工厂之机械部3家机械工业厂，资

<hr />

① 广西省政府十年建设编纂委员会：《桂政纪实》（1932年至1941年）中册，1943年印行，广西壮族自治区图书馆藏，第6页。

② 同上，第7页。

本 100 多万元（1941 年币值），可大批制造各种生产及运输工具；广西陶瓷厂宾阳瓷器厂，运用新式机器制造各种陶瓷；造纸试验所；广西士敏土（水泥）厂，资本 400 多万元（1941 年币值），日出水泥 50 吨，1941 年正处于安装机器中；广西印刷厂，资本 51 万元；南宁玻璃厂，桂南沦陷时已停办。以上这些工厂投资总额约 800 多万元，每年的营业额约 900 多万元。至 1944 年日军第二次入侵广西时，广西拥有工厂 234 家，电力厂 17 家，自来水厂 4 家，职工总数 14000 余人，资本总额为 12241150 元（按 1937 年法币币值计，法币亦称为国币，下同），已有相当基础，并多有盈利。1937 年抗日战争全面爆发后，部分工厂因靠近战区，被迫迁移厂址，加上日军的破坏，使原有工厂、新建工厂、新迁来的工厂几近丧失殆尽，损失达 90% 以上。据广西省政府调查，预算恢复建设经费达到 90.9 亿元（按 1945 年 11 月币值计），换算成 1937 年法币币值达 3000 万元①。

城市建设方面，抗战前夕已逐步形成桂林、柳州、南宁、梧州四大城市，成为广西的政治、经济、文化中心以及带动农村经济发展的中心。1944 年春季日军第二次入侵广西前的统计，城市常住人口分别为：桂林 309460 人，柳州 94718 人，南宁 66501 人，梧州 85855 人。因战争而逃难来广西的外省难民没有准确统计数字。

日军的入侵和由此带来的疯狂烧杀掳掠，使广西经济陷入崩溃的边沿，老百姓一批批地被屠杀，相对平静的生活被水深火热的生活所代替。"抗战八年，本省蒙难两次，尤以接近胜利前夕，全省精华所在之 70 余县市，仍遭日寇蹂躏，兽骑所至，田舍为墟，受灾之烈，损失之大，远非其他省份可比。致十余年来苦干、穷干、竭尽人力、物力、财力惨淡经营之建设成果，几已摧毁殆尽，幸获保存者，仅余贫瘠之西北角而已。"② 当年广西省政府主席黄旭初在《广西复兴建设问题》序言中提到了日军入侵广西所造成的巨大灾难："本省目前的遭遇真是亘古未有的。社会的危机，也是空前严重的。原来横亘本省的湘桂铁路及黔桂铁路，今日完全破坏了！全省原有共 681 辆汽车，目下残存的不及 150 辆；各种机动船舶及民船，损失在 70% 以上；全省水陆交通，形同停滞。桂、柳、邕、梧各大城市，多已变为焦土。70 多县的农村，饱经蹂躏，耕牛损失 481016 头，城乡被毁坏房屋 29 万余间（栋），粮食种子，并已劫掠一空。全省农工商业，凋零殆尽，而今还能否全部恢复生产，尚未敢必。各县流离失所的难民，达 314 万

① 广西省政府编：《广西省抗战损失概况及请求救济统计》，1945 年 11 月印行，中国第二历史档案馆藏，卷宗号十一·2·63。
② 广西省政府建设厅统计室：《广西经济建设手册》，1947 年 1 月印行，第 1 页。

人。"① 他在书中对抗战胜利感到欢喜之余，更多的是为战后留给广西的一个烂摊子而忧心："我们的抗战已经胜利结束，应得到今日和平局面。但环顾全省，十余年来惨淡经营的建设事业，已因惨遭战祸破坏无余。"②

（三）日本侵略者在广西的主要罪行

广西是中国的南大门，有着重要的战略地位。抗日战争期间，日本侵略军曾两次大规模入侵广西。

1939 年 1 月 2 日，日军 6 艘军舰搭载数百名官兵登陆当时属广东管辖的涠洲岛，从此涠洲沦陷 6 年之久。驻岛日军部队番号为支那派遣军南支海军部队第 18 基地，日军把涠洲岛作为军事基地，强拉岛上居民做苦役，在岛上修筑机场、公路、码头、营房、工事。日军在涠洲岛建立的航空基地，成为轰炸华南和大西南抗日重要城镇的战略基地③。据统计，1939 年度日军飞机从涠洲岛起飞空袭作战达到 1863 架次，仅次于从广州起飞的 2639 架次。

日军第一次入侵广西的目的是占领南宁，切断从广西通往越南的国际交通线。这次侵桂日军是由中将司令官安藤利吉指挥的第 21 军及海军第 5 舰队和海军第 3 联合舰空队，总兵力达 4 万余人。日军于 1939 年 11 月 15 日凌晨在钦州湾的企沙、龙门港登陆，继而占领防城县、钦县，11 月 24 日攻陷南宁。这次日军先后侵占桂南的邕宁、武鸣、绥渌（今属扶绥县）、思乐（今属宁明）、明江（今属宁明）、宁明、凭祥、龙津（今属龙州）、永淳（今属横县）、宾阳、上林、扶南（今属扶绥）、同正（今属扶绥）、左县（今属崇左市江州区）、上金（今属龙州）、上思、崇善（今属江州区）、迁江（今属来宾）、横县及当时属广东的钦县、合浦（时辖北海镇）、防城、灵山等 23 个县。至 1940 年 11 月 14 日，入侵广西日军全部撤出桂境。日军盘踞桂南达一年之久，作战有 589 次，在邕宁一县有 303 次④。

日军第二次入侵广西的时间是 1944 年 9 月至 1945 年 8 月。1944 年春，日军发动了豫湘桂战役，目的是打通一条从中国东北直通越南的大陆交通线，以援救

---

① 黄旭初著：《广西复兴建设问题》，广西民政丛书第一种，广西省政府民政厅出版委员会 1946 年 9 月初版，第 3 页。

② 同上，第 67 页。

③ 航空委员会防空监部：《1939 年度全国空袭状况之检讨》，1940 年印行。

④ 韩启桐著：《桂南十九县损失估计》，1943 年 10 月印行。

其入侵南洋的孤军，并摧毁美军在豫湘桂的空军基地，挽救日军在太平洋的失利。侵桂日军由中国派遣军第6方面军司令官冈村宁次大将指挥，共有第11、第23两个军及第5航空军，兵力达14万人。1944年9月，日军从湖南、广东两面向广西进攻。其第11军下辖的6个师团，沿湘桂铁路南下，9月11日占领广西黄沙河，14日攻占全县（今全州县）。第23军下辖的2个师团从三水、四会沿西江两岸西进，9月12日占领怀集，21日占领梧州。另一个独立旅团则从雷州半岛出发，9月23日占领容县。28日，日军两支部队攻占平南及丹竹机场。至此，日军对桂柳地区形成南北夹攻之势。10月下旬，日军第23军、第11军开始进攻柳州、桂林地区。11月初，第23军先后攻占武宣、来宾、柳城，9月攻陷柳州。第11军也同时占领桂林郊区。12月10日，日军沿邕（宁）龙（州）公路南下与经越南北上的部队在绥渌会合。至此，日军打通了从中国到越南的交通线。日军第二次侵桂，由于国民党军队消极抵抗，广西全省100个县、市、局，被日军占领了80个。直至1945年8月17日，日军才全部退出广西。

日本侵略军两次入侵广西，对广西人民实行灭绝人寰的烧光、杀光、抢光的"三光"政策，给广西人民带来了无穷的灾难，使广西遭受了空前的浩劫。

1. 出动飞机狂轰滥炸

抗日战争爆发后，日军就开始不断出动飞机轰炸广西。日军不仅在两次入侵广西的军事行动中，配有百余架飞机协同地面部队作战，平时还经常出动飞机，少则三五架，多则几十架甚至上百架对广西各地进行狂轰滥炸。1937年7月24日，日机轰炸梧州市区城东镇压云盖街（今万秀区），致梁亚妹死亡①，这是我们所掌握的材料中日机轰炸广西造成人口伤亡和财产损失的开始。据统计，1937年至1944年初的七年间，先后有7620架日机侵袭广西1666次，其中投弹轰炸的有564次②。

日机轰炸的目标，首先是广西人口稠密、商业繁华的城市交通枢纽和军事设施等。

广西当时的省会城市桂林，是中国西南重要的交通枢纽，先后遭日机30多批、400多架（次）轰炸，伤亡人数达900多人，房屋被毁4000多栋，市内机关、工厂、商店、学校等变成瓦砾场。1938年11月30日，日机狂炸桂林，平民受祸惨烈。来袭敌机共51架，侵入桂林城区者35架。第一批日机15架，由恭城侵入桂林城区，在东城一带漫无目标投下爆炸弹、烧夷弹数十枚扬长而去；

---

① 苍梧县政府：《苍梧县抗敌伤亡人民调查表》，1946年6月编，梧州市档案馆藏，全宗号101，案卷号433。
② 《大公报》1944年3月31日。

第二批日机18架，在湘桂铁路北城桂北路一带投弹滥炸，并以机枪猛烈扫射；第三批日机2架，散发传单。日军飞机在城内皇城、中华街、凤北路、桂北路、桂东路、环湖路、桂南路、文昌门、伏波山等处，及城外象鼻山、河水门、水东门一带投弹约60枚，内有烧夷弹多枚，凤北路、皇城、桂北路等处着火，直至傍晚还未全灭，被烧商店及平民住宅达200户。桂北路、桂南路为桂林最繁盛街道，已成一片瓦砾。"死伤平民，截至午后4时，已查明死者27人，内妇孺9人，伤者101人。当局现以全力清理被炸地区，扑灭余烬，并从事救济无家可归之灾民。"① 同年12月24日下午1时零5分，日机9架闯入桂林上空，投弹百余枚，炸毁房屋600多栋，死伤80余人，刚到桂林的中国著名音乐家张曙及其女儿也惨死在寓所里。黎远明在回忆1939年8月24日日机48架狂炸桂林后亲眼目睹的劫后惨状时，这样写道：

"虽然警报解除了，我惟恐敌机再来，便锁上了门，到独秀峰的读书岩里去躲。沿途看到回族同胞的清真寺中了一颗炸弹，该寺教徒马清卿被炸成重伤后死去。西外清真古寺也被炸，附近民房中弹起火，燃烧了六七个小时，回胞300余户尽遭焚毁。东门外盐街的清真寺也中了一弹，大殿被炸毁，冯玉卿阿訇的住室中弹全部焚毁。我们走至王城的西华门城外的南段时，见城墙边也中了一弹，一位难胞埋在下面，只见两脚朝天不见身子。走至西华门城外的北段时，炸弹把城墙炸开了一个扇形的大缺口，同时对面中北路东侧也炸倒了一大片房屋。北门一处被炸坏的地方还在燃烧。这时，一幅令人心惊肉跳的悲惨场面在人们的眼前展现：躲在独秀峰西侧下的几名老百姓，被一枚炸弹炸得身首异处，手断脚裂，树上挂的，地上摆的，都是头、身、手、足、内脏，还有衣服、裤子的碎片，找不出一具全尸。"②

南宁在1912年至1936年10月是广西省会，城市建设已有一定规模。抗战中也多次遭日机轰炸。据本次南宁市调研的不完整统计，仅在现南宁城区（民国时称邕宁县），日机就进行过49次轰炸，造成南宁民众的重大伤亡和财产巨大损失③。其中，单次空袭造成上百人伤亡的重大事件有：1939年8月30日，日军飞机对南宁城区的大规模空袭，炸毁民屋200余间，民众死伤500多人，其中被炸死平民达200多人④。1942年1月18日，日军出动四批共25架次飞机空袭南宁，在城区德邻路（今解放路）、平等街、西关路、新华街、民生路、兴宁

① 《桂林被炸惨状》，载桂林《循环日报》1938年12月2日。
② 黎明远著：《我所亲历的一次日军轰炸桂林记》，见中共桂林市委员会党史研究室著：《桂林抗战纪实》，漓江出版社1995年9月版，第178页。
③④ 中共南宁市委党史研究室课题调研成果之《抗战时期南宁（9县）空袭一览表》，2008年12月编制，原件存中共南宁市委党史研究室。

路、仁爱路、青云街、水街等主要街道投下燃烧弹、杀伤弹等共 114 枚，有 128 间房屋被烧毁，271 间房屋被炸毁，被炸死、炸伤 430 余人[①]。

抗战前的柳州城，是广西工商业较发达的地区。日机先后对柳州轰炸 20 多次，伤亡人数达 1300 余人。其中人口伤亡和财产损失较大的有：1939 年 7 月 15 日上午，日机 18 架空袭柳州河北一带，投弹百余枚，炸死 384 人，伤 245 人，毁屋 300 间，财产损失 57.3 万元，龙城中学中弹 3 枚，所有教室、宿舍被炸成一片瓦砾[②]。1939 年 7 月 22 日，日机 18 架袭击柳州河北市区，投弹 300 枚，炸死 151 人，伤 129 人，毁屋 3440 间，小船沉没七八艘，财产损失 421 万元；东门附近刚建半年多的"柳州电话局"新楼中弹，被炸毁西北角二楼、三楼，两座大门震塌，二楼机房设备和两部总机全遭震坏，总杆断成两段，造成河南、河北两岸电话中断，电讯不能传送；柳州救亡剧场被炸毁，东大路文慰会会址房屋亦全部被毁；柳州交通银行三楼被炸倒一角，县政府监狱被震坍，犯人乘机逃逸[③]。

梧州特殊的地理位置，使之成为两广地区的交通枢纽，在 20 世纪二三十年代曾是广西的政治、经济、文化、贸易、金融、交通中心。梧州市区在 1929 年人口曾达 13 万人，从事商业的人员超过 1 万人。基于此，梧州成为日军在广西空袭的首要目标。日机在广西轰炸 1660 多次中，梧州就占了 440 多次，梧州受害之重由此可见一斑。1939 年 7 月 26 日，日机 18 架分两组队偷袭梧州，炸毁房屋 600 余间，位于市区的美国传教团思达医院（今工人医院）也无法幸免，焚毁大筏 6 座、电船 2 艘、拖渡 4 艘、汽轮 1 艘，大小船艇 300 余艘，死伤居民 800 多人，受灾 477 户，难民 6000 多人，直接财产损失 200 多万元[④]。1942 年 12 月 31 日，日军飞机 27 架狂炸梧州，投弹 100 多枚，多属燃烧弹，市区多处燃起大火，死伤共 300 余人。城东镇大东上街、城中镇大中上街（今万秀区）何观阳等 12 名平民死亡[⑤]。1943 年 9 月 4 日，日军飞机 16 架空袭梧州，向市内平民住宅区、商业区投弹，并用机枪低空扫射，死伤民众颇多。其中九坊街逢源银行中弹倒塌，银行地下室出入口被封，水管被炸断，淹死避难市民 49 人[⑥]。1943 年 12 月 31 日，日机 27

① 《昨敌机十五架肆虐本市罹空前浩劫》，《南宁民国日报》1942 年 1 月 19 日第 2 版。

② 《昨日敌机狂炸河北市区》，《柳州日报》1939 年 7 月 16 日第 3 版。

③ 《寇机十八架昨又狂炸本市市区》、《救亡剧场被炸救难公演延期》，《柳州日报》1939 年 7 月 23 日第 3 版。

④ 《敌机荼毒梧市难民逾六千人》，见《中山日报》1939 年 7 月 28 日；苍梧县政府：《苍梧县抗敌伤亡人民调查表》，1946 年 6 月编，梧州市档案馆藏，全宗号 101，案卷号 433。

⑤ 苍梧县政府：《苍梧县抗敌伤亡人民调查表》，1946 年 6 月编，梧州市档案馆藏，全宗号 101，案卷号 433；广西壮族自治区政协文史委编：《广西文史资料选辑》之《桂系大事记》，1993 年第 2 辑，第 359 页。

⑥ 梧州市证人何达英、张秉洲、李昭口述资料，采访原件存中共梧州市委党史研究室。

架再次轰炸梧州，向市区投下炸弹和燃烧弹 100 多枚，全市伤亡 300 多人①。

日本侵略者为了逞其淫威，还频繁出动飞机轰炸广西水陆主要交通沿线的县城、圩镇和农村，惨无人道地屠杀广西老百姓。1939 年 5 月 26 日，是隆山县城圩日，前来赶圩的民众数千人。中午 12 时，1 架日军侦察飞机窜入县城上空侦察。约 20 多分钟后，2 架日军飞机空袭县城，先用机枪扫射出入圩场的民众，当即死伤多人。旋即，又在圩街集市投下数十枚炸弹，当场炸死廖氏（廖家毕的母亲）、黄某（黄西南的姐姐）、陈志章、唐达妹等 78 人，炸伤 13 人，炸毁房屋 5 间，另有 1 头水牛被炸死②。1940 年 3 月 14 日，日军飞机轰炸邕宁县大塘乡安详圩（今良庆区大塘镇那造村安详坡）。当天，约有 2000 多人赶圩。上午 10 时左右，日军出动 3 架飞机向圩场投下 12 枚炸弹，并用机枪低空向四处逃散的人群扫射，造成 72 人死亡，多人受伤，大批财物和临时搭建圩棚被烧毁，损失惨重③。1940 年农历四月初八，是邕宁县坛洛区传统的农具节圩期。赶圩的邕宁、扶绥、隆安、武鸣等县乡民多达 3 万余人。中午时分，敌机 3 架飞临轮番轰炸，倾泻炸弹 50 多枚，接着又低飞用机枪扫射，顿时哭声震地，血肉横飞，死伤枕藉，惨不忍睹。过后各地亲人前来认尸收殓，有的死者有首无身；有的找到下肢而不见其首；有的肢骨挂在树上；有的血肉模糊难以辨认；有的找不到尸体。金陵乡林君海夫妇赶圩做买卖，双双罹难，遗下四个女儿，哭爹喊娘，惨状难以言喻。敌机狂炸过后，回乡的大学生马鸿韬与地方人士、小学教师、医务员等赶到现场，扶危救伤，协助家属收殓。据他们统计，死者 400 余人，伤者 780 余人④。1940 年春，日机多次到靖西县轰炸，造成重大人口伤亡和财产损失，尤以 4 月 8 日轰炸化峒圩造成的平民伤亡最惨，约百多人伤亡；此后，政府及各机关学校迁居山岩偏僻处所，各乡市场亦改设山麓，民众早出晚归，免遭惊炸⑤。同年 8 月，日机 12 架在灵川县城三街镇小南门投弹 79 枚，共炸死平民 107 人，炸伤 42 人，炸毁房屋 1327 间，损失 82020 元⑥。12 月 9 日，日机 30 架，由越南海防起飞炸东兴街，老百姓大

---

① 苍梧县政府：《苍梧县抗敌伤亡人民调查表》，1946 年 6 月编，梧州市档案馆藏，全宗号 101，案卷号 433；证人陆志雅、徐秀莲、黎志群口述资料，采访原件存中共梧州市委党史研究室。

② 广西壮族自治区马山县志编纂委员会：《马山县志》之《军事志·兵事》，广西民族出版社 1997 年版；罗玉树 2008 年 3 月 3 日《证言》、潘承宗 2008 年 3 月 4 日《证言》，采访原件存中共马山县委党史研究室；蓝忠善：《隆山县（今马山）城被日机轰炸实况》，载政协马山县委员会编：《马山县文史资料》第 2 辑,1987 年印行。

③ 滕品生著：《日军在邕宁县的罪行》，载政协邕宁县委员会编：《邕宁文史资料》第 9 辑，2002 年印行。

④ 宁文居、卢汉宗、卢裕卓、宁耀东：《日军在南宁西郊的暴行》，载政协南宁市委员会文史委员会编：《南宁文史资料》第 3 辑,1987 年印行。

⑤ 《日机轰炸靖西》，摘自黄福海编纂：《靖西县志》1948 年印行，第 98 页。

⑥ 政协灵川县委员会编：《灵川文史》第 9 辑，2005 年印行，第 41 页。

多往福德祠躲避，日军发现后即对福德祠进行轰炸，共计炸死 110 多人，炸毁房屋 16 间①。1941 年 8 月 23 日，日机 53 架次从湖南入侵轰炸灵川县城三街镇，投弹 161 枚，炸死 88 人，伤 13 人，炸毁房屋 334 间②。

2. 残酷屠杀、蹂躏平民

在广西沦陷区内，日军用人类历史上罕见的各种毒刑残杀老百姓，灌石灰水，剥皮，搽辣椒，破肚，吊飞机，活埋，蛇咬，五马分尸……名目繁多、五花八门，使广西 20 多万平民百姓死于非命。

（1）集体屠杀。1939 年 11 月 15 日凌晨，日军在钦州湾的企沙港登陆时，强行将 200 多艘渔船包围起来，往船上倒汽油，然后用军舰开炮轰，用机枪扫射，其中有 100 多艘渔船被打沉或烧毁，船上 80 多人被活活烧死③。1939 年 11 月 24 日下午 3 点多钟，日军进入南宁城。进城才 3 天，当地的老百姓不愿接受"皇军"的王道教化（不受他们的欺骗），日军就开始大屠杀，"在城内的知识分子、抗战的勇士和有血性的同胞，被杀的凡 700 余人，这是 27 日的事"④。同日，日军占领南宁后在郊区沙井乡设立据点（驻扎于杨村华光祠堂），并在乐贤村等村设立哨卡，当时有邕宁县百济乡村民苏大增、苏大强、苏大用、包日益、黄德才、黄源立、黄其林、黄祖荣、黄天派、阮大生、潘永茂、梁仁和、黎焕叨、廖天保等 18 人，挑盐到沙井乡送货，被日军捕捉，捆绑关押在炮楼内，除梁仁和逃脱外，其余都被杀害⑤。1940 年 2 月 3 日，日军进攻上林县，大肆屠杀平民百姓，仅高贤灵村（今巷贤乡辖区）被日军杀害的村民即多达 87 人。同日，巷贤镇王丈村群众由于出逃不及，有 60 多人就近到黄华山避难，有的躲在山沟，有的躲进一个旧瓦窑里，被日军"扫荡"时发现，用机枪打死窑里的 28 人和沟里的 30 多人。后人把这个瓦窑和水沟称为"血泪窑"和"血泪沟"⑥。1940 年 2 月 2 日至 8 日，日军占领宾阳县

① 黄知元：《防城县志初稿》第 14 章，1946 年编印，第 96、97 页，广西壮族自治区图书馆藏。

② 广西省政府统计处：《广西年鉴》第三回，1948 年印行，中共广西壮族自治区委党史研究室存，第 1358 页；灵川县地方志编纂委员会编：《灵川县志》，广西人民出版社 1997 年版，第 736 页。

③ 梁师华、吴忠才：《日本侵略军两次蹂躏广西的暴行》，见中共广西壮族自治区委党史研究室、广西军区政治部编：《广西抗战纪实》，广西人民出版社 1995 年版，第 286 页。

④ 王憎福：《邕宁"皇军"暴行见闻录》，广西省政府职员公余进修社编：《公余生活》1940 年第 2 卷第 12 期，广西壮族自治区图书馆藏。

⑤ 方德华撰写（沙井千人坟）《碑文》，1941 年 9 月；黄法尧 2008 年 1 月 15 日《询问笔录》和公证书（2008）桂南内证字第 1701 号，卢桂庭 2008 年 1 月 15 日《询问笔录》和公证书（2008）桂南内证字第 1698 号，原件存中共南宁市委党史研究室。

⑥ 上林县志编撰委员会编：《上林县志》之第三节：《抗日斗争》，广西人民出版社 1989 年版。

城。据当局统计，8 天内，共有 1940 人被日军杀害（不含被飞机炸死）①。1945 年 3 月 14 日晚，日军袭击宾阳县武陵乡上顾村（现属武陵镇）。这场浩劫，上顾村被日军杀害 170 人（上顾村村民 99 名，其他村疏散到该村难民 70 余人），其中儿童就有 10 多人，黄梦廷、黄运普、黄见贤、黄受廷、黄运宁 5 户被全家杀绝②。同年 6 月 8 日，日军 100 多人兵分三路进攻柳城县上雷镇鸡母岭村；9 日，遂用毒气弹毒害村民，攻破村门，挨家挨户把村民赶到地坪，按青壮年和妇女儿童分开站队，用先灌辣椒水后用木杠压、鞋踩、刺刀捅等惨无人道的办法杀害村民，并强迫老人小孩在旁边观看，吴亚炳等 17 名青年被日军用刺刀活活捅死。村民曾亚定则被日军拉到屋背岭的大石板上残暴地剖腹挖心；年轻妇女被抓到另一个院子剥光衣服进行轮奸。在这次大屠杀中共有 21 人遇难（死 20 人，幸存 1 人，青年村民李雪辉被日军用刺刀捅了六下未中要害才幸免于难）③。

（2）枪杀。即用步枪或手枪击杀。1940 年 2 月 23 日，日军由扶南窜到绥渌北乡岜楼村琴进屯，见幼女三人看牛，欲去捉来奸淫，因捉不得，即开枪击毙二人，伤一人。在来宾县洛满村有 5 个老大娘，被日军抓住排坐一条长凳上，然后迎面开枪，一枪打死 4 人，惊昏 1 人幸存④。1940 年 3 月 6 日，日军在南宁市郊沙井金鸡村附近的饶钹山冲千斤岭下麓枪杀 35 名村民⑤。同年 3 月 29 日，日军将从南宁郊外西平村、根竹岭坡抓来的 29 名村民押到柴子渡口邕江岸边，将其中的 24 名村民枪杀，抛尸邕江⑥。同年 6 月的一天，日军七艘火轮船停靠在乐贤村水塘屋的邕江边，将三四百名无辜平民从船上押解到白坟坡枪杀⑦。1944 年 10 月 12 日，日军在桂平蒙圩万昌荣菜园和温家菜园（今蒙圩村）制造了蒙圩惨

① 1940 年 3 月 6 日《救亡日报》（桂林版）第 3 版《桂南战迹印象记》和 3 月 7 日登载：吕器：《血和恨之城——宾阳》；第四战区司令长官司令部编纂委员会：《第四战区桂南战史旅行暨战地调查纪事》1940 年第 2 辑，第 325 页，桂林市图书馆藏；欧查：《三年来敌人对广西妇女的暴行》，载广西省新生活运动促进会妇女工作委员会：《广西妇女》第 6 期，1940 年 7 月编，桂林市图书馆藏。

② 落生著：《宾阳上顾村被屠杀详记》，1946 年 1 月 6 日《广西日报》（桂林版）；武陵镇上顾村村民黄运清、黄耀华、黄灿廷、黄忠庆等 2007 年 4 月 10 日口述材料，采访原件存中共宾阳县委党史研究室。

③ 李雪辉口述：《柳城鸡母岭的大屠杀》，载政协柳城县文史委编：《柳城文史资料》第 2 辑，1987 年 11 月出版，第 14 页；2007 年 5 月 15 日采访知情人黄二的资料，采访原件存柳城县史志办公室。

④ 梁师华、吴忠才：《日本侵略军两次蹂躏广西的暴行》，见中共广西壮族自治区委党史研究室、广西军区政治部编：《广西抗战纪实》，广西人民出版社 1995 年版，第 287 页。

⑤ 李朝光著：《南宁第一次沦陷时日本鬼子在金鸡等地的暴行》，载政协南宁市委员会编：《南宁文史资料》第 20 辑，1997 年印行。

⑥ 方德华：《千人坟碑文》，1941 年 9 月。

⑦ 同上。

案，枪杀村民 300 多人①。

（3）刀杀。即用刺刀或指挥刀来"刺"、"劈"、"挖"、"割"、"剖"。1940年 2 月 5 日，日军制造上林石寨村惨案。日军侵占上林县巷贤镇第 3 天，逃往石寨村后高九山山麓避难的群众，轻信"皇军安民"的传言，下山回村。是夜，日军将回村的村民按男、女、老、少分别关押，然后把男性青壮年外衣剥光，一个一个押到村头东门边的一口池塘边，用大马刀砍头后推到塘里，共杀死 72人②。1940 年 9 月 23 日，日军在钦州犀牛脚杀害 70 多岁的驼背老翁林锦祥 3人，五脏六腑暴露尸体外③。1941 年《抗战时代》杂志 3 卷 3 期刊登了一篇名为《日军的残暴兽行——奸、烧、杀》的文章，其中痛揭了日军用多种手段残忍刀杀广西平民的行径："（1）1940 年 2 月 24 日，日军到东乡那肥村，拉黎姓媳妇来奸，其家公黎四，年 60 多岁，以柴刀劈敌，因年老力衰，反被敌以刺刀刺死。（2）1939 年 12 月 23 日，日军由龙州回窜绥渌，于右乡模范街，以指挥刀杀廖姓叔（刀由颈发背劈）侄（刀由颈前面劈）二人。（3）以刀来挖眼。（4）以刀割舌、耳、鼻及生殖器。"④ 1940 年 2 月 27 日下午 2 时，日军窜绥渌县城，大肆焚杀，将县府及各机关尽行焚毁，东门全街民房十分之九（约数十间）被焚毁，将中国军队阵亡或重伤被俘官兵投入火烧，将俘获民夫绑于树下，割耳舌鼻挖眼剖腹，再以火烧之⑤。1944 年 12 月 6 日，日军 20 余人到兴安县界首镇宝峰掌甲田村行劫，掠夺了百姓的大批财物，并抓走李贵大、李傻子、刘润年、刘鉴明等 5 人，逐个用刺刀砍死，其中刘鉴明受伤幸存⑥。1945 年 5 月 21 日，日军窜到柳江县成团乡板吕屯遭到联防队的袭击后将搜索到的无反抗能力的老人、小孩及妇女共 19 人用刺刀捅死⑦。

（4）棍杀。即用木棍（担竿）或铁棍来打死插死。1939 年 12 月 23 日，日

① 梁飞著：《日军在桂平的暴行》，载政协委员会贵港市文史委员会编：《浔郁抗战》，2005 年 8 月印行，第 36 页。

② 上林县志编撰委员会编：《上林县志》之第三节《抗日斗争》，广西人民出版社 1989 年版；中共上林县委党史研究室编印：《上林党史资料汇编》（抗日战争时期），存中共上林县委党史研究室。

③ 政协广西钦州市文史资料委员会编：《钦州文史》（抗日史料专集），1995 年版，第 180—181 页。

④ 叶鸣平：《日军的残暴兽行——奸、烧、杀》，摘自广西绥靖主任公署政治部：《抗战时代》1941年 3 卷 3 期（在桂林编印），桂林市图书馆藏。

⑤ 叶鸣平：《倭祸绥渌记》，摘自广西省政府职员公余进修社编：《公余生活》1940 年 2 卷 5 期，广西壮族自治区图书馆藏。

⑥ 兴安县地方志编纂委员会编：《兴安县志》，广西人民出版社 2002 年版，第 236 页。

⑦ 韦国荣：《日本侵略军在板吕村犯下的罪行》，见《成团沧桑》编纂委员会编：《成团沧桑》，2005 年印行，第 42 页；2007 年 4 月 19 日柳江县课题组采访亲历者韦有党的录音资料，采访原件存柳江县史志办公室。

军窜入绥渌县右乡模范街，以木棍打死 72 岁之老妇。"敌不顾人道，奸我同胞后，复以棍插入阴部致死"①。

(5) 熏杀。日军入侵时，广西各地的老百姓为了躲开日军，他们躲进了山洞中。想不到日军不甘罢休，还用火攻、用烟熏，把躲在一个个山洞里的老百姓杀死。1944 年 11 月 1 日，日军在桂林市郊黄泥家村焚烧民房，躲在村东岳山黄洞内的群众回村救火，被日军发现。第二天日军便用米糠、辣椒粉堆放洞口燃烧，用风柜将烟扇入洞内，一连几天，洞内男女老幼 137 人全被熏死。同月，阳朔岩塘村的硝岩洞、竹桥柑的牛岩洞、笔架山的后山岩洞、登子岩村的依夫岩、福利村的白面岩等处被日军熏死的群众共 75 人。临桂县五塘洞村山岩被日军熏死的老百姓有二三百人②。驻扎在永福县罗锦村的日军 116 联队约 20 多人到林村掠取财物，村里的人能逃的都逃到山上去了，来不及逃跑的老幼妇女共 84 人，匆忙躲进林村鳌峰山"下岩"洞中。日军找到了岩洞后，见洞深不敢贸然进去，便将群众收藏于岩洞口的食物、衣物、家具等一起焚烧，煽毒烟进入岩洞内，除林绍贞、林焕杰等 5 人得以逃出之外，其余 79 人被活活熏死在洞里③。同月 3 日，日军进入镇东乡岭坪屯（今东昌镇东阳村岭坪屯）后，便入村四处搜索，掠夺物资。当日军搜索至该屯龙岩洞发现有动静时，便火烧烟熏，洞中村民被烧死熏死 30 多人，烧熏后重轻伤 30 多人④。5 日，日军在阳朔县白沙岩塘村的硝岩发现岩洞内躲藏有老百姓，就在洞口用稻谷、米糠混合毒药、辣椒粉等点火，致使躲藏在洞内的陈守若等 27 人被熏死⑤。9 日，日军在阳朔县白沙五里店笔架山村的后山岩发现躲藏在洞内的百姓多人，日军将百姓收藏在洞内的衣物、稻谷、辣椒等掺上毒药点燃，致使骆十一嫂等 14 人被熏死⑥。11 日，日军用辣椒、谷糠、稻草放火熏烧临桂县庙岭乡（今属临桂镇管辖）马埠江村燕岩洞口，大火整整烧了 7 天，导致洞内避难的村民 111 人被烟火熏死，制造了"马埠江惨

① 叶鸣平：《日军的残暴兽行——奸、烧、杀》，摘自广西绥靖主任公署政治部：《抗战时代》1941 年 3 卷 3 期（在桂林编印），桂林市图书馆藏。

② 梁师华、吴忠才：《日本侵略军两次蹂躏广西的暴行》，载中共广西壮族自治区委党史研究室、广西军区政治部主编：《广西抗战纪实》，广西人民出版社 1995 年版，第 287 页。

③ 政协永福县委员会编：《永福文史》第 1 期，1987 年印行，第 44—46 页；林绍贞证人 2007 年 9 月 25 日证言，采访原件存中共永福县委党史研究室。

④ 政协荔浦县委员会编：《荔浦文史》第 2 辑，1980 年代末印行，第 30 页。

⑤ 政协阳朔县委员会编：《阳朔文史资料》第 7 辑，1995 年印行，第 81 页；陈守泉证人 2008 年 3 月 14 日证言，公证书［2008］桂朔证字第 63 号，原件存中共阳朔县委党史研究室。

⑥ 政协阳朔县委员会编：《阳朔文史资料》第 7 辑，1995 年印行，第 81 页；骆贵荣、龙琴珍夫妇证人 2006 年 12 月 8 日证言、秦德元证人 2006 年 12 月 8 日证言，原件存中共阳朔县委党史研究室。

案"。乡民为牢记日军暴行，将燕岩改名为白骨岩①。25 日，日军围攻融县太平村鸡仔岩，用稻草、辣椒、树叶堆在岩口大火焚烧，并用风车鼓风熏岩，熏死躲在洞里的太平、竹子、下里等村男女老少共 24 人②。1944 年 11 月，日军到百寿县城北一带烧杀掳掠，返回途经朝阳村中村时，发现群众在中村后山的花岩内躲藏，日军先用枪弹攻击，继而在岩口堆上柴草、干辣椒混以硫磺等物焚烧，用风车将毒烟扇入岩内，岩中躲藏的群众除 1 人得以逃生外，其余 32 人被活活熏死③。1944 年底，驻中渡县的日军到石桥屯背山弄"扫荡"，发现大批难民在"凤凰岩"避难，便将洞中难民睡觉用的稻草和被褥点燃，又烧辣椒烟熏，难民被烧死的、烟熏窒息的、情急中跌下深洞摔死的共约死亡 40 多人，幸存者仅 6 人④。

（6）水溺。1939 年冬，驻南宁的一小队日军前往邕宁县沙井乡乐贤村掳掠，强行把抓住的 68 岁老人黄同泰推进村里的水塘，几名日兵又用禾叉残忍地将其头颅压入水中淹溺，直至毙命才扬长而去⑤。1942 年 4 月 22 日，日军舰在北海海域劫去货船一艘，乘客 10 人被缚投入海中，仅有 2 人幸免于难⑥。

（7）活埋。日军挖深宽的泥坑或深沟，将绑好双手双脚的我同胞活生生推入坑或沟中，以多投之泥土，填敷其上，使之气塞而死。1940 年 1 月 16 日，侵占邕宁县四塘乡三叉坡的日军，抓走韦承芳、韦承誉、韦承懋、韦承蔚、韦焕恩、韦焕礼、韦焕礽、韦焕晟、韦焕凌、韦焕裀、韦焕松（8 岁）、韦焕伍（10多岁）、韦体湖等 13 名村民，惨无人道地将他们集体活埋在四塘附近的下丹岭⑦。1945 年 4 月，日军在灵川县塘西日军据点岭坪地上，刀砍、刺杀和活埋 30余人，仅 1 人被埋后爬出获救⑧。日军 1945 年 5 月 29 日退出融县后，县城北门水塘处发现有 7 名被活埋的居民，头颅露出地面，悲惨至极。

（8）施放毒气。1944 年 10 月 29 日，日军第 13 师团一部用毒气加火熏烧桂

　　① 毛庭栋：《村毁人绝的马埠江》，桂林市政协文史资料委员会编：桂林文史资料第 26 辑之《难忘的 1944 年》，1994 年印行，第 81—83 页。
　　② 欧振庭：《日军在融安的暴行》，摘自政协融安县委员会编：《融安文史资料》第 3 辑，1991 年印行，第 9—10 页。
　　③ 莫宗兆证人 2007 年 9 月 20 日证言，采访原件存中共永福县委党史研究室。
　　④ 广西省政府教育厅：《抗战期间广西各县文教人士忠贞及殉难事迹调查表》，1946 年制，广西壮族自治区档案馆藏，全宗号 L37，目录号 1，案卷号 458。
　　⑤ 南宁市沙井乡村民黄沙尧 2007 年 2 月 7 日证词，采访原件存中共南宁市委党史研究室。
　　⑥ 北海市地方志编纂委员会编：《北海市志〈大事记〉》，广西人民出版社 2002 年版，第 32 页。
　　⑦ 方欢明、方郊、方家喜等人 2007 年 4 月 7 日《证言》，韦永延、韦焕尚、韦永仁等人 2007 年 4 月25 日《证言》，采访原件存中共南宁市委党史研究室。
　　⑧ 灵川县地方志编纂委员会编：《灵川县志》，广西人民出版社 1997 年版，第 736 页。

林市东郊柘木镇王家村黄泥洞内避难的平民，造成平民中毒窒息死亡137人①。1944年11月7日晨，日军第40师团步兵第234联队攻占七星岩顶端，随后封锁了洞窟入口，并向洞内投放毒气弹，守军第391团及在洞内的野战医院人员和伤兵及居民800余人中毒死亡②。同日，桂林城东郊申山岩洞口附近中日军队发生激烈战斗，日军用窒息性毒气、煤气及火焰放射器向岩洞攻击，申山守兵伤亡殆尽，估计中国军队因毒气伤亡60余人③。1944年11月16日，日军用毒气和烟熏桂林市雁山镇五塘村委洞上村大吉岩，造成洞内208名避难的村民死亡；后为牢记日军暴行，改大吉岩为血泪岩④。1944年11月，日军用毒气和烟熏桂林市柘木镇穿山村龙爪支岩，洞内30多名村民死亡⑤。

（9）伤口撒石灰。1940年7月4日，为报复当地抗日自卫武装，日军"扫荡"邕宁县乌兰村（今属南宁市良庆区新兰村）。村民玉堂秀和玉世达、玉××两兄弟、奚姓夫妻俩被日军开枪打死。玉××被日军抓到坛泽村（今属良庆镇）后，捆绑起来，然后割下身上的肉，撒上石灰，被折磨而死⑥。

（10）五马分尸。1945年5月16日，驻扎在柳城县上雷榴村的一队日本兵到上漏、下漏抢劫，返程受到农民自卫队伏击。日军即将村民韩三进行"五马分尸"。日本兵用绳子分别把韩三的脖子、双手双脚套住，牵来五匹马，把套住韩三的五条绳子分别绑在五匹马的马鞍铁环上，然后用鞭子猛力抽打马而五马分尸。之后日本兵又以同样残忍的手段把另一名村民五马分尸⑦。

3. 疯狂进行物资掠夺

日军在广西沦陷区内大肆在屠杀老百姓的同时，还进行疯狂掠夺，以实现日军以战养战之方略。日军所到之处，尽其所能疯狂搜刮其所需的牛、马、猪、鸡、鸭、棉被、米、谷、玉米、红薯、鸡蛋、白糖、生果、蔬菜、钞票、古玩及

---

① 赵平：《白骨累累的黄泥岩》，政协桂林市委文史资料研究委员会编《桂林文史资料》第5辑，1984年版，第117页。

② 《桂系大事记》，见政协广西壮族自治区委员会文史委员会编：《广西文史资料选辑》第2辑，1993年印行，第370页。

③ 韦云淞：《桂林防守军战斗要报》，见桂林市政府：《桂林市光复专刊》第2册，1946年印行，第20、21页，桂林市档案馆藏，档案号03—1—4。

④⑤ 赵平：《日军在桂林进行毒气战调查纪实》，桂林市政协文史资料委员会编《桂林文史资料》第49辑，2005年版，第219—220页。

⑥ 邕宁县地方志编纂委员会编：《邕宁县志》，中国城市出版社1995年版，第297、298页；2008年6月3日玉振恒、玉启平、玉振兴、玉世珠等《证言》，采访原件存中共南宁市良庆区委党史研究室。

⑦ 柳城县政协文史委员会编：《柳城文史资料》第2辑，1987年11月印行，第18页；2007年6月7日课题组采访知情人覃顺高的资料，采访原件存柳城县史志办公室。

金属物品，并将无法带走的诸如房子等进行焚毁。

1939年12月3日，日军占据宾阳县昆仑乡柳溪、柳洞（现属思陇镇）两村；至13日，日军共屠杀当地民众100人，杀死耕牛26头、猪16头，抢走粮食4万多斤，烧、炸毁民户140多间①。1940年3月16日至25日，横县南乡、禄嘉、蔡板、冷水、龙门、桥笪、大同、飞龙、上灵、独竹、陈宣11个乡镇相继遭到日军的侵占和窜扰，被焚烧和毁坏房屋1627间，乡、村公所6座，烧毁和劫走粮食33.26万斤，劫杀牲畜3208头，其中南乡、冷水乡被打死村民33人，伤40人，被掳9人，遭纵火焚烧房屋1252间；禄嘉乡（1952年6月，划入灵山县）魁策、六潭、岑平村，被焚毁房屋208间，焚烧和抢去粮食5.12万斤，掳掠及宰杀牲畜204头②。1941年3月7日，日军强拉民夫将劫掠的物资金属器材、棉被、粮食、食盐、食油、糖、牲畜、家禽等搬聚海滩集中，用小艇驳运上军舰③。

1944年日军第二次入侵广西，部队既无辎重，也无粮秣，并且还欠了三四个月的军饷未发，遂实行以战养战的战略，要士兵拿一杆枪、一套破军服便从湖南、广东侵入广西。因此日军每到一处，首先是搜索粮食，深入广西各村各寨，将农民逃难时未能转移的稻谷玉米掳掠。以桂平县金田等乡为例子，日军竟以伪币每担500元之价（声言2000元，实付500元），欲行勒缴400余万斤稻谷（其他藉名"没收"者约五六十万斤不在此数内），如果不是当地民众起而抵抗，将日军逐退（在大宣乡夺回已被夺去的约10万斤，另有数10万斤已被运走），则在广西号称"鱼米之乡"的桂平县，当地老百姓将陷入不可想象的饥荒惨境。日军还把谷种都搜刮尽，其罪恶目的，是使广西人民走入绝境，失去生产能力。日军在许多地方，将吃不完的食粮和谷种倒入河中，或者放火焚毁，南宁、贵县、桂平、平南、藤县、苍梧，都发生过此种现象。驻桂平的敌人在撤退时还炸沉了7条大米船。1945年1月23日起，日军连续四天洗劫蒙山乐拥村吕仲篥家，吕家损失：稻谷4万多斤，肉猪6头，塘鱼1200斤，家用物资60余担，国币5万元，房屋被烧，总计损失约1200万元国币。1945年2月6日，日军窜入蒙山县黄村那兵村，连续掳掠三天。那兵村被劫稻谷4万余斤，耕牛100多头，棉被100多床，猪、鸡、鸭全部被抢光杀光。

---

① 1939年12月6日《广西省政府公报》第640期《时事简讯》，广西壮族自治区档案馆藏；胡学林修：《宾阳县志》（1948年版）第6编：前事（第540页）；2007年4月12日思陇镇柳洞村民万亿振等《口述材料》，原件存宾阳县史志办公室。

② 1940年横县政府：《横县倭灾人口财产损失调查表》（156—64—48），原件存横县档案馆。

③ 北海市地方志编纂委员会编：《北海史稿汇纂》，方志出版社2006年版，第604页。

日本侵略者不仅劫夺粮食，并且还大量屠杀耕牛，残酷破坏广西农业畜力。在武鸣，日军要当地的乡长每天孝敬牛脑 50 付，鸡肝 200 付，猪脚 100 对。

日军对军用物资及民间财富进行有组织有计划地掠夺破坏。1939 年 12 月 22 日，日军入侵凭祥县城，掠夺到汽车 108 辆，汽油及重油 58 万加仑，电解铜及铁棍 2000 根，铅 180 吨，锡 6.8 吨，钨钢约 1 吨，步枪 359 支，重工业材料 32 捆及大量火药、弹药、被服等[1]，使国民政府军政部中央资源委员会西南运输处在凭祥的物资损失殆尽[2]。1944 年 11 月 15 日，日军在临桂县四塘乡岩口村油笼岩抢劫洞内财物，洞内 300 多只装有衣物、钱币、首饰等桂林商家的贵重物品，及 60 多箱（件）军械，被日军抢劫一空[3]。

日军对于衣物房舍也加以毁灭与破坏。日军每到一村，便大肆搜刮，先将衣物被铺堆置空地，将完好可穿的拣出，继以火油泼入，再将老百姓的家具堆上助火，有的老百姓出来灭火即遭枪杀。日军烧完衣物再烧屋。比如柳州、桂林，在撤退前 1 个月便成立了纵火队，有计划地普遍焚烧，柳州 2 万余户烧剩 600 余户，大火半月未熄；桂林更惨，曾经居住 40 万人口的房舍，被破坏了 99%，一片焦土，比较完好的不过 400 余幢而已。其他如龙津、武鸣、贵县、桂平、平南、柳州、宜山、河池等比较大的城镇，仅余一些破败不堪住居的小平房。1944 年 11 月 15 日，驻扎于柳江县进德乡塘头村上屯的 100 多个日本兵全体出动，杀死中屯村民 40 多人，烧毁民房 25 间，烧毁粮食 2 万余斤[4]。1944 年 12 月 2 日，日军占领隆山县城（今马山县白山镇），烧毁县政府机关和民房数间，并毁坏电话、收音机等一批物品，抢走库存 2 万余斤粮食[5]。

4. 强征劳工、奸淫妇女

（1）强征民工

日军每到占领的沦陷区域，遇见少年、青年、壮年及将老尚壮健的广西男同

---

① 摘自日本防卫厅防卫研究所战史室 1960 年代编纂：《中国事变陆军作战史》第 3 卷第 10 分册《桂南会战》（又称《南宁作战及冬季攻势的各次作战》和《广西会战》），天津市政协编译委员会尹福泽翻译。

② 黄铮主编：《广西抗日战争史料选编》第 1 卷，广西人民出版社 2005 年版，第 355 页。

③ 政协广西临桂县委员会编：《临桂文史资料》第 18 辑，2006 年版，第 55 页。

④ 2007 年 4 月 11 日课题组采访见证人谢瑞珍的资料，采访原件存柳江县史志办公室；政协柳江县文史委编：《柳江文史资料》第 1 辑，1990 年 8 月印行，第 81—82 页。

⑤ 1946 年《隆山县政府代电呈抗战史料》，存中共马山县委党史研究室；《隆山县志》，1948 年版，广西壮族自治区图书馆藏。

胞，都拉去挑运物品或做筑路工人或做带路的向导。被拉去者受尽百般折磨，甚至被日军杀死。

当年发表的《邕宁"皇军"暴行见闻录》一文列举了日军强征民工的罪行："①'皇军'入了南宁，第一件事便是修复飞机场。因此，城里城外的老百姓一遇到他们就要'苦工'的赏赐。为了加紧完成，要日夜赶工，不许你有半点休息；拉了六七百人。②修复飞机场是如此，搭浮桥也是如此。亭子墟、津头村、窑头、沙滩这4座浮桥，是流落在南宁的老百姓处于'皇军'工兵的皮鞭威胁和监督之下，一天内完成的。③此外如修路，构筑防御工事，都是一样。只在八尺区里的蒲庙圩，就被拉了五六十人。当然其他各乡村也拉了不少。④最难堪的是妇女们，她们被迫着裸衣露体去替'皇军'挑水，任由他们从旁戏弄，一点儿不许反抗，反抗'皇军'的就是大逆不道，随时有被处死的危险！⑤'皇军'是这样毒辣，而'皇军'的马夫也会找替身，他抓到了老百姓，逼勒他替自己割草，喂马……"①

1940年2月中上旬，日军在宾阳会战结束撤退时，对邕宾公路沿途村庄烧杀掳掠，并在宾阳以东的廖平、莲花、邓圩等地强征民夫（拉夫）2000余人，为其运送辎重南撤，被征民夫受到非人待遇，有的放回时被砍去右臂②。1940年6月，驻邕宁大塘日军强征（强拉）当地民夫3000余人，企图修筑邕钦铁路③。1944年11月25日，日军搜山，柳江县覃加林、覃应芳等五六人被抓夫，拉到进德乡黄岭屯关押。几天后，日军将被关押的44个民夫，每3人由1个日本兵执枪监管，从黄岭屯出发挑重担沿着柳邕公路向西南行进。经过几十天的行程，沿途受尽凌辱，到达龙州时只剩21人，整整死去23人，除少数病亡之外，大都沿途被日军杀害④。

此外，抗战期间，广西共动员和组织民工200多万人次投入各种劳役⑤。

（2）奸淫妇女

日本侵略军每到占领的沦陷区，一件最要紧的事，就是到处去搜索妇女来奸

① 王憎福：《邕宁"皇军"暴行见闻录》，载广西省政府职员公余进修社编：《公余生活》1940年2卷12期，广西壮族自治区图书馆藏。
② 《南宁民国日报》（田东版）1940年2月16日报道：《四塘以北敌向南宁溃窜，五塘北残寇我正"扫荡"中》；《救亡日报》（桂林版）1940年3月6日、18日报道：《桂南战迹印象记》；叶亚夫：《劫后桂南行》，载《中山日报》1940年3月9日版。
③ 见《广西日报》（桂林版）1940年6月21日报道：《从化一带秩序恢复》。
④ 覃应芳口述、覃兆丰整理：《苦难的柳江县民夫》，见政协柳江县文史委：《柳江文史资料》第5辑，1996年7月印行，第26—27页。
⑤ 黄铮主编：《广西抗日战争史料选编》第1卷之《前言》，广西人民出版社2005年版。

淫。有年幼十四五岁的未成年少女，有青年壮年，也有年已 70 多岁的古稀妇女。日军见了，都拼命去捆拿，得到手了，无论在旷野、山洞、田头、树下、屋内，就地奸淫起来，轮奸完了，大家撒手，受害者的生死不顾了。如果一两名日军遇妇女数人，就将她们全部捉拿回宿营地，由"立功"者占优先外，剩下的则分配日军轮奸。1939 年日本侵略军第一次入侵桂南时，邕宁县蒲庙一带大村落的民众，来不及逃难的许多妇女都遭杀戮与奸淫。"在宋村，敌人搜抢到了一大批白米，拉了当地的女人约 200 余人一律要她们脱了衣服，光着身体搬运那里白米下船去，他们便在旁边监督着，任意侮辱、虐待、拍手狂笑，搬完了那些米，这些女人当然免不了还要受到更大的污辱强奸！"① 1940 年 2 月 2 日下午 4 时，宾阳县城沦陷。日军入城后到处烧杀，奸淫掳掠，其中有上百名妇女被日军强奸、轮奸②。1940 年 2 月 10 日，驻南宁市区西乡塘几十名日军包围对岸（邕江南岸）乐义村，将全村人赶出来集中，把村内多名妇女就地强奸，被强奸妇女惨叫声不绝，村民们眼见亲人被奸无可奈何③。1940 年 2 月底，驻邕宁剪刀圩日军对周边罗村等进行"扫荡"，围捕躲藏在罗村附近引子岭上的村民，并将搜捕到的 42 名妇女带回据点强奸后放回④。1944 年 9 月 28 日，日军进入藤县和平镇石桥、河村、大塘、十里、都竹、志成、务伦等村抢劫食物，抓到妇女数名，集体轮奸⑤。同日，日军入侵原藤县糯峒圩（今属岑溪市辖）捉去妇女 10 多名进行强奸，连 70 多岁的彩利婆婆也不能幸免⑥。1944 年 10 月 6 日，日军在苍梧县金鸡圩附近乡村抓到 10 多名妇女，进行强奸⑦。同日，日军进驻资源县浔源乡（今两水乡），奸污妇女多人，其中 1 人被轮奸致死⑧。

其次，设立慰安所，强拉民女充当慰安妇。桂林《力报》1940 年 7 月 5 日第 2 版所载《今日南宁》一文中说："敌近在南宁，强拉妇女七八十名至小营，

① 洪高明：《敌人铁蹄下的南宁》，载《西南周刊》社编辑：《西南周刊》1940 年第 3 期，桂林市图书馆藏。

② 胡学林修：《宾阳县志》(1948 年版) 下册，第 537 页，广西壮族自治区图书馆藏；欧查：《三年来敌人对广西妇女的暴行》，载广西省新生活运动促进会妇女工作委员会：《广西妇女》1940 年第 6 期。

③ 1941 年 1 月广西绥靖主任公署政治部编：《桂南：从沦陷到光复》之《干校旧址——西乡塘》，存桂林市图书馆地方文献部。

④ 《桂南：从沦陷到光复》，第 4—5 页。

⑤ 中共藤县党史办公室编：《藤县革命星火录》，2001 年印行，第 117 页；和平镇韦振林、糯洞邝维楷口述资料整理，采访原件存藤县史志办公室。

⑥ 中共藤县党史办公室编：《藤县革命星火录》，2001 年印行，第 117 页；和平镇韦振林、糯洞邝维楷口述资料整理，采访原件存藤县史志办公室。

⑦ 苍梧县金鸡镇周绪成、李业兴等人口述资料整理，采访原件存中共梧州市委党史研究室。

⑧ 资源县县志编纂委员会：《资源县志》，广西人民出版社 1998 年版，第 242 页。

成立'支那青年妇女同乐社'，供敌倭发泄兽欲。"1939年冬，南宁沦陷后，为解决驻邕日军士兵的性欲，日军在南宁中山公园、解放路、金狮巷、中华戏院等处开设有数个"慰安所"，南宁未及出逃的妇女250余人被强迫充当"慰安妇"供日军士兵蹂躏①。

再次，日本侵略军奸淫妇女还有更残暴的行径。1940年3月17日，日军入侵灵山檀圩，强奸80岁的刘二婆及其他3名妇女后用刺刀捅死②。次日，日军入侵灵山，附近乡民都躲到城郊的龙武岩洞里，日军就焚烧稻草，煽草烟入岩洞里去，乡民被烟熏得受不了，陆续走了出来。敌人就把所有的男子捆缚起来，稍为抗拒的，立即当场枪杀。女的分成三级，20岁以下少女为第一等，20至30岁的为第二等，30至40岁的为第三等。一等的给军官，二等的给士兵，三等的给伪军及汉奸，并且就在她们亲属旁边轮奸，有些少女当场就被糟蹋死了③。1940年4月3日，日军第五次窜扰绥渌县的时候，在右乡徐街一位年迈行走不便的70多岁的老妇人，在家看守，被日军发现，数人轮奸，至敌人走后第10天便死去；1940年5月12日，日军第七八次进村，在中和乡汪竹村搜获十四五岁幼女轮奸，生死未知④。在宾阳县附近，有11岁的女孩4人，随同家人逃难，被日军追捕，把4女孩轮奸，均受重伤。在南宁被掳去的一批少女，因生理发育未健全，竟遭兽兵用刺刀将生殖器割裂，惨痛而死！敌军奸淫中国女同胞的残暴，还有许多没有人性的兽行：（1）如果家公和儿媳妇同时被日军抓获，日军将媳妇的衣服脱光进而轮奸，而一名日本兵用刀架在其家公之脖子上，逼其跪视日本士兵的轮奸兽行，待兽兵奸完后，又逼家公奸其媳妇，如果不从就将家公杀害。（2）如果夫妻俩同时被抓获，日军将妻衣服脱光即轮奸，而一名日本兵用刀架在夫脖子，逼其跪观看他们的轮奸兽行，待日军奸完后，又逼夫奸其妻，否则杀害⑤。

此外，还有更惨无人道，最残酷的行径——日军士兵强奸完后，用木棍铁条插入女人的阴部等手段使受伤者致死。1944年10月12日，万余日军占领桂平

---

① 欧查：《三年来敌人对广西妇女的暴行》；载广西省新生活运动促进会妇女工作委员会：《广西妇女》1940年第6期；乔夫：《日军在南宁的慰安所》，载政协南宁市委员会文史委员会编：《南宁文史资料》总18辑《南宁抗战》，1995年印行。

② 政协广西钦州市文史资料委员会编：《钦州文史》抗日史料专集，1995年版，第192页。

③ 本报特约记者陈伯舟：《沦陷后粤桂边境视察记》，载《救亡日报》1940年7月31日。

④ 叶鸣平：《日军的残暴兽行——奸、烧、杀》，摘自广西绥靖主任公署政治部：《抗战时代》1941年3卷3期（在桂林编印），桂林市图书馆藏。

⑤ 叶鸣平：《日军的残暴兽行——奸、烧、杀》，摘自广西绥靖主任公署政治部：《抗战时代》1941年第3卷3期（在桂林编印），桂林市图书馆藏。

蒙圩及附近村屯。到处奸淫妇女,知姓名被奸妇女 3 人,另有 1 个少女被轮奸后捅死,陈尸在蒙圩学校①。1944 年 10 月 29 日,日军在灵川县青狮潭岩背村强奸一妇女后把她的脚筋割断致死②。1944 年 10 月,日军在桂平新圩抓到 10 余名妇女,拉到当楼轮奸,反抗不从者当场用军刀捅死③。1944 年 12 月,日军将抓来的 16 名群众绑至永福县东岸村后的弄场,当做活靶练习刺杀,有的受害人身上被捅了十几刀,有两名妇女的双乳和下阴处被戳得稀烂④。1944 年冬,日军侵入柳江县洛满乡何家屯,一妇女被轮奸后挨割乳部死亡⑤。1945 年 2 月 4 日,一股日军从越南入侵水口圩,60 多名居民被杀害,10 多名妇女被抓到水口小学圩集中轮奸,其中 1 名 17 岁的少女被轮奸致死,另一名少女轮奸后,砍去四肢抛下水口河淹死⑥。

5. 利用"维持会"奴役广西人民

日军入侵广西期间,成立"维持会",推行其残暴的殖民统治。日军利用当地地痞流氓、土匪恶霸当汉奸,四出活动,采取威逼、欺骗等手段让逃离占领区的群众返回家乡。由汉奸组成的"维持会",成为日军在政治、军事、经济、文化方面奴役广西人民的工具。

1939 年 5 月上旬,日军把涠洲岛上居民赶到机场集中,一一点名,宣布成立"中华涠洲岛维持会",实行保甲制。岛民按村建立户口册,实行保甲联保制,数名村民因未及时到场被杀害⑦。1940 年 9 月 14 日,盘踞在钦州沙坡的日军七八百人再次入侵防城县城,驻扎了 10 多天,成立"维持会",以"维持会"名义出示安民通告,发放顺民证,强迫中国老百姓帮其做工修路,日军四处抢粮、捉猪、抓鸡鸭、奸淫掳掠妇女,无恶不作⑧。日军第一次侵桂时,先后在邕宁、扶南、绥渌、明江、宁明、上林、钦县等地成立县维持总会(有的称维持会)。绥渌县维持总会辖绥渌、崇善、上思三县。这几个县共下辖 12 个乡维持总会和 100 多个维持分会。维持总会下设各种各样的机构。钦

---

① 梁飞:《日军在桂平的暴行》,见贵港市政协文史委员会编:《浔郁抗战》,2005 年 8 月印行,第 36 页。

② 灵川县地方志编纂委员会编:《灵川县志》,广西人民出版社 1997 年版,第 736 页。

③ 贵港市政协文史委员会编:《浔郁抗战》,2005 年 8 月印行,第 37 页。

④ 政协永福县委员会编:《永福文史》第 4 辑,1994 年印行,第 23 页。

⑤ 2007 年 6 月 5 日柳江县课题组采访见证人何恩焕的资料,原件存柳江县史志办公室;柳江县志编纂委员会编:《柳江县志》,广西人民出版社 1991 年版,第 226 页。

⑥ 龙州县课题组调研成果之"大事记",原件存中共龙州县委党史研究室。

⑦ 北海市地方志编纂委员会编:《北海市志〈大事记〉》,广西人民出版社 2002 年版,第 30 页。

⑧ 黄知元编:《防城县志初稿》第 14 章纪事,1946 年印,广西壮族自治区图书馆藏。

县维持总会设会长、秘书、督察长、书记、绥靖大队、民工部、营业部、安慰班和治安警备队等。邕宁县的4个乡维持总会下辖48个乡分会。总会设会长、副会长、秘书、征收员、财务员、乡导及治安警备队。邕宁县心圩乡维持总会成立后，日军称之为"新省会"。维持会内挂日本国旗。维持会负责搜刮物资供应日军，征集民夫，修建桥梁、道路、构筑工事，运输军需品；派人为日军刺探情报，做向导；协助日军宣扬"皇军"、"德惠"，诋毁中国国民政府，对民众实行奴化教育；还为日军开设市场、倾销日货；摊发"良民证"，勒收各种苛捐杂税；征集妇女。

维持会的汉奸们，依仗日军淫威，到处敲诈勒索，奸淫掳掠，残害民众。钦县大塘安良乡组织的治安警备队，有300余人，配备机枪4挺、步枪70余支，其余人员手持扁担、绳索、大口袋等工具，还有50名日军协同行动。这伙人经常到大塘、苏圩、安良、复良乡胡作非为，先后强迫20多个村老百姓"归顺"日军，煽动"顺民"去抢掠非沦陷区群众的财产，烧毁民房600多间，抢走耕牛400多头，粮食25万公斤，猪、鸡、鸭无数。明江县维持会的"自卫大队"30多人，由一个惯匪担任队长。该惯匪勾结长桥乡的土匪，经常在长桥、峙浪等乡打家劫舍、欺男霸女、掠夺群众耕牛财物等。

日军利用维持会对占领区民众实行奴化教育。以一些汉奸出面，组织所谓宣抚班，通过传单、神符、标语、对联、广告、小报、演讲、漫画、演剧等形式吹嘘"皇军"的"恩惠"、"强威"，贩卖"日支同文同种、共存共荣"等奴化思想。日军还在心圩、大塘、钦县等地举办儿童或成人日语训练班，用金钱、食物等利诱或用威逼手段强迫群众或儿童参加日语培训班。训练时间1至3个月。心圩的日语学校，由日本人任校长，规定各村儿童报名参加学习日语，凡报名者发给香烟一包，参加上课者发军用票20元。每期招生数十人，学习时间为3个月。1940年9月13日，心圩日语学校举行第一期毕业典礼，还邀请了南宁日军特务机关人员及新闻记者参加。

日军第二次侵桂，也在桂林、阳朔、柳州及宁明、明江、思乐等地建设维持会，下设各种机构。桂林维持会设立于城内李子园（现桂林医学院宿舍），维持会设会长、秘书及总务科、军事科、民政科、交际科、财政科、人事科及警察队等。桂林市郊也成立维持会。柳州维持会设在河南岸驾鹤山西面的半山酒店处，设会长、秘书及民政、财务等科，还成立警察局。各维持会依仗日军势力，派丁拉夫，筹集钱粮物品，发"良民证"，寻找"花姑娘"，带领日军到处掠夺。

日军在侵犯广西期间，还制造了靖西籍士兵"杨清福亡国奴惨案"。杨清福是靖西县禄峒乡大史村古生屯人。1918 年出生，1940 年被中国军队征兵入伍，1944 年 11 月在柳州一次抗击日军的战斗中被俘，后被日军关押在一个无名小岛上做苦工，日军在其脸上刻下"亡国奴"三个字[①]。1950 年初，杨清福带着耻辱的印记"亡国奴"回到故乡蛰居，不敢以真面目示人，直到 1985 年才被人知道且经媒体报道，世人才知道杨清福脸上"亡国奴"这一民族耻辱印记。在媒体披露后不久，广西医学院附属医院免费为杨清福进行外科整形手术，并将"亡国奴"三个字制作成标本，存放在医院的陈列室，永久记录日本侵略者奴化中国人民的罪恶铁证。

6. 日军入侵造成广西境内数百万难民

难民通常是战争的产物。抗战时期，日军两次入侵广西，民众的生产和生活因战争的爆发而受到巨大的危害，难民数量因此而增多，对社会造成的不利影响也越来越严重。

抗战时期广西存在大量难民。1944 年秋，黔桂铁路和公路逃难民众多达数十万，《广西日报》、《中央日报》、《新华时报》等都作了大量报道。1944 年 11 月 12 日《新华时报》发表《黔桂铁路沿线难民达 70 万》；《盛京时报》1944 年 9 月有篇题为《宜山到独山一带滞留难胞 30 万》；《新华时报》记者报道了 1944 年 9 月 25 日河池县金城江火车站大灾之后"现在金城江至六甲之间的难民不下数十万人，寇深祸急，他们往哪里走？"[②] 广西省政府根据赈济会所属各机关发给的难民登记证统计，认为从 1939 年至 1942 年的 4 年间，难民最多的是 1940 年，共计 373539 人，其中，男 183665 人，女 189874 人。国民政府院赈济委员会的统计报告则认为，至 1941 年底，广西的难民人数为 103547 人。日军第二次入侵广西时，更是造成大量难民的出现。1945 年日军撤退后，广西"各地流离失所的难民达 314 万人"[③]。从以上几项数据来看，日军入侵广西造成难民的产生数量不下 400 万人。

广西境内的难民结构比一般的省区要复杂，有来自全国各地的难民以及广西本省的难民，也有来自海外的难侨。他们在逃亡过程中历经磨难，有的甚至付出

① 梁森荣、李德福：《耻辱四十年，折磨杨清福》，载 1985 年 8 月 15 日《南宁晚报》。
② 萧佳令：《黔桂流亡旅途见闻》，载《新华时报》1944 年 11 月 16 日第 2 版。
③ 苏永：《广西建设史大纲》，广西省训练团 1947 年印行，第 30 页，存于广西壮族自治区图书馆，索书号：352.114430。

了生命。曹福谦在《湘桂黔大溃退目睹记》中写道："由浙江、江西、广东、湖南逃来的老百姓一点也没有歇歇足、喘喘气的机会。因为全州一失，而且失得太快，难民们不得不继续拖男带女扶老携幼地向广西内地逃走。由于部队只顾撤退的快，不掩护他们，其中有走不快、走不动的难民落在后边，成批成伙地被日军抓着集体枪杀了……这时逃难的人成为'人流'，你靠着我，我依着他，他挤着你，一个一个肩并肩，日夜不停地向前蠕动。旧社会'赶集'、'赶场'、'逛庙会'的人，还没有湘桂大溃退时逃难的人多。公路上填满了人，你走路想快一些是做不到的，有时连开步的空隙地方都找不到一小块。人人都直着脖子呆呆地向前蠕动，到底走到哪里，谁都不知道……人走不动横卧在公路中间，后边的人就踏在倒下去的身子上走过去了。"①

难民主要集中在中心城市和交通要道旁的乡村之间。随着日军的步步进逼，民众往往会跟随政府和军队的撤退而自行逃亡。他们大都沿着铁路、公路、河道盲目地走，看到暂时没有危险了就赶快安顿下来。桂林当时是广西的省会所在地，柳州、梧州、南宁等城市的商业和工业相对发达，这些地方成了救济难民的集中地。

广西政府和社会各界在难民安置救济中付出了代价。

首先，安置和救济难民加大了政府在财政方面的支出。抗战时期，日军的入侵严重地破坏了中国和广西的社会生产力，造成物质财产的重大损失，政府的财政收入急剧减少。在这种情况下，既要坚持抗战，又要对难民进行安置，使政府承受着越来越大的财政压力。每年仅省政府为难民提供的生产贷款就有20多万元，救济难民和难侨的资金每年也有数十万元，中央赈济委员会1942年拨给广西救侨会的资金就有500多万元，这还不包括各县的救济资金在内，也不包括救济难民的粮食、衣物的价值和设立农场、工厂、学校安置难民及其子女所需要的资金投入。政府对难民的救济通常通过救济机构来实施，这些机构大都为政府所设立。由于担负着非常繁重的救济难民的任务，因此这些机构不仅需要有较多的工作人员，而且还要有较多的运作经费。例如，广西省赈济会共设职员48人，经费204200元；桂林市场空袭紧急救济联合办事处职员66人，经费7804元。其他各县的救济机构职员少的数人，多的20余人，平均为10—13人，经费数百元至上千元不等。这无疑进一步加大了政府的财政支出，在一定程度上影响到当地社会经济的发

---

① 政协广西壮族自治区委员会文史委员会编：《广西文史资料》第25辑《广西抗战亲历记》，1987年印行，第132页。

展。把管理成本与社会经济发展的关系结合起来考察，便可知损失程度非常严重。

其次，难民转辗流离，体质恶化，导致流行病蔓延。在对难民进行安置和救济的过程中，由于无法提供基本的医疗条件，使疾病蔓延，危害民众的健康。例如，儿童保育院收容的难童大都染有虱、跳蚤，患有皮肤病、沙眼、胃病、肺病、贫血病等，其中沙眼、疥疮、湿气占 80% 以上。抗战时期，广西是难民相对集中的地区之一，自然也是流行病蔓延的地区之一。虽然各级政府和社会各界尽力对难民进行了安置和救济，但由于无法控制流行病的蔓延，就不可避免地使社会的生产力受到摧残，加剧本地的贫困化。

再次，难民数量的不断增多，造成物价持续上涨，货币贬值，人民生活水平降低。抗战的中后期，全国各地都出现了通货膨胀的现象。广西由于是难民比较集中的地区，物价上涨的幅度相对都较大。1943 年 7 月，桂林每斤面粉的价格为 13.5 元，12 月则升至 26 元；每斤猪肉的价格，1944 年 1 月桂林为 56 元，12 月则升至 102 元。战争时期只能保证大多数人最低限度的生活需求。大后方物价迅速上涨，使民众的生活难以维持。

（四）抗战时期广西人口伤亡情况

1. 1939 年 11 月至 1940 年 11 月日军第一次入侵广西造成人口伤亡情况

1939 年 11 月 15 日，日军调集重兵，在钦州湾登陆后，攻陷防城、钦县、合浦等县，并继续北犯。11 月 18 日侵入邕宁县境，24 日攻陷南宁城，切断中国国际交通路线，尔后分兵侵扰武鸣、上林、宾阳、永淳、横县、扶南、绥渌、上思、思乐、明江、上金、宁明、凭祥、龙津、崇善、左县、同正、迁江等 19 县。1940 年冬，日军开始撤退，到 11 月 14 日沦陷地区全部光复。桂南各县收复后，由省赈济会办理调查沦陷期间战争造成的人口伤亡和损失，其中人口伤亡为：死亡 11147 人，受伤 2161 人，失踪 3986 人。

（1939 年 11 月至 1940 年 11 月）

项别	死亡人数			受伤人数			失踪人数
	计	焚杀死亡	空袭死亡	计	轻伤	重伤	
总计	11147	9922	1225	2161	1287	874	3986
男	5500	4897	603	1181	689	492	556
女	3347	2896	451	721	430	291	156
幼童	1405	1262	143	206	142	64	73
未明	897	867	28	53	26	27	3201

注：1. 15 岁以下之小孩为幼童，不分男女。2. 重伤：（1）损毁视、听、味、嗅觉；（2）损毁一肢以上之肢能及生殖技能；（3）其他重大不治或难治之伤害。3. 轻伤：系不成为重伤之轻微伤害。

2. 1937 年 7 月至 1944 年 8 月，日军飞机空袭造成广西人口伤亡情况

广西历年被空袭损害统计②

年别	被炸次数	死亡人数	受伤人数	房屋受损（间）	财产损失（国币元）
1938	49	307	390	3746	59563500
1939	135	1540	1893	11085	17159564
1940	350	1473	1871	3562	
1941	51	508	351	1498	480000
1942	30	242	616	2359	14378900
合计	615	4070	5121	22250	91581964

从表中得出，1938 年至 1942 年，因日军飞机空袭造成广西 4070 人死亡，5121 人受伤，这组数据包括《桂南 19 县人口伤亡统计总表》中"空袭死亡"以及"重伤"、"轻伤"中的统计数，因此我们须剔除 1939 年 11 月至 1940 年 11 月死亡 1225 人和受伤 628 人，最后得出了没有重复的统计数字：死亡 4070 人 – 1225 人 ＝ 2845 人，受伤 5121 人 – 628 ＝ 4493 人。另外，因资料不全，1937 年 7 月、1943 年至 1944 年 8 月日机空袭造成的人口伤亡情况没有一个准确的数据，只能从我们调研成果的"大事记"来统计：

1937 年 7 月 24 日，日机轰炸梧州市区造成城东镇压云盖街梁亚妹死亡；1937 年 10 月 15 日，日军数十架轰炸机飞抵桂林上空，向城内投弹 8 枚，炸死市民 53 人，伤 200 人，在城郊投弹 40 余枚，致死伤农民逾 300 人。"死伤"对半计算，则 1937 年日军飞机轰炸造成大约 204 人死亡、350 人受伤。

1943 年 2 月 9 日，日机轰炸柳州，造成 3 死 4 伤；3 月 13 日，日机轰炸桂

① 见广西省政府统计处：《广西年鉴》第 3 回上册，1948 年印行，中共广西壮族自治区委党史研究室存，《附录》第 76 页。

② 见广西省政府统计处：《广西年鉴》第 3 回下册，1948 年印行，中共广西壮族自治区委党史研究室存，第 1357 页。

林，炸死伤 15 人；7 月 11 日，日机轰炸信都县，造成 1 人死；8 月 7 日，日机轰炸梧州，造成 8 名平民伤亡；8 月 10 日，日机轰炸信都，造成 5 人死亡；9 月 4 日，日机轰炸梧州，造成 49 人死亡；10 月 15 日，日机轰炸桂林，炸死民工多人；12 月 31 日，日机轰炸梧州，300 多人伤亡。"多人"以 2 人计，"死伤"对半计算，则 1943 年大约死 221 人，伤 166 人。

1944 年 7 月至 8 月间，日机轰炸融县，造成 3 死 1 伤；8 月 10 日，日机轰炸临桂县，造成 37 人死伤；8 月 12 日，日机轰炸信都县，造成 1 人死亡；8 月 26 日，日机轰炸桂平，10 余人被炸死；8 月，日机轰炸平南县，造成 2 死 20 伤。以"死伤"对半计算，几项相加得出 1944 年日军第二次入侵广西前日机轰炸造成大约 34 人死亡、39 人伤。

那么，1937 年 7 月至 1944 年 8 月，日机空袭广西造成的人口伤亡情况为：死亡约 2845 人 + 204 人 + 221 人 + 34 人 = 3304 人，受伤约 4493 人 + 350 人 + 166 人 + 39 人 = 5048 人，失踪人数不详。

3. 1944 年 9 月至 1945 年 8 月日军第二次入侵广西造成人口伤亡情况

在这一年中，死亡 497364 人，其中被日军杀害 215108 人，染病死亡 282256 人；431662 人受伤；1281936 人患病；失踪人数：54470 人，其中男 43963 人。因当时怀集县属广西管辖，在统计中也包括了怀集县的统计材料：被敌杀害 416 人，染病死亡 478 人，受伤 84 人，患病 3670 人，失踪 277 人[①]。现今统计我们将怀集县（今属广东省）的统计数字剔除，得出的数字为：死亡 496470 人，其中被日军杀害 214692 人，染病死亡 281778；431578 人受伤；1278266 人患病；54193 人失踪。

1944 年 9 月至 1945 年 8 月人口伤亡统计总表

项目	死亡人数			受伤人数			患病人数	失踪人数
	计	被敌杀害	染病死亡	计	重伤	轻伤		
总计	497364	215108	282256	431662	88074	343588	1281936	54470
男	322095	138689	183406	300610	61357	239253	847316	43407
女	88381	39448	48933	61555	12086	49469	215621	4227
幼	63761	27183	36578	44763	9578	35185	159344	5850
未明	23127	9977	13339	24734	5053	19681	59610	986

注：1. 伤亡人口系 1944 年 9 月至 1945 年 8 月沦陷之 80 县市局数字。2. 因空袭被害者，包括在伤亡人数内。

摘自广西省政府统计处：《广西年鉴》第 3 回下册，1948 年印行，中共广西壮族自治区委党史研究室存，《附录》第 7 页。

---

① 广西省政府统计处：《各县市人口伤亡统计》，1946 年编，见广西省政府统计处：《广西年鉴》第 3 回下册，1948 年印行，中共广西壮族自治区委党史研究室存，《附录》第 8 页。

（1）直接伤亡

人口直接伤亡，主要包括因战争直接造成的死亡、负伤、失踪三类人员。其中：死亡通指战死、杀死、其他因战争造成的（如轰炸、强奸、生物战、残害等）直接死亡；负伤通指在战争环境中因战争而造成的人员伤残，包括战场受伤人员，流离、冻饿受伤人员，生化战引起的疾病患者，妇女被奸淫或因受性奴役（"慰安妇"），被迫吸食毒品而造成的伤残人员等；失踪通指战场上军事人员失踪，战俘、壮丁、民夫和其他被掳人员失踪等。

1944年9月至1945年广西省人口直接伤亡情况统计表[①]

县（市）别	被敌杀害人数	受重伤人数	受轻伤人数	失踪人数	县（市）别	被敌杀害人数	受重伤人数	受轻伤人数	失踪人数
总计	215108	88074	343588	54470					
桂林市	9932	12137	34000	2700	金秀	76	8	34	
临桂	5697	203	1110	3250	苍梧	32937	24000	55632	5350
阳朔	1528	163	672	1050	藤县	1352	240	760	2700
永福	1600	140	800	500	岑溪	2112	448	1792	30
百寿	598	126	504		容县	952	11	45	
义宁	1909	428	1714	576	平南	10270	699	795	900
灵川	7029	1061	5245	1700	桂平	4053	1351	6404	600
兴安	5632	1540	7660		武宣	2405	272	1068	290
龙胜	978		720		贵县	3520	280	1620	350
资源	152	17	28		兴业	1161	35	140	800
全县	20400	11560	48524	792	玉林			28	74
灌阳	2077	94	5375	1651	北流	1404	175	672	820
平乐	3520	1400	5600	3900	陆川	1320	168	672	
怀集	461	17	67	277	博白	3590	4154	16615	180
信都	544	14	56	350	邕宁	4239	2093	10248	350
钟山	789	100	202	3650	永淳	1610	178	414	655
富川	435	42	168		横县	2792	218	874	530
昭平	663	29	118		宾阳	5280	700	2800	850
恭城	420			680	上林	2061	329	1316	
蒙山	2464	630	2520	255	武鸣	2420	97	886	510
修仁	1612	532	2128	604	隆山	1290	3080	12320	170
荔浦	6600	6804	27216	5500	都安	2056	560	2240	
柳江	5095	2776	30602	4350	那马	55	11	245	16
来宾	2640	466	8061	198	平治	28			150

---

① 广西省政府统计处：《各县市人口伤亡统计》，1946年编，见广西省政府统计处：《广西年鉴》第3回下册，1948年印行，中共广西壮族自治区委党史研究室存，《附录》第8页。

县（市）别	被敌杀害人数	受重伤人数	受轻伤人数	失踪人数	县（市）别	被敌杀害人数	受重伤人数	受轻伤人数	失踪人数
迁江	2540	368	7473	1000	果德	174	17	167	
忻城	1056	370	1280	147	隆安	317	42	168	
宜山	6688	2099	8394	2890	同正	274	25	133	110
河池	5376	1784	7134	383	扶南	501	19	73	
南丹	3352	210	1840		绥渌	816	140	560	30
思恩	3800	700	2800		上思				
宜北	1124	41	162	402	靖西		4	17	
天河	1802	752	3087	130	龙津	1728	11	2045	
罗城	1158	56	224	47	上金	165	3	211	
融县	2760	336	1344	720	凭祥	459	599	397	80
三江	112	7	128		宁明	2112	214	156	178
柳城	1500	126	1250		明江	230	22	90	441
中渡	3168	140	560	150	思乐	279	38	151	
雒容	1676	210	840		崇善				163
榴江	1753	456	1826	191	左县	193	94	375	100
象县	176								

（2）间接伤亡

间接人口伤亡系指在战争环境中因战争而间接造成的人员伤亡，包括被俘捕人员、灾民难民和民工劳工中的伤亡（含伤残和病故），但民国广西当局只统计了因战争环境造成的疾病伤亡一项。

1944 年 9 月至 1945 年 8 月广西省人口间接伤亡统计表[①]

市县别	染病死亡人数	患病人数	市县别	染病死亡人数	患病人数
总计	282256	1281936			
桂林市	16823	66700	金秀	224	2711
临桂	7251	48040	苍梧	30142	96060
阳朔	2072	6560	藤县	2448	11200
永福	1608	8723	岑溪	2688	25600
百寿	762	5864	容县	2367	8000

---

① 广西省政府统计处：《各县市人口伤亡统计》，1946 年编，见广西省政府统计处：《广西年鉴》第3 回下册，1948 年印行，中共广西壮族自治区委党史研究室存，《附录》第 8 页。

市县别	染病死亡人数	患病人数	市县别	染病死亡人数	患病人数
义宁	1003	12453	平南	8890	43420
灵川	9710	35000	桂平	7081	26714
兴安	7168	36000	武宣	3062	25370
龙胜	1082	6948	贵县	4480	27041
资源	477	3950	兴业	2186	9270
全县	22400	62580	玉林		
灌阳	2371	11497	北流	2515	14800
平乐	4480	20454	陆川	3680	8260
怀集	478	3670	博白	4570	29082
信都	906	7492	邕宁	6269	39720
钟山	2314	5450	永淳	1668	7920
富川	1145	4280	横县	4008	15870
昭平	2181	8380	宾阳	6720	28140
恭城		3270	上林	3000	9650
蒙山	3136	34270	武鸣	2805	7900
修仁	2840	14120	隆山	1870	3400
荔浦	8400	36362	都安	4344	11400
柳江	8672	29754	那马	245	2286
来宾	3360	24307	平治	236	2700
迁江	4960	16560	果德	577	2810
忻城	4344	14400	隆安	834	4830
宜山	8512	84700	同正	1349	2350
河池	6843	14718	扶南	1638	9740
南丹	2948	5670	绥渌	403	3200
思恩	7200	27300	上思		1030
宜北	959	5480	靖西		1625
天河	1021	15870	龙津	2291	8780
罗城	1202	4320	上金	211	1180
融县	3240	16840	凭祥	549	3000
三江	946	5294	宁明	2688	123000
柳城	1767	6328	明江	766	5000
中渡	4032	25000	思乐	356	7713
雒容	2224	8750	崇善	181	4170
榴江	2959	12400	左县	119	3100
象县		2140			

日军第二次入侵广西造成间接人口伤亡至少还有两种情况：

（1）国民政府军事行动造成逃难百姓死伤

1944 年 11 月 24 日，日军的先头部队和便衣队混杂在黔桂铁路线上的逃难"人流"中并进入了第 97 军第 166 师南丹大山塘的警戒线。"第一线的连、排长们不问青红皂白，命令部队向'人流'中的老百姓乱开枪，才把敌人的便衣队及先头部队打下去，但同时把逃难的老百姓也打死了千把名。"① 大山塘的山脚下公路中横跨着 30 多米高的一座大桥，上面是用钢骨木料、桥墩用水泥制成的，长约 250 多米。为阻止敌人的进攻必须炸桥，11 月 26 日炸桥时连同桥上逃难的五六百名老百姓也炸死了。

（2）逃难过程中出现伤亡

1944 年在省政府机关疏散中出现了人员的重大伤亡惨案。黔桂铁路上由柳州开金城江的疏散列车和由金城江开柳州的兵车相撞，死伤千余人。桂林疏散的那一天，从桂林北站非法开出了一列车，在永福苏桥附近与来车对撞，这些死的人就是火车相撞撞死、跌死和烧死的。《受难的人民——桂林疏散记》一书中记载了火车相撞后的惨状：

"同伴在前面惊叫：这会多的死尸！我走过去看，数了数，22 个，有的衣服完整，有的烧焦了，看样子是受伤之后死的，一并排沿铁路下边睡着。我也不暇细看就过了桥。上了山坡，一股浓烈的尸臭迎面吹来，我还怀疑是从后面因风吹来的，因此加紧脚步，想逃出这气氛范围。山坡的转弯处有一辆车头和三车辆毁了的车厢倒在路旁，边靠着山，像是已经清除过了。跑过一堆废物，呵！不由我不惊恐，起先我还以为是烧焦的木头，细认之下，那全是死尸，撞死而又给火烤过的，那么多，像枕木一样堆在那里，虽然没有那么整齐，有多少，谁也说不清……这些被火烧焦了的死尸，手脚短短的不成样儿。"②

4. 日军入侵广西沿海（当时归广东省管辖）造成人口伤亡情况

广西壮族自治区的北海市、钦州市、防城港市（除上思县）三市抗日战争时期为广东省管辖的钦廉四属地区。在抗战时期，这三个地区也遭受到日军的入侵，造成重大的人口伤亡，广西省 1940 年和 1945 年的人口伤亡调查统计未把这三个地方列入。在这次我们开展的抗战时期广西人口伤亡和财产损失课题调研工

---

① 曹福谦：《湘桂黔大溃退目睹记》，见政协广西壮族自治区委员会文史委员会编：《广西文史资料》第 25 辑《广西抗战亲历记》，1987 年印行，第 137 页。

② 洛文：《受难的人民——桂林疏散记》，联益出版社 1946 年印行，桂林市图书馆藏。

作中，把这三市也列入广西总课题进行调研。经过三市调研人员本着对历史负责、对民族负责、对人民负责的态度，尽可能准确地查明了抗战时期三市人口伤亡，具体为：总伤亡人数 191339 人，直接伤亡人数 10637 人，间接伤亡人数 180702 人，其中死亡 6827 人。

抗战时期北海、钦州、防城港三市人口伤亡统计表

	直接伤亡人数	间接伤亡人数
北海市	4292	83606
钦州市	5106	96659
防城港市	1293	437
小计	10691	180702
合计	191393	

注：现属防城港市管辖的上思县，已在 1946 年 12 月广西省政府统计室编印的《广西抗战损失调查统计》中统计，因此不再作统计。

5. 国民党广西军队在抗日作战中伤亡巨大

抗日战争时期，国民党广西军政当局坚持抗战立场，全省征调抗日壮丁 100 万人输送补充前线兵员，按抗战时期广西省 1400 万人口所占比例为全国第一位[①]。据广西历史专家的研究著作统计，广西抗日军队在抗日前线作战伤亡达四五十万人[②]。

（五）抗战时期广西财产损失情况

1. 日军第一次入侵广西造成财产损失情况

1939 年 11 月至 1940 年 11 月，日军第一次入侵广西南部 19 县造成这个区域公私财产的重大损失，以 1940 年币值计算共损失 146631853 元（法币）（法币亦称国币，下同），以 1945 年 10 月的币值计算，"公私财产的损失共为四五零亿九五一六万余元（这是经过直接调查的数字）"[③]（法币）。

---

① 白崇禧：《再造新广西建设新中国》（1946 年 9 月 1 日），载广西省民政厅：《广西民政》1946 年第 2 卷第 3 期；广西省救灾运动委员会编：《广西在饥馑中》，广西省合作文化印刷厂 1946 年承印，第 5 页，桂林图书馆藏，藏书号：特 D380019—301339。
② 钟文典主编：《广西通史》第三卷，广西人民出版社 1999 年版，第 447 页。
③ 广西省救灾运动委员会编：《广西在饥馑中》，广西省合作文化印刷厂 1946 年承印，第 3 页，桂林市图书馆藏，藏书号：特 D380019—301339。

桂南 19 县财产损失统计总表①

(1939 年 11 月至 1940 年 11 月)

项别		损失总值（国币元）	项别		损失总值（国币元）
总计		146631853	公私营事业损失		2777622
住户损失		68428572	团体损失	小计	181695
商店损失		67326747		文化	85035
机关损失	小计	5413335		宗教	12768
	直接	4954944		慈善	23520
	间接	458391		其他	60322
学校损失	小计	2503882	注：损失价值，系 1940 年时之价值。		
	直接	2438885			
	间接	64997			

具体损失情况为：

（1）各县财产损失②

单位：国币元

县别	各类损失共计	住户损失	商店损失	机关损失	学校损失	公私营事业损失	团体损失其他
总计	146631853	68428572	67326747	5413335	2503882	2777622	181695
邕宁	101341773	33107174	62012117	2081546	1149280	2750106	161550
宾阳	8833304	7282285	871678	433411	241555	1375	
上林	7245359	5818596	482149	760065	184596	18528	1425
上思	3922179	2933515	616254	241880	69256		1274
扶南	3917656	3464720	146554	201255	115127		
龙津	3097676	2181490	586141	270071	40974		10000
武鸣	2306045	1606849	242674	286907	159712	6606	3300
永淳	2123008	1564459	410442	99187	41642		278
宁明	2064647	1946677	4695	90565	22710		
左县	1720126	622965	862373	198453	236335		
绥渌	1657184	1207289	179321	251758	18816		
凭祥	1607883	1410667	56633	109412	31171		
横县	1565214	687609	680651	154202	60752		2000

---

① 见广西省政府统计处：《广西年鉴》第 3 回下册，1948 年印行，广西壮族自治区委党史研究室存，第 77 页。

② 广西省赈济会：《财产损失统计（1939 年 11 月至 1940 年 11 月）》，原载于广西省政府统计处：《广西统计月报》第一卷第五期（1941 年）。见广西省政府统计处：《广西年鉴》第 3 回下册，1948 年印行，《附录》第 79 页。

县别	各类损失共计	住户损失	商店损失	机关损失	学校损失	公私营事业损失	团体损失其他
明江	1350394	1369758		37966	2670		
崇善	1311534	972408	146515	93319	99202		
思乐	1227013	1083721	138550	4282		460	
同正	608826	534782	36486	37090	468		
上金	686088	499475	47216	30629	8786		
迁江	148944	84151	26325	31337	4749	553	1838

（2）机关及学校财产损失①

单位：国币元

	项别	总计	机关	学校
直接损失	受损机关数	1788	1197	591
	损失总值	7893829	4954944	2438885
	建筑物	8971898	2650647	1321251
	器具	826268	133320	392948
	现款	77987	62323	15664
	图书	335653	193320	140332
	仪器	109061	56611	52450
	文卷	96443	75448	20995
	医药用具	20909	14701	6204
	机械及工具	20805	155169	46636
	运输工具	207981	201823	6158
	稻谷	979955	658816	321139
	米	106401	105328	1073
	衣着物	12784	9924	2800
	枪弹	2038	780	1258
	材料	200000	200000	
	其他	244055	134724	109941
间接损失	受损机关数	700	539	161
	损失总值	523388	458391	64997
	迁移费	117750	96587	21163
	防空费	57398	49484	7914
	疏散费	114928	90845	24083
	救济费	209745	200597	9148
	抚恤费	23567	20878	2689

---

① 广西省赈济会：《财产损失统计（1939年11月至1940年11月）》，原载于广西省政府统计处：《广西统计月报》第一卷第五期（1941年），见广西省政府统计处：《广西年鉴》第3回下册，1948年印行，广西壮族自治区委党史研究室存，《附录》第80—81页。

（3）公私营事业财产损失①

单位：国币元

项别	受损机关厂商店	损失总值	项别	受损机关厂商店	损失总值
总计	23	2777622			
工业部分	4	109870	公路部分	2	1511000
矿业部分	2	9050	电讯部分	2	250160
农业部分	7	10078	航运部分	1	218951
邮政部分	2	2553	公用部分	3	665960

（4）各种团体财产损失②

单位：国币元

项别	受损团体数	损失总值	项别	受损团体数	损失总值
总计	20	181695			
文化团体	4	85085	慈善团体	5	23520
宗教团体	4	12768	其他人民团体	7	60322

2. 日军第二次入侵广西造成财产损失情况

第一项：财产损失共计 827717665000 元（1945 年 10 月法币）。

1944 年 9 月至 1945 年 8 月沦陷期间财产损失统计总表③

单位：单位千元依 1945 年 10 月价值计算

类　别		数量	总值	备　　考
总计			827717665	
人民财产			363872196	包括 80 县市局 1101 乡 9214 村 679794 户
机关团体	财产		110094131	计 13128 机关
	间接损失		28305490	包括迁移防空疏散救济抚恤等费在内
员役财产			14472033	计 48173 人

---

① 广西省赈济会：《公私营事业财产损失（1939 年 11 月至 1940 年 11 月）》，原载于广西省政府统计处：《广西统计月报》第一卷第五期（1941 年），见广西省政府统计处：《广西年鉴》第 3 回下册，1948 年印行，广西壮族自治区委党史研究室存，《附录》第 81 页。

② 广西省赈济会：《各种团体财产损失（1939 年 11 月至 1940 年 11 月）》，原载于广西省政府统计处：《广西统计月报》第一卷第五期（1941 年），见广西省政府统计处：《广西年鉴》第 3 回下册，1948 年印行，广西壮族自治区委党史研究室存，《附录》第 81 页。

③ 广西省政府统计处：《广西年鉴》第 3 回下册，1948 年印行，广西壮族自治区委党史研究室存，《附录》第 10 页。

类　　别		数量	总值	备　　考
公交事业	公路	3724 公里	77882231	原有公路 4247 公里
	车辆及公路设备		7397469	损失公商车 546 辆
	县道及城市道路	26001 公里	99720979	原有道路 32250 公里
	船舶		23406145	损失汽船 111 艘拖渡 21 艘民船 11345 艘
	电讯		5343140	
矿业			60487850	
工厂		234 厂	31200332	
水厂		4 厂	1105508	
电厂		15 厂	4430111	

第二项：在广西省政府统计室 1948 年印行的《广西年鉴》第 3 回《附录》第 83—86 页，列有桂林、恭城、柳城、宜山、思恩、岑溪、武宣、横县、宾阳、武鸣、果德、隆安、同正、扶南、百色、东兰、镇边、雷平、玉林、陆川等市县的补报房屋、农具、衣着、花纱、布料、谷、米、杂粮、成油油籽、食品、木材、牛、马、猪、画书古玩等人民财产的损失统计，由于资料年代久远，有些数字不怎么清晰，不清晰的地方我们都以低于原值来估算，补报合计损失约为：14440000000 元（1945 年 10 月法币）。

地名	补报损失（国币千元）	地名	补报损失（国币千元）
桂林	244051	果德	5244608
恭城	66087	隆安	5868122
柳城	14667	同正	11968
宜山	31808	扶南	10510
思恩	1261	百色	100
融县	548847	东兰	13880
岑溪	6024	镇边	127085
武宣	7356	雷平	11360
横县	147	义宁	67685
宾阳	195251	玉林	55743
武鸣	1881442	陆川	32000
合计	14440002		

第一项和第二项相加再减去今属广东省的怀集县财产损失数 1929872 元（1945

年 10 月法币），即为这一阶段日军入侵广西造成的财产损失数：（827717665000 元 +14440000000 元）– 1929872 元 = 842155735128 元（1945 年 10 月法币）。

分类统计的损失情况如下。

（1）社会财产损失

① 工业损失

广西省过去的工业，因民间资本的缺乏与其他条件的关系，大部分是公营的。在 1944 年桂柳疏散以前，公营工厂有一定规模的有士敏土、水电、纺织机械、酒精、机械、制革、制糖、陶瓷、炼铁、制药、印刷等厂以及工业试验所的造纸、纺织两个示范场。有的由省府直接经营，有的由省府与中央合办，有的另组广西企业公司经营。广西省原有工厂 234 间、电力厂 17 间、自来水厂 4 间，职工总数 14000 余人，资本总额值 1937 年度国币币值 12241150 元（依各厂原有资本照广西省物价指数折合 1937 年度法币币值)[①]。经过 1944 年日军入侵的浩劫，"这些公有的产业，现在几乎损失完了。其他有政府投资的煤矿、金矿、锡矿等，损失亦均惨重。"[②] 根据战后上报统计有损失的工业有：士敏土（水泥）厂等 82 厂的全部设备；电力厂大小发电机 35 部 23300kW 暨供电设备；自来水厂 9 厂，每日总共供水量 52500 吨。

——金属工业。过去广西原有大小机器工厂 70 间，共有工作母机 50 至 200 部的有交通桂林器材修配厂、柳江机器厂、全州机器厂、湘桂铁路桂林机厂、中国汽车公司等数间，工作母机 20 部至 50 部的有浙赣铁路桂林机厂、六河济制铁公司、桂林机厂、广西企业公司机械厂、大中机器、中华铁工厂等数间，其余各厂均为有工作母机在 10 部至 20 部之间，各厂机器厂房均被日军损毁。

——电工器材工业。1944 年日军入侵广西之前，广西省电话线遍布全省，电力厂原有发电量万余千瓦；电工器材工业有中央无线电厂及电工器材厂，颇具规模。1944 年日军入侵，这些工厂和设备也惨遭破坏。

——纺织工业。1944 年日军入侵广西前，广西的棉纺织工业以广西纺织机械厂规模最大，有纺纲 10000 纱锭（5000 锭正安装），织机 47 台，每日平均产纱 4 件（每件 420 斤）。1944 年日军入侵广西时，该厂被迫疏散到金城江，机器损失达 80% 以上。

——化学工业。厂址在梧州的两广硫酸厂，每天产硫酸 10 吨，原料由广东英德运来，战争中该厂机器被全部损毁；广西制造烧碱的工厂原有新源电化厂，

---

① 广西省政府编：《广西省抗战损失概况及请求救济统计·工业及公用事业部分》，1945 年 11 月制，第 9 页，中国第二历史档案馆藏，全宗号四·38582。

② 黄旭初：《广西复兴与建设问题》，广西省政府民政厅出版委员会 1946 年 9 月印行，第 51 页。

在建设时即遭破坏。广西适宜种植甘蔗，以贵县、邕宁、柳州一带产蔗最多，原有设在贵县每日榨蔗 300 吨的糖厂，这个工厂战火中设备全部损失。广西最大规模的酒精厂为广西企业公司酒精厂，每日产酒精 500 加仑，该厂设备也被日军焚毁并无法修复再用。广西产牛皮比较多，1944 年日军入侵前广西有大宗皮革出口，制革厂多为手工制造，也有部分动力制革厂，原有企业公司制革厂每天可制各种熟皮 100 张，战火中机器已全部遭受损失。广西原有数间肥皂厂，战后设备也多已损失。广西宾阳产陶坯，品质优良可与江西生产的产品相媲美，原有广西企业公司陶瓷厂是广西唯一动力制陶工厂，产品运销省内外，供不应求，战火中该厂设备也全部遭受毁损。

——建筑材料工业。广西石灰岩遍布全省，广西企业公司仕敏土厂原为广西唯一水泥厂，每天出产水泥 50 吨，战火中设备遭破坏。

全国抗战爆发后，许多民营工厂从华东、华中诸省迁来桂柳等地。新设的民营工业，在 1939、1940 年时，亦曾蓬勃一时。1944 年桂柳紧急疏散时，器材遗弃而遭损失者，无法计算，就是能够迁移到后方去的少数工厂，在中途也遭受重大损失。抗战胜利后，能重返广西省复工的寥寥无几。

广西省境内各种工厂原状及损失表[①]

工业总数	厂别	厂数	职工人数	资本总额（元）	动力机		损失 %	损失资本数额
					部数	马力		
金属工业	机器厂	98	6275	2017293	253	2715	90	1815564
	炼锑厂	1	25	26700	1	25	100	26700
电工器材工业	电工器材厂	11	1652	1754001	22	997	100	1754001
纺织工业	棉纺织厂	15	990	758479	15	495	100	758749
化学工业	酸料厂	7	579	255966	11	296	80	204773
	制糖厂	2	256	1460000	2	640	100	1460000
	酒精厂	9	211	154829	4	147	90	139346
	造纸厂	4	256	42447	8	116	100	42447
	火柴厂	3	466	101100	1	10	60	60660
	制革厂	7	428	139329	8	157	80	111463

---

① 广西省政府编：《广西省抗战损失概况及请求救济统计·工业及公用事业部分》之《广西省境内各种工厂原状及损失表》，1945 年 11 月制。表内"资本总额"、"损失资本数额"按 1937 年法币币值计算。

工业总数	厂别	厂数	职工人数	资本总额（元）	动力机		损失%	损失资本数额
					部数	马力		
化学工业	肥皂厂	5	80	22465	1	2	90	20219
	玻璃厂	2	78	131944	1	15	100	131944
	橡胶厂	3	179	212366	11	290	100	212366
	陶瓷厂	1	121	120777	1	30	60	72466
	植物油制炼厂	9	339	233323	5	131	50	116662
	油漆厂	1	50	16666	2	11	100	16666
建筑材料工业	水泥厂	1	165	800000	3	300	100	800000
	砖瓦厂	2	277	42000	1	60	100	42000
	锯木厂	5	231	39350	5	200	100	39350
粮食工业	碾米厂	14	217	207548	14	395	70	145284
	面粉厂	3	114	209222	4	126	50	104611
交通器材工业	汽车修配厂	7	358	85396	6	84	100	85396
肥料工业	骨粉厂	2	71	45000	2	35	50	22500
其他	印刷厂	16	788	329128	24	83	100	329128
	纸烟厂	6	72	90909	6	27	100	90909
合计		234	14278	9296508	411	7387		8603204

② 农业损失

1944 年，日军第二次入侵广西，给广西省的农业生产带来灾难性的影响"至去秋敌军入侵，无法收获，今春战争正紧，又误春耕，全省沿公路铁路河流附近地方，一年来无农作可言。"[①] 根据 1946 年广西省政府统计的农业损失概况，参见附表：

---

① 黄旭初：《广西复兴与建设问题》，广西省政府民政厅出版委员会 1946 年 9 月印行，第 69 页。

a. 粮食损失统计表（附表一）①

项目	损失数量（担）	估计价值（元）	
稻谷	9525610	28576830	
玉米	915700	1831400	说明：价值以1937年币值计算。
薯类	3879060	1939530	
小麦	295025	1180100	
合计	14615395	33527860	

b. 被服损失

广西省被敌侵扰沦陷区达80县市（设治局），全省至少损失衣服900万套、价值2700万元；被帐各360万张、价值4680万元；纱布棉麻5万担、价值250万元。总计损失7630万元（以1937年法币币值计算），全省受灾民众约62.8784万户，每户均以五口计，约314.392万人衣食住俱成问题②。

c. 纯种牲畜损失统计表（附表二）③

地区	战时损失纯种牲畜头数			
	乳用		肉用	
	牛		猪	
	公	母	公	母
桂林	10	54	8	80
柳州	4	24		
梧州	2	35		
南宁	4	32		
合计	20	145	8	80

---

① 广西省政府编：《广西省抗战损失概况及请求救济统计·农业部分》之《广西省农业复员计划粮食损失估计及补充数字提要》，广西省政府建设厅农业管理处1945年11月制。

② 广西省政府编：《广西省抗战损失概况及请求救济统计·农业部分》，广西省政府建设厅农业管理处1945年11月制。

③ 广西省政府编：《广西省抗战损失概况及请求救济统计·农业部分》之《广西省纯种牲畜损失及补充简明表》，广西省政府建设厅农业管理处1945年11月制。

d. 广西省农具损失统计表（附表三）[①]

	项目	损失数量	估计价值
普通农具	犁	466314 把	4663140 元
	耙	466818 把	4663140 元
	锄	932628 把	1865256 元
改良农具	打谷机	250 架	12500 元
	玉米脱粒机	20 架	10000 元
	切蔓机	25 架	500 元
	离心力制糖机	10 架	5000 元
	榨蔗机	10 架	8000 元
农具	水田中耕机	30 架	150 元
	洋犁	20 架	2000 元
	脚踏高田抽水机	80 架	600 元
	轧花机	60 架	9000 元
合计			11239286 元

说明：价值以 1937 年币值计算。

e. 广西省农作种子损失统计表（附表四）[②]

项目	损失数量（担）	估计价值（元）	
稻种	290600	871800	说明：种子款价以 1937 年币值计算每市担平均稻种 3 元、玉米种 2 元、麦种 4 元、薯芋种 5 角、棉种 3 元计算。
玉米	75690	151390	
麦种	28541	114164	
薯芋	964200	482120	
棉种	18425	55275	
合计	1377501	1674749	

---

① 广西省政府编：《广西省抗战损失概况及请求救济统计·农业部分》之《广西省农业复员计划农具损失估计及补充数字表》，广西省政府建设厅农业管理处 1945 年 11 月制。

② 广西省政府编：《广西省抗战损失概况及请求救济统计·农业部分》之《广西省农业复员计划农作种子损失估计及补充数字表》，广西省政府建设厅农业管理处 1945 年 11 月制。

f. 广西省肥料损失统计表（附表五）[1]

项目	种类	损失数量（担）	估计价值（元）
民众肥料	厩肥	4080000	816000
	人粪尿	3240000	648000
	麸类	70000	140000
	草木灰	770000	154000
公营骨粉厂	机器	9 套	59700
	建筑物	全部	96500
私营骨粉厂	机器	5 套	32000
	建筑物	全部	28000
合计			1974200
说明：表内价格照 1937 年物价计算。			

g. 省级各农场部分损失统计表（附表六）[2]

场　别	项目	损失数量	估计价值（元）
省农事试验场	建筑物	14 座	218000
	图书	5000 册	50000
	仪器及农具	26 种	133180
第一区农场	建筑物	5 座	90000
	图书	381 册	3810
	仪器及农具	312 种	17060
第二区农场	建筑物	4 座 61 间	141300
	图书	571 册	5710
	仪器及农具	1765 种	23010
第三区农场	建筑物	4 座	90000
	图书	525 册	5250
	仪器及农具	730 件	16510
第四区农场	建筑物	2 座 32 间	120500
	图书	560 册	5600
	仪器及农具	310 件	22800
第五区农场	建筑物	27 间	74500
	图书	274 册	2470
	仪器及农具	88 件	17440
合计			1037180
说明：表内价值以 1937 年物价计算。			

---

[1] 广西省政府编：《广西省抗战损失概况及请求救济统计·农业部分》之《广西省农业复员计划肥料损失估计及补充数字提要》，广西省政府建设厅农业管理处 1945 年 11 月制。

[2] 广西省政府编：《广西省抗战损失概况及请求救济统计·农业部分》之《广西省农业复员计省级各农场部分损失估计及补充数字提要》，广西省政府建设厅农业管理处 1945 年 11 月制。

h. 广西省病虫害防治与药械损失估计表（附表七）①

项目	损失数量	估计价值（元）	
梳虫器	21136 具	42272	
拍板	232087 副	23208	说明：表内价值以
喷雾器	70 具	2100	1937 年币值计算。
砒酸钙	1000 磅	5000	
硫酸铜	534 磅	1602	
合计		74182	

i. 广西省兽医器材等损失情况

1934 年广西家畜保育所在南宁成立，由美籍及菲籍兽医专家设计建筑房舍及制造兽用生物药品和设备，并主持兽疫防治工作。1938 年该所生产的产品和数量：抗牛瘟血清 388730CC、牛瘟菌苗 506435CC、出血性败血症菌苗 22400CC、炭疽菌苗 10000CC、破伤风毒素 3000CC、抗猪瘟血清 25465CC、猪瘟菌苗 15100CC、猪肠炎菌苗 5000CC。1939 年冬日军入侵桂南，该所于 1940 年春迁移到桂林良丰并恢复原有设备继续制造兽用生物药品及防治兽疫。1944 年秋日军陷桂林，该所损失惨重，具体为：建筑费 180000 元（大小房舍 26 栋），制造兽用生物药品的器材及牲畜等从桂林搬运到宜山、思恩以及日军跟踪袭击而丢失的器材费估计 200000 元，损失牛猪等 300 多头估价 150000 元，其他损失 70000 元。该所合计损失：600000 元。（上列元数依照 1937 年上半年桂林物价指数及外汇汇率：法币 100 元等于 29.3 美元）

j. 林业损失

一是省营林业损失。百寿山林管理局于 1944 年成立于百寿县里旺村，主要业务为保护抚育及利用该县及附近天然林并培育苗木在荒山造林，建有办公室、职员宿舍、工人宿舍、炮楼等。1944 年 11 月日军入侵百寿。百寿林管理局紧急疏散图书、仪器、家具、农具及牛只，房屋遭焚烧，损失达 55000 元（法币）。

1928 年创办的南宁林场，面积 136822 亩，已造林面积 20000 多亩，有林木 300 多万株，有苗圃房、图书仪器、家具等设备。1944 年 11 月日军侵南宁。南宁林场疏散到距南宁 300 里的同正县乡间，转移途中一部分图书仪器损失，粗重物品全部丢失，而该场的建筑物几乎全部被毁，损失达 90000 元（法币），苗木和林木的损失还没计算在内。

二是县乡村公有林损失。根据 1945 年 11 月广西省政府建设厅农业管理处制的《广西省抗战损失概况及请求救济统计·农业部分》之《广西省县乡村公用林损失统计表》，统计了广西各县市报来的林业损失，各县林场林木损失

---

① 广西省政府编：《广西省抗战损失概况及请求救济统计·农业部分》之《广西省农业复员计划病虫害防治与药械损失估计及补充数字提要》，广西省政府建设厅农业管理处 1945 年 11 月制。

2144454 株，每株以 1 元计算共损失 2178765 元（法币）。

三是私有林损失。根据 1945 年 11 月广西省政府建设厅农业管理处制的《广西省抗战损失概况及请求救济统计·农业部分》之《广西省私有林损失统计表》，私有林损失：私有林损失大小株木 91202784 株、77522336 元（法币）。

四是油桐、油茶损失。根据 1945 年 11 月广西省政府建设厅农业管理处制的《广西省抗战损失概况及请求救济统计·农业部分》之《广西省油桐油茶损失统计表》，油桐、油茶损失为：油桐损失 569580 亩，每亩以 60 元计，损失 34174800 元（法币）；油茶损失 320392 亩，计损失 19223520 元（法币）。两项相加共损失 53398320 元（法币）。

k. 农田灌溉损失情况

1944 年前广西省原有灌溉工程面积 4259837 亩，因日军入侵广西造成工程损毁已失去灌溉的农田 1003654 亩。

③ 城市被破坏

由于日军入侵之前的大规模轰炸、地面入侵的严重破坏，加上溃退前的烧毁破坏，桂林、梧州、柳州、南宁等广西省重要城市都变成了一片焦土。

1946 年桂林市长苏新民所供的桂林损失数字共分三栏，一为原有数，二为损失数，三为现存数：桂林市的人口，1944 年桂林市户籍登记有 418720 人，现在只有 121219 人；房屋原有 52557 间，损失了 47359 间，残存 5198 间（据 1949 年编印的《桂林市年鉴》统计记载：桂林市城区 9932 人被敌杀害、16832 人染病死亡、12137 人受重伤、34000 人受轻伤、66700 人患病、2700 人失踪，房屋仅存 487 间）；公私立中等以上学校 22 所全毁，小学校 126 所，毁了 111 所，只存 15 所；耕牛原有 10865 头，损失 9326 头，只存 1539 头；猪的损失，尤为巨大，原有 23148 只，现在只存 25 只①。

1945 年 6 月 28 日晚间日军撤离柳州市区。此前三天，他们公开发出布告要放火烧毁柳州。全城顿时陷入了一片火海之中。柳州北岸城区繁华街巷几乎俱遭火劫②。在河南方面，除了半山酒店、天主教堂及驾鹤山麓部分房屋是日军司令部、宪兵队、维持会、县府、公安局等所在地尚未被烧外，其余大部分房屋密集区均遭到不同程度的焚烧。这一场大火，烧了 3 天，烧去柳江河南北城区大小房屋 3000 余间，其余虽未被焚，但房屋所有的大门、窗片、楼板、梯板、板壁，全被拆除当柴烧了。柳州城在此之前遭日军飞机连续轰炸达 69 批 791 架次，房屋被炸焚毁 4500 余间，再

---

① 吴景超著：《劫后灾黎》（日记），1946 年 10 月印行，第 35 页，广西壮族自治区图书馆藏，索引号：981/2664。

② 亲历者梁佑章的回忆、彭德整理：《日寇铁蹄下的柳州》，见政协柳州市委员会文史委员会：《柳州文史资料》第 5 期，1987 年印行，第 19—20 页。

经这次日军纵火焚城，柳州城一片焦土，全城十室九空，变成一座死城。7月5日，《新华日报》刊登了一篇中央社记者在柳州光复后的7月2日乘飞机在柳州上空俯视地面所见的《柳州一片瓦砾》通讯，报道了柳州被焚后的凄凉情景。7月11日，中国陆军总司令何应钦宣布了日本军队毁灭柳州城的暴行，记者用《柳州浩劫，片瓦无存》为题进行了报道："中国军队攻入柳州，但见一切建设乃至平民房舍，均遭彻底破坏，致成一片瓦砾，伤心惨目。查此种暴行，既非敌军因军事需要加以摧毁，亦非作战时为炸弹、炮弹所损毁，实由日军残酷成性，组织烧杀队，有计划的破坏。如此惨无人道之行动，实开历史上未有之先例。"7月22日，《新华日报》又以《劫后柳州，一片瓦砾》为题转引一则美国新闻处7月20日发自柳州的电讯："柳州全城已遭焚毁，这是敌人不必要的、兽行的、破坏的明证。柳州原是广西最繁华的城市之一，现在寂无人声，中国军队收复柳州已有三周，柳州仍然是一片瓦砾与焦木……"

日机的轰炸，把一座富有活力的工业商埠城市梧州摧残成废墟。加上后来日军的占领长达329天，隔断梧州与内地及与港粤等地的通商，造成梧州乃至整个广西工业停产、商贸倒退、金融倒闭、航运停滞。就是抗战结束后，梧州在工业、金融等方面也没有什么大的发展与繁荣。日本帝国主义对梧州的轰炸与占领掠夺梧州人民的财富、破坏梧州的设施是毁灭性的，搬出去的，再也不想搬回来了，没有来得及搬走的，已成为一片废墟。由于日军的轰炸与占领，梧州的大中院校纷纷外迁。广西大学于1928年10月在梧州成立，广州市的勤勤大学师范学院曾迁来梧州，结果，两所学校先后于1936年和1938年迁离梧州。抗战结束后没有一间大学，就连中专、中学也外迁，这造成了梧州人才的流失，使梧州失去了再发展的人才基础。由于日机的轰炸与入侵，破坏梧州大量的城市建筑和各种基础设施，特别是公共道路与水利设施，涉及人们每天的生产生活。由于受到破坏，所以必须及时修建才能进行生产，梧州在1937年到1945年这8年里，征集劳工对这些公共设施进行修复和修建躲避空袭的防空洞，其中死伤的人数就达12339人。

1940年10月30日，南宁沦陷11个月零6天后光复。光复时的南宁城被严重破坏，残垣断壁，十室九空，房屋之间所有墙壁均被大洞打通做通道，室内木制家什、门窗等大多被日军劈做柴火用来煮食或取暖，城内垃圾成山，许多街道、马路上长满杂草①。日军持续不断的空袭加上第二次入侵南宁，使大半个南宁变成废墟。

① 广西绥靖主任公署政治部：《抗战时代》第2卷第6期，1940年编，广西壮族自治区图书馆藏；（民国）《广西省政府公报》第964期"会议记录"，存广西壮族自治区档案馆；邓维庄：《南宁两次沦陷纪实》，载政协广西壮族自治区委员会文史委员会编：《广西文史资料选辑》第11辑（印行时间不详）；雷朝初、周玉声2007年1月24日《证言》等，采访原件存中共南宁市委党史研究室。

④ 交通电讯损失

a. 交通损失。包括公路损失、公路物资损失、省公路运输及设备损失、船舶损失、各城市及县乡村道路交通损失等。

1944 年 9 月至 1945 年 8 月日军第二次入侵广西期间，受到损坏的公路有：桂黄路、桂越路、桂永柳路、良罗路、柳长路、柳武路、柳六路、邕色路、忠武路、荔怀路、入会路、贺连路、玉角路、邕钦路、平岳路、宾戎路、桂贵路、容武路、荔蒙路等，被破坏公路长 3724 公里，损失 48014100 元（法币）。

1945 年 11 月广西省政府编制的《广西省抗战损失概况及请求救济统计·交通电讯部分》中罗列了广西省公路遭破坏造成损失的情况，见附表一：

附表一：广西省公路遭破坏造成损失估计表

破坏公路长度 3724 公里							
		项 目		单位	数量	单价	总价
程工程类别	路基	土方	普通土方	千公方	14599	400	5839600
	桥梁	永久式	石拱	公尺	1725	1500	2587500
			石台钢桁构	公尺	139	4000	556000
			三合土平桥	公尺	1699	3000	5097000
		半永久式	石台木面桥	公尺	8882	800	7105600
			石台木桁桥	公尺	1314	1000	1314000
		临时式	木便桥	公尺	2258	400	903200
	涵洞	永久式	石拱涵	度	389	3000	1167000
			石箱涵	度	1215	1500	1822500
			砖拱涵	度	1405	2500	3512500
		半永久式	石台木盖涵	度	1532	900	1378800
	路面	普通路面	坭结碎石	平公方	1042900	10	10429000
			敷沙路面	平公方	69200	5	346000
	渡口设备	码头	高低水位码头	对	25	5000	125000
		艇船	汽艇	艘	13	5000	65000
			渡船	艘	49	2000	98000
		其他	跳板缆索				25000
	路保	护墙	浆砌块石	公立尺	约2000	20	40000
	养路及交通设备	房屋	道房	平公尺	24200	50	1210000
		标志	交通标志	件	5220	2	10440
			指示号志	件	1290	2	2580
			里程碑	件	2892	5	14460
	共 计						43649180
	建筑时管理费		10%				4364920
	合 计						48014100
说明：本表币值以 1937 年物价比率为标准，国币 1 元 = 0.295 美元。							

广西省公路战时损失物资情况，见附表二（币值以 1937 年物价比率为标准，国币 1 元 = 0.295 美元）：

附表二：广西省公路战时损失物资情况①

	项目	数量	单位	单价(国币元)	总价(元)	重量(公吨)	折美金元
国外	钢筋	400	公吨	500	200000	400	59000
	洋灰	15000	桶	20	300000	2550	88500
	洋钉	150	公吨	600	90000	150	26550
	汽艇机器	13	部	3000	39000	10	11505
	其他工具				50000	20	14750
	合计				679000	3130	200305
国内	石灰	150000	担	2	300000		88500
	青砖	10000	万块	250	2500000		737500
	青瓦	1000	万块	40	40000		1180
	木料	45000	立方公尺	150	6750000		1991250
	土方	14599	千公方	400	5839600		1722682
	石方	1350	千公方	8000	10800000		3186000
	其他				50000		14750
	合计				26279600		7741862
合计					26958600		7942167

广西省公路运输及其设备损失情况，见附表三：

附表三：广西省公路运输及其设备损失情况②

项目	原有		现存		损失		损失百分数
	数量	单位	数量	单位	数量	单位	
公营卡车	148	辆	15	辆	133	辆	89.86%
商营卡车	533	辆	120	辆	413	辆	77.49%
车站	50	所	16	所	34	所	68%
炭站	36	所	14	所	32	所	88.89%
油站	11	所	3	所	8	所	72.73%
修车厂	8	所	2	所	6	所	75%
电话线路	1845	公里	38	公里	1563	公里	84.76%
无线电台	6	座	5	座	1	座	16.67%

---

① 广西省政府编：《广西省抗战损失概况及请求救济统计·交通电讯部分》之《广西省公路战时损失物资估计表》，1945 年 11 月制。

② 广西省政府编：《广西省抗战损失概况及请求救济统计·交通电讯部分》之《广西省公路运输及其设备损失估计表》，1945 年 11 月制。

广西省战时船舶损失数量情况，见附表四：

附表四：广西省战时船舶损失数量情况[①]

类 别	战前原有		现存数量		战后损失		船舶损失
	艘数	载量（公吨）	数量	载量（公吨）	艘数	载量（公吨）	百分率
民船	12933	194787	2485	27364.5	10448	167422.5	85.95%
电船	55	5799	12	1095.82	43	4703.18	81.10%
拖带汽船	86	860	18		68	680	79.07%
拖渡	24	4862	4	942.56	20	3919.44	80.61%
合计	13098	206308	2519	29402.88	10579	176725.12	85.65%

广西省战时船舶损失惨重，需要补充的船舶费用为法币42187200元，需要补充船舶物资价值法币26237000元[②]（价格均以1937年物价为估计根据）。

广西省受害各城市及县乡村道路交通损失情况，见附表五：

附表五：广西省受害各城市及县乡村道路交通损失情况[③]

工程项别	战时已成数量（米）	战时损失数量（米）	平均损失%	附 记
腊青路	11000	8500	77%	桂梧邕各市区街道
碎石路	179700	55480	31%	各县市区街道
洋灰路	10300	4400	43%	各市区街道
洋灰人行道	96600	48240	50%	各市县市区
洋灰路牙石	121600	62760	52%	各市县市区
砖彻大渠	61800	11615	19%	各市县市区
砖彻横渠	13760	2675	19%	各市县市区
砖铺人行道	160000	64000	40%	各县街道
砖彻明渠	160000	48000	30%	各县街道
各式铁桥	325	325	100%	桂邕龙三处
钢筋洋灰桥	50	50	100%	桂邕两市区
石拱桥	950	950	100%	各县市
石台木面桥	140	140	100%	各县市
木桥	72	72	100%	桂市区

---

① 广西省政府编：《广西省抗战损失概况及请求救济统计·交通电讯部分》之《广西省原有船舶及战时损失数量统计表》，1945年11月制。

② 广西省政府编：《广西省抗战损失概况及请求救济统计·交通电讯部分》之《广西省应补充船舶及需费估计表》和《广西省需要补充船舶物资数量及价值估计表》，1945年11月制。

③ 广西省政府编：《广西省抗战损失概况及请求救济统计·交通电讯部分》之《广西省受害各城市及县乡村道路交通统计表》，1945年11月制。

工程项别	战时已成数量（米）	战时损失数量（米）	平均损失%	附　记
浮船桥	540	540	100%	桂柳两市区河面
石砌河堤	800	200	25%	桂林市河堤
十吨滚路机	6（部）	6（部）	100%	桂柳邕梧贵五市区
腊青炉具	1（套）	1（套）	100%	桂林市
县乡村道	32250000	25800000	80%	受害各县
石拱桥	27850	27850	100%	受害各县
石台木面桥	11750	11750	100%	受害各县
砖拱桥	6600	6600	100%	受害各县
铁桥	200	200	100%	受害各县
木桥	33250	33250	100%	受害各县
石箱涵	4500（座）	4180（座）	93%	受害各县
木涵	4200（座）	4200（座）	100%	受害各县

广西省受害各城市及县乡村道路交通损失情况，见附表六（以 1937 年币值计算）：

附表六：广西省受害各城市及县乡村道路交通损失估计表① 单位：国币元

工程或材料名称	损失数量	单位	单价	总价
腊青	5000	公吨	240	120000
腊青炉具	100	套	5000	500000
各种碎石	126408	立方米	6	758448.00
方石	2400.00	立方米	16.00	38400.00
粗砂	36350.00	立方米	3.00	10905050.00
黄坭	2175.00	立方米	1.2	2610.00
1:3:6 洋灰三合土	13623.50	立方米	3200	1075952.00
砖砌大渠	12545.00	米	22.00	275990.00

---

① 广西省政府编：《广西省抗战损失概况及请求救济统计·交通电讯部分》之《广西省受害各城市及县乡村道路交通损失估计表》，1945 年 11 月制。因原件字迹模糊，各项数据与合计有出入。

工程或材料名称	损失数量	单位	单价	总价
砖砌横渠	2765.00	米	24.00	66360
砖砌人行道	192000.00	平方米	1.50	288000.00
砖砌明渠	4800.000	米	3.00	144000.00
十吨滚路机	6	部	15000	90000
铁木架桥	180	米	5000	900000
铁桥	200	米	4000	800000
钢筋三合土桥	50	米	2800	140000
木桥	33322	米	71.3	2375859.00
浮桥	440	米	200.00	88000.00
石拱桥	28530.00	米	630.00	17973900.00
铁架桥	145.00	米	7241.00	1049945.00
石墩木架桥	60.00	米	1000.00	60000.00
石墩木面桥	11810.00	米	440	5196400
砖拱桥	6600.00	米	521.00	3438600.00
石箱涵	4180.00	米	345.00	1442100.00
木涵	4200.00	米	100.00	420000.00
土方	8160800.00	立方米	0.40	32643200.00
合计				80792814.00 元

b. 广西省电讯设备损失情况

1944 年前广西省长途电话线路有：桂林至柳州线、柳州至邕宁线、柳州至富禄线、石龙至大湾线、怀远至大塘线、荔浦至梧州线、柳州至桂平线、贵县至桂平石龙线、桂林至平乐线、灌阳至栗木线、平乐至八步线、平乐至阳朔线、平乐至荔浦线、贵县至芦圩线，总共 1812 公里，建设费用为 124016504 元（法币）（1937 年币值）；广西省区团电话及乡村电话线路包括桂林、平乐、梧州、桂平、玉林、庆远、武鸣、柳州、邕宁、百色、天保、龙州区团电话以及 44532 公里的乡村电话线路，总线路长 51722 公里，设备费用为 366025200 元（法币）（1937 年币值）；战前广西省城市电话设备总价值为 1980000 元（法币）（1937 年币值）；战前广西省无线电设备价值 960000 元（法币）（1937 年币值）。日军侵桂的破坏，电讯器材损失情况为，见附表六①：

附表六：电讯器材损失情况

材料名称	数量	单位	全额（元）	备考
自动式交换机	1600	号	640000	原有器材：
磁石式交换机	2000	号	240000	自动式交换机 1600 号损失 100%
电话单机	3500	号	170000	磁石式交换机 2000 号损失 100%
铜线	100	吨	300000	电话单机 3500 具损失 100%
铁线	1000	吨	1500000	长途话线 1785 公里损失 50%
电缆	100	吨	300000	区团话线 7190 公里损失 50%
其他器材			500000	乡村话线 44532 公里损失 40%
10kW 长波广播机	1	座	100000	10kW 广播机 1 座损失 100%
1kW 短波广播机	1	座	50000	1kW 短波广播机 1 座损失 100%
150W 发报机	4	部	30000	150W 发报机 4 部损失 100%
50W 发报机	6	部	20000	50W 发报机 6 部损失 100%
15W 收发报机	6	部	10000	15W 收发报机 51 部损失 11.9%
全波收音机	20	部	10000	20W 扩音机 2 部损失 100%
20W 扩音机	2	部	10000	材料价值依 1937 年价值计算约合美
合计			3880000	金 11446000 元。

⑤ 矿业损失

广西省公营矿业、民营矿业、矿冶机器设备等也遭受重大损失。

公营矿业损失见附表一：

附表一：公营矿业损失统计表（1937 年币值）

厂矿类别	原有总资产（元）	从业总人数	损失总资产之百分数	损失资产（元）
平桂矿务局	15000000	3500	40	6000000
合山煤矿公司	4400000	2000	80	3520000
中渡炼铁厂	4000000	50	80	3200000
上林金矿	500000	250	100	500000
合计	23900000	5800	55.33	13220000

---

① 广西省政府编：《广西省抗战损失概况及请求救济统计·交通电讯部分》之《广西省受害各城市及县乡村电讯器材损失估计表》，1945 年 11 月制。

民营矿业损失见附表二：

附表二：民营矿业损失统计表　　　　　　　单位：国币元

厂矿类别	厂矿数	原有总资产（元）	从业总人数	损失厂矿数	损失总资产百分比	损失资产数（元）
锡矿业	495	17171.2	35000	295	70	12019840
钨矿业	111	4141050	14000	77	60	2484630
锰矿业	62	3289720	10000	49	30	986916
锑矿业	90	1057500	10000	72	60	634500
金矿业	219	4183996	10000	109	40	1925598
煤矿业	60	7410000	8000	54	70	5187000
其他矿业	41	11213183	3000	24	80	8970546
合计	1078	49096649	90000	681	63.57	32209030

说明：本表币值为1937年币值。

矿冶机器设备损失见附表三：

附表三：广西省矿冶机器设备损失统计表

机器名称	原有机器数量	原有机器能力	损失机器数量	损失机器能力	损失百分数
各式锅炉	75 座	7075 马力	49 座	5000 马力	70.69
柴油引擎	175	13278 马力	160 座	12500 马力	94.19
蒸汽引擎	30 座	4705 马力	20 座	1240 马力	26.34
发电机	50 座	3772kW	46 座	600kW	15.90
马达	230 座	1385kW	215 座	1235kW	89.17
机车	3 座	600 马力	2 座	400 马力	66.67
各式绞车	41 座	235 马力	31 座	900 马力	76.92
砂泵	160 具		80 具		50
各式水泵	300 具		265 具		86.33
各式鼓风机	100 具		80 具		80
各式钻探机	20 副		12 副		60
选钨机	5 座		4 座		80
选金机	50 座		30 座		60
钻石机	120 副		100 副		83.33
汽车	150 部		100 部		66.67

广西省恢复矿业所需费用为 39286000 元法币① （1937 年币值）。

⑥ 文化教育事业损失

全省各级学校及教育文化机关抗战期间财产损失统计②

单位：国币元

学校及机关别	共计	直接损失	间接损失
总计	52662100304	52521775958	140324346
中等学校	3895460505	3821417776	74042729
各级国民学校	42137000000	42137000000	
社会教育机构	6629639729	6563358182	66281617

⑦ 公共事业损失

由于广西惨遭洗劫，广西各项公共事业损失巨大。1946 年 6 月召开的参议会，连全省各市县参议委员汇集到桂林，开会的场所、委员住宿等极为残破，"本省适遭惨重破坏之后，人力物力以致交通工具，食宿起居，都缺乏残陋得不堪"。主要损失有：

a. 党政军机关疏散中造成财产损失

1944 年，日军攻占湖南衡阳后不久，即继续南犯，桂林危急。广西省会桂林的广西省党政军机关被迫将人员、物资等，陆续外运，大部分经柳州往宜山，小部分则沿漓江南下至平乐、昭平。在迁移的过程中，造成了人力、物力、财力的巨大损失。

广西省政府、广西绥靖公署以及其他省属机关被迫转移宜山。为了搞好省府机关的疏散工作，广西省政府成立了一个疏散委员会，并召开了几次会议，研究疏散事宜。当时决定分两批走完。第一批为大部分省府职员及眷属和各种行李、物资，先以火车运往柳州，再转宜山，共分乘三列火车。第二批为省府的高级官员及少数职员，必要时可乘专备的汽车去宜山。

第一批人员撤到宜山不久，省政府主席黄旭初、各厅、处长和留桂职员，也先后乘汽车前来。此时日军已经迫近桂林。疏散到宜山的，除省级党、政、军机关外，还有许多驻桂的中央机关，各部队的兵站。小小的宜山县城，增加党政军机构疏散人员达一万多人，所有房屋都住得满满的。

由于日军的继续南下，疏散到宜山的省政府机关在宜山半个多月后被迫继续

---

① 广西省政府编：《广西省抗战损失概况及请求救济统计·矿业部分》之《广西省恢复矿业拟请善后救济总署资助各项费用表》，1945 年 11 月制。

② 广西省政府教育厅统计室编：《中华民国 1945 年度广西教育统计提要》，桂林市图书馆藏，藏书号：特 +370.950019。

疏散。大致分三条路线：一是乘火车到贵州的都匀转汽车至贵阳、重庆，或乘汽车迳往贵阳、重庆。走这条路的多数是中央驻桂的金融机关、权势委员和富商，因为此时军运紧张，乘火车非常困难，包汽车要许多钱，只有有钱有势有权才有条件。二是由宜山经田东转百色，这条路大半段通汽车，但此时车辆极少，一般需要步行，要走许多天的路。三是由宜山步行经都安、隆山、武鸣至果德转汽车或乘汽船上百色。由宜山至果德的路线，坎坷曲折，绝大部分是崎岖难行的山路，没有被日军发现的危险，比较安全，费时 10 天才能走完，省政府 80% 以上人员都走这条路。

省府机关到百色约一星期，闻敌军又攻陷果德，直逼田东，大家认为百色也并非安全之地，于是各机关军政人员，又分路奔向凌云、乐业。之后得知西犯的敌军已经退回南宁，便陆续回到百色。省府人员既已全部集中百色，广西绥靖公署及其他机关的人员，亦或先或后陆续前来，1945 年春，张发奎也由贵州来百色设司令部，随来的官兵有千余人，加上外地疏散来的商人和难民，原来约有 4 万余人的百色城骤然增加到 10 万余人①。

在省政府几经周折迁移中，由于道路难走，加上后有日军的狂追，大部分的办公设备丢失在迁移途中。

各机关团体财产直接损失统计总表②

（1944 年 9 月至 1945 年 8 月）

类　别	总值（国币千元）	类　别	总值（国币千元）
总计		110094131	
党团	639121	田赋管理处	337474
广西省政府	9041210	税务局	3529
县市政府	2538606	合作事业	109785
临时参议会	774422	商业公会	1000492
交通机关	22816272	仓库	355945
农林机关	524614	税捐征收处	646026
军警机关	8642083	司法机关	1124907
慈善机关	10552	金融机关	460468
人民团体	89836	民营事业	2236318
教育机关	31688013	财保会	97956
卫生机关	845122	乡镇村街公所	25567383

---

① 张发奎：《抗日战争回忆记》，载政协广东省委员会文史委员会编：《广东文史资料》第 55 辑，1988 年印行。

② 广西省政府统计处：《广西年鉴》第 3 回下册，1948 年印行，广西壮族自治区委党史研究室存，《附录》第 35 页。

b. 广西水电公司各电厂损失情况。在桂林沦陷以前，有发电所四间，总共发电量有 2925 千瓦，日军退出后，机器及设备均被日军破坏，桂林成为黑暗的世界，市内的电话及无线电交通以及各种工厂也因此无法复工，尤其是锯木、碾米厂等需要电的工厂，无法满足市区内 10 万人的生活用米。梧州为广西省第二重镇，为全省商业中心及出省水道的门户，原电厂拥有发电量为 1800 千瓦的设备和机器，战火中电厂原有机件被日军毁坏，大部分不能修复。南宁电厂原有内燃机电机 4 部，发电量 967 千瓦，战火中两部发电机被日军毁坏，另外两部发电机主轴也被折断，经修复后还可使用。桂平电厂也被日军破坏，该厂只有电机一部。柳州发电厂原发电量为 360 千瓦，日军入侵柳州时电厂同样遭受破坏。八步为广西省著名矿区集中地，抗战以前，这里矿业非常发达，各种钨、锡煤矿公司不下 100 家，每天耗电量大。平桂矿务局八步电厂原有 1600 千瓦、蒸汽透平机两部，总发电量为 3200 千瓦，抗战爆发后发电厂于 1939 年曾遭日军轰炸破坏，损失巨大，战后虽极力维修，但没能达到当初的发电效率。另外广西省还有贵县、龙州、平乐、玉林、容县、北流、百色等民营电力厂 9 家，在抗战爆发前总发电量达到 824 千瓦，战火中这些工厂均遭受日机轰炸或遭日军破坏。

广西省境内各电力厂损失概况表①

厂　名	地点	原有资产总额（国币元）	原有发电量（kW）	机器种业和数量	损失%数	损失资本额（国币元）
水电公司桂林电厂	桂林	122570	1425	油渣机 1、煤气机 4、蒸汽机 1	100	122570
湘桂路理事会经理处桂林电厂	桂林	250000	1000	蒸汽透平机 1	100	250000
湘桂铁路发电所	桂林	100000	500	蒸汽引擎 2	100	100000
资委会与广西省政府合办柳州电厂	柳州	166666	2360	蒸汽透平机 1、煤气机 1、柴油机 1	80	133332
水电公司梧州电厂	梧州	178231	1805	油渣机 3、煤气机 2	80	142785
水电公司南宁电厂	南宁	94919	967	油渣机 1、煤气机 3	80	75935
水电公司桂平电厂	桂平	30000	88	煤气机 1	80	24000
贵县电力厂	贵县	61172	200	油渣机 1	100	61172
龙州电力厂	龙州	25248	100	油渣机 1	100	25248

① 广西省政府编：《广西省抗战损失概况及请求救济统计·工业及公用事业部分》之《广西省境内各电力厂损失概况表》，1945 年 11 月制。

厂　名	地点	原有资产总额（国币元）	原有发电量（kW）	机器种业和数量	损失%数	损失资本额（国币元）
平乐协力电力公司	平乐	28461	80	煤气机 1	80	22768
平桂矿务局八步电厂	西湾	936000	3200	蒸汽透平机 2	50	468000
玉林振华电力公司	玉林	65000	100	煤气机 1	50	32500
容县光华电力公司	容县	50000	100	煤气机 1	50	25000
北流晋光电力公司	北流	48750	60	煤汽机 1	50	24375
百色日光电力公司	百色	50000	80	煤气机 1	50	25000
田东民益米机电灯厂	田东	10000	24	煤气机 1	50	5000
平桂矿务局电灯厂	八步	32000	80	蒸汽机 1	50	16000
合计		2249017	12169	35 台		1553685
说明：表内价值以 1937 年币值计算。						

c. 自来水厂损失情况。桂林原有水厂每天供水量 1500 吨，梧州原有水厂每天供水量 2400 吨，柳州原有水厂每天供水量 500 吨，南宁原有水厂每天供水量为 1000 吨。战火中，桂林、柳州、南宁、梧州四大城市的水厂抽水设备已被日军毁坏，其中桂林、柳州、梧州三处完全被毁坏；南宁抽水设备战后可维修重新投入使用，但功率已大不如前。

广西省境内各自来水厂损失概况表[①]

厂　名	原有资本总额（国币元）	原有抽水机		供水量（吨/天）	损失%数	损失资本额（国币元）
		座数	马力			
水电公司桂林自来水厂	200000	6	266	1500	90	180000
水电公司柳州自来水厂	18420	6	369	500	90	16578
水电公司南宁自来水厂	94919	5	467	1000	80	75934
水电公司梧州自来水厂	382286	4	468	2400	90	344057
合计	695625	21	1570	5400		616569
说明：以 1937 年币值计算。						

---

① 广西省政府编：《广西省抗战损失概况及请求救济统计·工业及公用事业部分》之《广西省境内各自来水厂损失概况表》，1945 年 11 月制。

（2）人民财产损失

① 日军第一次入侵广西造成人民财产损失

广西省 1939 年 11 月至 1940 年 11 月日军入侵造成财产损失统计总表

项　别		损失总值（国币元）	
总计		146631853	
住户损失		68428572	
商店损失		67326747	
机关损失	小计	5413335	
	直接	4954944	
	间接	458391	
学校损失	小计	2503882	注：1940 年币值。
	直接	2438885	
	间接	64997	
公私营事业损失		2777622	
团体损失	小计	181695	
	文化	85085	
	宗教	12768	
	慈善	23520	
	其他	60322	

② 日军第二次入侵广西造成人民财产损失

人民财产损失 3639 亿 4062 万 4572 元。仅据 1944 年 9 月至 1945 年 8 月 80 个县局 1101 乡镇，9214 村街，679784 户统计，人民财产损失 3638 亿 7219 万 6000 元法币，平均每户损失 50 余万元，其中房屋损失 292230 间，价值 869 亿 3590 万元法币（1945 年币值）。

人民财产损失统计总表①

(1944 年 9 月至 1945 年 8 月)

类别	单位	数量	总值（国币千元）	类别	单位	数量	总值（国币千元）
总计							363872196
房屋	间	292230	86935900	猪	头	905388	27160138
家具			34555960	其他家畜			4398378
衣着			48906033	水产品			1261851
农具			18673977	林产品			277155
花纱	市担	82352	16588190	犁锄耙	件	1828547	1428542
布料	市丈	686922	20568441	水车	架		484637
谷	市担	12657345	22657345	其他农具			815199
米	市担	2292131	5432017	渔具			161856
杂粮	市担	2429371	4739851	交通工具			1152810
成油	市担	346472	6935999	药品			2413392
油子	市担	218583	2615946	图书古玩			2001964
木材			2890772	金银币钞			4016823
牛	头	481016	19240623	其他			25015394
马	匹	63574	2542973				

3. 1938 年至 1944 年 8 月间日机空袭造成的财产损失

广西历年被空袭损害统计②

年别	被炸次数	房屋受损（间）	财产损失（国币元）
1938	49	3746	59563500
1939	135	11085	17159564
1940	350	3562	
1941	51	1498	480000
1942	30	2359	14378900
合计	615	22250	91581964

---

① 广西省政府统计处：《广西年鉴》第 3 回下册，1948 年印行，中共广西壮族自治区委党史研究室存，《附录》第 11 页。

② 广西省政府统计处：《广西年鉴》第 3 回下册，1948 年印行，中共广西壮族自治区委党史研究室存，第 1357 页。

另外，我们这次课题调研，通过综合分析历史资料，统计出 1943 年至 1944 年 8 月日军第二次入侵广西前因日机轰炸造成的损失有：1943 年 2 月 8 日，日机炸桂林，造成民房 5 间倒塌；2 月 9 日，日机炸柳州，毁房 65 间；2 月 23 日，日机炸玉林，毁屋 12 间；7 月至 8 月间，日机炸信都，毁一间学校；9 月 4 日，日机炸梧州，造成一间银行倒塌（以房屋 1 间计）；9 月 19 日，日机炸梧州，毁民房数间（以 5 间计）；1944 年 8 月 10 日，日机炸临桂县，毁桂林女子中学（计：学校 1 间）。其中被毁房屋 88 间，学校 2 所。

日机轰炸共造成 22250 间 + 88 间 = 22338 间房屋倒塌。为方便比较，我们以 1945 年 10 月法币币值计算。根据 1945 年损失统计，广西共有 292230 间房受损，损失价值为 363872196000 元，那么平均一间房屋的损失为 1245100 元，1245100 元 × 22338（间）= 27791043800 元（1945 年 10 月币值）。在日机轰炸中损失两所学校。根据 1945 年的统计，1944 年 8 月至 1945 年 8 月"机关团体学校 13128 所，直接损失共一三八三亿九九六二万一千元"[①]，平均每所学校的损失约为 10737300 元，两所就是 21474600 元。

27791043800 元 + 21474600 元 = 22812518400 元（法币，1945 年 10 月币值），为 1938 年至 1944 年 8 月日军第二次入侵广西前日机轰炸造成损失。这一数字主要为轰炸造成的主要损失——房屋损失，其他损失如田地损失、汽车损失、牲畜损失等没有计入。

4. 日军入侵广西沿海地区造成人民财产损失

（1）北海市财产损失情况

经过抗损课题调研，北海市财产损失情况汇总为：渔船 1134 艘，房屋 550 间，土地 8 万亩（因日军修建机场、公路等占用土地 5000 亩，因灾民逃离导致土地搁荒、减产歉收 75000 亩），损失耕牛 46 头，生猪 980 头，鸡鸭 5523 只，生油 32279 斤另 693 罐，大米 229750 斤，外加捐献粮食 11800 市斤，捐献款额 2500 万元国币，食糖 19275 斤，煤油 1840 斤零 19 罐，苎麻 4140 斤，缝纫机 10 台，自行车 95 辆，盐 262350 斤，枪支 88 支，黄金 60 两，被劫钱币 717460 元（国币），衣物价值 20 万元，鸭毛 7560 斤，咸鱼 9 万斤，布 351 匹，煤炭 100 吨。共计损失国币 3237.5 万元，银元 63 万元，广东毫洋 121 万元。有的财产损失情况因无具体数字，尚未包括以下几个方面：一是搬迁，电力公司、汽车运输

---

① 白日新：《广西省抗战损失调查经过》，载广西省政府统计室：《广西省抗战损失调查统计》，1946 年 12 月，中国第二历史档案馆藏，全宗号 6，目录号 4，案卷号 641。

公司、白石盐场的搬迁与停业造成的损失，合浦县政府搬迁费用、合浦一中搬迁费用；二是商人、工人、职员、渔民、农民等各行各业人士由于受战争影响停业、失业和无法进行正常生产而造成的损失，灾民外逃而支付的费用，大米等其他生产物资因受战争影响上涨的费用；三是港口进出口贸易因受战争影响而造成的损失；四是商家义卖、政府平粜大米而支付的费用；五是政府募集壮丁从事战争工程（如掘毁廉北公路、修建白屋军用机场）的费用，日军强拉壮丁所应得而未得的报酬；六是大部分渔船、房屋等被毁、被劫物资除当时有统计折算成国币、银元外，现在只统计其具体数量，未折算成国币、银元。

（2）钦州市财产损失情况

钦州市财产损失情况主要是根据这次下乡调查得出的结果，并进行了大致的估算，由于当年很多损失没有记载，因此，估算的数字则远远小于当时的实际损失数字。通过调研得出钦州市社会财产和居民财产直接损失为13519.262万元（人民币）。主要损失情况为：5014间房屋、33792.88公斤粮食、37949只家禽、4123头家畜、48175件生活用品、3000亩农田等。由于年代久远及历史上的种种原因，钦州市在抗战时期有关农业、工业、交通、商业、财政、文化、教育、公用事业、家庭财产等都没有留下什么档案资料。通过查找资料，只能找到个别建筑物毁坏或受损，但是建筑时限、建筑材料等都没有记载，无法估算价值。因此我们对抗战时期财产损失的认定只能以这次抗战调研为依据。由于没有找到抗战时期的物价与现在的物价相比较的材料，故此损失价值只能请教有关老人认定。通过调研得出直接损失75334.3562元（人民币）。间接损失无法找到相关的材料作佐证，从各县区报上来的材料来看，估算没有依据，损失超出了正常范围，因此就没有进行间接损失统计。

（3）防城港市财产损失情况

直接损失（法币）：532124254千元（1945年币值）。主要损失情况有：工厂2间、457公里公路路面、2艘渡船、1732间房屋、27509头禽畜、91639担粮食、666艘渔船等。间接损失（法币）：636699千元，其中税收损失62000千元，机关团体损失140123千元，其他损失70736千元。另外，日军入侵期间，防城县政府、防城中学曾迁至东兴后于1941年迁回，费用无法统计。

（六）结论

通过大量的史实、史事和数据分析，我们认为：1946 年 12 月由广西省政府统计室公布的《广西省抗战损失调查统计》、1945 年 11 月广西省政府编制的《广西省抗战损失概况及请求救济统计》、1946 年 1 月广西省建设厅统计室编印的《广西经济建设手册》，以及 1948 年广西省政府统计处印行的《广西年鉴》（第 3 回）等民国资料提供的数据，均是当年的官方调查统计原始资料。这些资料是在日本政府刚刚宣布投降，战争伤痕触目惊心，日军罪证遍地皆是，社会各界对抗战记忆最为鲜活的时期收集、统计的，与其他资料相比它是更全面、更直接、更有说明力的，而且当年广西是国民党政权对广西全省大部分地区保持治理，统计覆盖面较齐全，在统计学上不存在严重遗漏和缺失问题，所以是较权威的资料，应以予采信，并作为本次课题调研的主要数据依据。同时需要说明的是，由于年代久远、搜集更多资料困难等客观原因，我们在调研中得出的广西抗日战争时期人口伤亡和财产损失基本数据，还是限于目前资料和研究水平的尚不完整的数据，并不是最终结果。今后，我们将继续推进本课题调研工作，以期在掌握更多资料和取得研究新成果的基础上对有关数据再做出修订和补充。

1. 基本结论

（1）人口伤亡调研结论：

我们将日军第一次入侵广西造成的人口伤亡、日军第二次入侵广西造成的人口伤亡、日军两次入侵广西之前和之间日机轰炸造成的人口伤亡、日军入侵沿海地区（今北海、钦州、防城港三市）造成的人口伤亡以及灾民难民伤亡五项的统计数字相加，得出日军入侵广西造成人口伤亡的总数。

第一项为日军第一次入侵广西造成的人口伤亡：死亡 11147 人，受伤 2161 人，失踪 3986 人。第二项为日军第二次入侵广西造成的人口伤亡（未包括原属广西省现属广东省辖的怀集县统计数）：死亡 496470 人，其中被日军杀害 214692 人，染病死亡 281778；431578 人受伤；1278266 人患病；54193 人失踪。第三项为日军两次入侵广西之前和之间日机轰炸造成的人口伤亡：死亡 3304 人，受伤 5048 人。第四项为日军入侵沿海北海、钦州、防城港三市（时属广东省辖）造成的人口伤亡：总伤亡人数 191339 人（直接伤亡 10637 人，间接伤亡 180702 人），其中死亡 6827 人。第五项为灾民难民伤亡，广西省赈济会 1946 年统计为：灾民（含难民）431

万人，患病者达 57.8 万多人，死亡达数十万人①。其中"数十万"按统计要求以 20 万计。

把以上五项数据分类相加，得出抗日战争时期广西人口伤亡的基本情况：直接伤亡 2015012 人，其中死亡 235970 人，受伤、患病 1720863 人，失踪 58179 人；间接伤亡 1040480 人，其中死亡 481778 人，受伤、患病 558702 人。也就是说，日军入侵广西共造成至少 3055492 人伤亡。因资料的缺乏，这个总的伤亡数字没有包括抗日战争期间广西出征军人近百万中的伤亡人数和政府征调 1450 万人次民工劳工中的伤亡人数。

（2）财产损失调研结论：

总的财产损失统计，我们依然采用人口伤亡统计几项相加的办法。

第一项为日军第一次入侵广西造成的财产损失：以 1940 年币值计算共损失 146631853 元法币，以 1945 年 10 月的币值计算，"公私财产的损失共为四五零亿九五一六万余元（这是经过直接调查的数字）"，即 4509516 万余元法币。第二项为日军第二次入侵广西造成的财产损失：842155735128 元法币（1945 年 10 月币值）。第三项为日军第二次入侵广西之前（1938 年至 1944 年 8 月间）日机空袭轰炸造成的财产损失：22812518400 元法币（1945 年 10 月币值）。第四项为日军入侵沿海北海、钦州、防城港三市造成的财产损失：北海市共计损失法币 3237.5 万元，银元 63 万元，广东毫洋 121 万元；钦州市调研得出直接损失 75334.3562 万元（人民币）；防城港市损失 53212425000 元法币（1945 年 10 月币值）。

由于第四项币值换算比较复杂，我们只将前三项相加，总的损失为 910063413528 元法币（1945 年 10 月币值）。为了坚持广西"焦土抗战"，国民党广西军政当局征调民工达到 1450 万人次，抢修铁路、公路、机场、工事，运输军用物资，破坏铁路公路等设施，支援前线抗日作战和迟滞日军进攻②，全省仅运输军粮就达 1497 万市担。征调民工（劳工）200 多万人次参加修筑广西河岳公路（南丹县车河至靖西县岳圩）。以上由于抵抗日军入侵而造成的广西社会间接损失至少在 1 万亿元法币（1945 年 10 月币值）以上③。如果再将抗战期间所动用人力、物力、财力的间接损失相加，仍按 1945 年法币币值折算，"当亦不

① 广西省赈济会编：《非常时期难民救济委员会广西省分会工作报告》，1946 年版。
② 雷方伯：《广西在抗战中之贡献及损失》，载《社政报道》1946 年第 1 期，第 3—8 页，广西壮族自治区图书馆藏，藏书号：D693.62/34185。
③ 钟文典主编：《广西通史》第 3 卷，广西人民出版社 1999 年版，第 451 页。

在二万亿元以下"①。

2. 广西人口伤亡和财产损失的特点

第一，伤亡和损失的地域广。日军第一次入侵，沦陷桂南 19 县以及原属广东的北海、合浦、钦县、防城、灵山等地区。日军第二次入侵，铁蹄更踏遍广西的大半领土。连偏隅桂西北的百色也未能幸免于难。抗战时期，百色市多座县城连续数年遭到日军飞机的疯狂轰炸，造成了大量的人员伤亡和财产损失，使百色人民蒙受了空前的灾难。因此，以现在的广西 14 市的地域来看，全部遭受过日军的入侵而造成人口伤亡和财产损失。

第二，平民的伤亡和财产损失比重大。我们这次进行抗日战争时期人口伤亡和财产损失的课题调研对象是平民，没有对军队的伤亡和损失情况进行调研。当毫无寸铁的广西老百姓已经躲避到山洞之中时，日军还挖空心思用火攻、用烟熏、用毒气等凶残手段夺去洞内成百上千平民的宝贵生命；北部湾沿海的渔民渔船遇到日军船队时，均遭到日军掳掠、烧毁，无数渔民、船员遇难；被日军直接屠杀的平民中，每个年龄段的人口都大量存在，以 1944 年 9 月至 1945 年 8 月日军入侵广西被敌杀害的 215108 人来看，就有 27183 名儿童……调研成果铁证如山的证据显示，日军大量屠杀广西的老百姓甚至是儿童，显示出日军的残忍，毫无人道主义可言，他们的枪杀目标不仅是中国的军队，更多的是中国的平民百姓，是灭绝人性的残暴屠杀。

第三，政治、经济、文化、军事重镇等区域成为人口伤亡和财产损失的重灾区。抗战时期，日军重点侵犯广西的桂林、梧州、柳州、南宁等政治、经济、文化中心城市以及全州、贺县、苍梧、平南、贵县、桂平、宜山、河池、宾阳、龙州、凭祥、宁明等军事重镇，企图使广西政治、经济、军事命脉运转处于瘫痪状态。在日军的狂轰滥炸加上地面部队的重点进攻之下，广西这些地区遭受的人口伤亡和财产损失更为严重。1944 年 9 月至 1945 年 8 月日军入侵广西，各市县被敌杀害人数排在前几位的是：梧州市所在地苍梧县 32937 人，广西北部门户全州县 20400 人，空军机场所在地平南县 10270 人，桂林市 9932 人②；财产损失排在前列的是（单位为法币千元）：桂林市 45821248，苍梧县 42118950，柳州所在地柳江县 29891121，

---

① 白日新：《广西省抗战损失调查经过》，载广西省政府统计室：《广西省抗战损失调查统计》，1946 年 12 月，中国第二历史档案馆藏，全宗号 6，目录号 4，案卷号 641。

② 广西省政府统计处：《各县市人口伤亡统计》，1946 年编，见广西省政府统计处：《广西年鉴》第 3 回下册，1948 年印行，广西壮族自治区委党史研究室存，《附录》第 8 页。

南宁所在地邕宁县24721676，全州县15882586，桂西北重镇宜山县12813196①。

3. 日本侵华战争对战后广西的影响

第一，造成战后广西人民在饥饿、瘟疫死亡线上挣扎。

抗战胜利后，广西人民在欢欣鼓舞、奔走相告的同时，也因为日军烧杀掳掠以及天灾的袭来，而面临着饥饿、疾病甚至死亡的严重威胁，"此次广西被害之重，实为亘古所未有，十余年来努力建设的成果，几被毁无遗，至今收复虽已经一年，但1400余万人民仍不能免于出水投火，挣扎于死亡线上的悲运"②。自从1939年日军入侵桂南，烧杀掳掠野蛮行径抢走了广西老百姓的粮食，却给广西人民留下饥荒的种子；农村的元气还没得到恢复，接着1944年又遭受到日军更大规模的入侵造成广西更大范围的沦陷，导致全省农村大部分耕地荒弃，粮食产量仅有四五成。祸不单行，与敌祸接踵而来的，还有一连串的水灾、虫灾、旱灾和瘟疫。1945年夏天，日军开始退出广西省境之际，洪水袭来，特别是产粮区的邕江、浔江灾情更为严重。接着是稻包虫来吃蚀因洪灾损失而重新栽种的新稻，残存下来的水稻又遭受旱灾而枯萎无收。1945年秋收时，全省的收成因灾而损失了一大半。在抗战胜利后，数百万逃难回家的老百姓，拿出他们最后一粒粮食、最后一条耕牛到市场上换取他们早被日军掠夺、烧毁的衣服、被子等生活必需品，以应付即将到来的严冬。由于老百姓没钱买粮食，只能开始拿种子来接济。1946年春，雨水依然不调，粮食作物严重减产，陷民于可怕的饥荒，而且饥荒的面相当广泛。战后的1946年，与饥饿同来袭击战后广西人民生命的是瘟疫的流行。由于灾荒和疾病交加，灾民大量死亡……"最惨者为（资源县）延东乡，全乡死亡500人，几乎无一幸存。"③

第二，造成广西人民无家可归，流离失所。

日军残暴轰炸和焚毁广西城乡，重点破坏广西的桂林、梧州、南宁、柳州等中心城镇，对于一般的市镇和大部分的乡村房屋也极尽焚烧破坏。如柳北地区，在沦陷的日子里融安、融水、柳城等地，大批房屋被日军无情焚烧。1944年9月至1945年8月在日军的炮火中广西全省房屋受损达292230间，以每户5人计，大约有146万人战后无家可归。

---

① 广西省政府统计处：《各县人民财产损失分类统计》，见广西省政府统计处：《广西年鉴》第3回下册，1948年印行，广西壮族自治区委党史研究室存，《附录》第12—29页。
② 广西省救灾运动委员会编：《广西在饥馑中》，广西省合作文化印刷厂1946年承印，桂林市图书馆藏，藏书号：特 D380019—301339。
③ 广西壮族自治区地方志编纂委员会：《广西通志·民政志》，广西人民出版社1996年版，第95页。

第三，造成战后广西恢复重建举步维艰。

日军的入侵使广西的社会生产力遭到严重破坏，广西精华尽毁，元气大伤。一是种子被掠夺使大批农民失去再生产的资本，二是耕牛大批被日军掳掠屠杀造成农业生产役力不足。根据广西省政府的报告，1944 年 9 月至 1945 年 8 月，广西共损失耕牛 481016 头。此项巨大的损失，短时期内是不能补充的。三是水利工程遭受破坏。由于种子、耕牛、水利的严重遭破坏，加上农民因饥饿不得不把精力放到上山采野生食物，使得该种的田地被荒废了，战后很长一段时期都难以恢复。

第四，大批广西军人献身抗战前线，造成广西人民妻离子散，家破人亡。

抗战初期，广西由于远离作战前线，还没有受到战争的直接威胁，首要的任务就是出兵抗战。8 年（1937 年至 1945 年）内总共征调 1027861 人[①]，以补充部队和组建新军。在全国各省中，广西输送兵员总数仅次于四川，而按省内人口所占比例则为全国第一。广西军队一部分出省抗战，驰骋于华东、华中战场，先后参加了上海、徐州、武汉、随（县）枣（阳）、枣（阳）宜（昌）等地对日会战。一部分留守广西，参加了桂南会战、桂柳会战和收复广西沦陷地区作战。在国民党正面战场中，广西军队以敢打敢拼的顽强斗志和悲壮惨烈的牺牲精神为世人所瞩目。100 多万的军人和 200 多万人次的民工劳工在抗日前线敢于抛头颅，洒热血，为把日本侵略者赶出去，夺取抗日战争的最后胜利作出了不可磨灭的贡献。同时广西的热血儿女也付出了重大牺牲，许多志士为抗日献出了宝贵生命，使广西的许多家庭出现了妻离子散、家破人亡的境况。

4. 相关情况的说明

抗战时期广西人口伤亡和财产损失课题调研是全国总课题的重要组成部分，经过近三年努力，我们取得了很大成绩，为进一步揭批日军入侵中国的罪行作出了重要贡献。但是，由于本课题调研对象为 20 世纪三四十年代的人与事，距今相隔久远，国家还发生过大规模内战、政权更迭等重大社会变故，当年有关史料、文献资料遗失严重，抗战知情人、受害者大都谢世作古，给本次课题调研带来了重重的困难，况且课题调研涉及面广，调查模式与资源投入受到一定的限制，在时间短、任务重、资料缺等诸多不利因素下开展的课题调研，难免存在有不足。本课题调研主要不足之处有：（1）军队兵员伤亡资料甚少，统计数据欠缺；（2）妇女受性侵害调查难度较大，且实际受伤害人数远远大于反映数；

---

① 广西省救灾运动委员会编：《广西在饥馑中》之统计表，广西省合作文化印刷厂 1946 年承印，桂林市图书馆藏，藏书号：特 D380019—301339。

（3）广西壮、瑶、苗、侗、京、仫佬、毛南等少数民族人口伤亡和财产损失调研数据尚缺；（4）重大惨案有遗漏；（5）民国币值变化大，用币值数据说明问题有困难；（6）民间抗战捐款、捐物、捐工情况和数量难以统计；（7）部分民国档案资料字迹、数字模糊不清，考证工作难度大，等等。

本次课题调研未能开展公开的社会普查，全面挖掘、收集散存于民间的日军犯罪资料证据。务请后继研究本类课题者，加强以上方面的补充。

（审定：王福琨；统校：庾新顺、梁宝渭；撰写：梁宝渭、庾新顺）

二、专 题 研 究

（一）日军两次入侵广西屠杀平民的罪行

抗日战争期间，日军两次入侵广西，灭绝人性，将枪口对准手无寸铁的平民百姓，利用各种亘古未有之残忍手段大开杀戒，直接杀害了广西 20 多万平民百姓的生命。

1. 日军屠杀广西平民的大惨案

日军两次入侵广西期间，制造了一桩桩人员伤亡的大惨案。

（1）日军在南宁制造的惨案。

"南宁惨案"。1939 年 11 月 24 日，日军沦陷南宁，杀死 700 多人。

"宾阳县城惨案"。1940 年 2 月 2 日，日军攻占宾阳县城。据当局统计，日军进攻和占领宾阳县城 8 天期间，共有 1940 人被杀害（不含被飞机炸死），303 人重伤，105 人轻伤，440 人失踪，上百名妇女被日军强奸、轮奸，被烧毁房屋 3780 间，房舍、牲畜的损失，在百万元（1940 年法币）以上①。

"新丁村惨案"。1940 年 6 月 16 日、29 日，日军对邕宁县八尺区那莲乡新丁村（现良庆区良庆镇新丁村）进行两次大规模"扫荡"，企图消灭该村的抗日自卫武装。在"扫荡"中，被日军打死的村民和撤退过八尺江时翻船溺水死亡的村民共有 142 人，38 间民房被日军烧毁，大批财物被抢、被烧②。

---

① 《桂南战迹印象记》，《救亡日报》（桂林版）1940 年 3 月 6 日第 3 版报道；吕器：《血和恨之城——宾阳》，载《救亡日报》（桂林版）1940 年 3 月 7 日；第四战区司令长官司令部编纂委员会：《第四战区桂南战史旅行暨战地调查纪事》，1940 年第 2 辑，第 325 页，桂林市图书馆藏；欧查：《三年来敌人对广西妇女的暴行》，载广西省新生活运动促进会妇女工作委员会：《广西妇女》第 6 期，1940 年 7 月编，桂林市图书馆藏。

② 陈如圣 2008 年 6 月 13 日口述资料《日军对新丁村犯下的罪行》和陈学安 2008 年 6 月 13 日口述资料《日军对新丁村的烧杀掳掠》，存南宁市良庆区史志办；《第六章：军事·抗日游击战》，载邕宁县地方志编纂委员会编：《邕宁县志》，中国城市出版社 1995 年版，第 297、298 页。

"敢细岩惨案"。1944年12月3日，日军进入隆山县上龙乡塘头屯（今马山县白山镇上龙村）时，塘头屯的村民大都跑入村屯附近的敢细岩洞内躲藏。日军发现后，在洞口堆放杂草和村民家什等物点燃熏洞。烟火熏洞一天一夜，洞内的村民95人全部被烟火熏死。

"上顾村惨案"。1945年3月14日晚，日军在"扫荡"宾阳县武陵乡上顾村时，受到部分村民的抵抗。日军入村后大开杀戒，几天内共有117名村民被杀。其中，儿童就有10多人。黄梦廷、黄运普、黄见贤、黄受廷、黄运宁等5户全家被杀绝，烧毁的房屋22间，抢走耕牛20多头，生猪50多头，全村粮食全部被抢光或烧光。

（2）日军在柳州制造的惨案。

"马仔山惨案"。马仔山位于柳江县三都镇里贡村根见屯后面南侧，因山形状似一匹小马驹，故称马仔山。1944年11月初，日军侵入柳江县三都。日军所到之处实行烧、杀、枪"三光"政策，村民纷纷扶老携幼躲避到山弄岩洞里。日军为了将藏在洞内的人赶出来，点燃了北面岩洞口用来遮风挡雨的棚子，利用这些草木做燃物焚烧岩洞。日军走后，乡亲们赶来，从岩洞里抬出的尸体中男女老少都有，大部分是三都乡板旺屯人。日军在马仔岩共烧杀无辜群众22人。

"板吕屯惨案"。1945年5月21日凌晨，一支日军从忻城县大塘溃退到柳江县境，在六道大山脚下，遭到当地的联防自卫队阻击，便窜进附近的龙团、石仁、板吕等屯。日军对搜索到的无反抗能力的老人、小孩及妇女共19人分别用刺刀捅死，然后把尸体集中拉至韦定林家用禾草掩盖起来。死难者的头部、胸部、腹部均被捅六七刀，鲜血流了一地。

（3）日军在桂林制造的惨案。

"黄泥洞惨案"。1944年10月29日，日军第13师团一部用毒气加火熏烧在桂林市东郊柘木镇王家村黄泥洞内避难的平民，造成平民中毒窒息死亡137人①。

"下岩惨案"。1944年11月2日，驻扎在永福县罗锦的日军116联队约20多人到林村掠取财物，村里的人能逃的均逃到山上去了，来不及逃跑的老幼妇女共84人，就近躲在林村村旁鳌峰山"下岩"中。日军找到了岩洞后，见洞深不敢贸然进去，便将群众收藏于岩中的食物、衣物、家具等一起焚烧，毒烟进入岩

---

① 赵平：《白骨累累的黄泥岩》，见政协桂林市委员会文史资料研究委员会编《桂林文史资料》第5辑，1984年印行，第117页；张皆旺回忆：《黄泥岩的冤魂》，见彭敏瓴、唐林洪、陈远岸著：《民间记忆——桂林1937—1945》，广西师范大学出版社2007年版，第103—107页。

洞内，除林绍贞、林焕杰等5人得以逃出之外，其余79人被活活熏死在洞里。

"白骨岩惨案"。1944年11月11日，日军用辣椒、谷糠、稻草放火熏烧临桂县庙岭乡（今属临桂镇管辖）马埠江村燕岩洞口，大火整整烧了7天，导致洞内避难的村民111人被烟火熏死，后为牢记日军暴行，改燕岩为白骨岩。

"血泪岩惨案"。1944年11月16日，日军用毒气和烟熏桂林市雁山镇五塘村委洞上村大吉岩，造成洞内208名避难的村民死亡，后为牢记日军暴行，改大吉岩为血泪岩。

"两河乡惨案"。1944年12月20日，日军在全州县两河乡鲁山等村杀死78名村民，其中杀绝了12家。

（4）日军在梧州制造的惨案。

"樟木圩惨案"。1944年10月，日军在岑溪县樟木圩烧毁民房四五间，杀害樟木圩群众20多人，其中陈树坤的年已73高龄的父亲陈毓铨被日军杀害，陈毓锦70多岁的患病在床无法逃难的老妻被日军惨杀在床上，邓振华的当时才四五岁年纪的童养媳也被日军惨杀并被日军将尸体悬挂在床头上①。

（5）日军在北海制造的惨案。

"三·三事变"惨案。日军从1941年3月3日入侵北海到1941年3月9日撤走，史称北海"三·三事变"。在这七天时间里，日军对北海人民实行了惨无人道的烧、杀、抢"三光"政策，还强奸妇女、强抓劳工、报复威胁。据史料记载和对知情人的走访调查得知：日军在侵占北海期间共杀害市民37人，打伤29人，掳走2人，强奸200多人，强抓劳工700多人。

"涠洲岛沦陷惨案"。抗日战争时期，日军三次入侵涠洲岛。1938年9月11日，日军第一次入侵涠洲岛。据统计，日军入侵涠洲第一天就打死15人。日军第一次入侵涠洲岛20多天，据区署登记的统计资料，当时全岛6300人，逃到北海的约2000人，逃到江洪、安铺等地的也有2000人，而被杀及外逃淹死的就有80人。1938年11月20日，日军第二次入侵涠洲岛。1939年1月2日，日军第三次入侵涠洲岛。日军占据涠洲岛后，立即驱迫群众修工事、公路、机场、码头，企图把涠洲岛建成侵略华南的军事基地。日军封锁港口，禁止船艇出入涠洲岛，凡在岛周边过往的商船或渔船，一经发觉，先把船拖回烧毁，然后把船上的人押到横岭村沙滩，集中杀害，尸首均埋于一个预先挖好的沙坑内，后来此处称为"万人坑"。日军侵占涠洲岛7年间，先后杀害群众达1700人（含外地渔民、

① 证人李寿才、叶培志、严予衡、陈诠济、梁树华证言材料，采访原件存中共岑溪市委党史研究室；岑溪市志编纂委员会：《岑溪市志》，广西人民出版社1996年版，第772、954、955页。

商人）。

（6）日军在钦州制造的惨案。

1939 年 11 月至 1940 年日军入侵钦州这段时间，频繁地制造了 20 多起屠杀钦州人民的血腥惨案，其中屠杀人数超过 100 人以上的有：

"那岭村惨案"。1940 年 2 月 10 日，30 多名日军包围钦州贵台上那岭村，把该村及附近村庄的村民赶到村前山坡上，变着花样杀人，甚至拿婴儿抛起来再用刀往上捅，直到找不到新的花样，才开枪射杀被捆绑手无寸铁的村民。全村男女老少有 118 人惨遭杀害。

"龙武岩惨案"。1940 年 3 月 18 日，日军放火烟熏躲避在灵山龙武岩洞里的群众，迫使他们走出洞来，然后日军把所有的男子捆绑起来，稍为抗拒的，立即当场枪杀。女的分成等级，肆意凌辱。这次日军共杀害村民 192 人。

（7）日军在贵港制造的惨案。

"万昌荣和温家菜园"惨案。1944 年 10 月 12 日，日军占领桂平蒙圩后，日军以枪支被盗为借口，竟疯狂地把来不及逃难的街民村民数百人抓起来拉到蒙圩圩边万昌荣菜园和温家菜园内的水塘边，是晚 10 时左右，用军刀残忍地砍去一个个活生生的头颅。十几张用来抹军刀血的棉被都被鲜血渗透，两张水塘填满了被害者的尸首。此晚惨遭杀害的同胞有 300 多人。

（8）日军在河池制造的惨案。

"罗城勇岩惨案"。1944 年 12 月 13 日，日军入侵罗城县下里乡姚村、郎洞村。群众仓促躲进纵深 200 米的勇岩。这是一个大山山腰石壁中的一个岩洞，岩口砌有坚厚的石墙，岩前用人工炸成倾斜面很大的陡壁，斜坡顶端架一竹桥始能通至岩前之石墙下，再攀长达丈余高之木梯即达岩门。由于地形险要，向为过去动乱年代姚村、郎洞两个村的姚姓人家和他们亲友避乱之地，从未出过事。群众见日军上到岩前，早吓坏了，都拼命往岩内深处躲起来，后来，日军见群众不开门，就用刺刀将岩门外的木栏栅砍断，破门而入又摸入内岩（此岩外层约 80 米光线充足，内层 100 余米很黑暗）拉去姚克从、姚守邦两人。日军出岩前，将能带的东西带走，不能带的衣服、床铺、箱柜及其他什物点火焚烧，然后扬长而去。一时浓烟滚滚，空气不能流通，严重缺氧，人们呼吸极端困难。除 8 人幸存外，48 人窒死于岩内，其中有两家 12 人全部死绝。

"河池保平惨案"。1944 年 11 月 20 日凌晨，日军对河池县保平街发动突然袭击后占领保平乡，打死打伤国民党政府军、当地百姓和难民数百人。后在保平街掩埋的尸体有 470 具，周边其他地方死难者 200 多名。保平街被日军抓走的青壮年 100 多人，妇女 100 余人被强奸。

"清潭小思冬屯惨案"。1944 年十月初一（农历）至 1945 年五月初三（农历）期间，日军在该屯拆毁民房、侮辱奸淫中国妇女，撤退后投毒致使村民 96 人死亡。

（9）日军在贺州制造的惨案。

"铺门惨案"。1944 年 9 月 15 日，日本侵略军 3000 多人从怀集取道铺门，进攻梧州，遭当地自卫队阻击。当晚，日军大肆焚烧渡头村（铺门河东村的一个自然村）民房。16 日下午 3 点，日军攻入铺门街时，正在街上巡逻来不及撤退的三名自卫队员梁亚带等被敌人擒获而牺牲。当晚，日军火烧铺门街，150 多间店铺化为灰烬，年老多病的居民吴昌四、蒙亚深被活活烧死。从 9 月 15 日至 18 日四天时间内，铺门有梁亚带、陈明正等 251 人被杀害，40 多人受伤。

"长山仔山岩惨案"。日军到来前，钟山县黄竹山村及周边的三角地村、曾屋村、木枝塘村、城厢街、钟山街等地村（居）民，于 10 月 28 日前将近 2 万斤粮食、花生、食用油、辣椒干、衣被、农具和日常生活用品及畜禽陆续转移到黄竹山村长山仔山岩洞中。日军到达当天，为躲避日军的残害，黄竹山村和邻近村、街约一百多人躲进长山仔山岩洞中。日军发现后，往外搬了一些物品，点燃了洞中的衣、被等物后离开，大火燃烧了一个星期左右才熄灭。日军火烧长山仔岩洞，共造成 44 人死亡。

（10）日军在来宾制造的惨案。

"敢庙岩惨案"。1944 年 11 月 20 日早晨 8 时左右，日军一个小分队从敢庙山背面的金鸡屯悄悄向村里走来，村民韦举香家娶媳妇，全村同喜同贺，竟忘了防范，被日军发现。当村民们发现时为时已晚，慌乱之中，45 个村民拥进敢庙岩洞去。日军燃起洞内的稻草，共烧毁粮食约四万斤、衣物不计其数，烧死村民 41 人。

"秋峰洞惨案"。1945 年 1 月 22 日，一队日军押着一队民夫，向来宾县南泗乡秋峰屯扑来。站在山顶瞭望的群众看到日军后，600 多人争相钻入秋峰洞口。日军搬来稻草，撒上辣椒，点燃后自通天洞投入，并用木制扬谷机往洞内鼓风，并施放瓦斯毒气弹。日军连续围洞三天后才撤回秋峰村，押着民夫挑着抢来的财物，牵牛抬猪，扬长而去。日军撤走后，洞内幸存的群众艰难爬出洞口，双眼通红，脸色发白，鼻涕口水眼泪横流。经清点，共有 44 人被熏死，年纪最大 60 岁，年纪最小仅 3 个月，妇女儿童有 28 人之多。

"乐业村惨案"。1945 年 3 月 26 日晨，驻扎武宣县城的日军出动 120 多人洗劫武宣县二塘镇乐业村。当天日军共屠杀该村 36 名群众（多为 30 岁以上，其中 1 岁多的小孩 1 人，未满月的小孩 1 人），奸淫 10 多名妇女，烧毁民房 100 间，抢走耕牛 100 多头、猪 50 多头、鸡 300 只，粮食被烧毁无数，全村财物被洗劫一空。

"龙安屯惨案"。1945 年 5 月 11 日，日军窜扰来宾县大龙村古风屯。其时，古风屯大部分村民已避难至距村 5 公里的古风山里，村里仅剩下一些行动不便、看守财物的妇幼老孺，他们自以为日军不会为难自己。日军进村后，大肆抢劫财物，搜寻粮食，将捉到的村民 21 人集中起来。然后点火烧房，并将捉来的 21 名村民押往迁江方向。那天晚上，日军走到石牌村龙安屯，当即宿营下来。忽然，日军兽性大发，将随军押来的 21 名古风屯村民，逐一捆绑至村后，用刺刀一一刺死，其中襁褓中的 5 个婴儿也不能幸免，均被一一拦腰砍为两段，场面惨不忍睹。

"东汉塘屯惨案"。1945 年 5 月 19 日，恰逢来宾附近的水落、城厢、格兰、泗贯、磨东、古三、古昔、沙村等地当地民俗的农历四月初八节日，部分村民从山中返回过节，并住了一宿。次日，村民还未及撤离，日军便从平西、古昔北上，直扑汉塘屯，遭到村民抵抗。恼羞成怒的日军攻进村后，挨家挨户地搜查，把所有捉到的村民集中赶到彭殷强家门前一间小房里和巷西头谢维添家的灰房两个地方，然后挥举大刀和刺刀，野蛮地杀害手无寸铁的无辜村民。108 名村民丧命于日军的屠刀之下，共计绝户者 10 家。日军撤走前，又在死者遗体上倒上松香，淋上汽油，分两处放火焚烧，毁尸灭迹。

2. 被日军杀害人员的情况

据不完全统计，日军两次入侵广西以及原属广东省的北海、钦州、防城港三市，直接杀害了 232666 名平民百姓。其中第一次入侵杀害桂南 19 县 11147 人，第二次入侵杀害 214692 人（未包括原属广西的怀集县），入侵沿海地区北海、钦州、防城港三市杀害 6827 人。另外，在日军两次入侵中，还造成 58179 人失踪，他们中一部分被日军强行拉夫、一部分被日军强拉充当"慰安妇"等。

被日军直接屠杀的平民中，各个年龄段以及性别的人口都是大量的。以1944 年 9 月至 1945 年 8 月日军入侵广西杀害的 215108 人为例：男 138689 人，占 64%；女 39448 人，占 18%；儿童 27183 人，占 13%。从中我们不难看出：一是成年男子被杀害占绝大多数，反映出日军企图直接摧毁中国的有生力量，成年男性成为他们杀戮、伤害的重点对象。二是成年女性被杀害的也占相当大的比重，日军把捕获到的女性强奸、轮奸后，还大量屠杀妇女。三是 15 岁以下的未成年儿童，被杀害的每百人中就占到 13 人，暴露出日军的凶残。

（撰稿：梁宝渭）

（二）日军摧残广西妇女的罪行

19世纪末和20世纪上半叶，日军对亚洲国家尤其是中国妇女的残酷杀戮与非人的蹂躏，是其反人道罪恶的一个重要方面。在全面侵华战争期间，日军一踏上广西的土地，即开始对广西人民实施了大规模的、持续不断的、极端残忍的血腥暴行，对广西妇女实施了令人发指的残酷迫害，犯下了十恶不赦的罪行。

1. 日军大肆杀戮广西沦陷区妇女

日军入侵广西期间，铁蹄所至，屠刀所向，无数的广西妇女成为冤魂。在广西的大地上，北起桂林，南至北海涠洲岛，东起贺州，西到崇左，日军战刀所指，炮口所向，飞机所至，在广西境内制造了数以万计起的残杀妇女的血案。在每一起血案中，惨遭日军残杀的广西妇女，少则三五人，多则数百人。

广西省政府1941年调查编辑的《桂南十九县沦陷损失》，在人口损失方面，列有《人口伤亡统计总表》，表中包括广西妇女因日军入侵造成死伤的情况为：

类别	死亡人数			受伤人数			失踪人数
	合计	焚杀死亡	空袭死亡	合计	轻伤	重伤	
男	5500	4897	603	1181	689	492	556
女	3347	2896	451	721	430	291	156
儿童	1405	1262	143	206	142	64	73
未明	897	867	28	53	26	27	3201

抗日战争胜利之初，广西省政府即调派调查专员8人，分区赴遭受有人口财产损失的80县市调查1944年9月至1945年8月日军第二次入侵广西造成的人口伤亡和财产损失情况。8月下旬各调查员从百色分别出发，至11月调查完毕回桂林。广西省政府乃于11月6日成立广西抗战损失调查统计资料整理委员会，专门负责整理汇编调查资料。至1946年3月15日整理完毕，编辑成《人口伤亡统计总表（1944年9月至1945年8月）》等统计表格。有关情况如下：

类别	死亡人数			受伤人数			患病人数	失踪人数
	合计	被敌杀害	染病死亡	合计	重伤	轻伤		
男	322095	138689	183406	300610	61357	239253	847316	43407
女	88381	39448	48933	61555	12086	49469	215621	4227
幼	63761	27183	36578	44763	9578	35185	159344	5850
未明	23127	9877	13339	24734	5053	19681	59610	986

从以上统计可以看出，广西两次沦陷时期广西女性（15 岁以上），被日军直接杀害的为 42795 人，间接死亡的为 48933 人，重伤 12377 人（损毁视、听味、嗅觉；损毁一肢以上之肢能及生殖技能；其他重大不治或难治之伤害），轻伤 49899，失踪 4383 人。这些数据包括原属广西省现属广东省的怀集县统计数据，但未包括原属广东的北海、钦州、防城港三市的统计数据；这些统计数据仅为 15 岁以上的女性，而"儿童（幼）"类和"未明"类中显然有相当部分为女性未统计在内；这些数据未包括在这两个时间段之外，广西境内尚有多次遭日机轰炸、炮击及日军窜扰造成的女性伤亡。

日军在对广西人民进行大规模的屠杀过程中，用尽了所有其能够想象出来的残忍手段，这些手段堪称人性罪恶最为极致的发挥。据有关学者统计，抗战八年间，日军对中国人民所采取的残杀手段，达 250 种以上[①]，其中绝大多数，为人类理性所无法想象。而这些残杀手段，其大多数亦都曾施诸于广西妇女的身上。广西妇女有的遭日军强奸、轮奸致死，有的被奸后杀死，有的孕妇被日军用刺刀挑开腹部，挑出胎儿，有的妇女被日军用刺刀从阴部豁开腹部，有的被日军从阴部插入棍棒捅死，有的被砍头割乳，有的被撕作两半，有的被斩指切肉，有的被开膛挖心，有的被肢解尸身，有的被剥皮抽筋……"'皇军'在南宁的'奸'，最初是选择少女，强迫当军妓。因为反抗而被杀的，更不知有多少！还有许许多多骇人听闻的事实，真是不忍再说了。"[②]

2. 日军大规模强奸广西妇女

日军在入侵广西期间，伴随着对广西平民极端残酷的杀戮的同时，对广西妇

---

① 卞修跃：《侵华日军暴行心理之解剖》。该文整理搜集出侵华日军在华实施的 170 余种杀人手段。文章发表于《中国社会科学院近代史研究所青年学术论坛·1999 年卷》。此后作者又进一步搜集整理，统计出日军残酷的杀人手段已达 250 种之上。

② 王憎福：《邕宁"皇军"暴行见闻录》，载广西省政府职员公余进修社编：《公余生活》1940 年 2 卷 12 期，广西壮族自治区图书馆藏。

女进行了空前规模的奸污。成千上万的广西妇女，遭到日军官兵无耻的强奸、轮奸，这是人类文明史上最为卑污的一页。

我们不妨先摘几段当时国人对日军在广西各地施行这一兽行的记载：

"倭寇军每到占领的沦陷区，第一件最要紧的事，就是到处去搜索妇女来奸淫。由年幼十四五岁的少女，以致青年壮年及年老70余岁的妇女被他们见了，必拼命去捆拿，得到手了，无论在旷野、山洞、园头、树下、屋内，就地奸淫起来，'见者有份'，轮奸完了，大家散手，对方的生死不顾了。"①

"敌军攻入桂南，（邕宁县）蒲庙一带大村落的民众，未及逃难的大多都遭杀戮与奸淫。在南宁，敌军划金狮巷为军妓区，强将邕市未及逃避的老少妇女，掳去250余人迫充军妓，供兽兵整日的恣意奸淫，稍露不悦神色，即遭毒打。"②

"日寇占据（防城县）县城后，奸淫掳杀，无所不为，凡逃避不及之妇女，不论老少，均被奸污，甚有年届耳顺之男子，亦被鸡奸"③。

"民国34年（1945年）2月2日破晓，寇军由运江陷象县三里圩……妇女多人被奸毙命。"④

"倭军第五次窜扰绥禄（今扶绥县）是（1940年）4月3日，在右乡徐街一位年老行走不便70余岁老妇，在家看守，被兽军发现，数人轮奸，至敌人走后第10天便死去。"⑤

……

性侵犯研究对于任何一位有良知的学者来说，是一个心情极为沉痛的课题。由于被侵犯的受害人不堪回首、不愿启齿，也由于受害人家属更不愿外扬。因此，侵华日军对广西妇女的暴行相关资料相对较少，受日军性侵犯的人数更是没有查寻到一个具体的数据。我们通过开展人口伤亡和财产损失课题调研，只能挖掘出日军对广西妇女性侵犯的更多的具体个案、更丰富的文献资料、更具有说服力的证言证词，试图对这个沉痛专题作进一步研究，以揭露日军在广西的暴行。

日军在广西强拉民女充当"慰安妇"。

从20世纪90年代前期开始，抗战时期在日本军队中广泛实行的"慰安妇"

① 叶鸣平：《日军的残暴兽行——奸、烧、杀》，载广西绥靖主任公署政治部：《抗战时代》1941年3卷3期（在桂林编印），桂林市图书馆藏。

② 欧查：《三年来敌人对广西妇女的暴行》，载广西省新生活运动促进会妇女工作委员会：《广西妇女》第6期，1940年7月编，桂林市图书馆藏。

③ 《日军进犯防城》，摘自黄知元：《防城县志稿续纪事》第14章，1946年。

④ 《日军入侵象县》，摘自象县政府编：《象县志·大事记》，广西壮族自治区图书馆藏。

⑤ 叶鸣平：《日军的残暴兽行——奸、烧、杀》，载广西绥靖主任公署政治部：《抗战时代》1941年3卷3期（在桂林编印），桂林市图书馆藏。

制度同时进入了中国、日本、韩国、朝鲜以及台湾乃至菲律宾等国家和地区的学者的研究视野内。此后迄今的十多年间，学术界关于日军这一丑恶制度的形成、实施、日军性奴隶人数、对受害妇女的身心伤害研究及对这种罪恶制的"审判"，进行得有声有色，取得的成果很丰富。

我们这次开展的抗战时期广西人口伤亡和财产损失课题调研中，取得了一批关于日军在广西强拉民女，设立"慰安所"，供日军发泄的具体事件。

1939年冬，日军在南宁开设多处"慰安所"。南宁沦陷后，为解决驻南宁官兵的性欲，日军在南宁中山公园、解放路、金狮巷、中华戏院等处开设有数个"慰安所"，南宁未及出逃的妇女250余人被强迫充当"慰安妇"供日军士兵蹂躏①。1940年2月中上旬，日军在宾阳会战结束撤退时，对沿途邕宾公路村庄烧杀掳掠，又掳走妇女数百人②。

在当时的广西省会桂林，日军也建立了"慰安所"。1948年11月4日，东京远东国际军事法庭判决书指出："在占领（广西）桂林时期中，日军犯下了强奸和抢劫之类的暴行，他们以设立工厂为口实招募女工，如此被招募来的妇女，被强迫为日军作娼妓。"③ 这是远东国际军事法庭判决书第八章违反战争法规的犯罪中，关于日军在桂林强奸妇女，强迫桂林妇女充当"慰安妇"的判决认定。由于条件限制，未查到中国军事委员会行政院的调查书，但仍在桂林档案馆中，查到了一些零星记载。1945年9月，广西高等法院发文要求各地调查日军侵华罪行，桂林市政府发函要求各区按表填报。在桂林档案馆中，有一份《敌人罪行》档案，简要列举日军在桂林罪行，其中第四项罪行"拐劫妇女强迫为娼"中写道"敌寇利用伪组织人员，宣传设立工厂，四处招收女工，俟抵桂后，即送往丽泽门外，强迫充当妓女，以供兽军淫乐。"这与日本学者出示的调查书内容及其相似，说明抗战胜利后，有关政府部门进行过这方面的调查。在另一份档案，广西省政府统计室汇编的《广西省境内敌军部队长罪行摘编》中亦填列有日军桂林警备司令部、第48师团、第58师团、第44师团所属部队在桂林搜捕各乡年13至40岁妇女充当妓女和日军第34师团在全州、灌阳、兴安等地搜捕

---

① 乔夫：《日军在南宁的慰安所》，载政协南宁市委员会文史委员会编：《南宁文史资料》总18辑，1995年印行；欧查：《三年来敌人对广西妇女的暴行》，载广西省新生活运动促进会妇女工作委员会：《广西妇女》1940年第6期，1940年7月编，桂林市图书馆藏。

② 《南宁民国日报》（田东版）1940年2月16日报道：《四塘以北敌向南宁溃窜，五塘北残寇我正"扫荡"中》；《救亡日报》（桂林版）1940年3月6日、18日报道：《桂南战迹印象记》；叶亚夫：《劫后桂南行》，载《中山日报》1940年3月9日版。

③ 张效林译：《远东国际军事法庭判决书》，50年代出版社1953年中文版，转摘自稣实《日本侵略者强迫中国妇女作日军慰安妇实录》，《抗日战争研究》1992年第4期。

妇女，组成"宣慰队"，充当军妓的事项。这些记录虽不够详细，无法确定多少妇女受害，但指出了日军用欺骗、抓捕的手段，强迫桂林妇女成为"慰安妇"的事实。在桂林各县的一些交通要道上的日军据点里，也设有一些"慰安所"，如荔浦马岭镇的"慰安所"①、永福县百寿三河"花姑娘"特别区，把从附近抓捕来的妇女关押在据点内，作为性奴隶。1945年2月，日军将在百寿县四乡抓来的30余名妇女关禁在东岸村军营，供日军奸淫。而在日军侵占百寿期间，共有80多名妇女被关禁在东岸村惨遭日军蹂躏，其中不少被奸杀致死，有的被强迫作随军军妓，日军败亡前又将许多妇女惨杀，得生还者寥寥无几。

1944年9至10月间，日军入侵岑溪半个月，在岑溪掳走男女200多人去充当担夫，其中日军在樟木圩抓走刚生下孩子才3天的练宗连的妻子充当担夫兼"慰安妇"；在探花村，严子衡（恒）的八婆、曾旭才的四婆2人被日军掳去做担夫兼"慰安妇"未能生还②。

日军退出灵山县后，许多被烧剩的门扇上，仍留着日军写下的字及"灵山姑娘慰安所"，有的还写着"一番：美子，二番：好子，三番：吉子"等妓女的名字，以及"支那姑娘，十钱也"等无耻猥淫的文字。沦陷期间，日伪警备司令符永民收买钦县土匪200余人到该县强拉妇女200充当军妓③，在水井麓设立军妓馆④。

在象县、武宣等地，日军也强迫当地妇女充当"慰安妇"。1944年10月，桐岭镇桐岭村潘氏和黎氏21岁，两人那时都刚生下小孩还未满月就被日军抓去随军当挑夫兼"慰安妇"，第二年她们逃得回来不到两个月就死了。武宣许多妇女被抓去随日军充当"慰安妇"，经过流落月余后，侥幸逃脱者也落得面黄肌瘦，不治而死。1945年四月十七日，东乡镇下禄库村黄光三的14婶李某（35岁）被日军抓去随军"慰安"，后放回来不到三个月就死去；东乡镇花谭村罗梦光的母亲（32岁）被日军强拉去随军回来不久也死。三里镇古辇村廖玉清、廖玉明两姐妹被日军抓去随军"慰安"，日本投降后才见回来。在象县，日军在东岗岭设哨所，在街上被日军发现的妇女都被强拉到那个哨所去关押过夜，有的被

---

① 陈秉燊：《马岭的慰安所》，载政协荔浦县委员会编：《荔浦文史》第8辑，1995年印行；《荔浦发现侵华日军慰安所旧址》，见《揭开一段不能湮灭的历史》系列报道，《桂林晚报》2007年5月18日。

② 证人李寿才、叶培志、严予衡、陈诠济、梁树华证言材料，采访原件存中共岑溪市委党史研究室。

③ 粤统字第2号《调查专报》，1940年制，广东省档案馆藏民国档案，卷宗号2—1—266，第70—71页。

④ 政协广西钦州市委员会文史资料委员会编：《钦州文史》（抗日史料专集），1995年印行，第178—179页。

关押 8 至 10 天，日军士兵任意蹂躏，被迫充做"慰安妇"的县城妇女有张润廷妻郭氏、吕春生妻陈氏、周作献妻韦氏、徐之珍妻徐氏等人。

在桂平县江口镇六宝村，日军抓走多名妇女，其中有下瑶坝屯十八九岁的杨群芳、80 多岁的大灯婆覃氏，下瑶屯正在坐月子的陈爱莲。杨群芳被奸后捉去做"慰安妇"，5 个妇女反抗不从当场被杀害①。

在罗城县，1944 年冬日军在东门何家设军妓馆，强抢民女 40 人进军妓馆供日军淫乐②。

1944 年至 1945 年的 6 个月期间，强拉广西各地民间年轻美貌妇女 50 多人，在龙州镇开设"军人妓院"，日夜被日军蹂躏③。

近年来广西当年被日军强征为"慰安妇"的受害人勇敢地站出来，揭露日军的罪行，韦绍兰就是其中一名④。2007 年 6 月，在沉默了 60 多年后，居住在广西桂林市荔浦县 88 岁的韦绍兰勇敢地站出来，说明了自己是侵华日军在广西桂林强征妇女充当"慰安妇"事实的受害者。她被日本兵强暴后生下的儿子罗善学 2007 年已经 62 岁，是广西迄今为止第一个被公开的"慰安妇"生下的日本兵后代。1944 年冬的一天，日本鬼子对广西荔浦县新坪镇桂东村小古告屯实施"扫荡"，由于丈夫常年在外做工，25 岁的少妇韦绍兰慌乱中独自背着刚满周岁的女儿被日军抓到。"那是收晚稻的时节（大概农历十月），我穿着夹衣，日本兵抓住我，用刺刀挑开了我肩上背孩子用的带子，将我拖到公路上。那儿有一辆卡车，车上已经有四五个女人了，我不认识她们。车开了一段时间之后又有两个女人被抓上来。"被抓后韦绍兰和其他妇女一起，被卡车拉到一个陌生的地方，后来证实，那是大概 70—80 里之外的一个日军据点。韦绍兰被关进一间狭小的泥土砖房里，门外有日本兵看守，每日三餐有人送到房间里，洗澡上厕所都有人看着。日军拿着刺刀逼韦绍兰跟日本士兵睡，说不听话就杀了她！韦绍兰记得第一个进来的日本人，嘴上有一撮胡须，穿着黄色的衣服。帽子上的五角星是黄的，领口上有两个领章。韦绍兰回忆说，日本人不让她穿自己的衣服，给了她一件和服，有时候还让她穿他们的黄色军装上衣，日本人要发泄时，就做一个脱衣的手势，她一般一天要遭受五六次强暴。有的日本人 20 多岁，有的已经 50 多岁，有的是布帽

---

① 桂平市史志办公室：《江口六堡村惨案》，2008 年 12 月编，原件存桂平市史志办公室。
② 罗城仫佬族自治县志编纂委员会：《罗城仫佬族自治县志》，广西人民出版社 1993 年版，第 228 页。
③ 陆汉邦：《日本侵略军在龙州、上金县罪行录》，载政协龙州县委员会编：《龙州文史资料》第 10 辑，1990 年印行。
④ 蒋扩：《桂林幸存 88 岁"慰安妇"控诉侵华日军暴行》，载《桂林晚报》2007 年 5 月 18 日。

子，有的戴钢盔。他们大多数用安全套，发泄完兽性后，套套就扔在地上，到时候一起拿出去烧，但有的人不肯用安全套，韦绍兰也无力抗拒……经过日复一日的苦难煎熬，韦绍兰逃出了日军慰安所。据韦绍兰的家人回忆，韦绍兰回到家的时候是春节前十天左右，距她被抓走已近三个月了。劫后余生的韦绍兰日子并不好过。不久，一直生病的女儿夭折了。被日本军队抓去两个多月后，韦绍兰被迫怀上了日本军人的孩子。又过去了几个月，逃回家的韦绍兰生下了一个男孩，取名罗善学。

日军对广西妇女的强奸暴行可以概括以下几点：

（1）强奸广西妇女的惨案

1940 年 2 月 2 日至 9 日，宾阳县城沦陷期间，有上百名妇女被日军强奸、轮奸[①]。10 日，驻南宁市区西乡塘几十名日军包围对岸（邕江南岸）乐义村，将全村人赶出来集中，把村内多名妇女就地强奸，被奸妇女喊声不绝，其他村民眼见亲人被奸无可奈何[②]。2 月底，驻邕宁剪刀圩日军对周边罗村等进行“扫荡”，围捕躲藏在罗村附近引子岭上的村民，并将搜捕到 42 名妇女带回据点强奸后放回[③]。3 月 18 日，日军入侵灵山，附近乡民都躲到城郊的龙武岩洞里，日军就焚烧稻草，煸草烟入岩洞里去，乡民被烟熏得受不了，陆续走了出来。敌人就把所有的男子捆缚起来，稍为抗拒的，立即当场枪杀。女的分成三级，20 岁以下少女为第一等，20 至 30 岁的为第二等，30 至 40 岁的为第三等。一等的给军官，二等的给士兵，三等的给伪军及汉奸。并且就在她们亲属旁边轮奸，有些少女当场就被糟蹋死了[④]。4 月，在灵山城及在附近的山上，有 300 多青年妇女被日军搜捉去，分别关在各间房子里，任凭日兵胡作兽行[⑤]。同年，驻邕宁苏圩、吴村（圩）日军，在汉奸带领下经常到苏圩各村屯，每村强征妇女 10 名为日军烧火做饭，不少妇女遭受强奸[⑥]。

①　胡学林修：《宾阳县志》（1946 年版）下册，第 537 页；广西省政府统计处编印：《广西统计季报·财产损失统计总表（一）（二）（三）》1940 年第 14 期；第四战区司令长官司部编纂委员会：《第四战区桂南战史旅行暨战地调查纪事》1940 年第 2 辑，第 325 页，桂林市图书馆藏；欧查：《三年来敌人对广西妇女的暴行》，载广西省新生活运动促进会妇女工作委员会：《广西妇女》第 6 期，1940 年 7 月编，桂林市图书馆藏；1940 年 3 月 7 日《救亡日报》（桂林版）第 3 版报道。

②　广西绥靖主任公署政治部 1941 年 1 月编：《桂南：从沦陷到光复·干校旧址——西乡塘》，存桂林市图书馆地方文献部。

③　广西绥靖主任公署政治部 1941 年 1 月编：《桂南：从沦陷到收复》，存桂林市图书馆地方文献部，第 4、5 页。

④　本报特约记者陈伯舟：《沦陷后粤桂边境视察记》，载《救亡日报》1940 年 7 月 31 日。

⑤　陈子秋：《劫后余灰的灵山》，载《救亡日报》1940 年 4 月 27 日。

⑥　《邕敌兽行》，《中山日报》1940 年 4 月 25 日报道。

1944 年 9 月 14 日，日军太平洋舰队陆战队，从广州湾（湛江）经遂溪、廉江入侵到盘龙、清湖边境。在陆川县东村、丁村、清湖轮奸妇女 10 多人①。9 月 18 日，日军在全州县两河山安村强奸妇女 20 多人②。10 月 6 日，日军在苍梧县金鸡圩附近乡村抓到 10 多名妇女，进行强奸③。11 月，日军进犯忻城大塘乡平安屯，抓到郑秀荣、刘氏及韦承塘、韦承基的母亲等 10 多名妇女押至韦承机家轮奸三天三夜④。11 月 20 日，日军偷袭河池县保平乡，群众和难民妇女百余人被强奸⑤。

1945 年 3 月 26 日，日军半夜共出动 120 多人重重包围武宣二塘镇乐业村，奸淫 10 多名妇女⑥。6 月 7 日，日军约 500 人袭击柳城县沙埔镇，有 30 多个妇女被日军拉到水二寨屯赵宝元家进行轮奸⑦。

（2）强奸未成年少女

"在桂南宾阳附近，有 11 岁的女孩 4 人，随同家人逃难，被兽兵追捕，把四女孩轮奸，均受重伤。在南宁被掳去的一批少女，因生理发育未健全，竟遭兽兵用刺刀将生殖器割裂，惨痛而死。"⑧ "在苏芦村，有一次两个日军入村来搜掠，有一个少女未及逃避，被他们搜到了，便拖着要强奸她，但这少女拼命地甩掉了羁绊，向前飞跑，那两个日军在后面拼命地追赶，当跑到一条很深的坑沟时，这少女没法了，便往沟里一跳，自尽死了"⑨。在绥渌县，驻扎在村、街的日寇，每天常常一两个或三五个闯进民房或窜到民众避难聚居的山洞野林去搜索、掳掠财物，同时搜索强拉妇女进行奸污……如独山村有部分群众避难于某处山洞，一天邑模村汉奸黄启正，带领十多人闯进山里，除拉走群众耕牛、大猪和财物外，还拉走三个妇女，其中一个年仅十三四岁，被日寇摧残得多年不能康复；汉奸黄春勤一天巡逻到邑达村，拉走一个年约十五六岁的少女强奸后，把

① 陆川县志编纂委员会编：《陆川方志》广西人民出版社 1993 年版，第 179 页。
② 全州县志编纂委员会：《全州县志》，广西人民出版社 1998 年版，第 657 页。
③ 苍梧县金鸡镇周绪成、李业兴等人口述资料整理，采访原件存中共苍梧县委党史研究室。
④ 忻城县抗日战争时期人口伤亡和财产损失课题调研成果之《大事记》，2008 年 12 月，原件存中共忻城县委党史研究室。
⑤ 《日寇沦陷保平的经过》，载河池市党史政协办公室合编《河池文史》第一辑，1987 年印行。
⑥ 《悲壮的一幕——武宣乐业村民反击日军围村纪实》，《桂中日报》1995 年 7 月 3 日第 3 版报道；李淳奎采访笔录，采访原件存武宣县史志办公室。
⑦ 全树茂：《日军夜袭柳城沙埔街》，载柳城县政协文史委编：《柳城文史资料》第 2 辑，1987 年 11 月印行，第 20 页；柳城县志编纂委员会编：《柳城县志》，广州出版社 1992 年版，第 346 页。
⑧ 欧查：《三年来敌人对广西妇女的暴行》，载广西省新生活运动促进会妇女工作委员会：《广西妇女》第 6 期，1940 年 7 月编，桂林市图书馆藏。
⑨ 洪高明：《敌人铁蹄下的南宁》，载《西南周刊》社编辑：《西南周刊》1940 年第 3 期，桂林市图书馆藏。

这个少女押到县总维持会关禁一个多月，被日寇摧残得面黄肌瘦，从此不能生育；日寇窜扰葛村时，一个年仅十四五岁的少女某某躲避不及，被几个兽兵轮奸至不能动弹①。

（3）强奸老年妇女

日军入侵期间，不仅年轻的妇女遭受到性侵犯，即便是 70 岁哪怕是 80 岁年迈的老太婆日军也不放过。"'皇军'在南宁，不论城市乡村都一样，少女固然被糟蹋，即五六十岁的老妈妈也不能幸免。"② 日军经过富川县福利乡××村时，看家的任××的祖母被日军抓住后欲施兽行，其祖母说：我已经 80 多岁了，你们拉我何用。一日本兵用东北话说"我们不嫌你老"③。1944 年 9 月 28 日，日军入侵原藤县糯垌圩（今属岑溪市辖）捉去妇女 10 多名进行强奸，连 70 多岁的彩利婆婆也不能幸免④。1945 年 3 月 7 日，日军第 58 师团第 95 大队数千人袭击象县县城。未及逃离的妇女被集中关押在东街东城利客栈内任其兽奸，连客栈主人、70 多岁的崔奶也遭到 3 名日军轮奸，居民陆可凡 60 多岁的母亲被强奸致死；同月上旬，踞象县县城日军强奸曾家村一个姓曾的盲眼女子后用鸡蛋塞入其阴道，导致该女子受摧残后终身不育；强奸永隆村因年老跑不出去的邓十二奶、金喜奶，后又用木棍扎入金喜奶阴部将其折磨致死⑤。

（4）大批广西妇女被强奸致死

日军第一次入侵期间，广西沿海和桂南地区即出现被日军强暴致死的情况。邕宁县蒲庙镇沦陷期间，近 200 名妇女被强奸致死⑥。日军侵占涠洲岛期间，平日在路上、田间、海边，见到妇女就强奸，有时还破门闯进居民家中，用武力逼走男人，强奸妇女，从十一二岁女孩到六七十岁老妇，也在所难免，甚至孕妇、病残者、修女，亦成为他们的蹂躏对象，有的女性被奸杀。如：盛塘村邱姓的姐妹俩，被 12 名日本兵轮奸，几天后死去；盛塘村民廖黑姐，25 岁，被奸杀；沥仔村叶某，30 岁，刚生完小孩，被日本兵奸杀；荔枝山村谭显飞的妻子（20

① 甘超礼整理：《日军在绥渌罪行》，载政协扶绥县委员会编：《扶绥文史资料》第 2 辑，1987 年印行。

② 王憎福：《邕宁"皇军"暴行见闻录》，载广西省政府职员公余进修社编：《公余生活》1940 年 2 卷 12 期，广西壮族自治区图书馆藏。

③ 陈道泰、俸进雄：《侵华日军蹂躏富川的暴行录》，载政协富川瑶族自治县民族文史工作委员会编：《富川文史资料》第 7 辑，1992 年印行。

④ 中共藤县县委党史办编：《藤县革命星火录》，2001 年印行，第 117 页；糯垌邝维楷口述资料整理，采访原件存藤县史志办公室。

⑤ 象州县志编纂委员会编：《象州县志》，知识出版社 1994 年版，第 726 页。

⑥ 黄超：《蒲庙印象》，载《救亡日报》1940 年 2 月 12 日第 3 版；苏保双：《敌人在蒲庙的暴行》，载《广西日报》（桂林版）1940 年 12 月 19 日第 3 版。

岁）在家坐月子遭日本兵强奸，后得病致死；有一个孕妇被日本兵抓住，两个日本兵打赌该妇女腹中婴儿是男是女，结果用刺刀挑开孕妇肚皮进行"鉴定"，导致妇女及婴儿死亡，其惨状无法形容。

日军第二次入侵，使80个县市局遭受蹂躏，无数广西妇女遭到日军的性侵犯和失去性命。1944年9月20日，日军进驻藤县蒙江镇，抓去妇女数名，集体轮奸，一名妇女被强奸至死①；27日，日军进入太平镇，数名妇女被轮奸，其中一名被轮奸致死②。10月6日，日军进驻资源县浔源乡（今两水乡），奸污妇女多人，其中1人被轮奸致死；11日，日军在资源县梅溪乡境内，轮奸妇女3人，其中1人致死③。10月12日，万余日军占领桂平蒙圩及附近村屯，到处奸淫妇女，知姓名被奸妇女3人，另有1名少女被轮奸后捅死，陈尸在蒙圩学校；当月，日军在桂平新圩抓到10余名妇女，拉到当楼轮奸，反抗不从者当场用军刀捅死④。10月26日至28日，日军第11军第3师团1000余人从湖南省江华县白芒营进犯富川县福利镇，4名妇女被强奸，其中1人遭强奸后被敌人活埋致死⑤。10月29日，日军在灵川县青狮潭岩背村强奸一名妇女后割断其脚筋致死⑥。11月，日军在全州县安河乡湾村大肆奸淫妇女，至次年2月，该村共有168名妇女被奸淫，其中1人被42名日军轮奸致死⑦。11月，日军从武宣东乡圩附近几个村抓来30多个妇女，关进花罗村一间民房实施轮奸，当场奸死6人⑧。12月，一股日军由桂林经百寿第二次入侵融县北区，掳掠黄金、冠带、杨眉等村，3名妇女被强奸后惨遭杀害⑨。同月，日军将抓来的两名妇女的双乳和下阴处戳得稀烂⑩。1944年冬，日军侵入柳江县洛满乡何家屯，轮奸后一名妇女乳部被割下致

①　中共藤县县委党史办编：《藤县革命星火录》，2001年印行，第116页。
②　藤县地方志编纂委员会编：《藤县志》，广西人民出版社1996年版，第12页；濛江镇谭汇昌口述资料整理，采访原件存藤县史志办公室。
③　资源县志编纂委员会编：《资源县志》，广西人民出版社1998年版，第242页；张卫明口述、肖业礼整理：《日军入侵资源见闻录》，2008年3月，存中共资源县委党史研究室。
④　梁飞：《日军在桂平的暴行》，载贵港市政协文史委员会编：《浔郁抗战》，2005年8月印行，第36—37页。
⑤　中共富川瑶族自治县委党史研究室：《"福利惨案"专题调研报告》，2008年7月，存中共富川瑶族自治县委党史研究室。
⑥　灵川县志编纂委员会编：《灵川县志》，广西人民出版社1997年版，第736页。
⑦　全州县志编纂委员会编：《全州县志》，广西人民出版社1998年版，第657页。
⑧　中共武宣县委党史办公室编：《黔江风雷》，1991年12月印行，第117页。
⑨　融安县志编纂委员会编、陈家凉主编：《融安县志》，广西人民出版社1996年版，第12页。
⑩　政协永福县委员会编：《永福文史》第4辑，1994年印行，第23页。

死①；日军七八十人在该县抓得 28 名民夫（其中女 8 人）向梧州开拔，途中将这 8 名妇女轮奸致死②。12 月中旬，合山市石村覃氏和那娥村罗氏俩妇女被日军抓去轮奸致死③。

1945 年 2 月 4 日，一股日军从越南入侵龙州县水口圩，将 10 多名妇女抓到水口小学集中轮奸，1 名 17 岁的少女被轮奸致死，另一名少女被轮奸后，砍去四肢抛下水口河淹死。3 月 22 日，盘踞在武鸣县双桥镇快下屯驻地的几十名日寇趁黑夜突然包围"扫荡"杨李村板下屯，并强行抓捕数名妇女拉到快下屯轮奸三四个晚上后再将她们杀害④。4 月 22 日，日军在隆山县勉圩村六常屯强奸妇女 10 多人，有一妇女（苏氏）逃跑被日军开枪打死⑤。5 月 24 日凌晨 2 时，日军第 6 方面军第 34 联队本部第 2、3 大队约 3000 多人由象州经罗秀溃退来宾县桐木，4 名妇女被轮奸致死，桐木街 2 名妇女被强奸致死。

3. 日军恣意侮辱广西沦陷区妇女

日军在残杀和强奸同时，也极尽种种无耻手段，侮辱广西妇女，更表现出恰如兽类的行径，深刻地暴露出日本军队病态的虐待狂性格和丧失最基本人类理性的畸形心理。以下是日军官兵在残杀和奸污之余，对广西妇女进行侮辱的几个案例：

1944 年 12 月 23 日，驻扎在宾阳邹圩街大松村的日军抓走村民覃氏（时年 17 岁）、覃启秀（时年 13 岁）、覃福英（新婚）等 4 个青年妇女，押送到石牛村，供驻扎在邹圩街的 20 个日本兵轮奸了一天一夜。日军士兵对她们施暴之后，还把她们的头发剪光，在邹圩街上"游街示众"后才放回来⑥。1944 年 12 月，驻扎在阳朔县杨堤的日军夜袭葡萄乡报安下寨村，抓走妇女约 60 余人（其中大部分为逃难至下寨村的妇女），轮奸妇女数人。日军还强迫被掳掠的妇女赤身裸体为他们挑水、烧火做饭等⑦。

① 2007 年 6 月 5 日课题组采访见证人何恩焕的资料，采访原件存柳江县史志办公室；《日本侵略军在柳江县罪行录》，载柳江县志编纂委员会编《柳江县志》，广西人民出版社 1991 年版，第 226 页。
② 《成团沧桑》编纂委员会编：《成团沧桑》，2005 年 12 月印行，第 51—52 页。
③ 合山市志编委会编：《合山市志》，广西人民出版社 1998 年版，第 312 页。
④ 村民韦贞祥 2007 年 1 月 25 日《证言》，存武鸣县史志办公室；曾武权：《日军在武鸣犯下的滔天罪行》，载政协武鸣县委员会文卫体文史学习委员会编：《武鸣文史资料》第 13 辑，2001 年 10 月印行。
⑤ 唐启香、韦利英 2006 年 9 月 25 日《证言》和公证书（2008）桂马证民字第 015 号，原件存中共马山县委党史研究室。
⑥ 胡学林修：《宾阳县志》，1948，1946 年版；新华村村民谭教进、谭启信、谭英权、覃启秀、覃福英等人 2007 年 5 月 22 日《口述材料》，原件存中共宾阳县委党史研究室。
⑦ 中共阳朔县委党史研究室实地采访并存档资料。

在南宁郊外宋村，日军搜抢到了一大批白米，拉了当地的妇女约 200 余人一律要她们脱了衣服，光着身体搬运白米下船去，日军便在旁边监督，任意侮辱、虐待、拍手狂笑。搬完了那些米，这些女人当然免不了还要受到更大的污辱强奸①。

"敌军奸淫我女同胞的残暴，尚有令人最难忍难堪者：（一）翁媳被拿，将其媳之衣服脱光，即轮奸，另一兽兵以刀架在其翁之头，逼跪视其轮奸，各兽兵奸完后，又逼其翁奸其媳，否则杀害。（二）夫妻被拿，将其妻衣服脱光即轮奸，另一兽兵以刀架在其夫头上，逼跪视其轮奸，各兽兵奸完后，又逼其夫奸其妻，否则杀害。"②

1944 年 11 月，日军还在武宣县桐岭街附近村庄抓来 8 名 30 多岁的妇女，拉到雅岗村郭松年家，强迫她们脱光衣裤，天天磨米舂米，并加以奸污，折磨达 5 个月之久，后被释放出来有 4 人相继死亡③。

（撰稿：梁宝渭）

---

① 洪高明：《敌人铁蹄下的南宁》，载《西南周刊》社编辑《西南周刊》1940 年第 3 期，桂林市图书馆藏。

② 叶鸣平：《日军的残暴兽行——奸、烧、杀》，载广西绥靖主任公署政治部：《抗战时代》1941 年 3 卷 3 期（在桂林编印），桂林市图书馆藏。

③ 中共武宣县委党史办公室编：《黔江风雷》，1991 年 12 月印行，第 117 页。

（三）日军空袭广西的罪行

1937 年的七七卢沟桥事变，拉开了日本侵华的罪恶战争，地处西南的广西未能躲过战争的厄运。连续不断的空袭，震惊中外的桂南会战、桂柳会战将广西变成对阵厮杀的大战场。在残酷的抗日战争中，日军两度进犯广西，侵略者铁蹄所到之处，家园被毁，生灵涂炭，劫难空前，战争造成广西平民直接死亡 50 多万人，房屋被毁 314394 间①，财产损失数以亿计。1937 年至 1944 年间，日军飞机上千次入侵广西，造成广西军民的重大伤亡和巨大的财产损失。

1. 空袭概况

1937 年七七卢沟桥事变后，主张抗战的国民党桂系当局立即动员民众，调兵遣将北上抗日。战争伊始，侵华日军出于战略需要，把空袭范围纵深至抗战后方广西，企图牵制广西军队北上抗日。1937 年 7 月 24 日，日军飞机首次轰炸梧州城东镇拉开日军空袭广西的序幕。同年 9 月初，日军实施封锁中国海岸线，切断海上交通线。由于广西近海临边，战略地位重要，成为日军封锁和空袭的重点地区。

日军空袭广西的主要对象除机场等军事设施外，桂越交通线、后方资源补给基地、交通枢纽、贸易口岸、商业街区、民宅稠密区等都是日军空袭的目标。据不完整数据统计：1937 年至 1944 年初的七年间，日军飞机先后侵袭广西 1666 次，机群总量达 7620 架（次）②。仅 1938 年至 1942 年空袭次数达 615 次③。其中，桂柳邕梧四地占空袭总数的六至七成。据战时的航空委员会防空监部编印《民国二十八年度全国空袭状况之检讨》记载："广西方面——敌机袭桂主要的目的在破坏中国国际交通线运输及桂柳梧邕等重要城市，其进袭航线大体可分五路：（一）由北海敌舰或涠洲岛起飞进袭龙州、凭祥宁明等物资转运站；（二）由涠洲

---

① 广西省政府：《桂南十九县沦陷期间财产损失比较》，载广西省政府统计处编印《广西统计月刊》（1941 年 5 月），第 1 卷第 5 期；广西省政府统计处编：《各县市人口伤亡统计》，载广西省政府统计处：《广西年鉴》第 3 回《附录》，1948 年印行，中共广西壮族自治区委党史研究室存。

② 《大公报》1944 年 3 月 31 日。

③ 摘自广西省政府统计处：《广西年鉴（第 3 回）·广西历年被空袭损害统计》，1948 年印行，广西壮族自治区委党史研究室存，第 1357 页；另：现广西北海、防城港、钦州三市辖区因民国期间属广东省管辖，本数据不含此三市辖区。

岛或北海敌舰起飞沿邕钦公路进袭南宁武鸣宾阳，或继续沿邕柳公路北进直赴桂林柳州以及桂黔公路沿线之大塘宜山河池等地；（三）由涠洲岛起合浦灵山横县贵县武宣象县等地迳赴桂柳一带；（四）由海口起飞入粤境经徐闻博白入桂林至玉林容县一带，或东向梧州或继续北进经桂平南平蒙山荔浦等地进袭桂林以及湘桂铁路沿线之兴安全县零陵等地，或至蒙山一带西转沿桂柳公路迳赴柳州；（五）由广州起飞沿西江直上迳梧州，或梧州后再沿桂江北上而达桂林等地，或则沿江西进至武宣桂平一带分袭柳州来宾迁江南宁等地；以上数路当以由涠洲岛起飞者为最多，由海口进袭者次之，广州起飞者又次之。"

日军对广西的空袭状况，是依据战局的发展和中日空防力量对比的消长，而有不同的重点。

（1）从1937年7月至1938年10月为日军空袭广西第一阶段。全国抗战伊始的1937年9月，日军即开始对广西梧州、桂林两地空袭。其后，再将空袭延伸至南宁、柳州、钦州、防城、龙州、百色等广西各地。这一时期日军轰炸的重点主要是机场、军政机关、贸易口岸、交通枢纽等目标，干扰后方社会秩序，引发民众恐慌，企图牵制广西当局出兵北上参加抗战。1937年9月，游弋在北部湾海面上的日本海军航空编队开始轰炸北海、廉州（今合浦）、钦县（今钦州）、防城等沿海军事目标，对中国海岸线实施封锁，切断海上交通线。由于抗战初期，桂林、柳州、南宁、武鸣、龙州、融县等地均有机场，南宁、柳州两地机场驻有空军，桂林驻有高炮部队驻防，日军飞机空袭主要是以机场为主的空防基地和沿海的军事目标。1938年3月，驻广西空军转移到湖南编入中国空军作战序列后，广西基本上成为不设防地带，日军完全控制广西的制空权。这一时期，与全国对比广西尚未成为日军轰炸的重点地区，日军飞机多为空中侦察和试探性攻击，掌握广西的地情和防卫能力，为其日后的大规模轰炸作准备。据资料统计1937年8月至1938年5月，广西遭受日军飞机轰炸18次（共87架）投弹238枚，死18人，伤22人（不含今北海、钦州、防城港三市辖区）[1]。

（2）从1938年10月至1941年12月为日军空袭广西第二阶段。这一阶段为日军高密度轰炸广西的阶段。在此期间，日军为配合其侵华新战略，凭借其强大的空中优势，采用"高密度轰炸"、"无限制轰炸"等战术，对后方广西进行了数百次的大小轰炸。日军除针对桂越交通线和桂柳邕梧四地的机场外，还对口岸、交通枢纽、工矿企业、商业街区等非军事目标进行"无区别"地轰炸。抗

---

① 江西省政府秘书处统计室编印：《江西统计月刊》第1卷第7期，第60页（中华民国二十七年七月号）。

战进入相持阶段后，日军全方位地封锁中国海上交通和对外贸易的通道。1939年1月，日军在第三次入侵北部湾涠洲岛时，在岛上修建机场和海上基地，称"支那派遣军南支海军部队第十八基地"，并利用该岛作为长期空袭桂、滇、黔、川等抗战大后方的战略空港，成为日军飞机轰炸广西的五大基地之首。

由于日军对中国沿海口岸的封锁，战时中国对外贸易和国际援助的交通线转走桂越、滇越和滇缅三条交通线。其中，从法国殖民地越南海防，经广西凭祥、龙州入关，转南宁、柳州中转到全国各地，时称"桂越交通线"，其运量为三条交通线之首。据日本《盛京日报》昭和十四年（1939）十一月二十六日报道：当年中国对外三条通道中，桂越线运量最大，每月达一万吨以上；滇越线运量为九千五百吨次之；滇缅线运量为八千吨排第三。在桂越线运量中，一般商品只占1/4，其余均为战略物资①。桂越国际交通线称为战时中国对外交通大动脉，民国当局在邕龙公路、邕柳公路沿线上设立多个物资转运站，（1939—1940年间）常年奔跑在桂越线（广西段）上的汽车多达3000多辆。日军为扼断桂越交通线，采取密集轰炸凭祥、龙州、东兴、南宁和柳州等沿线城镇、转运站和道路、桥梁、渡口等，企图阻止抗战物资的转运，其中口岸龙州小城当年仅有人口几万，则被日军飞机空袭176次之多，死伤民众1200多人，炸毁民房1600间②。之后，日军为切断桂越交通线，偷袭钦州湾进攻桂南，占领南宁。

在战略相持阶段，日军对广西各地采取大规模空袭。1938年12月，日军大本营下达第345号大陆作战令（即《陆海空中央航空协定》）指示："直接空袭市民，给敌国民造成极大恐怖，挫败其意志。"日军的空袭由城市扩展到乡镇（街圩），从军事目标发展到民用目标，实施全面摧毁性打击。广西除桂柳邕梧四地外，南至北海、钦州；东至贺州、玉林；北至兴安、三江；西至庆远（今宜州市）、百色、龙州，全广西101个县（市、局）中，即有70余个县（市、局）遭受过日军飞机不同程度的轰炸。据不完整计，1939年至1941年三年间，日军空袭达536次，炸死民众3521人，伤4115人③，占抗战空袭和损失量的87%。其中，1939年、1940年两年最甚，为日军空袭最疯狂阶段。

（3）从1941年12月至1945年8月，为日军空袭广西的尾声阶段。1941年12月，日军偷袭珍珠港，太平洋战争爆发。由于日军开辟太平洋战线，分散了

①　日本《盛京日报》1939年11月26日报道：《大道中断积货如山》，原件存广西师范大学图书馆。
②　广西军区、广西壮族自治区委党史研究室合编：《广西抗战纪实》，广西人民出版社1995年版，第285页。
③　摘自广西省政府统计处：《广西年鉴》第3回，1948年印行，中共广西壮族自治区委党史研究室存，第1357页。

日军兵力部署，同时，也由于盟国（主要美国、苏联）空军直接介入中国战场，中国空防力量大大加强。自 1942 年起，陈纳德指挥的美国第 14 航空队逐步在湘桂两省建立自衡阳、零陵经桂林、柳州、融县、南宁、平南（丹竹）、百色等空军基地网。随着中日空防力量对比的变化，日军对广西的空袭次数逐步减少，中方逐步夺回对广西的制空权，美军利用在广西空军基地，对日军在中国华南、中国香港和中国台湾、越南的军事目标和北部湾运输线进行空袭。

这一时期，日军空袭的目标主要是美军驻桂机场和人口稠密区。为了解除美军飞机对日军目标的轰炸，尤其是防止美军飞机再度利用广西基地空袭日本本土，日军对桂林、柳州、丹竹、南宁等地机场和人口稠密区进行重点空袭。仅 1944 年日军对桂林、柳州两地机场空袭，中美损失大小飞机高达 325 架[①]。1945 年 4 月 10 日，8 架日军飞机最后一次轰炸广西昭平[②]。

2. 空袭造成的损失

日军从 1937 年 7 月 24 日对梧州的首次空袭至 1945 年 4 月 10 日对昭平的最后一次空袭，日军空袭广西长达 7 年有余。尤其是抗战转入战略相持阶段后，日军对广西的空袭是全方位的，"目的在于摧毁我重要设施，破坏我各城镇中心，以瓦解中国民众精神意志，动摇我抗战决心"[③]，完全脱下战争之初"不以国民为对手"的欺骗伪装。据不完整数据统计：仅 1937 年至 1944 年的七年间，日军飞机先后侵袭广西 1666 次，机群总量达 7620 架（次）[④]。仅 1938 年至 1942 年的五年空袭次数达 615 次，造成平民伤亡 9121 人（死 4070 人，伤 5121 人）[⑤] 和巨大的财产损失。仅单次空袭造成平民百人伤亡以上的重大空袭事件共有 15 起。其中：

1937 年 10 月 15 日，日军数十架飞机空袭桂林市，在城内投弹 8 枚，炸毁民房 39 所，炸死市民 53 人，伤 200 人；在城郊投弹 40 余枚，炸毁民居 50 多所，乡民死伤逾 300 人[⑥]。

---

① 桂林、柳州两市抗日战争时期人口伤亡和财产损失课题调研成果之《大事记》及相关资料，分别存中共桂林市委党史研究室、中共柳州市委党史研究室。

② 昭平县志编纂委员会编：《昭平县志》，广西人民出版社 1992 年版，第 215 页。

③ 秦孝仪主编：《中华民国重要史料初编——对日作战时期，第 2 编，作战经过（四）》，中国国民党中央委员会党史委员会编印，1981 年版，第 103 页。

④ 《大公报》1944 年 3 月 31 日报道。

⑤ 摘自广西省政府统计处：《广西年鉴（第 3 回）·广西历年被空袭损害统计》，1948 年印行，中共广西壮族自治区委党史研究室存，第 1357 页；另：现广西北海、防城港、钦州三市辖区因民国期间属广东省管辖，本数据不含此三市辖区。

⑥ 《大公报》（天津版）1937 年 10 月 17 日第 2 版报道。

1938 年 9 月 17 日，日军飞机 30 架空袭广州、柳州、梧州。日军飞机仅在梧州市区大东路、竹安路一带就投弹 80 余枚，炸毁书馆、医院、中学和民宅等房屋 300 余间，震塌房屋 176 间，死伤民众 300 余人，3000 余人成无家可归者①。

1938 年 11 月 30 日，日军飞机 35 架分三批空袭桂林市区，投弹约 100 枚，共炸死炸伤市民 171 人，炸沉民船 3 艘，炸毁清真寺、商店、平民住宅 200 多家。桂林最繁荣的商业区桂北路、桂南路成了一片瓦砾②。

1939 年 7 月 22 日，日军飞机 18 架空袭柳州市区，共投弹 300 枚，炸死 151 人，伤 129 人，炸毁电话局、剧场、银行、会馆等大小房屋 3440 间和民船七八艘，财产损失 421 万元③。

1939 年 7 月 26 日，日军飞机两批 18 架空袭梧州。炸毁医院、民屋等 600 余间，焚毁大筏 6 座、电船 2 艘、拖渡 4 艘、汽轮 1 艘、大小船艇 300 余艘，死伤居民 800 多人，受灾 477 户，难民 6000 多人，直接财产损失 200 多万元④。

1939 年 8 月 8 日，日军飞机 4 架空袭北海，在市区大水沟市场俯冲扫射和投弹轰炸，死伤平民过百人，民房被毁多间，酿成北海历史上最惨的"大水沟血案"⑤。

1939 年 8 月 30 日，日军飞机空袭南宁市区。当日，日军先后有六批飞机入侵南宁，空袭警报从早到晚响个不停。其中，上午 10 时许，日军第四批 9 架飞机在南宁市区投弹 61 枚，炸毁民屋 200 余间，民众死伤 500 多人。空袭中湘桂铁路材料仓库（凌铁渡口附近）被炸中，仓库内存放待运的汽油起火燃烧，江北半边天空被燃烧的黑烟笼盖，20 多亩仓库区烧成焦土，库存的水泥、钢材、木材、沥青、铁路器材等物资被炸毁或烧毁⑥。

1940 年 3 月 9 日，2 架日军飞机空袭武鸣县轵圩（今陆斡尚志村委）圩日，

① 政协广西壮族自治区委员会文史委员会编：《广西文史资料选辑》第 2 辑《桂系大事记》，1993 年 5 月印行，第 310 页；苍梧县政府：《苍梧县抗敌伤亡人民调查表》，1946 年 6 月编，梧州市档案馆藏，全宗号 101，案卷号 433。

② 《日机轰炸桂林罪行录》，载政协桂林市委员会文史委员会编：《桂林文史资料》1984 年第 5 辑；桂林《循环日报》1938 年 12 月 2 日报道：《桂林被炸惨状》；黎远明：《我所经历的一次日军轰炸桂林记》，载中共桂林市委党史研究室编：《桂林抗战纪实》：漓江出版社 1995 年版，第 178—180 页。

③ 《寇机十八架昨又狂炸本市市区》、《救亡剧场被炸　救难公演延期》，《柳州日报》1939 年 7 月 23 日第 3 版报道；《柳州市军事志》，1990 年印行。

④ 《敌机荼毒梧市》，《难民日报》1939 年 7 月 28 日报道；梧州市工人医院史档案——（民国）梧州思达医院（今工人医院）院长华理士向香港领事馆反映梧州 1939 年 7 月 26 日被日机轰炸的材料。

⑤ 北海市地方志编纂委员会编：《北海市志·大事记》，广西人民出版社 2002 年版，第 31 页。

⑥ 《南宁民国日报》1939 年 8 月 31 日报道：《敌机昨狂炸本市》；《南宁民国日报》1939 年 9 月 6 日报道：《救济本市被炸难胞》；王憎福：《邕宁"皇军"暴行闻见录》，载广西省政府职员公余进修社编：《公余生活》1940 年 2 卷 12 期，广西壮族自治区图书馆藏；唐润榕：《抗战期间南宁的防空和被轰炸》，黄锐：《记日机的一次疯狂轰炸南宁》，载政协南宁市委员会文史委员会编：《南宁文史资料》第 3 辑，1987 年印行。

当日赶圩的村民数千人，日军飞机向圩场投 5 枚炸弹，其中有 4 枚投中圩亭和民房，炸毁圩亭 1 所 9 间，炸毁民房 6 间，伤亡村民 180 多人①。

1940 年 5 月 12 日，3 架日军飞机空袭邕宁县坛洛吞榄圩场，向圩场投弹 50 多枚，并用机枪反复向赶圩人群追逐扫射，400 余人被炸死，300 多人受伤②。

1940 年 8 月某日，日军飞机 12 架空袭灵川县，日军飞机在三街镇小南门投弹 79 枚，炸死军医院伤员 36 人、平民 107 人，炸伤 42 人，炸毁房屋 1327 间，损失 82020 元③。

1940 年 12 月 9 日，日军飞机 30 架，由越南海防起飞炸东兴街，共计炸死 110 多人，崩屋 16 间④。

1941 年 8 月 4 日，日军飞机 21 架空袭桂林，市区内护士学校、省临时参议会、新运妇委会、乐群社、中华圣公会、美国浸信会等多间房屋被炸毁。空袭炸毁烧毁、震倒房屋数百栋，有 200 多名平民丧生，400 多人受伤⑤。

1941 年 8 月 20 日，日军飞机 28 架空袭柳州市区及市属六道等乡镇，共投弹 70 余枚，炸死平民 45 人，伤 168 人，毁屋 72 间，其中柳州日报社编辑部、曲园、红十字会、慈善戏院及警察局等处均被炸毁⑥。

1942 年 1 月 18 日，日军飞机四批 25 架次空袭南宁，在市区投下燃烧弹、杀伤弹等共 114 枚。炸毁民房 271 间，烧毁 128 间；炸死、炸伤 430 余人⑦。

1942 年 12 月 31 日，日军飞机 27 架空袭梧州，投下炸弹、燃烧弹 100 多枚，

---

① 武鸣县志编纂委员会编：《武鸣县志·大事记》，广西人民出版社 1998 年版；尹克谨 2007 年 6 月 14 日《证言》和公证书（2007）桂武字第 977 号，原件存武鸣县史志办公室。

② 卢裕绰《南宁郊区吞榄惨案亲历记》，载政协南宁市委员会文史委员会编：《南宁文史资料》1987 年第 2 辑；刘绳桃 2006 年 11 月 9 日《证言》和公证书（2008）桂隆证字第 140 号、刘兆滚 2006 年 11 月 9 日《证言》和公证书（2008）桂隆证字第 137 号、甘洪盛 2006 年 11 月 9 日《证言》和公证书（2008）桂隆证字第 136 号，原件存中共隆安县委党史研究室。

③ 政协灵川县委员会编：《灵川文史》第 9 辑，1987 年印行，第 41 页。

④ 黄知元编：《防城县志初稿》第 14 章纪事，1946 年印，存广西壮族自治区图书馆。

⑤ 《日机轰炸桂林罪行录》，载政协桂林市委员会文史委员会编：《桂林文史资料》第 5 辑，1984 年印行；《大公报》（桂林版）1941 年 8 月 5 日第 2 版报道；植恒钦《日军轰炸桂林亲历记》，载中共桂林市委党史研究室编：《桂林抗战纪实》，漓江出版社 1995 年版，第 181—184 页。

⑥ 《敌机二十八架昨日侵袭本市》、《敌摧残我市文化机关，本报惨遭炸毁》，《柳州日报》1941 年 8 月 21 日第 3 版报道；《以加紧工作坚持抗战来回答日寇的轰炸》，《柳州日报》1941 年 8 月 21 日第 2 版报道；柳州市地方志编纂委员会办公室：《柳州 20 世纪大事记》，广西民族出版社 2002 年版，第 77 页。

⑦ 1942 年 1 月 19 日《南宁民国日报》第 2 版报道：《昨敌机十五架肆虐本市罹空前浩劫》。

市区多处被炸起火，死伤300余人①。

日军的对广西的空袭长达七年有余，造成了重大的人口伤亡和巨大的经济损失。

在人口伤亡方面：据广西省政府1941年5月公布的《桂南十九县沦陷期间财产损失比较》统计，日军从1939年11月至1940年11月，仅在桂南19县（邕宁、武鸣、上林、宾阳、永淳、横县、扶南、绥渌、上思、思乐、明江、上金、宁明、凭祥、龙津、崇善、左县、同正、迁江等）的空袭中，造成1225人死亡，628人受伤②。抗战期间全广西共有66万余平民直接伤亡③，其中，相当一部分是由日军飞机空袭造成的。此外，日军在空袭广西的军事目标和桂南会战、桂柳会战中，空袭中国军队的伤亡数字亦数以千计。

在经济损失方面：日军对广西的空袭轰炸，造成了巨大的经济损失。这些损失除军事设施外，主要集中在房屋建筑、公共设施、工矿企业、桥梁道路、运输车船、内外贸易和民众财产等方面。最为突出的有几项：

房屋损失。民房为主的建筑物损失，是日军飞机轰炸最明显损失。如：1938年9月17日的梧州空袭，炸毁房屋300余间，震塌房屋176间；1939年7月22日的柳州空袭，炸毁大小房屋3440间；1939年7月26日的梧州空袭，炸毁房屋等600余间；1942年1月18日的南宁空袭，炸毁、烧毁房屋399间。省会桂林，先后遭日机30多批、400多架（次）轰炸，伤亡人数达900多人，房屋被毁4000多栋，市内机关、工厂、商店、学校等变成瓦砾场。据不完整资料统计，仅1938年至1942年的五年间，广西全省被日军飞机炸毁的房屋达22250间（不含现北海、钦州、防城港三市）。

交通运输损失。交通运输损失遍及全广西，其中，口岸城市梧州损失最为惨重。1938年10月广州沦陷后，珠江内河的机动商船，西撤进入西江的船只达200多艘，停泊在肇庆、梧州一带，加原有梧州西江江面上的船只，达数百之多。抗战期间，仅梧州西江水面被日军空袭损毁的电船、轮渡即达131艘，载重量8622吨，至1945年光复时，梧州西江河面"仅（有）电船14艘，汽船19

---

① 苍梧县政府：《苍梧县抗敌伤亡人民调查表》，1946年6月编，梧州市档案馆，全宗号101，案卷号433；政协广西壮族自治区委员会文史委员会编：《广西文史资料选辑》第2辑《桂系大事记》，1993年5月印行，第359页。

② 广西省政府：《桂南十九县沦陷期间财产损失比较》，载广西省政府统计处编印：《广西统计月刊》（1941年5月），第1卷第5期，存广西壮族自治区档案馆。

③ 摘自广西省政府统计处：《广西年鉴》第3回《附录》，1948年印行，中共广西壮族自治区委党史研究室存，第7页；广西省政府：《桂南十九县沦陷期间财产损失比较》，载广西省政府统计处编印《广西统计月刊》（1941年5月），第1卷第5期，广西壮族自治区档案馆藏。

艘，拖渡 3 艘"①，昔日千帆穿梭西江的繁华不再，梧州经济从此一蹶不振。据资料统计：日军第二次入侵广西时，全省损失汽车 546 辆；机船 111 艘，拖渡 21 艘，民船（仅指已经航政机关登记供运输者而言，水上住户船舶未计在内）共 11345 艘②。当中，绝大部分是日军空袭造成的。

城市设施损失。当最明显的是城镇水厂、电厂被轰炸。除桂柳邕梧四地水、电厂被日军飞机多次空袭外，当年工业经济比较好的八步、贵县、龙州、平乐、玉林、容县、北流、百色等地的水、电企业，均不同程度地被日军飞机轰炸，生产设备、管网线路破坏严重，损失重大。受空袭损失的公共设施另一方面还有城市道路、机关、学校、医院、文化娱乐场所等。据统计：在桂柳邕梧四地水厂损失共计 11 亿 550 万 8 千元，电厂 15 间损失共计 44 亿 3011 万 1 千元中，相当部分是因空袭造成的损失。

抗战时期广西四大城市遭受空袭一览表③

	空袭状况		投弹数	人口伤亡		财产损失情况
	批次	架数	（枚）	死	伤	
桂林	61	1364	2546	785	1585	炸毁烧毁房屋 7500 多间，炸毁桥梁 7 座，炸沉民船 15 艘，炸毁飞机 223 架，财产损失 27734894 元（当时法币）。
柳州	69	791	2300余	672	654	炸焚毁的大小飞机 102 架，房屋被炸焚毁 4500 余间，各种船只炸沉毁 20 余艘，财产损失总数达 2000 万元（当时法币）以上。
南宁	60	534	840 余	1200 多		击毁飞机 1 架，房屋被炸焚毁 1200 余间，炸沉电船 4 艘，汽车 2 辆，其他财产损失难以计数。
梧州	440	—	—	—	—	—

① 阚中华著：《广西省卅五年度地方行政建设施政报告》，载广西省政府建设委员会：《广西建设》第 1 卷 7—8 期，1946 年 10 月 30 日版，第 28 页。

② 黄荣华：《广西善后救济工作的过去与将来》，载广西省政府建设委员会：《广西建设》创刊号（1946 年 2 月）。

③ 桂林、柳州、南宁、梧州四市抗日战争时期人口伤亡和财产损失课题调研成果之《课题调研报告》及相关资料，分别存中共桂林市委党史研究室、中共柳州市委党史研究室、中共南宁市委党史研究室、中共梧州市委党史研究室。

抗战时期北海、钦州、防城港三地空袭一览表

地名	空袭情况			伤亡		财产损失
	空袭批次	飞机架次	投弹数量	死	伤	
北海						
钦州						
防城港	40	200		700		1700 间房屋被炸毁
总计						

注：现北海、钦州、防城港三市辖区，为民国时期广东省钦廉地区的合浦、钦县、灵山、防城四县辖区，1951 年划入广西，故数据另行列表统计。

3. 空袭的影响

在抗战期间，日军将空袭作为战争手段对广西进行过上千次的轰炸，倾泻下数万枚炸弹，造成了毁灭性的破坏，在广西人民心灵上留下了永远抹不去的伤痛。

首先，空袭造成重大的人口伤亡。从 1937 年 9 月首场梧州空袭，至 1945 年 4 月 10 日昭平的最后一次空袭，日军对广西的空袭历时七年有余，大小空袭超过 2000 次①，给广西人民的生命和财产造成了重大的损失，造成上千个家庭家破人亡，上万无辜百姓成了日军炸弹下的冤魂。

其次，空袭造成经济的重大损失。由于日军空袭，使得交通中断、工矿企业停产、商店倒闭，城乡经济交流阻隔，广西经济陷入崩溃的境地。如：广西省会桂林，曾一度成为战时的全国文化名城和后方抗战的政治中心，由于日军持续不断的轰炸，使甲天下的世界名城，变成满目疮痍战争废墟；柳州是广西的新兴工业基地和抗战后方资源补给基地，日军的空袭和占领让广西的工业彻底破灭；南宁为桂西南军事重镇，云贵川和越南进出中原和港粤的交通枢纽，空袭和战争让南宁的集散经济功能丧失殆尽，商易经济一落千丈；战前梧州是广西的门户和财税大户，日军空袭使西江黄金水道成为水上坟墓。

第三，空袭对文化的破坏，达到了空前的程度。为防范日军飞机空袭造成伤亡，日军空袭重点地区的学校普遍停课，或停办，或迁移山区，不仅造成经济上的损失，还造成大批青少年失学；为降低日军飞机的地理识别，大批古建筑被拆毁或日军空袭炸毁，如明代的南宁青山塔，晚代的横州古城墙、宾阳古城墙、武

---

① 仅当年广西境内空袭就超过 1666 次，加上现北海、钦州、防城港三市（原民国时期广东钦廉地区）的空袭次数，超过 2000 次。

鸣县古城墙、隆安县古城墙等先后被拆；一大批名府、院落、书院、塔楼、古刹等历史文物在轰炸中被炸毁或破坏，大批珍贵的文物在躲避战火的搬迁转移中损坏、丢失，造成了不可挽回的损失。

第四，抗战空袭在民众心灵留下了永久的创伤。抗战日军对广西的空袭，不仅在人口伤亡和经济财产上造成了巨大的损失，也在广西人民心灵上留下了深深的创伤。尤其是桂柳邕梧四地，持续不断的空袭，使城市变成废墟，上万人的空袭伤亡，数万人流离失所，许多家庭支离破碎，父母痛失儿女，孩子变成孤儿，空袭留在几代人心灵上的伤痛挥之不去。事后数年，甚至数十年，他们还摆脱不了空袭噩梦的缠绕，"躲飞机"、"跑日本"成为老广西人人生中最痛苦的经历与回忆。

（撰稿：刘家幸）

（四）日军对广西的经济掠夺

广西是连接西南、华南、华中以及海外的交通枢纽。抗日战争时期，日本军队为打通中国大陆至越南的交通线，曾两次入侵广西。第一次是 1939 年 11 月至 1940 年 11 月，广西南部有 19 个县市被日军侵占。第二次是 1944 年 9 月至 1945 年 8 月，广西有 80 个县市局以及时属广东省辖的防城、钦县、灵山、合浦和北海被日军侵占。

日军在侵占广西期间，对广西的经济资源进行疯狂的掠夺。日本对中国资源的掠夺主要表现在对中国土地资源和农产品的掠夺，对粮食实行"统制"；掠夺中国的矿产资源，利用殖民机构直接控制、军管和"委托经营"等方式掠夺沦陷区的工矿业；掠夺银行的黄金、现款，滥发没有储备基金的伪币，印制大量军用票在沦陷区流通。日伪政权还不断增加苛捐杂税，加紧搜刮，到处抓丁拉夫，强迫他们从事苦役劳动。日军掠夺广西的经济资源，重要的有如下几个方面。

1. 走私

广西地处中国南方，是产粮的农业省份。沦陷前，日军对广西经济掠夺的手段是走私，以低价棉纱等换取粮食等物资。"沦陷前，敌人对桂南经济进攻的唯一手段为走私，尤以用贱价棉纱换取我粮食，造成内地粮食恐慌，动摇社会人心，并破坏其他区域物价的阴谋为最毒辣……桂南未沦陷前，钦防以粮食资敌亦为人所周知之事。"①

1944 年，日军通过越南在广西的走私更加猖獗。"敌在越南统制物资异常严密，除鸦片外绝对禁运，已往流入物资系在敌有利条件下物物交换而来，如在东兴以苎麻 5 担即可换取敌方制成绉片橡皮 1 担之类。最近物资已有倒流倾向，东兴一带物价比邕宁尤高"②。"龙州一带边境仍以水银交换橡皮，近谅山敌扬言存

---

① 广西绥靖主任公署政治部编：《桂南从沦陷到收复》，桂林青年书店 1941 年发行，桂林市图书馆藏。

② 南宁关税务司霍启谦呈报：《中华民国 33 年 3 月份搜集敌伪财政动态资料调查报告书》（南宁关），原件存中国第二历史档案馆之《民国南宁海关档案》，摘自黄铮主编：《广西抗日战争史料选编》第一卷，广西人民出版社 2005 年版。

橡皮 10 吨，要求我方运出水银 3 吨互换云。"①

"敌人于决定其经济作战策略时，处处有毒辣政治阴谋之根据，闻诸东兴兑换商人称……敌方并有规定每值 4 元之一般物资输入，同时需有值 6 元之鸦片运来……敌人自泰国一带运来黑土兵车，满载武力严护，月有一次，以备配销流毒，粤桂为害至烈。龙州方面亦有同样情形，鸦片自水口、硕龙、凭祥、思乐一带倾入与日俱增"。"敌人以高价收买桐油，最近在北海南康沿河一带利用渔船吸取我方桐油运沦陷区，据称 4 月份内桐油自该地沿海一带走私者凡数千罐。"②

"桂西边境黄豆产量甚富，自思乐、凭祥、龙津以至靖西、镇边各县每年收获极丰……敌伪方面本年仍出高价收买，每公斤约国币 60 元……闻本月偷运资敌者约有 5 万斤云。""敌人以每条国币 300 元之价格在桂省边界大量收购，闻自越人处强夺每条只给价越币五元云。""据北海支关报称，28 日有棉纱 300 大包经澳门运抵广州湾，每包价低至二十万元，企图换取五金、植物油、米糖食粮等物，准备以帆船运回港澳。"③

"敌人在广东广西邻近越南边境各处收买牛只并及牛肉，闻敌因肉食缺乏，取牛肉制成罐头转运前线……村民籍放牛吃草饮水为名，私运牛只出口至伙。"④

"在越南出版之伪杂志《南风月刊》，报道敌人在广州湾管制物资情形如次……以高价吸收内地物产为原则……广西省之桐油、青麻、石膏、水银、五倍子、樟脑油、桂皮等。"⑤

2. 实物的掠夺

日军侵华，实施以战养战的方针，实物掠夺为日军掠夺广西经济资源的主要

① 南宁关税务司霍启谦呈报：《中华民国 33 年 4 月份搜集敌伪财政动态资料调查报告书》（南宁关），原件存中国第二历史档案馆之《民国南宁海关档案》，摘自黄铮主编：《广西抗日战争史料选编》第一卷，广西人民出版社 2005 年版。

② 南宁关税务司霍启谦呈报：《中华民国 33 年 5 月份搜集敌伪财政动态资料调查报告书》（南宁关），原件存中国第二历史档案馆之《民国南宁海关档案》，摘自黄铮主编：《广西抗日战争史料选编》第一卷，广西人民出版社 2005 年版。

③ 南宁关税务司霍启谦呈报：《中华民国 33 年 10 月份搜集敌伪财政动态资料调查报告书》（南宁关），原件存中国第二历史档案馆之《民国南宁海关档案》，摘自黄铮主编：《广西抗日战争史料选编》第一卷，广西人民出版社 2005 年版。

④ 南宁关税务司霍启谦呈报：《中华民国 33 年 11 月份搜集敌伪财政动态资料报告书》（南宁关），原件存中国第二历史档案馆之《民国南宁海关档案》，摘自黄铮主编：《广西抗日战争史料选编》第一卷，广西人民出版社 2005 年版。

⑤ 南宁关税务司霍启谦呈报：《中华民国 34 年 2 月份搜集敌伪财政动态资料报告书》（南宁关），原件存中国第二历史档案馆之《民国南宁海关档案》，摘自黄铮主编：《广西抗日战争史料选编》第一卷，广西人民出版社 2005 年版。

方式。在日军第一次侵略广西的时候，"敌人对我桂南物资，满欲尽量掠夺利用，但事实上仅限于供军用之糯米、牲畜、菜蔬、砂糖、牛皮、桐油、木材、苎麻等物而已。本地所产之稻谷，敌人只用之饲养马畜，沿途工事材料，多系拆自民房。"①

"农产之掠夺与农村之破坏乃敌人在桂南经济掠夺中之最残酷，最具体之手段，其手段之实施，主要目的在毁灭我农村生产。论地区：以宾阳至五塘为最……论方法：主要为维持会替其征发掠夺，或煽动顺民到邻村抢夺与破坏。"

1939 年 11 月 18 日，从钦州湾登陆的日军进入邕宁县境。当晚，数百名日军包围雅王街（今良庆区南晓镇雅王村），30 多头牛、200 多头猪、400 多只鸡鸭被杀或被日军抢走②。

12 月 17 日，驻邕宁八塘日军"扫荡"八塘乡腾屋坡，被抢走银元 300 块③。

12 月 28 日，七塘那罗坡村 5 头水牛被日军抢走④。

1939 年，日军占领南宁后在占领区内实行殖民政策。驻邕宁苏圩、吴村（圩）日军，在汉奸带领下经常到苏圩各村屯搜抢粮食，强逼逃离家园的百姓回村当"顺民"。在登记、发放"良民证"时每人收取国币 1 元（维持会分 40%，日军分 60%），每村勒索大米 200 斤、糯米 100 斤、番薯 300 斤、红糖 50 斤，上交驻吴村（圩）据点的日军。同时，日军在汉奸的协助下，到那些不愿登记为"良民"的村庄抢劫，日军要黄牛（宰杀），汉奸要水牛（倒卖），并强迫村民（拉夫）为其做苦役，每村强征妇女 10 名为日军烧火做饭，有的妇女遭受强奸轮奸，老百姓凡遇到日军都要下跪，不愿意者则被殴打。在沦陷区，日军还用大量伪币（伪造广西银行发行的桂钞）购买当地食品和日用品，扰乱市场⑤。

1940 年 3 月 16 日至 25 日，日军由钦属灵山县旧圩、烟墩两个方向入侵横县南乡、冷水乡，村民损失粮食 22.25 万斤、抢掠和劫杀牲畜 802 头。另有南乡、禄嘉、蔡板、冷水、龙门、桥笪、大同、飞龙、上灵、独竹、陈宣 11 个乡镇，

① 第四战区司令长官司令部编纂委员会：《第四战区桂南战史旅行暨战地调查纪事》，1940 年印行，桂林市图书馆藏。

② 叶鸣平：《邕宁县第一次抗敌事略》，载《广西日报》（南宁版）1946 年 7 月 19 日、26 日第 4 版；陆建朝、农仕修、翟才忠 2007 年证言及公证书，原件存中共南宁市委党史研究室。

③ 2007 年 7 月 3 日农有室、7 月 4 日农永员、农有庆、农永喜等多人证言及公证书，原件存中共南宁市委党史研究室。

④ 2007 年 5 月黄祖运、黄玉莲、黄登高、黄耀忠、黄寿高、黄炳南、李瑞忠、李瑞浩、李瑞雅、梁才祥、黄志华、李友杼、黄加新、黄兆三、黄恒万、李增才、黄倩杰、黄志华、农能兴、农品佑等人证言及公证书，原件存中共南宁市委党史研究室。

⑤ 《中山日报》1940 年 4 月 25 日报道：《邕敌兽行》；《中山日报》1940 年 5 月 21 日报道：《邕敌暴行》。

相继遭到日军的侵占，烧毁和劫走粮食 33.26 万斤，劫杀牲畜 3208 头①。

3 月 18 日至 25 日，日军在横县蔡板乡"扫荡"，焚烧和掳掠粮食 3.813 万斤，劫杀牲畜 328 头②。

3 月 24 日，日军约 4000 人撤退经过横县禄嘉乡（1952 年 6 月，划入灵山县）魁策、六潭、岑平村，焚毁房屋 208 间、焚烧和抢去粮食 5.12 万斤、掳掠及宰杀牲畜 204 头③。

6 月 16 日，约 700 名日军"扫荡"邕宁县新丁村（今属南宁市良庆区新兰村）。同月 29 日，日军再次"扫荡"新丁村。在日军两次"扫荡"中新丁村被打死或逃跑时溺水死亡的共有 142 人，38 间民房被烧毁，耕牛 50 多头被抢被杀。被抢被烧毁粮食 30000 多斤，蔗糖 30000 多斤，花生油 28000 斤；被抢被杀的鸡、鸭 500 多只，猪 700 多头；被炸毁烧毁的其他财物有：农具 80 多具，生活用品 10000 多件，衣服棉被 2000 多件④。

7 月 4 日，日军"扫荡"邕宁县乌兰村（今属南宁市良庆区新兰村），据统计，全村被抢或被烧毁的稻谷 50000 多斤，蔗糖 70000 斤，约有 3000 多只鸡、鸭被抢被杀⑤。

1941 年 5 月，广西省政府公布（1939 年 11 月至 1940 年 11 月）桂南 19 县沦陷损失。其中，邕宁、宾阳、上林、永淳、横县、武鸣 6 县被日军直接占领，日军对占领地区实施疯狂的经济掠夺，以法币（即国币，下同）计算，各县财产损失为：

邕宁县（含南宁市区）：财产损失 101341833 元［居民财产损失 33187174 元，社会财产（公共财产）损失 68154659 元］。

武鸣县：财产损失 2306042 元［居民财产损失 1606849 元，社会财产（公共财产）损失 699193 元］。

宾阳县：财产损失 8830304 元［居民财产损失 7282285 元，社会财产（公共财产）损失 1548019 元］。

横县：财产损失 1560214 元［居民财产损失 667609 元，社会财产（公共财

① 1940 年横县政府：《横县倭灾人口财产损失调查表》（156—64—48），原件存横县档案馆。

②③ 横县政府：《横县南区各乡村倭灾损失情况调查表》（64—4—613），1940 年编，原件存横县档案馆。

④ 2007 年陈英达、陈如圣、陈学安、莫启新、陈应理证言及公证书，原件存南宁市邕宁区史志办公室；邕宁县地方志编纂委员会编：《邕宁县志》，中国城市出版社 1995 年版，第 297、298 页。

⑤ 邕宁县地方志编纂委员会编：《邕宁县志》，中国城市出版社 1995 年版，第 297、298 页；2007 年玉桂恒、玉启平、玉振兴、玉世珠等证言及公证书，原件存南宁市邕宁区史志办公室。

产）损失 892605 元]。

永淳县：财产损失 2122998 元 [居民财产损失 1564459 元，社会财产（公共财产）损失 558539 元]。

上林县：财产损失 7245359 元 [居民财产损失 5818596 元，社会财产（公共财产）损失 1426763 元]①。

"农产之掠夺与农村之破坏乃敌人在桂南经济掠夺中之最残酷，最具体之手段，其手段之实施，主要目的在毁灭我农村生产。"据广西合作工作团在南宁 37 乡调查结果，报告所得，计人口死亡 5264 人，耕牛损失 26978 头，粮食损失 451388 担，房屋损失 24346 间，估计每头耕牛法币 200 元，粮食每担 12.5 元，房屋每间 500 元，南宁全县 37 乡农村损失总值，计达法币 23210950 元，平均每户损失 354 元，每人损失 60.5 元，每三户损失耕牛 1 头。

1944 年日军第二次入侵广西，与第一次的部队配备迥然不同，既无辎重，也无粮秣，并且还欠了三四个月的军饷未发；日军部彻底执行不折不扣的以战养战的战略，要士兵拿一杆五六枪、一套破军服便从湖南、广东侵入广西。因此日本侵略军每到一处，首先是搜索粮食，深入广西各村各寨，将农民逃难仅余的口粮作残酷的劫掠。日军受国内经济危机影响，实行经济掠夺的规模比第一次更大。"日本去年（1943 年）产大米 6900 万担（比前年少 400 万担），预定移入鲜米 40 万担，台米 600 万担，中国米及安南米 600 万担，共计 8140 万担。唯其全年消费量不下 9000 万担，粮食恐慌，人心惶惶……此外对掠夺国外米粮进行不遗余力，如华中、华南产米丰富之地区内所有米产均称军米，悉数由敌以军用票低价收买运往'敌国'。"②

据广西当局 1946 年 12 月的统计，日军在第二次入侵广西期间，现南宁辖区（即民国时期邕宁、武鸣、宾阳、永淳、横县、上林、那马、隆山、隆安 9 县）伤亡总数共 206299 人；公私财产损失总计 61835538 千元（1946 年法币）。各县损失情况如下（按 1946 年法币计算）：

邕宁县（现南宁市区）公私财产损失 31359732 元（其中：社会财产损失 6012281 元；居民财产损失 25347451 元）。

武鸣县居民损失 14942286 元。

① 1941 年 5 月广西省政府公布的《桂南十九县沦陷期间财产损失比较》，载广西省政府统计处编：《广西统计月刊》第 1 卷第 5 期，广西壮族自治区档案馆藏。

② 南宁关税务司霍启谦呈报：《南宁关中华民国 33 年 4 月份搜集敌伪财政动态资料调查报告书》（南宁关），原件存中国第二历史档案馆之《民国南宁海关档案》，摘自黄铮主编：《广西抗日战争史料选编》第一卷，广西人民出版社 2005 年版。

宾阳县公私财产损失 12249655 元（其中：社会财产损失 2430301 元，居民财产损失 9819354 元）。

横县公私财产损失 2775163 元（其中：社会财产损失 2073416 元，居民财产损失 701747 元）。

永淳县（1952 年撤销后分别划入横县、宾阳和邕宁三县）公私财产损失 2923290 元（其中：社会财产损失 1066211 元，居民财产损失 1857079 元）。

上林县公私财产损失 5549277 元（其中：社会财产损失 3234282 元，居民财产损失 2314995 元）。

那马县（1952 年与隆山县合并为马山县）公私财产损失 1424721 元（其中：社会财产损失 523141 元，居民财产损失 901580 元）。

隆山县公私财产损失 2510305 元（其中：社会财产损失 1360411 元，居民财产损失 1149894 元）。

隆安县公私财产损失 8033395 元（其中：社会财产损失 1335161 元，居民财产损失 6698234 元）[1]。

"广东北海方面，近冠头岭之海外时有倭浅水舰来去游弋，并大肆抢掠我货船或渔船。"[2]

1944 年 11 月初，日军从平乐县过境 5 天，驻扎 3 天，共被劫杀猪、牛 316 头；吃用和糟蹋食油 214 担、谷物 2200 担；掳去或烧毁棉被 581 张、衣物 209 件。11 月 15 日，日军窜到临桂县四塘乡岩口村搜寻粮食，发现油笼岩洞藏有东西。就把洞里的百姓赶走杀害，岩洞内商人、平民所藏的 300 多箱衣服、贵重物品被抢走，运不完的就一把火烧光。日军还派出密探，四处搜索粮食、财物，在临桂搜的粮食吃不完就运往外地支援其他日军。11 月 28 日至 12 月 16 日，日军先后 9 次到荔浦县永和村苏结屯和结利屯抢掠（今荔浦县大塘镇苏结村）。日军下村抢掠物资时，几乎都带上几十人到 200 多人不等的当地群众作为挑夫，帮其运输抢夺的物资。1944 年日军在灵川县大圩金山岩抢掠物资 2000 多担稻谷；东岸村 3000 多担谷被埋掉，耕牛被抢 100 多头；九屋全乡被劫杀猪 1600 多头，牛 400 多头；在潭下塘西村抢走耕牛 30 多头。1944 年间，日军在桂林市区掠夺大

---

① 广西省政府统计处 1940 年 5 月编：《桂南十九县沦陷期间财产损失统计》；广西省政府统计室 1946 年 12 月编：《广西省抗战损失调查统计》；广西省政府统计处：《广西年鉴》第 3 回《附录》，1948 年印行，中共广西壮族自治区委党史研究室存。

② 南宁关税务司霍启谦呈报：《中华民国 32 年 5 月份关于敌伪财政动态资料调查报告表》（南宁关），原件存中国第二历史档案馆之《民国南宁海关档案》，摘自黄铮主编：《广西抗日战争史料选编》第一卷，广西人民出版社 2005 年版。

宗的物品如：粮食、耕牛、生猪与布匹。其中：谷物 935779 担、大米 29964 担、杂粮 19056 担、食油 35523 担、耕牛 3704 头、生猪 5800 头、布匹 126378 丈、花纱 10341 担、衣服 401447 套（件）[1]。而驻守北海"涸洲岛敌军近派员到各户调查登记产存米粮生油花生，随以低价收购转运海口。"[2]

3. 收取捐税，强征劳力

在广西，日军也采用收取捐税、强制征用民工的经济掠夺方式。

侵桂日军每到一处，遇见少年、青年、壮年及将老尚壮健的男同胞，都拉去挑运物品或做筑路工人或做带路的向导。《公余生活》的《邕宁"皇军"暴行见闻录》一文以五个事例列举了日军强征民工：（1）"皇军"入了南宁，第一件事便是修复飞机场。因此，城里城外的老百姓一遇到他们就要"苦工"的赏赐。为了加紧完成，要日夜赶工，不许你有半点休息；拉了六七百人左右。（2）修复飞机场是如此，搭浮桥也是如此。亭子圩、津头村、窑头、沙滩这 4 座浮桥，是流落在南宁的老百姓处于"皇军"工兵的皮鞭威胁和监督之下，一天内完成的。（3）此外如修路，构筑防御工事，都是一样。只在八尺区里的蒲庙圩，就被拉了五六十人。当然其他各乡村也拉了不少。（4）最难堪的是妇女们，她们被迫着裸衣露体去替"皇军"挑水，任由他们从旁戏弄，一点儿不许反抗，反抗"皇军"的就是大逆不道，随时有被处死的危险！（5）"皇军"是这样毒辣，而"皇军"的马夫也会找替身，他抓到了老百姓，逼勒他替自己割草，喂马……

1939 年 1 月 2 日，日军占领涸洲后，为把涸洲建成侵略中国华南和东南亚的军事基地，强拉岛上居民 4300 人做苦役，修筑机场（在盛塘村附近）、工事、营房、滴水沥顶公路、码头等，劳工年龄从不满 10 岁到 70 多岁不等。根据被采访劳工的回忆，人人都挨过日军用皮鞭、鳖尾、木棍、枪托的殴打。1941 年 3 月 3 日至 3 月 8 日，日军侵占北海。日军强拉青壮劳力为他们干活，共有 700 人被强拉做苦力[3]。

在南宁心圩，日军维持会开设近 20 处赌摊，每处每天收取军用票 6 元，屠

① 中共桂林市委党史研究室：《广西壮族自治区桂林市抗战时期人口伤亡和财产损失课题调研报告》，2008 年 12 月，存中共桂林市委党史研究室。

② 南宁关税务司霍启谦呈报：《中华民国 34 年 2 月份搜集敌伪财政动态资料报告书》（南宁关），原件存中国第二历史档案馆之《民国南宁海关档案》，摘自黄铮主编：《广西抗日战争史料选编》第一卷，广西人民出版社 2005 年版。

③ 中共北海市委党史研究室：《广西北海市抗战时期人口伤亡和财产损失课题调研报告》，2008 年 12 月，存中共北海市委党史研究室。

捐：牛每头 3 元，猪每头 1 元，其他小摊收 1 元几角不等①。

1939 年 11 月 25 日，南宁市郊万秀村有 100 人被日军拉夫。

11 月 27 日，日军在市区西乡塘原广西民团干校设立据点。之后，日军在其占领期间，利用当地汉奸、流氓、地痞组织伪傀儡组织为其占领服务，先后在心圩、沙井、乐德、乐仁、陈村等多个村乡村建立维持会，将心圩乡指定为伪广西省会，将没有逃走的 1.7 万市民，赶到"新省会"集中，利用维持会为日军派工、拉夫、征粮和食品供给，并在心圩山口、路边设卡，刺探情报和监视抗日武装活动，肆意征抓当地妇女供日军奸淫。日军还利用心圩维持会在心圩街上开市、开赌和销售鸦片等为日军征税。次年二三月，日军将据点迁至陈村，并强征附近数百村民将干校房舍拆毁，用其建筑材料修筑陈村工事和日军营房②。

1940 年 5 月，先后在心圩一带强征民夫 1700 多人扩建南宁机场，并用南宁民工在邕江河段的亭子圩、津头、窑头（尧头）、沙滩等处搭建 4 条跨江浮桥③。

1944 年 11 月 28 日至 12 月 16 日，日军先后 9 次到永和村苏结屯和结利屯抢掠（今荔浦县大塘镇苏结村）。日军下村抢掠物资时，几乎都带上几十人到 200 多人不等的当地群众作为挑夫，帮其运输抢夺的物资。

4. 日军在金融方面的掠夺

从九一八事变到日本投降的 14 年间，日本对中国进行了强盗式的金融掠夺和金融诈骗。在广西，日军套取法币，夺取外汇，掠夺金融的方法有：（1）限制顺民使用军用票购买日货；（2）在各圩市设置军用票兑换所；（3）限制法币流通，非中央银行钞票禁止使用；（4）任意操纵币值比率，初期故意压低法币价值，藉以少数军用票换取国币，末期又故意压低军用票价值，藉以少额国币收回多额军用票。敌人以此吸收大量法币，推行军用票，扩大日货倾销。

"而敌人在桂南之财政措施，即属于第一阶段之'统治财政'。何谓统治财政？简言之，乃维持伪组织所必须之经费，亦即榨取桂南民众之汗血金钱而支应统治桂南人民之一种方法。兹根据沿途实际调查所得，约可分为课税与实物征发

---

① 《所谓"新省会"的心圩》，载广西绥靖主任公署政治部编：《桂南从沦陷到收复》，桂林青年书店 1941 年发行，桂林市图书馆藏。

② 《干校旧址——西乡塘》，载广西绥靖主任公署政治部编：《桂南从沦陷到收复》，桂林青年书店 1941 年发行，桂林市图书馆藏。

③ 南宁市郊区志编纂委员会编：《南宁市郊区志》，方志出版社 2004 年版，第 689—691 页；王憎福：《邕宁"皇军"暴行闻见录》，载广西省政府职员公余进修社编：《公余生活》1940 年第 2 卷 12 期，广西壮族自治区图书馆藏。

两种。课税计有田亩税、良民税、牲畜税，平均每征桂币六角，折合国币三角，又有所谓市面交易税，即趁圩市商贾每担抽纳桂币两角。"①

在南宁新圩，除中央银行5元和10元面值之外的中国货币，日军禁止使用。日军运来大量军用票，强迫百姓使用，同时伪造中国货币。开始，日军军用票1元换桂币1元6角，很快就涨到5元换军用票1元。圩内的"福生"杂货店，在战后还存有20多斤日军的军用票。"如南宁一带，敌方注意推用伪中储券及军用票，以达其扰乱金融目的。"②"敌在南宁推动伪储备券，仍以2元换1元法币之比率，强迫顺民收受"③。

"越敌现进行扰乱我法币与关金之信用，抬高'大中'（中国银行百元钞票），希图压低关金，经在边界收买'大中'500万元，由每张'大中'换越币7元之比率提高至每张越币10元，至关金者，日'大中'万元原可换关金500元另加贴水法币5000元，今则可换关金1000元。此种趋势在广州湾及东兴亦有发现，上月广州湾每张'大中'值国币105元，本月已涨至140元云。"④

1944年9月23日，侵占梧州的日军在天主教堂发"良民证"，并行使日伪发行的"储备券"。汉奸茹鹏为了向日军献媚取宠，在龙圩粤东会馆码头，开设"米谷市场"规定谷米商贩集中此地交易，以伪人员代秤和征收每担2%的谷米税，同时强迫使用日伪发行的"储备券"⑤。

5. 日军掠夺广西经济资源造成的灾难

日军的侵略掠夺，按1945年法币值计，造成广西人民财产损失3638亿7219万6千元，平均每户损失50余万元。除机关团体外，一切因战事间接损失之公私财产总数达8277亿1766万5千元。8年抗战期间，广西省直接间接之损失，

---

① 第四战区司令长官司令部编纂委员会：《第四战区桂南战史旅行暨战地调查纪事》，1940年第2辑，第325页，桂林市图书馆藏。

② 南宁关税务司霍启谦呈报：《中华民国34年2月份搜集敌伪财政动态资料报告书》（南宁关），原件存中国第二历史档案馆之《民国南宁海关档案》，摘自黄铮主编：《广西抗日战争史料选编》第一卷，广西人民出版社2005年版。

③ 南宁关税务司霍启谦呈报：《中华民国34年5月份搜集敌伪财政动态资料报告书》（南宁关），原件存中国第二历史档案馆之《民国南宁海关档案》，摘自黄铮主编：《广西抗日战争史料选编》第一卷，广西人民出版社2005年版。

④ 南宁关税务司霍启谦呈报：《中华民国33年10月份搜集敌伪财政动态资料调查报告书》（南宁关），原件存中国第二历史档案馆之《民国南宁海关档案》，摘自黄铮主编：《广西抗日战争史料选编》第一卷，广西人民出版社2005年版。

⑤ 中共梧州市委党史研究室：《抗战时期梧州市人口伤亡和财产损失课题调研报告》，2008年12月，存中共梧州市委党史研究室。

当在 2 万亿元以上①。

日军掠夺广西经济资源产生的影响最显著的体现是粮食价格。在南宁第一次沦陷期间，邕宁县 37 个乡耕牛损失 26978 头，极大破坏了南宁战后农业恢复发展的能力，加上对农产品的直接掠夺，致使农产品价格持续上涨，1937 年，南宁每担中等白米价格为 6.6 元（法币，下同），南宁沦陷后的 1941 年，每担米价上升到 65.9 元，以后一路攀升，即使南宁二次光复后米价也依然暴涨，1946 年 6 月，南宁每担中等白米价格为 52150 元，1947 年为 66000 元，最终导致南宁价格市场的崩溃，被迫进入物物交换②。

日军的走私助长中国社会贪污堕落的风气。由于走私获得的高额利润，使走私者大发国难财，使得一些官吏阳奉阴违以图利。而走私又减少国家财政的收入。

日军的经济掠夺，"既破坏我农村之经济组织，毁灭我农村之生产力量……以达其政治上分化中国民众之目的。一方树立经济利益之矛盾因素，根深蒂固，使其永远对立，极不相容，一方则为加强顺民对中国政府之离心运动，并增厚其对'皇军'之服役……从宾阳至南宁钦县等地，无论是纯义民区，或纯顺民区，或义民顺民混合区，敌人均会利用顺民春耕缺乏农具种子耕牛等之要求，四出掠夺义民财产，尤以四五塘与南宁附城，为分野线之地带，敌人之遗毒与伤害至深且切"③。

（撰稿：雷达）

---

① 广西省政府统计室：《广西省抗战损失调查统计》，1946 年。
② 南宁市地方志编纂委员会编：《南宁市志·粮食》，广西人民出版社 1998 年版。
③ 第四战区司令长官司令部编纂委员会编：《第四战区桂南战史旅行暨战地调查纪事》，1940 年第 2 辑，第 325 页，桂林市图书馆藏。

（五）日军在桂林的性侵犯罪行

强奸妇女、强征妇女充当"慰安妇"，对无辜妇女的性侵犯，这是日军在侵华战争期间犯下的严重的反人道罪行。它严重侵犯妇女人权，是 20 世纪人类历史上最大的耻辱。1944 年 9 月 12 日，日军侵入桂林门户全州，并于 11 月 10 日攻占桂林，至 1945 年 8 月 17 日，日军完全退出全州，桂林沦陷时间达 11 个多月。在进攻和占领桂林期间，日军强奸妇女、强抢妇女充当"慰安妇"，对桂林妇女犯下惨无人道的性侵犯罪行。

1. 无处不在的强奸罪行

由于日军最高当局的默许，日军在华可自由强奸中国妇女为一"不成文"之政策，视强奸中国妇女为正当。1944 年 9 月 12 日，日军开始侵入桂林全州，随着日军对桂林全境一步步的侵略占领，伴随着的是大量日军对桂林妇女的强奸虐杀罪行，桂林各县县志对此都有记载。

《全州县志》记载：1944 年 9 月 18 日，日军入侵两河乡山安村，一次就强奸 20 多名妇女；9 月下旬，美田村油榨头 1 名妇女，被数十名日军轮奸；11 月后，日军驻内建安和湾村，四个月内奸污妇女 168 人[①]。《资源县志》记载：1944 年 10 月 11 日，日军从湖南进扰资源梅溪境内，经大里溪一带进犯全州，侵扰 20 余个村子，在大里溪住了两天，轮奸妇女 3 人，其中一人致死[②]。《灵川县志》记载：1944 年 10 月 29 日，日军在大圩镇大桥山村强奸妇女 4 人，东岸一名妇女不堪侮辱跳河自尽[③]。《兴安县志》记载：1944 年农历 11 月至 1945 年农历 4 月，日军在灵源、洲上、渔江等村，强奸妇女 6 人，其中一名妇女在新沟边被日军轮奸后，用木棒捅进其阴道而死。《龙胜县志》记载：1945 年 1 月 26 日深夜，日军摸到枫木寨，抓住来不及逃走的肖金凤、龙二妹，拉到孟公坳哨卡，将其轮奸，然后杀害[④]。

---

① 全州县志编纂委员会编：《全州县志》，广西人民出版社 1998 年版，第 657 页。
② 资源县志编纂委员会编：《资源县志》，广西人民出版社 1998 年版，第 242 页。
③ 灵川县志编纂委员会编：《灵川县志》，广西人民出版社 1997 年版，第 736 页。
④ 龙胜各族自治县志编纂委员会编：《龙胜县志》，汉语大词典出版社 1992 年版，第 425 页。

一些老市民也见证了日军各种强奸暴行。1944 年秋，戴光明随家人逃难到灵川潭下，"灵川的潭下圩进去有 8 里路的一个村庄，从桂林疏散去的一名 20 多岁的怀孕妇女，被日本兵轮奸后，流血不止，眼睛都翻白了，到了晚上流产就死了。"① 汤静仪在逃难过程中，目睹了日军强奸少女的事，"全城大疏散时，我们到了一个叫'锅底村'的地方……我在刺丛中看见一个小姑娘被鬼子兵捉住剥光衣服，小女孩奋力反抗，用剪刀刺伤欲强奸她的日本兵，爬起来就向山岭上奔跑。可是女孩跑不远就被日本兵捉住，他们轮奸她后就杀死了她。当鬼子走后，人们将其尸首埋在树林中。"② 王树芝，1945 年被日军抓为马夫，跟着日军往柳州、桂林撤退，"沿途我看到许多难民，还有被汉奸抓了送给日军妇女，沿途跟着走，晚上供日军小队长以上军官奸污。沿途还看到日军士兵看见妇女就抓住强奸，有的强奸后还用稻草往阴道里塞，这是我亲眼所见，惨不忍睹。"③ 市民俸惠国讲述了 1945 年春节，在灵田，表姐刚生完孩子，遭日军强奸，半年后死亡的事情，"至今想起来，真是痛不欲生"④。

日军在侵占桂林期间，大肆强奸妇女，以淫杀妇女为乐，可以用灭绝人性、丧尽天良来形容。战后，国民党桂林各级政府对抗战损失进行了调查统计。在广西省政府统计室汇编的《广西省境内敌军部队长罪行摘编》记载：日军吕 125 部队、广字 25039 部队等在临桂强奸妇女 40 余人，并杀害⑤。1945 年灵川县政府在《日军沦陷损失统计表》中提到，日军强奸妇女 1174 人⑥。

2. 有组织的行为——日军在桂林强征"慰安妇"

（1）"慰安妇"的由来。

"慰安妇"问题研究者苏智良认为，"慰安妇"是第二次世界大战期间，被迫为日军提供性服务、充当性奴隶的妇女，是日本军队专属的性奴隶。"慰安妇"制度是第二次世界大战之前和战时，日本政府及其军队强迫各国妇女充当日军性奴隶的制度，是日本军阀违反人道主义、违反两性伦理、违反战争常规的

---

① 桂林市戴光明的采访记录，采访原件存中共桂林市委党史研究室。

② 彭敏瓴、唐林洪、陈远岸著：《民间记忆——桂林 1937—1945》，广西师范大学出版社 2007 年版，第 102 页。

③ 桂林市王树芝的采访记录，采访原件存中共桂林市委党史研究室。

④ 桂林市俸惠国的采访记录，采访原件存中共桂林市委党史研究室。

⑤ 广西省政府统计室：《广西省境内敌军部队长罪行摘编》，1946 年，桂林市档案馆藏，档案号 01—1—614。

⑥ 甘叠荣：《日军罪行录》，政协桂林市委员会文史委员会编：《桂林文史资料》第 49 辑，2005 年 12 月印行。

制度化了的政府犯罪行为。"二战"时期，在亚洲日本的殖民地、占领区和本土，"慰安妇"的总数在40万人以上，至少有20万中国妇女先后被逼迫为日军的性奴隶，日军"慰安所"遍及中国20多个省，中国是日军"慰安妇"制度的最大受害国。

（2）日本政府承认远东国际军事法庭关于日军在桂林强征"慰安妇"的判决。

1948年11月4日，东京远东国际军事法庭判决书指出："在占领桂林时期中，日军犯下了强奸和抢劫之类的暴行，他们以设立工厂为口实招募女工，如此被招募来的妇女，被强迫为日军作娼妓。"[①] 这是远东国际军事法庭判决书第八章违反战争法规的犯罪中，关于日军在桂林强奸妇女，强迫桂林妇女充当"慰安妇"的判决认定。2007年4月17日，日本关东学院大学教授林博史等召开记者招待会，公开"慰安妇"新资料——7份发布于远东国际法庭上的调查书。这些在战犯法庭上记录的调查书，详细叙述了当年日军在征用亚洲以及荷兰妇女成为"慰安妇"的重要历史资料。其中中国军事委员会行政院在1946年进行的调查书，叙述了日军在桂林将"女工"变成"妓女"的非人道行为："从四面八方召集的女工，都被恐吓带到丽泽门外当妓女，去满足如禽兽般的军队，供他们淫乐。"[②] 4月20日，日本政府在内阁会议上通过的一份答辩书中表示，日本政府接受远东国际军事法庭认定日军在第二次世界大战中在中国桂林强征当地妇女充当从军"慰安妇"的判决[③]。

（3）档案有关记载。

由于条件限制，未查到中国国民政府军事委员会、行政院的调查书，但仍在桂林市档案馆中，查到了一些零星记载。1945年9月，广西高等法院发文要求各地调查日军侵华罪行，桂林市政府发函要求各区按表填报。在桂林市档案馆中，有一份草稿《敌人罪行》，简要列举日军在桂林罪行，其中第四项罪行"拐劫妇女强迫为娼"中写道："敌寇利用伪组织人员，宣传设立工厂，四处招收女工，俟抵桂后，即送往丽泽门外，强迫充当妓女，以供兽军淫乐。"这与日本学者出示的调查书内容及其相似，说明抗战胜利后，有关政府部门进行过这方面的调查。在另一份

① 张效林译：《远东国际军事法庭判决书》，五十年代出版社1953年中文版，转摘自稣实：《日本侵略者强迫中国妇女作日军慰安妇实录》，载中国社会科学院近代史研究所、中国抗日战争史学会主办：《抗日战争研究》1992年第4期。

② 符祝慧：《日学者：靖国神社供奉涉慰安妇罪重犯》，新加坡《联合早报》2007年4月18日报道。

③ 刘浩远：《日本政府承认远东法庭关于强征"慰安妇"的判决》，新华社2007年4月20日讯。

档案，广西省政府统计室汇编的《广西省境内敌军部队长罪行摘编》中亦填列有日军桂林警备司令部、第 48 师团、第 58 师团、第 44 师团所属部队在桂林搜捕各乡年 13 至 40 岁妇女充当妓女和日军第 34 师团在全州、灌阳、兴安等地搜捕妇女，组成"宣慰队"，充当军妓的事项①。这些记录虽不够详细，无法确定多少妇女受害，但指出了日军用欺骗、抓捕的手段，强迫桂林妇女成为"慰安妇"的事实。

（4）采访调查。

日本政府承认日军在桂林强征"慰安妇"的消息发布后，《桂林日报》、《桂林晚报》进行了系列采访报道，根据有关线索，我们也进行了采访调查。

日军占领桂林后，成立了"慰安所"。《战争责任研究》提道："1945 年 2 月，日军计划设立慰安所。在桂林，日军第 52 旅团的通讯队附近，也有慰安所。"《日本老兵回忆录》中提到日军曾在桂林一个叫"镀金"（音）的地方设立过"慰安所"②。

桂林被占领后，市中心一带被划为军事区。一些市民回忆，在乐群路的李子园和文昌桥，里面都有抓来的本地妇女，遭到日军的蹂躏，它们可能是"慰安所"③。可惜，1945 年 7 月，日军撤离桂林时，焚毁了桂林城，无法确定遗址留存。

在桂林各县的一些交通要道上的日军据点里，也设有一些"慰安所"，如荔浦马岭镇的"慰安所"④、永福县百寿三河"花姑娘"特别区⑤，把从附近抓捕来的妇女关押在据点内，作为性奴隶。但日军到底强征了多少桂林妇女充当"慰安妇"，无法调查证实。

3. 性侵犯个案

（1）李春玉受害事实⑥

李春玉，桂林人，生于 1932 年，日军侵桂前住在水东门。1944 年冬，日军攻占桂林，李春玉随母亲和妹妹逃难到临桂四塘的农村躲避，在山岭上搭个草棚居住。有一日，日军搜山，三名日军闯进草棚，将她母亲和妹妹赶出草棚后，把她强奸。因其年龄尚小，一名日军用刺刀将其阴道划开，昏死过去。事后，其母亲强忍悲痛，找来土草药，慢慢治好了伤，但留下了永久的刀伤痕迹。

---

① 广西省政府统计室：《广西境内敌军部队长罪行摘编》，1946 年，桂林市档案馆藏，档案号 01—1—614。

② 黄月波、郑利平等：《揭开一段不能湮灭的历史》，载《桂林晚报》2007 年 4 月 25 日。

③ 廖政、贺广堃采访记录，采访原件存中共桂林市委党史研究室。

④⑤ 陈秉燊：《马岭的慰安所》，载政协荔浦县委员会文史委员会编：《荔浦文史》第 8 辑，1995 年 12 月印行。《荔浦发现侵华日军慰安所旧址》，见《揭开一段不能湮灭的历史》系列报道，《桂林晚报》2007 年 5 月 18 日。

⑥ 桂林市李春玉采访记录，采访原件存中共桂林市委党史研究室。

作为日军性侵犯受害者，李春玉一直受到歧视，承受着由此带来的耻辱和不公平待遇。遭遇日军强暴的事实，被人们认为是件"丑事"，母亲将其卖与别人做工，几年后逃回桂林，经人介绍去做保姆，勉强活下来。李春玉于1954年结婚，生有3个子女。

（2）韦绍兰受害事实①

韦绍兰，桂林市荔浦县新坪镇桂东村小古告屯人，生于1921年。1944年秋冬的一天，日军到小古告屯实施抢夺，带着孩子的韦绍兰在躲避的过程中不幸被日军抓获，被日军用汽车拉到了一个陌生的地方，关进了一间狭小的泥土砖房。与韦绍兰一样被抓的共有五六个人，她们被强迫充当"慰安妇"。关押她们的房子，大的摆三张床，小的摆两张床，日军不让她们出去，大小便有人跟着，吃饭有日本兵送到手里。她们还被强迫为日军洗衣服。

据韦绍兰介绍，日军不让她们穿便装，要她们只穿一件日军军装，日本兵要发泄时，由于语言不通，就向她们做一个脱衣的手势，用枪威胁，逼她们就范。施暴时，有时是一个人在一个房间，有时是多人在一个房间，一天有时要受到两三个日军强暴，有时是五六个强暴。有时候，日军还将她们用汽车拉到其他的日军驻地，供别的日军蹂躏。

（撰稿：中共桂林市委党史研究室）

---

① 《桂林幸存88岁"慰安妇"控诉侵华日军暴行》，《桂林晚报》2007年5月18日报道。

（六）日军在玉林强征劳工的情况

　　玉林市处于广西东南部，位于粤桂两省区交界处，东与梧州市、广东省茂名市相邻，南与北海市、广东省湛江市毗连，西与钦州市、南宁市交界，北与贵港市接壤，是桂东南地区政治、经济、文化、交通中心。

　　1944年，为了挽救败局，日军在中国战场上发起打通大陆交通线的攻势，第二次入侵广西。1944年9月至1945年2月，日本侵略者曾入侵玉林、陆川、北流、博白、兴业等县。在入侵期间，日本侵略者在玉林境内不但烧杀抢掠，而且还把来不及逃亡的农民捉去当挑夫，为他们挑弹药、伤员和掠夺来的财物。据不完全统计，玉林被日军抓去当挑夫的共有160多人，中途无法脱逃多被杀害，其跋涉长路不堪劳苦者与被殴打重伤遗弃道旁或埋葬，其极实非笔墨所能形容。有的虽然半路逃了回来，但身心都遭受了摧残，有的不久就病死了，有的留下了终身的残疾，有的一辈子都生活在阴影中。

　　陆川县位于玉林市的南部。1944年9月9日，盘踞广东的日本侵略军第23军，命令集结在雷州半岛的独立混成23旅团向广西平南丹竹机场进攻，目的是摧毁丹竹的空军机场，配合从梧州溯西江而上的两个师团进攻柳州和桂林。9月10日，日军从广东遂溪出发，12日占领廉江，14日由廉江侵入陆川南部古城镇的盘龙村、流村、丁村以及清湖镇的水亭村、塘榄村、三水村、陆坡村、新官村、旺山村和清湖街等地，16日经广东文楼撤出陆川。日军在陆川共抓了50多个百姓。有个叫李三伯的以为日军不会伤害老人在日军来时没有躲藏，结果被日军抓去挑弹药，因为怕他逃跑，便把他的耳朵穿孔串上一根铁丝，再用绳子牵住，像牵牛一样来挑担，后在一个山区街镇住宿时乘日军不备，把耳朵上的铁丝解脱才逃命回来。还有一个叫江西兴的老人，被抓去和一个大腹便便的孕妇扛子弹，途中受尽摧残，后被日军推下山窝丧命。一个叫程桂腾的修理钟表的师傅，从贵州回乡探亲，也被日军捉去当挑夫，路上挨尽了鞭挞、枪撞，遍体鳞伤，后在途中跳下山窝才逃脱。在山口村有个耳聋的老人叫黄三伯，被日军抓去挑担，因听不到日军的话，还挑着沉重的担子，行动不快，被日军打得头破血流①。

────────────

　　①《日寇进占清湖见闻记》，见政协陆川县委员会文史资料委员会编：《陆川文史资料》第4辑，1988年6月印行，第48、49页。

· 113 ·

北流处于玉林市东部，1944年9月15日日军从文楼进犯北流南部石窝乡坡头村，至22日撤出北流境进入容县。日军入侵北流县境，所过之乡村，大肆捉拿劳工，强迫当挑夫。在北流的坡头村有个叫李明东的，因病不能逃上山躲避，被日军捉去，因生病挑不动担而被日军放在火上烤，烤得皮焦肉烂，不久含恨死去。还有一个老农，是尤云高的父亲，也是因病挑不了东西，被日军用枪托撞成重伤，之后更被日军抛进簕竹丛里刺得鲜血横流，不久也死了。该村另外还有4个村民被抓去当挑夫，分别是陈文祖、陈文达、陈文锋、谢传伊。在大坡村，有4人被日军捉去做担夫，他们是李耀波、黄聪州、梁庭桂、黄就祥。其中黄聪洲是乡政府助理员，自作聪明，日军来时不但不逃，还在自家门口上张贴"欢迎日本大皇军"的标语，却不知仍被日军捉去毒打一顿，当了挑夫后下落不明。而梁庭桂已80多岁，因挑不了担子，被日军推落荒坡摔死了。在六靖水冲村，有龙宗成、陈永初、龙锡祺、茹植庭、陈作宇、李祥荣6人也被日军捉了当挑夫，途中只给芋头皮吃。其中龙锡祺因不愿挑担被日军把头踢得鲜血横流；李祥荣被抓去后不知所踪。在六靖圩，有6人被抓当挑夫：崔五、廖福南（阿醉二）、苏大、江十二、廖大爷和一个姓宋的。其中姓宋的因病挑不了担，被日军当场打死在圩上的打铁铺门前；廖福南（阿醉二）被捉时身藏两把匕首，在挑担到淡阁径时被日军发现而被杀害。在镇南村，以担盐为生的叫谢兰芝躲藏日军拉夫，被日军用刺刀刺伤；另一个村民则在马鞍山被日军杀死。在六靖镇南村，日军抓了2个挑夫，其中一个是女的叫欧世先，另一个叫谢兰芝。清湾镇中龙村，有6个村民被抓夫，他们是：吴忠光、李仕开、吴七公、黎秩生、黄雨彬、黄得安、杜远春。其中黎秩生的老婆在日军来时用锅底灰涂黑脸装疯，被日军捉了强奸；黎秩生企图冲上去保护老婆，被日军抓走当了挑夫，到容县黎村被打断脚后抛落水中浸死了。事后他老婆曾沿日军进犯路线找寻丈夫尸体，找了十多天未见踪影。在岭垌村，有12个村民被捉去当挑夫：刘世湖、刘代轩、李二、李三、周寿军、宁六、俞大公、俞十一，另外四人已无人记得姓名。在这十二个人中，有二人被日军残酷杀害。俞大公是70多岁的老人，因身体虚弱挑不动担子而被日军用枪托撞击身体并用军靴踢打，直到俞大公倒在地上不能动弹，日军走后不久就死了。另一个是宁六，因为相对年轻，只有40多岁。因而日军让他挑重担，还不断的增加重量，当宁六被压得喘不过气停下来想歇息时，被日军用枪托打倒。宁六为了活命，爬起来就跑，结果被日军捉住后将宁六的脚筋割断并扔进路旁的一条河湾里淹死。李二、李三后不知下落。在白马镇金头村，有4个村民被抓当挑夫：殷星辉、殷伯瑞、黄学明和一个姓梁的，其中60多岁的殷伯瑞到了螳螂岭假装挑不了担，被日军打落山涧，并掷石头想把他打死，幸得被半山的树杈托住不被石头掷中才幸免于难。40多岁的黄学明一路上被日军打骂，到平南时已走不动了，在回家的半途因伤势过重而死亡。在扶新镇隆安村和上林村，日军为了能抓到挑夫，化装成平民，在与村民说话时将他们都捉了起来，隆安村有苏云兴、二少、朱一、邓天基、哥六、林启全、林文全7人，上林村有韦泽珍、卢秀甫、黄九3人被抓当挑夫。在扶新村有三人被抓：李二（阿李二）、李十二、黄四爹。在扶新镇茂化村，有4个村民被抓，其中初十、韦一、豆腐三不知下落，李广利也是过了很久才回来。在日军盘踞北流期间，北流一共有56人被日军捉去当挑夫，其中死亡和失踪的有15人①。

容县位于玉林市的东北部。1944年9月17日，日军独立混成23旅共2000多人从北流窜入容县黎村，23日经杨梅侵犯容县县城，25日离开县城向平南进犯。在日军入侵期间，整个容县被捉去当挑夫的有55人。容县荣丰村村民唐万年的儿子唐济华在珊萃中学读书，日军进村时，学校停课。唐万年去学校接儿子回家，两人回到半路被日军发现，儿子唐济华当场被打死，父亲唐济华被捉去当挑夫兼带路，后不知下落。村民甘振初、李春富、李春清、任茂芳、黄锡臣被抓去挑夫，后都逃脱回来。日军欲抓李树稳时，李奋起反抗，逃跑了，日军向其打了两枪，幸未中。日军断断续续经过荣丰村7天，村里的粮食都被吃了，吃不完的，日军威迫抓来的挑夫随军担走。彭俊炎，容县杨梅镇红石村六井队人，1944年9月在杨梅圩与其他6人被日军抓去当挑夫，日军走一路抢一路，东西越挑越多，没吃没喝，受尽折磨，直到日军进入到石寨镇上烟路段时设法逃脱回到家乡红石，其他没跑出来的最后都不知所踪了。在黎木村，村民覃家珍被抓，直到平南县大新村才寻机逃回来。十里大坡油沾队张秀在十里被抓后，一直到南宁后才趁乱逃脱回来。日军在经过河口村时抓走了一个老医生，叫覃赞臣（现已病故），逼着随军给日本人治病，直到三个月后他才从平南县逃回来，回到村里时人们发现他已瘸了一只脚。1944年农历8月15日，是中华民族的传统节日——中秋节。本是团圆的日子，但是日本侵略者的到来破坏了这喜庆的气氛。这一天上午，约有20多名日军从县底圩进犯冠堂村。村里有三人被抓去当挑夫，分别是陈杰忠、陈杰振、潘美的父亲。其中陈杰忠因不堪重负，被日军殴打、烧胡子，后跑回，接着病故。陈杰振在武鸣逃脱回到村，其回忆说当挑夫是生不如死

---

① 《坡头村惨案》，根据罗资光、何德三、谢培旺等老人回忆，采访原件存中共北流市委党史研究室。

的日子，说到沿途记不清有多少挑夫被打死。潘美的父亲被抓去后不知踪迹①。

兴业县位于广西东南部，玉林市西部。1944 年 11 月 4 日军第 23 军第 22 师团步兵第 86 联队主力由桂平县大洋镇侵犯贵县时，途经兴业县高峰镇大同村、麻畲村、罗平村和沙塘镇，给当地的群众造成了较大的人员和财产损失。在兴业县高峰乡有 3 个农民被强拉做挑夫，分别是：卢进球（20 多岁）、严懋杏（50 多岁）、卢鸿祥（40 岁左右）。除卢鸿祥后来在半路逃跑回来，另外两人不知所踪。沙塘被日寇拉夫的有大垠（张榕）3 个人，另外还有徐枝承，梁枝凡，梁显旺，李丁福等共 7 人，不幸中的大幸是后来他们都趁战乱时逃跑回来了②。

博白位于广西东南部，处于玉林市南部。1944 年 12 月 23 日，日军由合浦往湛江，侵入博白龙潭镇茅坡村，至 12 月 26 日撤出博白境。期间有邹良友、邹良国、邹文初、邹亚六 4 人被日军捉去当挑夫，将日军抢来的物品和军用物资挑到广东廉江等地，最后他们利用地形熟悉半路逃脱，躲过一劫③。

（撰稿：杨耿）

---

① 采访证人李树棠、任旭南、林文广回忆日军在荣丰村的暴行，证人彭灿芳口述资料，证人李扬镜、邓振生、黄任光等回忆侵华日军进入熊胆村的经过，证人陈柳成口述日军在冠堂村创造的惨案，采访原件存中共容县县委党史研究室。
② 采访证人徐国枝、梁上模、李丁福口述材料，采访原件存中共兴业县委党史研究室。
③ 采访证人邹才有口述资料，采访原件存中共博白县委党史研究室。

（七）桂林文物古迹的损毁

西汉元鼎六年（前 111 年），汉武帝分长沙王国南部置零陵郡，今桂林市区为其始安县地。东汉时该县为侯国。三国吴复置县，后经晋、宋、梁、陈、隋等朝代，至唐至德二年九月即 757 年 11 月，县名改为临桂。1911 年 3 月 1 日撤县时，保留桂林府行政建制，民国二年 6 月恢复县级建制，取名桂林，至 1940 年 1 月 1 日桂林设市①。桂林沦陷前，是全国最著名的抗日文化城。

1944 年 10 月 29 日，日军第 56、58 师团，第 13、40、3 师团之一部，重炮旅团、战车旅团、伪湖北省保安团，兵力约 14.6 万人，在第 11 军团长横山勇中将指挥下，对桂林施之围攻。11 月 5 日，其主攻部队第 58 师团在第 40、116 师团各一部，关东军第 6 联队及伪军约一个师，飞机 10 余架，野战炮 40 余门，轻战车 32 辆及地面炮兵的掩护下，在师团长毛利末广中将的指挥下，对桂林市实施攻击②。11 月 9 日，桂林沦陷，文物古迹遭到毁灭性的破坏。

1. 靖江府的损毁

靖江府王宫原是元顺帝潜邸，当时已经初具规模。自洪武三年四月初七日（1370 年 5 月 2 日），册封朱守谦为靖江王起，地方官吏，特别是被任为王相的广西中书省参议的蔡仙，立刻就按照工部的统一规划对原顺帝就邸着手进行策划、清理、修缮、改建工程。洪武五年于独秀山南修建王府。整座靖江王城，呈长方形，"南北长 555.6 米，东西宽 2555 米，墙高折合 7.92 米，墙厚 5.5 米，宫殿房屋有 811 间"。明洪武九年朱守谦就潘桂林，入居王府。桂林王城比北京故宫的历史还要早，而且承袭了桂林王城的建筑风格。民国 29 年（1940 年）为广西省府办公所在地。1944 年 11 月初桂林市沦陷，毁于日军炮火，整个王城就只剩下玉陛台阶，损失巨大。桂林光复后广西省政府只能在文昌门外开元寺内临时办公。王城建筑为 1947 年 2 月省政府重建③。

2. 广西省立艺术馆的损毁

---

① 桂林市地方志编纂委员会编：《桂林市志》中华书局 1997 年版，第 119、124 页。

② 广西省政府统计室汇编：《桂林市光复专刊长编》第 5 辑，1946 年 4 月，第 45 页，原件存桂林市档案馆，档案号：永久 03—1—4。

③ 桂林市文献委员会编：《桂林市年鉴》1949 年版，第 37 页，原件存桂林市档案馆。

1940 年 3 月由欧阳予倩创办，原址在马房背 3 号。1944 年 2 月 15 日，为了发展中国的抗战戏剧运动，择此修建艺术馆大厦。大厦深 15 米，舞台口宽 12 米，于 1944 年 2 月建成。1944 年 11 月初桂林沦陷，艺术馆大厦毁于战火。1946 年重建①。

3. 桂林八路军办事处建筑的损毁

位于桂林市区中山路的八路军桂林办事处，是一幢面积 800 多平方的中式两层木楼建筑。1938 年 11 月，中共中央派李克农到桂林建立八路军办事处，租用此处做办公用房。1944 年 11 月初桂林沦陷，八路军办事处毁于战火。新中国成立后重建②。

4. 宗教寺庙的损毁

桂林市宣道会福音堂可容 400 人的教堂 1938 年被日军机炸毁，教所室内防空所被炸，9 人死亡，数日后，宣道会教会礼堂遭轰炸，1943 年重建新堂，重建费用 1000 美元，1944 年桂林沦陷时全毁；1938 年日军对桂林市四所教会及住户进行轰炸，1943 年重建新堂，1944 年桂林沦陷时全毁；圣公会约翰堂约 400 平方米的堂屋全毁；圣公会彼得堂、圣公会懿训堂、圣公会东洲堂、浸信会福音堂礼堂、教室、住宅抗日战争中全毁；自立会礼拜堂平房一座，1938 年被日机炸毁；白龙寺抗日战争时期国民党造币厂迁设于此，桂林沦陷时全毁；虞山庙南熏亭、古茶庵、观音堂、狮子禅房屋全毁；定粤寺抗日战争时期为国民党军政部办事处及军委桂林行营办公厅，1944 年桂林沦陷时被毁；栖霞寺：1892 年重建时耗银 2600 两，桂林沦陷时除寺山门外，其余房屋全毁；月牙山寺、回龙寺、观音山、兴慈庵、华盖庵、大慈庵、地藏庵、庆林庵，1944 年桂林沦陷时全毁；铁佛寺抗日战争期间为国民党某军事机关用，1944 年桂林沦陷时寺屋全毁；五岳观、全真观在抗日战争中观屋全毁。

桂林天主堂：1938 年西巷天主堂和西华路之修女堂同时被日机炸毁，后重建，1944 年桂林沦陷时房屋全毁③。

5. 小学校：桂林市区的穆斯林小学、成德小学、清真小学、清真夜校、回文女子学校、清真女子学校、临桂县的旧村清真小学、东山小学、伊斯兰小学，1944 年桂林沦陷，上述清小几被全毁；桂林浸信会储才学校，1934 年校产值 40000 余元，1944 年日军侵桂校舍全毁；浸信会西南联会圣经院，1944 年校舍被日机炸毁。

---

① 《广西省立艺术馆重建碑记》，1946 年制，现位于桂林市秀峰区，为桂林市文物保护单位。
② 肖建刚主编：《可爱的桂林》，漓江出版社 1997 年版，第 92 页。
③ 马达学主编：《桂林市宗教志》，桂林市宗教志编撰小组编印，1998 年印行，第 52—66 页。

6. 医院：桂林浸信会医院，1920 年筹款 40000 元购地，并建筑三层楼房医院，抗日战争时期该院被日机炸毁，后修复，1944 年日军攻占桂林后院房又被日军全部毁掉。

7. 清真寺：西门桥清真古寺建于康熙十八年，占地 10 亩，建筑面积 2000 多平方米，木质结构，1944 年 11 月初桂林沦陷，1945 年 7 月，日军撤退前，对桂林市区建筑物进行毁灭性的破坏，清真古寺也被付之一炬，第一次用火烧，烧不燃，第二次日军就运来几桶汽油，将汽油浇到建筑物上，然后点火，整座寺院被烧光。被烧毁的石柱、石鼓现存放在寺院①。飞码坪清真寺 1944 年寺房全毁；崇善路清真寺 1938 年被日机炸倒院墙及停尸房，大殿及经堂被震毁一部分，寺院大门上的寺门石碑被日军枪弹打烂三处，光复后对寺院进行维修，将被日军枪弹打烂的石碑拆下，重新安装石碑 7 处②；盐街清真寺 1938 年被日机炸毁大殿院墙及烧毁阿訇住房；通泉巷清真寺 1938 年被日机炸毁，1944 年桂林沦陷时部分寺房又被损坏；西巷清真寺 1944 年桂林沦陷时，寺屋被夷为平地；八角塘清真寺 1944 年桂林沦陷时被毁；西内女寺 1944 年桂林沦陷，寺屋全毁；西外女寺 1944 年寺屋全毁。1944 年桂林遭受沦陷，中华桂林圣公所、桂林信教会遭受日军破坏，所有财产遭受损失。桂林天主堂 1944 年房屋全毁；桂林修女堂；1938 年被日机炸毁，后重建，1944 年桂林沦陷时房屋又全毁 80 间。

（撰稿：童庭阶）

---

① 《采访以光宣谈话记录》，采访原件存中共桂林市委党史研究室。
② 《采访张道德谈话记录》，采访原件存中共桂林市委党史研究室。

（八）日军在桂林的毒气战调查

化学武器，是国际社会以明确的国际条约禁止使用的大规模杀伤武器之一。化学武器主要是毒气武器，在战争中使用化学武器，亦称之为毒气战。

1944年4月，日军发动打通大陆交通线的"一号作战"。当年9月12日，日军侵入桂林门户全州，分四路南下进攻桂林；11月10日，桂林沦陷。在进攻和占领桂林期间，日军多次对桂林军民实施毒气战，给桂林人民造成极大的人员伤亡。为深入开展桂林抗战人口和财产损失调研，我们把日军在桂林进行毒气战问题，作为一个重点，通过查阅文献、实地调查，掌握了日军在桂林使用毒气的罪证。

1. 桂林毒气战的背景

（1）侵桂日军中配有化学作战部队

侵华战争爆发不久，日本大本营就给侵华各军队下达了可使用毒气的命令，要求严格保守秘密，尽量与烟混用，严格隐匿使用毒气的事实，不使遗留痕迹。日军还组建有使用迫击炮发射化学武器进行毒气作战的部队——"迫击队"，共有迫击联队11支，其中在中国活动的为第2迫击联队，迫击大队18支，全部在中国活动过。参加过湘桂作战的有迫击第1大队（吕字第5531部队）、迫击第4大队（登第7333部队）[①]。两大队分别配属日军第13师团、第3师团，而这两个师团参加了进攻桂林的作战。第13师团进攻方向为灌阳——兴安高尚——灵川海洋、大圩——雁山良丰——六塘——永福。第3师团进攻方向为富川——钟山——平乐——荔浦。

（2）桂林的战略地位和地理状况

桂林地处湘桂咽喉，当时为广西省会，美军在华重要空军基地。日军发动湘桂作战的前期目标就是摧毁桂林、柳州的美军空军基地。桂林地区为岩溶地貌，多山且遍布岩洞，易于防守躲藏，日军进攻困难。然岩洞的密闭性，有利于日军使用毒气武器。

---

① 步平、高晓燕、笪志刚编著：《日本侵华战争时期的化学战》，社会科学文献出版社2004年版，第226—230页。

2. 日军在攻城战斗中使用毒气

桂林城防司令韦云淞在分析桂林防守战失利的原因时，指出其中一点"敌使用毒气、煤气、火焰放射器等以攻击我石山岩洞"，并提到日军多处使用毒气的事实，如申山、凤凰山、土敏土厂（今桂林长海机器厂附近）、七星岩，造成守军和民众大量死亡，无法坚守石山岩洞阵地。

（1）申山（屏风山东端）战斗

桂林东郊猫儿山、屏风山、普陀山、月牙山一线，为桂林城外围重要防守阵地，防守部队为国民党第131师第391团。日军进攻部队为第40师团第235、236联队。1944年10月29日开始与日军接触，守军依各石山据点，全力防守，给日军极大伤亡，战斗异常激烈。申山是屏风山东端的一个山头，由391团第7连守卫，恶战不断，给日军以重挫。根据宁德星《守城日记》记载，11月3日一场恶战，就伤亡日军100以上。日军不断猛攻申山，并使用毒气进攻。11月7日，"城东郊申山及屏风山因敌步炮兵之攻击，经反复争夺后，申山被敌突入岩洞口附近，又发生激烈战斗，我守兵又用尽其新由团部补充之手榴弹五百余颗，其后敌以毒气（窒息性）、煤气及火焰放射器向岩洞攻击，申山守兵伤亡殆尽，屏风山守兵亦伤亡过半，均落入敌手。"[1] 估计申山战斗中，中国军队因毒气伤亡60余人。

（2）七星岩战斗

七星岩，在普陀山西侧山腰，分上、中、下三层，纵横交错，全长800多米，最宽处43米，最高处27米，为桂林著名旅游景点。桂林防守战时，为391团指挥部。从1944年10月29日，日军采用逐步攻点的战术，集中炮火和步兵，对桂林城东郊猫儿山、屏风山、普陀山等山头据点——攻击，至11月7日，各山头陷落，团长覃泽文组织剩余官兵退入七星岩。"此时七星岩中，人员非常拥挤，也很混乱，伤病员啦，后勤人员啦，非战斗人员啦，以及一部分退却进来的官兵，估计总共不下千余人。"[2]

8日，日军占领普陀山，将七星岩火力封锁，用烧夷弹炮击前岩，里面房屋燃起大火，岩内充满浓烟，岩内官兵坚守抵抗。9日，"黄昏时候，防毒排在前岩附近发出了毒气警报，许多兄弟中毒昏倒了。"（宁德星：《守城日记》，《桂林

① 韦云淞：《桂林防守军战斗要报》，1944年，载桂林市政府：《桂林市光复专刊》第2册，1946年，桂林市档案馆藏，档案号：03—1—4。
② 覃泽文：《抗日战争桂林战役江东地区战斗始末回忆录》，见政协桂林市委员会文史委员会编：《桂林文史资料》第5辑，1984年印行，第62—70页。

文史资料》第 5 辑，第 71—89 页。原载《为守桂殉难战友而歌》，周季康编，1945 年 10 月 29 日出版。）为尽快消灭岩内守军，日军开始向洞内施放毒气。原 391 团防毒排上士班长李文川回忆说："日本鬼子向七星岩内发射毒气弹时，有官兵中毒昏倒，防毒排就发出了毒气警报。但城防司令部没有在岩内配备必需的防毒设备，如大量的漂白粉或氯、胺成分的消毒剂。不过，那样大规模又是封闭性的放毒，有了设备也是防不到的。"[1] 岩内官兵，除覃泽文等少部分从后岩突围逃生外，大都中毒死亡。

1945 年抗战胜利后，广西政府组织人员搜岩捡骨，"七星岩内搜寻结果，岩内尚余忠骸八百余具，尽属广西子弟。计有 303 轻机枪连，该连连长死时尚作紧握马缰姿势，忠马亦死其旁，想系指挥作战中毒而死。此外有防毒排、迫击炮排、第一连、团部官佐、卫生队、野战医院，及三百余伤兵。枪支多弃掷岩内深潭中……岩内忠骸死状极惨，尽系敌人用毒气后，复用火攻，以是死者有头伸入石钟乳之内，而身在外以避毒气者；有仰卧者；有尚作射击姿态者，而今英姿宛在。"[2] 最后经清理统计，计有尸骸 823 具，马骸 14 具，合葬在普陀山博望坪，取名"八百壮士"。1995 年，桂林电视台拍摄专题片《幸存者》，又发现一具女军医尸骸。因此，有统计之七星岩惨案死亡人数为 824 人。

3. 日军对桂林平民使用毒气

桂林是典型的岩溶地带，多山多岩洞。当日军侵占桂林时，岩洞成为普通百姓躲避战火的选择，他们将粮食衣物等用品藏于岩洞内，并躲藏到岩洞中。但看似隐蔽的岩洞，并没能成为平民百姓的避难所，当被日军发现，往往成为死亡之地。日军在桂林制造了大量岩洞惨案。

桂林文献委员会编《桂林市年鉴》之《桂林沦陷杂记》记载："广西地势多山，山多岩穴，村民多利用以为寨者，环以城墙，置人守望。内则蓄有全村粮食衣物。老弱妇孺，挤集一洞。洞或有后穴，或无后穴；内或有水，或须下山担水者。当敌人入境之时，或各村民众几均过此穴居之原始生活，村中仅留少许老妇守屋而已。敌人每驻一处，即派出十数寇兵，向附近村庄搜索，实则掠取物资，以发其洋财者。但每至一村。几均空无一物。后知居民多避居附近山寨中，遂多向山寨搜索。寇兵多穿钉底长筒皮靴，但登山则颇敏捷。说谓乃在我东北特别训

---

[1] 赵平：《日军在桂林进行毒气战调查纪实》，载政协桂林市委员会文史资料委员会编：《桂林文史资料》第 49 辑，2005 年 12 月印行。

[2] 《广西日报》1945 年 11 月 20 日报道。

练之爬山部队。寇兵搜索山寨，多用火烧寨门，入寨后，即抓年轻妇女奸淫，十三四岁之女孩，亦不能幸免，且因奸至死者；继则搜掠细软衣物，再则将寨内所有谷米衣物箱笼，纵火焚烧，务使其彻底毁灭。若其寨门未被破入，则于寨外施放毒烟，熏入洞内，使村民因此受毒致死甚多。"其中比较大的岩洞惨案有：

（1）黄泥岩惨案

黄泥岩，位于桂林市东郊柘木王家村。1944年10月29日，日军第13师团一支占领桂林市东郊柘木一带。王家村及附近卫家渡村农民，为避日军，纷纷躲入村东的黄泥岩内。日军闯入王家村，见不到村民，便放火烧村，佯装撤退。躲在岩内一些青年急于救火，冒险下山。日军发现岩洞有人躲藏，追逐上来，并强奸了跑回洞口的两名妇女，可是出洞时，一名日军失足跌死。日军闻讯，封锁洞口，架火焚烧，将烟灌入岩内。隔日，日军见还有人从岩内逃出来，即抢来大批干辣椒，并用衣服包裹毒气筒加火熏烧，岩内村民中毒窒息惨死。此次熏岩，仅王家村的统计，惨死137人，多为妇幼老人，占全村人口一半，没有一家不受害，造成绝门闭户的有7户。

（2）红庙山岩惨案

红庙山岩，位于桂林市东郊朝阳乡欧家村。1944年11月的一天，日军到欧家村"清乡"，发现红庙山岩有村民隐蔽，即抢来干辣椒和干柴，引火熏岩，并用吹谷风车往洞内鼓风。由于气流外溢，鼓风不太见效，日军听到洞内叫喊，于是投入手掷毒气筒，并将毒气封闭洞中。岩洞后面，有一处可通外界的石隙，为逃生，人们将缝隙掏大，结果仅有几名小孩和瘦小的大人得以逃生。据逃生者回忆，当时除了引燃的干辣椒，还有带甜味的使人瘙痒、呕吐的气浪。此次毒气熏岩，欧家村有70余人死亡。

（3）大吉岩惨案

大吉岩，位于桂林市雁山区雁山镇五塘村委洞上村。1944年11月16日，驻扎雁山的日军，到洞上村"扫荡"，发现村民藏匿在村西的大发髻山老虎洞内。岩洞分内外层，纵横交错。当时洞口筑有石墙，装有木门。日军先在洞外叫喊，村民退缩在岩洞，未作声。日军遂将洞口存放的箱笼、衣物、烟叶，淋上煤油燃烧，并夹带毒气熏入岩内，躲避在岩内的208人中毒窒息而死，其中洞上村死亡168人。

（4）马埠江惨案

马埠江，位于桂林市区西南郊的一个小村庄，距市区约10公里，属临桂县。日军进攻桂林期间，为躲避战火，附近村民就藏到村边的燕岩中。1944年11月9日，日军搜山时，发现洞中藏有人，并抓住一名小孩。11月11日，日军再次来到燕岩，纵火焚烧村民放置在外层洞中的衣物、家具、谷米、柴草，并撒上干辣椒，将烟火熏入内洞。大火整整烧了7天。这次熏岩惨案，共熏死村民111人，其中马埠江村94人，9家绝户。由于死难者大多数绝门绝户，尸体无人殓埋，日久腐化，变成堆堆白骨，此后，当地人为让后人牢记日军暴行，把燕岩改称白骨岩。

根据文献记载和实地调查，日军在侵占桂林期间频频使用毒气，是历史的犯罪。由于毒气使用的特殊性，日军保密性很强，往往利用毒气弹（筒、罐）与稻谷、衣物、辣椒、干柴等杂物混合燃烧使用，特别是对躲藏在岩洞中的普通民众，一些幸存者也无法确定是毒气还是普通烟气，但是对密闭岩洞的熏烧，却是致命性的，制造了一起起惨案，造成了桂林民众的大量死亡，这是日军犯下的重要罪行。据不完全统计，日军侵占桂林期间，使用毒气和燃烧杂物，熏烧军民躲藏的岩洞达20次（处）以上，中国军队中毒致死官兵约达1000人，桂林市区及各县被熏杀平民达1840人。

日军在桂林使用毒气及熏岩惨案统计表

地　　　点	伤亡人数	时　　　间
申山	60	1944 年 11 月 7 日
七星岩	824	1944 年 11 月 9 日
土敏土厂	不详	
隐山	不详	
王家村黄泥岩	137	1944 年 10 月 29 日
大吉岩	208	1944 年 11 月 16 日
红庙山岩	70	1944 年农历 10 月
白虎山	40	1944 年 11 月
临桂马埠江	111	1944 年 11 月 11 日
临桂会仙税江村大赤岩	38	1944 年 10 月 30 日
阳朔白沙镇岩塘村硝岩	27	1944 年 11 月 4 日
阳朔白沙镇扶龙竹桥村	26	1944 年 12 月
阳朔白沙笔架山村	14	1944 年 11 月 9 日
永福罗锦林村	79	
永福百寿花岩	33	1944 年 11 月 25 日
平乐二塘镇老虎山	29	1944 年 11 月
荔浦东镇乡岭坪屯龙岩	30	1944 年 10 月

（撰稿：中共桂林市委党史研究室）

（九）日军空袭桂林市区调查

　　抗日战争时期，日军航空队对中国广大城乡进行轰炸，造成了严重的财产及人口损失。广西省会桂林作为日军航空队的重点轰炸目标之一，其受损失情况更为惨重。

1. 日军飞机轰炸桂林过程

　　日军航空队袭击桂林的暴行大致可分为以下三个阶段：

　　第一阶段，从 1937 年 10 月 14 日起至 1938 年 10 月武汉、广州沦陷止。在这一年时间里，日军航空队主要目标是配合其地面军事力量进攻中国，打击中国军队及政治、经济力量，以求速胜。由于抗战初期中国空军具有一定的实力和日军抗衡，日军航空队此阶段的主要任务是歼灭中国空军取得制空权，并协助地面部队进攻，主要轰炸我方的战区及沿海地区，对桂林的轰炸次数较少，伤亡损失也较少。

　　日军航空队侵犯桂林领空，始于 1937 年 10 月 14 日，日机数十架侵入桂林、梧州上空，投下数十枚炸弹，炸死炸伤两地平民 700 多人[①]。

　　第二阶段，从 1938 年 11 月起至 1941 年底太平洋战争爆发前。1938 年 10 月日军占领武汉、广州后，受军事力量所限，无法继续进攻中国内地，速胜论破产，只得把政策变为"以战养战"，其空军的轰炸目标转变为中国的后方城市及建设，"目的在于摧毁我重要设施，破坏我各城镇中心，以瓦解中国民精神意志，动摇我抗战决心。"[②] 当时战略地位和作用都非常重要的桂林成为了日军轰炸的重点目标之一。其原因一是由于广西是中国抗战非常坚决的省份，出兵和征工占人口的比例都名列全国前茅，桂林则是广西的省会城市，首当其冲。二是1938 年 10 月广州、武汉相继沦陷之后，桂林成为了沦陷区难民避难、工厂迁移的主要城市之一，集中了许多有影响力的文化机关和文化人士，各种公私物资大量集中堆放，工业发展迅速，逐渐成为西南大后方的政治、经济、文化中心之

---

　　① 桂林市地方志编纂委员会编：《桂林市志》，中华书局 1997 年版，第 65 页。

　　② 中国国民党中央委员会党史委员会编、秦孝仪主编：《中华民国重要史料初编——对日作战时期，第二编，作战经过（四）》，1981 年版，第 103 页。

一。三是华南重要军事重镇，国民政府在桂林设立了行营，是重要的军事指挥中心，1939年起开始修建的秧塘机场，成为了中美空军的主要军事基地。四是桂林当时成为了联结中国西南、华南、华东的重要交通枢纽。这一阶段，随着日军的进攻，可以分为三个时期：

1938年11月至1939年10月，中国空军在第一阶段消耗后得不到及时补充，日军航空队已取得了制空权，中国军队只能依靠有限的地面防空力量进行抵抗，日本轰炸机在桂林上空任意肆虐，还于1939年9月28日专门轰炸我高炮阵地，这一时期的每次轰炸都给桂林带来了严重的损失，是桂林被日军轰炸损失最惨重的时期。

1938年11月30日，日机35架分三批侵入桂林市区上空。第一批日机15架，于上午11时25分侵入桂林东城区上空，投下数十枚爆炸弹、燃烧弹后离去。第二批日机18架，于上午11时35分在湘桂铁路线、北城区、桂北路一带投弹和扫射之后离开。第三批日机2架，于上午11时45分侵入本市中心区，散发传单后，在王城、中华路、凤北路、桂南路、文昌门、伏波山、象鼻山、水东门等地，投弹约60枚，其中有多枚燃烧弹。伏和前街、凤北路、王城、桂北路四处着火，火势燃烧范围很广，直到傍晚尚未全部熄灭。独秀峰外的清真寺中了一枚炸弹，阿訇马德卿被炸死。西外清真古寺被炸，附近回胞的民房300余户尽遭焚毁。东门外盐街的清真寺大殿中弹被毁。躲在独秀峰西侧下的几名老百姓，被一枚炸弹炸得身首异处，手断脚裂，树上挂的，地上摆的，都是头、身、手、足、内脏以及衣服、裤子的碎片，找不出一具全尸。当天，共炸死炸伤市民171人，大半为妇女儿童，炸沉民船3艘，炸毁商店、平民住宅200多家，使桂林最繁荣的商业区桂北路、桂南路成了一片瓦砾，湘桂铁路附近落弹数枚，路轨轻微受损。为了不忘记这个惨痛的日子，2000年桂林市人民政府决定，将每年的11月30日作为人民防空警报试鸣日①。

1938年12月2日上午11时许，日机21架侵入桂林上空，遭到我地面高射炮部队的截击，日机爬高后，向市区投下60多枚重型炸弹，燃烧半日，共炸毁房屋366栋，震倒房屋76栋，平民死11人，伤17人②。

1938年12月24日下午1时5分，日机9架侵入桂林上空，投弹100多枚，

---

① 政协桂林市委员会文史委员会编：《桂林文史资料》第5辑，1984年印行，第110、111页；《循环日报》1938年12月2日报道；中共桂林市委党史研究室编：《桂林抗战纪实》，漓江出版社1995年版，第178—180页。

② 政协桂林市委员会文史委员会编：《桂林文史资料》第5辑，1984年印行，第111页。

炸毁烧毁房屋 600 多栋，死伤 80 多人，其中桂南路美国宣道会福音堂后面的防空壕和通泉巷的回教礼拜堂均被炸毁，外籍牧师苏宝贵、韦中庸等 12 人被活埋于地洞，中国著名音乐家张曙及其女儿被炸死于寓所。不但是人的生命财产损失，就是南门外池塘里的大鱼也翻白了 200 多条①。

1938 年 12 月 29 日下午 2 时 8 分，日机 18 架侵入桂林上空。在空中盘旋约 10 分钟之后，向市区投下爆炸弹、燃烧弹 100 多枚，然后又在南郊区投弹数十枚。当天有大风，敌机投下的燃烧弹，风助火势，共造成全城大火 30 余处，以乐群路、桂西路、中北路、特察里、桂南路等处的火势最为猛烈，虽然全城消防人员拼命抢救，但因为风势太大，火情蔓延非常迅速，短时间内无法扑灭。直到下午 6 时许，中北路、桂西路、榕城路、乐群路、环湖东路等处的火势才稍微被控制。南城文昌街、桂南路一带，到了晚上仍然红光烛天。炸毁、烧毁与震倒房屋 1500 栋以上，死伤数十人，使 1 万多人无家可归②。

从 11 月 30 日至 12 月 29 日，敌机利用天高云淡的有利天气，四次狂炸桂林市区，总计被毁房屋 3500 栋以上，差不多占到了全城房屋的半数。通衢闹市，除了中南路幸存外，其他如中北路、桂西路、桂南路都付之一炬，中华职业教育社暨附设中华职业补习学校桂林职业指导所、代办省立职工训练所、合作中华营造厂全部被毁。外侨财产也遭受很大损失，桂南路的福音堂及天主堂，设备完善的浸信会医院，都全部焚毁，仅存外廓。回胞的七所清真寺，有四所被焚毁。文化机关中有国防艺术社、中华职业教育社、中心学校等九十余所被焚毁。死伤民众 500 人，有 1 万多人无家可归；尤其是从外省辗转来到桂林的同胞，经过此次浩劫，不得不鹄立街头，贱卖一点衣物以求维生③。

1939 年 1 月夏衍在《桂林怎样抵抗轰炸》一文中写道："离开桂林一个月，回来一看，桂林是换了一个面貌了。汽车穿过街道，我实在想不出一句适当的话来形容面貌的惨淡！全市三分之一的民房，是被炸毁烧毁了，这个以山水秀丽出名的都市随处都是瓦砾、焦炭、炸弹坑、散乱的电话线，烤干枯了的街道树，和一种从这些断瓦残垣死树中间散发出来的异样肃杀的空气，桂林受了重大的伤，最少也有三分之一的最繁盛的市区已经化成焦土了。我经过去年六月间的广州的

---

① 政协桂林市委员会文史委员会编：《桂林文史资料》第 5 辑，1984 年印行，第 111 页。

② 政协桂林市委员会文史委员会编：《桂林文史资料》第 5 辑，1984 年印行，第 111、112 页；政协桂林市委员会文史委员会编：《桂林文史资料》第 49 辑，2005 年 12 月印行，第 195、196 页；《广西日报》（桂林版）1938 年 12 月 30 日报道；桂林市政府：《桂林市光复专刊长编》第七册《地方抗战史绩》1946 年，桂林市档案馆藏，全宗号 03，目录 1，案卷号 5。

③ 政协桂林市委员会文史委员会编：《桂林文史资料》第 5 辑，1984 年印行，第 112 页。

轰炸，但是从被害的程度讲，从罹灾区域的比例讲，桂林的遭遇实在惨过了广州，桂林仅有的一条大街，从桂北路经中北路到桂南路，已被烧成零落的几个小段了，西城一带，更是一片荒废！"①

1939 年 7 月 31 日下午 12 时 30 分，日机 18 架轰炸桂林市区及郊区。在老人山下，留下了 26 具兄弟姊妹的残尸，《救亡日报》（桂林版）1939 年 8 月 3 日这样描写到："离这弧形的山麓 15 码左右的空地，一颗 50 磅的炸弹落在那里爆发，天空的杀戮手毫不介意地把 26 个人的生命撕碎在那一排参差的岩窟下。贫苦的老者与穿浅蓝长服的少女并排地躺着。父亲伏在妻子小女儿的身上呻吟，（他们如一堆包裹，）血液胶粘他们的身体。一条粗壮的身躯，仰躺岩下，睁着仇恨的眼望向天空，这两颗珠子永不会转动的。在一个极浅的岩窟里，父亲，老母，青年的姐妹，同受杀戮，受伤的妹妹脱下外衣覆盖他母亲半段残尸。丈夫把倒卧岩石上的妻子拖下来，肠脏从裂断的腹中流出。老妪在号哭中指着一具十五岁的女童尸首告我，她的母亲也炸死在另一山下。妇人失去了头颅，怀中的乳儿还含着她的乳头，三十分钟前，她还为下一代而哺养。孩子抱着乳儿，血浸染了这小兄弟的赤裸的身体，有人担架他父亲的尸首前行。幼小者没有哭泣，一步一步踏干这些血点……"中山纪念学校操场上中弹十余枚；屋上置有美国国旗的美侨房屋两处被炸毁，损失达港币五万元；警士韦宝华被弹片中脑殉职，警察马瑞波、董霖波受伤，其余损失不详。这次轰炸是去年 12 月 29 日的大轰炸以来，桂林损失最大一次②。接着 8 月 4 日日机又对桂林进行轰炸，使广西省党部在 6 日召集桂林市各机关团体代表，开会商讨防空宣传事宜，扩大民众战时服务团。桂林市民众疏散委员会制定了民众疏散区，计划疏散人口 5 万。

1939 年 11 月至 1940 年 10 月，日军为切断广西通向越南的国际交通线，发动了桂南战役，其航空队主要任务是支援地面部队的进攻，攻击军事目标，对桂林市区的轰炸相对减少。

1939 年 12 月 2 日，日机 2 次侵入桂林上空。上午 11 时 22 分，日机 21 架侵入桂林上空，在西南城区投下燃烧弹多枚，致使义仓街、白果巷、西门外、南门汽车站等地大火冲天。稍后，日机多架侵入桂林上空，在西南商业区及住宅区一带投下燃烧弹、重型炸弹 70 多枚（其中 11 枚落于湖内），致使临桂路、西城路、交通路、崇善路、义仓街、白果巷、西门外、南城脚等地燃起熊熊大火，因

---

① 夏衍：《桂林怎样抵抗轰炸》，载《新华日报》1939 年 2 月 28 日第 2 版。

② 《救亡日报》（桂林版）1939 年 8 月 1 日第 2 版、8 月 3 日第 4 版、8 月 4 日第 4 版、8 月 16 日第 2 版、8 月 23 日第 2 版。

为西南城区大半为回民居住点，所以回民受灾最为严重，盐行街及崇善路两清真寺被毁。这天，日机的投弹，炸毁烧毁与震倒房屋1000多栋，死伤70多人①。

1939年12月20日，中国空军集中于桂林机场以支援昆仑关作战的地面部队，日军航空队随即对桂林机场进行了连续攻击，桂林机场及飞机都有很大损失，至1940年1月10日，日军完全掌握了制空权②。其后日军航空队对桂林主要是进行空中侦察，只有1940年8月24日日机在高空盲目投弹，炸毁了全国木协会及漫画家抗敌协会会址、美国浸信会医院、四川会馆馆址、桂西旅馆、银宫戏院等建筑，造成30多平民死伤③。

1940年11月至1941年底，日军退出广西进入越南后，恢复了对桂林市区的轰炸。其中1941年8月4日对桂林的轰炸尤为惨烈，当日中午突然响起紧急警报，日机21架侵入桂林上空，在市区反复3次投弹，南门火车站、汽车站、桃花江两岸、榕杉湖两岸、独秀峰、伏波山、老人山、叠彩山、北门外等遭到轰炸。文化机关如助产护士学校、省临时参议会、新运妇委会、乐群社被炸，屋顶多被炸毁，中华圣公会、美国浸信会部分被炸毁。在独秀峰山脚边石凳上坐着一对穿戴团级军装的夫妇，团长仍然紧拽着夫人，但两人的头和夫人的一条手臂不见了。山边、池塘边到处都躺着残缺不全的尸首，有的没有了头，有的只见下身，有具尸体下身在岸上，肚肠却拖向池塘，树上还挂着许多手、脚。中山纪念亭被炸塌了，下面压着血肉模糊的尸首。山南面的防空值班室倒塌了，班长和6名士兵被埋在里面。在中山公园内死难的同胞有一百多，受伤的人随处可见。当天，炸毁烧毁与震倒房屋数百栋，因公殉职的警察7人，伤11人，平民有200多人丧生，400多人受伤。由于日机一年多来侵入桂林领空时多为侦察而不投弹，造成市民对防空警报麻痹大意，只观望而不隐蔽，是桂林市在抗战时期被日机轰炸人口伤亡最多的一次④。

第三阶段，从1942年至1944年11月，日军发动太平洋战争后，使用于中国的空军兵力较往年大为减少，日军因达不到打击中国军民抗战士气的目的，再度转变为以军事目标为主的战略轰炸。1941年8月，美国援华志愿航空队（即

① 政协桂林市委员会文史委员会编：《桂林文史资料》第5辑，1984年印行，第113、114页；《救亡日报》（桂林版）1939年12月3日第2版。

② 黄铮主编：《广西抗日战争史料选编》第三卷，广西人民出版社2005版，第303、304页。

③ 《救亡日报》（桂林版）1940年8月25日第2版。

④ 政协桂林市委员会文史委员会编：《桂林文史资料》第5辑，1984年印行，第114页；中共桂林市委党史研究室编：《桂林抗战纪实》，漓江出版社1995年版，第181—184页；桂林市政府：《桂林市光复专刊长编》第七册《地方抗战史绩》，1946年，桂林市档案馆藏，全宗号03，目录1，案卷号5。

"飞虎队")成立，中国大陆制空权逐渐转移到中美联合空军方面，1942 年 6 月 11 日以飞虎队 1 个中队 12 架飞机进驻桂林，1943 年 3 月扩编为美国第 14 航空队并在桂林建立中美空军联合基地，最高潮时，秧塘机场有 200 多架飞机停留，日机侵扰桂林上空不再肆无忌惮，多数情况下都只在桂林市郊外投弹，市区损失较少，其中 1942 年 1 月 18 日，桂林市中心商业区被炸，燃起大火，损失房屋很多。

1944 年 4 月日军为了打通从中国东北到越南的大陆交通线，摧毁中美在华空军基地，挽救日军在太平洋战场的失利，发动了"一号作战"（中国称为豫湘桂战役）。日军由于没有空中优势，决定利用月明晴天进行夜袭，对桂林机场频繁轰炸，而 7 月我空军汽油储存量达到最低点，飞机无油可用，地面飞机损失很多[1]。11 月，日军航空队配合地面部队进攻桂林，冒着恶劣天气对桂林猛烈轰炸，使桂林成了一片废墟，日军占领桂林，对桂林的轰炸从此结束。

2. 日军飞机轰炸桂林造成的损失统计

据不完全统计日军航空队有 94 天侵入桂林上空，共 1364 架次，其中有 61 天对桂林轰炸，投下的炸弹（含燃烧弹）2546 枚，炸死 785 人，炸伤 1585 人，炸毁烧毁房屋 7500 多间，炸毁桥梁 7 座，炸沉民船 15 艘，财产损失 27734894 元。

年度	被炸次数（次）	日机架数	投弹（枚）	损毁房屋（间）	死亡（人）	受伤（人）	财产损失（国币元）
1937 年	1	50	50	90	153	400	
1938 年	8	145	596	2761	122	228	25556000
1939 年	14	315	765	2370	267	460	
1940 年	3	138	110	55	17	56	104853
1941 年	4	97	229	500	201	404	1233001
1942 年	9	254	210	655	20	26	841040
1943 年	8	229	226	10	5	11	
1944 年	14	136	360	1060			
合计	61	1364	2546	7501	785	1585	27734894

3. 日军飞机轰炸对桂林的影响

日军航空队对桂林的轰炸十分残暴，由于其在战争中期的战略目的就是瓦解中国国民精神意志，动摇中国抗战决心，所以它的轰炸除针对军事目标外，最主

---

① 日本防卫厅防卫研究所战史室编：《广西抗战》（上），中华书局 1985 年版，第 38 页。

要的还是大量的非军事目标，包括居民区、商业区、学校、文化场所、寺庙、医院、工业企业、交通设施，甚至有国旗标志的外国侨民住宅，一律不予放过，几乎桂林全城都经历过轰炸，造成了大量的人员伤亡和财产损失，使桂林人民蒙受了空前的灾难。

（1）居民区、商业区。桂林市有着天然的防空条件，据1942年统计，全市有避难岩洞124个，可容纳12.6万人①。良好的防空条件再加上防空情报准确精密，市民可以比较从容的躲避空袭，所以每次轰炸死伤相对较少，但是房屋被轰炸焚烧的损失巨大，日机使用燃烧弹，使房屋连片燃烧，把许多街道、居民区夷平，把繁荣的商业区变为废墟、瓦砾，几乎所有的街道都被日军轰炸过，数以十万计的平民无家可归，只有在废墟上临时搭建简易建筑栖身。

（2）学校、文化场所。被日机轰炸过的学校有广西大学、广西医学院、桂林中学、桂林师范学院、桂林高级护士助产职业学校、桂林私立德智中学、私立桂林榕门美术专科学校、私立无锡国学专修学校、私立西南商业专科学校、中华职业教育社附设职业补习学校、代办省立职业训练所、中心学校等。轰炸的文化场所有桂林王城图书馆、国防艺术社、中华职业教育社、新运妇女会、乐群社、崇德书店、生路书店、东方图书公司、开明书店等。部分书店因被炸而停办，对教育、文化事业造成严重影响。

（3）医院、庙宇。如美国浸信会医院、美国宣道会福音堂、天主堂承恩观、火神庙、中华圣公会、美国浸信会等被炸毁，回民的9所清真寺受到不同程度的毁坏。患者只能在设于岩洞内的临时医院就诊，在岩洞中的新生儿被称为了"洞生一号、洞生二号……"②

（4）交通设施、工厂企业。连接桂林南北交通的湘桂铁路，是日机轰炸的重点目标之一；连接桂林城的各处桥梁、漓江上的运输船只，被日军轰炸破坏严重。工厂企业散布于桂林城市周围，也时常遭到日军轰炸。

有时日机侵入虽未投弹，但不断的空袭警报，经常是延绵一整天，严重影响人们的工作生活。如1939年12月25日，上午9时日机1架进入桂林侦察，下午2时日机27架，由涠洲岛起航，经过广东、广西两省，扰袭湖南芷江后，又经过桂林返回广东，当天的空袭警报直到晚上7时，才被解除③。夏衍在《桂林怎样抵抗轰炸》一文中写道："天晴的日子，警报差不多是不会少的，所以八点

---

① 桂林市地方志编纂委员会编：《桂林市志》，中华书局1997年版，第1134页。
② 夏衍：《桂林怎样抵抗轰炸》，载《新华日报》1939年2月28日第2版。
③ 《救亡日报》（桂林版）1939年12月26日第2版。

以后，妇孺老弱，便及早的挑了和背了他们仅有的家财，预先到城外的岩洞去躲避，他们知道警报有时候会延长到下午，所以从必要产生了发明，有些人前面挑着铺盖，后面挑着简单的锅灶，一面赶路，一面灶里的炭在燃烧，锅里的饭在喷汽。"① 就此，产生了"岩洞教育"，一种在特殊时期的新的教育形式。

附：日军飞机轰炸桂林造成损失统计

表一　根据现有报道得到的日军飞机轰炸桂林造成损失年度统计

年度	被炸次数	机数	投弹（枚）	损毁房屋（间）	死亡（人）	受伤（人）	炸毁飞机（架）
1937 年	1	50	50	90	153	400	
1938 年	8	145	596	2761	122	228	13
1939 年	14	315	765	1200	89	229	
1940 年	3	138	110	55	4	30	46
1941 年	3	97	130	500	201	404	
1942 年	9	254	210	655	1	4	
1943 年	8	229	226	10	5	11	
1944 年	14	136	360	1060			223
合计	60	1364	2447	6331	575	1306	282

表二　《广西年鉴》第 3 回：日军飞机轰炸桂林造成损失年度统计

年度	被炸次数	损毁房屋（间）	死亡（人）	受伤（人）	财产损失（法币元）
1938 年	9	2007	119	110	25556000
1939 年	9	2370	267	460	
1941 年	4	11	167	223	
1942 年	1	79	20	26	
合计	23	4467	573	819	25556000

资料来源：广西省政府统计处：《广西年鉴》第 3 回，1948 年印行，第 1357—1359 页。

---

① 夏衍：《桂林怎样抵抗轰炸》，载《新华日报》1939 年 2 月 28 日第 2 版。

表三　《桂林市统计提要》：桂林市历年日军飞机轰炸造成损失统计

年度	被炸次数	日机架数	投弹数	损毁房屋（间）	死亡（人）	受伤（人）	财产损失（法币元）
1938 年	5	112	441	1644	117	122	
1939 年	4	72	321	735	150	338	
1940 年	2	26	108	48	17	56	104853
1941 年	4	65	229	123	183	233	1233001
1942 年	2	30	20	60	17	15	841040
合计	17	305	1119	2610	484	764	2178894

资料来源：桂林市政府统计室编：《桂林市统计提要》1942 年辑（1943 年 5 月）。

由于表一主要是根据当时报刊的报道统计得出的数据，因为其报道时间短暂（第二天就要出版），对轰炸的损失可能不够详尽，应该结合表二、表三中的数据，取其中房屋损失、死亡人数、伤亡人数中较多的数据，得出下表：

表四　日军飞机轰炸桂林造成损失年度统计

年度	被炸次数	机数	投弹（枚）	损毁房屋（间）	死亡（人）	受伤（人）	财产损失（法币元）
1937 年	1	50	50	90	153	400	
1938 年	8	145	596	2761	122	228	25556000
1939 年	14	315	765	2370	267	460	
1940 年	3	138	110	55	17	56	104853
1941 年	4	97	229	500	201	404	1233001
1942 年	9	254	210	655	20	26	841040
1943 年	8	229	226	10	5	11	
1944 年	14	136	360	1060			
合计	61	1364	2546	7501	785	1585	27734894

（撰稿：中共桂林市委党史研究室）

（十）日军飞机轰炸柳州的罪行

抗日战争时期，地处大西南水陆交通要道的柳州，随着湘桂、黔桂铁路的相继开通，成为战时的重要交通枢纽。同时，柳州又是重要的空军基地，国民政府空军第二路司令部曾迁设于此，指挥粤湘桂黔的空军作战；苏美空军志愿队也曾进驻柳州，与中国空军联合对日作战。因此，柳州成为日寇飞机袭击和轰炸的主要目标。据不完全统计，自1938年1月10日柳州首遭日机侵犯至1945年日本无条件投降，柳州市区及近郊遭69批791架次日机空袭轰炸，总计投弹2300余枚，炸死中国军民672人、伤654人，机场被炸焚毁的大小飞机102架，房屋被炸焚毁4500余间，各种船只被炸沉毁20余艘，财产损失总数达2000万元（当时法币）以上。柳州部分县也遭日机不同程度袭击轰炸，造成了重大的人员伤亡和财产损失①。

1. 柳州城郊被日机轰炸的情况

（1）对城区的狂轰滥炸。昔日柳州，日机临空轰炸频繁，为了避免人员伤亡，政府派专人在马鞍山上挂出灯笼作为空袭警报。由于空袭警报频繁，人们每天精神紧张，不得安宁，一旦马鞍山上挂起灯笼，警笛拉响，就要扶老携幼四散躲避。当时在市民中就留传有这样一句话：一个灯笼不要紧，两个灯笼跑死人。尽管采取不少措施，跑（躲）飞机忙于奔命，但民众仍难逃房毁人亡的悲惨命运。日机轰炸在城区造成人员重大伤亡、财产巨大损失的主要有：1938年11月16日上午，日机21架由广东肇庆经梧州入侵，在柳江河南北市区投弹百余枚，炸死18人、炸伤24人、毁屋46间，财产损失220.5万元。1939年7月15日中午12时45分，日机18架侵入柳州。当时由于长期躲避空袭令人疲惫不堪，加上日机来得突然，大量住柳州河北城区的居民，就近躲在市区中的简易防空洞里，或到树木成荫的地方聚集。日机飞临市区上空立即进行狂轰滥炸和扫射，持续至下午2时半。日机飞走后，人们发现死伤人数最集中、情状最惨的是两个地方：一是柳候公园一带，二是映山街大树脚一带。此次轰炸伤亡惨重，共死亡民

---

①　柳州市地方志编纂委员会编：《柳州市志》第5卷，广西人民出版社2003年版，第915、927页。

众 384 人、炸伤 245 人、被毁房屋 300 余间①。见证人陈志荣回忆当时轰炸的惨景叙述道："日机俯冲下来，飞得很低，分两路向下扫射，又丢炸弹，打死炸死了很多人，死人像冬瓜一样倒下，有的头断脚断，有的肠子还挂在树上。有个母亲正给孩子喂奶就被炸死了，母亲和孩子被炸死时，孩子还吮着妈妈的奶头。"②1939 年 7 月 22 日中午，日机 18 架又一次侵入柳州市区实施轰炸。由于民众吸取了教训，这次轰炸除死伤人数比 7 月 15 日少外（死 151 人、伤 129 人），其余投弹数、毁屋数、财产损失数均比上次多。军政机关多被炸，重要犯人趁监狱遭震毁之机逃脱甚多，财产损失 421 万元。据知情人李梦秋说：轰炸后，柳州河南北两岸一片哭声，全城大哭；死人多，把棺材、木板、草席都用光了③。1939 年 8 月 14 日中午，18 架日机由广州经梧州、修仁侵入柳州，在河南、河北及柳江河面投弹百余枚，炸沉船 10 余艘、毁屋约 500 间、死伤牛 20 余头，财产损失 209.2 万元。1941 年 8 月 20 日中午 12 时许，日机两批共 31 驾相继侵入柳州。在柳江河南北繁华市区投弹 70 余枚，炸死 45 人、伤 168 人，毁屋 72 间，其中红十字会、慈善戏院、警察局和壮观华丽的曲园剧院等处都被炸毁④。

（2）对机场的轰炸。柳州机场是中、美、俄空军阻击日军侵华的坚强阵地，美国"飞虎队"就驻扎在这里，柳州机场为日军重点攻击目标。日机轰炸飞机场投的是重磅炸弹，每颗炸弹有 250 至 500 公斤不等，炸弹一炸就是一个数米宽、深的大坑，使我方飞机不能起飞；同时，也造成了飞机场其他设备的惨重损失。日机共轰炸机场 43 次，投弹 1500 余枚，焚毁大型飞机 35 架、小型飞机 36 架，炸毁大型飞机 11 架、小型飞机 20 架，共计 102 架。日机对柳州机场重大轰炸计有（按年份统计）：

1938 年 9 月 13 日中午，日机 22 架由海上航空母舰起飞经北海侵入柳州，在机场投弹数十枚，炸死 2 人、伤 6 人，财产损失 84 万元。这是柳州首次遭到日机轰炸。9 月 18 日，日机先后三批轰炸机场：10 时 25 分，第一批 9 架在机场投弹多枚；10 时 30 分，第二批 11 架在机场投弹多枚；10 时 35 分，第三批 18 架在机场低空投弹，机枪扫射。本年度日机对机场的重大轰炸共 5 次，临空日机

---

① 惨案亲历者曾庄回忆文章：《回忆日本飞机轰炸柳州时》，见政协柳州市柳北区委员会编：《柳北文史》第 15 期，2002 年印行，第 59—60 页。

② 惨案亲历者陈志荣 2006 年 10 月 10 日在"抗损座谈会"上的发言录音材料，原件存中共柳州市委党史研究室。

③ 知情人李梦秋 2006 年 10 月 10 日在"抗损座谈会"上的发言录音整理材料，原件存中共柳州市委党史研究室。

④ 柳州市地方志编纂委员会编：《柳州市志》第 5 卷，广西人民出版社 2003 年版，第 928—931 页。

100 架，投弹 180 枚，炸死 3 人，炸伤 6 人，造成财产损失 100.3 万元。

1939 年 4 月 6 日上午，日机 23 架由海南岛经北海、横县侵入柳州，在机场投弹数十枚。7 月 8 日下午 2 时 10 分，日机 27 架在机场投弹百余枚，机场设备大部被毁，被迫停止使用。12 月 31 日拂晓前，日机 34 架分四批轮番轰炸机场，共投弹百余枚。本年度日机对机场的重大轰炸共 7 次，临空日机 156 架，投弹355 枚。

1940 年，由于日空军集中主要力量大举犯渝，空袭其他地区次数相对减少。是年主要轰炸柳州机场 3 次，临空日机 15 架，投弹 80 余枚。

1941 年 4 次，临空日机 40 架，投弹数十枚。

1942 年 2 次，临空日机 21 架，投弹 10 余枚。

1943 年 3 次，临空日机 29 架，投弹 10 余枚。

1944 年，日军开始实施湘桂作战计划。桂柳会战时，柳州机场经常保持有飞机 50 架以上，美国空军多次从柳州机场起飞，对香港、广州、台湾以及日本本土的日军基地进行轰炸，因此成为日机攻击的主要目标。7 月 28 日，日机 12 架在机场投弹 70 余枚，炸毁大型飞机 5 架、小型飞机 5 架，焚毁大型飞机 17 架、小型飞机 9 架。9 月 4 日夜，日机 6 架在机场先投照明弹再投炸弹数十枚，焚毁大、小型飞机各 5 架。9 月 23 日夜，日机 7 架在机场投弹数十枚，炸毁大型飞机 2 架；造成机场二处起火，焚毁大型飞机 3 架、小型飞机 5 架。9 月 27 日夜 10 时 58 分，日机 7 架在机场投弹数十枚，焚毁小型飞机 9 架，炸毁大型飞机1 架、小型飞机 4 架。9 月 29 日夜 8 时 45 分，日机 9 架在机场投弹数十枚，焚毁大型飞机 5 架、小型飞机 3 架，炸毁大型飞机 2 架、小型飞机 3 架。当年主要轰炸机场 13 次，炸毁烧毁大小飞机 102 架。1944 年 11 月 9 日，日军占领柳州机场后，才停止对机场的轰炸①。

（3）对市郊羊角山的轰炸。1940 年 2 月 22 日下午 2 时许，日机对柳州城郊羊角山进行了疯狂轰炸。这次是针对当时的中国国家元首蒋介石和参加"桂南会战检讨会"的中国高级将领而进行的一次极为特殊的轰炸。日机第一批 20 余架、第二批 30 余架飞临羊角山上空，向蒋下榻的小楼一带投弹达数百枚。一些炸弹就落在蒋介石躲避的天然岩洞周围，炸得洞内浓烟滚滚、乱石纷飞，伤及12 名卫士，蒋幸而无恙。团结出版社 1995 年 10 月出版发行的《日本特务在中国》一书转引了蒋介石事后所写的日记："仓促外出……与张文白（治中）等入

---

① 柳州市地方志编纂委员会编：《柳州市志》第 5 卷，广西人民出版社 2003 年版，第 928—931 页。

洞。敌 20 多架向洞上投弹，洞内尘土飞扬，不辨面目。3 分钟后又来，30 余架，弹皆着洞，伤卫士 12 人。"① 这次轰炸险些改变了中国抗战的历史进程。

2. 柳州其他县区被日机轰炸情况

1938 年 9 月 13 日，日机在相继轰炸梧州、桂林等城市的同时轰炸了雒容县（今鹿寨县）1 次，日机 9 架，投弹 4 枚，炸死老妇 1 人②。

1939 年秋，日机 9 架轰炸融县长安镇融江河边的塘码头，投弹 3 枚，在河岸堆放的木头下面躲飞机的数人遇难，码头附近的"同善社"和不少民房被震坏震裂；1940 年夏，日机轰炸融县长安机场东北面的天堂庙、牌坊等处，投弹数十枚。1944 年 7 月至 8 月，日机 2 次轰炸融县长安镇，长安飞机场航空指挥塔被炸，机场遭破坏。兴仁街小学门前私营酿酒房 1 家 4 人被炸，3 死 1 伤；另有母女俩被炸断的木垛压死，一婴儿被弹片割掉头颅。日机共投弹 28 枚，炸死炸伤 12 人，炸毁民房 20 多间③。

1945 年农历三月中旬，日军由于军事转移，对不再是他们的军事要地的柳城县凤山镇进行轰炸。5 架日机在县城凤山镇上空低空扫射，投下重磅炸弹多枚，炸得全城烟火四起、砖石横飞，炸毁了西门、南门两条大街，县府一角被摧毁，县中学的教学楼和礼堂被炸平，古典秀丽的四穿楼被炸塌，凤凰岭农场房屋被炸光。城里城外的房屋共计被炸毁 115 家，秃墙断壁、四处瓦砾、街道阻塞、一片凄凉惨景④。

日机轰炸柳州城郊及周边县区，目标多是攻击军事要地、国家重要领导人及繁华城镇。由此可见侵华日军的政治阴谋与经济破坏的险恶用心。

（撰稿：韦光俊、龙光志、张俊、黄喜生）

---

① 萧宇编：《日本特务在中国》，团结出版社 1995 年版，第 201 页。
② 黄铮主编：《广西抗日战争史料选编》第一卷，广西人民出版社 2005 年版，第 60 页。
③ 融安县军事志编纂领导小组 2006 年编：《融安军事志》，第 9—10 页。
④ 韦金城、余天来：《日军践踏县城纪实》，见政协柳城县文史资料研究委员会编《柳城文史资料》第 2 辑，1987 年印行，第 12 页。

（十一）日军飞机轰炸梧州的罪行

梧州市位于广西的东部，东面与广东省郁南县、封开县接壤，南面紧接广东省罗定市、信宜市，西面紧靠来宾市的金秀瑶族自治县、贵港市的平南县、玉林市的容县，北面与贺州市的八步区、昭平县，桂林市的荔浦县相邻。桂江、西江交汇于城区，广西80%的水量经此汇入珠江后入海，水源丰富，交通便利，乃广西的"水上门户"。千百年来，梧州是广西乃至中国大西南地区沟通粤港澳的咽喉之地，交通要冲。堪称广西的"小香港"。

1937年9月15日，日军飞机第一次侵袭梧州，轰炸位于市区隔江对面的梧州高旺飞机场。1938年秋，广州沦陷后，日机经常从广州西飞轮番轰炸广西各地，梧州是首当其冲。据统计，从1937年9月至1944年9月22日梧州市区沦陷，7年间，梧州市区遭受日机侵袭轰炸440多次，投下数以千计的炸弹和燃烧弹，其中梧州高旺机场被轰炸数十次，市区内的广西大学（现梧州高中）被轰炸100多次，思达医院、红十字会医院、培正中学、九坊路、梧州电厂等重要的工厂、学校、医院都被反复多次轰炸；藤县曾三次遭炸，日机曾投弹一枚于蜘蛛头田垌，拾获的弹片悬在县图书馆外多日；第二次日机投弹十余枚于古龙镇某村，一人轻伤；第三次投弹于藤城镇北市外江面，岸边住户受震动，数艘民船篷盖被风掀翻刮走；岑溪1939年8月13日，遭日机6架轰炸，其中一架在樟木圩（今岑城镇樟木社区）大坟垌投放炸弹一枚，并用机枪扫射，造成民众伤2人。

全市大规模挖建防空洞，至1938年冬，市区内挖建的防空洞有26个投入使用，至1944年夏，全城建成防空洞长共6008米，面积6627.9平方米。藤县的县府、县金库、银行、电报局、电话处暨各富户均挖有防空洞，民众防空洞由光华校（现藤城中心校）一直挖通至旧万寿寺，挖洞所需款由各商户认捐，防空壕则由旧雷祖庙山脚，横绕至七丘田山咀上，长百多丈，由县令饬民众分工挖掘。在4个县（市）里，只有蒙山县未报发现有日机轰炸。日机轰炸对全梧州造成的人口伤亡和财产损失无法准确统计。

1. 梧州城九一七惨案

1938年9月17日上午9时，日军飞机9架侵入梧州市区上空，盘旋数分钟后向东遁去。防空警报解除后，许多市民以为没事了，纷纷离开防空洞走到街上去。可没想到，10时多，这9架飞机又返回梧州并沿着市区大东路、学德路、竹安路、高地路、沙街等街道，向商店、住宅、学校、医院投炸弹和燃烧弹，一瞬间，市民躲避不及，死伤惨重。此次轰炸，共投下炸弹80余枚，炸毁房屋300余间，震塌房屋176间，市民被炸死48人，伤180余人，灾后无家可归者3000余人。其中培正中学着弹11枚，全校大部分被炸毁，学生死11人；由沪迁梧的商务印书馆连中数弹后起火，藏书被焚烧三天三夜，损失30余万元；思达医院落弹3枚，院留医大楼顶部、工人住宅西墙、医院厨房西墙、顶楼小礼堂屋顶和医院机房汲水井均被炸坏，弹片伤及16人。

据当时省立第三中学学生罗希文回忆，飞机轰炸时培正中学的学生正在教室写标语，准备参加次日全市纪念"九·一八"游行，结果炸弹落到教室里，11个学生被炸死。他当时正在培正中学玩耍，才侥幸保存性命。梧州思达医院谢鸿恩医生（现年93岁）亲眼目睹当时被炸的惨况。他说：九·一七轰炸，当时梧州石街、孔庙和明伦堂中弹着火，死伤很多人，思达医院旁边的云盖路小学的墙上到处溅满了肢体碎片和血迹，街上到处都是死人和大叫救命的伤员。有一个母亲在街边正在给她的孩子喂奶，结果被当场炸死，而她的孩子被她紧紧抱在怀里，场景惨不忍睹。梧州市阜民路居民张钜邦（现年77岁）当时与母亲住在市区珠矶路（今骑楼城一带），日机轰炸时，他们母子搭乘小船逃到高旺一带，他在高旺亲眼看见日机在珠矶路一带投弹，自己的家一下子就毁于烈焰之中。谭伯权老人（现年83岁）说："轰炸那天，他正在北山小学上课，防空警报刚拉响，日机就已飞临市区上空，同学们惊慌失措，在教室里乱作一团，老师来不及带我们去防空洞，就听到轰炸巨响。日机这次轰炸，造成很多人死亡。"

2. 梧州城七二六惨案

1939年7月26日上午8时多，梧州西江上空发现侵华日机12架。市防空指挥部当即发出空袭警报。9时零6分发出紧急警报，9时12分，敌机在苍梧各区盘旋侦察后向东遁去。下午1时零7分，日军重型轰炸机18架由广东三水起航，沿西江侵入梧州。1时36分，日军飞机冲入市区上空，对城市民房、商铺、医院、码头、渡船和居民住宅狂轰滥炸，历时一个多小时，共投炸弹、燃烧弹268枚。轰炸的目标有北环街、金龙街、东正街、大中路、北山路、大北街、南环路、东中路、中山公园、大东上街、大东下街、高地街、大同上街、大同下街、居仁街、学德街等主要街道和商业区。伤亡最惨要数靠河滩一带的航业水筏和船

· 139 ·

舶。梧州的航业水筏，抗战初期还有很多，从桂江北街码头接连摆到大同街，长达3.5公里，是商贸繁华之区，还有桂江水上仓库湾泊船只，所以又有梧州"水上街市"之称。当天日机对梧州的大轰炸，首先对商务印书馆（今梧州新世纪酒店）至大同酒店及冰泉冲轮番轰炸扫射，接着对河东水面的水筏投炸弹和燃烧弹，低空轮番扫射。瞬间，整个桂江和西江的江面成了一片火海，火势直至晚上9时才熄灭，东南、人和、怡兴、西兴、都梧端江渡等航业筏先后中弹沉没，其中停泊在东南航业筏的肇梧利商渡正准备起航，不幸被炸中弹燃烧，乘搭该船去肇庆的乘客150人大部分遇难，逃生者仅有7人。据1939年7月28日《中山日报》以《敌机荼毒梧市难民逾六千人》为题报道，七二六惨案，共炸毁房屋600余间，焚毁大筏6座，电船2艘，拖渡4艘，汽轮1艘，大小船艇300余艘，港口交通及码头设施全部毁坏，死伤民众800多人，受灾477户，难民6000多人，直接财产损失200多万元。

据原梧州防护团总干事麦逸回忆，七二六轰炸，体育场边（今市体委址）所有连接高地路、学德街、石鼓街至孔庙路边及马颈塘边一带的房屋，全部被烧光。梧州市金叶花园居民陆致雅（现年78岁）当时躲在居仁路一间自建的防空洞里，她在解除警报后出来，看见河滩死了很多人，多得数不清。谢鸿恩医生回忆，七二六大轰炸，造成市民伤亡惨重，思达医院一、二层住满重伤员，可容纳40具尸体的医院停尸间堆满尸体，挤不出空间容纳死难者的遗体。思达医院院长、美国人华理士当时正乘坐一艘帆布船在西江北边，准备1时到香港去。他目睹当日大轰炸的惨况。他看见"18架日军飞机由东向西飞过来，在南部盘旋，然后在东部俯冲下来。""飞机以两组队形飞行（9架一组），第一组领先第二组约两公里，""一组轰炸机一次投下了它所有的炸弹，因为当时天空看上去被弹雨笼罩显得黑暗，""许多燃烧弹被投下到城市之上燃烧，燃烧的火墙几乎到达了它们能达到的地方"。"一些炸弹，包括一些燃烧弹，在船只密集的区域投下，一些小船只被水浪冲出水面并烧着了其它的船只及周围的码头和河滩上的建筑物"。（引自1937年7月26日华理士《给香港美国总领事处的报告》）。当时美国传教团办的思达医院（今工人医院），就算是在楼顶天面涂画上美国国旗也无法幸免，医院同样严重受损，"大楼屋顶中心被炸，炸穿2个大洞；医院东墙被炸坏；混凝土屋及大楼西侧被炸烂；五楼两侧屋顶被破坏，礼堂西北角被炸，墙壁崩塌，大楼内产房北墙被炸坏，弹片飞入病房，器械被弹片击坏"。（引自1939年9月25日美南浸信会《日本飞机轰炸美南浸信会梧州驻地情况报告》）

3. 梧州城"逢源银号"惨案

1943年9月4日上午，日机16架侵入梧州，市防空指挥部当即发出紧急警报，全市紧急疏散，市民们有的躲入防空洞，有的躲上山。时间一分一秒地过去了，很久未见炸弹落下，有些人麻痹大意，以为敌机早已飞离市区，不待解除警报，便陆续返回市区。位于九坊路商业区的百福堂经理邓养文和4名工人刚从防空洞返回店铺，就在此时，由远而近传来飞机的轰鸣声，日机突然飞临上空，他们5人来不及往北山防空洞躲避，便急忙跑进店内厨房，在灶边蹲下，不一会儿，日机空袭的炸弹便在身边炸开。隔邻的逢源银号中弹倒塌，其中一枚炸弹穿过逢源银号砖墙在百福堂药铺前爆炸，前座倒塌，保险柜被震飞上二楼后座。逢源银号有一间地下室，原是银仓（因将歇业，已不存钱物），以往主要是本店职工应急在此躲避。此次敌机临空，附近的居民和路人慌乱中来不及疏散躲避，就蜂拥进入银号地下室暂避，不幸逢源银号中弹倒塌，地下室出入口被封，水管被炸断，自来水灌入地下室，避难的梁敦远、黄敏开、简少珍等49人全部被活活淹死，这是日机轰炸梧州中室内死亡人数最惨重的一次。

逢源银号地下室惨案发生后，梧州防空指挥部防护团等专业队立即前往现场抢救，挖掘清理三天才告完毕。北环路居民何达英（现年92岁）参加了此次挖掘，她说："我们先用水桶将地下室的水舀出，然后将尸体一具一具挖出，见到的尸体堆得一层一层，手脚腐烂分离。"大中上路居民张秉洲（现年72岁）说："他的婶婶简少珍抱着襁褓中的儿子躲进了逢源银号地下室，因轰炸水管断被淹死。"

4. 梧州女子中学实习商店惨案

1943年12月31日中午11时30分左右，日机27架空袭梧州，向市区投下炸弹和燃烧弹100多枚，大中路红十字会医院、女子中学、梧州法院等被炸，沿街一带路树上挂满残肢内脏，遍地血迹斑斑，全市伤亡300多人。其中梧州女子中学死亡8人。当天轰炸时，已临近放学，梧州女子中学的学生仍在教室上课。突然，一阵刺耳的紧急防空警报声打破了教室的平静，同学们一片恐慌，正想冲去北山防空洞躲避，震耳欲聋的爆炸声便在周围炸开，先是女中旁边的红十字会医院中弹，接着是梧州女中礼堂中弹，教学楼被炸危及商科实习商店中弹，学生6人和职工2人当场死亡，受伤者多人。

梧州女子中学学生陆致雅（现年78岁）是此次轰炸惨案的幸存者之一，她说："我当时和李济源、黄少兰3个同学躲在学校旁的骑楼底，突然听到炸弹声不知所措，李济源喊道，别动，快卧低。接着女中商科实习商店楼被炸房屋倒塌，我们3个被埋在瓦砾中，几乎不能呼吸。后来李济源先被救后，她立即搬开我头上的石头，大喊救命，是校警把我和黄少兰救出来。但我因伤了头部，影响眼睛视力，现在基本看不见东西。"梧州女中23班学生练炳兰（现年80岁）说："我们班是初三年级，快毕业了。女中被日机轰炸那天，我和苏月梅、吴雅思，韦庆英几个同学跑到校门口，空袭紧急警报已经响了，冲到北山，防空洞门已关，便折回来在学校旁边的骑楼底下躲飞机轰炸，看见几架日机投炸弹，我被碎弹片划破膝盖，吴雅思被炸飞的砖头砸伤头，苏月梅被泥尘埋着头，韦庆英被划伤大腿，江文兰被炸死了。女中死的几个学生，年龄才十几岁，正是风华正茂的时候就被炸死，可见日本侵略者多么毒辣。轰炸时，梧州女子中学职工徐秀莲正趴在实习商店对面骑楼底下的邮箱旁边，她看见炸弹落下后，砖头瓦砾四处飞，楼倒塌，女中的6个学生和2个职工就这样被炸死了。"

（撰稿：中共梧州市委党史研究室）

(十二)日军飞机对玉林的狂轰滥炸

1938年10月,日军占领广州、武汉后,准备入侵广西,企图切断由中国通往越南的国际交通线。作为桂东南重镇的玉林,因其水陆交通的便利及地理位置的重要,特别是广州沦陷后,许多国内外的货物从广州湾(湛江)经玉林分销到广西各地及云南、贵州和四川等大后方,广西的商业中心由梧州移到玉林,玉林成为广西的主要商品集散地。因此玉林也成了日军飞机轰炸的主要目标。自1938年11月22日至1943年2月23日,日军飞机共出动150多架次对玉林、兴业、博白等县和南流江船埠码头周边,进行了25批次轰炸,造成了大量的人员伤亡和财产损失。

1938年(民国二十七年)11月22日上午10时许,7架日本飞机出现于新桥附近五岗岭上空,日机分为3个小队形,其中3架作品字形首先窜入市区上空盘旋,另4架则分为东西两队阵形窜扰于城区东西两面上空,大约经过三四分钟,最先窜入市区上空的那3架敌机又转到豸塘岭上空盘旋,接着即从清湾江上空俯冲向北帝殿,其中1枚落在庙殿西侧,另1枚落在北帝殿西边的坟场里。北帝殿的西廊房屋(当时为州佩小学的校舍)被炸毁数间。落在北帝殿西边坟场处的那枚炸弹炸出的弹坑深约2米,宽约5米,四边的石灰坟墓有数穴被震破裂,其中有1石灰长坟的棺材被震翻出地面半截。这时西边上空的2架敌机也在贵兴玉汽车站(今玉林汽车总站一带)投弹3枚,汽车站所有的办公场所及汽车栈房(即今玉林汽车总站候车厅一带)均被炸毁,6辆汽车被炸坏,炸死平民1人。车站东侧的小三元饭店亦中弹倒塌。另外,轰炸了豸塘岭的那3架敌机,又在宁屋角附近投弹1枚,旁边的房屋墙壁多被震动破裂;在大北街口(即旧麒麟门附近)投弹1枚,两间房屋被炸毁。窜扰在城东上空的2架敌机,也在排埠桥附近投弹1枚,爆炸在江中,炸毁木船两艘之后,随即转回市东面,欲轰炸公医院(即今玉林市中医院),但炸弹落在宁煌律师屋外的稻田里。窜入市区后,向风流巷(即今大观巷)俯冲投弹,何氏宗祠被炸毁房屋三分之二,附近有1个妇女被炸死。

这次空袭是日本侵略者飞机第一次轰炸玉林城。敌机到处投弹,由于民众没有躲机经验,人心惶惶。当时躲在东岳岭和广东坡(即今玉林市卫校一带)簕芦壳根的群众慌张移动,被敌机发现目标,即向这一带俯冲用机枪扫射,在广东坡北侧打死群众 1 人，打伤数人。经过半个小时的肆虐，这 7 架敌机才到仁东枥木的上空汇合，向南方飞窜。

据统计，敌机第一次空袭玉林城区，共投弹 31 枚，炸毁房屋 115 间，炸死群众 4 人（男女各 2 人），炸伤 13 人①。

1939 年是日军轰炸玉林次数最多，造成损失最严重的一年。1 月 12 日，日机 9 架空袭玉林城，轰炸的主要目标是广西省立第二高级中学（简称省玉中）。是日上午 8 时左右，学校发出紧急警报，师生们急忙从学校里跑出来，才跑出几百米，日机就开始轰炸了。至 10 时，省玉中接连遭受了两次轰炸。此次空袭，日机共掷下炸弹 22 枚，炸毁省玉中的男女生宿舍、教室各一部分；新落成不久的圆顶大礼堂全被炸毁；正对校门的图书馆被炸塌，在碉楼上存贮的二十多年来的图书被毁；一批教学仪器被炸坏。此外，紧挨着教室的墙外炸出了一个深深的大坑，学校后部也留下一枚未爆炸的炸弹。在此次轰炸中，一名逃避不及的女生被吓昏在宿舍。1 月 20 日，2 架日机三次空袭玉林城。省玉中再次遭日机轰炸，变成了"颓垣败壁，碎瓦残砖，触目皆是"，"荒凉之状，难以形容"。是次敌机共投弹 17 枚，炸毁城区各处房屋 10 余间，死伤平民 9 人②。

8 月 12 日上午 10 时多，6 架日机对博白县城进行轰炸，先后投弹 12 枚，其中南流江边码头 2 枚，汽车站 2 枚，县城大街 3 枚，关帝庙 2 枚，同珍铺 1 枚，浆料场 1 枚，博白中学 1 枚，共被炸毁码头一座，民房 19 间，车站、庙宇被损毁，炸死 2 人③。

9 月日本飞机又对玉林城区狂轰滥炸，9 月 4 日，日机两次对玉林城区进行轰炸，第一次有日机 6 架，第二次 7 架，共投弹 21 枚，炸毁房屋 10 余间，汽车 11 辆④。

9 月 11 日是玉林遭受日机轰炸损失最为惨重的一天。上午和下午，9 架敌机分批窜来空袭。上午以轰炸南流江边的船埠街为主。船埠街当年是很繁荣的，有码头、银行、盐务局、商行等等，每天都有七八百条船来往，最多时达 1500 条船左右。是日上午 8 时左右，9 架敌机一路从北海冲向玉林方向，然后折返来炸

① 陈衍英：《"日机轰炸玉林情况统计表"的补充》，载政协玉林市委员会文史资料委员会编《玉林市文史资料》第 12 期，1986 年版，第 105—109 页。

② 玉林市志编纂委员会编：《玉林市志》，广西人民出版社 1993 年版，第 16—20 页；赞昇：《玉林通讯——玉林初中被炸后记》，载 1939 年 2 月 12 日桂林版《救亡日报》第 3 版；曾继昌：《国仇校恨，终生难忘》，陈理国：《日祸苦难旷世难忘》，载广西省立玉林高级中学校友联谊会编《广西省立玉林高级中学校友心声》，2005 年 10 月，第 74—75、79 页。

③ 博白县志编纂委员会编：《博白县志·大事记》，广西人民出版社 1994 年版。

④ 周贤鉴等亲历者、知情人的采访谈话录，采访原件存中共玉林市玉州区委党史研究室。

船埠，日机盘旋了一圈马上降低高度进行轰炸及扫射。第一枚炸弹刚好投在盐商唐幼卿开设的广裕隆商行后面，炸死一头有400左右斤重的大猪，还炸了百多桶煤油（25公斤装）。第二枚炸弹投到广裕隆对面船埠村农民黄德初家的水田里，炸弹在那块田里炸出一个又大又深（约30平方米）的大坑，事后，黄家断断续续花了几年时间搬坭来填都没能填平。然后敌机又转了一圈，沿着江边用机枪往江中及可藏人的竹根、树木等处扫射，敌机往江下游飞去，再折返回来投第三枚炸弹，这枚炸弹落在停靠在船埠桥头附近的一条船上，该船被炸毁，一名船家被炸死。船家被炸中后的肉都飞到草头树梢上、屋顶上，到处都是，树上挂着两条腿。随后敌机在船埠周边沿江连续投弹，当时有一汉奸站在小江口附近的山岭上，手拿一面红旗和一面白旗对着日机摇动以指示轰炸目标，那汉奸摇两下旗子，那飞机便"呼"的俯冲下来投炸弹，停靠在小江口的几条船被炸毁，3个船家被炸死。当时停在江中的几艘船被炸毁，有二艘各载有汽油3万—4万斤的船（其中一艘船的总载重量约为6万—7万斤，该船除装有大量的燃油桶外，还有不少盐）被炸毁，船上的汽油也被炸得燃烧起来，火光冲天，浓烟滚滚；家住船埠牛马坡开盐铺的水四爷停在江边的一条载重量为12万斤的船被炸断，其在船上的舅爷被炸死。敌机轰炸时，10余名船家从船上逃到江岸边水泄口左江口上方处一厕所里躲藏，不料，一颗炸弹正落在该处，炸死炸伤船家各数人。敌机还在清湾门口投了燃烧弹，一条停在该处的货船装运的水泥及其他货物全部被烧掉。江边邱大爷的四祥盐庄被炸毁，还被炸死了几头猪；船埠村民林芳珍伯公的小舅（姓黄）因躲避不及，被飞机炸断了一条腿；家住船埠榕木根村、时年约40多岁的林德堂当时在江边打工扛盐，走避不及被打中左大腿；住在船埠街附近的梁惠南家门口被炸了一个大坑；一个叫做黄三的被打伤脚拇指。此次日本飞机轰炸船埠共投弹13枚，炸毁房屋10余间，炸沉民船8艘，死伤平民10多人。

下午则主要是轰炸玉林城区。下午1时许，9架敌机从南边天空分为3个品字形小队窜入玉林城区上空，先盘旋一周即开始俯冲投弹。县政府首先被中弹3枚，其中监狱（看守所）中弹2枚，典狱官办公室、库房、南监舍、北监舍和附近的凌氏宗祠均被炸毁，炸死囚犯10多人，炸伤或被砖瓦、木条压伤70多人；附近的甘泽远祠也被炸毁数间房屋。敌机在轰炸县政府的同时，有许多地方被炸。其中，十字街路口投弹4枚，其中燃烧弹2枚，大同书庄、天成杂货店（今公共厕所南侧）基本被炸平，大同书庄对面的红中商店、自强鞋厂和下边的桂香堂（80年代的红卫理发室）、利济堂药材店（今医药公司第四门市部）等均中弹起火，宏钟商店处被炸崩了四五间铺子，尤其是大同书庄左后侧一棵有百多年树龄的榕树也中弹起火燃烧，连烧数日，只剩下主干，使整个市区浓烟弥漫。此外，敌机在今和平路口玉州区公安分局旁边处也投了一枚炸弹，炸出一个大坑、炸死一名家住竹篾行的 60 岁左右的李姓大娘。

日机在城南的樛木社一带也投弹 3 枚（均为杀伤弹），那天正是南圩日，赶集的人很多，听到空袭警报声响，很多人都分散跑到城外上园村（即樛木社，因玉林话口音，又有嘉木社、胶木社等称）、深塘、新地一带躲飞机。当时有 40 多人躲避在社台附近的大榕树下，被炸死炸伤 10 余人。其中有二三名在此躲避的妓女，一名来玉经商的李姓广东人及一名家住南门口长淇塘、年龄 10 多岁的陈姓青年。樛木社的榕树上、路边的勒竹上挂满了尸体的碎片、肠肚，被炸死的人的手、脚等肢体就浮在水面上，鲜血染红了大榕树下的鱼塘，惨不忍睹。家住隔邻的居民陈德祈的大哥陈德视被炸死，二哥陈德祥被炸伤，房屋被炸毁 10 多间。家住城郊、当天到南圩摆卖猪肉的周绍隆也在躲避到该处时被炸伤右脚。

旧东门街（又叫上东厢）亦被敌机投弹 3 枚，其中当时的养济院（今东城小学）附近中弹 1 枚，养济院有六七个盲人，逃避不及就躲在附近的竹根下，结果 7 名盲人被炸死，数人被炸伤。竹根都被炸掉了，竹枝上挂着不少被炸飞的肉。

此次 9 架敌机轰炸玉林城区，共投弹 89 枚，炸毁房屋 200 余间，炸死平民、囚犯 36 人，伤 82 人。共毁（或半毁）房屋 160 多间，炸死男女老幼 30 多人，炸伤 80 多人，全城房屋的玻璃窗全被炸碎或震坏，许多民众家的挂钟也被震坏而失去作用①。

此后日机还分别于 9 月 12 日，10 月 7 日，10 月 14 日，12 月 4 日，12 月 28 日，分别对县属船埠街，城区和县属三山车站进行轰炸，第一次 6 架，投弹 16 枚。第二次 8 架，投弹 10 枚，共炸毁房屋 151 间②。

其中 12 月 14 日正午 12 时，日机 6 架空袭县属三山车站附近，投弹 7 枚，炸毁房屋 1 间，伤 3 人。下午 2 时，敌机 6 架袭玉，在安定庄附近投了数枚炸弹，炸死了在附近打工的张二、张四（均为塘步岭人）及到附近玩的莫秀诗（城西乡人），还有一个丫环，炸伤数人；还将附近的农田炸出一个丈八两丈宽

① 周霖：《玉林县战工团生活片断回忆》，载中共广西壮族自治区委党史研究室编《党在广西各地战工团》，广西人民出版社 2004 年版，第 166 页；黄梦帆、廖源：《福绵船埠遭遇日军炸弹》，载《玉林晚报》2005 年 8 月 15 日；周立华、潘诗文：《鬼子来了——日本战机轰炸玉林、兴业》，载《玉林晚报》2005 年 8 月 15 日；陈梅：《罗云：百折不挠与抗战》，载《玉林晚报》2005 年 8 月 15 日。
② 玉林市志编纂委员会编：《玉林市志·大事记》，广西人民出版社 1993 年版；采访蒋泰仁的谈话录，采访原件存中共玉林市玉州区委党史研究室。

的深坑。此次敌机共投弹 23 枚，炸毁房屋 76 间，死伤平民 10 余人①。

1940 年 2 月 25 日，国民党军蔡廷锴部从钦州战场上撤下来，在城隍镇休整，当时军部驻在城隍大碑村。日军侦知后，于是日上午出动飞机 4 架对城隍莲塘村（误以为是大碑村）进行轰炸，被炸死 8 人，伤 3 人，炸毁房屋 10 多间，炸死军马 1 匹②。

9 月 16 日正午 12 时，日军飞机 8 架从县北方向飞来，轰炸兴业县城市街中段，投弹 12 枚，炸毁铺户 3 间，炸死铁匠 1 名，炸伤 2 人，炸毁房屋 20 间③。

1943 年 2 月 22 日，敌机 2 架轰炸玉林城区，炸死炸伤各 2 人④。2 月 23 日，敌 3 架意大利式（时日本与意大利为同盟国）飞机飞临玉林城区上空，稍事盘旋即作平行投弹（即不作俯冲投弹），大部分炸弹落在县政府东面地带。日机想炸县政府没炸中，炸中国民中学（今市三中）球场，那边有两个弹坑；日机想炸图书馆（即现在的城市博物馆）也没炸中，炸在后面的水塘，水塘也有一个弹坑。弹落如倒泻，爆炸力极强，陈氏五属祠、吴氏宗祠、国民中学、宁氏宗祠、赵氏宗祠、李氏宗祠、大仁塘等处许多房屋均被炸坏或被震坏，许多青砖墙壁的房屋倒塌或破裂，损失惨重。敌机 3 架轰炸玉林城区，炸毁房屋 10 间，半毁 2 间⑤。

此外，日军飞机还对地上的人和车进行扫射，如 1939 年 5 月 8 日下午 3 时，日军飞机 2 架从贵县方向低空沿贵兴玉公路飞来，在兴业县城东玉林路段之老鼠嘴处开枪毁坏汽车一辆；7 月 8 日，日军飞机 4 架从玉林方向飞来，空袭兴业县城，开枪打伤赶圩的群众 1 人；1941 年 3 月 5 日下午 4 时，日军飞机 3 架从贵县方向沿贵兴玉公路来袭，沿途所经之八塘、蓬塘、桥圩、湛江、山心、兴业、新圩等处行人、车站、车辆，均遭敌机扫射⑥。

由于日军飞机多次对玉林城区进行轰炸，并频繁飞经玉林上空，空袭警报频发，导致数万民众被迫离家出走以躲避敌机的轰炸，时间长达一年多，造成了重

---

① 玉林市志编纂委员会编：《玉林市志·大事记》，广西人民出版社 1993 年版；采访蒋泰仁的谈话录，采访原件存中共玉林市玉州区委党史研究室。

② 中共兴业县委党史办公室：《抗战期间日机轰炸兴业县城城隍莲塘村概况》，2008 年 12 月，存中共兴业县委党史办公室；吴定能、覃德付、吴福隆口述材料，采访原件存中共兴业县委党史办公室。

③ 政协玉林市委员会文史资料委员会编：《玉林市文史资料》第 16 辑，1988 年印行，第 46—47 页；彭忠、梁廷操、庞有乾、梁崧口述材料，采访原件存中共兴业县委党史办公室。

④ 玉林县政府于 1948 年 3 月 30 日上报广西省政府的《玉林县抗战期间被灾损失情况》之玉林城区、船埠街道日机轰炸情况统计表，原件存中共玉林市玉州区委党史研究室。

⑤ 玉林县政府于 1948 年 3 月 30 日上报广西省政府的《玉林县抗战期间被灾损失情况》之玉林城区、船埠街道日机轰炸情况统计表，原件存中共玉林市玉州区委党史研究室。

⑥ 政协玉林市委员会文史资料委员会编：《玉林市文史资料》第 16 辑，1988 年印行，第 46—47 页；彭忠、梁廷操、庞有乾、梁崧口述材料，采访原件存中共兴业县委党史办公室。

大的经济和精神损失；玉林城区的大部分机关、学校和团体白天被迫迁到乡下办公和上课，大量的重要物资被迫迁移，如1939年1月省玉中在遭敌机两次轰炸后奉令从城郊搬迁至小平山乡中心校；国民中学（今市三中）亦搬迁到南江乡坡塘村原第十小学。1939年2月，玉林县政府奉令将17万市斤仓谷从城区分别移存到六万山之宁康村和龙座村；1940年2月将100万市斤仓谷从城区移存到六万区署牛栏。1944年9月，县政府下令疏散物资并将一部分档案、枪弹迁移龙安乡，设在县城的中央银行、中国银行、交通银行、农业银行、湖南银行5家银行的办事处均搬迁离玉①。

　　玉林遭受敌机空袭轰炸造成的财产损失，主要包括房屋建筑、器具、现款、服饰、古物、书籍等；但由于60多年前统计不够详细、不够全面，没有留下多少具体的分类数据，有的对轰炸损失只进行了大致的估算，而估算的数字则远远小于当时的实际损失数字，且统计的年份也不完全。现将有记载和在此次调研中得到的敌机轰炸的损失整理如下：自1938年11月22日至1943年2月23日，玉林遭到日机共121架次、20批次的轰炸，直接造成189人伤亡，其中死亡71人，伤118人；1939年4月到1941年3月，日本侵略者对兴业进行了9次空袭，炸死9人，炸伤5人；1939年8月，6架日机对博白县城进行轰炸，先后投弹12枚，炸死3人；合计死亡83人，伤223人。财产损失总计为1149546432元（1945年法币币值）。

（撰稿：杨耿；统审稿：庚新顺、梁宝渭）

---

　　① 政协玉林市委员会文史资料委员会编：《玉林市文史资料》第12辑，1986年印行；玉林市志编纂委员会编：《玉林市志·大事记》，广西人民出版社，1993年版；采访陈彦久、陈德祈等亲历者、知情人的谈话录，采访原件存中共玉林市玉州区委党史研究室。

（十三）防城港福德祠惨案

　　为揭露日本法西斯在防城犯下的罪行，了解、核实日军轰炸东兴"福德祠"造成的"福德祠惨案"情况，防城党史办公室、港口党史研究室、东兴市委党史研究室三室人员组成联合调研组对此事件进行了细致的调研。在查阅《防城县志初稿》第 14 章·纪事①的有关资料后，于 2006 年 9 月采访了东兴街亲历目睹惨案的老人黄喜文、杨先兆、张旭英②，目击者王世辉、卢添源、陈彪③等老人，形成了"福德祠惨案"专题。

　　1940 年 12 月，日军已从广西撤退，但日军飞机仍频繁轰炸广西和广东各地主要城市及重镇。

　　东兴镇时属广东省防城县辖。福德祠位于东兴镇克强街旧公园旁，为红砖砌成，建有长廊、檐首、廊首，庙长 21 米，宽 12 米，建筑雄伟、坚固。福德意即土地伯公之意，福德祠里供奉的神就是土地伯公，土地伯公在当地百姓看来就是福佑一方百姓平安的保护神。由于福德祠疑似坚固，加之供奉有神灵在此，居民认为在此躲避会得到神灵的庇护，每逢日军飞机飞临东兴轰炸，附近居民躲避轰炸的首选便是在福德祠内。

　　1940 年 12 月 9 日，日本飞机 30 架次，由越南海防起飞轰炸东兴街。当时福德祠作为防日本飞机轰炸的一个防空场所，日机来临之时，东兴街防空警报轰鸣，福德祠附近的数百居民便像往常一样往福德祠躲避日机的轰炸，由于人员过于密集，被日机发现，日机便组成三个编队对福德祠进行轮番轰炸，制造了"福德祠惨案"，据目击者回忆，轰炸过后的福德祠，黑烟滚滚，原本完好的福德祠成断垣残壁、瓦砾碎片四处皆是，炸死的民众尸体血肉横飞、惨不忍睹，挨炸伤的民众号哭惨叫之声不绝于耳。由于受伤人员过多，得不到及时医治的伤者死去的大有人在，一些重伤病者被转到越南芒街进行抢救。据统计，"福德祠惨案"共计炸死 110 多人，福德祠附近的房屋被毁 16 间。

---

　　① 黄知元编：《防城县志初稿》第 14 章·纪事，1946 年，广西壮族自治区图书馆藏。
　　②③ 黄喜文、杨先兆、张旭英、王世辉、卢添源、陈彪的证言，采访原件存中共东兴市委党史研究室。

现居住在东兴市公园社区，曾亲眼目睹日机轰炸现场的黄喜文①老人回忆：他曾看见过日机两次轰炸东兴，第一次约8架，东兴镇居民听到防空警报时，居住在菜市街、松波街（现新华路）等地的居民向两个方向疏散防空。一簇人涌往守安街方向，一簇人往东兴"福德祠"（公园门口）奔去，他当时正伏在一旧炮楼旁，目击了轰炸的现场。当时疏散到"福德祠"的居民有数百人，飞机一到就炸，顿时爆炸声震天动地，浓烟滚滚，满街一片号哭惨叫之声。霎时"福德祠"内血肉横飞，尸体遍地，当场炸死炸伤近百。死者吴乃福的妻子，为一孕妇，弹片穿过她的身体，将腹部剖开，母女丧生，一尸两命。死者张朝初的母亲，乳名大头保（其名不详）当场被炸死。炸至重伤者有苏同和的弟弟，菜市街的温瑞源（炸断脚）。大约有百多人的尸首摆满"福德祠"门前，惨不忍睹。

现居住在东兴市中山社区知情人陈彪②老人回忆：日机当天轰炸东兴简师，天刚亮，飞机已到来，第一枚弹炸中冲朴头，紧接着门楼、教室也陆续挨炸。飞机轰炸后，他到"福德祠"门前，看见被炸后留下尸首很多，约有百余人，吴作林的老婆到现场，把当场被炸死的吴作林的大姐从死尸堆里拉出来时，他的姐姐双脚已被炸断；杨顺祥的丫鬟被炸死，"大水牛"的母亲有孕，被当场炸死，"钦州大垌黄"的老母被当场炸死，"烧鸭佬"及妻儿全部被炸死。当时现场死伤很多，炸断手、脚的都拉到越南芒街抢救。

知情者王世辉③回忆，1942年，日本飞机炸"福德祠"，第一枚炸弹炸中东兴大校场，留下有面积一平方米、深0.4米的弹坑。当年他大约14岁，日机轰炸的当时他走到今贵州路时，躲进一个菠萝树洞内。看见有9架飞机，分成三组，轮番轰炸"福德祠堂"，每次连续投弹三四个炸弹，炸死百多人。其中炸死一孕妇，有两颗炸弹落在镇东街，弹片击坏街民房六七间，大约400平方米。

日机轰炸福德祠，我们查询相关档案资料和综合采访资料统计，确认有110多人死亡，数十人受伤。但因年代久远，事件的幸存者、亲历者和知情者大部分已谢世，健在的幸存者、亲历者和知情者人数又少，加之当时许多街民都没有学名，有的又是幼童，用的名字不是小名就是绰号，故惨案遇难者的姓氏、性别、年龄、具体的亲属和住址，很多都已无法一一考证。居民财产损失的具体户别、数量、价值，除采访到健在的幸存者、亲历者和知情者外，其余的也无法一一考证。但从对亲历者、幸存者的采访我们了解到，"福德祠惨案"的遇难者家属仍

---

① 黄喜文口述材料，采访原件存中共东兴市委党史研究室。
② 陈彪口述材料，采访原件存中共东兴市委党史研究室。
③ 王世辉口述材料，采访原件存中共东兴市委党史研究室。

然健在的叫得出名字或外号的就有十多人，还有一批亲历者、幸存者。这就是我们调查日军飞机轰炸福德祠的真相。

（撰稿：李士弘、唐上泽、文远玉；统审稿：庾新顺、梁宝渭）

（十四）涠洲岛惨案

涠洲岛位于北部湾北边海面上，北距北海市 21 海里，东望雷州半岛，西面是越南，水路四通八达，交通十分便捷。由于涠洲岛离北部湾沿海较近，交通方便，素有北部湾"永不沉没的航空母舰"之称，历来都是兵家必争的战略要地。涠洲岛面积约 25 平方公里，抗日战争时期，岛上居民 6300 多人。七七事变后，日军全面侵华。在华南，日军为切断中国的海上联系，于 1938 年 10 月占领广州，切断了中国的主要外给线——香港通道，并继续向南延伸，企图在北部湾建立航空作战和海上封锁战略基地，涠洲岛便成了日军控制北部湾及沿海城镇的重要岛屿。

抗日战争时期，日军三次入侵涠洲岛。

1938 年 9 月 11 日，日军第一次入侵涠洲岛。9 月 10 日晚，日军"加贺"号航空母舰由万山群岛驶到涠洲岛南边，停泊在猪仔岭海面，用探照灯向海面和岛上照射。11 日凌晨 4 时，日军舰派出一架飞机在涠洲岛上空盘旋侦察，同时军舰从猪仔岭海面驶至岛东边横岭角海面抛锚。天刚亮，军舰炮击天主教堂（教堂钟楼高 21 米，是岛上最高建筑物），共发射了 18 发炮弹。见无动静，七时许，日军从军舰放下登陆艇在沟门登陆。日军 200 余人登陆后直向沟门村进犯。该村群众即四处奔逃疏散，有的走入法国神甫大院，有的藏于海边勒竹丛中。日军沿途用机关枪扫射，进入盛塘村、井仔村，共开枪打死绰号猪哥佬等 9 人（其中谭有光老婆被日军抓住要她带路，她不肯，被日军开枪打死）；而后又在坑仔村打死王其清父亲等 3 人；在石盘河村打死耕牛 1 头。日军途经湾仔村，村民刘亚石夫妇因害怕，拼命往海边跑，被日军开枪打死。日军下到南湾，在大王公土地庙附近看见赖子文母亲背包袱向山岭上跑，也被日军开枪打死。据统计，日军入侵涠洲第一天就打死 15 人。据目击者傅亚禄讲，日军入侵涠洲岛 3 天内见人就杀，见妇女就强奸，岛上村民到处躲藏或外逃，他随母亲逃到东安村舅父处，躲在一条深沟内，日夜不敢回屋，十天后随姐夫等 10 人乘小艇逃往斜阳岛。在逃往斜阳岛的水路上，有的小艇因为人多超载，酿成艇覆人亡惨剧。如盛塘村一当铺老板，身上带有很多大银跟村民一齐挤上小艇，艇不幸沉没，一齐葬身大海；公山村黄凤娇父母和姊姊搭船逃命，途中风浪打沉船而溺水死亡。南湾"茂生隆"店铺老板和伙计绰号十八老来不及逃跑，遇上日军，被拉到黑石角海滩杀死，还有西街一80岁老妇名叫白毛婆因跑不动，也被日军轮奸至死。日军第一次入侵涠洲岛20多天，无恶不作，除对岛民枪杀劫掠、征工征夫外，还枪击法国天主教堂，把妇女拉到教堂内进行奸污。据区署登记的统计资料，当时全岛6300人，逃到北海的约2000人，逃到江洪、安铺等地的也有2000人，而被杀及外逃淹死的就有80人。

1938年11月20日，日军第二次入侵涠洲岛。时值秋汛，来往渔船均集中涠洲岛南湾港，渔船以海南岛的居多，还有的来自北海、沙田、营盘、遂溪、江洪、草潭等地，大大小小有数百艘。早上四时许，有些渔船起锚准备出海，吹起号角，一些渔船刚驶出猪仔岭，正好日军两艘舰船驶来，一艘是两条烟囱的军舰，一艘是机动渔轮。军舰朝出港的渔船扫了一轮机枪，当场打死一些渔民，这些渔船赶快转头回港，其他渔船听见枪响乱作一团，彼此碰撞，动也不能动，离岸较近的渔船赶忙起锚驶到岸边沙滩搁浅，人就跳上岸逃命。天亮八时，日军封锁了港口，并从军舰上放下两艘登陆艇驶入南湾港，将港内渔船串在一起拖到港湾西段海滩，登陆艇用水泵向渔船喷射汽油后纵火。顿时火光冲天，烧红了整个港湾。有的渔民站在湾顶岸上观看，被日军机枪扫射，打死了3人。大火从早上八时一直烧到中午十二时，被烧船只达400艘，有些烧断了桅杆、帆篷，有些连船舵也烧掉了，有些断成两截，剩下一截没入水里，只有搁在南湾港东部海边的百余艘渔船避过这场灾难。这场大火给渔民造成巨大的财产损失。日军在南湾港烧船后，中午十二时半便乘舰船离去。

1939年1月2日，日军第三次入侵涠洲岛。当日清晨，日军用登陆艇从军舰上运载士兵在涠洲岛哨牙大沙滩登陆，开始7年之久的法西斯统治。入侵涠洲日军番号为支那派遣军南支海军部队第十一基地，隶属海南岛海口市日军海军司令部指挥。最初，日军把它的侵略司令部设在涠洲岛东北端的盛塘村，后来搬到岛中央的坎仔背，最后又搬到南湾街。在岛东南西北中设立5个永久性的哨所，即后背塘、北港、横岭、三婆庙岭顶和沥顶哨所。1939年至1945年间先后担任日军指挥官的有：福田、斋藤、大冢、七尾，最后代理指挥官是佐佐木。

日军占据涠洲岛后，立即驱迫群众修工事、公路、机场、码头，把涠洲岛建成侵略华南的军事基地。

1. 修建机场。1月13日，日军在坎仔背开始修建机场，全岛不论男女老幼都被抓去做苦工。据老张公村唐盛冠回忆，当时他才9岁，也被抓去机场干活，小孩干不了重活，就天天割野草，从早割到晚，还经常遭到日本监工用木棍殴打，监工还牵来狼狗巡逻，狼狗还抢吃他们自带中午充饥的稀粥。唐盛冠被日军用棍打伤头部，留下终身残疾，至今仍不时头晕目眩。茅寮村的周耀南（9岁），割草时偷懒，被日军用大鱼甫鱼带刺的尾来抽打。据参加过修机场的民工吴永德、陈文亮、邓程景、江富贵、许德卿等人讲，被迫修机场的民工经常被日军用木棍逼着干活，稍慢一些就遭棍棒。一个叫曾亚娇的女孩割草时不小心被日军飞机的螺旋桨劈死。机场修好后，被命为支那派遣军南支海军部队第十一基地。1939年至1941年间，轰炸北部湾沿海的日机大多数是从涠洲机场起飞的。飞机一般是上午起飞，中午返航。机场有时停机多达30余架。

2. "机场大点名"。日军在岛上打、杀、抢、奸，无恶不作，岛民纷纷逃往大陆，为了制止居民外流，害怕遭到外来袭击，日军实行了户口制度（保甲制），编民入册，连保治安，一人有事，全家遭殃，一家出事，十户科罪。于是发生了著名的"机场大点名事件"。据傅亚禄回忆讲：1939年农历三月十八日，日军驱赶全岛居民集中于坎仔机场，规定不论青壮老弱病残甚至产妇均须依时到机场登记入册，如有躲藏，一经查出即处决，且全村受株连。湾仔村约有三四十户人家，青壮年逃往大陆，只剩下行走不便的老人和小孩，他们都躲起来。日军搜到该村，发现花生藤堆里藏着一钟姓老人，便把他拖到机场，连皮肉都拖烂了，离村时一把火把整村的茅草房全部烧掉。南湾街一些人迟到，统统被拉到教堂大榕树下吊起来毒打。在日军的暴力威迫下，全岛2000村民只好集中在机场，按村排队，由日军一一点名，编造户口册，任命维持会长、保长、甲长。大点名折腾了三日三晚，全岛共建立了12个保。建立保甲制度后，若外逃居民回岛须向维持会长及日军报告，如不报告，一经发现人数与户口不符，将杀掉全家。

3. 封港禁船。日军占领涠洲后，害怕遭到外来袭击，对该岛封锁极严，禁止民船、人员往返大陆。1939年4月，遂溪县江洪的一条渔船来涠洲收购渔货，被日军抓住，船上9人被捆绑拉到石螺口，四面架着机枪，每个渔民都被一条烂帆布蒙住眼睛，跪成一排，逐个被砍杀。砍了几个后，剩下未杀到的发觉情况不妙，剥下蒙眼的帆布就跑，日军即用机枪扫射，3人被打死。盛塘村村民马尔哥驾艇到大陆江洪去买粮食、烟草等，刚回到涠洲，汉奸报告了日军，日军便派两名士兵去抓姓马的，在马家门口处，马尔哥将日本士兵打倒就跑。日本兵抓不到马尔哥，转回来抓走一个年轻人顶罪，年轻人的父亲见儿子被抓，估计一定被杀，不如自己去顶替，最终父子两人均遭杀害。日军严密封锁海港，不许岛上渔民出海，也不许大陆人到涠洲岛。如发现谁家沙煲是新的，就追问是从哪里来的，说不出的就被杀头。日军在灯楼顶（涠洲岛最高处）设瞭望哨，用望远镜监视海面，如发现过往船只，就派快艇把船拖回，杀人烧船。滴水村庞全隆父亲驾艇出海打鱼，日军发觉后，将艇拖到公山背海边，放火烧了该艇，并杀害了庞全隆父亲和大哥等3人。

1942年冬，日军把一艘由越南驶往北海的民船拦截押回涠洲南湾港，先将船上财物洗劫一空，然后把42名乘客捆缚起来关进船舱，盖板加钉，浇上汽油，放火焚烧，船舱内42人活活被烧死。

4. 血染"万人坑"。日军封锁港口，禁止船艇出入涠洲岛，凡在岛周边过往的商船或渔船，一经发觉，先把船拖回烧毁，然后把船上的人押到横岭村沙滩，集中杀害，尸首均埋于一个预先挖好的沙坑内，后来此处称为"万人坑"。有一次，40多条外地渔船到涠洲岛避风，日军恐怕渔船与大陆有联系，将船上所有渔民200多人驱赶到"万人坑"，全部杀害，沙滩被鲜血染红。又一次，日军在海上俘捕了60名海南临高渔民，押到"万人坑"杀害。后背塘村的林亚四、梓桐木村的陈如容、田墩村的刘亚九摇艇运货到南湾街上卖，被日军视为走私货，押到"万人坑"，用军刀斩首后坑埋。滴水村民龚建业、黄华民等人到北海贩日用百货回来卖，被日军抓住，定罪名为"走私"，拉到"万人坑"杀害。日军侵占涠洲岛7年间，先后在"万人坑"杀害岛上居民及过往渔民500多人。

5. 奸淫民女。日本鬼子毫无人性，侵占涠洲岛期间，不但杀人放火、搜刮粮食、家禽，还污辱妇女。平日在路上、田间、海边，见到妇女就强奸，有时还破门闯进居民家中，用武力逼走男人，强奸妇女，从十一二岁女孩到六七十岁老妇，也在所难免，甚至孕妇、病残者、修女，亦成为他们的蹂躏对象。如：杨月娇，20岁，刚从大陆嫁到涠洲不久，被日本兵盯上，抓去轮奸；盛塘村邱姓俩姐妹，被12名日本兵轮奸，几天后死去；盛塘村民廖黑姐，25岁，被奸杀；沥仔村叶某，30岁，刚生完小孩，被日本兵奸杀；荔枝山村谭显飞的妻子（20岁）在家坐月子遭日本兵强奸，后得病致死；西角村蓝阿娇，30岁，被日本兵强奸；沥仔村一廖姓媒婆，70岁，被日本兵拉去强奸，廖太婆苦苦哀求，指着自己白发说："先生，我头发都白了，放过我吧！"但仍遭强奸。一次，两艘民船在海上被日军炮艇劫持，其中一艘戏班船，船上有十几名女子被带到井仔村关在一间屋内，第一晚有三五名日本兵入屋强奸，第二晚又有十多个日本兵入室奸淫，一连搞几晚，最后这十多名妇女才被放出来。更甚，有一个孕妇被日本兵抓住，两个日本兵打赌该妇女腹中婴儿是男是女，结果用刺刀挑开孕妇肚皮进行"鉴定"，导致妇女及婴儿死亡，其惨状无法形容。

日军侵犯涠洲岛至今70年了，而今健在的一些目击者、受害者回忆起涠洲沦陷惨案的情景，仍历历在目。据史料记载和这次调查，日军侵占涠洲岛 7 年时间里（1938 年 9 月至 1945 年 8 月）共杀害群众 1700 人（含外地渔民、商人），烧毁民房 84 间，烧船 400 多艘（含外港船只），强奸妇女 76 人，强迫劳役 4300 人，抢劫财物不计其数，使上百个家庭妻离子散、家破人亡，由此而产生的后果严重而深远。

（撰稿：吴志光；统审稿：庾新顺、梁宝渭）

（十五）钦州惨案

1939 年 11 月 15 日，日军在飞机的掩护下从钦州龙门岛登陆，17 日侵占钦县县城、大寺圩，还在大寺设置重要兵站。19 日，日军侵占小董及邕钦公路一线之后，即向小董东侧地区侵扰，先后占领了板城、那香、长滩、新棠、太平等地，在各地设立据点。特别是当敌受到中国军民抗击受挫后，驻钦州之敌即抽调木石联队及佐世保海军陆战队分三路向灵山的太平、上井等地大举进犯，尔后又在上井、新平、大埠等地设立据点，钦州市大片土地沦陷。

1939 年 11 月至 1940 年日军入侵钦州这段时间，频繁地制造了 20 多起屠杀钦州人民的血腥惨案，其中屠杀人数超过 10 人以上的主要有：

1939 年 11 月 15 日，日军登陆龙门岛，当天晚上，岛上的群众乘船逃跑，其中有一条载有 20 多人的船，被日军用机枪扫射，打死了 10 多人，将船打沉。日军上岸后，在岛上强奸妇女 4 人，压迫群众做苦力，掠夺群众财物。

11 月 25 日，20 多名日军荷枪实弹闯入小董以南 9 公里处的佛子坳村搜索，该村群众一时来不及躲避，被日军包围起来，一个个捆绑，然后将全村 5 户男女老少共 25 人杀害。

1940 年 1 月 14 日，日军在灵山太平四峡坳 5 天内就杀害村民 29 人，烧毁民房 90 间。

2 月 10 日，30 多名日军包围钦州贵台上那岭村，把该村及附近村庄的村民赶到村前山坡上，变着花样杀人，甚至拿婴儿抛起来再用刀往上捅，直到找不到新的花样，才肆意开枪射杀被捆绑手无寸铁的村民。全村男女老少有 118 人惨遭杀害。

3 月 16 日，日军在灵山茅针杀害群众 6 人，烧毁房屋 200 多间。

3 月 18 日，日军放火烟熏躲避在灵山龙武岩洞里的群众，迫使他们走出洞来，然后日军把所有的男子捆绑起来，稍为抗拒的，立即当场枪杀。女的分成等级，肆意凌辱。这次日军共杀害村民 192 人。

3 月 18 日，日军在灵山丰塘杀害村民 11 人，抢耕牛 17 头，猪 44 头。

1940 年 2 月，日军在上井村杀害 9 个六七十岁的老人。

日军杀害群众主要有以下几个方面：

1. 滥杀无辜，手段残忍

日军先将村民捆绑在一起，再把手无寸铁的村民数十人甚至上百人枪杀，很多村庄都遭到此劫，佛子村、上那岭村都是集体屠杀。日军采取的手段非常残忍，据民国钦县志记载："如梁宸基等，被脱净衣服，裸体绑在烈日沙头晒，后用沙石灌喉，及先斩手斩脚挖眼剖腹，施以种种毒手，实属惨无人道。"① 陆屋有四个青年被绑斩头、破肚；沿钦董公路村庄的小孩，被掳去吸血注射其敌伤兵；对胸直刺背小孩的妇女，甚至拿婴儿抛起来用刀往上捅等等。据上那岭屠杀案幸存者范绍瑞回忆说："当我被押到村前岭坡时，见很多男女已倒在血泊中，我想只有死路一条了。"他说，当他被强迫跪下时，正看到残暴的刽子手，举起大刀将哥哥砍死，头颅从岭坡滚到了田边。这样先后砍了 8 个人头，惨不忍睹。第 9 个轮到范绍瑞了，他说，当时只感到耳边一阵响，"咔嚓"一声便倒在血泊中，天旋地转，也不知是什么时候，耳边还隐隐约约听到鬼子的号叫声。待日军撤走后，范绍瑞才睁开眼，他想抬起头来看一下却抬不起来，他只好用双手托着头部慢慢从死人堆里爬出来。为什么范绍瑞能在鬼子大刀下活了下来？他说，我是一个幸存的人。那天我逃到苏吉丰家，正遇天气寒冷，加上是外出躲避日军，就将所有的衣服穿上，共穿了 5 件，衣领遮盖着颈部，足有十五六层，才没有把颈部砍断，只是流了很多血。但这一刀足有 12 厘米长，已砍到了颈骨。我倒下后，一动也不能动，昏迷在死人堆里，待鬼子走后，才醒过来，用双手托着头部爬出死人堆。爬到田塍边，此时我叔叔准备来收尸，见我还活着立刻先把我抬回去包扎，找来草药敷伤口，然后再去埋葬哥哥。经过半个多月的医治，伤口渐渐愈合。但从此颈部留下了一条又长又高的隆起的疤痕。这疤痕成为日军侵略中华民族，杀害中国人民的罪证。

2. 妇孺老弱都不放过，对女性残暴性侵犯

日军在灵山县陆屋镇上井杀了 9 个都是六七十岁的老人。淫欲昭著的日军，每次屠杀对妇女更是不肯放过，幼至八九岁，老至五六十岁，仍有被轮奸致死的，有的被奸死后，还被辱尸，日本兵在旁哈哈大笑。龙武山惨案中，日军将女的分成三等。20 岁以下少女为第一等，20 至 30 岁的为第二等，30 至 40 岁的为第三等。一等的给军官，二等的给士兵，三等的给伪军及汉奸。并且就在她们亲

---

① 陈公佩修：《钦县志》第 4 册第 14 卷之《纪事》，1947 年印行，第 61 页。

属旁边轮奸，有些少女当场就被糟蹋死了①。日军发泄过兽欲，又从被看押着的男子中挑出几个中老年人，强迫他们奸污那些少女以供取乐，由于遭到严词斥骂，日军就把这几个人杀了。只有其中的一个中年人被日军侧刀砍中脖子昏死过去，当晚苏醒过来才捡回一条性命。

3. 对顺民和汉奸同样采用毒辣的手段

一些老百姓误信汉奸的谣言，以为只要好好顺奉日军，酒肉恭迎他们，就可以安然无恙了，哪知却上了大当。例如灵山县陆屋上井村有一个姓陈的群众，送了家里仅有的一头肥猪去了，结果，猪被敌人领去了，自己还是被鬼子无情的枪弹葬送了性命。

小董卜丹村有个汉奸叫蓝启筹，日军对他同样施予暴行。第一次他自行担白米30斤给日军，第二次又将自己的米十担，肥猪二只，供日军食用，乞求日军封他为小董区长，不料日军指使他扛猪入船，担水一天，还要他交出媳妇，抄掳他家，他不能交出，又被殴伤头部。他又以其旧日区长名义，求日军安民。日军对启筹说："我取广州两年，尚不安民，今入小董，未满星期，何敢请我安民，我要屠杀七日等等，若要我安民，须遵我四条条约：第一条，造人口册，每户要媳妇向日司令部亲手画押，日司令部方肯给予良民证；第二条，要搜缴民枪，私藏枪支斩；第三条，征兵，壮丁不应征者杀全家；第四条，每月每乡要将十名女交出，作为公娼。"② 故日军侵占小董以后，妇女被淫死，不可胜数，孩童被捉者，已有数船，东边由小董起至板城圩四德堂止，无村不被抄掠，被掳之乡村，几乎一物不留。

某日，日军一小队人马入到小董那兰村张家祖祠，张姓富翁将其自有玉石台儿扛来，并且屠猪整菜，日军所欲之猪鸡，多少均愿供给，欲避免日军抄掳。那知日军吃饱后，反面无情，将玉石台儿扛回小董，还进村搜索，强迫村民将那兰村所有新棉被、丝布、苎麻共三四十担，挑回小董，搜掠村内妇女，不准其穿裤，押回小董以作公娼。并要连搜七日，方准免搜。那兰村经数度搜索后，敌人才将旗插于村旁，作为良民免搜③。

60多年前侵华日军杀害钦州人民的罪行罄竹难书，致生灵涂炭，民不聊生，生产力遭到极大破坏，造成多少家庭妻离子散、家破人亡，由此而产生的后果严重而深远。

（撰稿：袁玉明、苏丽丽）

---

① 陈伯舟：《沦陷后粤桂边境视察记》，载《救亡日报》1940年7月31日，云南省图书馆藏。
②③ 董君栋：《敌寇在小董的暴行》，载《救亡日报》1940年1月9日，云南省图书馆藏。

（十六）南宁市沙井千人坟惨案

　　1939 年 11 月 24 日，南宁沦陷。占领邕宁县亭子圩的日军便对沙井乡一带农村实行烧、杀、抢的"三光"政策，大肆抢夺村民的粮食、猪、鸡、鸭等财物，奸淫妇女和拉夫，强迫村民为其做苦役。日军英田中队进驻杨村、白坟坡、金鸡坡一带后，更是穷凶极恶，在邕宁县沙井乡一带制造了一系列骇人听闻的大屠杀，大批本地村民和从外乡被抓来沙井据点的老百姓遭到惨无人道的杀害。日军从 1939 年 11 月南宁沦陷开始至次年 10 月近一年间，在沙井乡犯下了累累罪行。

　　1. 乐贤村施暴。1939 年底的一天，有两名日军骑马闯进沙井乡乐贤村，抓去村民的几只鸡鸭后便返回营地。第二天，又有三四十日军进村来，他们见鸡抓鸡，见猪捉猪，撞门入屋抢粮食，同时还强迫村民将掳掠到的财物运送到日军据点，弄得村民们非常害怕，许多村民白天逃到山里去躲避，晚上才敢回家。但日军天天来村抢东西，村民们躲不胜躲。于是，部分村民不再躲避了，白天就集中到村中的祠堂屋内，并在屋顶上挂贴"难民所"三个大字以为可以避难，妇女们则用火堂灰涂在脸上，以为这样可以避过日兵的眼光，但日兵并不放过，乐贤村就有 20 多个妇女被日军强奸过①。

　　第三天，日军又来乐贤村掳掠村民的财物后，便叫岭头坡的村民黄有进把掳掠到的财物挑去日军据点。20 岁的黄有进是个腿有残疾者，走路一拐一跛的，他自知难以承担挑担重量活，趁日军不备迅速转身逃走，当他刚翻身上围墙时，被一日兵追上，用木棍朝黄有进打去，黄有进头部被打中即倒在地上，日兵又凶残地朝他的头部连开两枪，可怜的黄有进脑浆迸出，血流满地而亡②。

　　又一天，日兵进乐贤村来见到 68 岁的老人黄同泰，便叫他去找猪、捉猪。由于日兵常来洗劫，已经无猪可捉。一日兵见到黄同泰没有给他供猪，不分情由就抓住黄同泰的衣襟，强行将其拖拉到水塘边推入塘里，时值寒冬季节，水冷刺骨。由于塘水不深，仅浸到黄同泰的胸口处，日兵并不罢休，捡起一把禾叉残忍

---

① 2007 年 2 月 7 日采访黄法尧的证词，采访原件存中共南宁市委党史研究室。

② 2007 年 2 月 7 日采访黄法尧的证词，采访原件存中共南宁市委党史研究室；见《日军暴行·日军残杀沙井乡民》，载南宁市地方志编纂委员会编：《南宁市志·政治卷·军事志》，广西人民出版社 1998 年版，第 847—848 页。

地把黄同泰的头压入水中淹溺，直到不能动弹。日军走后，村民们立即把黄同泰打捞上岸来，但黄同泰已经死去①。

日军每次进村掳掠村民财物后，都强迫村民为他们做挑夫，或抓到据点做苦役，稍有不顺从，就遭到拳打脚踢，甚至枪杀。乐贤村的黄尊贤、黄煊贤、杨玉帮、李朝同等人，就是被日兵抓夫后被杀害的。

2. 白坟坡滥杀。日军进驻白坟坡后，家住白坟坡的村民李晶兰一家便逃到不远的大岸坡老屋居住。约在1940年元月的一天，李晶兰夫妇和有身孕的儿媳三人到那拉表（地名）自家耕地里干活。突然驻扎在对面山头的日军开枪射击，李晶兰应声倒地，他的妻子、儿媳见状后，立即跑过去抢救。此时，日军又一梭子弹打来，李妻当场倒地死去，儿媳也在血泊中挣扎而亡。李晶兰的儿子闻声赶来，也被日军开枪打死了，全家四口五命顷刻成了亡灵。日军为掩人耳目，把李晶兰一家四口的尸体拖到一条牛路槽中，用些泥土虚掩起来，然后扬长而去。同样，乐贤村岭头坡的杨邓氏在白坟坡附近自家耕地里挖红薯时，亦被白坟坡据点的日军当做活靶子射杀，死在红薯上②。

由于日军肆意杀害村民和百姓，在沙井乡一带造成恐慌。乐贤村、乐信村等村民惶惶不可终日。于是，村民们各自收藏粮食、财物后，便纷纷携妻带子到邻乡同兴村、大同村、滕村等较远的山区农村躲藏。由于走得匆忙，所带的少量粮食很快吃完。为此，村民们便商量分批回村取粮食。1939年农历12月的一天，村民们趁着夜色沿着湘桂铁路路基摸黑回村，各自取出粮食等物品后于半夜时分出村。当时，有部分村民沿着邕江河岸边出村，部分则走回原路。当沿铁路路基出村的村民们走到柴子渡口附近时，即被驻守在这里的日军包围起来，被抓的村民中，有10多个妇女被日军拉到一边强奸后放走了，另有30多个男村民则被捆绑起来送到白坟坡据点去，日军要求他们带回在外躲藏的村民归顺日军，村民们不肯屈从。1940年农历正月二十八日（3月6日）深夜，（……）等30多个无辜村民被日军押到白坟坡附近集体杀害。日军撤退后，村民们才陆续返回村庄。1941年春的一天，有一村民在白坟坡附近牧牛，无意中发现很多尸骨。村民们纷纷前来查看，从遗骸尸骨上的锁匙、饰物、金牙以及衣服辨认，才证实这就是

---

① 2007年2月7日采访黄法尧的证词，采访原件存中共南宁市委党史研究室；见《日军暴行·日军残杀沙井乡民》，载南宁市地方志编纂委员会编：《南宁市志·政治卷·军事志》，广西人民出版社1998年版，第847—848页。

② 2007年3月11日采访卢桂庭的证词，采访原件存中共南宁市委党史研究室；见《日军暴行·日军残杀沙井乡民》，载南宁市地方志编纂委员会编：《南宁市志·政治卷·军事志》，广西人民出版社1998年版，第847—848页。

本村失踪一年多而被日寇杀害的 30 多名村民的遗骸①。

　　1940 年 6 月的一天，日军的七艘火船停靠在乐贤村水塘屋（地名）江岸边，船上载有被日军从邕江上游抓来的老百姓，约有三四百人之多，他们一个个被捆绑着从船上押上岸，然后被拉到百坟坡山坳集体杀害②。

　　3. 三津村集体屠杀。1940 年初的一天，驻杨村据点的日军窜到三津村进行"扫荡"，村民闻讯后纷纷逃往寺边坡（地名）邕江边躲避。日军进村掳掠村民的财物后，又转到邕江边搜捕村民，把黄廷伟、黄廷启、黄汝荣、黄冠英等 8 名村民，抓到村边鸦鹊根脚（即橄榄树下），除一人走脱外，其他 7 人被日军集体枪杀。当时，黄廷伟中弹而未死大声叫喊，日军又上前用刺刀刺他，直到黄廷伟喊不出声为止，日军才扬长而去③。

　　4. 西平村、柴子渡屠杀。由于日军的暴行激起了民众的义愤，1940 年农历二月二十一日（3 月 29 日）夜间，抗日游击队偷袭金鸡坡柴子渡日军据点，打死打伤日军多名，后游击队沿着湘桂铁路路基向西撤退，日军则紧追其后。当日军追到西黎冲桥时天已大亮，却找不到游击队的踪影，恼羞成怒的日军冲进西平村（亚公平村），村民们闻讯后立即逃到村后那敢山躲避。日军进村后挨家逐户搜查，村民邓绍林刚出家门正要往外逃走，就被日军发现举枪射击，邓绍林即应声倒地而亡。来不及逃走的邓云光、邓长贤、邓冶升、邓木生、邓禹忠、邓禹信等 8 个村民以及从乐贤村逃难来投亲戚的杨曾华、杨曾球、杨济邦、杨钦邦（又名杨炳生）一家被日军抓了起来。与此同时，日军还分兵一路闯进根竹岭坡，当场枪杀了村民邓翠华，抓走了一批来不及逃走的村民。当天，日军还射杀了两头耕牛④。

　　是日下午，日军将从西平村、根竹岭坡抓来的近 30 个村民押到柴子渡口邕江岸边，日军先用刺刀将 2 名村民开膛破肚，并扬言："这两人就是参加游击队的下场"，然后再将 24 名村民集体枪杀，抛尸邕江。其中，村民邓禹忠、邓禹信、杨炳生三人年纪尚小（只有十三四岁），日军没有杀他们而带到杨村日军据

　　① 2007 年 2 月 7 日采访黄法尧的证词，采访原件存中共南宁市委党史研究室；《日军暴行·日军残杀沙井乡民》，载南宁市地方志编纂委员会编：《南宁市志·政治卷·军事志》，广西人民出版社 1998 年版，第 847—848 页，《日军暴行·日军残杀沙井乡民》）。

　　② 2007 年 2 月 7 日采访黄法尧的证词，采访原件存中共南宁市委党史研究室。

　　③ 2007 年 3 月 8 日采访黄献权的证词，采访原件存中共南宁市委党史研究室。

　　④ 2007 年 3 月 7 日采访邓体成的证词、2007 年 2 月 7 日采访黄法尧的证词，采访原件存中共南宁市委党史研究室；李朝光撰：《南宁第一次沦陷时日本鬼子在金鸡等地的暴行》、《盘踞南宁沙井杨村的日本鬼子杀人如麻的罪证》，载黄铮主编：《广西抗日战争史料选编》第一卷，广西人民出版社 2005 年版，第 107—108 页。

点做苦役。其后，他们觅机逃走才幸免一死①。

　　日军在占领沙井乡期间，大肆抢夺村民财物，奸淫妇女，并惨无人道地制造了一系列大屠杀。以乐贤村为例，当时仅有100户、600多人的村庄，几乎每户都有亲人被拉夫或被强奸或被杀害。其中，被灭门杀绝的就有6户，有12户逃荒流落他乡，有5人被拉夫至今下落不明。被日军抢走稻谷1.5万斤、耕牛60多头，猪70多头、鸡鸭800多只②。

　　1940年10月，南宁第一次光复后，村民们不断发现遇难同胞的遗骸。由于时隔已久，遗体已是白骨堆堆，遇难亲属无法辨认。为妥善殓葬遇难同胞遗骸，当时乐贤村北槐坡有位教师（黄海山）建议把遇难同胞的遗骸统一收殓，合葬在黄章岭上，得到了村民们的赞同。于是，由时任沙井乡乡长郭赞襄负责操办，在乐贤村的黄章岭北坡挖一个长、宽、深各2米的大墓穴，将遇难者的头颅骨殓满6个大缸入墓埋葬。由于遇难者头颅壳太多，6个大缸仍装不完，剩下部分颅骨只好另行处理③。

　　1941年9月，时任邕宁县县长方德华为合葬墓撰写碑文，墓碑只刻有所知的85名沙井乡遇难村民的姓名，更多的是无名无姓。由于殉难人数太多而无法统计，故人们将合葬墓称为"千人坟"④。

（撰稿：李友悰、梁以固）

---

　　① 2007年3月7日采访邓体成的证词、2007年2月7日采访黄法尧的证词，采访原件存中共南宁市委党史研究室；李朝光撰：《南宁第一次沦陷时日本鬼子在金鸡等地的暴行》、《盘踞南宁沙井杨村的日本鬼子杀人如麻的罪证》，载黄铮主编：《广西抗日战争史料选编》第一卷，广西人民出版社2005年版，第107—108页。

　　② 《日军暴行·日军残杀沙井乡民》，载南宁市地方志编纂委员会编：《南宁市志·政治卷·军事志》，广西人民出版社1998年版，第847—848页。

　　③ 2007年2月7日黄法尧的证词、2007年3月27日黄金麟和黄金成的证词，采访原件存中共南宁市委党史研究室。

　　④ 方德华撰写：（沙井千人坟）《碑文》，1941年9月。

（十七）武宣县二塘镇乐业村惨案

武宣县位于广西中部，东毗金秀瑶族自治县，西邻兴宾区，南接桂平、贵港市，北连象州县。209 国道贯穿县境南北，黔江河流经县内，水陆交通十分便捷。全县辖 7 个镇 3 个乡。二塘镇位于县城北 10 公里，距离工业城市柳州市 85 公里。

乐业村位居二塘镇政府东南面，距离 209 国道线 1 公里左右，离县城约 11 公里。村庄三面环山坐北朝南依山而建，西南面是田垌及通向二塘街的公路，是一片开阔地。乐业村初称落叶村，因靠村庄三面山上枫树、樟树成林，树木葱郁，一到冬天就落叶而得名，后改称乐业村。明朝末年建村，初由滕姓人居住，发展至抗日战争时期有张、李、蒙、廖、滕、肖等姓氏村民约 500 人。全村除张姓是汉族外，其余为壮族。抗日战争时期，乐业村中几条巷子，巷巷相通。2007 年底全村人口 1797 人。

1944 年 9 月，当日军进军桂平时，国民党武宣县政府人员就弃城搬迁思灵乡山头村，不久搬到桐岭雅岗村躲避，当得知日军由龙山取道入武宣时，即星夜过河迁府东乡王年村，最后搬至二塘大琳峒古寨村躲避，直至日寇离开武宣止，县政府组织的一百多名自卫队也随同躲在大琳峒内。

武宣县城被日军侵占后，群众对敌人实行了坚壁清野（即收藏、清空室内及地里的粮食），县城除了 300 多日寇驻守外别无他人，日军的粮食靠到乡下劫掠来维持，因而村民经常受到日寇的骚扰。此外，驻桂平日军司令部也常派兵到武宣来巡防、骚扰。日军为加强其野蛮统治，千方百计收买扶持当地流氓、地痞、劣绅，成立维持会，委任林春光为武宣镇伪镇长，刺探情报，充当其走狗，分化抗日武装。

1. 惨案起因

日军侵占武宣县境时，国民党武宣县政府已迁至二塘镇大琳峒内躲藏，二塘镇乐业村靠近 209 国道，背靠大琳峒，进大琳必经乐业村前一条大路，与乐业村相临村庄有平田村、回龙村和芽村及大琳峒里的几个自然村。

武宣沦陷后，乐业村民坚持抗日自卫立场，组织成立了抗日自卫队，日夜保卫民众安全。乐业村有坚固的围墙环村而建，围墙按各方向分别开有 5 个闸门，围墙上有很多炮眼，平时村民自觉维护村中治安。由于驻扎在县城的日军经常到乡下袭扰村民，当地群众普遍认为躲藏在乐业村比较安全。乐业村村民乐意接收从广东、玉林、武宣县城、二塘街及附近村庄逃难来的群众就有200多人，这些外地人大多以投靠亲戚的方式来居住。那时每家都容纳两三家外地逃难者，仅广东人就有十几人，加上乐业村村民，共有700多人居住在乐业村内，就连时任二塘乡乡长唐绍忠也携家眷及11名乡警进驻乐业村。居住在环村围墙外有建房在村背的廖亚凤一家，还有因妻子生小孩未满月，按当地风俗不给进村居住的罗金生（又叫罗炳恒，芽村人）一家三口居住在乐业村外果园茅草房，他们负责警戒外，其余村民都住在环村围墙内。村中办起圩集，附近二塘街、平田村、回龙村和芽村和大琳垌的几个自然村村民都到乐业村赶集，集市很热闹，每天宰杀两头猪还不够销售。日军视不愿做"顺民"的乐业村为眼中钉，伺机进犯。

2. 惨案经过

1945年3月26日（农历二月十三日），驻扎县城的日军经过周密部署，星夜兼程赶到乐业村边，把部分兵力部署在村背山上。日军共出动120多人黎明前将乐业村重重包围。村民半夜只听见狗吠，不知已被包围了，只有居住在村中的11名国民党乡政府的乡警半夜时觉察到日军来袭扰乐业村，知道要有一场恶战，10名乡警趁夜逃出了乐业村，唯有一名叫石老苟（二塘街人，时40岁）坚持留下来与村民共同抗敌。

拂晓时，在汉奸的协助下日军首先从外围扫清障碍，居住在乐业村外果园茅草房罗金生一家三口首先遭日军屠杀，敌人把一家三口叠成人堆（小孩居中）用刺刀一穿而过，三人当场惨死；接着又把居住在村背山脚下的廖亚凤（48岁）绑在大树根，杀死后还挖出双眼，满脸是血，其状惨不忍睹，其父廖三（60多岁，耳聋）也被捅死在树根旁。

天刚蒙蒙亮，从二塘街来乐业村躲避的廖成发（时40多岁）到村北边巡逻，发现有人从山下往村边靠，即向对方发问，日军向廖成发连开了三枪，廖被击中臀部仍往村里跑，边跑边向村民大喊，告诉村民敌人把村子包围了。村民闻声都惊动起来，有枪的成年人立刻扛起土枪，推着土炮，无枪的手里也拿着禾叉、大刀、木棒冲出家门，听到枪声，村民李树标（时50岁）一面敲打铜锣一面喊话，号召村民拿出所有武器进行反击，到村中巷口集中，村民自卫队（临时）迅速组成，武器主要有抬枪（即土枪）、鸟枪、一支新七九步枪，张家有几条步枪、七九土漏壳、一支驳壳枪，全村武器以抬枪居多。约八点钟时日军从三面山上向村中发起攻击，数十名日军从东南面和正西面向村里冲了上来，村西南边的两闸门各有两大铁炮，敌人集中向这两闸门进攻，村民开枪还击，此时枪声大作，村民把枪炮口子对准敌人开火，连毙敌 5 个，敌人不敢往前冲。到了十点钟时，敌人另从西、北方向再次向村边冲上来，但仍被村民的土枪土炮猛烈阻击，冲在前头的敌人又中弹几个。村民连续击退敌人的两次进攻后，敌人改变战术，一面暂时围打，不进不退，一面回县城调炮兵来增援。

中午十二点钟后，敌人增援的炮兵赶到，立即用六○炮和小钢炮连续向村中炮楼发射炮弹，第一、二枚炮弹落在西门抬枪（土炮）处，四名村民炮手全部中弹，其中李树辉（又叫李东福，乐业村人，时 50 岁）、肖作清（人称老肖，乐业村人，时 60 岁）、莫陆雅（绰号，平田村人，时 24 岁）当场阵亡，李春桂（时 30 岁，乐业村人）被炮击中受重伤，村民把他抬回自己家中包扎。接着南、北门火力阵地又被敌人炮弹击中，并燃起大火，南闸门被大火烧了个大缺口。接着敌人又向村北面一个最高火力点发射数枚炮弹，在炮楼上的勇士石老苟中弹阵亡，高楼周围的民房也着火燃烧起来。村中哪里有火力点，敌人的炮弹很快就飞向那里，敌人向村中疯狂轰炸，并向村内丢燃烧弹，顿时村里烟雾弥漫，火光冲天，一时陷入白色恐怖之中，许多民房被炸塌、烧毁，从未经历过这种阵势的群众开始有些慌乱。由于日军火力猛烈，自卫队此时弹药已尽，抵抗敌人的主力大多数已撤到村庄的东面，即退到张启南家躲藏，只坚守张家巷，有少数持枪的村民坚持巷战、户战以掩护村民撤退。此时日军趁机从几个路口杀进村里，占领了村庄西、南、北面，日军进村后烧杀掳掠，有四五个妇女被拉去奸污，一赵姓妇女被几个日军轮奸，还有一覃姓妇女被日军用竹片插进阴部光身钉在大路上晒尸。日军把两百多名群众押到李发先家的禾坪集中，开始寻找参加抵抗者，对男村民进行搜身检查，逐个看面相，嗅身上是否有火药味，只要发现有可疑或反抗的，立即被捆绑起来。日军把张梦周（州）等被认定为参加抵抗的人立即押到茶子岭三角园（地名）进行屠杀。紧接着逼着村民供出村长和二塘乡乡长，妄图屠杀组织抗日的骨干分子，瓦解群众自卫队伍。日军从队伍前头逐个问话，正巧第一个首先问到唐绍忠（即时任二塘乡乡长），但唐骗说自己是郎中，第二个问到李素才（时 30 岁），他说乡长不在村内，被日军当场砍死。为使群众免于遭殃，一个 30 多岁姓谢的广东人从人群中举手站了出来自称是乡长，并高喊"我是乡长，抵抗太军的责任是我。"日敌人把注意力转到谢某时，唐遂趁机钻进人群逃脱了。日军要谢某供出自卫队成员及枪支弹药、粮食储藏何处，谢说："不知道"，话刚说完就被捅死。日军又逐个搜身，当搜到李景泰的女儿时（20

岁），日军叫其脱衣服，脱了一件又一件，李景泰清楚敌人的意图，就扑上去跪求日军放过女儿，但遭到敌人痛打，其女趁机跑向张家巷子，日军紧追不放，此时人群随之大乱，部分人跑散开，敌人顾此失彼，只得驱赶剩下的100多人到李春山（地主）家的庭院内集中查问。此后日军遂分帮到村中烧杀掳掠，奸淫妇女。原躲藏着的村民有的拼命跑出村外，日军在后面开枪追击。其中李焕奎和一帮人（共13人，平田村一妇女背着一岁多小孩也在其中）跑到对面的平田村时回头看到乐业村中火光冲天，待平静下来时那妇女才发现背上小孩已被打死了，年轻母亲痛哭不已。日军把猪都赶到禾坪杀了，剥皮丢掉内脏只要瘦肉来煮，威逼群众煮给他们吃，因当时有两个村民（李超贵、洪秋南）刚好躲在厨房草堆内，为免被日军发现，部分群众和李超贵娘只得边掩护边给他们烧火做饭，受尽凌辱。

在敌人炮击乐业村时，当天住在平田村的伪县自卫队员蒙其友（时27岁，乐业村人）急带一名队员，扛一挺轻机枪从外围（老虎山上）攻打日军，敌人占据着有利地形，蒙不幸中弹身亡，另一队员滚下山槽才幸免一难。

据实地调查采访得知：李景泰在跑回家中寻女儿时被日军用刺刀捅死丢进大火焚烧；二塘樟村的青年妇女（时已嫁给光山村的陆清通为妻）被轮奸致死，日寇还惨无人道地削竹尖钉其阴部把尸体摆成大字形，将她钉在路旁示众，她儿子也被日军杀死；李春桂在西闸门抵抗时被炮击伤，在抬到家中包扎后，日军中午进家残忍地把他砍头刺死；另有躲在一间房里的妇女都被强奸。

被抓到茶子岭三角园屠杀共16人，敌人不用枪杀，而逼迫遇难者双脚跪地，然后用刺刀刺，砍颈割喉，遇难者的鲜血喷洒一地，张孟州是最后一个被杀的，因其被砍颈喉管未断，村民清理现场时发现还活着，断断续续能说出日军屠杀经过，并说出汉奸周伯养的名字，在抬去大琳抢救的路上方死。这些遇难者中有乐业村的李光东、李维陆、李光源、李维林、二塘街的陈湘、谭宏昌、肖某某、张梦州、羊眷村赵氏和李氏、武宣街包三叔、广东人包氏等（因外地人多，其他人具体姓名无法得知），日寇傍晚撤走后，群众陆续回到村里，遇难者家属急忙赶到现场（三角园）收殓尸体，但见血流满地，惨不忍睹，亲人无不失声痛哭，亲属怀着悲痛清理现场，遇害者家属各自将亲人择地埋葬，没有形成集中的墓葬。直至今日，群众不敢在茶子岭三角园边建房居住。

当天傍晚，日寇埋葬被乐业村自卫队击毙之六名日军尸体于回龙村岭上，日军撤走第二天，尸体即被回龙村群众掘出焚烧暴尸。第二个月，汉奸周伯养被乐业村民乱刀砍死在乐业村村边田洞里。

这天全村被日军残暴屠杀的村民36名（多是30岁以上者，其中一岁多的小孩 1 人，未满月的小孩 1 人），奸淫 10 多名妇女，烧毁民房 100 间（一说 84 间），抢走和火烧粮食两万余斤，抢走耕牛 100 多头、猪 50 多头、鸡 300 只，全村财物被洗劫一空，酿成远近闻名的"乐业村惨案"。

3. 惨案认定

　　乐业村惨案距今已有 63 年的历史，惨案幸存者多已故世，健在的一些见证者和受害者仍能清楚地回忆起乐业村惨案情景。本村小学仍保留有过去定期为小学生介绍村史（民族恨）的材料，对于惨案群众刻骨铭心。在调查中，当时的幸存者李焕奎（76 岁）、蒙成敏（79 岁，第 5 生产队）、李树坤（84 岁，第 7 队）、李发柱（81 岁，第 7 队）、张玉万（75 岁，第 4 队）、李庭荣（81 岁，第 9 队）、李光慈（83 岁，第 9 队）、李开荣（84 岁）、李炳森（80 岁）、李淳奎（75 岁）悲愤地回忆了当年的情景。这几位老人在惨案发生时正值青少年，都是亲眼目睹惨案的发生，其回忆是可采信的；李焕奎时已满 13 岁，正是初生牛犊不怕虎的时候，当天他在村里到处走动，亲眼看见日军用刺刀刺死李春桂，鬼子拿着还在滴血的刀拍李焕奎的脑门问他怕不怕。80 岁的李庭荣回忆 63 年前父亲李维陆惨死场面仍失声哭泣，捡其父亲金骨时才证实是被日军用刺刀刺中头部致命的。村中几个姓氏族谱中亦列有受害者名单，其可信度是不容置疑的。罗国强回忆他父母亲和弟弟被屠杀后，因他当时住在亲戚家才死里逃生，当地群众一直叫他的绰号"漏刀"到现在。还有知情人劳华新（二塘镇羊眷村人，76 岁）、赵金书（二塘镇羊眷村人，74 岁）、张友志（武宣镇上南街人，90 岁）、赵献纪（二塘人居武宣县城，79 岁）的口述都很真实。被调查者中李发建（53 岁，乐业村委副主任）、蒙汉解（55 岁，乐业村党支部书记）、李光知（47 岁，乐业村委主任），他们证实听父辈们讲述过惨案经过，过去经常在小学生中讲村史，本村小学还专门开设"民族恨"一课以教育后代。

（撰稿：覃彩江）

（十八）钟山县黄竹山惨案

为揭露日本法西斯在钟山犯下的罪行，了解、核实日军在钟山镇黄竹山村制造的"黄竹山惨案"情况，我办在查阅《钟山县志》（广西人民出版社，1995年7月第1版）的有关资料后，于2006年9月8日到黄竹山村李文有家进行集体采访，参加座谈的人员有：惨案幸存者李广昌，知情者李文有，受害者家属、亲历者陈定发；对年逾九旬、行动不便的惨案幸存者董苟三（女）进行上门单独采访。通过采访得知另一位惨案幸存者李广昌的哥哥李胜昌已搬到钟山县城东乐街居210号住后，又于9月27日对其进行采访。为了进一步核实惨案的具体情况，我们还多次上门或在菜地边对李文有、李广昌、陈定发进行单独访谈，实地考察、拍摄了惨案主要发生地长山仔山及岩洞和钟山县人民政府、钟山县人民武装部、城厢镇人民政府于1995年9月3日为黄竹山惨案遇难者所立的纪念碑。

通过查阅文献资料、实地采访和考察，对日军制造的"黄竹山惨案"的情况，有了更详细的了解。

黄竹山村隶属于当时的附城乡（今钟山镇），位于富江钟山县城段东岸，村的北面有座名叫长山仔的小山，该村当年分为上、中、下3个小村，上黄竹山在长山仔山脚，住有李姓十多户人家，中黄竹山有钟姓、陈姓几户，下黄竹山有黄姓、钟姓和李姓的七八户，全村20多户约100多人。

长山仔山位于黄竹山村北面，高约40—50米，此山有一岩洞，岩洞长约200余米，横贯该山南北，洞内地势北高南低，从北到南呈倾斜状。此岩洞共有3个洞口，北面洞口较大，南面洞口较小，两洞口均在山脚，洞内北上方的小洞口仅容一人攀爬而出。从南面洞口进去不远，有一宽敞地段，可存放粮食、日常生活用品及农具等物；再往里走，有一个宽约十多米的地段，可供村民们藏身；洞中间有一口深潭，小洞口处于潭的右上方；从洞中间往北洞口有一条高约五六米的狭窄石槽，行走困难；靠近北洞口又有一宽大的地方，光线能射入，村民将畜禽安置在此。当时，仅在南洞口内设有木门。

1944年10月下旬，日本侵略军取道钟山县境，合围攻打西南铁路枢纽重镇柳州，为迟滞日军的入侵，民国钟山县政府在日军到来前，炸断了富江上连接钟山县城东西岸的钟山大桥。10月29日上午10时许，日军先头部队到达钟山县城富江东岸，因钟山大桥被炸断及钟山县自卫队在河对岸开枪阻击，便羁留、驻扎在离河岸一里许的钟山镇黄竹山村、三角地村一带。

在日军到来前，黄竹山村及周边的三角地村、曾屋村、木枝塘村、城厢街、钟山街等地村（居）民，于10月28日前将近2万斤粮食、花生、食用油、辣椒干、衣被、农具和日常生活用品及畜禽陆续转移到黄竹山村长山仔山岩洞中。

日军到达的当天，为躲避日军的残害，黄竹山村和邻近村、街约一百多人躲进长山仔山岩洞中，来不及躲进岩洞的村民便躲藏在家中及附近的山上。

日军进村后便四处抢劫、杀人、抓夫役。村民陈朝祥时年20余岁，因病躲在家中，被日军抓住要他挑东西，他指着胸口表示有病，日军便用刺刀将其刺死；钟喜妹的爷爷钟德甫也被日军杀死于村中。

身有残疾的李胜昌父亲牵着牛往村外走时，正遇上日军骑着马进村，躲避不及被日军踢倒，牛也被抢走；陈定发的二爷陈温长年近七旬，当日军到他家抓鸡时，他绑好鸡后拿把称来想称一下重量，结果被打了好几巴掌，人也被抓去当挑夫，后失踪；钟立头梦（绰号）被抓去当伙夫，煮菜时尝尝菜的咸淡也被打，被迫随日军走后失踪。

据被采访者回忆，村里被日军抓夫、现记得姓名的有十人，他们的基本情况列表如下：

姓　名	性别	年龄	亲　属	备　注
陈温长	男	60	侄子陈定发	失踪
钟立头梦（绰号）	男	50	不详	失踪
李发宝	男	48	侄子李连昌	失踪
陈美长	男	45	不详	失踪
李文章	男	50	儿子李连昌	逃脱
钟喜通	男	30	儿子李连胜	逃脱
李荣昌	男	30	儿子李宽爱	逃脱
李少林	男	60	李广昌	逃脱
陈温喜	男	60	儿子陈朝新	逃脱
陈朝东	男	43	儿子陈定发	逃脱

日军在村里见牛、猪就杀，见鸡鸭就抓，全村被杀牛10头，猪20多头，鸡鸭无法统计。日军把村民家的桌椅板凳、门窗当柴烧，村民的粮油吃不完，或倒掉或毁坏，或拉屎尿进油缸、米缸。

为渡河进攻县城，日军当日下午在富江汝滩段浅水处架浮桥过河。架浮桥所用的材料，大部分是拆黄竹山村民房的横梁、楼板、门板和床板、桌椅板凳、家具，河边附近的 3 户村民的房屋完全被拆毁，还拆毁河边的水车、砍伐村里的树木和竹子。为便于作战，日军还把大多数房屋的墙壁打通，该村 20 多户，几乎家家被毁坏。

日军先头部队离开后，留守的日军便四处搜寻物资，30 日下午 3 时左右，3 名日军在长山仔山脚杀牛期间，发现了南面洞口，便撞击洞门，藏在洞中的部分村民在听到撞击声后，就开始从北洞口、洞内北上方小洞口往外逃。日军撞开木门进洞后，用村民的笠头、蓑衣等物当火把，发现了藏在里面的人和物品，往外搬了一些物品，点燃了洞中的衣、被等物后离开。因洞中堆放着易燃的食油和辛辣的干辣椒等物品，大火很快蔓延，浓烈的烟雾迅速在洞中弥漫，洞中的村民纷纷向北面洞口和洞内北上方洞口逃命。因洞内漆黑一团，大部分村民主要是借助三角地村村民钟由斋的一盏防风煤油灯照明才得以逃生。在逃命中，经过狭窄的石槽时，有的村民掉下潭中，有的掉下洞底跌伤、跌死，来不及逃走的村民，大都被浓烟熏昏、熏死于洞内。直到傍晚，这批日军走后，村里的青壮年才敢进洞救人，部分受重伤及窒息过久的村民背出洞后抢救不及死亡，洞中所藏物资也全部焚毁。大火燃烧了一个星期左右才熄灭，洞中许多的钟乳石都被大火烧裂掉下来。

钟良兴从洞内逃出后到杨岩塘村女儿家住了一夜，次日回村打探情况，被日军发现追赶，逼迫又躲进洞内，最后也死在里面。

日军火烧长山仔岩洞，共造成 44 人死亡。其中李广昌家族中 8 人惨死于洞中，其六叔李炳文一家 4 口全部遇难；现年 93 岁的董苟三（又名董苟大），公公黄双胜（绰号老羊船）熏死在洞中，她抱着 1 岁多的儿子一起随着村民逃命，不幸掉下深潭旁，小孩被摔死，本人被熏昏，后被村民救出得以幸存，回到家后又惨遭后续到来的日军强奸。

因日军陆续经过，村民们直到日军离开县境后，才敢进岩洞处理遇难者的后事，很多遇难者被熏得面目全非，无法辨认。

日军在村里强奸妇女 3 人。一个是黄称福的妻子董苟三（又名董苟大），时年 30 岁左右；一个是国民政府军士兵李华昌的妻子周氏，时年 20 多岁；还有一个是李长福的妻子钟氏，时年 40 岁左右。

日军侵扰黄竹山村，前后共造成 46 人死亡，3 名妇女被强奸，被抓夫役 10 人，其中 4 人失踪，制造了震惊一时的"黄竹山惨案"。

因世事沧桑、年代久远，事件的幸存者、亲历者和知情者大部分已谢世，健在的幸存者、亲历者和知情者人数又少，加之当时许多村民都没有学名，有的又是幼童，用的名字不是小名就是绰号，故惨案遇难者的姓氏、性别、年龄、具体的亲属和村别，很多都已无法一一考证。村民财产损失的具体户别、数量、价值，除采访到健在的幸存者、亲历者和知情者外，其余的也无法一一考证。

附钟山县人民政府、钟山县人民武装部、城厢镇人民政府于 1995 年 9 月 3 日为"黄竹山惨案"遇难者所立纪念碑中的遇难者姓名：

陈朝祥	潘益保	钟小妹	李大妹	杨苟大	李长弟	李炳文
李大弟	李三妹	潘苟三	李大妹	廖三妹	黄大妹	蒙大大
陈大大	陈二妹	钟更弟	钟小妹	大 弟	四 弟	七 弟
苟 二	苟 八	苟 十	晚 妹	小 妹	大 豪	阿 亮
晚 弟	弟 儿	钟 氏	陈 氏	周 氏	杨 氏	程 氏
潘 氏	蒙 氏	头 疤	大 头	长 脚	矮 仔	李长弟
陶 氏						

（撰稿：中共钟山县委党史办公室）

（十九）宁明县左易村惨案——日军在左易村的细菌战

左易村位于宁明县东部，它的西北面被大山环绕、东西与北江乡相连，邕龙（邕宁——龙州）公路穿过村中，而这条公路是广西连接越南的主要干线之一，无论在军事上还是在社会经济发展上都具有重要地位。南面有一条小河流淌过，是一个依山傍水的小村庄，这里的村民祖祖辈辈都是以耕种为生。

1944年春，日军发动了豫湘桂战役，并于9月从湖南、广东两省向广西进犯，11月24日攻占南宁，12月10日，日军沿邕龙公路迅速而下。思明三县（思乐县、明江县、宁明县，现合并为宁明县）相继被日军占领。

1945年春的一天，日军100多人沿邕龙公路从东面而来，左易村的村民扶老携幼，牵着农家的宝贝——耕牛离开村庄，不是躲在山坡就是投靠边远山村的亲戚。日军在当天中午到达左易村，他们为了防中国军民袭击，把村民房屋都挖了一个高1.8米、宽1.5米的大洞，便于逃跑。在东面靠近公路的一间民房挖一个直径约1米的圆洞，并架上机枪。日军在村中大肆抢夺村民猪、鸡、鸭等家禽，村民藏在地窖、藏在夹墙、藏在柴堆的粮食几乎被日军搜光。日军在左易村无恶不作。60多岁的农献章老人不听村民的劝告，认为自己年纪大，日军不会把他怎么样，所以执意留下来，可是就是这样一位老人被日军活活地割颈于床上，看到老人挣扎的样子，日军得意地走出房门，老人用毛巾捂住伤口，终究止不住血流，一会儿含恨而死。村里的黄氏和郑氏2名妇女也认为自己年纪大而不逃跑遭到日军的强奸，更为灭绝人寰的是日军在左易村制造的瘟疫惨案。

日军进驻左易村的第二天，村民农有余，是两个孩子的父亲，因为没有吃的了，他想回村弄点吃的东西。他悄悄地来到村边，爬上一棵硕大的榕树，观察村子里的情况，结果发现，在农家的院子里，日军的枪支都架在一起。

他心想，这些枪支也许能换点米。于是到了晚上，他偷偷地溜进村，神不知鬼不觉地偷走了日军的2支步枪。过几天，真的换回一袋三四十斤的米。

日军最不能容忍的是杀他们的人或偷他们的枪，一旦有此类事发生便会疯狂地报复，见人就杀，烧光房子，可这次却没有采取这些行动。不过，残暴成性的日军绝不肯善罢甘休。在他们离开村子之前，竟然在村子周围悄悄撒下了瘟疫菌苗，村民的噩耗就要降临了。

第三天，日军走后，村民陆陆续续地回到自己的家中，家中自然是惨不忍睹，村民都在忙着收拾自己家里的东西，好像一切都又恢复往日的平静，可是过了两三天后，林子里农家的耕牛相继发病，而且病症都一样，都是牛嘴先溃烂，而后牛吃不了东西，三四天牛就死了。村民心如刀绞，但是村里的粮食都被日军基本搜光。牛死了，村民毫不防备就割点肉来充饥。吃过病死牛肉的村民一个个全身皮肤开始起一些小水泡，奇痒难忍，手一挠，水泡一破，一会儿皮肤就开始溃烂。两三天后，整个人的皮肤没有一处是好的了，就这样不到一个星期，人就死去了。

这就是日本帝国主义在左易村实施的瘟疫菌苗报复行动。这种病菌传染性极强，患者接触过的东西都有可能传染，更别说是与患者接触了。因为死的人太多，且尸体传染性更强，有几个刚送葬回来也患病而死。这样暴尸村外就有 2 个。如魁世高，45 岁。他因为忍受不了身上的痒痛，跑到村外，最后死在村东头的一个小山坡上。死后几天都没人埋，尸体任由狗撕扯，最后老婆带着三个女儿抱着柴火就地焚烧，之后就地掩埋。就地焚烧的还有村民魁世基，无儿无女，患病后，死在村西边荒地上，尸首散发着令人作呕的臭味。一个星期后，才有几个好心的村民就地焚烧。

在一个多月的时间里，几乎每天都有人病死，最多的一天死十二三个，整个村子里哀声不绝，真是悲天动地。瘟疫病夺走了左易村 81 条人命。在这些死亡当中，有 80 岁的老人，如甘祖奎的祖母；有年方 2 岁的幼儿，如魁世存的女儿，有新婚燕尔的夫妻，如郑文光夫妻，死者只有 20 岁。全家死绝的有 4 户，农振功一家 5 人，魁世存一家 4 人，魁世能一家 4 人，黄福隆一家 3 人。死最多的一家是郑德忠一家，7 人只剩 1 人。全村具体死亡名单如下表所列：

左易村死亡人员名单

死者姓名	性别	年龄	死者姓名	性别	年龄
甘桂芝	女	70	骆万新	男	75
甘祖奎	女	55	骆禄真儿子	男	8
甘祖奎孙女	女	2	骆禄真女儿	女	6
甘祖奎祖母	女	80	骆寿昌妻子	女	38
甘子家妻	女	60	骆寿昌儿子	男	14
甘品名母亲	女	60	骆寿昌女儿	女	12
农在家	男	35	骆巴地母亲	女	60
郑德球	男	45	骆福昌	男	45
郑恒二	男	43	骆福昌儿子	男	10

左易村能活下来的人是一些没有吃过病死牛肉且没接触病人的人，那只是极少数人，而多数躲过这场灾难的人，是逃到边远山村的村民。他们没有在第一时间回到村里是他们的幸运。

日本在左易村制造的瘟疫惨案使全村生命财产受到极大损失；左易村人口约250人，而死亡81人，占全村总数的三分之一，耕牛60多头，全村只剩下不到10头，粮食基本被搜光，猪、鸡、鸭也基本被宰杀，更重要的是使村民在很长的一个时期内生活在极度恐慌的环境之中。日军的野蛮行径是永远也抹杀不了的。

魁旭香、骆世荣、易景风、农积畴、黄文、农德民6位亲历老人集体回忆：

1945年春天，日军有100多人从北江乡方向沿公路来，村民得到消息后，全家人都逃跑，带一点米，还有牵走自家的牛，村里有个老人农献章，60多岁了，不跑，一是认为自己老了，二是他家东西多，留着看家，结果被日军割颈，过2天就死了，村里的黄氏和郑氏2个妇女也认为自己年纪大，不跑，结果被强奸。日军在村里搜光村民的粮食，藏在地窖、藏在夹墙、藏在柴堆的都搜光，把抢来的猪、鸡、鸭杀吃光。

日军到达村子约是中午，日军在村头东的一间民房挖洞，并架起机关枪，面向公路。

村民农有余，已有2个孩子，家里比较穷，日军来，他也躲到山上，但第二天他就悄悄回到村里，爬上一棵硕大的榕树，向村子探望，发现日军的枪都是架在一起，放在院子里，无人看守，于是他晚上就偷走了2支步枪。几天后，他真的换来一袋大米（约三四十斤）。

日军对杀他们的人，偷、抢他们的枪是要采取报复行动的，所以日军第二天走时，在村子周围的草地上撒下瘟疫菌苗，村民回到村子后两三天，牛就开始发病，嘴巴先烂，后吃不了东西，满身起疙瘩，身子微微发颤，四五天就死了。

牲畜病死，村民都有吃的习惯，当时穷呀，没有什么东西，米又被搜光。牛病死后，村民割病死牛的肉来吃，人吃后，第二天就发病，身上起一个个小水疱，很痒，忍不住就得用手挠，一挠水疱就破，一破就感染，第三天人的皮肤溃烂，而且更加痛痒，从发病到死亡一般不超过一个星期。病死的人，有时一天最多有十二三个，整个村子号哭声不绝。有的人死后没人埋，如魁世高，死在村头山坡，他家中没有男子，几天才由他的三个女儿烧，就地埋，还有魁世基，无儿无女，也是死在村外荒地，无人埋，后才被人烧。但全家死绝的有4户：农振功一家5人（农振功夫妇，两女一儿），魁世存一家4人（魁世存夫妇，一儿一女），魁世能一家4人（魁世能夫妇，一儿一女），黄福隆一家3人（黄福隆夫妇，一儿）。在近一个月的时间天天有人死，直到过了春节之后才没有人发病，以后才没有出现这样情况。

左易村有50多户，约250人，死亡81人，有老人有小孩，牛家家都有，至少有一头，多的有3头，如农献章家有3头。村里的牛将近有七八十头，死60多头。这是日本侵略军犯下的血债。

（撰稿：中共宁明县委党史研究室）

（二十）"亡国奴"——杨清福惨遭刺字案

杨清福是靖西县禄峒乡大史村古生屯人，出生于 1918 年，1940 年（民国二十九年）被强拉征兵，1944 年年底在柳州被日军俘虏，被日军在脸上刻上"亡国奴"三个字。1950 年初，杨清福带着耻辱的印记"亡国奴"回到家乡，成了"亡国奴"的活标本。1985 年 8 月，广西医学院附属医院免费为杨清福做了整形外科手术，除去"亡国奴"三个字，还了杨清福的本来面目。2006 年，杨清福去世，终年 88 岁。

1. 从强拉征兵的青年到"亡国奴"

杨清福一家在杨清福被强拉征兵之前共有 6 口人，上有父母，有个哥哥，一个弟弟，一个妹妹。1940 年国民党军强拉征兵，杨家兄弟闻讯，都分别到亲戚家躲避，乡警几次找不到人，一怒之下，一条麻绳把杨清福的父亲杨承科绑到县城关押，杨家兄弟被迫无奈，只得应承去征兵，因老大已成家，弟弟年小，征兵的任务自然落在杨清福的头上。杨清福当兵一去就是 10 年。1944 年 11 月，部队在柳州抗击日寇时杨清福不幸被捕，随后被关押在阴暗潮湿的牢房里，更不幸的是日寇残忍地在杨清福的脸上刻上"亡国奴"三个字，并涂上化学药水，使"亡国奴"三个字更清晰。杨清福脸上的"亡国奴"，三个字呈品字形，从照片上看，"亡"字刺在左脸颊，"国"字刺在正额头，"奴"字刺在右脸颊。刺在杨清福脸上的三个字，使杨清福由一个俊朗的壮家青年变成"亡国奴"，这个耻辱的印记使杨清福痛不欲生，身心受到极大的折磨和摧残，日本投降后，杨清福又回到国民党部队，随部队开往海南。

"亡国奴"这种耻辱，对任何人来说都是难以接受的，矮小黑瘦的杨清福穿着破短裤，跶着自己编的烂草鞋，脸上刺着"亡国奴"三个大字，这副"倒霉"相动辄给自己招来屈辱和痛苦。

杨清福后来被解放军解放出来，可是他并没有立即回乡，因为脸上的"亡国奴"三个字，让他羞于见人，更无脸见家乡人，他心里十分痛苦、矛盾。所以，他在异地他乡漫无目标的流浪，有时打点短工，有时流浪乞讨。这样过了一段时间，到了 1949 年底，杨清福实在无法拒绝思乡之苦，于是开始徒步返乡，一路乞讨，虽然这样，一路上还是被土匪抢劫三次，特别是在田阳坡洪，土匪见无物可抢，竟然把他身上的破衣服扒个精光。一农妇见状可怜，给他找了一件女人破衣服披上，才得以继续走路回家。终于于 1950 年初回到自己的家乡。我们在采访时，现年 78 岁的杨林甫（杨清福的堂弟）告诉我们：他的堂哥杨清福当时回家那个惨状，让人无法忘记，他回家的那天天色已晚，他身披一件女人破衣裳，下身围一块破布，蓬头垢面，脸上有乌青怪字，他走进村子时，村里人以为哪里来的乞丐，待弄清楚是杨家老二当兵回来，人们个个一脸惊诧，把他扶到家里，给他喝口热水后，人们才断断续续知道他的悲惨的经历，大家都说能捡回一条命就是万幸了。

2. 杨清福的后半生

杨清福被征兵离家 10 年，回到家时父母都已去世，兄弟都已成家，婶婶年迈寡居，无人赡养，杨清福为照顾老人，便在婶婶家居住。平时除了下地干农活，从不外出，深居简出，虽然这样，村子里的人每见着他的脸都带着疑惑、惊诧、怜悯的眼神，使他心里如针扎一般。有时也跟相知的人倾诉他的痛苦，慨叹说：我也不想变成这样一张脸，我恨日本人呐。随着时间的推移，人们逐渐理解他，同情他的遭遇，痛恨日寇的暴行。年轻人每遇见他路上肩荷重担，都愿意帮他挑一程。在家时，他经常拿着小镜子，呆呆地看着自己的脸，眼泪便涌了出来，他暗想：如何才能除掉脸上该死的"亡国奴"，后来听人说，龙骨刺这种植物的汁毒性很大，人的皮肤被它刺伤就会脱皮，于是，杨清福决定一试，他找来龙骨刺、找来小镜子和缝衣针，对着镜子狠命地挑脸上狰狞的"亡国奴"几个字，血流满面，然后咬着牙把龙骨刺的毒汁涂上，火辣辣的疼痛，眼泪直往外流，脸红得像个关公，过后，刻字的地方肿出三个红疱。从小认他做儿子的婶婶看在眼里，心痛无比，抹着眼泪说："儿呀，万一脱去皮，再在你脸上落三个深深的大疱，岂不是更毁了容面？"杨清福横了一条心，宁肯落大疱，也要去掉字，十几天后，脸上脱下三块厚痂，杨清福急急地拿过镜子一照，心灰得半天透不上气来，"亡国奴"三个字一画未少。

杨清福不死心，又在脱痂的新肉上扎呀扎，又用龙骨刺在鲜肉擦呀擦，朴实善良的婶婶怕了，抱着他哭出声来："阿福，你不要命啦！"又过了十来天，脸上再一次脱痂后，三个字淡了些，可"亡国奴"仍然清晰可见。

杨清福下了狠心，又在新皮嫩肉上扎起来，这一次涂上龙骨刺时，整个脸都红肿起来，连两只眼球都发红刺痛，他真的有点怕了，麻了脸，再瞎了眼，只有死路一条了。再一次脱痂后，三个字仍然留在那里。日本鬼子刺得太深太狠了，本想让脸上"亡国奴"几个字烂掉，可是，这几个字非但没有烂掉，反而变得更丑陋、狰狞。几番折腾，杨清福死心了，他对人说：让这该死的"亡国奴"留着吧，就当个活教材，让子孙们牢牢地记住。1951年农历七月初八，杨清福赶凌准圩卖两只鸭，准备点小钱过中元节，时匪霸未净，匪首梁育见到杨清福脸上有字，认为他是个怪人就想把他捉起来，同去赶圩的群众纷纷解释呵护，才使他免遭一难。从此，他出门赶圩、走亲戚，不再低头走路，不怕路人奇异的目光，逢人便诉说他的悲惨经历。村里开群众大会，都请他说事，村小学经常请他讲日本侵略者的事，讲爱国的事。渐渐地，人们不再用奇怪的目光看他，而是对他礼让有加。

杨清福回乡已有将近10个年头，虽已年逾四十，但还是孑然一身，村里的人都为他着急，纷纷为他说合婚事。本村大史屯的一个父亲的老朋友可怜他，又见他忠厚老实，想把自己瞎了右眼的女儿赵美禄许配给他。姑娘年长未嫁，不嫌弃杨清福脸上的字，一说合，也就同意了。这样，飘零半生、蒙受奇耻大辱的"亡国奴"终于成家了。婚后，夫妻恩爱，生下几个孩子，但只有小女杨凤玉长大成人。

1985年8月7日，在抗日战争胜利40周年之际，《右江日报》以《还我炎黄子孙真面目》为题对杨清福进行了报道。随后1985年8月15日，《南宁晚报》头版刊出了梁森荣、李福德的报道——《耻辱四十年，折磨杨清福》，文中吁请医疗界在抗战胜利40周年的时候，为老人清除日本帝国主义在他脸上留下的耻辱。

8月15日这一天，一张《南宁晚报》一篇几百字的消息，点燃了众多读者的民族自尊心。

南宁市康复医院黄柳桥院长看过报纸后，激动地召集医院领导班子开会，大家一致决定，立即接杨清福入院，免费为他手术整容。当天，黄院长带人搭长途汽车赶到靖西。与此同时，广西医学院附属医院烧伤整形外科主任彭福仁教授也看了报纸，他为杨清福的遭遇感到震撼，作为整形外科医生，应该为杨清福做点什么。他拿着报纸去找医院领导，要求承担杨清福的整容手术，恰好，他的想法与院领导的决定不谋而合。经自治区卫生厅领导批准，彭福仁拿到了医政处的介绍信，驱车往靖西，336公里的山间公路，两家医院的人于16日上午先后到达靖西。此时，解放军303医院的电话也打到靖西，要求为杨清福免费手术整容。

18日凌晨三点，彭福仁一行回到医学院附院。因为区卫生厅的委托，因为彭福仁医师的技术和声望，康复医院的黄柳桥院长遗憾而有风度地和彭福仁一起，把杨清福护送到广西医学院附院。他知道，这不是一桩小事情，不仅仅是一次小手术。

卫生厅医政处和附院领导精心安排了杨清福的手术方案和饮食起居。1985年，中国大陆的空调设备还不普遍，在广西这个南疆地区更为稀罕，附院领导专门为杨清福腾出一间最好的空调病房，外科副主任黎倍森特地为他每餐安排了爱喝的甜米酒。

人们热情地为杨清福作这一切时，说不上为什么，只想多给他一些亲切，让他感到平等、感到爱。

20 日，手术前的一天下午，广西医学院附院召开全体员工大会，请杨清福上台讲述日本侵略者残害中国同胞的情形。杨清福脸上"亡国奴"三个大字清楚地映入人们的眼帘，全院上千名职工，鸦雀无声地听着，对日本侵略者的罪行无比激愤！杨清福的耻辱是中国人民的耻辱，杨清福的尊严是中国人民的尊严，上百名医务人员眼含泪水拥向杨清福，对他表示慰问。

21 日上午 8 点 40 分，杨清福被推进手术室，静静地躺在手术床上，整形外科主任彭福仁亲自操刀，用"切除缝合法"将"亡国奴"三个字切掉，然后顺着皮纹走向把创口细细缝合，一个钟头后，三处手术顺利完成。从杨清福脸上切下的三个皮肉字，则由医院制成标本，作为日本侵略者罪行的铁证，永久保存。

术后几天，医务人员悉心照料，伤口愈合很好，忍辱 40 年的"亡国奴"一朝除去，杨清福万分激动，他哽咽地对医生说："谢谢，谢谢党和政府的关怀，使我恢复了人貌。"他嘱咐女儿、女婿做一个上面写着"去除狼藉，还我人貌"的镜屏，郑重送给医院，以感谢医务人员为他雪清耻辱。

广西医科大学附属医院成功切除杨清福脸上的"亡国奴"，恢复我炎黄子孙的本来面目，消息传出后，广西区内各大媒体以及中央驻桂各新闻单位、海外媒体，尤其是华文媒体，对此事予以极大的关注并进行相继报道。杨清福出院回到家乡，村里的群众纷纷到他家里嘘寒问暖，为他去除狼藉而感到高兴，释怀。杨清福更是感慨万千，感慨新社会的温暖，痛恨日寇的暴行，让他大半辈人生过着非人的苦痛生活，如今狼藉除去，心中的阴霾一扫而光，感觉到堂堂正正做人的幸福。

杨清福去除狼藉之时已是 67 岁的人了，他的晚年是幸福的。女儿杨凤玉和女婿还有两个孙子都对他很孝顺，女儿勤俭持家，女婿是教师，1999 年建起了新房，家里彩电、电话、摩托车等一应俱全，生活过得美满幸福，老人常乐呵呵对人说："过去半人半鬼，生不如死，现在才活出个人样，我得多活几年"，真的如他所愿，杨清福老人一直到 2006 年才去世，享年 88 岁。

历史把"亡国奴"杨清福老人带进棺材，但他的惨痛经历是日本侵华战争的一个缩影，勿忘国耻是我们每个中国人的责任。

（撰稿：苏大新）

（二十一）日军在河池县城的暴行

1944年春，为挽救其入侵东南亚的孤军，打通从中国东北直至越南的陆地交通线，日军从北向南发动了"豫湘桂战役"。9月初，日军集中兵力从湖南和广东两个方向侵入广西，至11月，柳州、桂林、南宁等城市相继沦陷，广西全线告急。11月8日，国民党河池县政府下令黔桂铁路重镇金城江紧急疏散，同时将县政府机关迁至县内三旺乡避难。

1944年11月，日军从宜山和都安两县兵分三路进犯河池：一路（人数、时间待考）沿庆池（宜山庆远——河池）公路经金城江攻打河池县城（今河池市金城江区河池镇）；一路于11月20日从宜山龙头经河池县的六圩板坝、肯研村再转上西南公路攻打河池县城；另一路则从都安县的弄六经下坳、光隆侵入河池县保平，威胁河池县城。

11月19日，国民党第4战区司令长官张发奎率领所部第37军和第188师沿西南公路向贵州逃遁。当时，为数众多的难民也正沿着西南公路向贵州逃难，军民混行，加上军车、坦克，大路小路均拥挤不堪。当行至河池县城往西不远的大山塘公路桥时，人流、车流交织在一起，动弹不得。军方遂动用坦克开路，将民用车辆和难民推赶出路面，让出大道和桥面供部队通过。张发奎所属部队人员辎重过完桥后，因害怕日军追赶，便决定将大山塘公路桥炸毁，以此延滞日军的追击。

因大山塘公路桥是该路段唯一的桥梁，一旦炸毁，人员须绕道附近的陡峭山路通过，车辆更是不能通行。获知军队要炸桥的消息后，逃命心切的难民不顾一切地往前涌，想要赶在炸桥前通过，负责炸桥的张部工兵在安放完炸药后虽极力阻止，但亦挡不住如潮的人流。张发奎见追兵将至，情势危急，不等桥上人员疏散完毕便强令炸桥。巨响过后，硝烟弥漫，血肉横飞，桥上、桥边的难民当场被炸死五六百余人，是为"大山塘惨案"。

11月25日中午十一时左右，日军先头部队从凉水坳（地名）向河池县城奔袭过来，随后大批步兵部队接踵而至，河池县城被占领。日军入城以后，当天下午便派兵入驻河池县城附近的怀竹、大杨、拉烟、拉敢、岜岩、容村、内韦、大芦、塘旺、平村、水任、公华、塘池、洞口各村屯，同时占领收水岩、拉敢岩军械库以及鲤龙关、大山塘、白崖坳、碑记坳、五圩路口、六甲坳、塘洞坳等各处重要关口，设立岗哨把守，自此河池县城遂为日军盘踞之所，县城及周边乡村遭受了无尽的灾难。

鲤龙关是河池县城至北香的要道，山高路险，日军占领河池县城后即派兵驻守。当时尚有难民数百人在崎岖的关隘内向北香逃难，不料被日军从后面追上，即先用机枪向难胞们扫射，然后用刺刀刺杀，无一幸免。因大山塘大桥已被炸毁，在河池县城附近的西南公路和黔桂铁路沿线，还滞留了数千名挣扎前行的难民。这些难民大多携妻带女的，步行既累又慢，吃穿又少，有的已走不动，日军一到，有的被机枪扫射，有的被刺刀捅死，有的被砍头，即使有的侥幸逃脱，也因食粮无继而饿死路旁。

日军盘踞河池县城后，即把城内来不及疏散的孤寡病残百姓数十人集中关押在林村，强迫他们为自己洗衣、舂米，妇女则供他们发泄兽欲。居民杨寿南之父被日军当马骑；马路街谭家一家四口全家被杀，马路街"老姐"也被杀害；居民付春燕的表哥杜林生在北香坳（地名）被杀。付家的老房子亦被烧毁，只能在路边临时搭棚居住，付春燕之父煮饭时不小心引爆了一个炸弹，被炸身亡；居民卢木秀家的两个孩子在玩耍的时候捡到一枚手榴弹，乱砸墙壁，结果都被炸死；马路街孔家有一个瞎眼的儿子留在家中，日军烧房子的时候逃跑不及，被活活烧死；居民彭家的母子俩都被杀死，其中孩子是被抛上天，刺刀竖在下面，落下后活活刺死；裁缝李聋子无故被杀，缝纫机等财物被抢走。还有多人被拉走做苦力，下落不明。

因河池县城在疏散撤离之时曾做过坚壁清野，日军所需的粮食、牲畜城内不能供给，日军遂派出部队向县城周边村屯进行掳掠。

攻陷河池县城之前，日军曾用火炮向县城一侧的大杨村轰击，有几户被国军租用存放手榴弹的民房被击中引起爆炸，全村有五十余间房屋尽成焦土，村民杨云青等连同难民百余人被炸身亡。11月28日至12月14日，日军又先后到该村掳掠，附近的怀竹、拉敢、拉进、坡岭几村亦同时遭难，被日军抢走的牲畜和粮食一大批，包括耕牛50余头，百余间民房被烧毁。大杨村村民杨修甫、杨英民，怀竹村村民杨凤保、覃国亮，拉进村村民杨贵林、杨土重、莫美凤，坡岭村村民杨月绕等被杀害。

日军两次进梅洞村骚扰，进村后凡见牲畜就开枪射击，然后在村里大吃一顿，吃不完的全部带走，还把锅碗瓢盆全部砸碎，共计烧毁房屋十余间，村民韦善甲、韦尚云等被杀害。

11 月 29 日，日军到洞口村抢掠，群众来不及带走的牲畜、衣物被洗劫一空，十余间房屋被烧毁。河池县城知名乡绅吴自若先生家中的白发瞎眼老婆婆当时正躲在村后岩洞里，被日军搜到后当场用刺刀刺死，照顾老婆婆的一个 11 岁小婢女被拉走，从此以后下落不明。

日军到友洞村掳掠时，一位 70 余岁的老人因病走不动被抓住，日军士兵将他绑在床上，用棉被包裹后再用斧头、柴刀连劈带砍，活活杀死。

日军中队长尾形合洛率十余名日军士兵进驻公华村，村里有 60 余岁的老人被抓当马骑，70 余岁的老妇人被轮奸，村民莫贵廷被日军用刺刀剜去双目后再刺死。

在天桥洞，日军士兵抓到该村的覃老太和池塘村的莫老太二人，即威逼两位老人为他们寻找妇女，两位老太不从，日军士兵即把她俩用棉被包住捆在一起，浇上汽油活活烧死。

在大莫村，日军士兵抓住教师莫茂清，在他头上钉进两枚铁钉，莫老师滚地哀叫，后又被丢入火中焚烧，日军士兵则在一旁围观取乐。

1945 年 5 月，占据河池县城半年多的日军开始撤退。然而，在退出河池前夕，日军还不甘心失败，在沦陷区到处破坏交通设施，烧房抢物，对河池县城更是进行了大规模的破坏。临撤退前一夜，盘踞县城的日军士兵开始纵火焚烧民房，一时间火光冲天。见此信号，据守大山塘、公华村等附近村庄的日军亦放火烧屋，随后沿西南公路经红沙（地名）向金城江仓皇逃窜。

日军撤走后，离家避难的河池县城居民陆续归来。昔日繁荣的县城却已成一片残垣断壁——七百余户房屋中除少部分幸免外，其余均被烧毁。从飞机场、三八坡、汽车站、昭忠祠、文武庙至各机关学校，到处尸横狼藉，腐臭难闻，满目凄凉。在凤仪街居民韦兰英家中，有五六具尸体相偎在一起，看似一家老小；罗琦家亦横尸七八个；永康街韦友文家则有女尸数具，下身均已血肉模糊；在县党部有两个死人，皮都干了……河池县城五条街道，陈尸不下数百具。县政府搬回县城因找不到房子入驻，只能在废墟上搭建了一间简易的茅草屋办公，县立国民中学原址已被炸成一片平地，学生们只好露天上课。

民国三十四年（1945 年）12 月 25 日的《广西日报》上《河池归来》一文写到：“劫后的河池，是惨淡而悲哀的。在那里，找不到一所完整的房子，只剩下几处断墙残壁，假如以前没有到过河池的人，简直不会相信，那就是一个县城。”

（撰稿：中共河池市金城江区委党史研究室）

（二十二）日军焚毁桂林城的暴行

抗战时期，桂林城的彻底毁灭是桂林最大的惨案。

桂林市作为当时广西的省会，是抗战大后方重要的政治、文化中心。1937年桂林市人口有 8 万多人，抗战爆发后，随着大量难民的涌入，至 1944 年桂林沦陷前，桂林市内人口达到 50 多万人，俨然成为抗日大后方一大都市。因沦陷区部分工厂内迁，桂林工厂剧增至 124 家，商户最多曾达到 2593 家。更有多达 220 余家书店、出版社，数以千计文化人士迁到桂林，文化事业空前繁荣，成为著名的抗战文化城。

桂林城的焚毁，一部分是由于日军对桂林的空袭，据不完全统计，从 1937年 10 月至 1944 年 11 月，日军飞机入侵桂林 1401 架次，投弹 2497 枚，损毁房屋 7501 间，死伤 2331 人[①]。大部分是由于日军进攻桂林，作战毁坏，更残忍的是日军撤退时放火焚烧，导致桂林城的彻底焚毁。

1944 年 4 月，日军发动打通大陆交通线的"一号作战"。桂林城于 5 月、7月两次发布疏散命令，但疏散效果不大。9 月 12 日，日军侵入桂林门户全州，分四路南下进攻桂林。桂林城于 9 月 11 日发布强迫疏散令，限期 3 天，至 14 日正午以前，全城人物撤离完毕。由于时间紧迫，大多数市民只携带少量随身财物离城，市民的居家用品、商户的存货、工厂的机器，无论动产与不动产，全部损失殆尽。

桂系实施"焦土抗战"，白崇禧指示："阵地前妨碍射击的房屋可以破坏，必要时可以放火烧"，并指示由军、师、团长具体侦察预先计划好"扫清射界"的计划。随着日军侵入广西，在一片慌乱中，桂林防守司令部下令放火"扫清射界"，从 9 月 15 日夜，连续几天，桂林城内外发生多处大火，城外大部分房屋建筑被烧光，烧得最光的是江东岸、北门外。城内被烧的主要是叠彩山南边，高等法院东边的法政街和王城外围的房屋，环湖路、铁佛寺、鹦鹉山等处不是预定要烧的也被烧毁。

10 月下旬，日军对桂林形成合围。从 10 月 29 日开始试探进攻城外防守

[①] 中共桂林市委党史研究室：《日军空袭桂林市区情况》，2008 年 12 月，存中共桂林市委党史研究室。

据点，桂林防守战开始。11 月 8 日，城外防守据点全部被日军攻陷，日军全面攻城。8 日，日军进攻前，组织炮兵群对桂林城进行了大规模炮击，独秀峰、象鼻山、叠彩山一带是日军炮击重点。日军还派出飞机对叠彩山南侧及独秀峰附近俯冲轰炸，蔓延成大火，靖江王城被烧毁。11 月 9 日，日军逐次对桂林城开始总攻击。日军炮兵有计划对桂林城实施炮击，爆炸声震撼桂林城。同时，日军飞机飞来助战，在各处轰炸扫射，20 多处被炸毁，市内省政府一带燃起大火。在日军进攻面前，桂林国民党守军进行了顽强抵抗，给日军以重创。11 月 10 日，在日军飞机、大炮、坦克的攻击下，并经激烈的巷战，桂林沦陷。日军攻占桂林，对桂林城毁坏严重，大部分建筑毁于战火，居民财产损失惨重。

1945 年 4 月，美军在冲绳登陆，直逼日本本土。6 月，日军开始收缩兵力，从广西撤离，国民党军队在广西进行反攻作战。桂林城内日军大约在 7 月 8 日开始将兵站撤退，陆续撤离。撤离桂林时，日军对桂林城进行了放火焚烧。日军组织有烧杀队，专门负责烧杀破坏，随意焚烧，烧杀队过后，又有检查队负责检查，检查是否彻底，是否完成任务，否则要受处分。桂林城是入侵广西日军撤退的必经之地，每天都有撤退的日军经过桂林，或停留几小时，或停留一晚，临走时往往纵火将房屋烧掉，沿街房屋更是荡然无存。在桂林北郊长蛇岭阻击日军撤退的国民党军，几天里都看到桂林城日夜起火，火光冲天，7 月 26 日夜火势最盛。

7 月 28 日，桂林光复，全城已成一片焦土。驻桂美新闻处发表言论称中国无任何一城较此次桂林所遭劫祸更甚者。"桂林一度为广西之华丽城市，拥有 50 万人口，兹已遭受严重之破坏，一如罗马之破坏迦太基者然，全城中仅有之巍然独存建筑物均为曾经日军占作司令部，而于其撤退中未能加以破坏者，其他各建筑物及民房均成断垣残壁，留于城中者，仅为少数居民……此城之破坏实属残酷，且不必要，正与上月柳州之情形相似，但程度较柳州尤甚……日军横暴破坏之程度，甚于南京，可与考文特里、鹿特丹及里狄相比。"

战后，桂林市政府对桂林各处实地勘测，调查城市损毁情况。房屋方面：战后桂林城内外剩余大小房屋 487 间，而且无一间完整，而 1944 年春，全市房屋有 52500 余间，仅剩不足 1%。其中城外部分剩余大小房屋 332 间，东江方面，上起上关，下迄穿山，连同汉民中学共 49 间；文昌门外 18 间；南门附廓直到电工器材厂 135 间；西门外 7 间；丽狮、丽君、翙武路 110 间；北门由城门口到车站 13 间。城内剩余房屋 155 间，计桂东路 11 间；太平、四会、乐群三路 5 间；

三多、榕荫两路纵横区域内 13 间；榕杉两湖沿岸 15 间；桂南直达桂北路 25 间；西城、临桂、五美三路以及附近各街巷 23 间；文明路一隅，延至竹园街 24 间；正阳、依仁、榕城、定桂四路 10 间；东镇、龙珠、叠彩、凤北、中华五路 21 间；其余东西巷，以迄江南、福棠各街 8 间。桂林城的房屋焚毁损失，总计 4322848 万元（1945 年法币）[①]。

道路方面：城郊地面，遍生野草，如同不毛之地，仅有桂南路义井一带，正阳路转环湖路之边缘，交通银行、岑公祠以及东镇路一部分，而且这些地方的房屋早被日军焚毁。市内除南北东西两条干道，勉强可以通行外，其余大街小巷则难以行走。地面暴露大量尸骸，后经桂林市政府清理掩埋，计 5400 多具。城内外共清理地雷 36650 多枚，直到 1946 年冬才清理完毕。

桥梁方面：市内只剩两座，一是花桥，一是栖霞木桥。

（撰稿：张林喜）

---

① 中共桂林市委党史研究室:《桂林市沦陷损失各项统计》之八《公私房屋被焚数量价值表》，2008 年 12 月，存中共桂林市委党史研究室。

（二十三）日军焚烧柳州城镇的暴行

1944 年至 1945 年，柳州及其周边县沦陷期间，日军对城镇实施了残酷的"三光政策"。他们刚入侵时为了解决长线作战军用物资缺乏而对城镇进行大肆劫掠，在最后战败撤离时则为了达到彻底破坏的目的而对城镇进行更大面积的纵火焚烧。

在沦陷的日子里，桂中一些主要城镇被日军焚烧糟蹋得不成样子，许多民众家无完宅，居无定所。在柳州附近各县，日军主要有 7 次大的焚烧城镇行动，总共焚烧房屋 5000 余间，分别为：1944 年 11 月 17 日在融县长安街烧毁房屋 100 余间，11 月 21 日在融县和睦镇烧毁房屋 388 间；1945 年 4 月先后在柳城县凤山镇烧毁房屋 100 余间、在三江县丹洲古镇一带烧去房屋 521 间，同年 6 月 28 日前 3 天在柳州城区烧毁房屋 3000 余间，同年 6 月至 7 月初在榴江县鹿寨镇烧毁房屋 600 余间、在寨沙镇烧毁房屋 300 多间。

1. 日军入侵之初焚烧房屋情况

1944 年 11 月 17 日，日军首次侵犯融县长安镇（现为融安县城），进行贪婪的抢劫掳掠后的第二天即放火焚烧兴仁街菜市。附近的民房大多是木皮房或木板房，极易着火燃烧，一时风随火起，火助风威，火势越来越大，把一个久负盛名的"小柳州"（指长安镇）变成了火海，从兴隆街、三滩码头、大和街、兴仁街、兴盛街到柳树山一带的木房都被大火烧毁，共烧毁民房 100 余间，整个长安街被烧房屋达三分之一以上①。1944 年 11 月 20 日，继日军焚毁长安镇后，有一支日军小队从融县寺门旱路下和睦，在和睦镇和睦街驻扎一天。由于和睦街 400 多户居民早已外逃避难，日军入侵和睦街后，挨门逐户搜刮也没有捞到什么"油水"。便恼羞成怒，于 21 日中午放火将和睦街房屋焚烧，火燃烧到 23 日才基本熄灭，烧毁民房 380 多户，仅剩

---

① 莫炳福：《日寇侵犯古镇长安的回顾》，见政协融安县学习文史委编：《融安文史》第 5 辑，1998 年印行，第 52 页。

下质量好的 13 户封檐风火屋①。日军走后，避难民众回到街上看到昔日的家园已化为焦土，当场号啕痛哭，哀声四起。

2. 日军撤离时焚城情况

1945 年 4 月底，日军由于军事转移，将退出柳城县城凤山镇，凤山镇不再是他们的军事要地，所以在撤走时把凤山镇的整条沙街放火烧光。这条街是县城集市贸易中心，全长约半华里，房子都是板皮木屋，共有民房 100 多间。这次被日军一把火足足烧了两天一夜，整条街化为灰烬②。1945 年 4 月中旬，驻柳州和融县长安的日军在撤退前获悉有不少豪门富商携带贵重资财疏散到三江县丹洲古镇，便在第一次（同年 1 月 31 日）侵入丹洲后又第二次到该镇等地进行贪婪劫掠。日军洗劫财物后，立即施行烧毁房屋。据当时统计，日军在丹洲两次共烧毁民房和小学校舍 521 间。此外，1945 年 6 月初至 7 月 6 日，日军在退出榴江县鹿寨镇前夕，几乎每天傍晚都在鹿寨镇上烧几间房子，特别在临近撤退的前几天，将大量定时燃烧装置放于较好的建筑物内，入夜后大火四起，大半个鹿寨镇变成火海，10 条街条条被烧，大火陆续燃烧 3 天，共烧毁临街商铺、房屋 600 余间，财产损失无法统计；同一时间，日军在榴江县城寨沙镇以同样手法，烧毁镇中心清平街和泮滨街等几条街的房屋 300 多间③。

日军焚城严重的是在柳州市区。1945 年 6 月，占领柳州的侵华日军第 11 军由于战事所迫，收缩兵力，于是遵照军令，先是放弃鹧鸪江火车站、大桥干训团部、三门江林场、飞机场、标营等处部分据点退入城内，撤离时把这些地方逐一放火焚烧，以致每晚柳州四郊烈焰冲天。日军是 6 月 28 日晚间撤离柳州市区。此前三天，他们公开发出布告要放火烧毁柳州，收买汉奸施行焚城，每烧毁劫掠一幢房屋可得法币 3000 元。全城顿时陷入了一片火海之中。汉奸们引火之物有汽油罐、烧夷弹、火焰喷射器等，遇到钢筋水泥结构的建筑物，则投放烧夷弹、用日寇配给的化学药物来焚烧。在柳江河北面，他们首先将城区原来繁盛的小南、庆云、培新等主要街道付之一炬；然后将东西向街道柳江路全街房屋差不多

---

① 惨案知情人欧阳森 1985 年 4 月 1 日接受调查采访时的证言材料：《日军火烧和睦街》，原件存融水县史志办公室。

② 韦金城、余天来：《日军践踏县城纪实》，见政协柳城县文史资料研究委员会编：《柳城文史资料》第 2 辑，1987 年印行，第 12 页。

③ 惨案亲历者曾国斌夫妇和陈国庆、陈光裕、何怀生等 2007 年 3 月 23 日、11 月 23 日的证言，原件存鹿寨县史志办公室。

烧尽。柳州北岸城区繁华街巷几乎俱遭火劫①。据经历者陈志荣回忆说："1945年日军撤退时，放火烧柳州城。那天下午约 2 点钟，日军在五角星街的碉堡上架一挺枪关枪，在人字街（即现市保险公司钟楼那地方）也架了一挺机关枪，不许人们救火。柳江路、庆云路、东大路一带房屋都被大火烧了。"② 在河南方面，除了半山酒店、天主教堂及驾鹤山麓部分房屋是日军司令部、宪兵队、维持会、县府、公安局等所在地尚未被烧外，其余大部分房屋密集区均遭到不同程度的焚烧。这一场大火，烧了 3 天，烧去柳江河南北城区大小房屋 3000 余间，其余虽未被焚房屋所有的大门、窗片、楼板、梯板、板壁，全被拆除当柴烧了。柳州城一片焦土，全城十室九空，变成一座死城。7 月 5 日，《新华日报》刊登了一篇中央社记者在柳州光复后的 7 月 2 日乘飞机在柳州上空俯视地面所见的《柳州一片瓦砾》通讯，报道了柳州被焚后的凄凉情景。7 月 11 日，中国陆军总司令何应钦宣布了日本军队毁灭柳州城的暴行，记者用《柳州浩劫，片瓦无存》为题进行了报道："中国军队攻入柳州，但见一切建设乃至平民房舍，均遭彻底破坏，致成一片瓦砾，伤心惨目。查此种暴行，既非敌军因军事需要加以摧毁，亦非作战时为炸弹、炮弹所损毁，实由日军残酷成性，组织烧杀队，有计划的破坏。如此惨无人道之行动，实开历史上未有之先例。"7 月 22 日，《新华日报》又以《劫后柳州，一片瓦砾》为题转引一则美国新闻处 7 月 20 日发自柳州的电讯："柳州全城已遭焚毁，这是敌人不必要的、兽行的、破坏的明证。柳州原是广西最繁华的城市之一，现在寂无人声，中国军队收复柳州已有三周，柳州仍然是一片瓦砾与焦木……"

3. 日军焚烧城镇的主要特点

日军在柳州及其周边县份焚烧城镇，无不反映侵略者贪婪的掠夺性和野蛮的破坏性。从上面情况可归纳出他们焚城的心理特点：

一是对无利用价值的城镇进行焚烧。这首先表现在对首次（或者犯境路过）侵入的城镇大肆洗劫财物一空后，或者进村入室掳掠未果的情况下，立即对村镇采取纵火焚烧。另外，日军部队转移，对认为没有经济掠夺价值和军事利用价值的城镇实施焚烧。这无非是为了达到他们既破坏民众生产、生活，又发泄掳掠无

---

① 亲历者梁祐章的回忆、彭德整理：《日寇铁蹄下的柳州》，见政协柳州市委员会文史委员会编：《柳州文史资料》第 5 期，1987 年印行，第 19—20 页。

② 惨案亲历者陈志荣 2006 年 10 月 10 日在抗战损失座谈会上的发言材料：《我记忆中的日军侵犯柳州的罪行》，原件存中共柳州市委党史研究室。

果的私愤的目的。

　　二是对败退撤离永远不能再重返的城镇有预谋进行毁灭性的焚烧。日军焚烧这些城镇面积之广、引火器材之多、燃烧时间之长，一方面说明了日本侵略者作为战败国垂死挣扎的心理；另一方面说明了他们惨无人道的行径给柳州社会进步和经济文化的发展造成了不可弥补的巨大创伤。

　　（调查人：李顺真、龙光志、张俊；撰稿：韦光俊、龙光志、张俊、
　　黄喜生）

　　　　　　　　　　　　　　　（本部分统审稿：庚新顺、梁宝渭）

三、资　　料

（一）档案资料①

1. 广西省抗战损失调查经过

白日新

自从日寇在我国与同盟国协力夹击之下，凶焰消灭，于三十四年八月十四日，宣布无条件投降，本省沦陷地区即次第光复，省政府为配合救济善后工作及备供中央根据向日寇索取赔偿损失，并供复兴建设之参考起见，乃依照内政部抗战损失调查委员会颁发之抗战损失调查办法，及抗战损失查报须知规定办法，提经本府第七七二次委员会议议决实施调查，计省方调查费用二百四十三万元，调查专员共八人，应由本府各厅处会选派担任。调查地区原定七十五县市局，后复将被敌窜扰之县市列入，共为八十县市局。各员负责调查地区分配如下表：（次序依行政区排列）

姓　名	调　　査　　县　　市
雷方伯	平乐、昭平、恭城、富川、蒙山、钟山、信都、怀集、荔浦
黄道辉	柳江、柳城、雒容、榴江、中渡、象县、修仁、永福、武宣、融县、金秀设治局
陈应昆	苍梧、平南、藤县、桂平、贵县、容县、岑溪、北流、陆川、博白
磨金岳	邕宁、扶南、绥渌、上思、永淳、横县、来宾、迁江、宾阳
莫　明	宜山、罗城、天河、宜北、思恩、南丹、河池、忻城
辛升淬	武鸣、上林、果德、隆山、都安、那马、隆安、同正、平治

---

① 本资料摘自《广西省抗战损失调查统计》，广西省政府统计室印行，1946 年 12 月编，中国第二历史档案馆藏，全宗号：6，目录号：4，案卷号：641。其中涉及财产损失的货币统计数据，凡未标明币种者均为法币（亦称为国币），币值除特别注明者外为广西省政府 1946 年抗战损失调查统计数据。

罗　俊　　龙津、凭祥、宁明、明江、上金、思乐、崇善、左县

巴一挥　桂林、灵川、兴安、灌阳、义宁、临桂、金县、龙胜、百寿、
　　　　阳朔、资源

　　其余兴业、玉林、镇边、靖西、三江等县，损失较轻，采用通讯调查。

　　各调查员于八月底由百色分别出发，至十一月陆续调查完竣回桂，并携回大量调查资料，至调查不及办竣之少数县份，资料由其自行寄府；此项自行寄府之调查表，前后共收到一百零二万三千一百二十张，调查表既已收齐，爰于十一月六日成立广西抗战损失调查统计资料整理委员会，专负整理资料之责，派定苏伯强、李耀华等七人为委员，雷方伯为总干事，并互推苏伯强为常务委员。该会分总务、整理、统计三组，每组设组长一人。总务组设干事六人办理资料之收发保管及会计、出纳、庶务、文书等事项，整理组设审核干事三十二人，办理资料之分类编号审核等事项，统计组设干事十人，办理统计事项。各组中，以整理组资料之分类编号审核计算登记等工作较为繁杂。登记工作系采包办制，依第七八〇次省委会决议，每份表登记工资一元伍角，共用登记人员三百余人之多。资料整理方法，由整理组印制村街、乡镇、县市三种财产损失整理表，此三种表之项目均相同。整理时，先将各户填报之调查表交审核员审核，然后将经审核无误之各类损失调查表，分类编号，发交登记人员转录损失数量入村街整理表中，并计算村街损失总值，旋即根据汇入乡镇整理表中，计算乡镇损失总值，后县市损失总值整理完毕，即交统计组或分析，或综合，编制各种统计表。当调查时，每一调查专员，须负责调查数县至十数县之广袤地区，事复烦琐，以一人之力任之，自感时间不足，为求分配调查时间适当起见，调查专员在一县调查之时间不能过久，免误赴他县工作，故调查表发出后，尚有少数村街调查工作进行迟缓，未能如期完成者，调查专员不能久待而又须赴别县调查，似此情形，至整理时，少数村街仍未能将调查表寄府者，其损失总值倘有估计之依据者，则比照该县该乡损失平均数推算列入，以谋补救。财产损失总值，原定以损失时之价值表示之，惟各户填报不一，有以损失时之价值填报者，有以调查时之价值填报者，整理时，一律用调查时之价值，其报损失时之价值者，照调查时物价指数伸算。工作至本年三月十五日结束。整理费共用五〇四五〇五〇元。整理结果，损失地域范围，计八十县市局，一一〇一乡镇，九二一四村街，六七九七九四户，人民财产损失计三六三八亿七二一九万六千元，平均每户损失五十余万元之巨，其中较重大者，有房屋损失二九二二三〇间，价值八六九亿三五九〇万元，衣服寝具损失价值六七五亿八〇〇一万元，家具损失价值三四五亿五五九六万元，谷米杂粮损失

计一七三七万八八四七市担，价值三二八亿二九二四万二千元，公务员役中四八一七三人之财产损失计一四四亿七二〇三万三千元，平均每人损失三十余万元。机关团体学校一三一二八所，直接间接损失共一三八三亿九九六二万一千元。交通事业方面，道路损失达百分之八十，公家及商人汽车损失五四六辆，机船一一一艘，拖渡二一艘，民船（仅指已经航政机关登记供运输者而言，水上住户船舶未计在内）共一一三四五艘。电讯器材损失百分之六十以上，合计交通事业方面损失之价值共为二一三七亿五〇〇一万四千元。矿业方面，公私营六九一矿场厂损失计六〇四亿八七八五万元。工业方面，公私营工厂二三四间，损失计三一二亿三三万二千元，水电公用事业方面，水厂四间损失计一一亿五五〇万八千元，电厂一五间损失共计四四亿三〇一一万一千元。除机关团体外，一切因战事间接之损失，如迁移防空疏散救济抚恤等费用倘未计算在内，全省公私财产损失总数已达八二七七亿一七六六万五千元，即全省沦陷区人民，无论老幼男女，平均每人所受损失已在二十余万元以上，且未申报或调查遗漏及三十年以后数年间，各地被敌空袭之损失尚未计入。又民二十八年十一月，日寇曾攻陷邕宁、武鸣、上林、宾阳、永淳、横县、扶南、绥渌、上思、思乐、明江、上金、宁明、凭祥、龙津、崇善、左县、同正、迁江等桂南一带十九县，至二十九年十一月，不堪我军压迫，始行撤退，盘踞一年之久。十九县沦陷，被敌洗劫，人民被敌杀害与财产损失，为数亦颇巨大；惟当时币值与现在币值相差千倍以上，欲以目前币值表现当时损失价值，换算手续烦琐，且为保存当时损失之原来状况起见，故不将其并计入此次沦陷之损失内，另划为一节，附于本编之末。故估计全省公私直接之损失总数当在一万亿元以上，倘再加抗战八年间所动员之人力物力财力等之间接损失，当亦不在二万亿元以下。

本省此次被敌蹂躏，所受损失既如斯之巨大，元气已被断丧殆尽，是以光复以来，大部分人民仍陷于饥馑，遍野哀鸿，问题极为严重，爰将本省抗战损失数字，汇订成册，借供当局及社会人士观览，历历血债，如在目前，深识此次浩劫之巨大，为我国民族空前之厄运，痛定思痛，时自警惕，并作救济善后及向日寇索取赔偿损失之根据，亦以志八年抗战牺牲虽然惨重，终获得最后之胜利焉。

2. 桂南十九县沦陷损失

人口伤亡统计总表

（二八年——月至二九年——月）

项 别	计	死 亡 人 数		计	受 伤 人 数		失踪人数
		焚杀死亡	空袭死亡		轻 伤	重 伤	
总 计	11147	9922	1225	2161	1287	874	3986
男	5500	4897	603	1181	689	492	556
女	3347	2896	451	721	430	291	156
幼 童	1405	1262	143	206	142	64	73
未 明	897	867	28	53	26	27	3201

注：1. 十五岁以下之小孩为幼童，不分男女。

2. 重伤：①损毁视、听、味、嗅觉。②损毁一肢以上之肢能及生殖技能。③其他重大不治或难治之伤害。

3. 轻伤：系不成为重伤之轻微伤害。

（1）焚杀伤亡统计

项 别	死亡人数	计	受 伤 人 数		失踪人数
			轻 伤	重 伤	
总 计	9922	1533	980	553	3986
男	4897	838	516	322	556
女	2896	516	346	170	156
幼 童	1262	154	111	43	73
未 明	867	25	7	18	3201

（2）空袭伤亡统计

项 别	死亡人数	计	受 伤 人 数	
			轻 伤	重 伤
总 计	1225	628	307	321
男	603	343	173	170
女	451	205	84	121
幼 童	143	52	31	21
未 明	28	28	19	9

注：空袭伤亡，系自抗战开始至桂南沦陷时止之空袭伤亡人数。

3. 财产损失统计总表

(二八年——月至二九年——月)

项　　别	损失总值 （国币元）
总　　　　计	146631853
住　户　损　失	68428572
商　店　损　失	67326747
机关损失 小计	5413335
机关损失 直接	4954944
机关损失 间接	458391
学校损失 小计	2503882
学校损失 直接	2438885
学校损失 间接	64997
公私营事业损失	2777622
团体损失 小计	181695
团体损失 文化	85085
团体损失 宗教	12768
团体损失 慈善	23520
团体损失 其他	60322

说明：民二十八年十一月十五日，敌寇发动兵力，企图切断我国际交通路线，在钦州登陆后，继续北犯，十八日窜入本省邕宁县境，二十五日攻陷县城，并分兵窜扰武鸣、上林、宾阳、永淳、横县、扶南、绥渌、上思、思乐、明江、上金、宁明、凭祥、龙津、崇善、左县、同正、迁江等十九县，二十九年冬敌不堪我军压迫，开始撤退，迨十一月十四日全部光复。各县收复后，由省赈济会办理调查沦陷期间一切损失，整理结果，曾刊载于广西统计月刊第一卷第五期，以供当局及各界人士参考，俾明了桂南沦陷损失情形。

注：损失价值，系二十九年时之价值。

4. 财产损失统计

（二八年一一月至二九年一一月）

单位：国币元

县别	各类损失共计	住户损失	商店损失	机关损失			学校损失		
				小计	直接	间接	小计	直接	间接
总计	146631853	68428572	67326747	5413335	4954944	458391	2503882	2438885	64997
邕宁	101341773	33107174	62012117	2081546	2018937	62609	1149280	1133916	15334
宾阳	8833304	7282285	871678	433411	412890	20521	241555	227084	14471
上林	7245359	5818596	462149	760065	720776	39289	184596	173849	10747
上思	3922179	2993515	616254	241880	201701	40179	69256	61967	7289
扶南	3917656	3454720	146554	201255	189193	12062	115127	111767	3360
龙津	3097676	2181490	586141	270071	133387	136684	49974	49824	150
武鸣	2306045	1606849	242674	286907	273327	13580	159712	157405	2307
永淳	2123008	1564459	410442	99187	86018	13169	48642	48152	490
宁明	2064647	1946677	4695	90565	46513	44052	22710	22420	291
左县	1720126	622965	862373	198453	197772	681	236335	236335	—
绥渌	1657184	1207289	179321	251758	250757	1001	18816	18656	160
凭祥	1607883	1410667	56633	109412	90257	19155	31171	30847	324
横县	1565214	687609	680651	154202	135794	18408	60752	53463	2289
明江	1350394	1309758	—	37966	17521	20445	2670	2010	660
崇善	1311534	972408	146515	93319	80235	13084	99292	92166	7126
思乐	1227013	1083721	138550	4282	3592	690	—	—	—
同正	608826	534782	36486	37090	35545	1545	468	468	—
上金	686088	499475	47216	30629	29517	1112	8786	8786	—
迁江	148944	84151	26325	31337	31212	125	4749	4749	—

县 别	公私营事业损失	团体损失				
		小 计	文 化	宗 教	慈 善	其 他
总 计	2777622	181695	85085	12768	23520	60322
邕 宁	2750106	161550	83660	—	23520	54371
宾 阳	1375	—	—	—	—	—
上 林	18528	1425	1425	—	—	—
上 思	—	1274	—	—	—	1274
扶 南	—	—	—	—	—	—
龙 津	—	10000	—	10000	—	—
武 鸣	6600	3300	—	830	—	2500
永 淳	—	278	—	100	—	178
宁 明	—	—	—	—	—	—
左 县	—	—	—	—	—	—
绥 渌	—	—	—	—	—	—
凭 祥	—	2000	—	—	—	2000
横 县	—	—	—	—	—	—
明 江	—	—	—	—	—	—
崇 善	460	—	—	—	—	—
思 乐	—	—	—	—	—	—
同 正	—	—	—	—	—	—
上 金	—	—	—	—	—	—
迁 江	553	1838	—	1838	—	—

（1）住户及商店财产损失

单位：国币元

项别	受损乡镇数	受损村街数	受损户数	损失总值	房屋间数	房屋价值	器具	合计数市担量	合计价值
总计	416	2555	138571	135755319	59679	27729614	12351548	939081	6349051
住户	274	2222	133054	68428572	54866	22883701	7783556	935470	6313472
商店	142	333	5517	67326747	4813	4845913	4567992	3611	35579

续表

项别	米数（市担）量	米价值	其他衣产品	家畜	家禽	服着物	古物书籍	现款	存货	运输工具	其他
总计	623117	2168627	2888873	10744497	1825751	7254067	1488262	2910059	55650434	403478	3996128
住户	255208	2153134	2877926	10688674	1820751	7142590	1475733	1928984	—	—	3360051
商店	7909	15493	10947	55823	5000	111477	7529	981075	55650434	403478	636077

（2）机关及学校财产直接损失

单位：国币元

项别	受损机关数	损失总值	建筑物	器具	现款	图书	仪器	文卷	医药用品
总计	1788	7393829	3971898	826268	77987	335652	109061	96443	20905
机关	1197	4954944	2650647	433320	62323	195320	56611	75448	14701
学校	591	2438885	1321251	392948	15664	140332	52450	20995	6204

项别	机械及工具	运输工具	积谷	米	服着物	枪弹	材料	其他
总计	20805	207981	979955	106401	12734	2038	200000	244655
机关	155169	201823	658816	105328	9934	780	200000	134724
学校	46636	6158	321139	1073	2800	1258	—	109941

（3）机关及学校间接损失

单位：国币元

项别	受损机关数	损失总值	迁移费	防空费	疏散费	救济费	抚恤费
总计	700	523388	117750	57398	114928	209745	23567
机关	539	458391	96587	49484	90845	200597	20878
学校	161	64997	21163	7914	24083	9148	2689

（4）公私营事业财产损失

单位：国币元

项别	受损机关厂商店	损失总值	房屋	器具	现款	产品	原料	机械及工具	运输工具	路线设备	电讯设备	车辆	船只	材料	修理机械及工具	货物	其他
总计	23	2777622	96500	30642	2350	46000	1430	689540	29685	950000	100000	360000	119000	142400	163900	10000	36175
工业部分	4	109870	6900	—	2100	42750	1430	28040	28595	—	—	—	—	—	—	—	55
矿业部分	2	9050	2400	1150	150	—	—	1300	450	—	—	—	—	—	—	—	3600
农业部分	7	10078	2750	3478	100	3250	—	200	200	—	—	—	—	—	—	—	100
邮务部分	2	2553	1260	593	—	—	—	—	200	—	—	—	—	—	—	—	500
公路部分	2	1511000	70000	11000	—	—	—	—	—	800000	100000	360000	—	10000	150000	10000	—
电讯部分	2	250160	3000	1640	—	—	—	—	—	150000	—	—	—	93600	—	—	1920
航业部分	1	218951	10000	7251	—	—	—	—	—	—	—	—	119000	38800	13900	—	—
公用部分	3	665960	190	5530	—	—	—	660000	240	—	—	—	—	—	—	—	30000

（5）各种团体财产损失

项别	受损团体数	损失总值	房屋	器具	现款	图书	仪器	医药用品	合	米	机械及工具	运输工具	文卷	经典	法物	古物	其他
总计	20	181695	108880	24810	1100	7710	1000	300	1025	360	18900	4000	10	50	—	—	13550
文化团体	4	85085	75300	5610	—	3620	—	—	225	—	—	—	—	—	—	—	330
宗教团体	4	12768	12480	88	—	—	—	—	—	—	—	—	—	50	—	—	150
慈善团体	5	23520	13000	6200	—	550	—	—	—	—	—	—	—	—	—	—	3770
其他人民团体	7	60322	8100	12912	1100	3540	1000	300	800	360	18990	4000	10	—	—	—	9300

5. 各县沦陷及收复日期

（三三年九月至三四年八月）

县（市）别	县城沦陷 第一次	第二次	县城收复 第一次	第二次	县境沦陷 第一次	第二次	县境收复 第一次	第二次
桂林市	33.11.10		34.7.27		33.11.10		34.7.28	
临桂	33.11.10		34.7.27		33.11.1		34.8.2	
阳朔	33.11.1		34.7.26		33.10.25		34.7.25	
永福	33.11.2		34.7.27		33.11.2		34.7.27	
百寿	33.11.17	33.11.30	33.11.26	34.7.22	33.11.16	33.11.29	33.11.27	34.7.25
义宁	33.11.7		34.7.26		33.11.7		34.7.26	
灵川	33.10.27		34.8.2		33.10.27		34.8.2	
兴安	33.9.30		34.8.6		33.9.14		34.8.14	
龙胜	33.11.15		34.7.17					
资源	33.10.5		33.10.7		33.10.4		33.10.11	
全县	33.9.13		34.8.17		33.9.10		34.8.19	
灌阳	33.9.22	33.6.2	34.3.19	34.6.3	33.9.20	34.6.1	34.4.5	34.6.3
平乐	33.11.1		34.7.22		33.11.1		34.7.22	
怀集	33.9.12		33.9.16		33.9.10		33.9.17	
信都	33.9.16		33.9.16		33.9.15		33.9.18	
钟山	33.10.29		33.11.7		33.10.28		33.11.9	
富川	33.10.26		33.11.1		33.9.23		33.11.1	
昭平	34.2.16		34.2.18		34.2.15		34.2.19	
恭城	33.10.31		34.6.4		33.9.25		34.6.4	
蒙山	34.1.15		34.5.29		33.11.24		34.7.9	
修仁	33.11.5		34.7.8					
荔浦	33.11.3		34.7.17		33.11.3		34.7.17	
柳江	★33.11.11		34.6.29					
来宾	33.11.8	33.12.5	33.12.1	34.6.13	33.11.5		34.6.18	
迁江	33.11.11		34.6.1		33.11.11		34.6.12	
忻城	33.11.17		34.4.8		33.11.13		34.6.14	
宜山	33.11.14		34.6.14		33.11.12		34.6.17	
河池	33.11.21		34.5.21		33.11.9		34.5.23	
南丹	33.11.27		33.12.10		33.11.23		33.12.16	
思恩	33.11.22		34.5.23		33.11.21		34.5.23	
宜北	33.11.26	33.12.7	33.11.30	33.12.15	33.11.25	33.12.10	33.12.2	33.12.18
天河	33.11.22	33.12.14	33.11.29	34.5.19	34.11.25	33.12.25	33.11.30	34.5.20
罗城	33.12.16		34.5.21		33.12.6		34.5.21	
融县	33.11.18	33.12.15	33.11.25	34.5.29	33.11.17	33.12.12	33.11.25	34.5.2
三江					34.1.31	34.2.4	34.2.2	34.4.12
柳城	33.11.9		34.7.4		33.11.7		34.7.6	
中渡	33.11.6	33.11.18	33.11.15	34.7.12	33.11.5	33.11.17	33.11.15	34.7.13
雒容	33.11.7		34.7.6		33.11.7		34.7.6	
榴江	33.11.7		34.7.7		33.11.8		34.7.9	
象县	33.11.6		34.6.29		33.11.4		34.6.29	
苍梧	33.9.21		34.8.16		33.9.26		34.8.17	

县（市）别	县城沦陷		县城收复		县境沦陷		县境收复	
	第一次	第二次	第一次	第二次	第一次	第二次	第一次	第二次
藤县	33.10.2	34.6.23	34.5.28	34.8.5	33.9.29	……	33.10.11	34.8.5
岑溪	33.10.1		33.10.10		33.9.29		33.10.11	
容县	33.9.22		33.9.25		33.9.18		33.9.28	
平南	33.9.28		34.6.13		33.9.21		33.9.25	
桂平	33.10.11		34.6.22		33.9.27		34.6.24	
武宣	33.11.3	33.12.17	33.12.10	34.6.16	33.11.1	……	34.6.15	……
兴业					33.11.2		33.11.7	
贵县	33.11.3		34.5.20		33.10.28		34.5.21	
北流					33.9.15		33.9.22	
陆川					33.9.14		33.9.16	
博白					33.12.23		33.12.26	
邕宁	33.11.24		34.5.26		33.11.21		34.5.28	
永淳	33.12.29		34.1.22		33.12.30		34.1.22	
横县	34.1.12		34.1.19		33.12.12	34.1.5	33.12.16	34.1.20
宾阳	33.11.21		34.5.30		33.11.21		34.5.30	
上林	33.10.22	33.12.5	33.10.25	34.4.22	33.10.21	33.11.21	34.10.25	34.5.12
武鸣	33.11.23		34.4.29		33.11.22		34.5.27	
隆山	33.12.3	34.4.22	33.12.5	34.4.25	33.11.18	34.4.21	33.12.8	34.4.23
都安	34.4.25		34.4.27		33.11.18	34.4.22	33.11.20	34.5.1
那马	33.12.5	34.4.23	33.12.8	34.4.25	33.11.28	34.4.21	33.12.8	34.4.25
平治					33.11.30		33.12.5	
果德	33.11.30		33.12.6		33.11.30		33.12.6	
隆安	33.12.5		33.12.6		33.12.1	33.12.21	33.12.8	34.2.16
同正	33.12.23		34.3.2		33.12.23		34.3.2	
扶南	33.12.9	34.3.14	34.3.3	34.3.21	33.12.9	34.3.14	34.3.3	34.3.26
绥渌	33.12.9	34.2.12	34.2.8	34.5.30	33.12.1	34.2.11	34.2.9	34.6.1
上思	★34.1.21		34.3.27		……		……	
靖西					34.6.1	34.7.15	34.6.2	34.7.17
镇边					34.4.3		34.4.4	
龙津	33.12.2		34.6.7		33.12.2		34.6.7	
上金	33.12.6	34.1.25	34.1.6	34.3.8	34.12.5	34.1.25	34.1.6	34.3.8
凭祥	33.11.28	34.7.23	34.7.4	34.7.25	33.11.28		34.8.23	
宁明	33.12.1		34.6.8		33.12.1		34.6.8	
明江	33.12.1		34.5.5		33.11.1		34.6.4	
思乐	33.12.4		34.6.2		33.12.1		34.6.2	
崇善	★33.12.8		34.1.15		……		……	
左县					34.1.29		34.1.29	
金秀设治局	34.1.21		34.8.5		34.1.21		34.8.5	
玉林					33.11.4		33.11.5	

材料来源：根据各县报表登记。

注：1. ［★］系表示该县尚未填报，乃根据情报或报章登记，［……］系表示未详。

2. 未沦陷县份有天峨、贺县、百色、万冈、东兰、凤山、乐业、凌云、田西、西林、西隆、天保、田阳、田东、镇结、向都、龙茗、敬德、万承、养利、雷平等县。

3. 表中有博白、玉林、兴业、左县、镇边等五县为敌流水式窜扰，时间甚短，损失不大。

6. 各县受损失乡镇村街数及户数

（三三年九月至三四年八月）

说明：桂林市及柳江县住户，自抗战后，由省外迁入者多，本省光复之初，多已遣返其
原籍。调查时本地籍住户亦多未回，表列户数，根据调查时，已回住户实际填报
之数列入，故受损失户数占原有户数之百分数不大。

县（市）别	乡镇数		村街数			户　数		
	原　有	受损失	原　有	受损失	受损失村街占原有村街百分数	原　有	受损失	受损失户数占原有户数百分数
总　计	1526	1101	16434	9214	56.07	2415980	679794	28.14
桂林市	12	12	130	130	100.00	56227	9535	16.96
临　桂	33	32	384	328	85.42	46779	24959	53.36
阳　朔	14	14	150	121	80.67	22077	11009	49.87
永　福	10	10	99	87	87.88	12173	4374	35.93
百　寿	11	11	94	89	94.68	12634	5068	40.11
义　宁	9	9	102	49	48.01	10418	2423	23.26
灵　川	14	14	141	124	87.94	24949	10171	41.63
兴　安	18	17	218	190	87.16	27528	19821	72.00
龙　胜	16	5	157	46	29.30	12689	8251	65.02
资　源	6	5	78	24	30.78	13834	600	4.34
全　县	20	20	271	201	74.17	63600	24429	38.41
灌　阳	10	10	118	113	95.76	23436	16309	69.59
平　乐	19	17	216	163	75.46	32025	10860	33.91
怀　集	52	27	597	253	42.38	61230	5456	8.91
信　都	8	7	70	32	42.86	10638	2348	22.07
钟　山	17	12	271	114	42.07	33401	8587	25.71
富　川	10	10	127	99	77.95	22430	7540	33.62
昭　平	23	4	233	23	9.87	26037	1308	5.20
恭　城	14	13	163	104	63.80	22652	6792	29.93
蒙　山	10	9	123	109	88.62	18311	4580	25.01
修　仁	5	5	85	44	75.86	13193	5933	44.97
荔　浦	10	10	126	116	92.06	27988	12346	44.11
柳　江	35	20	435	195	44.83	54049	13752	25.44
来　宾	15	15	135	133	98.52	21539	16234	75.37
迁　江	12	13	141	135	95.74	22496	17623	78.34
忻　城	14	14	147	100	68.03	19605	4828	24.63
宜　山	33	32	350	265	75.71	61909	25424	41.07
河　池	18	14	184	125	67.93	23834	9704	40.71
南　丹	17	12	151	85	56.29	16816	5751	34.20
思　恩	19	16	182	116	63.74	20658	6912	33.46
宜　北	6	4	58	27	46.55	7964	1733	21.76
天　河	11	11	133	103	79.44	15502	5559	35.86
罗　城	15	9	151	66	43.71	24552	5009	20.40
融　县	28	27	302	240	79.74	37472	11621	31.01
三　江	32	1	287	5	1.74	29321	320	1.09

县(市)别	乡镇数 原有	乡镇数 受损失	村街数 原有	村街数 受损失	受损失村街占原有村街百分数	户数 原有	户数 受损失	受损失户数占原有户数百分数
柳城	16	10	159	90	56.60	24655	7102	28.44
中渡	6	6	52	42	80.77	7408	3119	42.01
雒容	7	7	87	70	80.46	10172	4406	43.31
榴江	9	9	92	70	76.09	11704	5272	45.04
象县	19	16	184	116	63.04	25624	4800	18.73
金秀设局	10	3	66	4	6.06	5190	400	7.71
苍梧	43	39	496	329	66.33	80451	27935	34.72
藤县	31	38	360	261	72.50	70065	17820	25.43
岑溪	17	7	207	55	26.57	34209	2556	7.47
容县	28	20	286	120	41.96	53481	5569	10.41
平南	40	35	498	389	78.11	76708	26318	34.31
桂平	46	43	559	451	83.67	91548	20562	22.46
武宣	12	11	149	113	75.84	21312	9093	42.67
贵县	40	40	580	250	43.10	88874	13139	14.78
兴业	13	3	151	11	7.28	25047	465	1.86
玉林	42	4	424	11	2.59	81177	887	1.09
北流	34	6	436	48	11.01	63973	4646	7.26
灵川	20	2	205	9	4.39	33078	407	1.23
博白	36	3	346	10	2.89	82717	894	1.08
邕宁	61	58	559	477	85.33	73001	36348	49.79
永淳	22	19	235	157	66.81	29563	8063	27.27
横县	37	21	354	134	37.85	51081	9930	19.44
宾阳	31	30	371	232	62.53	46963	8671	20.59
上林	24	23	269	120	44.61	33592	8821	26.26
武鸣	33	33	337	307	91.10	45677	33517	73.50
隆山	20	17	203	146	71.92	24252	5631	23.22
都安	31	22	316	142	44.94	43917	5796	13.20
那马	8	8	75	43	57.33	12586	3758	29.86
平治	14	1	136	7	5.15	17533	557	3.17
果德	8	5	74	41	55.41	11479	2650	23.09
隆安	17	17	154	138	89.61	19053	8421	44.20
同正	7	6	67	34	50.75	8789	1888	21.00
扶南	10	10	95	54	56.84	9676	3363	34.76
绥渌	5	8	40	38	95.00	6989	6142	87.88
上思	16	12	143	101	70.63	15910	7555	47.49
靖西	41	2	442	10	2.26	48157	150	0.31
镇边	12	1	118	5	4.24	17170	100	0.58
龙津	12	12	124	111	89.52	13620	7885	57.89
上金	8	5	77	46	59.74	9584	1395	14.56
凭祥	4	4	40	35	87.50	4908	2085	42.48
宁明	5	5	54	51	94.44	5016	3306	65.91
思乐	6	7	60	57	95.00	6300	5268	83.62
崇善	7	7	64	40	62.50	7704	3103	40.28
左县	9	9	86	57	66.28	10793	848	7.86
	4	4	42	28	66.67	5056	989	19.56

7. 人口伤亡统计总表

（三三年九月至三四年八月）

项 目	死亡人数			受伤人数			患病人数	失踪人数
	计	被敌杀害	染病死亡	计	重 伤	轻 伤		
总 计	497364	215108	282256	431662	88074	343588	1281936	54470
男	322095	138689	183406	300610	61357	239253	847316	43407
女	88381	39448	48933	61555	12086	49469	215621	4227
幼	63761	27183	36578	44763	9578	35185	159344	5850
未明	23127	9877	13339	24734	5053	19681	59610	986

注：1. 伤亡人口系三三年至三四年沦陷之八十县市局数字。

2. 因空袭被害者，包括在伤亡人数内。

8. 各县市人口伤亡统计

（三三年九月至三四年八月）

县（市）别	被敌杀害人数	染病死亡人数	受重伤人数	受轻伤人数	患病人数	失踪人数
总计	215108	282256	88074	343588	1281936	54470
桂林市	9932	16823	12137	34000	66700	2700
临桂	5697	7251	203	1110	48040	3250
阳朔	1528	2072	168	672	6560	1050
永福	1600	1608	140	800	8723	500
百寿	598	762	126	504	5864	—
义宁	1909	1003	428	1714	12453	576
灵川	7029	9710	1061	5245	35000	1700
兴安	5632	7168	1540	7660	36000	—
龙胜	978	1082	—	720	6948	—
资源	152	477	17	28	3950	—
全县	20400	22400	11560	48524	62580	792
灌阳	2077	2371	94	5375	11497	1651
平乐	3520	4480	1400	5600	20454	3900
怀集	461	478	17	67	3670	277
信都	544	906	14	56	7492	350
钟山	789	2314	100	202	5450	3650
富川	435	1145	42	168	4280	—
昭平	663	2181	29	118	8380	—
恭城	420	—	—	—	3270	680
蒙山	2464	3136	630	2520	34270	255
修仁	1612	2840	532	2128	14120	604
荔浦	6600	8400	6804	27216	36362	5500
柳江	5095	8672	2776	30602	29754	4350
来宾	2640	3360	466	8064	24307	198
迁江	2540	4960	368	7473	16560	1000
忻城	1056	4344	370	1280	14400	147
宜山	6688	8512	2099	8394	84700	2890
河池	5376	6843	1784	7134	14718	383
南丹	3352	2948	210	1840	5670	—
思恩	3800	7200	700	2800	27300	—
宜北	1124	959	41	162	5480	402
天河	1802	1021	752	3087	15870	130
罗城	1158	1202	56	224	4320	47
融县	2760	3240	336	1344	16840	720
三江	112	946	7	128	5294	—
柳城	1500	1767	126	1250	6328	—
中渡	3168	4032	140	560	25000	150

县（市）别	被敌杀害人数	染病死亡人数	受重伤人数	受轻伤人数	患病人数	失踪人数
雒 容	1675	2224	210	840	8750	—
榴 江	1753	2959	456	1826	12400	191
象 县	176	—	—	—	2140	—
金秀设治局	76	224	8	34	2711	—
苍 梧	32937	30142	24000	55632	96080	5350
藤 县	1352	2448	240	760	11200	2700
岑 溪	2112	3688	448	1792	25600	30
容 县	952	2367	11	45	8000	—
平 南	10270	8890	699	795	43420	900
桂 平	4063	7081	1351	6404	26714	600
武 宣	2405	3062	272	1086	25370	290
贵 县	3520	4480	280	1620	27041	350
兴 业	1161	2186	35	140	9270	800
玉 林	—	—	—	28	—	74
北 流	1404	2515	175	672	14800	820
陆 川	1320	3680	168	672	8260	—
博 白	3590	4570	4154	16615	29082	180
邕 宁	4239	6269	2093	10248	39720	350
永 淳	1610	1668	178	414	7920	655
横 县	2792	4008	218	874	15870	530
宾 阳	5280	6720	700	2800	28140	850
上 林	2061	3000	329	1316	9650	—
武 鸣	2420	2805	97	886	7900	510
隆 山	1290	1870	3080	12320	3400	170
都 安	2056	4344	560	2240	11400	—
那 马	55	245	11	245	2286	16
平 治	28	236	—	—	2700	150
果 德	174	577	17	167	2810	—
隆 安	317	834	42	168	4830	—
同 正	274	1349	25	133	3350	110
扶 南	501	1638	19	73	9740	—
绥 渌	816	403	140	560	3200	30
上 思	—	—	—	—	1030	—
靖 西	—	—	4	17	1625	—
龙 津	1728	2291	11	2045	8780	—
上 金	165	211	3	211	1180	—
凭 祥	459	549	599	397	3000	80
宁 明	2112	2688	214	156	123000	178
明 江	230	766	22	90	5000	441
思 乐	279	356	38	151	7713	—
崇 善	—	181	—	—	4170	163
左 县	193	119	94	375	3100	100

9. 沦陷期间财产损失统计总表

（三三年九月至三四年八月）

类　　　别	单位	数量	总值数量（单位千元以三四年十月价值计列）	备　　　考
总　　　计			827717665	
人　民　财　产			363872196	包括 80 县市局 1101 乡 9214 村 679794 户
机团财产			110094131	计 13128 机关
关体间接损失			28305490	包括迁移防空疏散救济抚恤等费在内
员　役　财　产			14472033	前 48173 人
交通事业　公　路	公里	3724	77882281	原有公路 4247 公里
车辆及公路设备			7397469	损失公商车 546 辆
县道及城市道路	公里	26001	99720979	原有道路 32250 公里
船　　　舶			23406145	损失轮船 111 艘拖渡 21 艘民船 11345 艘
电　　　讯			5343140	
矿　　　业			60487850	包括 691 矿场厂
工　　　厂 厂		234	31200332	
水　　　厂 厂		4	1105508	
电　　　厂 厂		15	4430111	

注：1. 除机关兼列间接损失外，其余均为直接损失。

2. 交通部分所包括之民船，系已经航政机关登记供运输者而言，水上住户船舶数计入人民财产内。

3. 敌人未到之地方，其因空袭损失之财产未计在内。

4. 合作社财产损失于本刊全部资料整理完竣后送到，约一百六十三亿元，未计入内。

10. 人民财产损失统计总表

（三三年九月至三四年八月）

类　　别	单　位	数　量	总　值（国币千元）
总　　计			363872196
房　　屋	间	292230	86935900
家　　具	—		34555960
衣　　着	—		48906033
寝　　具	—		18673977
花　　纱	市　担	82352	16588190
布　　料	市　丈	686922	20568441
谷	市　担	12657345	22657345
米	市　担	2292131	5432017
杂　　粮	市　担	2429371	4739881
成　　油	市　担	346472	6935999
油　　子	市　担	218583	2615946
木　　材	—		2890772
牛	头	481016	19240623
马	匹	63574	2542973
猪	头	905388	27160138
其他家畜及畜产品	—		4398378
水　产　品	—		1261851
林　产　品	—		277155
犁锄耙	件	1828547	1428542
水　　车	架	55148	484637
其他农具	—		815199
渔　　具	—		161856
交通工具	—		1152810
药　　品	—		2413392
图书古玩	—		2001964
金银币钞	—		4016823
其　　他	—		25015394

11. 各县人民财产损失分类统计

(三三年九月至三四年八月)

价值单位：国币千元

类	别	共计	桂林市	临桂	阳朔	永福	百寿	义宁	灵川	兴安	龙胜
总计	计	36387296	45821248	9890095	6237898	1872824	964400	2049824	4494398	5990355	699050
房屋	间数	292230	52079	10234	2010	4004	1323	1784	12523	14026	1404
	价值	86935900	24664837	1461398	459647	329432	50058	197000	497602	577722	60759
家具	价值	34555960	3367532	763922	609844	149544	61954	94571	432577	752954	38132
衣着	价值	48906033	4015474	1702763	1647273	242753	96033	237957	615460	704698	91488
寝具	价值	18673977	2826750	257954	251503	40263	21263	5602	334042	373444	14700
花纱	市担	82352	10341	2417	2132	460	287	11	1216	1240	20
	价值	16588190	2140269	456243	379462	82362	32500	820	316907	319523	1689
布料	市丈	686922	126378	17198	14930	2232	958	4505	5284	5682	271
	价值	20568441	2134497	530056	476000	72119	32786	129262	147133	181471	8580
谷	市担	12657345	935779	744206	202965	103824	195230	134813	475883	569988	58472
	价值	22657345	1437772	1147835	267847	131886	238118	218102	638933	676464	72153
米	市担	2292131	29964	92706	75805	6205	7550	220274	68304	22610	7910
	价值	5432017	81189	250306	177612	14488	16917	489146	146388	43412	13818
杂粮	市担	2429371	15056	103585	46155	3602	1150	1871	80315	114222	1486
	价值	4739881	34630	227627	92983	6901	2174	3556	148561	212533	2700
成油	市担	346472	35523	2504	7196	1297	2165	3972	1987	7344	2167
	价值	6935999	670471	50066	153923	25936	35302	67440	39742	126885	43331
油子	市担	218583	419	976	11869	1102	4233	1250	4289	4089	2359
	价值	2615946	5021	11715	142424	13220	50795	15000	51472	49062	28300
木材	价值	2890772	56762	29104	17560	12379	18958	11300	39569	355486	11170
牛	头数	481016	3704	32613	6205	3271	1684	2934	13372	9957	1972
	价值	19240623	203720	1530260	248200	147195	63992	102690	585816	515212	65076
马	匹数	63574	203	1210	1595	772	132	86	876	959	31
	价值	2542973	7444	48585	58763	28433	5666	2875	39994	33704	905

类	别	共计	桂林市	临桂	阳朔	永福	百寿	义宁	灵川	兴安	龙胜
总	计	363872196	45821248	9890095	6237898	1872824	964400	2049824	4994398	5990355	699050
猪	头数	905388	5800	20934	15885	10950	4325	11075	11720	21255	5473
猪	价值	27160138	198285	856637	479661	389630	125834	383355	470835	597063	162583
其他家畜及畜产品	价值	4398378	38250	50510	124644	20828	10419	17756	19160	75927	12735
水产品	价值	1261851	12274	28823	36976	5442	698	480	28679	25811	170
林产品	价值	277155	2488	918	1100	584	142	—	2306	2818	—
犁耙锄具	件数	1828547	6931	126610	5844	10356	3237	9347	82119	86362	16737
犁耙锄具	价值	1428542	6774	124828	4593	8539	2263	7541	65940	67411	11680
水车	架数	55148	2168	2085	752	502	96	96	5062	417	23
水车	价值	484637	14161	16678	6095	4019	763	760	51438	4552	189
其他农具	价值	815199	32377	35847	20163	1482	1375	19824	40428	40300	842
渔具	价值	161856	1575	3698	4764	698	89	62	3679	3313	23
人力车及牛马车	辆数	56425	3677	147	221	—	—	—	135	224	47
人力车及牛马车	价值	846369	17572	3194	5557	—	—	—	2142	5708	332
汽车	辆数	21	2	—	—	—	—	—	1	—	—
汽车	价值	3460	326	—	—	—	—	—	161	—	—
汽船	艘数	5	—	—	—	—	—	—	—	—	—
汽船	价值	12560	—	—	—	—	—	—	—	—	—
民船	艘数	9360	522	31	28	—	—	—	182	425	—
民船	价值	290421	16653	610	432	—	—	—	4020	10387	—
药品	价值	2413392	961713	37184	5394	4700	1030	500	53092	64739	450
图书古玩	价值	2001964	223629	41694	21764	12149	1030	10817	13332	29455	48
金银	币钞	4016823	218024	82882	82988	25638	11913	4048	50028	106042	45838
其	他	25015394	2430824	138803	460726	102204	52238	29360	154902	34260	11350

类	别	资源	全县	灌阳	平乐	怀集	信都	钟山	富川	昭平
总	计	663882	13882586	4835038	7213168	1929872	523954	777889	1307959	634033
房屋	间数	775	18176	1251	7349	198	116	168	119	235
	价值	45580	2106200	396308	2939798	59548	19248	8976	9889	130601
家具	价值	6017	1117028	398895	254636	214950	35233	50310	99907	27576
衣着	价值	—	2052021	1092166	726348	351064	90811	89683	187511	98007
寝具	价值	—	445468	265855	271315	50653	22852	31050	102895	20588
花纱	市担	17	3141	817	337	320	3	139	458	305
	价值	1025	637220	142309	611238	53468	1583	24319	81245	54637
布料	市丈	489	17207	3438	18290	1831	768	733	2450	1571
	价值	10425	591780	162845	608529	60740	26115	24626	87074	56897
	市担	102221	653205	642070	67124	132024	8013	37800	23700	23720
谷米	价值	136241	1038548	778902	168072	267511	33576	61147	138083	22215
	市担	8026	82870	12130	21480	22618	2536	14035	9568	1435
	价值	14256	177845	26710	50649	47452	5263	32935	16930	3160
杂粮	市担	1013	69187	68733	25924	10512	486	2728	7798	3530
	价值	1800	128688	123572	51704	20814	925	5326	14121	6930
成油	市担	137	14920	2070	6388	5579	1341	1671	7968	2334
	价值	2323	258433	41367	119762	101587	26814	33421	139360	44688
油子	市担	503	2750	10400	4714	2493	2504	2348	1961	113
	价值	6039	33003	124800	56564	29918	30040	28172	23534	1354
木材	价值	1220	223755	18098	10976	44767	1396	4550	3534	2990
牛	头数	192	52527	8081	3800	3079	144	3415	1636	241
	价值	7872	2518744	280283	190000	123160	4852	119525	60532	8435

类 别		资源	全县	灌阳	平乐	怀集	信都	钟山	富川	昭平
总计	计	663882	13882586	4835038	7213168	1929872	523954	777889	1307959	634033
马	匹数	41	9544	441	693	439	99	77	715	88
	价值	1048	330183	15334	46468	7175	3177	2331	25563	2643
猪	头数	3682	21245	10985	16623	11645	6258	5564	6577	2299
	价值	95932	688976	406084	528012	384856	195640	196341	201809	93091
其他家畜及畜产品	价值	890	148322	38414	56848	27575	4638	18263	24634	3980
水产品	价值	—	44465	22781	24654	8960	—	6695	8810	10255
林产品	价值	—	9402	19204	12404	2035	105	533	511	55
犁耙锄	件数	16153	214109	70612	7666	3116	2362	4052	458	215
	价值	10750	160052	56973	5796	2562	2116	3675	298	151
水车	架数	56	1514	1211	377	63	47	18	44	32
	价值	486	12114	9651	2960	511	568	135	364	250
其他农具	价值	520	22757	36054	18611	3736	2295	6734	6165	1403
渔具	价值	—	5678	2923	2163	1149	—	861	1130	1316
人力车及牛马车	架数	—	2160	165	2201	259	—	41	12	47
	价值	—	26365	2622	35401	3024	—	515	101	560
汽车	辆数	—	1	—	1	—	—	—	—	—
	价值	—	140	—	156	—	—	—	—	—
汽船	艘数	—	—	—	—	—	—	—	—	—
	价值	—	—	—	—	—	—	—	—	—
民船	艘数	—	385	67	85	14	6	3	43	—
	价值	—	10219	1937	1665	368	155	64	1044	—
药品	价值	400	84906	23522	22325	1522	489	1484	1230	1327
图书古玩	价值	9641	40443	27129	42615	2210	1718	990	3542	760
金银币	钞	3301	165825	42475	76265	8754	5319	9139	13772	3390
其	他	308116	795006	277825	276234	49801	9026	43089	54371	37774

类别		恭城	蒙山	修仁	荔浦	柳江	来宾	迁江	忻城	宜山
总计	计	1293364	2378954	2616984	4722665	29891121	4554173	6425729	1807581	12813196
房屋	间数	929	2277	2053	4169	26764	2139	2568	826	4462
房屋	价值	128632	683146	315944	980670	13351258	339083	470501	123176	1803320
家具	价值	117718	140531	275099	463877	2590451	534757	917739	109004	1322331
衣着	价值	188356	448501	408953	603653	2870672	383933	849587	137814	2278083
寝具	价值	82246	111998	204090	335589	645681	373107	477005	182092	421315
花纱	市担	252	363	305	385	7172	1361	1828	105	2485
花纱	价值	45448	46720	55381	70853	1745615	250736	331070	18698	463705
布料	市丈	1358	1425	1491	2774	49852	8677	10567	1608	11446
布料	价值	44133	47084	53573	91032	1740339	278398	349733	57235	377286
谷	市担	34479	30861	146400	522846	535244	114812	46251	165519	758884
谷	价值	83688	161104	249949	534524	909442	276912	390683	297357	1415337
米	市担	15820	12755	12850	22884	96090	64779	25285	4230	138479
米	价值	32274	28206	26766	54919	227936	155028	61164	9256	292230
杂粮	市担	12701	6674	3658	12302	42573	63618	57767	26083	162753
杂粮	价值	24120	12825	6912	24115	58106	124071	111490	50240	315740
成油	市担	1863	2504	3626	3992	2603	7570	5612	1181	6144
成油	价值	35261	48083	64528	71847	470406	141414	104243	23611	112489
油子	市担	2297	297	2820	4493	18003	2253	4484	423	1741
油子	价值	27560	3560	45820	53915	216042	27032	53803	5075	8886
木材	价值	2971	4360	3828	54411	59788	68525	86875	11160	91965
牛	头数	2549	2742	3319	3079	43724	5147	18567	7119	38866
牛	价值	89215	90486	132760	110844	2183447	216174	872649	227808	1707552
马	匹数	322	184	1166	1675	3438	2640	1677	63	6840
马	价值	10190	6996	42910	67730	132970	115664	65638	1807	231954

类 别		恭城	蒙山	修仁	荔浦	柳江	来宾	迁江	忻城	宣山
猪	头数	6182	5972	12259	16276	32886	19200	17341	9458	26655
	价值	220941	159996	378254	539839	820244	712612	561241	307922	862732
其他家畜及畜产品	价值	21093	37416	27161	55034	163607	156859	91126	140446	281408
水产品	价值	13810	16201	11820	40806	55068	35521	32987	5110	97600
林产品	价值	4032	1087	418	6346	11403	2316	1557	170	20410
犁耙锄	件数	28152	266586	65694	86427	120220	14233	4771	2956	61618
	价值	23410	20720	50756	68015	100521	9225	3690	2230	45855
水车	架数	257	94	73	1106	936	895	707	23	935
	价值	1689	879	612	9282	7047	7448	6637	172	9052
其他农具	价值	6724	10008	4601	14262	16453	48013	44725	1216	18161
渔具	价值	1771	2079	1516	5228	7092	4548	4232	656	12522
人力车及牛马车	架数	—	1238	1352	2366	3402	2107	636	633	520
	价值	—	44610	15667	43675	52746	26699	33968	10288	9807
汽车	辆数	—	—	—	1	2	1	1	—	2
	价值	—	—	—	165	335	145	153	—	332
汽船	艘数	—	—	—	—	1	—	—	—	—
	价值	—	—	—	—	1897	—	—	—	—
民船	艘数	3	—	52	38	64	85	142	—	162
	价值	65	—	1260	1204	1628	2528	4345	—	4878
药品	价值	1210	3115	510	18651	80134	8384	22958	350	7034
图书古玩	价值	1210	4787	2190	15476	104622	8003	17977	2379	51058
金银币	钞	27597	826941	27800	84677	118619	0437	81970	31158	82888
其	他	58000	199968	109006	302026	1140557	166601	375983	51101	467266

类	别	河池	南丹	思恩	宜北	天河	罗城	融县	三江	柳城
总	值	5677728	2232364	2673965	787581	1593240	2377655	3514522	436708	2443273
房屋	间数	4112	1767	240	335	1408	944	412	521	1667
	价值	933465	230711	65957	40519	89660	111386	132907	50000	270000
家具	价值	616676	252106	267983	48882	170019	173483	355609	12033	118825
衣着	价值	624069	28510	802465	203463	200944	280855	600643	106749	400453
寝具	价值	270872	25942	153667	60980	109569	124126	112874	74671	150024
花纱	市担	1704	222	213	127	294	267	331	214	307
	价值	319861	40669	41043	22820	43162	47458	58844	32750	41835
布料	市丈	8046	1413	1493	1806	1855	2218	2311	260	867
	价值	251881	9830	59583	48022	61448	73891	78402	1207	20534
合	市担	28724	305520	34900	2916	4950	477554	253495	12148	216204
	价值	635041	700192	93128	61664	113301	868734	742343	34581	648424
米	市担	67290	31300	80310	16010	11210	13495	33375	1624	19330
	价值	138666	69077	177629	38863	23028	31728	78836	3819	42527
杂粮	市担	47796	6622	14450	5116	23558	40393	15330	1938	19231
	价值	92253	12848	27903	9721	44289	87555	29780	3600	37500
成油	市担	1585	3045	1525	777	1185	2052	6641	96	2956
	价值	39789	56810	28494	1546	22303	39055	120820	1920	54128
油子	市担	1103	1279	226	105	174	223	4608	158	208
	价值	5962	15345	2711	1257	2088	2675	55290	1100	3300
木材	价值	43285	10588	93584	14706	13222	24957	54930	802	1204
牛	头数	6691	15104	2934	1251	3511	2549	4233	1395	6446
	价值	584185	453220	70416	33777	115863	81578	143922	36270	207272
马	匹数	1036	214	1964	174	723	454	584	1	11
	价值	39730	8725	63059	8218	29671	17460	15580	30	372

类	别	河池	南丹	思恩	宜北	天河	罗城	融县	三江	柳城
猪	头数	16376	6989	13758	6846	13156	10548	10899	2123	7762
	价值	430410	173140	344963	140830	287292	281539	289346	55479	204521
其他家畜及畜产品	价值	68115	10488	244822	20652	16728	9340	54182	1073	18625
水产品	价值	19762	583	10638	614	907	437	1085	214	1072
林产品	价值	1622	20	186	—	30	405	3069	—	600
犁耙锄	件数	3460	678	6598	692	798	5278	6177	709	6426
	价值	2015	414	3859	526	555	3535	4066	528	4427
水车	架数	615	624	1417	42	47	63	95	19	94
	价值	4999	4759	1270	330	414	560	705	107	854
其他农具	价值	12041	4505	12854	519	823	11881	1605	640	6500
渔具	价值	3817	75	1364	78	116	50	139	—	—
人力车及牛马车	架数	29	9	6	2	8	28	—	—	110
	价值	9159	380	100	60	92	—	361	—	855
汽车	辆数	—	—	—	—	—	—	—	—	—
	价值	—	—	—	—	—	—	—	—	—
汽船	艘数	—	—	—	—	—	—	—	—	—
	价值	—	—	—	—	—	—	—	—	—
民船	艘数	34	1	58	—	64	—	112	—	—
	价值	600	26	1500	—	1702	—	3077	—	—
药品	价值	6065	365	1909	200	1702	2224	22538	150	655
图书古玩	价值	12029	924	8472	409	380	6984	11421	954	6832
金银币	钞	63820	17371	22319	7695	13432	16848	80343	200	400
其	他	437539	104716	72082	21230	30909	78911	261805	17831	201534

类	别	中渡	雒容	柳江	象县	金秀设治局	苍梧	藤县	岑溪	各县
总计	计	1442768	2330325	2319463	1868199	36427	42118850	6845709	1271516	625081
房屋	间数	1128	1002	1250	844	56	23164	5982	178	584
	价值	227510	275260	134962	79200	5323	11568530	1494735	23042	61273
家具	价值	67804	133621	225403	85523	1534	4324592	551636	131927	26275
衣着	价值	214115	283971	268685	322468	—	4403565	872198	366822	48103
寝具	价值	56228	70874	78581	121790	—	2607060	400088	95107	15395
花纱	市担	441	239	211	217	44	8810	3460	74	72
	价值	78895	42014	37957	39386	813	1704705	630433	23684	22968
布料	市丈	867	4113	4271	1569	259	66484	29270	2958	472
	价值	27562	125949	137591	51382	900	2066483	846063	93156	15872
合	市担	131426	95206	187433	17390	1800	364702	197927	66476	29760
	价值	222852	167901	293930	333320	3000	617805	335255	101124	50467
米	市担	6875	17404	35570	16445	485	170683	23678	11235	650
	价值	15686	43028	80138	47818	943	417776	54186	24254	2322
杂粮	市担	1790	8561	7065	42541	465	506084	10542	13895	913
	价值	3437	16267	13637	81680	870	1021085	20765	27100	1762
成油	市担	1242	2273	6988	4658	13	22190	4385	1232	1503
	价值	28842	43454	130769	85162	60	403841	85750	34635	30061
油子	市担	359	8285	4376	8046	—	17110	5485	417	3527
	价值	4318	99425	52515	96550	—	205307	65815	5005	42326
木材	价值	12204	15308	13549	—	—	515178	13134	7330	1730
牛	头数	3127	2934	7167	2405	48	2165	2598	1972	48
	价值	109445	117360	215060	67340	1200	103920	109116	59160	1536
马	匹数	436	417	309	139	—	902	394	12	16
	价值	13366	12176	12315	6444	一	44330	18192	444	618

类别	别	中渡	雒容	柳江	象县	金秀设治局	苍梧	藤县	岑溪	容县
猪	头数	5772	12959	13093	10688	1107	41883	23391	5639	8728
	价值	246828	328027	483151	394600	21200	1178638	511751	125578	236370
其他家畜及畜产品	价值	9706	17696	12874	11805	105	276888	150823	27630	8482
水产品	价值	3510	10246	8408	—	—	11916	17885	575	218
林产品	价值	50	802	1145	—	—	59063	8264	1435	75
犁耙锄	件数	8226	19529	19226	2310	234	81737	78380	5786	6342
	价值	6087	14620	12125	1816	147	65388	52591	4048	5150
水车	架数	85	61	42	41	—	3101	2039	6	8
	价值	764	432	390	307	—	27582	21490	293	110
其他衣具	价值	3749	2552	1552	2131	182	17890	6973	1112	1925
渔具	价值	708	1314	1079	—	—	1528	2293	73	27
人力车及牛马车	架数	47	106	24	—	—	212	489	47	477
	价值	429	1197	264	—	—	5588	14682	510	6042
汽车	辆数	—	—	—	—	—	—	2	—	—
	价值	—	—	—	—	—	—	425	—	—
汽船	艘数	—	—	—	—	—	3	—	—	—
	价值	—	—	—	—	—	8647	—	—	—
民船	艘数	—	20	9	—	—	2337	224	—	—
	价值	—	405	200	—	—	104332	3232	—	—
药品	价值	3622	795	364	450	50	590116	23103	10245	131
图书古玩	价值	5536	4715	2181	1741	—	750642	27595	2234	537
金银币钞		2599	8804	9206	6324	—	422540	99651	10368	28235
其他		73620	492022	91433	40962	55	8603855	408186	94625	17691

类	别	平南	桂平	武宣	贵县	兴业	玉林	北流	陆川	博白
总	计	8790227	10361209	3219486	8095466	21931	80422	582291	354822	130058
房屋	间数	5803	5951	2112	5163	—	84	37	93	32
	价值	1231054	2675673	513657	2009873	—	1220	2156	27794	662
家具	价值	835699	824208	258654	592013	1504	2017	12868	27626	2334
衣着	价值	1628692	1678277	422328	1076853	—	11036	170883	106697	16770
寝具	价值	525313	546570	236916	501199	—	—	4946	25399	1336
花纱	市担	2538	3544	492	3628	—	—	1	2	—
	价值	559852	619933	88873	657025	—	—	284	427	—
布料	市丈	21107	25135	6192	25125	—	—	284	444	4
	价值	744388	850644	200600	829605	2100	1180	10830	14169	378
谷	市担	276241	326936	137227	83337	3605	2135	7273	9131	686
	价值	460941	573936	232653	135773	562	680	13346	15462	1086
米	市担	38965	52856	20590	35188	1124	1496	2407	1420	48
	价值	84423	119008	57343	76152	—	—	5414	3339	106
杂粮	市担	67525	50694	29602	39112	25	17	1279	958	138
	价值	130324	98853	57429	71197	210	150	2471	1821	264
成油	市担	9528	11265	6638	10892	—	—	407	441	20
	价值	174560	209089	122967	199832	—	—	8150	883	200
油子	市担	7426	6656	5353	2853	—	—	1803	—	963
	价值	89116	79874	64240	34236	—	—	21632	—	11560
木材	价值	39861	136189	28045	19661	—	—	—	870	710
牛	头数	6446	11063	5243	6446	192	—	673	240	673
	价值	238502	387205	151898	238502	6144	—	20863	6240	16352
马	匹数	1000	1639	814	1562	—	—	18	5	10
	价值	40162	55909	27583	79650	—	—	676	245	520

类别	别	平南	桂平	武宣	贵县	兴业	玉林	北流	陆川	博白
猪	头数	30655	23442	9305	35159	213	2710	12576	5937	2477
	价值	956699	715297	403781	979942	7694	60193	32268	76327	75370
其他家畜及畜产品	价值	187735	100395	49698	86040	—	—	39105	4878	680
水产品	价值	38831	33009	32713	49301	—	—	615	66	91
林产品	价值	15395	12182	6355	1565	—	—	40	742	—
犁耙锄	件数	24541	34137	9272	7639	—	—	4390	3860	—
	价值	19095	23516	7991	5938	—	—	2838	2583	—
水车	架数	1841	3388	475	384	—	—	143	5	—
	价值	19319	31221	3239	3308	—	—	1155	55	—
其他农具	价值	52295	20377	7136	11634	1750	1600	1258	1009	400
渔具	价值	4981	4233	4196	6345	—	—	78	8	10
人力车及车	架数	2234	530	547	6291	—	—	9	—	—
	价值	31845	6321	6663	85988	—	—	102	—	—
牛马车	辆数	1	—	—	1	—	—	—	—	—
	价值	146	—	—	150	—	—	—	—	—
汽车	辆数	—	1	—	—	—	—	—	—	—
	价值	—	—	—	—	—	—	—	—	—
民船	艘数	—	2016	—	—	—	—	—	—	—
	价值	616	1052	282	868	—	—	—	—	—
汽船	艘数	—	—	—	—	—	—	—	—	—
	价值	17949	28753	6261	27695	—	—	—	—	—
药品	价值	34525	33076	11131	20450	—	—	1004	4454	50
图书古玩玩品	价值	32454	38905	6259	25172	—	—	735	11830	—
金银币	钞	95498	127968	11396	31705	—	416	7510	8561	957
其他	他	500573	328579	199431	238632	—	159	22064	13338	466

续表

类别		邕宁	永淳	横县	宾阳	上林	武鸣	隆山	都安	那马
总计	计	24721676	1791167	3766219	9599079	2242211	12423722	1195978	1452293	895651
房屋	同数	14428	1925	2121	4832	1466	3724	1107	944	874
	价值	5325785	420379	664764	1616734	151863	1419121	49436	45357	27687
家具	价值	3649764	79375	411530	978101	286797	1743217	83782	101498	111795
衣着	价值	3800321	82292	143962	1664193	181974	2419722	223148	237079	104011
寝具	价值	1045958	53970	152725	871207	151743	467867	100829	155798	50674
花纱	市担	6789	428	940	1415	396	2153	76	115	118
	价值	1271982	76542	164480	235526	68259	307539	11507	17536	20148
布料	市丈	51350	282	12036	22274	4652	20126	1437	2100	1458
	价值	1573637	70962	398366	623790	170542	679913	50507	69926	48912
谷	市担	781988	49609	49237	140900	170730	366371	15620	19467	17375
	价值	1329176	84018	83274	240065	287860	619543	53282	65868	29349
米	市担	19646	6842	4530	82734	35036	174255	13500	4321	9894
	价值	329446	14614	25063	186561	46687	377208	26202	8945	20811
杂粮	市担	44163	2177	13461	40662	37782	37542	13665	56713	125504
	价值	88035	4214	25576	78478	72438	72458	25973	107177	233437
成油	市担	14264	1793	2494	13607	1768	20226	1754	850	522
	价值	265295	29862	39880	252144	35364	374513	29086	17203	10442
油子	市担	4151	3650	4800	2892	1194	3238	2088	10	201
	价值	49807	43802	54953	34702	14357	38855	25058	3122	2415
木材	价值	149316	16130	17937	75601	20356	85366	9920	6650	14733
牛	头数	29967	3127	962	22127	3512	1154	2886	2790	1395
	价值	1168864	93810	34632	619556	119408	43853	83763	103230	40455
马	匹数	289	907	267	1675	394	4230	243	677	447
	价值	138770	42606	12512	80079	13028	150877	15366	31233	26299

续表

类别	别	邕宁	永淳	横县	宾阳	上林	武鸣	隆山	都安	那马
猪	头数	45858	16202	9033	28782	15934	36873	6339	4370	1236
	价值	1500458	512214	313376	886662	331888	1213101	238211	217313	65806
其他家畜及畜产品	价值	252642	64126	12609	148030	75167	352012	19427	45802	24115
水产品	价值	115658	5054	845	69227	57683	83818	1945	649	2200
林产品	价值	20207	22	7157	2278	4303	16651	90	60	195
犁耙锄	件数	165043	6159	10079	10983	7745	5482	5179	5846	5777
	价值	122121	4178	7521	8563	4802	4465	3943	5141	4065
水车	架数	2249	576	543	1236	1128	1587	629	5826	428
	价值	14415	4326	4280	9256	7919	13256	4958	67138	3708
其他农具	价值	73411	1235	1457	21872	12215	27521	1307	1375	1749
渔具	价值	14789	647	104	8860	738	17408	248	83	281
人力车及牛马车	架数	2958	33	171	10965	1645	2280	134	540	66
	价值	63913	445	2728	157594	21163	35838	2158	8335	787
汽车	辆数	2	—	—	2	—	1	—	—	—
	价值	325	—	—	333	—	142	—	—	—
汽船	艘数	—	—	—	—	—	—	—	—	—
	价值	—	—	—	—	—	—	—	—	—
民船	艘数	129	248	45	—	2	215	—	85	—
	价值	3301	4883	830	—	45	4134	—	2000	—
药品	价值	86488	100	2100	42446	2636	54604	1879	2359	1082
图书古玩	价值	189008	1548	12571	15648	2537	76969	427	531	1104
金银币	钞	301823	13947	19342	277083	16531	359353	11399	16470	10444
其他	其他	1776961	71856	150745	388790	83888	1304398	32127	114405	32356

类别	项目	平治	果德	隆安	同正	扶南	绥渌	上思	龙津	上金
总计	计	76173	492010	2446095	640903	1394942	1365392	1029616	5785394	662525
房屋	间数	95	844	1369	874	966	2371	947	3163	2159
	价值	3431	24808	48720	37696	208930	146822	70288	1077081	183772
家具	价值	6048	37548	208033	57228	152287	139376	87208	821137	44312
衣着	价值	7878	78714	280204	104266	412706	223579	299769	666123	25814
寝具	价值	6440	46873	206540	55707	67488	77585	86568	281606	2967
花纱	市担	10	112	133	35	156	58	96	2987	114
	价值	1558	16767	23501	6171	26558	10172	15869	552130	20212
布料	市丈	209	16773	16436	955	829	1859	877	20496	409
	价值	7950	59466	560587	34615	27634	62326	29358	820623	13392
合	市担	492	10167	6523	10504	11221	50530	24153	42190	7117
	价值	1477	25702	84323	16075	38083	81669	40953	69191	12634
米	市担	6285	4845	26970	3420	7372	8230	4952	20847	2675
	价值	13699	10447	54433	6868	15295	16912	10637	41049	5444
杂粮	市担	1701	11333	38706	5837	21098	3024	756	20058	22835
	价值	3227	21760	73532	10973	40091	5777	1436	39511	42720
成油	市担	10	502	525	487	3856	853	310	27562	1570
	价值	96	10045	104998	9478	71139	16272	6206	508448	28417
油子	市担	49	161	1061	236	24415	459	937	6258	2699
	价值	587	1934	12189	2833	29155	5513	11243	75095	32392
木材	价值	—	5205	36779	7231	10624	20242	19670	36184	11706
牛	头数	241	1684	3223	1299	962	3704	967	2020	2934
	价值	8676	45468	103136	46764	31746	151742	30784	54594	85086
马	匹数	24	236	881	548	236	330	915	912	285
	价值	1009	6935	35195	17092	9430	12338	28834	34872	7500

类	别	平治	果德	隆安	同正	扶南	绥禄	上思	龙津	上金
猪	头数	286	2485	6353	2638	5832	6497	7107	8560	4798
	价值	7943	60812	211479	76542	143614	209444	199133	356538	92166
其他家畜及畜产品	价值	1365	10222	35714	7436	13169	42454	27528	37407	9824
水产品	价值	—	1350	6971	1541	221	12620	4389	14568	—
林产品	价值	—	704	3334	738	2630	504	129	956	6462
犁耙锄	件数	282	581	9095	5007	4433	3302	7983	128406	4890
	价值	185	308	6877	3234	2844	1996	5461	101115	91
水车	架数	—	436	472	401	—	4248	495	352	260
	价值	—	3508	3912	3618	—	45568	3838	822	1600
其他农具	价值	183	1210	1604	1504	1585	1840	1604	13607	—
渔具	价值	—	173	894	197	28	1701	561	1870	244
人力车及	架数	—	62	722	172	214	193	24	2159	—
	价值	—	810	10471	2362	2093	2441	340	25297	5300
牛马车车	价值	—	—	—	—	—	—	—	—	—
汽车	辆数	—	—	26	—	—	—	—	—	—
	价值	—	—	—	—	—	—	—	—	—
汽船	艘数	—	—	—	—	—	—	—	—	—
	价值	—	—	—	—	—	—	—	—	—
民船	艘数	—	5	385	—	15	2	—	135	32
	价值	—	128	10574	—	344	35	—	3428	600
药品	价值	136	1086	32625	830	1265	667	232	1508	414
图书古玩	价值	548	2484	13756	2488	1066	14214	1545	6753	40
金银币	钞	2662	3985	88916	5161	22650	11266	10199	128592	31063
其	他	1075	13558	186772	22255	61967	50217	35798	15289	—

类别	别	凭祥	宁明	明江	思乐	左县	靖西	镇边	崇善
总计	计	1275324	707035	838508	1174296	314787	6138	8696	428088
房屋	件数	2004	1895	1446	1359	1095	—	—	1122
房屋	价值	309075	199975	90220	165952	70445	—	—	80755
家具	价值	209276	48959	56250	91656	51956	—	1025	31859
衣着	价值	92111	68602	100398	242076	58299	—	—	38566
寝具	价值	28803	30151	32791	100352	20627	—	—	33861
花纱	市担	233	154	228	132	32	—	—	44
花纱	价值	41114	26047	41625	22020	4699	—	—	7332
布料	市丈	4381	122	128	100	27	—	—	70
布料	价值	137737	32617	34038	30647	8480	—	—	21998
合	市担	41578	14301	40321	33410	3444	1930	1270	7922
合	价值	69978	23641	69301	54830	5899	4790	3810	13254
米	市担	4570	5521	10422	18070	350	562	551	2548
米	价值	8917	11343	20731	37382	690	1234	1212	5167
杂粮	市担	9167	2905	1443	1266	11228	60	272	5003
杂粮	价值	16960	5392	586200	2370	20540	114	500	9932
成油	市担	1400	2075	2044	1672	172	—	—	929
成油	价值	25014	37494	36886	30458	3457	—	—	7589
油子	市担	4305	400	200	252	582	17	—	400
油子	价值	51958	4804	2400	3021	6983	200	—	4795
木材	价值	13377	9291	12700	7749	2177	—	—	3313
牛	头数	3030	529	3172	6446	49	—	46	1347
牛	价值	72720	12696	87528	180828	1053	—	1564	36022
马	匹数	164	488	267	72	133	—	—	59
马	价值	5972	18990	9259	942	5349	—	—	6064

续表

类别	别	凭祥	宁明	明江	思乐	左县	靖西	镇边	崇善
总计	计	1275324	707035	838508	1174296	314787	6138	8696	428088
猪	头数	5436	3651	6481	3799	215	—	—	3903
	价值	98689	87376	139292	91785	7882	—	—	65775
其他家畜及畜产品	价值	16304	29394	60653	10232	879	—	—	5364
水产品	价值	5060	20474	5986	15060	—	—	—	6936
林产品	价值	458	452	94	134	—	—	—	670
犁耙锄	件数	3832	3226	3394	7864	—	—	163	8856
	价值	2356	1675	1889	5126	—	—	90	6414
水车	架数	34	30	77	73	9	—	—	6
	价值	260	596	554	51	—	—	—	117
其他农具	价值	1336	1230	1350	946	542	—	105	847
渔具	价值	649	2627	767	2065	—	—	—	890
人力车及牛马车	架数	309	211	193	127	160	—	—	54
	价值	4170	3192	2159	1509	1254	—	—	773
汽车	辆数	—	—	—	—	—	—	—	—
	价值	—	—	—	—	—	—	—	—
民船	艘数	—	—	—	—	—	—	—	—
	价值	—	—	—	—	—	—	—	—
汽船	艘数	—	38	7	3	—	—	—	—
	价值	—	641	151	43	—	—	—	—
药品	价值	691	804	1099	189	199	—	150	176
图书古玩	价值	1737	3348	2016	394	124	—	—	1544
金银币钞	钞	10467	11991	9356	15820	15866	—	140	11004
其他	他	50135	13233	16328	60659	27387	—	—	17040

12. 各县平均每户每人损失

（三三年九月至三四年八月）

单位：国币千元

县（市）别	损失总值	受损失户数	人口数	平均每户损失	平均每人损失
总　　计	363872196	679794	13130292	535.29	27.71
桂　林　市	45821248	9535	309460	480.56	148.07
临　　桂	9890095	24959	235403	396.25	42.01
阳　　朔	6237898	11009	120822	566.62	51.62
永　　福	1872824	4374	60388	428.17	3.10
百　　寿	964400	5068	67535	190.29	14.28
义　　宁	2049824	2423	50083	845.98	40.93
灵　　川	4994398	30171	125892	165.54	39.67
兴　　安	5900355	19821	160260	297.68	37.39
龙　　胜	699050	8251	77099	84.72	9.07
资　　源	663882	600	71997	1106.47	8.80
全　　县	131882586	24429	356496	568.28	38.94
灌　　阳	4835038	16309	125135	296.46	38.64
平　　乐	7213168	10860	176619	664.19	40.84
怀　　集	1929872	5456	293781	353.71	65.69
信　　都	523954	2348	60466	223.15	8.67
钟　　山	777889	8587	179910	90.58	4.32
富　　川	1307959	7540	112152	173.35	11.66
昭　　平	634033	1308	146822	484.73	43.42
恭　　城	1293364	6792	125215	190.42	10.32
蒙　　山	2378945	4580	101505	519.42	23.44
修　　仁	2516084	5933	69266	424.08	36.52
荔　　浦	4722665	12346	151614	382.52	31.14
柳　　江	29891121	13752	263578	2173.58	11343
来　　宾	4554173	16234	144950	280.53	31.42
迁　　江	6425729	17623	121512	364.62	52.88
忻　　城	1807531	4828	110613	374.39	16.34
宜　　山	12813196	25424	308415	503.99	41.55
河　　池	5677728	9704	110260	585.09	51.49
南　　丹	2232334	5751	76024	388.16	29.36
思　　恩	2673965	6912	95195	386.85	28.09
宜　　北	787581	1733	47145	454.46	16.70
天　　河	1393049	5559	77673	250.59	17.93
罗　　城	2377655	5009	120242	427.71	19.77
融　　县	3314522	11621	187048	285.22	17.72
三　　江	436708	320	140645	1364.71	31.09
柳　　城	2443273	7102	128684	348.41	18.90
中　　渡	1442768	3119	40173	456.16	35.93

县（市）别	损失总值	受损失户数	人口数	平均每户损失	平均每人损失
雒 容	2330325	4006	50317	581.71	46.31
榴 江	2319463	5272	64538	439.95	35.94
象 县	1868199	4800	141457	387.91	13.16
金秀设治局	36427	400	24777	91.07	1.47
苍 梧	42118850	27935	399113	1507.74	105.53
藤 县	6845709	17820	405777	384.16	16.87
岑 溪	1271516	2556	207572	497.46	61.25
容 县	625081	5569	309150	112.24	2.02
平 南	8790227	26318	406284	334.00	21.63
桂 平	10361209	20562	493972	503.90	20.76
武 宣	3219486	9093	136672	354.06	23.56
贵 县	8095466	13139	476958	616.14	16.97
兴 业	21931	465	125108	47.16	0.17
玉 林	80422	887	373447	90.67	0.21
北 流	382291	4646	370248	82.28	1.03
陆 川	354822	407	256570	87.19	1.38
博 白	130052	894	413975	14.54	0.31
邕 宁	24721676	36348	421428	680.13	58.66
永 淳	1797157	8063	188068	222.88	9.56
横 县	2765259	9930	296410	278.47	9.33
宾 阳	9599379	9671	258208	992.59	37.18
上 林	2242211	8821	217889	254.19	10.29
武 鸣	12423722	33517	257551	370.07	48.23
隆 山	1105978	5631	135553	196.41	8.16
都 安	1452293	5796	256843	250.57	5.65
那 马	895651	3758	72168	238.34	12.41
平 治	76173	557	96563	136.75	0.78
果 德	492010	2650	60146	185.66	8.18
隆 安	2446095	8421	111180	290.47	22.00
同 正	540903	1888	48195	286.49	11.22
扶 南	1394942	3362	78587	415.13	41.49
绥 渌	1365392	6142	44997	222.30	30.34
上 思	1029616	7555	90749	136.28	11.35
靖 西	6138	150	246405	40.93	0.02
镇 边	8696	100	84328	86.96	0.10
龙 津	5785394	7885	66385	733.72	87.14
上 金	662525	1395	52284	474.92	12.67
凭 祥	1275324	2085	24718	611.66	51.59
宁 明	707035	3306	28209	213.86	25.06
明 江	838508	5268	35261	159.17	13.78
思 乐	1174296	3103	51482	378.43	22.81
崇 善	428088	843	62485	507.81	6.85
左 县	314787	989	30313	318.29	10.38

注：人口数系三十三年第一季人口数字。

13. 各机关团体财产直接损失统计总表

（三三年九月至三四年八月）

单位：国币千元

类　　　别	总　　值	类　　　别	总　　值
总　　　计	110094131	田 赋 管 理 处	387474
党　　　团	639121	税　务　局	3529
广 西 省 政 府	9041210	合 作 事 业	109785
县 市 政 府	2538606	商 业 公 会	1000492
临 时 参 议 会	774422	仓　　库	855945
交 通 机 关	22816272	税 捐 征 收 处	646026
农 林 机 关	524614	司 法 机 关	1124907
军 警 机 关	8642083	金 融 机 关	460468
慈 善 机 关	10552	民 营 事 业	2236315
人 民 团 体	89836	财 保 会	97956
教 育 机 关	31688013	乡 镇 村 街 公 所	25567383
卫 生 机 关	845122		

14. 各机关团体财产直接损失

(三三年九月至三四年八月)

价值单位：国币千元

类别	总计	党团	广西省政府	县市政府	临时参议会	交通机关	农林机关	军警机关
价值总计	110094131	639121	9041210	2538606	774422	22816272	524614	8642083
房屋 间数	—	—	—	—	—	—	—	—
房屋 价值	36810204	130591	5975544	1043118	331428	262005	112887	8220146
家具 价值	21112499	148879	956292	473495	275753	144715	7077	11110
衣着 价值	4251170	25436	858502	178066	3693	54343	1297	22340
寝具 价值	12722789	26837	29180	106829	3469	7893	653	10172
花 市担	9784	—	—	18	—	2	0.3	—
花 价值	19924	—	1085	3650	—	432	61	—
布料 市丈	11049	1142	—	1740	68	537	266	135
布料 价值	318889	34281	32540	52221	2055	16129	11009	4054
谷 市担	616176	1219	82	19103	164	313	674	29
谷 价值	4695644	2437	163	38206	328	625	1347	58
米 市担	59394	3366	10886	4625	597	295	333	177
米 价值	278286	10198	32657	13875	1790	885	1000	530
杂粮 市担	276536	—	—	1739	—	10	608	1160
杂粮 价值	553067	—	—	3477	—	19	1215	2320
食油 市担	39681	—	—	167	46	108	3	15
食油 价值	79394	—	—	3330	914	2169	40	300
油子 市担	1429	—	—	7	—	59	146	—
油子 价值	17165	—	—	78	—	711	2540	—
木材 价值	141139	2342	6330	1728	624	30	101635	42
牛 头数	3975	10	—	66	8	—	—	229
牛 价值	256153	402	—	2640	320	10	—	9150
马 匹数	921	—	4	50	—	—	1	2
马 价值	36773	—	140	1483	—	9	30	60

类	别	总计	党	团	广西省政府	县市政府	临时参议会	交通机关	农林机关	军警机关
猪	头数	9129	—	—	—	91	21	1	5365	19
猪	价值	273862	—	—	—	2726	644	20	160948	557
其他家畜及畜产品	价值	18316	—	—	—	296	260	—	—	51
水产品	价值	14771	—	12	—	130	—	36	40	—
林产品	价值	15645	—	26	—	100	—	—	565	—
犁耙锄	件数	23902	—	18	—	4767	—	1	14689	21
犁耙锄	价值	17285	—	—	—	3330	—	1	10282	15
水车	架数	1620	—	—	—	9	—	—	1163	—
水车	价值	14576	—	—	—	81	—	—	10470	—
其他农具	价值	110809	—	27	—	6116	—	1439	78309	—
渔具	价值	4381	—	—	—	—	—	—	1531	—
人力车及牛马车	架数	10277	—	—	5774	115	—	2	—	19
人力车及牛马车	价值	154148	—	—	86606	1723	—	20	—	280
汽车	辆数	5640	—	—	2247	—	—	2994	—	364
汽车	价值	930662	—	—	370832	—	—	494000	—	60000
汽船	艘数	—	—	—	—	—	—	—	—	—
汽船	价值	1229	—	—	—	—	—	—	—	—
民船	艘数	353	—	—	—	2	—	—	—	3
民船	价值	10964	—	—	—	61	—	10	—	100
药品	价值	258845	360	—	25750	3673	—	500	1	2117
图书古玩	价值	7683470	75261	—	44692	196836	8949	496	508	7258
金银币	钞	452842	7603	—	—	34454	55	590	—	1128
其他		30289232	174437	—	621932	366384	143440	21829167	23502	290295

类 别		慈善机关	人民团体	教育机关	卫生机关	田赋管理处	税务局	合作事业	商业公会
价值总计		10552	89836	31688013	845122	387474	3529	109785	1000492
房屋	间数	—	—	—	—	—	—	—	—
	价值	5016	23133	2761517	452406	153348	502	25512	347699
家具	价值	1032	35136	17454727	113310	57030	671	4094	36509
衣着	价值	42	4566	580144	58221	20251	1074	51128	13425
寝具	价值	143	2504	377770	25214	21641	688	1505	61156
花纱	市担	—	—	4	4	0.1	—	0.6	0.04
	价值	—	—	832	892	11	—	107	9
布料	市丈	1	14	1060	243	61	—	129	686
	价值	30	339	31801	7306	1834	—	3884	20563
谷	市担	118	2426	230949	103	7662	—	1391	1209
	价值	235	4852	461897	207	15324	—	2782	2417
米	市担	—	—	10234	—	657	—	487	161
	价值	—	—	30701	—	1972	—	1463	482
杂粮	市担	—	2678	3396	—	12	—	98	123641
	价值	—	5356	4792	—	24	—	195	247282
成油	市担	—	—	173	—	0.6	—	24	1109
	价值	—	—	3458	—	13	—	837	22195
油子	市担	—	—	55	—	—	—	554	—
	价值	—	—	662	—	—	—	6653	—
木材	价值	—	1479	55428	382	8099	—	78	1008
牛	头数	—	—	128	19	—	—	50	9
	价值	—	—	5110	770	—	—	2000	350
马	匹数	—	—	154	—	1	—	3	—
	价值	—	—	6171	—	40	—	110	—

类	别	慈善机关	人民团体	教育机关	卫生机关	田赋管理处	税 务 局	合作事业	商业公会
猪	头数	—	20	278	—	1	—	103	21
	价值	—	587	8341	—	38	—	3091	621
其他家畜及畜产品	价值	—	9	1013	160	—	—	1263	360
水产品	价值	—	—	803	—	—	—	3	1500
林产品	价值	—	—	2202	—	—	—	2	60
犁耙锄	件数	—	—	89	—	949	—	360	—
	价值	—	—	621	—	664	—	252	—
水车	架数	—	—	20	—	45	—	—	17
	价值	—	—	178	—	405	—	—	151
其他农具	价值	—	15	14220	2	1529	—	—	950
渔具	价值	—	—	—	135	—	—	—	—
人力车及牛马车	架数	—	—	3033	13	—	—	—	—
	价值	—	—	45495	197	—	—	—	—
汽车	辆数	—	—	18	30	—	—	—	—
	价值	—	—	3000	—	—	—	—	—
汽船	艘数	3	—	—	—	—	—	—	—
	价值	90	—	257	—	—	—	—	972
民船	艘数	—	—	1	—	—	—	—	3
	价值	—	—	35	—	—	—	—	100
药品	价值	—	—	14637	99580	49	—	—	42870
图书古玩	价值	60	27	6812116	12048	15412	—	2892	13274
金银币	钞	—	120	38906	1787	1102	—	123	3179
其他		3904	11713	2971179	72475	88688	594	1811	183360

类 别		仓 库	税捐征收处	司法机关	金融机关	财 保 会	民营事业	乡镇村街公所
价值总计		855945	646026	1124907	460468	97956	2230315	25567383
房 屋	间数	—	—	—	—	—	—	—
	价值	26667	132830	686113	370952	13059	418890	15319850
家 具	价值	55823	43376	85472	6868	3847	43946	1153867
衣 着	价值	30699	40648	31964	26255	5104	9209	2234764
寝 具	价值	36581	64811	21171	3096	—	21818	449658
花 纱	市担	—	0.8	1.7	1	—	23	63
	价值	—	165	355	220	—	470	12720
布 料	市丈	—	482	244	2	—	64	1990
	价值	—	14459	7322	80	—	19214	59768
谷	市担	311921	6119	4119	3233	11218	2444	11680
	价值	623842	12238	8289	6466	22435	4887	3486659
米	市担	5159	2429	1384	391	6748	156	11309
	价值	15478	7289	4153	1174	20244.	469	133926
杂 粮	市担	1705	127	360	—	—	122780	19222
	价值	3410	254	720	—	—	245559	38444
成 油	市担	—	42	268	15	—	1066	930
	价值	—	846	5362	35	—	21318	18617
油 子	市担	—	163	—	—	—	2	562
	价值	—	1964	—	—	—	25	7032
木 材	价值	621	2229	123	520	5164	1146	52423
牛	头数	6	212	8	—	—	81	615
	价值	—	8479	335	—	—	362	124584
马	匹数	—	6	—	—	—	—	700
	价值	—	241	—	—	—	—	27939

类	别	仓 库	税捐征收处	司法机关	金融机关	财 保 会	民营事业	乡镇村街公所
猪	头数	—	10	118	—	167	15	2899
	价值	—	310	3554	—	5010	441	86965
其他家畜及水产品	价值	—	50	34	—	3535	360	10225
水产品	价值	—	1	—	—	2320	1524	8414
林产品	价值	—	—	800	—	—	—	11904
犁耙锄	件数	—	14	—	—	—	66	2920
	价值	—	10	—	—	—	46	2044
水车	架数	—	9	—	—	—	—	357
	价值	—	80	—	—	—	—	3211
其他农具	价值	221	359	56	—	—	439	7127
渔具	价值	—	—	—	—	—	—	2715
人力车及牛马车	架数	—	80	140	—	—	770	331
	价值	—	1202	2102	—	—	11555	4959
汽车	辆数	—	—	—	—	—	17	—
	价值	—	—	—	—	—	2800	—
民船	艘数	—	—	—	—	—	—	—
	价值	—	—	—	—	—	334	7
药品	价值	—	—	—	—	—	10343	225
图书古玩	价值	—	4350	259	—	—	56324	8375
金银币	价值	470	21371	46693	7944	1806	9775	405582
	钞	248	4703	6679	150	3585	8788	339642
其他	其他	61879	283761	213402	36708	12356	1343640	1554494

15. 各县市机关团体间接损失

（三三年九月至三四年八月）

单位：国币千元

县（市）别	共　　计	迁移费	防空费	疏散费	救济费	抚恤费
总　　计	28305490	10531813	4772621	8058044	3371642	1571370
桂　林　市	5266190	1861063	1052659	1089373	786324	476771
临　　桂	752840	256684	148830	172216	117504	57606
阳　　朔	296846	107840	51290	89720	31446	16550
永　　福	253069	71327	99076	60190	19728	2748
百　　寿	129371	47115	19930	37966	19854	4506
义　　宁	177530	71599	25307	46169	25376	9079
灵　　川	139109	53012	23318	37023	15306	10450
兴　　安	436146	183549	73404	117474	31620	30099
龙　　胜	147444	80232	18900	25646	—	22666
资　　源	113837	47690	20990	32010	9577	3570
全　　县	654784	170297	90871	212581	130236	50799
灌　　阳	197188	82583	23556	72482	15046	3521
平　　乐	577570	194814	115910	137216	84084	45546
怀　　集	323657	98654	52025	67854	72055	33069
信　　都	161158	64015	26450	45172	15173	10348
钟　　山	184179	88596	26918	48006	14624	6035
富　　川	249142	121578	36640	64288	19489	7147
昭　　平	186257	82459	29992	46743	20555	6508
恭　　城	127889	53103	22166	31922	15756	4942
蒙　　山	305266	124716	42211	96319	35509	6511
修　　仁	153173	65129	22833	42341	15404	7466
荔　　浦	471932	223071	88276	69944	79755	10879
柳　　江	1570591	474706	206523	525806	202733	160823
来　　宾	151556	56401	26629	33958	19252	15516
迁　　江	176504	73339	21882	50004	21786	9493
忻　　城	153363	59318	23762	45549	18958	5776
宜　　山	624429	197740	130840	168899	85674	41276
河　　池	133659	53444	22070	33965	21114	3066
南　　丹	169195	78094	26191	41052	15592	8266
思　　恩	151842	56392	28656	38574	20974	7246
宜　　北	150790	54884	38750	37516	13974	5666
天　　河	100110	53164	19150	27796	—	—
罗　　城	199901	90888	28120	51932	23875	5086
融　　县	183591	62876	22853	47405	41034	9423
三　　江	133090	52764	28170	34216	12474	5466
柳　　城	150604	64564	28750	40316	16974	—
中　　渡	112116	49309	20985	27604	11342	2876

县（市）别	共　计	迁移费	防空费	疏散费	救济费	抚恤费
雒容	139390	54324	25920	32066	16394	10686
榴江	132520	55174	25250	32666	13974	5456
象县	140190	54454	26860	34726	14384	9766
金秀设治局	26375	9414	8900	6871	866	324
苍梧	1652201	600088	174120	831773	36137	10083
藤县	130985	57922	20696	37841	13790	5736
岑溪	211048	92302	25382	31460	58415	3489
容县	183564	72128	33554	48043	22103	7736
平南	115323	49334	20900	30276	10637	4176
桂平	718498	147011	115563	226797	144726	84401
武宣	125650	50551	20496	32065	12629	9919
贵县	289515	175151	63990	23609	19449	7316
兴业	160106	66434	31678	40327	16041	5626
玉林	318218	55414	115799	90343	11484	45178
北流	264675	62438	114608	54225	25238	8166
灵川	106946	46159	19355	26765	10315	4352
博白	171988	57572	20776	44420	37074	12146
邕宁	1949470	813096	150870	791588	164683	29283
永淳	136671	56633	23877	40729	11808	3624
横县	544126	337740	39567	113252	42872	10695
宾阳	722240	209625	157630	203990	147436	3559
上林	290670	114744	54580	66016	37384	17946
武鸣	1060363	477822	178445	248546	94374	61176
隆山	199890	79938	21536	73360	20606	4450
都安	193423	69893	34353	52306	26295	10576
那马	138536	63050	21546	39602	11062	3276
平治	77212	31363	13119	22001	7916	2813
果德	148395	48801	41681	29011	26099	2803
隆安	368991	121988	64746	122004	36368	23885
同正	23310	5936	9180	6844	484	866
扶南	147690	52494	28980	36016	22374	7826
绥渌	126380	53544	23130	28166	17574	3966
上思	125464	52834	22510	29116	15684	5320
靖西	20028	6594	3900	7520	2014	—
镇边	73412	45596	18782	—	9034	—
龙津	777705	231979	44130	454506	33674	13416
上金	158970	58234	37900	39876	18984	3976
凭祥	154961	61164	33450	44616	10155	5576
宁明	133130	54805	24805	31980	16924	4616
明江	124506	50956	22833	29828	14787	6102
思乐	110392	50234	20238	30746	9174	—
崇善	118486	47528	22787	34906	9688	3577
左县	27966	7343	9326	9999	606	692

16. 公务员役财产损失统计总表

（三三年九月至三四年八月）

机关团体数：**13128**　员役人数：**48173**

单位：国币千元

类　　别	总　　值	类　　别	总　　值
总　　计	14472033	其他家畜及畜产品	10577
房　　屋	2840657	水　产　品	2439
家　　具	2433462	林　产　品	5984
衣　　着	1875026	犁　耙　锄	14269
寝　　具	102404	水　　车	3234
花　　纱	142375	其　他　农　具	5098
布　　料	186503	渔　　具	1249
谷	837774	人力车及牛马车	10100
米	183705	汽　　车	1282
杂　　粮	31482	汽　　船	870
成　　油	50837	民　　船	696
油　　子	15315	药　　品	94702
木　　材	176812	图　书　古　玩	2402790
牛	55158	金　银　币　钞	129865
马	7686	其　　他	2809592
猪	40090		

· 240 ·

17. 各机关员役财产损失分类统计

(三三年九月至三四年八月)

价值单位：国币千元

类别		共计	桂林市	临桂	阳朔	永福	百寿	义宁	灵川	兴安	龙胜	资源
总	计	14472033	3974812	139485	410792	38732	27547	215	61448	165445	22976	20282
	间数	10963	1649	3	383	159	102	—	59	1700	88	92
房屋	价值	2840657	1253075	11049	90730	49184	5548	—	12499	70629	8087	7089
家具	价值	2433462	624183	53056	74999	5018	1181	102	9306	13384	7218	6416
衣着具	价值	1875026	261546	12329	30495	5614	7702	—	593	32101	292	260
寝具	价值	102404	62569	408	406	1207	356	96	229	820	401	357
花纱	价值	142375	3977	—	101283	—	—	—	—	—	522	—
布料	市丈	—	—	—	—	—	—	—	—	—	—	—
	价值	186503	23344	1000	26734	44	927	—	—	10269	2493	424
谷	市担	404120	7494	6113	1875	1493	6.5	—	—	1557	—	—
	价值	837774	14988	12226	3751	2986	1230	—	31015	4987	—	—
米	市担	73448.8	1054	1705.6	133.6	2523	1118.8	—	—	3819.6	210	138
	价值	183705	2635	4264	334	6333	2797	—	—	9799	525	466
杂粮	市担	31482	15116	146	1988	173	—	—	—	235	—	—
	价值	2540.1	8	—	29.2	1.9	—	—	—	1.4	—	—
成油	市担	50837	160	—	585	38	—	—	—	28	—	3
	价值	1287.4	26	—	35.6	—	—	—	—	2.4	4	38
油子	市担	15315	311	—	428	—	—	—	—	52	43	—
	价值			—		—	—	—	—		—	—
木材	价值	176812	54915	—	4050	21	—	—	420	387	—	3
牛	头数	1365	165	27	27	76	22	—	—	86	4	—
	价值	55158	6603	1063	1101	3061	885	—	—	3543	162	144

类别		共计	桂林市	临桂	阳朔	永福	百寿	义宁	灵川	兴安	龙胜	资源
马	匹数	181	—	—	65	—	—	—	—	1	—	—
	价值	7686	—	2731	—	—	—	—	—	53	—	—
猪	头数	1393	71	64	6	84	12	—	—	200	—	—
	价值	40090	2143	1910	191	2530	380	—	—	5995	—	—
其他家畜及畜产品	价值	10577	814	48	840	—	12	—	—	358	10	9
水产品	价值	2439	—	—	—	—	—	—	3	213	47	42
林产品	价值	5984	42	—	—	—	—	—	16	50	44	39
犁耙锄	件数	17438	255	—	1778	1146	—	—	13	—	40	35
	价值	14269	229	—	1423	1032	—	—	—	—	1	1
水车	架数	358	17	—	—	153	—	—	—	—	10	9
	价值	3234	152	—	—	1376	—	—	—	—	30	27
其他农具	价值	5098	1793	—	432	4	—	—	—	128	—	—
渔具	价值	1249	200	—	104	—	—	—	—	10	1	1
人力车及马车	架数	667	112	—	—	—	—	—	—	—	23	20
牛马车	价值	10100	1683	—	1559	—	—	—	—	6	—	—
汽车	辆数	7	7	—	—	—	—	—	—	—	—	—
	价值	1282	1141	—	—	—	—	—	—	56	—	—
汽船	艘数	—	—	—	—	—	—	—	—	—	—	—
	价值	870	—	—	—	—	—	—	—	—	—	—
民船	艘数	21	—	—	—	—	—	—	—	1	1	—
	价值	696	—	—	—	—	—	—	—	—	—	—
药品	价值	94702	1052	—	13412	—	1058	—	—	36	—	—
图书古玩	价值	2402790	393111	10195	16419	1601	1968	—	875	4524	—	—
金银币钞	钞	129865	9398	2120	28819	—	117	—	2707	1601	—	—
其他	他	2809592	1239622	29671	8082	3507	3386	17	3788	6271	5565	4946

类别		全县	灌阳	平乐	怀集	信都	钟山	富川	昭平	恭城	蒙山	修仁
总计	计	160263	166598	5596	520218	52621	23219	28535	125871	36183	82957	89648
房屋	间数	237	137	6	24	151	12	17	856	11	117	230
房屋	价值	30768	43421	166	4212	25181	119	137	18800	331	29204	31451
家具	价值	7068	24917	121	41747	4532	2992	3460	16808	29	26057	28070
衣着	价值	93179	11799	488	253919	932	1944	1469	26054	354	1055	1136
寝具	价值	850	1197	442	1091	459	291	616	385	138	1449	1561
花纱	价值	—	11107	—	—	—	9	101	8	—	—	—
布料	市丈	1099	5629	—	36	—	211	253	1325	—	1885	2330
布料	价值	3879	4828	—	303	4308	1457	7023	1672	12	—	—
谷	市担	7758	9657	—	606	8616	2915	15247	3345	25	754	816
谷	价值	376.8	1975	—	24	58.4	332	47	2025.6	—	1895	2040
米	市担	942	4938	—	60	146	830	118	5064	—	—	—
米	价值	60	373	—	—	—	90	10	828	—	—	—
杂粮	价值	7.5	13	—	15.7	—	—	—	31	—	—	—
成油	市担	150	263	—	314	—	3	—	620	—	—	—
成油	价值	—	311	—	—	—	—	—	—	—	13	14
油子	市担	—	3735	—	—	—	—	—	—	—	155	167
油子	价值	34	355	—	—	1	32	24	33	—	—	—
木材	价值	1376	61	—	14	—	—	—	1	—	14	16
牛	头数	—	2468	—	5	—	—	1	49	—	585	630
牛	价值	—	—	—	8	—	—	48	1	—	—	—
马	匹数	—	30	—	—	—	—	—	60	—	—	—
马	价值	—	16	—	—	—	—	12	35	—	—	—
猪	头数	23	—	—	—	—	—	—	—	—	—	—
猪	价值	690	473	—	245	—	—	376	1059	—	—	—

类 别	全县	灌阳	平乐	怀集	信都	钟山	富川	昭平	恭城	蒙山	修仁
其他家畜及畜产品 价值	—	40	—	45	16	7	19	30	—	—	—
水产品 价值	—	857	—	—	17	—	—	—	—	35	38
林产品 价值	—	—	—	—	—	20	—	—	—	169	182
犁耙锄 件数	—	119	—	10	—	4	18	3	—	161	173
犁耙锄 价值	—	107	—	8	—	3	16	3	—	145	156
水车 架数	—	60	—	—	—	—	—	—	—	4	4
水车 价值	642	540	—	—	—	—	2	—	—	34	37
其他农具 价值	—	363	—	—	—	—	5	40	—	109	117
渔具 价值	—	—	—	—	—	—	—	—	—	—	—
人力车及牛马车 架数	—	45	—	6	—	—	32	—	—	5	6
牛马车 价值	—	—	—	97	—	—	486	—	—	82	89
汽车 辆数	—	—	—	—	—	—	—	—	—	—	—
汽车 价值	—	—	—	—	—	—	—	—	—	—	—
汽船 艘数	—	—	—	—	—	—	—	—	—	—	—
汽船 价值	—	—	—	—	—	—	—	—	—	—	—
民船 艘数	—	—	—	—	—	—	—	—	—	4	4
民船 价值	—	11	—	697	—	—	—	—	—	—	—
药品 价值	—	3947	—	—	136	476	223	643	—	—	—
图书古玩 价值	9020	19477	4244	12548	765	862	682	8512	77	—	—
金银币钞	6109	4053	108	158	—	23	36	809	30633	—	—
其他	652	16796	—	204416	11820	12392	5207	10598	4596	20094	21640

续表

类别	别	荔浦	柳江	来宾	迁江	忻城	宜山	河池	南丹	思恩	宜北	天河
总	计	114036	1469388	51498	77976	37670	463962	192215	36932	25822	25618	79557
房 屋	间数	66	150	28	76	11	370	339	125	45	—	284
	价值	25233	125126	2924	12208	166	55716	70090	1454	6847	—	18487
家 具	价值	16116	551149	6905	7112	6261	117804	62553	4205	866	24500	10539
衣 着	价值	10724	442847	6822	50872	8163	89088	—	6900	4696	670	12466
寝 具	价值	556	406	1127	364	619	476	2530	151	184	—	173
花 纱	价值	—	—	1	7	166	2516	3477	—	124	—	1495
布 料	市丈	—	—	—	—	—	—	—	—	—	—	—
	价值	2194	1809	241	54	1029	8272	4524	2698	—	—	2595
谷	市担	377	2159	2593	1021	456	56404	—	550	4602	—	9549
	价值	755	4318	5186	2042	913	113815	—	1100	9204	—	19099
米	市担	2224	563.6	3730	104	4729	167.6	1818	19468	298	—	982.4
	价值	5560	1409	9325	258	11823	419	4547	4867	218	—	2456
杂粮	价值	101	182	423	26	948	118	—	600	14	—	936
成 油	市担	3.1	1529.3	52	0.3	—	18.3	—	—	—	—	—
	价值	62	30586	1039	6	—	366	31	—	—	—	8
油 子	市担	—	251.6	118	6	—	103.2	373	—	—	—	—
	价值	—	3020	1226	70	—	1239	—	—	—	—	—
木 材	价值	500	608	8	49	—	6771	—	—	356	—	768
牛	头数	26	94	97	—	14	6	35	18	2	—	86
	价值	1032	3793	3896	589	253	1406	702	113	—	—	3455
马	匹数	—	9	12	—	11	—	—	—	—	—	12
	价值	—	390	470	—	450	15	—	—	25	—	490

类别		荔浦	柳江	来宾	迁江	忻城	宜山	河池	南丹	思恩	宜北	天河
猪	头数	71	90	33	—	21	18	—	68	—	—	28
	价值	222	2716	1003	—	734	—	—	2030	—	—	850
其他家畜及畜产品	价值	31	—	—	—	—	—	—	—	—	—	—
水产品	价值	164	—	434	—	423	—	83	4000	—	—	60
林产品	价值	168	336	—	—	—	—	406	—	—	—	—
犁耙锄	件数	—	130	—	—	—	—	385	—	—	—	27
	价值	—	104	—	—	—	—	347	—	—	—	21
水车	架数	—	15	—	—	—	—	9	—	11	—	—
	价值	—	133	—	—	—	—	83	—	98	—	—
其他农具	价值	145	—	—	—	—	—	262	—	—	—	227
渔具	价值	—	—	—	—	—	—	—	—	—	—	—
人力车及牛马车	架数	14	—	—	—	16	61	19	—	—	—	18
	价值	200	—	—	—	234	927	298	—	—	—	270
汽车	辆数	—	—	—	—	—	—	—	—	—	—	—
	价值	—	—	—	—	—	—	—	—	—	—	—
船	艘数	—	—	—	—	—	—	—	—	—	—	—
	价值	—	—	—	—	—	—	—	—	—	—	—
民船	艘数	—	—	—	—	—	—	10	—	—	—	—
	价值	—	—	—	—	—	—	—	—	—	—	—
药品	价值	220	—	—	12	95	130	—	—	15	—	66
图书古玩	价值	15346	279134	1503	2400	3959	38053	—	1087	732	120	800
金银币	钞	1239	10	1409	134	286	5182	—	4010	388	—	132
其他	他	334036	12257	7556	2362	812	22784	48226	3128	1442	328	4167

类别		罗城	融县	三江	柳城	中渡	雒容	榕江	象县	金秀设治局	苍梧	藤县
总计		29603	52192	24254	73706	13668	1974	18229	50492	—	932115	5007
房屋	间数	93	17	109	141	30	—	88	200	—	25	21
房屋	价值	11828	3878	8537	26010	4575	—	9247	19818	—	103001	2200
家具	价值	13076	2115	7619	23060	1389	52	1177	17842	—	41326	56
衣着	价值	1466	4341	—	—	2155	154	2962	—	—	62435	360
寝具	价值	900	868	308	939	414	130	116	717	—	291	405
花纱	价值	—	465	424	1291	—	—	55	983	—	83	—
布料	市丈	—	—	—	—	—	—	—	—	—	—	—
布料	价值	2	662	553	1695	387	—	223	1263	—	16199	31
谷	市担	44	3241	—	—	528	23	145	—	—	30014	63
谷	价值	88	6482	—	—	1057	47	290	—	—	60029	—
米	市担	325.6	2352.4	221	661	56	83	28	524	—	3211.2	—
米	价值	814	5881	554	1653	140	209	70	1321	—	8028	53
杂粮	价值	1	95	—	—	10	—	—	—	—	35	1056
成油	市担	—	221.9	—	—	0.6	—	21.2	—	—	3	—
成油	价值	—	4438	—	11	12	—	424	8	—	60	—
油子	市担	—	2.1	4	—	—	—	5.2	—	—	—	—
油子	价值	—	26	45	138	—	—	63	106	—	—	60
木材	价值	563	591	—	—	—	—	—	—	—	13000	—
牛	头数	—	1	4	12	40	2	1	10	—	—	—
牛	价值	—	40	172	498	1615	70	50	420	—	—	—
马	匹数	—	3	—	—	—	—	—	—	—	—	—
马	价值	—	126	—	—	—	—	—	—	—	67	—
猪	头数	—	4	—	—	9	—	—	—	—	—	—
猪	价值	—	104	—	—	280	—	—	—	—	2018	—

类　别		罗城	融县	三江	柳城	中渡	雒容	榴江	象县	金秀设治局	苍梧	藤县
其他家畜及畜产品	价值	—	31	—	—	—	40	—	—	—	5	—
水产品	价值	—	—	10	37	—	—	—	19	—	—	—
林产品	价值	—	487	50	151	—	364	—	115	—	—	—
犁耙锄	件数	27	—	48	143	—	—	—	110	—	—	—
犁耙锄	价值	21	—	43	129	—	—	—	99	—	—	—
水车	架数	—	—	1	4	—	—	—	2	—	—	—
水车	价值	—	—	9	36	—	—	—	18	—	—	—
其他农具	价值	22	—	32	95	75	—	—	77	—	12	12
渔具	价值	—	—	—	—	—	—	—	—	—	—	—
人力车及	架数	—	—	1	5	—	—	—	6	—	—	—
牛马车	价值	—	—	24	74	—	—	—	56	—	—	—
汽车	辆数	—	—	—	—	—	—	—	—	—	—	—
汽车	价值	—	—	—	—	—	—	—	—	—	—	—
民船	艘数	—	—	1	4	—	—	—	2	—	—	—
民船	价值	—	—	—	—	—	—	—	—	—	—	—
药品	价值	30	58	—	—	—	—	25	—	—	12	4
图书古玩	价值	80	2013	—	—	202	—	958	25	—	586819	—
金银币钞		475	348	—	—	210	8	315	315	—	5093	760
其他		137	19107	5873	17896	1152	1074	2227	13636	—	33677	35

类别	别	岑溪	容县	平南	桂平	武宣	贵县	兴业	玉林	北流	陆川	博白
总计	计	2777	681944	446248	908625	24273	123742	4183	2554	20432	12771	3831
房屋	间数	15	42	280	103	49	144	5	24	75	25	54
房屋	价值	1353	3397	61550	69012	4653	16357	46	899	7189	4493	1348
家具	价值	371	3487	39038	34451	2909	54451	2005	802	6416	4010	1203
衣着具	价值	428	68983	39134	38036	9437	15545	81	32	260	162	49
寝具	价值	—	1163	992	1275	191	510	111	45	357	223	67
花纱	价值	—	—	463	1130	135	—	—	—	—	—	—
布料	市丈	135	214	—	—	589	12352	148	59	473	296	88
布料	价值	40	839	24199	5878	44	903	—	—	—	—	—
谷合	市担	80	1678	1492	6465	89	1807	—	—	—	—	—
谷合	价值	80.8	219.6	2984	13531	44.8	2780.8	58	23	186	116	35
米	市担	202	549	3836.4	4810	112	6952	146	58	466	291	87
米	价值	5	11	9591	12025	—	842	—	—	—	—	—
杂粮	价值	0.6	2.2	30	620	—	3	—	—	—	—	—
成油	市担	13	45	24.4	50	9.7	61	1	0.5	3	2	0.6
成油	价值	—	1.9	489	1004	117	27.8	12	6	38	26	7
油子	市担	—	23	9.7	166	—	334	—	—	—	—	—
油子	价值	—	—	117	1993	6	—	—	—	—	—	—
木材	价值	—	—	50498	3285	226	567	1	—	3	2	—
牛	头数	—	13	76	70	3	7	—	—	—	—	—
牛	价值	—	547	3021	2800	120	281	45	18	144	91	27
马	匹数	—	—	1	17	—	2	—	—	—	—	—
马	价值	—	—	50	686	—	80	—	—	—	—	—

类别		岑溪	容县	平南	桂平	武宣	贵县	兴业	玉林	北流	陆川	博白
猪	头数	—	5	64	269	18	18	—	—	—	—	—
猪	价值	—	161	1931	8092	571	549	—	—	—	—	—
其他家畜及畜产品	价值	—	102	155	1523	8	205	—	—	—	—	—
水产品	价值	7	—	53	167	163	229	3	1	9	5	2
林产品	价值	—	—	—	1109	81	1092	13	5	42	26	8
犁耙锄	件数	—	—	—	—	—	588	11	4	40	24	8
犁耙锄	价值	—	—	—	—	—	470	10	4	36	22	7
水车	架数	—	—	—	—	—	—	—	1	1	—	—
水车	价值	—	—	—	—	—	—	—	3	8	—	2
其他农具	价值	—	—	—	57	—	440	3	—	27	5	5
渔具	价值	—	—	—	—	—	—	8	—	—	17	—
人力车及牛马车	架数	—	—	—	—	—	19	—	—	1	1	—
人力车及牛马车	价值	—	—	—	—	—	288	6	3	20	13	4
汽车	辆数	—	—	40	—	—	—	—	—	—	—	—
汽车	价值	—	—	—	—	—	—	—	—	—	—	—
民船	艘数	—	—	19	—	—	—	—	—	1	—	—
民船	价值	—	—	600	—	—	—	—	—	—	—	—
汽船	艘数	—	—	—	—	—	—	—	—	—	—	—
汽船	价值	—	—	—	—	—	—	—	—	—	—	—
药品	价值	204	64860	740	—	200	—	—	—	—	—	—
图书古玩	价值	84	587979	61540	227691	2102	6644	—	—	—	—	—
金银币	钞	—	608	5288	4683	284	515	—	—	—	—	—
其他		98	12793	79625	478898	2486	1971	1546	618	4946	30.91	927

类别		邕宁	永淳	横县	宾阳	上林	武鸣	隆山	都安	那马	平治	果德
总计		625775	59922	9757	24724	72784	637142	43916	49803	5986	1275	82834
房屋	间数	223	25	14	29	148	367	16	165	12	—	212
	价值	108671	5278	1390	2950	25610	231159	470	17523	49	—	16350
家具	价值	202445	18896	40	7544	22857	43795	6115	15639	1226	244	30837
衣着	价值	105663	5485	—	3932	—	23045	10767	—	375	390	26969
寝具	价值	1301	414	141	433	925	877	1163	633	112	265	—
花纱	价值	42	129	—	1194	1270	221	986	869	—	—	—
布料	市丈	—	—	29	—	—	—	—	—	—	—	—
	价值	232	2573	—	430	1684	5592	4064	1153	9	—	—
谷	市担	100499	35	—	151	—	1738	381	—	46	—	—
	价值	200999	70	—	303	—	3576	762	—	93	—	—
米	市担	565	382	2382.8	—	665	9639	2879	455	920.8	—	—
	价值	1423	955	5957	—	1662	24099	7239	1137	2302	—	—
杂粮	价值	—	42	—	—	—	3530	2534	—	—	—	—
成油	市担	0.5	3.7	—	—	—	24	6.5	—	—	—	400
	价值	11	75	—	—	—	498	130	—	—	—	8000
油子	市担	—	5.5	—	1.7	11	53	1.7	8	—	—	—
	价值	—	67	—	21	132	643	21	93	—	—	—
木材	价值	—	225	—	—	—	1491	5	—	—	—	77
牛	头数	7	4	—	7	13	9	103	9	—	—	—
	价值	291	171	—	274	513	363	4135	351	—	—	—
马	匹数	17	6	—	—	—	14	—	—	—	—	—
	价值	681	245	—	—	—	574	7	—	—	—	—

类别		邕宁	永淳	横县	宾阳	上林	武鸣	隆山	都安	那马	平治	果德
猪	头数	20	2	—	11	—	11	26	—	—	—	—
	价值	623	61	—	325	—	348	770	—	—	—	—
其他家畜及畜产品	价值	167	—	—	9	—	—	442	—	—	—	—
水产品	价值	—	2	—	—	31	—	155	21	—	—	—
林产品	价值	28	—	—	—	148	107	—	102	—	33	—
犁耙锄	件数	—	—	—	8	141	—	—	96	—	23	—
	价值	—	—	—	6	127	30	—	87	—	—	—
水车	架数	21	—	—	—	3	—	—	2	—	—	—
	价值	187	—	—	—	30	270	—	21	—	—	—
其他农具	价值	22	91	—	—	96	265	—	65	—	—	—
渔具	价值	—	163	—	—	—	—	—	—	—	—	—
人力车及兽力车	架数	6	—	—	114	4	52	—	3	—	—	9
牛马车	价值	100	—	—	1705	72	785	—	49	—	—	—
汽车	辆数	—	—	—	—	—	—	—	—	—	—	—
	价值	—	—	—	—	—	—	—	—	—	—	—
汽船	艘数	—	—	—	—	—	—	—	—	—	—	—
	价值	—	—	—	—	—	—	—	—	—	—	—
民船	艘数	—	—	—	—	5	—	—	3	—	—	—
	价值	—	—	—	—	—	—	—	—	—	—	—
药品	价值	200	60	—	120	—	5262	20	—	—	—	—
图书古玩	价值	875	11029	—	4252	—	37073	1675	—	604	248	176
金银币钞		787	45	—	26	—	3815	125	—	1159	100	—
其他		1027	13846	2200	1200	17622	249754	2331	12057	—	—	416

类别	别	隆安	同正	扶南	绥渌	上思	靖西	镇边	龙津	上金	凭祥	宁明
总计	计	388987	24624	48525	3825	35739	—	—	15973	5718	305	29540
房屋	间数	313	45	98	—	27	—	—	18	13	6	41
	价值	11488	2254	17073	—	12580	—	—	5809	293	166	2212
家具	价值	35624	3693	15237	217	11228	—	—	3394	1306	22	14364
衣着	价值	32984	1745	—	2096	—	—	—	2735	2697	50	312
寝具	价值	189	399	617	642	454	—	—	234	224	67	291
花纱	价值	597	1678	847	—	624	—	—	—	47	—	—
布料	市丈	—	—	—	—	—	—	—	—	—	—	—
	价值	3247	62	1123	80	812	—	—	263	194	—	29
谷	市担	132838	88	—	—	—	—	—	107	3	—	158
	价值	265677	177	—	—	—	—	—	215	6	—	317
米	市担	362.8	650	443	—	326	—	—	—	45	—	239
	价值	907	1626	1108	—	816	—	—	—	105	—	598
杂粮	价值	344	—	—	—	—	—	—	—	16	—	—
成	市担	14.3	—	—	—	—	—	—	—	0.5	—	—
	价值	286	—	8	—	5	—	—	—	10	—	—
油子	市担	14.2	2	92	—	67	—	—	—	8	—	—
	价值	171	—	—	—	—	—	—	—	93	—	—
木材	价值	4228	762	—	—	—	—	—	244	—	—	266
牛	头数	22	5	8	1	6	—	—	1	—	—	—
	价值	898	211	342	56	252	—	—	50	—	—	—
马	匹数	2	2	—	1	—	—	—	—	—	—	—
	价值	113	111	—	50	—	—	—	10	—	—	—
猪	头数	7	8	—	—	—	—	—	—	3	—	—
	价值	220	232	—	—	—	—	—	—	100	—	—

类 别		隆安	同正	扶南	绥渌	上思	靖西	镇边	龙津	上金	凭祥	宁明
其他家畜及畜产品	价值	31	—	—	—	—	—	—	622	—	61	—
水产品	价值	—	—	20	—	15	—	—	—	—	—	2
林产品	价值	—	11655	99	—	73	—	—	420	—	—	7
犁耙锄	件数	—	9324	94	—	70	—	—	23	—	—	6
犁耙锄	价值	—	—	85	—	62	—	—	21	—	—	6
水车	架数	—	—	2	—	2	—	—	13	—	—	2
水车	价值	—	—	20	—	15	—	—	114	—	—	21
其他农具农具	价值	—	—	64	—	47	—	—	—	—	—	3
渔具	价值	—	—	—	—	—	—	—	—	—	—	—
人力车及马车	架数	15	33	3	7	2	—	—	—	—	—	—
牛马车	价值	234	490	48	104	36	—	—	—	—	—	6
汽车	辆数	—	—	—	—	—	—	—	—	—	—	—
汽车	价值	—	—	—	—	—	—	—	—	—	—	—
汽船	艘数	133	—	3	—	2	—	—	—	—	—	—
汽船	价值	—	—	—	—	—	—	—	—	—	—	—
民船	艘数	—	—	—	—	—	—	—	—	—	—	—
民船	价值	—	—	—	—	—	—	—	—	—	—	—
药品	价值	27	—	—	—	—	—	—	—	—	—	—
图书古玩	价值	4454	773	—	403	—	—	—	1063	—	—	10380
金银币	钞	9701	—	—	8	—	—	—	81	—	—	26
其 他		17464	1086	11747	169	8656	—	—	1320	—	—	646

续表

类别	别	明江	思乐	崇善	左县
总计	计	1620	10689	773060	6006
房屋	间数	17	30	72	5
房屋	价值	627	3425	5816	115
家具	价值	121	2090	5371	138
衣着	价值	33	976	6623	4317
寝具	价值	46	286	1122	207
花纱	价值	—	—	—	—
布料	市丈	12	—	—	—
布料	价值	164	88	2	50
合	市担	329	176	532	—
合	价值	—	—	1065	—
米	市担	—	—	22	—
米	价值	—	—	55	—
杂粮	市担	—	—	—	—
杂粮	价值	—	—	—	—
成油	市担	—	—	—	—
成油	价值	—	—	—	—
油子	市担	—	—	—	—
油子	价值	—	—	—	—
木材	价值	5	118	31534	—
牛	头数	—	4	4	—
牛	价值	—	175	178	—
马	匹数	5	—	—	—
马	价值	—	—	—	—
猪	头数	—	3	—	—
猪	价值	10	94	—	—
其他家畜及畜产品	价值	—	—	—	—
水产品	价值	—	61	—	—
林产品	价值	—	—	—	—
犁耙锄	件数	—	—	—	—
犁耙锄	价值	—	—	—	—
水车	架数	—	—	—	—
水车	价值	—	8	—	119
其他农具	价值	—	—	—	—
渔具	价值	—	—	—	—
人力车及牛马车	架数	—	—	—	—
人力车及牛马车	价值	—	—	—	—
汽车	辆数	—	—	—	—
汽车	价值	—	—	—	—
民船	艘数	—	1	—	—
民船	价值	—	37	—	—
船	艘数	—	—	—	—
船	价值	—	—	—	—
药品	价值	—	502	30	1010
图书古玩	价值	319	667	21730	—
金银币钞	价值	—	6	—	50
其他	价值	113	2068	3780	400

18. 各县受损失机关及员役数

县（市）别	机关数	员役数	县（市）别	机关数	员役数
共　计	13128	48173	金秀设治局	5	15
桂林市	314	1581			
临　桂	672	2047	苍　梧	681	2115
阳　朔	171	787	藤　县	212	706
永　福	110	472	岑　溪	82	267
百　寿	150	483	容　县	126	448
义　宁	78	237	平　南	326	1216
灵　川	178	852	桂　平	514	2420
兴　安	226	853	武　宣	134	492
龙　胜	52	156	贵　县	409	1387
资　源	40	120	兴　业	14	42
全　县	247	801	玉　林	15	45
灌　阳	220	1061	北　流	46	138
平　乐	307	927	陆　川	14	42
怀　集	398	1512	博　白	21	63
信　都	63	267	邕　宁	920	2987
钟　山	145	518	永　淳	200	766
富　川	128	879	横　县	215	652
昭　平	59	795	宾　阳	295	960
恭　城	123	382	上　林	135	405
蒙　山	135	405	武　鸣	362	1230
修　仁	63	189	隆　山	157	757
荔　浦	214	792	都　安	127	381
柳　江	449	1469	那　马	55	191
来　宾	147	567	平　治	11	60
迁　江	177	649	果　德	88	307
忻　城	185	697	隆　安	170	921
宜　山	272	1095	同　正	86	342
河　池	152	456	扶　南	81	243
南　丹	140	496	绥　渌	79	280
思　恩	113	442	上　思	117	351
宜　北	60	185	靖　西	14	40
天　河	97	429	镇　边	8	26
罗　城	87	446	龙　津	131	448
融　县	251	957	上　金	66	210
三　江	7	42	凭　祥	47	142
柳　城	162	486	宁　明	90	333
中　渡	79	265	明　江	83	310
雒　容	100	302	思　乐	69	260
榴　江	161	502	崇　善	19	389
象　县	34	102	左　县	38	132

19. 各县市受损失机关分类统计

(三三年九月至三四年八月)

县(市)别	共计	党团	省县市政府	参议会	人民团体	交通	农林	军警	慈善	教育	卫生	田管处	税局	合作事业	商业公会	仓库	税征处	司法	金融	财保会	民营事业	乡镇村街公所
总计	13128	77	72	70	11	100	36	28	7	6318	74	69	8	10	12	27	69	72	73	70	26	5340
桂林市	314	4	2	2	—	5	—	—	—	150	2	1	—	—	—	—	1	1	1	1	1	142
临桂	672	2	1	1	1	1	—	—	—	334	1	1	—	1	—	—	1	1	1	1	—	325
阳朔	171	1	1	1	—	2	—	—	—	69	1	1	1	1	—	—	1	1	1	1	—	88
永福	110	1	1	1	—	2	—	—	—	50	1	1	—	—	—	—	1	1	1	1	—	47
百寿	150	1	1	1	—	—	—	—	—	61	1	1	—	—	—	—	1	1	1	1	—	78
义宁	78	1	1	1	—	—	—	—	—	31	1	1	—	—	—	—	1	1	1	1	—	36
灵川	178	1	1	1	1	—	—	—	1	76	1	1	—	—	—	—	1	1	1	1	1	86
兴安	226	1	1	1	—	—	—	—	—	103	1	1	—	—	—	3	1	1	1	1	—	111
龙胜	52	1	1	1	—	—	—	—	—	26	1	1	—	—	—	—	1	1	1	1	—	15
资源	40	1	1	1	—	—	—	—	—	19	1	1	—	—	—	—	1	1	1	1	—	10
全县	247	1	1	1	—	—	1	—	—	116	1	1	—	—	1	—	1	1	1	1	—	118
灌阳	220	1	1	1	1	—	—	—	—	85	1	1	1	1	—	—	1	1	1	1	2	120
平乐	307	1	1	1	—	—	—	1	—	183	1	1	—	—	—	—	1	2	2	1	—	112
怀集	398	1	1	1	—	2	1	1	1	196	1	1	1	—	—	—	1	1	1	1	—	186
信都	63	1	1	1	—	—	—	1	—	18	1	1	1	—	—	—	1	1	1	1	—	32
钟山	145	1	1	1	—	—	—	—	—	66	1	1	—	—	—	—	1	1	1	1	—	68
富川	128	1	1	1	—	2	2	1	—	53	1	1	—	—	—	—	2	1	1	1	—	60
昭平	59	1	1	1	—	—	—	—	—	14	1	1	—	—	—	—	1	1	1	1	—	34
恭城	123	1	1	1	—	—	—	1	—	56	1	1	—	—	—	—	1	1	1	1	—	55
蒙山	135	1	1	1	—	1	—	—	—	49	1	1	—	—	—	—	1	1	1	1	—	75
修仁	63	1	1	1	—	1	—	—	—	15	1	1	—	—	—	—	1	1	1	1	—	37
荔浦	214	2	1	1	—	3	—	—	—	100	1	1	—	—	1	1	1	1	1	1	—	98
柳江	449	1	1	1	—	2	1	1	—	214	3	1	—	—	—	1	1	1	1	1	7	213

县（市）别	共计	党团	省县市政府	参议会	人民团体	交通	农林	军警	慈善	教育	卫生	田管处	税局	合作事业	商业公会	仓库	税征处	司法	金融	财保会	民营事业	乡镇村街公所
来宾	147	1	1	1	—	1	—	—	—	71	1	1	1	—	—	—	1	1	1	1	—	65
迁江	177	1	1	1	—	2	—	—	—	68	1	1	1	—	—	1	1	1	1	1	1	96
忻城	185	1	1	1	—	—	—	—	—	121	1	1	1	—	—	1	1	1	1	1	—	53
宜山	272	2	1	1	1	—	3	2	—	113	2	1	1	—	1	1	1	1	2	1	4	134
河池	152	1	1	1	—	—	—	—	—	66	1	1	1	—	—	1	1	1	1	1	—	74
南丹	140	1	1	1	1	—	—	—	—	68	1	1	1	1	—	1	1	1	1	1	—	60
思恩	113	1	1	1	—	1	—	1	—	43	1	1	1	—	1	1	1	1	1	2	—	55
宜北	60	1	1	1	—	—	—	—	—	15	1	1	1	—	—	1	1	1	1	1	—	33
天河	97	1	1	1	—	—	—	—	—	37	1	1	1	—	1	1	1	1	1	1	1	49
罗城	87	1	1	1	—	2	1	—	—	36	1	1	1	—	1	1	1	1	1	1	—	37
融县	251	1	1	1	—	1	—	1	1	164	1	1	1	1	1	1	1	1	1	1	1	74
三江	7	—	—	—	—	—	—	—	—	4	—	—	—	—	—	—	—	1	—	—	—	2
柳城	162	1	1	1	—	1	—	—	—	101	1	1	1	—	—	1	1	1	1	1	1	50
中渡	79	1	1	1	—	2	—	—	—	27	1	1	1	—	—	4	1	1	1	1	1	36
雒容	100	1	1	1	—	—	—	—	—	45	1	1	1	—	—	1	1	1	1	1	1	44
榴江	161	1	1	1	—	1	—	—	—	80	1	1	1	—	—	1	1	1	1	1	1	70
象县	34	1	1	1	—	—	—	—	—	15	1	1	1	—	—	—	1	1	1	1	—	8
金秀设治局	5	—	—	—	—	—	—	—	—	3	—	—	—	—	—	—	—	—	—	—	—	2
苍梧	681	1	1	1	—	1	1	—	1	343	2	1	1	—	—	—	1	1	1	1	—	324
藤县	212	1	1	1	—	2	2	3	—	118	1	1	1	1	—	—	1	1	1	1	1	75
岑溪	82	1	1	1	—	—	—	—	—	31	1	1	1	—	—	—	1	1	1	1	—	40
容县	126	1	1	1	—	2	2	1	1	59	1	1	1	—	—	—	1	1	2	1	1	50
平南	326	1	1	1	—	1	3	—	—	143	1	1	1	—	—	—	1	1	1	1	1	166
桂平	514	2	1	1	—	2	5	2	1	246	1	1	1	—	—	—	1	1	1	1	1	244
武宣	134	1	1	1	1	1	2	—	—	69	1	1	1	—	—	—	1	1	1	1	—	51
贵县	409	2	1	1	2	2	2	1	—	194	1	1	1	—	—	—	1	1	1	1	1	195
兴业	14	—	—	—	—	1	—	—	—	7	—	1	—	—	—	—	—	—	—	—	—	6

县（市）别	共计	党团	省县市政府	参议会	人民团体	交通	农林	军警	慈善	教育	卫生	田管处	税局	合作事业	商业公会	仓库	税征处	司法	金融	财保会	民营事业	乡镇村街公所
玉林	15	—	—	—	—	1	—	—	—	6	—	—	—	—	—	—	—	—	—	—	—	8
北流	46	—	—	—	—	1	—	—	—	30	—	—	—	—	—	—	—	—	—	—	—	15
陆川	14	—	—	—	—	1	—	—	—	9	—	—	—	—	—	—	—	—	—	—	—	4
博白	21	—	—	—	—	1	—	—	—	15	—	—	—	—	—	—	—	—	—	—	—	5
邕宁	920	1	1	1	1	2	1	1	—	518	1	1	—	—	—	1	1	1	1	1	1	386
永淳	200	1	1	1	1	2	—	—	—	88	1	1	—	—	—	1	1	1	1	1	—	99
横县	215	1	1	1	—	1	—	—	—	96	1	1	—	—	—	1	1	1	1	1	—	108
宾阳	295	1	1	1	1	3	—	—	—	154	1	1	—	—	—	1	1	1	1	1	1	126
上林	135	1	1	1	—	1	—	—	—	71	1	1	—	—	—	1	1	1	1	1	—	53
武鸣	362	1	1	1	—	1	2	2	1	188	1	1	—	—	—	1	1	1	1	1	—	158
隆山	157	1	1	1	—	1	2	—	—	62	1	1	—	—	—	1	1	1	1	1	—	82
都安	127	1	1	1	—	1	—	—	—	63	1	1	—	—	—	1	1	1	1	1	—	53
那马	55	1	1	1	—	1	—	2	1	20	1	1	—	—	—	2	1	1	1	1	—	20
平治	11	—	1	—	—	1	—	—	1	4	—	—	—	—	—	—	—	—	—	—	—	4
果德	88	1	1	1	—	2	1	1	—	44	1	1	—	—	—	1	1	1	1	1	—	30
隆安	170	1	1	1	—	3	2	2	1	79	1	1	1	—	—	3	1	1	2	1	—	69
同正	86	1	1	1	—	1	—	—	—	40	1	1	—	—	1	1	1	1	1	1	—	34
扶南	81	1	1	1	—	1	—	—	—	33	1	1	—	—	—	1	1	1	1	1	—	37
绥渌	79	1	1	1	—	1	—	—	—	35	1	1	—	—	—	1	1	1	1	1	—	33
上思	117	1	1	1	—	1	—	—	—	66	1	1	—	—	1	1	1	1	1	1	—	39
靖西	14	—	—	—	—	1	—	—	—	8	—	—	—	—	—	—	—	—	—	—	—	5
镇边	8	—	—	—	—	1	—	—	—	4	—	—	—	—	—	—	—	—	—	—	—	3
龙津	131	1	1	1	—	1	—	2	—	71	1	1	—	—	1	1	1	1	1	1	—	46
上金	66	1	1	1	—	1	—	—	—	26	1	1	—	—	—	1	1	1	1	1	—	29
凭祥	47	1	1	1	—	1	—	—	—	19	1	1	1	1	—	1	1	1	1	1	—	15
宁明	90	1	1	1	—	1	—	—	—	57	1	1	—	—	—	1	1	1	1	1	—	22
明江	83	1	1	1	—	1	2	2	—	33	1	1	1	—	—	1	1	1	1	1	—	34
思乐	69	1	1	1	—	1	—	—	—	24	—	1	—	—	—	1	1	1	1	1	1	34
崇善	119	1	1	1	—	1	—	—	—	67	1	1	—	—	—	1	1	1	1	1	—	41
左县	38	—	1	1	—	1	—	—	—	17	—	—	—	—	—	—	—	—	—	—	—	18

20. 交通事业损失统计总表

（三三年九月至三四年八月）

类　　别	单位	数　量	总　值 （国币千元）	备　考
总　　　计	—		213750014	
公路部分　合　计	—		185000729	
公　　路	公里	3724	77882281	原有 4247 公里
各城市及县乡村道路	公里	26001	99720979	原有 32250 公里
公　路　设　备	—		4761759	
卡　　车	辆	546	2635710	原有 681 艘
航业部分　合　计	艘	11477	23406145	
动　力　船	艘	111	534126	原有 141 艘
拖　　渡	艘	21	61674	原有 24 艘
民　　船	艘	11343	22810345	原有 12933 艘
电讯部分　合　计	—		5343140	
四 大 城 市 电 话	—		1577840	
省营长途电话及区团	—		3173610	
乡 村 电 话 线 路	—		412390	
无线电及广播电台	—		179300	
器　　材				

21. 公路损失

（三三年九月至三四年八月）

路　　　别	里　　程 （公里）	损　失　值 （国币千元）
总　　　计	3724	77882281
桂　黄　路	152	3178928
桂　越　路	772	16145614
桂 永 榴 路	131	2739334
良　罗　路	24	501936
柳　长　路	115	2405110
柳　武　路	98	2049572
宾　平　路	111	2321434
邕　横　路	137	2865218
柳　六　路	329	6880706
邕　色　路	195	4078230
思　武　路	52	1087528
荔　怀　路	333	6964342
八　会　路	38	794731
贺　连　路	72	1505808
玉　角　路	127	2656078
桂　穗　路	154	3220736
邕　钦　路	89	1860346
平　岳　路	171	3576294
宾　戎　路	382	7989148
贵　桂　路	67	1401238
容　武　路	83	1735862
玉　博　路	50	1045700
荔　蒙　路	42	878388

22. 各县县道及乡村道路损失

县（市）别	里程（公里）	损失值（国币千元）	县（市）别	里程（公里）	损失值（国币千元）
总　计	26001	99720979	蒙　山	269	951265
桂林市	20	1196160	苍　梧	456	3311312
临　桂	1599	3892315	藤　县	1083	2427655
阳　朔	294	1084590	岑　溪	274	1009690
永　福	232	854920	容　县	315	1160775
百　寿	254	935990	平　南	466	1717210
义　宁	223	821755	桂　平	481	2324568
灵　川	583	2148355	武　宣	261	961785
兴　安	712	2623720	贵　县	382	1858450
龙　胜	295	1087075	兴　业	272	1002320
资　源	410	2247850	玉　林	216	795960
全　县	1133	4175105	北　流	525	1034624
灌　阳	258	2950730	陆　川	260	958100
平　乐	485	1787225	博　白	280	1031800
怀　集	467	2457895	邕　宁	520	2442754
信　都	273	1006005	永　淳	247	900195
钟　山	357	1315545	横　县	394	1451890
富　川	228	1840180	宾　阳	365	1345025
昭　平	318	1171830	上　林	324	1183940
恭　城	156	538010	隆　山	312	1139720
修　仁	247	810195	武　鸣	458	1687730
荔　浦	374	1378190	都　安	250	488450
柳　江	635	3251199	那　马	150	375050
来　宾	335	1234475	平　治	140	315000
迁　江	243	895455	果　德	180	663300
忻　城	334	1230290	隆　安	257	947045
宜　山	520	1916200	同　正	180	563300
河　池	274	1009630	扶　南	247	901135
南　丹	414	1525580	绥　渌	196	722260
思　恩	228	840180	上　思	234	762290
宜　北	193	1072717	龙　津	488	1796280
天　河	144	530640	上　金	177	662245
罗　城	292	1076020	凭　祥	174	641190
融　县	327	1204995	宁　明	157	616345
三　江	125	460625	明　江	86	316910
柳　城	342	1149720	思　乐	219	707015
雒　容	230	847555	崇　善	170	526450
榴　江	320	1442350	中　渡	260	958100
象　县	402	1081370			

23. 四大城市电话损失

（三三年九月至三四年八月）

城　市　别	损　失　值 （国币千元）
总　　计	1577840
桂　　林	717200
柳　　州	179300
梧　　州	251020
南　　宁	430320

24. 长途电话损失

（三三年九月至三四年八月）

路 线 名 称	损 失 值 （国币千元）	路 线 名 称	损 失 值 （国币千元）
总　　　计	271918	桂　平　线	24024
桂　柳　线	40696	灌　栗　线	12600
柳　邕　线	43734	平　八　线	21168
柳　禄　线	48888	平　朔　线	5040
石　大　线	2352	平　荔　线	5712
怀　大　线	13608	贵　芦　线	16128
荔　梧　线	32592		
贵　石　线	5376		

25. 区团电话损失

（三三年九月至三四年八月）

区　　名	损　失　值 （国币千元）	区　　名	损　失　值 （国币千元）
总　　计	1255100	庆远区团电话	152818
桂林区团电话	173310	武鸣区团电话	122976
平乐区团电话	124964	柳州区团电话	186826
梧州区团电话	106166	邕宁区团电话	87200
桂平区团电话	102242	龙州区团电话	89162
玉林区团电话	109436		

26. 乡村电话损失

（三三年九月至三四年八月）

县　别	损　失　值 （国币千元）	县　别	损　失　值 （国币千元）
总　　计	1613700	三　江	18620
		苍　梧	79195
临　桂	30645	藤　县	47825
永　福	10395	岑　溪	23085
百　寿	14490	容　县	28080
义　宁	5175	北　流	30185
龙　胜	10790	玉　林	35145
资　源	11790	陆　川	20705
全　县	15175	博　白	40005
兴　安	20730	兴　业	5255
灌　阳	12465	贵　县	57825
阳　朔	14580	桂　平	52655
灵　川	14805	平　南	53190
平　乐	29115	武　宣	15120
荔　浦	17335	邕　宁	77355
修　仁	12330	永　淳	22985
蒙　山	12465	横　县	25875
昭　平	21095	扶　南	12690
信　都	12060	绥　渌	3015
怀　集	28575	上　思	7200
钟　山	12645	同　正	5895
富　川	13470	果　德	10125
恭　城	12915	平　治	14760
柳　城	18495	都　安	34065
柳　江	63065	隆　山	20340
雒　容	10890	上　林	14615
象　县	4255	宾　阳	29755
来　宾	10125	武　鸣	40095
迁　江	11205	那　马	9555
忻　城	21330	隆　安	19125
宜　山	50265	镇　边	13725
河　池	14895	靖　西	21735
南　丹	17325	龙　津	20350
宜　北	6405	凭　祥	5500
思　恩	19035	宁　明	5535
天　河	10530	明　江	5355
罗　城	18945	上　金	10360
融　县	29430	思　乐	9360
中　渡	11790	崇　善	1530
榴　江	11745	左　县	2645

27. 水电及工厂损失统计总表

（三三年九月至三四年八月）

类　　别	家　数	总　　值 （国币千元）	备　　考
一、水电厂			
电　力　厂	15	4430111	
自　来　水　厂	4	1105508	
二、一般工厂			
共　　　计	234	31200332	全部工厂损失达百分之百，各厂
粮　食　工　业	20	2928664	原有动力机共411部计7387匹
纺　织　工　业	15	14720874	马力
建　筑　工　业	6	3160521	
教育用品工业	8	91443	
化　学　工　业	42	9499192	
机　器　工　业	84	651051	
电工器材工业	9	56608	
金属冶制工业	2	19149	
交通器材工业	6	27561	
燃　料　工　业	25	36489	
印　刷　工　业	17	8770	

28. 各电力工厂损失

（三三年九月至三四年八月）

地　　名	厂　数	损　失　值 （国币千元）
总　　计	15	4430111
桂　林	3	954987
柳　江	1	347173
苍　梧	1	359382
邕　宁	1	191805
桂　平	1	60590
贵　县	1	123159
龙　津	1	50675
平　乐	1	56832
八　步	2	1954392
玉　林	1	131235
容　县	1	100950
北　流	1	98931

29. 各自来水厂损失

（三三年九月至三四年八月）

地　　名	厂　数	损　失　值 （国币千元）
总　　计	4	1105508
桂　林	1	537419
柳　江	1	295525
苍　梧	1	160534
邕　宁	1	112030

30. 各县一般工厂损失

（三三年九月至三四年八月）

单位：国币千元

县（市）别	共计		粮食工业		纺织工业		建筑工业		教育用品工业		化学工业	
	同数	损失值	同数	损失值	同数	损失值	同数	损失值	同数	损失值	同数	损失值
总　　计	234	31200882	20	2928664	15	14720874	6	3160521	8	91443	42	9499192
桂林市	132	22868023	6	421238	4	9819147	4	2973582	4	44762	25	8877765
柳　州	17	559492	—	—	1	286830	2	186939	1	33200	3	31042
南　宁	8	112789	2	20900	—	—	—	—	—	—	2	89676
梧　州	50	2163720	8	1639565	7	152097	—	—	—	—	6	343440
桂　平	7	4242441	—	—	2	4143100	—	—	3	13481	2	85860
贵　县	7	29336	1	15675	—	—	—	—	—	—	—	—
象　县	2	830201	2	830201	—	—	—	—	—	—	—	—
北　流	1	1085	1	1085	—	—	—	—	—	—	—	—
富　川	1	318700	—	—	1	318700	—	—	—	—	—	—
岑　溪	1	1749	—	—	—	—	—	—	—	—	1	1749
平　南	1	15900	—	—	—	—	—	—	—	—	1	15900
永　淳	1	6360	—	—	—	—	—	—	—	—	1	6360
钟　山	1	47400	—	—	—	—	—	—	—	—	1	47400
全　县	2	375	—	—	—	—	—	—	—	—	—	—
融　县	1	200	—	—	—	—	—	—	—	—	—	—
河　池	2	2100	—	—	—	—	—	—	—	—	—	—
隆　山	1	461	—	—	—	—	—	—	—	—	—	—

县（市）别	机器工业		电工器材工业		金属冶制工业		交通器材工业		燃料工业		印刷工业	
	间数	损失值	间数	损失值	间数	损失值	间数	损失值	间数	损失值	间数	损失值
总　计	84	651061	9	56608	2	19149	6	27561	25	36489	17	8770
桂林市	66	641220	4	53516	—	—	4	24500	4	4358	11	7935
柳　州	5	5040	—	—	—	—	—	—	5	16441	—	—
南　宁	1	1200	—	—	—	—	—	—	3	1013	—	—
梧　州	11	3140	5	3092	2	19149	—	—	5	1402	6	835
桂　平	—	—	—	—	—	—	1	961	5	12700	—	—
贵　县	—	—	—	—	—	—	—	—	—	—	—	—
象　县	—	—	—	—	—	—	—	—	—	—	—	—
北　流	—	—	—	—	—	—	—	—	—	—	—	—
富　川	—	—	—	—	—	—	—	—	—	—	—	—
岑　溪	—	—	—	—	—	—	—	—	—	—	—	—
平　南	—	—	—	—	—	—	—	—	—	—	—	—
永　淳	—	—	—	—	—	—	—	—	—	—	—	—
钟　山	—	—	—	—	—	—	—	—	—	—	—	—
全　县	—	—	—	—	—	—	—	—	2	375	—	—
河　池	—	—	—	—	—	—	1	2100	1	200	—	—
融　县	—	—	—	—	—	—	—	—	—	—	—	—
隆　山	1	461	—	—	—	—	—	—	—	—	—	—

31. 公营民营矿业分类损失统计

（三三年九月至三四年八月）

类　　　　别	厂　场　数	总　　值 （国币千元）	备　　　考
总　　　　计	691	60487850	全省公私营矿业
锡　矿　业	298	25137860	损失为原资产总
钨　矿　业	77	4455605	额之百分之六十
锰　矿　业	49	1769691	八强
锑　矿　业	73	2929815	
金　矿　业	110	4349818	
煤　矿　业	57	17404651	
其他矿业	27	4440410	

说明：计公营矿厂数 10，民营矿厂数 681，公营资产损失 17969060 千元，民营资产损失 42518790 千元。

32. 公营矿业损失

(三三年九月至三四年八月)

厂 场 别	所 属 厂 场	损 失 值 （国币千元）
总　　计		17969060
平桂矿务局	煤矿，锡矿，炼锑厂，炼铁厂，炼锡厂，电厂	11280000
合山煤矿公司	合山，大隆，里兰，宜山矿厂	3303800
中渡炼铁厂	—	3005000
省营上林金矿	—	375260

33. 民营矿业损失

（三三年九月至三四年八月）

单位：国币千元

县别	共计	锡矿	钨矿	锰矿	锑矿	金矿	煤矿	其他
总计	42518790	17873981	4455605	1759691	2639035	3973558	10765994	1050926
临桂	40610	—	—	—	—	—	—	40610
兴安	76488	—	—	—	—	—	76488	—
龙胜	141240	—	—	—	—	—	—	141240
全县	2732395	1817311	585342	—	—	—	392760	—
灌阳	220527	—	220527	—	—	—	—	—
平乐	282440	—	—	—	—	—	282440	—
信都	162819	—	162819	—	—	—	—	—
怀集	1100824	382440	360675	210305	—	147404	—	—
钟山	10596674	9908631	687959	—	—	—	—	—
富川	2438329	2048800	389529	—	—	—	—	—
昭平	812034	265952	—	—	—	546082	—	—
恭城	1759674	368013	1149030	—	—	—	—	242631
蒙山	318300	—	—	—	—	318300	—	—
迁江	9068400	—	—	—	—	—	9068400	—
宣山	373020	—	—	291800	—	—	81200	—

县 别	共 计	锡 矿	钨 矿	锰 矿	锑 矿	金 矿	煤 矿	其 他
河池	1188011	57366	—	—	1130645	—	—	—
南丹	1865056	976004	432810	204340	251902	—	—	—
天河	287403	—	—	—	—	—	120610	166793
罗城	177246	—	—	—	—	—	177246	—
柳城	267930	—	—	—	—	—	267930	—
苍梧	2775860	2049464	35647	200480	—	490269	—	—
藤县	238753	—	21525	—	—	217228	—	—
平南	261381	—	—	150030	—	111351	—	—
桂平	393394	—	—	350906	—	—	—	42488
武宣	377060	—	—	161830	—	—	—	215230
贵县	244531	—	—	190000	—	—	—	54531
邕宁	617558	—	—	—	—	307183	301375	—
横县	51525	—	—	—	—	—	51525	—
宾阳	333281	—	52061	—	256488	24732	—	—
上林	1745057	—	—	—	—	1603837	—	141220
武鸣	1564871	—	357699	—	1000000	207172	—	—
北流	6183	—	—	—	—	—	—	6183

34. 各级合作社及其社员财产损失统计

（三三年九月至三四年八月）

单位：国币千元

业　务　分　类	损　失　时　价　值
总　　　　計	46475351
共　　　　計	33660344
房　　　　屋	14817868
器　　　　具	269388
现　　　　款	991767
农　产　品	14475864
林　产　品	257029
水　产　品	24569
畜　产　品	1234360
农　具	110942
渔　具	3498
其　他	10500
牲　　　　畜	1400229
运　输　工	18376
其　　　　他	45954
共　　　　計	5380350
厂　　　　房	5921
现　　　　款	1441
制　成　品	5177234
原　　　料	176838
机械及工具	14153
运　输　工　具	2313
其　　　　他	2450

业　务　分　类	损　失　时　价　值
总　　　计	46475351
消费 — 共　　　计	2802262
房　　　屋	1498770
器　　　具	113746
现　　　款	15599
存　　　货	1084375
运　输　工　具	58353
其　　　他	31419
信用 — 共　　　计	923916
房　　　屋	416379
器　　　具	159217
现　　　款	18636
生　金　钱	5435
保　管　品	23888
抵　押　品	33275
有　价　证　券	33283
运　输　工　具	10206
其　　　他	187597
其他 — 共　　　计	3708479
迁　移　费	226119
防　空　设　备	27421
疏　散　费	95387
救　济　费	46612
抚　恤　费	16869
生　产　减　少	2237536
盈　利　减　少	1058535

说明：1. 材料来源：根据各县县政府填报。

2. 无损失县份：天河、东兰、崇善、修仁、雷平、万承、果德、龙茗、向都、天保、万冈、百色、凌云、凤山、天峨、乐业、西林、贺县、陆川、玉林等二十县。

3. 合作社本身损失，仅占本表总数百分之三十五，其余百分之六十五系社员损失已包括于人民财产损失之内。

4. 本表于本年六月始由合管处汇编完竣，故未及列入总损失内。

（二） 文献资料

1. 日机入侵与轰炸概况

——《敌机炸梧州等市》

敌机于最近频频来桂滥施轰炸，被炸的梧州、柳州，南宁等处，都是未设防的城市。其间人民死伤之多，房屋财产损毁之巨，令人闻之发指。

（摘自广西各界抗敌后援会：《克敌周刊》1938 年 9 月 29 期）

——《昨日寇机分飞钦州贵县肆虐》

昨（1939 年 3 月 31 日）日，敌机八架从北海向北飞，二时五十七分，本市当即发出警报戒备，旋敌机二架到钦州投弹数枚，六架窜抵贵县投弹后，向南遁去，至四时零四分，本市解除警报云。

[《民国日报》（南宁）1939 年 4 月 1 日]

——《昨日敌机六架又飞龙州肆虐》

昨（七）日（1939 年 4 月）上午，敌机六架进袭龙州，于九时许，本市曾发出空袭警报戒备，旋敌机侵扰龙州市空投弹后，即转回上金（今龙州县上金乡），经明江（今宁明县明江乡）上思向南飞出海，至十一时左右，本市随解除警报云。

桂林紧急电：六日午敌机二十三架，由海南岛起飞，经雷州半岛及钦县（今钦州市）、永淳（今横县永淳镇）侵入柳州，投弹数枚后，向东北飞，发出紧急警报，敌机旋由柳江，桂平向南逸去。

[《民国日报》（南宁）1939 年 4 月 8 日]

——《敌机八架昨飞合浦肆虐》

昨（9）日（1939 年 4 月）上午敌机八架，空袭合浦，本市于九时左右曾发出空袭警报戒备，旋敌机侵入合浦市空投弹肆虐后，即狼狈向南逃出海，至十时许本市解除警报。

梧州八日电：八日敌机廿余架，在粤南一带盘旋窥伺，上午十时许敌机七架，在宾阳投弹多枚，并用机枪扫射中国民众。

[《民国日报》（南宁）1939 年 4 月 10 日]

——《敌机八架昨飞龙州肆虐》

昨（15）日（1939 年 4 月）正午十二时左右，敌机八架从钦州向北飞，有袭邕模样，本市当即发出紧袭警报，一时许敌机经小董向邕市进袭，本市发出紧急警报，旋敌机到邕属三官后向思乐飞，经宁明空袭龙津（今龙州县），在龙投弹肆虐后，即向原路逃遁，三时本市随即解除警报。

[《民国日报》（南宁）1939 年 4 月 16 日]

——《敌机八架昨又窜本市肆虐》

昨（1939 年 6 月 12 日）上午八时四十八分敌机八架，由北海飞经西塘，向西北飞，本市发出空袭警报戒备，九时十一分，窜抵小董、本市当即发出紧急警报，敌机八架于九时四十分，侵入本市空。中国防空部队，用密集火网，向敌机射击，敌机不敢低飞，毫无目标的，仓皇投弹后，旋即狼狈逃遁，向南飞出海，至九时四十六分本市当即解除警报，计敌机投弹共八枚，炸毁厕所一间，民房一座，伤一人，塘鱼死数百尾。

[《民国日报》（南宁）1939 年 6 月 13 日]

——《敌机八架昨窜合浦》

昨日（1939 年 6 月 14 日）上午八时四十分，敌机八架，由北海飞经沙场，本市发出空袭警报戒备，敌机窜抵合浦，旋即复回原地遁去，本市当即解除警报云。

[《民国日报》（南宁）1939 年 6 月 15 日]

——《昨日敌机分飞柳龙肆虐》

昨（六）（1939 年 4 月 6 日），上午第一批敌机六架由龙门向北飞，十时左右本市发出空袭警报，旋敌机到上思盘旋后，经思乐（今宁明县思乐乡），宁明，上金（今龙州县上金乡）侵入龙州市空，在龙投弹肆虐后，循原路飞出海。而第二批敌机二十三架又由海南向北飞，十二时许，本市发出紧急警报，敌机经旧州、永淳、宾阳，向柳州飞，窜扰柳州上空投弹后，向南飞出海，三时本市解除警报云。

[《民国日报》（南宁）1939 年 9 月 7 日]

——《寇机昨炸都安》

1940 年 5 月 15 日 8 点 45 分，敌机两架，先后在都安投弹，损失待查。十点四十分敌机二十七架，由茂名北区，经罗定、岑溪、都城，十一点零七分窜入梧州市空北飞，经信都（今贺县信都镇）、贺县、乐昌、曲江、怀集，复由信都到梧州分批向西南逸去。

（《救亡日报》1940 年 5 月 10 日）

——《敌机肆虐，前昨两袭龙津》

敌机十二架，（1940年4月）10日两次由越南起飞，侵入广西境内肆扰。首批三架，于上午十二时窜至凭祥属下轮投弹；二批九架，于午后一时半飞至龙津市区上空投弹（龙津即今龙州县）。

（原载《大公报》1941年4月12日）

——《敌机十五架昨分扰粤桂》

敌机十五架（1941年5月）4日上午分三批窜扰粤桂，第一批一架，经怀集、贺县到桂林，九时五十八分转柳侦察。第二批五架，八时飞粤英德侦察。第三批九架，八时四十分侦察粤阳江。

（原载《大公报》1941年5月5日）

——《敌机袭桂，在西南郊投弹后逸去》

敌机一架于昨日（1942年5月19日）七时十八分在怀集发现，八时许侵入本市（桂林）上空，盘旋数周后，旋即逸去。另批二十一架，七时许在广宁发现，经怀集、贺县、恭城等地侵入本市西南郊投弹二十余枚，尽落荒山野塚中，我无损失。其中一批十三架投弹后，即循原路逸去，另批八架沿铁路线飞至柳州，亦向修仁（今荔浦）平南方面飞去。

（原载《大公报》1942年5月20日）

——《敌机二十四架昨日分批袭桂》

敌机四批共二十四架，于昨（1942年5月20日）分批袭桂，首批一架七时许窜入市空侦察，盘旋数周后逸去。第二批四架，跟踪而至，在市空盘旋两周，即绕道北飞，侵入湘省陵零侦察，旋亦逸去。第三批八架，八时二十分在庆远发现，经怀集、恭城等地袭桂，经恭城时，其中一架投弹三枚，落恭城西郊荒野中。九时许侵入桂市后，在西南郊投弹二十余枚，尽落荒郊，投弹后，仓皇逸去。……第四批十一架，下午一时许，在四会发现，旋经八步侵入桂林，仍在西南郊投弹多枚逸去，我无损失。

（原载《大公报》1942年5月21日）

——《敌机十五架昨晨扰桂》

敌机两批共十五架，于昨（1942年12月15日）午扰桂，首批一架，侵入桂市上空，侦察盘旋良丰后逸去，另批十四架，于十一时许由怀集方面窜入桂市，在西南郊投弹多枚，旋循原路循去。

（原载《大公报》1942年12月16日）

——《敌机连日肆虐　昨晨扰桂发生空战》

敌机两批，共三十九架，于1943年10月10日晨扰桂。一批十一架，由粤窜桂，另批二十八架来自越南，先后侵入桂市上空，并与我盟机遭遇，发生空战。其中数架在桂市西南郊投弹，旋经原路逸去。

（原载《大公报》1943年10月5日）

——《敌机侵扰藤县》

（1939年）敌机经过藤，曾投弹一枚于蜘蛛头田垌，并无损伤。……

又曾投弹十余枚于古龙某村，敌机妄疑某村娶妇，为中国军队驻地，故投弹，闻只一个微伤脚部。

敌机又曾投一弹于北菜市对开之河面，闻岸边住户受震动。

（原载藤县文献委员会编：《藤县志稿》，1947年印行，卷三，第40页）

——《日机轰炸靖西》

民国29年（1940年）春，日机来县属炸车、炸兵舍、城市及桥梁道路等，害及军民不少，尤以4月8日为化垌街日，遭轰炸最惨，约百多人伤毙，政府及各机关学校迁居山岩偏僻处所，各乡市场亦改设山麓，民众早出晚归，免遭惊炸。战区指挥所设立于城外金山之昭忠祠，兵舍落成，日机亦往往来炸。

民国30年9月初三日（1940年10月22日），日机一架来炸旧州街兵舍三处，未命中，居民五人遇害。该机又飞往北垌街，出街民众避入近市岩洞，日机数次向岩洞扫射，一炸弹投落稻田。

两年来，日机到邑狂炸约五六十弹，城中落四弹，毁民房数间，东门外落四弹，死伤数人；西门外落十一弹，焚毁汽车三辆，汽油一二桶，生盐数千斤；南门外旁落八弹。

（摘自黄福海编纂：《靖西县志》，1948年印行，第98页）

2. 最近敌机狂袭本省与我们的对策

龙振济

自抗战以来，敌人常以其卑劣手段，对我后方不设防城市迭肆轰炸，本省各城市，亦屡遭骚扰，然未有如本月之甚。计自本月 3 日敌炸梧州起，迄 27 日敌炸桂林、平乐、武鸣空袭达 19 次，受袭县市凡九，其因侦察或经过而受扰者尚不与焉。故本省最近旬月来，空袭警报，兹据调查所得，列表统计于次：

日期	受袭地	次数	敌机数	投弹数	损害情况
2 日	梧州	2 次	22 架	14 枚	西大、染织等厂被毁
13 日	柳州	1 次	25 架	40 余枚	未详
13 日	雒容（今鹿寨）	1 次	9 架	4 枚	炸死老妇一人
13 日	修仁（今象州）	1 次	9 架		未详
17 日	梧州	1 次	9 架	60 余枚	
17 日	南宁	2 次	36 架	66 枚	未详
18 日	柳州	2 次	34 架	百余枚	河南片被炸
19 日	梧州	1 次	8 架	47 枚	西大被炸
19 日	南宁	1 次	19 架	40 余枚	旧军校被炸
22 日	南宁	1 次	27 架		未详
22 日	武鸣	1 次	27 架		未详
26 日	桂林	1 次	14 架	40 余枚	未详
27 日	桂林	1 次	9 架	70 余枚	未详
27 日	平乐	1 次	9 架	1 枚	沙子街炸死伤 4 人
27 日	武鸣	1 次	4 架		未详
27 日	龙州	1 次	5 架		未详

综上所计，以梧州、柳州、邕、桂、武鸣等五处受袭为最频，损害则以梧州为惨重，尤以 17 日那次，因是次敌机系在市区投弹并以机枪扫射，而炸弹中复有多枚之燃烧弹，故灾情特重。据电梧州之学德、高地、竹安、长洲堤驿前马丽等街，与长洲尾等处店屋及培桂、正中两中学、大东小学、思达医院等均被炸毁

或焚烧。据查房屋被毁者三百余间，被震塌者百六十余间，市民被炸或被枪击致死者十余人，重伤者百八十余人，灾后无家可归之难民达三千余人。不特为该市空前之惨劫，且为本省莫大之损失。敌人专向我后方不设防城市轰炸，专向我文化及工业机关摧毁，专向我善良民众屠杀，今而益信。

（狂袭本省原因有 4 点，对策 3 点，此略）

（摘自广西各界抗敌后援会：《克敌周刊》1938 年 10 月 1 日第 30 期）

3. 敌机轰炸下的梧州

萧中勤

谁也预料不到，在这样一个不满 2 平方公里的小县份，而且是远在后方的一个毫无军事关系的地方，却遭受了敌机几次完全失了人性的疯狂蹂躏！

整个梧州市区，被敌人毁灭了！从东门到西门，从南街到北街，从西大到高中而初中，所有的房屋，在轰炸声、炮弹下变成平地，跟着死人的尸体，血肉模糊的呈现在生人的面前，有的被炸弹炸得尸身五裂，有的被压在崩墙下，有的被火烧成黑灰，有的受着机枪扫射……有的……这不可计算的残酷屠杀，造成了这恐怖的梧州。

没有被炸死的人们，哭丧着脸儿，踏着瓦砾，踏过了失去了人形的死尸，寻找他们的父亲、母亲、妻子和儿女，啊！谁是他们的父母妻儿呢？也许在慌乱中走散了吧，也许就在这瓦砾堆中，当他们只能发现离开了尸体的手和没有头的尸体……他们最后的希冀终算是被夺去了！唯有在号哭声中，表露出他们的悲痛和愤怒。

在冰井镇的几条街口，10 余个重量的炸弹，把美国人办的思达医院及培正中学，炸得全数倒塌，连操场上的树根都被拔起。几个老弱病残的妇人，在医院的门前号哭着他们在医病被炸死的儿子或丈夫！

培正中学的操场、教室、山脚下，几十个不成人形的尸体横列着，有 1 个中年妇人，胸部的衣襟袒开，怀里还抱着 1 个未满周岁的小孩，小孩的嘴正在吸着母亲的奶，然而他们母子早就停止了呼吸！啊，这就是日本皇军的"文明"，惠及不知人间愁苦的先命。

鸟蝇一般的人群，围着在端详一具一具血肉横飞的尸体，他们和她们来认着被敌人屠杀的父母、妻儿、兄弟、姐妹、丈夫、亲戚……顿时间，由尸体边，发出震动大地的哭声！从此，谁都深深地明白了日本军阀是我们最大的仇敌。

马径街上，100 余间的平民住宅，都变成了焦土，可怜的人们，携带着他们的儿女流泪痛哭……用手去发掘着已倒了的屋子……希望在那儿发现他们的生命线，因为这是他们的家，这是他们的财产，这是他们养育生命的地方啊，今天残暴的日本军阀，把它炸毁了，流浪，从今天起他们是开始流浪了。

在河边街一带，有几具尸体，被炸到抚河里，鼓着肚子浮荡着，偌大的河水，几乎染成了鲜红。商务印书馆门口，几个焦头烂额的男女，横倒在地上，伴在旁边的书籍，变成了白蝴蝶。大光布店的伙计（店员），被炸破了肚皮，肠由肚里流出，赤血流满了地面。大东小学门口，1个妇人的尸体在躺着，旁边还歪着一只菜篮。这就是日本皇军的供词。记住吧，日本强盗是我们的死对头。

在医院，在山脚，在马路，在小街，在河边，到处都令人听到那凄惨而坚决的呼号：

"妈呀，你死得好惨啊……"

"儿呀，你怎么离我老命而去……我也随你一道去吧……"

"哥哥，你不死在前线，你曾说去砍几个敌人的头，你的志愿未遂，而先死在这敌人的炸弹下，真是……"

"爸爸，你的肚皮被炸破了，你知道吗？在昨天你还说要我去当兵，杀日本鬼的头，收复我们的失地，现在你不能见我杀日本鬼，而你竟先被日本鬼残杀了……明天，我马上要到前线去，替你报仇！是的，我不但要为你老人家报仇，我还要替整个已死去的中国战士报仇……"报仇，报仇的呼声，跟着敌人的炸弹震天炮响，日本军阀呀，我看你能横行到几时？到几时？

（摘自广西各界抗敌后援会：《克敌周刊》1938年10月8日第31期）

4. 桂林被炸惨状

大队敌机今午（1938年11月30日）狂炸桂林，平民受祸惨烈。来袭敌机共51架，侵入城区者35架。本报讯：今年晨8时20分，敌机两架在怀集、贺县、钟山一带侦察，9时45分，敌机14架由四会侵入桂滇，盘旋于怀集、贺县、八步、钟山一带，旋在八步投弹1枚，在贺县河东街投弹3枚，此间于9时50分发出警报。迨10时10分，另有敌机35架，出现于贺县、钟山、平乐一带，分批向桂林飞进。11时25分，第一批敌机15架，由恭城侵入桂林城区，在东城一带漫无目标，投下爆炸弹烧夷弹数十枚而去。35分第二批敌机18架继至，在湘桂铁路北城桂北路一带投弹滥炸，并以机枪猛烈扫射。45分第三批敌机2架又至，散发荒谬传单。敌机在城内皇城中华街、凤北路、桂北路、桂东路、环湖路、桂南路、文昌门、伏波山等处，及城外象鼻山、河水门、水东门一带投弹约60枚，内有烧夷弹多枚，人和前街、凤北路、皇城、桂北路4处着火，延烧其广，迄傍晚尚未全灭，被烧商店及平民住宅达200户。桂北路、桂南路为桂林最繁盛街道，已成一片瓦砾。湘桂铁路附近落弹数枚，路轨微损。死伤平民，截至午后4时，已查明死者27人，内妇孺9人，伤者101人。当局现以全力清理被炸地区，扑灭余烬，并从事救济无家可归之灾民。

敌机以回教徒为轰炸目标，日前曾将西安回教住民区轰毁，死亡教胞百余人。30日复以桂林清真寺炸毁，死亡数十人。

[原载《循环日报》（桂林）1938年12月2日]

5. 三年来敌人对广西妇女的暴行

欧　查

敌军攻入桂南，蒲庙一带大村落的民众，未及逃难的大多都遭杀戮与奸淫。在南宁，敌军划金狮巷为军妓区，强将邕市未及逃避的老少妇女，掳去二百五十余人迫充军妓，供兽兵整日的恣意奸淫，稍露不悦神色，即遭毒打……

在桂南宾阳附近，有十一岁的女孩四人，随同家人逃难，被兽兵追捕，把四女孩轮奸，均受重伤。在南宁被掳去的一批少女，因生理发育未健全，竟遭兽兵用刺刀将生殖器割裂，惨痛而死！

（摘自广西省新生活运动促进会妇女工作委员会:《广西妇女》1940年第6期）

6. 邕宁"皇军"暴行见闻录

王憎福

过去曾以广西政治、文化中心之称的邕宁,自经过"皇军"的铁蹄践踏以后,一切都无生气,是一座死城。在这儿,"皇军"写下了许多流水账:

(一)烧 烧是"皇军"的惯技,他好像一位"火神",到一处就有一处起火,烧得一干二净。这并不是"开花数",而是有账簿可查的。举例来说:

1. 去年(1939 年 11 月 25 日),日军进城的第二天,城内有些走避不及的老百姓,只是闭门不出,可是,却因此而被他们放火烧"罩子"(指房屋,民间有此俗称)的,真是不少。

2. 沿邕钦公路上,那淰、那桥、那玩、屯动、定西、写书、那练、殿薄这些村落,均被焚烧净尽!

3. 在邕宾路上的四、五、六、七、八、九塘一带,无论是圩市乡村,也不管是高楼大厦或小屋茅寮,都一样地受了"火"的洗礼。

4. 附城的金桥村,也有同样的遭遇,从公路上一望直到这村的村心,只见许多矗立着的颓垣败壁和一片瓦砾;此外如大麻村、小麻村亦一样的残破了。间有烧不尽的,又在屋的四周打开几个大月门。

5. 今年(1940 年)4 月初,坛洛区襄定乡又给火葬了几间房屋,只博得敌兵的阵阵狞笑。

(二)杀 又是"皇军"的惯技。他们像"屠行佬"到屠场,也像刽子手到了刑场,非杀不可似的。他们杀人的方法很多,有的用炮打,有的用刀刺,有的剥皮,有的开胸,有的是用脚踢翻在地,接二连三地在心胸上几蹬,常常这样送掉一个人的生命。下面是屠杀的事实:

1. 1939 年 11 月 24 日下午 3 点多钟,日本"皇军"进入南宁城,进城才 3 天,因为我们的老百姓太愚蠢,不能接受"皇军"的王道教化(不受他的欺骗)就开始大屠杀。在城内的知识分子、抗战的勇士和有血性的同胞,被杀的凡 700 余人,这是 27 日的事。

2. 附城各村街被杀的老百姓也不少,像我所知道的"纲伯伯"、"老龙"、"瘦钟",就是在他们的屠刀下牺牲了的。此外,因徘徊在村头村尾而被杀的,更无从统计。

3. "皇军"大屠杀的对象不仅是"人"，更普及鸡鸭鹅鸽、牛羊猪狗之群。在"皇军"占领的区域里，"人"是归西了，而许多家禽家畜也都在他的戒刀下超升，他们所杀的家禽家畜，只检选一些瘦肉来吃，他们说：这是"支那料理"，"料理"是日本话，就是我们所说的"菜"。有的日本兵遇到猪或牛，就狠狠地在它腿上割了一二刀（约有一斤左右）就走，不管这猪或牛是死是活，他们的残暴于此足见一斑！（在邕宁五六塘一带，确有这一回事）

（三）拉　据说"皇军"进城以后，到处搜索沿户检查，实行"拉人"政策。见到男子，老一点的就被威胁去做猪狗，替他们掠夺；年轻的就拉去替他们筑路、运输，见到妇女，除了另有特殊任务以外，做工，取柴、挑水，做饭是免不了的。下面便是许多事例：

1. "皇军"入了南宁，第一件事便是修复飞机场。因此，城里城外的老百姓一遇到他们就要"苦工"的赏赐。为了加紧完成，要日夜赶工，不许你有半点休息；拉了六七百人左右。

2. 修复飞机场是如此，搭浮桥也是如此。亭子墟、津头村、窑头、沙滩这4座浮桥，是流落在南宁的老百姓处于"皇军"工兵的皮鞭威胁和监督之下，一天内完成的。

3. 此外如修路，构筑防御工事，都是一样。只在八尺区里的蒲庙圩，就被拉了五六十人。当然其他各乡村也拉了不少。

4. 最难堪的是妇女们，她们被迫着裸衣露体去替"皇军"挑水，任由他们从旁戏弄，一点儿不许反抗，反抗"皇军"的就是大逆不道，随时有被处死的危险！

5. "皇军"是这样毒辣，而"皇军"的马夫也会找替身，他抓到了老百姓，逼勒他替自己割草，喂马……

（四）奸　"皇军"对于妇女是另有特殊任务的，这正是慰劳工作。过去如岳阳有所谓"慰安所"的组织，便是慰劳"皇军"的地方。

"皇军"在南宁的"奸"，最初是选择少女，强迫当军妓。因为反抗而被杀的，更不知有多少！还有许许多多骇人听闻的事实，真是不忍再说了。例如：

1. "皇军"在南宁，不论城市乡村都一样，少女固然被糟蹋，即五六十岁的老妈妈也不能幸免。过去曾为广西文化发祥地的王文成公讲学处（南宁女中旧址）和南宁的中华戏院，都成了暗无天日的地狱世界。

2. 从许多被奸而死的尸骸中，真是惨不忍睹！据说蒲庙墟一镇，每日须贡献姑娘70名，因被奸致死的已达200余人左右。

（五）抢　在"皇军"占领区域内，抢掠是免不了的。他们有所谓"征发队", 简直是变相的匪帮。他们所掠取的是食品、衣服、银钱、五金器具。掠取的方法是明抢、暗偷、东扒、西挖, 可以用"有物皆征"(掠夺), "无地不发"这8字来说明。

1. 听说是南宁沦陷后的第4天, 心墟因受了汉奸的诱惑, 还在照常营业, 忽然有十几个鬼子到那里去, 大家见了吓得东西也不敢要, 多跑光了。结果, 他们"征发"了许多东西。又有一个鬼子到一粉摊去指着要粉吃, 吃了正要走, 粉摊主人向他要钱, 他很客气地到洋杂摊上拉几条毛巾给他。这尚算慷他人之慨了!

2. 在沦陷区里的老百姓一遇见"皇军", 就被检查: 身上衣服还齐整的(只要不补丁, 不穿烂就够), 有纸币、金属……总得由他检去! 假如你不知趣, 向他啰唆的话, 就有"耳光"或"枪打"做"答礼"。

3. 他们随时到民家去, 不管有没有人, 大可以东扒西挖, 明抢暗偷, 拿不去的打个粉碎, 拿得去的只管拿去, 横直是有人替他们挑(压迫逃不出的老百姓), 哪怕不满载而归呢!

4. 在附城某村, 有一个老百姓身上怀有几十块现钱, 他远远地望见"皇军"来了, 恐怕搜去, 因此把这些银块丢在野草丛中。"皇军"远远地望见了他的举动, 所以一到他的身边, 六七把刺刀架在他的头上, 威迫要钱, 这位老百姓没法, 才告诉他丢放的地点, 由他们自由取去才完事。

听说"皇军"进了城不久, 便把城里及附城的老百姓撵到乡下去, 因此就有一件惨事发生: 东门、北门两个"瞽目院"里的瞎子, 给"皇军"统统召集来, 没有遗漏一个, 便捍上工程车, 一路颠颠簸簸, 好容易才到了华强街口, 他们就把许多瞎子拨了下车, 像倒垃圾似的, 弄得头破血流的也有, 手断脚折的也有, 哭声震天, 惨不忍闻, 可是"皇军"是不理你死活的。

也是"皇军"进城不久的事, 他觉得到处的资源都已疏散, 市面萧条得太可怜, 便想了两个办法: ①出安民布告。②叫汉奸散发"良民证", 引诱老百姓回城复业。真的有许多人便上了大当, 有些无知商人回到城照例先受检查才得入城, 检查时发现你有货币便说是私货, 伪币, 立即没收, 如果你和他支吾几句或是反抗。还说你是敌人同党, 免不了要遭枪毙。

当"皇军"暂时不杀人时, 便嗾使田次廉、甘植鸣等汉奸、诱骗老百姓, 要大小商店捐钱慰劳"皇军"。听到"万利"、"智利"这二家商店, 就被迫捐纳了国币2000元, 其余大大小小的商店, 都必须按照资本多少来捐。

(摘自广西省政府职员公余进修社编:《公余生活》1940年第2卷第12期, 广西壮族自治区图书馆藏)

7. 敌人铁蹄下的南宁

洪高明

在苏芦村，有一次两个日军入村来搜掠，有一个少女未及逃避，被他们搜到了，便拖着要强奸她，但这少女都拼命地摔掉了羁绊，向前飞跑，那两个日军在后面拼命地追赶，当跑到一条很深的坑沟时，这少女没法了，便往沟里一跳，自尽死了。这节烈的行为，深深地感动了那两个日军，他们惘然地坐在沟边，呆坐了很久，垂头丧气，连抢到的东西也不要便去了；他们大概是联想在故国的妻妹家人了吧。

在宋村，敌人搜抢到了一大批白米，拉了当地的女人约200余人一律要她们脱了衣服，光着身体搬运那里白米下船去，他们便在旁边监督着，任意侮辱、虐待、拍手狂笑，搬完了那些米，这些女人当然免不了还要受到更大的污辱强奸！

当敌人在南宁住了10多天，城内的食物，虽然他们天天去抢，但仍不够吃，尤其是蔬菜果品，大起恐慌，于是便千方百计诱骗民众担进城来卖。起初几天，有些冒险担东西去的人，都得着多少钞票回来，于是很多食小利的人，便跟着担东西进城卖，但得的代价，已由钞票一变而为他们抢来的布匹、衣服了；到后来有些女人也大胆地去了，于是敌人的尾巴又露了出来，东西白要了不算，人还要受到难受的污辱！甚至有男的或女的挑担进城不见再回来了。

敌人为了修筑南宁的飞机场和筑工事，防中国军队反攻，便四处拉夫，起初是用阴谋手段骗人去做工，每日发给高价的工钱。但后来，回来的人却只剩三分之一了，并且个个遍体鳞伤，备尽所遭受的虐待，于是没有人再敢去了。敌人便又使出他们的老把戏，四处拉夫，被拉去的人没有一个得侥幸地回来的！据说是做完工后都活活地给机关枪扫射死了。

（摘自《西南周刊》社编辑：《西南周刊》1940 年第 3 期，桂林市图书馆藏）

8. 日祸绥渌^①记

叶鸣平

1939 年 12 月 13 日，下午 4 时许，敌步骑 2000 余，由邕属苏圩，沿邕龙路窜扰山圩，中国军队 300 余人扼要抗战，因敌众我寡而退。是役，本县游击大队第一中队班长农谟尧（南乡雷允村人，22 岁）在斑鱼山脚阵亡，为绥渌县对倭抗战牺牲第一个之民族英雄。团兵吴培锦（南乡渌头村人，26 岁）负伤。

12 月 14 日下午 5 时许，敌步骑 1000 余进犯县城，我率团队数十抗战，亦因寡不敌众，避免无谓牺牲而退，城遂被陷，公私什物搬运不及者均损失。附近村民数人，偷回取物，除 1 人被杀害外，其余被掳，午夜幸均逃脱。

12 月 15 日下午 2 时许，敌进旧城开往西长，南乡乡警卢某，因回乡公所搬取余物，遇敌被掳去；峒谷村被杀半数头，峒谷雷允村民被掳数人已逃回。

12 月 16 日敌一部开右乡模范街，一部尚住西长，到处搜索人和物。

12 月 17 日上午 11 时许，敌机炸毁中心校图书室 1 座，南乡峒谷村民黄某欲偷回家取物，在马路边遇敌，被追杀毙命。另有数人被掳，勒逼给便衣队带路，觅拿县长，现尚不知下落。

12 月 18 日敌人全离绥渌，向龙州方面窜扰，各乡电话线杆多被破坏。

12 月 19 日早，克复县城，修架被敌破坏之电话线杆。整理清洁，照常办公。

12 月 22 日晚，敌由龙回窜县境，于北乡邑留村楞杞屯，放火焚毁房屋 1 间。

12 月 23 日，敌在西乡邑料村及西长街一带山地，被中国军队第 31 军 131 师截击；上午 10 时许，敌欲放火焚烧右乡公所，即将所有台凳床堆砌屋内焚烧，屋着火；模范街民房，被焚烧 2 间，72 岁老妇某氏，被敌以棍打死；渌乙屯被烧民房 5 间，街民廖姓叔侄 2 人被刀惨杀；那廖村上屯民房被烧 2 间；下屯村桔沙屯，民房被烧 4 间。

12 月 24 日，敌机助战，分批轮流轰炸及扫射机关枪，南乡公所被炸毁屋 2 间，峒谷村被炸毁屋 1 间，旧城街、长安街均被炸，损失甚微；西乡西长街被炸

---

① 今扶绥，编者注。

毁陈姓屋 3 间。岜料村民黄日殿、韦启元与第 131 师所部带路围攻敌人，扶岜村及开珠妻与中国军队运输，在岜料村境内，均被敌机扫射，皆成为军民合作抗战史上绥渌县第一次牺牲之民族英雄。东门街及县府，被投燃烧弹数枚起火，至晚方熄；特编队班长何结伟，被炸毙，团兵郑南芳、黄英富被炸伤；汪竹村逐那屯被炸数弹，无甚损失。日本便衣队 30 余人兽窜北乡公所所在地之琴烦街，旋即退回西长。

12 月 25 日，黎明，敌第一批经县城溃窜山圩，沿途被中国军队第 31 军 188 师部所截击。上午 7 时许，北乡公所被敌机轰炸，毁中座房屋 1 间。

12 月 26 日上午 9 时许，敌第二批由西乡退窜县城之前，在扶岜村掳去牛马数头，在岜料村掳去牛 2 头，烧独山屯民屋 1 间，并先后放火焚烧吉安村渠多屯黄姓房屋 7 间，浦盛屯房屋 1 间，西乡公所被烧 2/3，西长街民房被烧两间，有一街民被捉投火中，后幸拼命逃脱。

12 月 27 日下午 2 时，敌窜县城，中国军队因寡不敌众，县城被敌占；敌大肆焚杀，将县府及各机关尽行焚毁，东门全街民房十分之九（约数十间）被焚毁，将中国军队阵亡或重伤被俘官兵投入火烧，将俘获民夫绑于树下，割耳舌鼻挖眼剖腹，再以火烧之。午刻中国军队赶到围击，敌向山圩败退，克复县城；敌沿途被中国军队第 188 师截击，伤亡颇多。先后放火焚烧，双均村渠容屯、霸演村汪滂屯，左乡琴吞村，毁屋共数十间。同日左乡公所又被敌机轰炸，教室 1 座全毁。

12 月 28 日近午，敌机炸山圩街，毁民房数间；敌在山圩向苏圩败退前，放火烧毁中和乡公所，刺杀街丁 1 名。

1940 年元月 21 日下午 4 时许，敌由邕宁县属朗圩、五塘窜扰左乡，计九塔村被烧民房 2 间，那香屯 2 间，定葛屯 10 余间，那白街那白屯被烧民房 19 间，乡公所被烧毁屋 2 间，被拉牛马 10 余头。同日，敌机炸左乡九塔村附近山岩，炸死沙牛数头及那白街民李启丰 1 人。

2 月 22 日上午 10 时，敌 1000 余人由邕属平江窜左乡那白街，于界牌屯用棍打死苏姓老翁 1 人；下午 1 时，敌双翼飞机 1 架，由邕属苏圩窜入县境肆虐，计中和乡汪竹、剥荡、那荒 3 村被炸，那荒村那耀屯，炸伤男女各 1 人；东门街、双均村被扫机关枪；东乡驮达、溥何、那坪 3 村被炸及扫射机关枪，驮达村邓海屯炸毙郑传业一人；南乡长安村被落 2 弹，1 枚未爆炸；西乡各村被炸，计岜陇村毁屋 1 间，伤老妇 1 人，岜料村毁屋 2 间，炸死妇女 1 口，伤男子 1 人，及小孩 2 人，波淡村毁屋 3 间。

2月23日，敌由那白向辱柏村窜扰，县民被枪杀1人，刺死1人，滚水淋伤1人；另一部敌人1000余人，拉牛马数百头，由扶南县属渠黎经渠留，窜入县属中和乡练村邑白屯，分两路入东门街；于附近杀民夫3人；经北乡邑楼村琴准屯，枪杀幼女3人，焚烧民房者，计东门街所剩炸焚不完之民房10余间，汪竹村逐那屯3间，村公所烧着火，剥荡本屯8间；失马数匹，掳去五人，于中途打伤死各1人，余3人拉去上思后已逃回。

2月24日，左乡之敌，昨今战于上思交界；东门之敌，窜那江街那须屯，与中国军队第31军第131师第392团激战。敌均向上思窜扰，经那坪村路边烧房1间，枪杀老翁1人；经那肥村，拉黎姓媳妇轮奸，其翁黎四（60余岁）以柴刀砍敌，被敌刺刀杀死，并刺重伤佶姓老妇1人；那江街民包广有被大炮击伤头部；东乡公所台凳被烧，劫去马三匹。

2月28日，敌人分批，由上思经县属左乡，向邕钦路溃窜，经九塔村龙塔屯，掳去男子2人，据称在西乡塘逃回。

（摘自广西省政府职员公余进修社编：《公余生活》1940年第2卷第5期，广西壮族自治区图书馆藏）

9. 同正①被劫后的伤痕

署　光

同正是在 5 个月前，曾被敌人兽兵劫掠过的小县份，它在敌人的铁蹄下，遭受着悲惨的境遇。

敌人来劫同正，今年（1940 年）4 月 5 日，分 3 路窜来，然而中国军队早就移转入大山，敌人到同正，大失所望，仅掠个空城而已。

残酷凶恶的敌人，无所不为，焚烧同正，全城火舌，整个城仅剩下十分之七，其他的三分均已成为焦土红墙，同时附近所有的乡村都遭受到焚烧成灰的苦命。

兽兵退却了，老百姓回来，见到自己几代人靠它保暖养活的房屋，变成灰烬，年迈的妇女，不禁的流下老泪。县城只是一堆一堆的碎砖瓦，一间一间蜂巢似的破屋，门和窗都空空如也，即使没有烧到的房屋，也要被兽兵搅得一塌糊涂，老百姓日常所用的炊具、锅头，都被粉碎了。

（摘自《救亡日报》1940 年 10 月 22 日）

---

① 今扶绥，编者注。

10. 血和恨之城——宾阳

吕　器

宾阳自今年（1940年）初，一度沦陷以后，往前繁荣的局面，已被日寇破碎净尽了。当记者刚踏入城门，真的不敢置信这就是别后几个月的宾阳啊！走遍了全市找不出一所完整的房子，到处是野兽的遗迹——断垣、残栋、瓦砾、玻片，暗赤的血迹，焦头烂额、五官不齐的残尸……

据说前次战局逆转太过匆促，百姓们还照常的生活，都来不及疏散，所以，遭受了空前浩劫。

好些被毁了的房子，只要走近一点便嗅到腐臭气味，这是同胞们的遗尸所发出的腐臭。许多尸体的肚皮已经破了，花带子似的肠曳出来，许多的脑袋、臂膀留着血泊模糊的刀痕，有些眼球被挖了出来，只剩一丝血条系眼眶，有的露出地上，围绕许多苍蝇。更有的年轻女同胞胸部留着两个赤血涔涔的凹坑，一看就知道乳部被割下了的。有的心头四肢被钉在门板上，拉扯成"大"字形（都是一丝不挂的）。有一个尸旁还掉落一面徽章，是个女政工员，下部插着1株小竹枝，枝头系着一面染红了血的小旗，旗面写着一串无耻的话。同堆在一起的还有许多嚼不完的牛尸猪尸，还有的死牛死猪，这是被枪打死的啊！据一个老头子说，附城的某村150个村民被杀得个精光。另外有一个叫石村。村民看见了这种惨景忙命奔逃，敌人到了村里，找点水喝也找不到，弄得叫苦连天；谁知村民意识薄弱，最后被日汉奸花言巧语骗了回来，叫他们排队发钱，敌人将机关枪扫射，全村98个妇孺老幼都死光了……

据宾阳县府的统计，自1月20日失陷至2月8日克复，我民众被日寇惨杀者约1500人，被劫猪牛约五六百头；另外还有中国军队野战医院内500余人，因来不及调移，不幸被惨无人道的寇兵以汽油烧死！敌寇退出宾阳掳去壮丁2000余人，到了南宁很多被枪毙的，被活埋的，剩下的都斩断右臂发给通行证，遣令回籍。

敌寇退出宾阳之前，曾于各街头道路埋地雷，并掩埋手榴弹在各店里的火灶内，据说已爆发了数处，就是记者刚到的一天，还亲眼看见一个地雷爆炸呢！

[摘自《救亡日报》（桂林）1940年3月7日]

11. 沦陷后的龙州

樑　植

在国际友邦给我们正义与同情的援助中，一部分的资源曾经是道经龙州的。就这样，在民国28年（1939）11月21日，敌人便以机动的装甲部队进攻和破坏这幸福的边疆——龙州。敌人是一帆风顺的进占了龙州，但后来他退到明江、西长一带时，却被中国军队第131、188师整个歼灭了，而造成桂南歼灭战的光荣的一页。

敌人因后路被我切断，便慌恐地溃退了，可是龙州虽然仅仅是沦陷3天，但已经被强盗用屠刀烙上悲惨、怆痛的深痕。

被烧掉的房屋，残垣在沮丧地耸立着，不曾逃脱的亲属被害了，妇女的遗体扦上刺刀。面对着这残酷的现象，人们是痛苦的，于是，悲观颓丧的，沉溺在纸醉金迷的氛围中。而有些败类乘间聚赌，走私。针对着病态，"龙州专艺社"、"龙州青年戏剧社"英勇的起来了，他们用进步的戏剧（曾经联合公演了"九一八以来"、"东北的一角"和"最后的一计"）来刺激群众，用正当的娱乐（书报、球艺、歌咏）来纠正颓风，安定和建立起劫后的龙州。龙州第一次沦陷时，他们更长途跋涉地帮助政府组织工作，抢救难民，参与游击战……

今年（1940年）7月1日，经过6月27日、28日、29日、30日几天的混战，敌人又第二次攻陷了龙州。这次敌人是由鸭水滩、彬桥、上金三路来的，这四面八方的包围，在敌人如意算盘中也许满以为可以"一网打尽"在龙州的整批军民的，可是，终究又失望了。不仅是军队，就连老百姓也早就预期疏散了，敌军追踪到水口和下冻，又遭遇强烈的抵抗，敌人得到的是什么呢？一片焦土。

敌人是需要食物塞肚子的，于是就抢——平而、龙门、霞秀、上降、下甲以及三镇附近的乡村，便饱尝苦头了。然而敌人知道抢劫，除了引起民众更大的反感从而加快地给他们掘下坟墓以外，是得不到什么的，而现在的主要任务还在巩固后方据点，以便进追我完成三关——镇南、平而、水口占领从而发动越南战事呢？于是，又抹上另一副鬼脸了。

首先，是"宣抚班"的出动，街尾巷头，都满贴"标语"、"布告"和"传单"，说你们的政府对我们太苛刻了，抽税重，征兵打仗，我们（敌人）是替你们打抱不平来的，现在南宁柳州长沙都归我们了，你们的新"国民政府"也已搬回南京，我们得大家合作收回安南去……领良民证的，每人发白米三十斤，大洋五块，房子随便住，高兴种田的任由那一处，不收税和没有耕牛的到军营去领用。

另外，却是掳掠家畜，破坏家具，烧掉房屋和稻田。认为有嫌疑的，不论是男女都得"抽香肠"——先用刀在他们的肚子挖开一个小孔，每把烧红了铁钩慢慢地抽出大肠。

在沦陷区，敌人是用这样威胁利诱的毒辣手段来统治同胞的：

维持会，最近才有的，说起那幕鬼剧才笑死人呢——在刺刀尖下，顺民被逼着每人持一支长香，随意地扦在写着杨耀东、陆启森、王汉烈的牌子面前，于是以杨耀东得香数最多，陆启森次之，王汉烈又次之的民选丑剧便完成了。杨陆两逆都是流氓和土佬，杨是炭京村人，陆是关村人：王汉烈霞秃乡人，过去曾经在××初级中学三十一班念过书，肥头大耳，三角脸，鹰咀鼻，在学生时代便有（王汉奸）的绰称了，现在，不料偶然的戏竟然言中。

说起维持会的政体，倒是普天下找不到（汉奸除外）的少数阁僚制呢？杨逆是正会长，陆逆是副会长，王逆书记兼会计，独裁三巨头，便什么都包办了，已推行的要政是：找姑娘、贩仇贷、开花会、赌摊；并且逢三逢六逢九在对河利民街辟市场，要把龙州所谓荣繁起来。

一方正是荒淫与无聊，一方的却是庄严地工作着。龙州果是被群魔所屈服了么？

全县十三乡镇，现在除了龙州城厢三镇和霞秀乡的一部分外，其余归伦、水口、罗回、布局、平面、龙门、上降、八角、下甲等九乡以潜在的整个县，仍旧在我们广西省龙津县政府效忠着，拥戴着，奋斗着。以大青山为根据地，展开广泛的游击战争，虽然敌人现在已经能够抓到一些民族败类和汉奸开市和繁荣，但在每逢黄昏便又仓皇的撤退过对河去严防的。

我某部于11日退出龙津城后，在龙州东北郊一带，仍与敌激战，至13日因敌增援，遂于15、16两日安全返防，待时机再攻，此次毙敌四百余名，我损失甚微，龙州是不会灭亡的。

（摘自《救亡日报》1940年10月29日）

12. 北海被敌抢劫损失统计

[北海专访] 前一日下午一时，北海东西两镇联同在东镇镇公所召开保甲长联席会议，由西镇镇长王惠国宣布开会理由，并报告北海此次被敌寇登陆抢劫，人口物资损失，亟待清查汇报，诸各保甲长于三日内详细查报，至目前两镇户籍显有变更，亦应整理，其余限期毁坏公路，填具材存谷石切结，征送廿九年度壮丁数额，各保逐对监视情报之连络数征足，王镇长报名至此，各保甲长便给之议论，以北海此次遭受浩劫，市而已成死市，目前十室九空，生活均难支持，更有多数难民，尚待政府救济，壮丁亦疏散19，于征兵名额，实无法抽征云。

北海此次沦陷，物资损失甚巨。东西两镇公所，现就东镇各保甲以报告损失口数量如下：被杀6人，伤19人，被掳1人，被焚毁屋宇8间，般15艘，艇12个，被劫耕牛11头，生猪279头，生油3.2279万斤，食米16.125万斤，糖1.5853万斤，火油1480斤，苎麻3540斤，衣车10架，单车47架，鸡2472个，熟盐1.233万斤，被烧劫公私洋枪支52支，被劫现金国币54.971万元，赤金60余两，被劫衣物约值国币20万余元，鸭毛7560斤，盐鱼9万斤，布疋351疋，其他损失约13.5万元，总共损失约值160余万元。

西镇损失：被杀31人，伤18，被俘1人，被烧屋宇129间，被烧船8艘，烧艇266个，被杀耕牛4头，猪648个，生油692罐，米6.75万斤，糖3420斤，火油9罐，苎麻600斤，煤炭100吨，单车5架，鸡1670个，公私土洋枪支36杆，现金16.775万元，共计约值国币123万余元，东西两镇总共损失值289万余元，尚有疏散他区住户未具报。及海关邮局损失不在其内云。约七八十人，由王主任满儒致开会词，对救济队此次莅临本邑工作表示十分欢迎，由专署代表五顾龙，县府代表王佐等演说，并报告北海高德沦陷经过，及提示目前赈济难民应注意事项，隋由陈视察、梁分队长相继致答，末由工作队，及救济总队轮流高唱救歌曲，直至八时许始尽欢而散云。

（《粤南日报》1941年4月4日，广西浦北县档案馆，民国档案宗粤南
日报1—48）

13. 两敌舰肆虐　焚渔船数艘

[专访] 某机关方面消息，昨（二十）日，北海冠头岭海面，闯来敌双烟囱并浅水舰两艘，第一艘于上午九时三十五分驶到，越十五分钟后，继来浅水舰一艘分别在冠头岭西南海面游弋，先后焚劫我渔船数艘，迨下午三时四十五分，始窜去。

（《粤南日报》1941 年 7 月 21 日，广西浦北县档案馆，民国档案宗粤南
日报 1—48）

14. 旅途的一天（桂南劫后踏察记）

罗梓元

一、大塘见闻

11月6日，我们宣慰组由南宁出发的第三天。这时距离敌军退出扶南快要三个星期了。民众回来看见家里的财物已经洗劫一空，房屋给烧毁了，没有烧毁的也残破圮坏得七零八落，一部分人一时还不能安定生活下来，被迫得又转回到避难的岩洞里去。

沿着公路，一小时后我们到达大塘。这里是扶南安良多公所所在地，正在公路的旁边，原来是个小圩场，房屋约七八十间，有十数间已为炮火所毁。敌军前后三次由上思侵犯扶南都是沿公路经大塘来的。在敌军盘守扶南的时期，汉奸就以大塘作为活动根据地，把伪维持会建立起来。伪维持会头目为金济时及黎荣甫，均本地人。另外，敌人又利用汉奸李炳南（小董人）在这里一带组织3个自卫警备团，人数约三百余，机枪四挺，步枪六七十支，常与敌军三四十人配合，分队活动于安良乡及城厢附近各村，奸杀掳掠，到山上搜索逃难民众，威迫他们归来做顺民。他们所到的地方，见猪杀猪，见牛拉牛，见人呢，倘若你不肯归顺，那就一枪送回老家去。据调查所得，扶南做顺民的除城厢附近的塘岸村若干人，大部都是安良乡的民众。

二、岜盆二三事

民众不知躲在家里还是到什么地方去的，沿途难得看见几个人。我们中午到达岜盆，有几个人出来，看见我们都睁起一副惊奇的眼睛，看看我们没有什么怪异的动作，又经我们解释之后，才逐渐地和我们接近交谈起来。这里破毁的房屋并不多，但劫后凄凉的景象却和别处一样。街上和两旁的人家看去都是空荡荡的，给一片沉寂笼罩着，没有一个小摊也没有一个小贩。我们问民众家里有没有什么可吃的东西，要他们拿来卖点给我们，于是有几个人便回家拿了些甘蔗、包粟粥、米粉……来，但这一下他们就居奇起来了，一根甘蔗四角，一碗净粉三角，一碗粥也卖一角，吃不吃由你。

由于敌军对妇女残暴的奸淫，由于过去一些惨痛的经验，这是有些村妇看见穿军服的人还误会害怕起来。在离岜盆不远的一个叫做姑豆的小村，我们有几个同志落在后头，迷失了途径。这时恰巧遇见两个中年妇人，一位戎装女同志想上前探问他们，但出乎意料的，她们慌慌忙忙地快速逃跑，我们的女同志还是在后头追赶着，年纪较大的一位妇人连声地说："快走、快走"，实在滑稽可笑。

三、未开发的处女地

岜盆以下，无数的石山挡住了我们的视野，岣嶙的峰峦出了岜白，眼前却豁然展开一片广漠的丘陵地带，一片未开发的处女地，荒草乱杂地生长着，漫漫漠漠，一直连接到无际的天涯。全然没有人烟，也看不到一丛树。

但是，就在这广漠的原野，从我们祖先的老远年代，我想一定埋葬下不少悲壮和凄惨的故事。一位行在先头的同志忽然发现路边暴晒着一副残缺骸髅，我们的情绪立刻给它抓住了。这骸髅的头盖骨已经破碎了，上面残留下一撮黑长的头发，可以见证这个不幸者是个女人。骸髅旁边，正在路的中央，还有一座新坟，我们推想这坟中的不幸者也许是女人的丈夫，当女人来到那里含泪埋葬了丈夫之后，而奸人的毒手又落到她的身上了。

四、我们彷徨在废墟上

完结了一百二十里的行程，我们到达预定的目的地——东门，也已经是夜晚八时二十分。

东门是绥绿新建的县府所在地。在扶南出发之前，我们听到已有人回来，邕龙公路由这里经过，敌军第一次沿邕龙公路溃退时，中国军队曾在此处截击，激战数日。我们沿车站左旁的通路进去，再转入左边的街道。浑浊的月色，照映出断墙残壁之间，约莫有十来个临时用砖板架搭的摊位，日里似乎曾经有人聚拢买卖过来。跑到街的尽头，依稀地看见乡公所在那里，后面的楼房已经给炮火轰毁。全然听不到一点声息。原来这里已经变成一个死城，一座废墟。我们都给呆住了。月色凄厉地洒在这废墟上，没有风，景象异常阴森和惨淡。远近的树林，兀立的断墙残柱，都突向太空画出各种奇怪的黑影，像一群巨大的魔鬼向我们重重围拢过来。地上洒满碎砖破瓦，东一堆西一堆的。我们仿佛投入一片荒坟乱塚堆中，一种说不出的悲凉，简直近于恐怖的沉寂，使人难耐。

好像一个噩梦，但是我们面对着的，正是残酷的现实。

在最后八十里的行程，我们没有喝过一点水，没有吃过一点食物，饥渴和疲劳开始侵蚀着我们，初冬的夜气是冷凉的。

隐约中仿佛右边街上尚残存着两间瓦面完整的房子，我们想："也许那里有人吧？"于是绕了过去，渐渐行近那房子的门前，屋内忽然发出一阵骚动的声音，好像人从床上惊起的样子。我们大声喝着："有谁在里头没有？"没有回答。四周依然沉寂。仿佛一种危机正在酝酿着，一个不可预测的故事就要爆发在我们的眼前。

站在我身边的警士立刻托起枪来，扳动枪机，想向屋的发射，我连忙阻止住他。

我们的神经不知什么时候变得过分敏锐起来，一种惊惨，焦虑和恼怒混合的情绪挪揄着我们，差不多要陷入一种造乱的状态。到哪里去呢？我们全不知道附近是否还有人村，只有一个挑夫说八里外的地方有个小村落，是他三年前到过的。可是现在是否人有回来，或者是也给敌军烧毁了呢？谁也不知道。

[摘自广西绥靖主任公署政治部：《抗战时代》1941 年第 3 卷第 1 期（在桂林编印），桂林市图书馆藏]

15. 敌舰劫货船

[北海专访] 昨十三日有货船一艘满载货物，自北海驶往安铺，拒驶至冠头岭南海面，适遇敌舰一艘，迎面驶来，该船睹状，急回岸逃避。遂被搁浅，船伴纷纷离船登岸。至昨十四日据该船脱险归来的船伴谈称当彼船登岸后，半小时之久，敌寇舰始驶近货船，寇兵登过船，将所载白糖豆麸等搬返舰内，旋将该船冲破沉没海中，始向东窜去，该船损失货物达 3 万余元云。

(《粤南日报》1942 年 6 月 19 日，广西浦北县档案馆，民国档案宗粤南日报 1—48)

16. 在疏散的日子里

古　曼

1944年6月20日前后是桂林最紧张的日子。当局下令疏散，人心凄凄惶惶。桂林的交通本来是不十分困难的，西行有火车，南下有民船，此外还有公路汽车。但由于战事发展得快，桂林人目击着由长沙、衡阳、曲江等地疏散来桂的人们的狼狈情形，在他们的心理上造成了一个恐怖的印象，他们不愿走，但又不敢不走。

那几天的车站上真是人山人海，没有一辆车厢里不塞满人，人们像行李一样从窗口塞进去，车顶上也挤满了人。有钱有势的人，神通广大，可以把火车的车卡包下来，连马桶也一起带走；一般市民便只能挤在车站上作"争夺战"，还有许多连"争夺战"也没有力量的人便只有待在桂林看人家走，因为一张火车票动辄万元以上，坐了火车便没有钱吃饭了。

在一个星期内，桂林疏散了30多万人口，街道似乎比以前冷静了一些，商店的货架空了不少。有的干脆停业了。到处都是大贱卖和大廉价，做生意人想捞回一点钱作逃难盘费，老牌不扣的国货公司也七折发售日用品，物价的确下降了，但买的人并不多，手头上稍有几钱的人，都在作逃难的准备，谁还有余钱来买东西呢？

故衣摊、香烟摊和卖旧货的摊子却一天多一天，由丽泽门外故衣场起沿着三多路一出榕荫路、桂西路一直到桂东路尾端，满街都是这些摊子，价钱比平时便宜很多。摆香烟摊子的有些是香烟厂的工人和职员，烟厂倒闭了，没有钱发遣散费，便发了香烟，但倒霉的是大家都在终日惶惶，仿佛连抽香烟的减少了。

一般新书店这几天来简直是"门可罗雀"，但他们仍然坚持着岗位。《大公晚报》和《广西晚报》在6月下旬先后停刊，各日报由7月1日起一律缩小篇幅改出半张，日报出得很迟，每天都要到中午才能看到，因为许多器材都运走了。

人，能走的走了很多，器材能动的也动了不少。最后彷徨无计的是一般被裁撤的机关职员、工厂工人和店员。他们中有的拿到了千多元的遣散费，但一家数口，简直是寸步难行。这种遣而不散的人，在留桂的人口中占着很大的比例。

由湘桂路涌来了大批的难民，是由长沙衡阳等地来的。开始逃难的时候，也许还有几个钱，但一逃再逃之后，到桂林时已经一无所有了。湖南会馆里住满了难民，连会馆附近的骑楼下也睡满了人。他们一心以为跑到桂林之后可以暂时松一口气了，谁知道桂林当局在 7 月初下令所有难民和乞丐限三天之内一律离境，这一着，简直像晴天霹雳一样，他们已经再也无力走动了，许多湖南难胞都异口同声说：以后死也不逃难了，有一部分打算冒险回老家去。他们说：死，还是死到家乡去！

中南路最热闹的马路上，一个难妇带着两个孩子，一个大约 4 岁左右，一个还在吃奶，她们坐在人行道上，面前放着一张纸，写着："丈夫一年未回，无力养活孩子，愿意出卖，要大要小，任君选择。"这是多么惨痛的画面啊！

有一部分人靠着疏散而大发其财，火车票、汽车票都有黑市，由桂林到平乐，平时的票价只要 160 元，现在黑市已卖到一二千元，一只没有篷的小艇包用一次，两三天的水路，起码就要五六万元，大一点的非十万元以上不行，而且还不容易抢到。桂林驿运站船舶总队的主任卢述和他的下属便利用时机，大发其财，据说在两三天之内就贪污勒索了好几百万，这真是骇人听闻的事情（现在卢述等十余人已被扣留查办了）。同时也有一部分人宣告破产，有些囤积家们，因为头寸不够，只好把货物廉价倾销，平时不容易买到的东西现在都可以买到了。值得大书特书的是以前踏破铁鞋无觅处的火柴，现在满街都是了，而且还比限价便宜。这难道也是战争的赐予吗？

献金的热潮过去了，一切似乎又比较沉寂了些。文化界抗战工作队，经过了许多困难，直到"七七"前夜才组织成立，由李济深将军领导，暂编 6 队，每队 25 人，最近就要出发到各县去工作。"七七"那天，街头已出现了他们的壁报，写着"团结才有力量"的大字，非常引人注目！

桂林虽然换上了一套战时装束，但动员民众都还是非常不够的。有些人还存着一种侥幸的心理，这种侥幸和轻敌的心理阻塞了桂林市民动员起来的热潮。

"七七"在桂林，除了开一个纪念会，并备酒肉数千斤及日用品慰劳城防部队外，没有往年那样的热烈。倒是新成立的文抗工作协会，在省立艺术馆开了一个纪念晚会，聚集了不少年轻人在一堂，有很多精彩的节目。

[原载《新华日报》（重庆）1944 年 7 月 12 日]

17. 敌在全县[①]杀我同胞2万

　　据刚从桂北沦陷区脱险来到这里的人说：敌人自侵入桂北，继续蹂躏，兽军所过之处，戮杀随之。在全县（今全州）一地，我同胞被残杀的已超过2万。现该地人民纷纷组队，尽灭暴敌。

　　　　　　　　　　[摘自《新华日报》（重庆）1945 年 1 月 11 日]

---

① 今全州，编者注。

18. 柳州浩劫　片瓦无存

（昆明7月11日中央电）此次敌军由柳州溃退时，纵火焚烧，民房遭彻底破坏，致成一片瓦砾，伤心惨目。查此种暴行，既非敌军因军事需要加以摧毁，亦非作战时为炸弹炮所损毁，实由日军残酷成性，组织烧杀队有计划的破坏。如此惨无人道之举动，实开历史上未有。使全城片瓦无存。记者特晋谒何兼总司令（应钦）探询详情，承告中国军队攻进柳州时，俱见原有一切建设及平民房舍均遭破坏。

查民国27年（1938年）至34年（1945年）间，计敌机轰炸我市共217次，使用飞机634架，投下炸弹10940枚，燃烧弹1783枚，死伤民众17220人，损失房屋15450栋……

[摘自《广西日报》（昭平版）1945年7月13日]

19. 美高级将军视察柳州日军之罪行

辛浦森一行第一访问之地区，即为华军收复一周之柳州。辛氏等进入柳州时，满目荒凉，房舍被焚，建筑被毁，桥梁公路均被破坏。辛将军乃喟叹曰："此地如无华人，余将以为已返德国矣！"辛氏等曾费若干时间视察河岸两岸废墟；曾目击日军强征中国人民所建之坦克陷阱，及日军某中防守之司令崭长约1英里，深12英尺，宽20英尺。辛氏等已知悉建筑物被第五纵队（日军组织的纵火队，爆破队）付之一炬。该队毁一建筑物，可获酬金2万元，连接北岸及南岸之桥梁，日军在离去前已将其焚烧，惟残余之桥身尚留水面，阻碍上水及下水之交通，美工程队正将其沉至河底。多数华人已自附近山区返柳州。现城区内之铁槌与木锯声不绝于耳，人皆协助修葺毁坏之房舍，露棚市场已告复业。全城原有人口20万，现已有1万人回城。辛氏一行在柳州时，机场上地雷2枚爆炸，日军共在机场周围布雷250处之多。

[摘自《广西日报》（昭平版）1945年8月7日]

20. 受难的人民

洛　文

一、文化城的毁没

　　1944 年 6 月中旬，当敌人的铁蹄践踏到衡阳外围的时候，桂林文化城开始走向末路了。一位著名的要人在省立桂林中学演讲，他从"军事观点"来估计，桂林不能据守长久，因此他强调桂林应该紧急疏散！他是桂林人，当然他的话大家都听。第二天，市民开始把妇孺和物资移动，沿抚河，沿铁路线，火车站突然紧张了，抚河的船价也一日数涨。

　　桂林的出版工作者，在响应李任潮先生的劳军义卖和参加热烈的国旗献金以后，突然听了这位要人的演讲，不免是痛苦万分。他们煞费苦心地筹划如何使积存的文化物资撤退到安全的地方？如何使贫病的作者疏散到他地？如何再在其他地方建立起出版据点？又如何供应桂林在紧急状态之下的精神食粮？他们决定了几个原则：桂林的书籍纸张和印刷工具，分两区撤退——贵阳，平乐和八步；筹集若干基金协助贫病作者疏散；设立新出版业——贵阳联营书店，接运桂林上运的物资和成立桂林联营书店留守到最后。于是两家印刷厂和许多家书店的书籍与纸张先后运到平乐和八步去，推举了人员到贵阳去筹设联营书店——接运站；利用集体的力量把物资装去。桂林的联营书店也成立了。只有协助贫病作者疏散这个计划却变成了空文，因为书店的现金全部给掌握交通工具的吸血鬼们吸完了，而银行又从汇款中扣还了书店的贷款和过期的高利贷利息，在这种情形下，作者王鲁彦先生为贫病所蚀，默默地在疏散声中死去！

　　依照计划，无数的机器、油墨纸张、书籍都运了出去，可是伤心的是从桂林向川黔滇疏散的物资，因为铁路的不负责任，运到柳州时一部分书籍和纸张，被雨淋得成纸饼了，剩下的一点物资堆在柳州南站运不出去（因为要 20 万元 1 卡车的黑费），失火烧光。从桂林直运到金城江的物资，因炸药车的爆炸，又一次烧得精光！更令人气愤的是贵阳联营书店因为当地有势者的阻挠，终于没法成立。这些事实告诉我们：桂林的出版工作者处心积虑地想出来的办法，全给粉碎了！而在桂林还有很多很多的文化物资无法移动，因为领用车皮，得以每吨3 万—6 万元的运价至金城江或独山。有的甚至不要运费而讲折账，或三七分，或四六分，甚至于五五分。握有百货、五金、文具的商人莫不利用此法将货物撤离桂林，至于书籍，除了用现金偿付运费之外，谁愿意来同你讲折账。

这样，我们剩下来的一大部分文化物资，留在客栈里，码头上和车站上，给火烧着，给雨淋着！有谁曾经想到：这些就是使桂林有"文化城"之誉的主要的物质条件，至今不得不遗弃与桂林共存亡！

二、再见，桂林！

民国33年（1944年）9月12日正午，桂林强迫疏散，这已是第三次疏散。第一次6月27日发出命令，人民惊慌地跑了一次，敌人没有来，因此有些人又跑回来。第二次9月8日发出命令，因为事先并没有要疏散，所以走行仓皇些。第三次便是9月12日发布的强迫疏散，为期只有3日，命令桂林的人物，限期在14日正午以前，全部撤离完毕，如无特别通行证，就不许可留在桂林。这是一椿奇绩，要40多万人口和物资，在三天内走光，是不可能的。为什么疏散的时间那么短？读者如不健忘，应当记得桂林失守是11月12日，离开疏散整整还有59天！

我是9月13日午后挑行李走到桂林南站的，一路上只见些担了行李携了孩子的人，衣冠楚楚的绅士是不见了，新增加的市民，是穿上了草绿色衣服的士兵，剧宣四队写的宣传标语触目皆是："亲爱的市民，你们放心去吧，这里有英勇的将士们守着！"我带了无限的离情，默默地对他们致极诚挚的敬意。

三、在南站和北站

......

在南站既没有上车的希望只有到北站去碰"运气"，这样我们就上了从二塘开来的一列车。不知从什么时候起，北站那边起着一大片浓烟，细看知道不止一个火头，是失火？是放火？我联想到长沙大火的惨剧。火车出了出口，已望见北站蒙在火焰中，看见许多兵士拿了火把在烧房，也有不少的兵进出于民房中搬运东西。抗战路和北极路一片火海，火车经过抗战路口时，车子离火不过二三丈，烫得身上也有些热。车子进了北站，我们才看清楚北站没有烧，而站后边通向城里去的一条路上，已没有一所房子，焦黑的柱木还吐着火舌。

9点多钟，几个宪兵拿了粉笔在车上画，客气地说："这车辆军用了，请大家下车。"经过了一小时的议论，大家终于默默地爬下来，等行李卸完，2个宪兵跳上车守着。

12点多钟，从兴安开来一列卫生列车，可以容得我们蹲立，然而却不被允许。一直到1点多钟，我发现一路警在盯我，他是"热心"人，愿意为我们设法上车，但3个人要3万块，行李钱不算。好容易讲好了2.4万连行李在内，才由他带我们上车。

16日，当车子开出北站的时候，在站头的枕木旁，我们看见2具身体发黑的尸体躺在那里，无人理会。

车子慢慢地爬着过了丽君路，到了铁桥边停住。望望城里，有失火的烟头，六合路和建斡路那边更多，南门外也有，牯牛山后面的烟头虽然只有一个，却是庞大得很。山顶上挂着一个灯笼，成群的美国飞机在天空飞去又飞来——看样子车子一时是不会开了，为什么不开？当时谁也不知道。原来今天早晨，在二塘附近有一列车掉了轨，死了许多人，坏了几丈路轨，要等那边修理好，车才可以开。

17日清晨，车子开进了南站，轧死了一个人，在南站又停了一天，日头是那么猛烈，地上的苍蝇和大便又是那么多，真令人难受。

18日晨，我们的车子和一道的车子合并开出了南站，南站站头的池塘边也有4具发黑的死尸没人掩埋——车子开得真慢，到中午才看得见二塘飞机场。

四、在二塘车站

3点余钟，车子开入了二塘站。入站的地方有一个衣服华丽的女人，躺在草堆里呻吟，她的一条左腿不见了，淌着血！……

五、他们为什么死得这样惨

我同一个同伴走到苏桥去，走过了一个个山坡，同伴在前面惊叫："这么多的死尸！"我走上去数一数，22个，有的衣服完整，有的烧焦了，并排沿铁路下边睡着。我过了桥，上了山坡，一股浓烈的尸臭迎面吹来，山坡的转弯处有一辆车头和三四辆毁了的车厢倒在路旁边靠着山。跑过一堆废物，我还以为是烧焦的木头，细认之下，全是死尸，撞死而又给火烧过的，那么多，像枕木一样堆在那里，有多少，谁也说不清。浓烈的臭味扑鼻，苍蝇像飞沙一样的扑来，这些被火烧焦了的死尸，手脚短短的不成样儿。他们为什么死得这样惨？说来话长，桂林疏散那天，从北站非法开出了一列火车，"火车"中附挂着一辆特别车，装载了一位年高德劭的老太太，是某要人的母亲，带了家属还有副官，他们用枪指了北站负责人，要他们发签。可是前站正有车过来，怎能放行呢？他们可不管这些，绑了一个站长上车就开了，纵然北站通知各站停放车辆，以谋补救，已来不及了，在苏桥附近与来车对撞，1000 余人撞死，跌死和烧死，桂林《扫荡报》编辑钟祺森就死在这一次撞车里。可是天神佑护，这老太太却没有死！这辆车上的特殊人物，还在苏桥枪毙了一个站长，因为那位站长不肯放行，副官们，就一枪把他打死，自行开车，在永福附近又撞了一次车，这次死伤不多，老太太也没有死！——以上这一段话是在苏桥时一个身临其境的旅客告诉我的。

这天我们在苏桥等到夜，车子还没有开进来。

这时一列车进了站，站长因为这一列车不看信号擅自开进来而大发脾气，在许多"官""兵"威胁之下，他还是命令司机倒开回去。司机没法，只好遵命。

啊！勇敢的！坚毅的站长！你从昨天晚上接班到今天 9 点钟还在工作。你接到命令要在一晚上开出 16 列车，你不仅遵守了命令，而且还一列列的按部就班的开出，炮兵车的兵虽然要捆你去，也并不能使你屈服，因为人的贤明的措置，因为你的坚毅不屈的精神，使在 20 日以后开出的车子，到 27 日，我不再听到有撞车的惨剧，你救了多少人的生命，我怎的不对你感激，致敬！

8 时余，我们的车进了站，上了枕木，但一直停着。原因是因为前车过重，只拉了一半去永福，留一半在路上等打转来拉。……

（摘自洛文:《受难的人民——桂林疏散记》，1946 年印行，本篇作了删节，

桂林市图书馆藏）

21. 宾阳上顾村被屠杀详记

落 生

1945 年 3 月 14 日，日本军队以奸、剥、烧、射、生祭种种毒刑，屠杀广西宾阳县武陵乡上顾村民 99 名及别村疏散到此之难民 70 余名，男女老幼无分良贱共 170 余命！此为人类历史上罕见之暴行。

事缘：敌既自贵县入寇宾城，城中空无所有，而四乡之游击队亦蹙玖而至，伺机袭击，时中要害，日敌穷于应付，仍闭城不出，以待后援，惟交通既断，未几粮告罄，势将绝食，因作困兽之斗，日兵 800 分两路出犯武陵，时为 1945 年 3 月 10 日。武陵位县治东南，距城 30 余里，一片平原，禾田丰美，武陵水绕其前，树木葱郁，风景殊佳。其西北一土岗名鸡屎堆，可伏百人；南列山峦一脉，名扬山，留美、扬山、四料、上顾、下顾……诸村即顺列山前如扇状，而武陵其柄。此地为通永淳之大道，芦圩、甘棠之枢纽，民风纯朴，产谷米甚多，是以四方之客运集，为仅次于芦圩之圩集。敌既分兵出犯，一自城东南潜行，欲图正面袭取；一路绕道三五乡回折西南，欲俯武陵之背以围之。时方古，农历元月二十六日，残月如弓，星斗满天，敌乘夜冒寒疾走，未明而抵。圩中本驻有南区自卫第三联队直属第四中队，惟队员适均散处四乡，圩中仅得土枪 10 余杆，战斗人员如其数，闻警惊起，交予抵抗，昏黑不辨，惟向火处还击而已。两军既接，敌即以重机扫射，并进占鸡屎堆以小钢炮吊入圩中，卜卜声中时夹隆然巨响，火力炽盛。我方团队以敌情不明，且兵力单薄，支持约 1 小时，即全军退入山中，至天方破晓之际，敌即入据武陵，升火晨炊，且作大声斗喊以炫其胜利，闻其声者如闻狼叫。敌入武陵之企图，原为夺取粮食，并图控制南区以支持伪政权，与宾阳构成犄解之势，以保障宾一贵之交通，用计至毒。而我方以武陵一失，南区即陷绝境，势将无可立足，故四乡民众，当此存亡绝续之际，本孤臣孽子之心，纷纷携械而起，妻奖其夫，父促其子，咸相率竞赴武陵，武陵大战，于是爆发！

当是时，敌以武陵唾手可得，不免低估我方实力，乃自武陵以一部兵力分往白沙、高荣、三荣诸村进扰，见人即杀，四面纵火劫掠，一时哀声遍野，惨不忍闻。敌另一支则进攻滕村，滕在武之北面，离武极近，仅百余步，惟枪火较足，壮丁亦多，立与角力作殊死之斗。敌苦攻不下，争持半日，敌势即遏，而我各方团队已至，声势浩大，窜三荣之敌见来势过猛，即回守圩中；犯滕村者知难而退，死据我武陵。我方生力军愈集愈众，合围之势方成，水泄不通，各团员均散伏田亩阡陌之间，伺机发射，使敌之炮火无法施其伎俩，惟惜我方无重武器，不能攻坚，是为憾事。敌负隅顽抗不出，炮火终日不歇，如此争持，竟达4日3夜，各村妇孺，多不避炮火运粮输弹，络绎于途，寒风料峭，天昏地暗，情况至为悲壮！

是夜，天忽大雨，气候骤寒，圩中之敌经数日之苦斗，饥寒交迫，渐成不支，因图突围，于天明前冒雨冲出，欲窜留美村，留美坚不能入，再折窜四料，仍不入，过阳山村沿山脚夺路而走，此时敌已狼狈不成军矣！10余人作一股，呼啸以壮声势。黎明后相率窜抵上顾，该村原为东、中、西三自然村所合，上顾适当其冲。因奋力接战，毙敌16名，自晨至午，枪火未尝稍停，各乡团队虽追踪而至，但惧敌机枪过多，不敢接近。上顾独力奋战，人枪均缺，退至西村，至下午3时，弹绝而援不至，东、中2村已陷，敌复以钢炮轰坍村门，不旋踵敌亦冲抵村口，并派汉奸入村说降，允以煮饭招待为交换条件不杀人口。村中三代父老，过于持重，认为大势已去，抗亦无益，不如降以乞命，乃制止停火，开门揖盗。岂料敌一入村，即四面捉人，是为惨案之开始。

敌既入村，即食言行凶，将全村居民捆绑，依年龄性别分禁于房室之内。其欲出村逃生者，多为机枪毙约10余人。被禁者则分别施刑，老者捆白布于手臂，逼命抵挑担，其稍有难色者，即以刺刀自胸部刺死，或以枪托猛击头颅，死者约10余。至于壮丁，敌尤切恨，先以棍棒藤条痛殴至遍体鳞伤，继以板木捆压，并灌喝盐水围堆炽火之旁，令其灵渴而死，受刑之惨，自古未闻，死者凄厉呻吟，经时始能毙命，而所烧人火，据当日远观者云："均呈绿色光泽"。事后检查，烧于塘边之一堆共57具；记者前往凭吊，虽事隔半年，而遗迹殷尚隐见血痕，睹之心肠俱裂。至于妇女，其状尤惨绝人寰，先裸绑门板令卧，兽兵则蹲伏跳跃以轮奸，并牵老者至旁令其参观，余人则拍掌大笑，且揶揄取乐，无耻残忍，虽生番亦无如是。如是被轮奸侮辱致死者五六名，奸后以刺刀撺入阴部，以绳倒悬门檐下或屋梁上以示"武功"。小孩则视同田鸡，执两腿猛力向桌面或墙解一掼，如收欲掼谷然，或互将儿童抛上空际，以刺刀承之以试手法，死者亦十数命。更有异想天开之惨刑，即将老人10人一串，以杉竹夹之，自胸口开枪以验弹力，闻有一串连穿7名为最高纪录。凡此种种，共惨杀男女老幼170余名！

当作战正酣之时，敌酋荒木二太朗大尉为我击毙，敌衔怨尤深，乃将壮丁黄辑书（村长之弟）捉去，洗剥干净，置于尸前生祭，以剃刀片片凌迟经3小时始毙命！

当笔者召集村中父老座谈时，每一言及无不声泪俱下，妇孺携其孤儿，咸来质问："政府怎样处置日本鬼子？"仇恨之深，蒙难之惨，实言语所无法形容，笔者除善言抚慰外，亦无词可对！

中央政府已着手调查敌寇罪行，上顾村即炮铁证，甚望调查专员到其地察看！

[原载《广西日报》（桂林）1946 年 1 月 6 日]

22. 广西在饥馑中

一、日寇洗劫广西

（一）敌人怎样侵入广西

日寇在回光返照的时辰，竟动用到最后的赌本，以十四万大军来广西作孤注一掷！但观敌人进兵的路线，分两路四股入侵，便可想见其预谋是怎样的"慎重将事"了！所谓两路四股，即北路一由湘衡沿铁路直扑黄沙河，一由道州窜入龙虎关以拊桂林之首；东路则一由粤东广宁入怀集下苍梧与由罗定轻骑潜入陆川容县北流而向藤县平南的一股汇合，以主力犯浔州，经天险的三江（太平天国发祥地紫荆乡）直走武宣，取道人迹稀少的来宾迁江乡道；再由浔分兵上贵县，经宾阳与迁江敌合兵同撼柳州；桂柳同时陷落，湘桂线两侧全入敌手；不旋踵而敌骑自间道绕过宜山，迳赴河池；未几，邕武龙亦相继弃守，百色震动。计全省 100 县市，此时已为敌占去 73 县 1 市及 1 设治局，未为敌寇侵扰者惟西北一脚而已！

敌人此次不惜兵力，在短短三两个月中夺到了广西的大部分，起初是颇为踌躇意满的。东京的广播不是在大放厥词，要直捣重庆么？哪里想到这得意的杰作转眼却变成了破碎的春梦，日寇之夺取广西，不啻吞下了一枚巨大的炸弹！73 县的民众——他们都是经过长期训练的民团——马上举起粗劣的武器，作誓不两立的战斗，不计成败利钝地向日寇索取代价。广西人肯甘心附敌的可以说绝无仅有，敌人无法建立伪组织，更无法成立伪军，连伪钞也无法流通，遍地布满了与他们为难作对的"土匪"——民团。因此，这十余万"皇军"便无法抽调，不得不留神着这几十个疏散一空的城市和较大的乡镇而变成了泥足，并且一直陷没了长达八个多月。

广西民众给予敌人的打击是堪称全国第一的，据可靠的估计，在八个月中，最少使敌人伤亡了 2 万的兵员，损失了足够配备的一师的武器。以来宾迁江两县来说，敌人遗留下的尸体不下 2000 具，焚烧和拖回去的当然无法计算。而柳江县百子坳一役，敌人确确实实死了 400 人，马百余匹，至今仍见尸骨满布山坳，触目皆是（今该坳已改称鬼子坳）。其他横县、上林、恭城……给予敌寇的教训也是相当严重的，所以从敌人的日记可以看到这样的记载：

"广西的土匪最为蛮强，不可理喻，打不怕，吓不走，关不行，哄亦不信，他们宁愿躲入山中，不肯投降，更不肯参加建设大东亚新秩序……并且时时袭击皇军，窃取皇军的枪弹。"

敌人最后的溃败在广西，广西民众给予凶悍的日寇以决定性的打击；因此我们可以说日寇之撤离广西与其说是国际形势影响战略的转变，毋宁说是广西民团前赴后继，予敌困扰与打击的成果。因为安南、马来半岛还有数十万大军孤悬海外，而"海上的血管"又早已凿断，如果不是确已到了山穷水尽，实难立足的困境，日寇又岂肯轻轻放弃了唯一的大陆交通线，而置数达十万"神明的子孙"于绝地，让其自生自灭吗？

（二）光荣后背的悲惨

八年抗战史中，广西民众创造了最光荣的一页；但这一页的背后却含藏着无可伦比的辛酸与苦困，说起来叫人伤心惨目。中国是全世界受难最重的一国，而广西却是中国三十四省中最后沦陷的而受苦最深的一省。敌人在广西大撒其烂污，烧平了广西才投降，原子弹的使用和苏联参战是在桂林柳州化成一片焦土之后。由北非、柏林移来的，象征胜利的美国旗飘扬在东京上空的时候，广西民众大部分早已无家可归了。接踵而来的是饥馑的恐怖开始侵入；但还得负担庞大的军粮。复员声中，广西的老百姓却因筋疲力尽，支持不住，一个一个无言地倒下去了。他们能够坚强不屈地抵抗十万强敌，却无法逃避敌人遗留下的灾荒！中央鞭长莫及，收复时仅仅给了五千万元的赈济费，总算是聊胜于无。

广西是两次被蒙难的省份。第一次，即 1939 年 11 月至 1940 年 10 月，全省沦陷了邕宁等 19 个县份，若照 1945 年 10 月的币值伸算，公私财产的损失共为450 亿 9516 万余元（这是经过直接调查的数字）。至于这一次的损失，不消说却远超这个数字之上，其数目之巨大惊人，只有在天文学上可以见到。

日寇此次入犯，与第一次的配备迥然不同，既无辎重，亦无粮秣，并且还欠了三四个月的饷米未发。日军部彻底执行不折不扣的以战养战的战略，一杆六五枪，一套破军服便长驱直入了。因此"皇军"每到之处，首先便搜索粮食，深入穷乡僻壤，将农民逃亡仅余的食料作残酷的劫掠。如以桂平北区金田等八乡作例子：敌人竟以伪币每担 500 元之价（声言二千，实付五百）欲行勒缴 400 余万斤稻谷（其他藉名"没收"者，已被强劫者约五六十万不在此数），如果不是当地民众起而抵抗，将之逐退（在大宜乡夺回已被夺去的约 10 余万斤，另有数10 万斤已被运走），则在广西号称鱼米之乡的浔北，不必等到今天，早已陷入不可想象的惨境了！敌人此种毒辣的手段，固不仅浔北如此，几乎每县都如法炮制，有些地方甚至连谷种都搜刮殆尽，粒颗无存。

敌人的目的，除了补给军食之外。是另有阴谋的，他们鉴于广西民众过于倔强勇烈，决定施行饥饿政策，逼使广大的人民走入绝境，失去战斗能力。所以有许多地方的日军，将食不完的食粮倒入河中，或以电油焚毁，南宁、贵县、桂平、平南、藤县、苍梧，都发生过此种现象。桂平敌人在撤退时还凿沉了七条大米船。

今日广西粮荒之空前严重，这是一个最主要的原因。敌人的暴行一向是层出不穷，变本加厉的。它们不仅劫夺粮食，并且还大量屠杀耕牛，连犊牛都不肯放过。他们来华多年，多半养成了老婆的胃口，两片薯莨，一条干鱼，已经"不厌所欲"了。但敌人并不见得十分爱吃牛肉，他们宁愿吃鸡、鱼和瘦猪肉。日寇之胡闹，显然是别具用心的。在武鸣，敌人就曾异想天开的恶作剧，要乡长每天孝敬牛脑五十付，鸡肝二百付，猪脚一百对，顺民在淫威下勉力支持了一两天，结果无法供应，只有出于拼命一途，真是"时日竭丧，予及汝偕亡"了！

敌人既然要彻底贯彻主张，对于衣物房舍当然也毫无例外地加以毁灭与破坏。它们每到一村，便大肆搜刮，先将衣物被铺堆置空地，将完好可穿的拣出，继以电油泼入，再将家私堆上助火，施救者立遭枪杀，烧完再烧屋，起火后押壮丁将谷米运回其驻地。壮丁除了逃亡，是难望生还的。

因为坚强的抵抗，敌人对整个广西怀恨极深，亟欲烧平而后快，是故对于城市，更施以彻底的破坏。比如柳州、桂林，在撤退前一个月便成立了纵火队，有计划的运用科学方法普遍焚烧。柳州2万余户，烧剩六百余户，大火半月未熄；桂林更惨，曾经居留四十余万人口的房舍，十停去了九停九，一片焦土，比较完好的不过四百余栋而已！他如龙津、武鸣、贵县、桂平、平南、梧州、宜山、河池等比较大的城市，亦多精华殆尽，仅余一片瓦砾，和一些破败不堪住居的小平房。

然而以上所云，还不过仅仅是物资的损失，物资的损失将来还可以设法复原，至于生命的损害却是无可补偿的。敌人曾用人类历史罕见的毒刑实行大规模屠杀！灌石灰水、剥皮、擦辣椒、破肚、吊飞机、活埋、蛇咬……名目繁多，不遑细举。据可靠的统计，在这一次沦陷期中，全省人口被害者计重伤88074人，轻伤33388人，被杀215108人，病饿致死282256人，失踪及生死不明54470人，患病1281936人。

（三）一笔惊人的数字

综观上面所述，此次广西被害之重，实为亘古所未有，十余年来努力建设的成果，几被毁无余。至今收复虽已经年，但1400余万人民仍不能免于出水投火，挣扎于死亡线上的悲运!

本省为欲明了损失实际情形,以为救济之依据,及供要求日寇赔偿而作复兴之张本,故于去年八月间依照行政院规定抗战损失调查办法,派员八人携带表格分赴各县会同县政府实地调查,共发表格二百余万张,经全府统计人员三月之努力,始行整理就绪,计损失范围包括 80 县市局,共 1101 乡镇,9214 村街,679794 户;人民财产方面损失计 3638 亿 7219 万 6 千元,平均每户损失 50 余万元之巨。其中重大者房屋损失 292230 间,价值 869 亿 3590 万元,衣服寝具损失值 675 亿 8001 万元,家具损失价值 345 亿 5596 万元,谷米杂粮损失计 1737 万 8847 市担,价值 328 亿 2924 万 2 千元。公务员役中 48173 人之财产损失计 144 亿 7203 万 3 千元,平均每人损失 30 万余元。机关团体学校方面计 13128 所,直接间接损失共 1383 亿 9962 万 1 千元。交通事业方面,道路损失达 80%,公商汽车损失 546 辆,机船 111 艘,拖渡 21 艘,民船(仅指已经航政机关登记供运输者而言,水上住户船舶未计在内)共 11345 艘。电讯器材损失 60% 以上,合计交通事业方面损失之价值共为 2137 亿 5001 万 5 千元。矿业方面,公私营 691 矿场厂损失 604 亿 8785 万元。工业方面,公私营工厂 234 厂,损失 321 亿 33 万 2 千元,水电公用事业方面,水厂 4 间损失计 11 亿 550 万 8 千元,电厂 15 间损失共计 44 亿 3011 万 1 千元。除机关团体外,一切因战事间接之损失,如迁移防空疏散救济抚恤等费用尚未计算在内,全省公私财产已损失总数已达 8277 亿 1766 万 5 千元,即全省沦陷区人民无论男女老幼平均每个人负担损失已在 20 余万元以上。且未及申报或调查遗漏及 1941 年以后数年间及敌人未侵扰之地方其因空袭的损失尚未计入。故估计全省公私直接损失总数当在 1 万亿元以上,尚再加抗战 8 年间所动员人力物力财力等之间接损失当亦不在 2 万亿元以下。在这些可惊的数字里面,不难想象到今日的广西是如何的悲惨了!

二、饥饿线上喘息着的广西人民

(一)饥荒是怎么样袭来的

饥荒!饥荒!像暴雨一样的袭来,迅速地把死亡的威胁带到广西人民的身上。广西的人民在饥馑中,死的死去了,未死的带着一副干瘦的枯骸,在死亡线上挣扎着。1944 年敌人窜入桂省,73 县一市一设治局相继沦陷了,敌人的魔手首先播下了广西饥荒的种子。敌人一向是用"以战养战"为侵略的手段,加以在日暮途穷中侵入广西,敌人的给养只有完全仰赖于向桂省民众的搜刮。现在 200 多万的广西人民还在流离失所中,因为他们的房屋给敌人烧光了,还有,人民赖以继续为生的资本，如耕牛、种子、粮食也就在敌人的掠夺下损失了。

广西本来是个贫瘠的省份，平时的粮食生产已经不能自给，有赖越南、暹罗和湖南大宗米粮的输入。自从经过二十八年敌寇入侵桂南，农村的元气犹未恢复，继着有前年省境大部分沦陷，省内以产米最多的桂南，这些米粮多半损失在敌人的掠夺中，所以胜利复员的今天，桂省的粮食特别缺乏，而且战后交通未复，洋米无从入口，加以接收军队大量过境，劫后民间有限的余粮，计至目前已经拿了30多万担接济过境的庞大国军。桂省的米粮在这种状况中，只有一天一天缺乏下去。

米粮的缺乏，既然在兵灾中无法节流，如果能够开源，还不至弄到今日桂省的饥馑遍地。可是，洋米不能供应，湘省也在饥荒，每年赖以补足的外米既难输入，然而跟着敌祸而来的，却是一连串的水灾、虫灾和旱灾。去年夏天，敌寇开始退出省境之际，洪水袭来，尤以产米区的邕江、浔江为烈，继着是稻包虫来侵蚀省境再插的新稻，留下来一些蚀不完的稻谷，却又遭受旱魃的侵害，桂省米粮最后的一线生机，也就窒死在暴烈的秋阳下，全省的收成给水虫旱灾蚀去了大半了。

在胜利后的刹那间，全省的粮价和肉价下跌，有人拿这个现象来说桂省的损失不大，这是完全错的。因为这个时候罹难归来的民众，在拿他们最后一粒谷，最后一条耕牛到市场上，换取他们必需的日用品。因为他们首先要应付寒冽的隆冬，御寒的东西早给残忍的敌人，不是抢完便是烧光了。当市场上还有便宜的米价时，老百姓已经开始吃杂粮渡日。等到冬耕的时候，他们已卖掉幸存的耕牛，农具早给敌人毁了，而冬日又抗旱。政府虽然发动冬耕，可是冬作物无从下种，就是下了种，收成亦微。等到今春，雨水依然不调，粮食作物仍未能及时下种，而可怕的饥荒，已经宣告袭来了。

造成今日的饥饿，起因于敌人侵扰时的凶残烧掠，使余粮缺少，农具、耕牛和秧籽不足。随着天灾相迫而来，计1945年度报灾的73县，粮食因歉收损失，总计达1377万1491市担，那些受灾未报的尚未计入。在这个庞大的歉收数字中，可见粮食不敷之巨。今日桂省饥荒的惨重，是近百年来所罕见。而且，今日饥馑是空前的，平常的饥荒，起源于较单纯的原因，由于兵灾或天灾，早造歉收，还可希望晚造。目前广西饥荒，却在寇祸天灾一连串的相迫之下，人民再生产的资本，如农具、耕牛、种籽都没有了，他们所期待着的如果不是紧急可及的救济，便是迅速的死亡，我们能够白白的让桂省几百万饥民完全饿死吗？

（二）广泛的受灾区域遍及全省三分之二县份

桂省只有99县1市1设治局，其中73个县1市1设治局通通给敌人的兽蹄踏过了，那些被蹂躏的广大区域，没有一个能够幸免于流为今日严重的饥馑。就是没有给敌人搜括过的地方，由于天灾和大量军粮的供应，也在闹饥荒了。贺县的饥荒便是一例，这个县份虽然未经沦陷，然而去年的大旱，早造收成只得四成，而晚造遭受风虫为灾，收成无望。在战争期中，贺县容纳十多万的疏散人口，和大量的驻军，胜利后更不断的供应军粮，因此县民众，在去年冬天已经开始吃树皮草根过活了。

未经沦陷的县份都要罹受灾荒，何况那些给敌人烧光的沦陷县份？湘桂铁路沿线的县份如全县、兴安、灵川、龙胜，受敌创害最深，因此今日饥馑严重的程度冠于全省。沿着桂柳公路的临桂、阳朔、荔浦、修仁、榴江、雒容、中渡等县，都是灾区。单就雒容一县来说，全县半数以上的人口都是饥民，榴江县绝粮者已达千余户。其他沿公路线上的地方，遍布着掘食野荸荠、青蒿、石子根来充饥的灾黎。荔浦本是一个产米地方，因为敌人肆意的烧杀，平时年中有几百担租谷的大地主，现在也变作赤贫，所以平常的人连杂粮也早已吃光了。

漓江两岸的地方，平乐、昭平两县也是在饥馑煎迫之中，平乐的人绝粮的已有十三万六千余众，昭平人以野生植物为食者占十之八九。怀集、信都、钟山、富川，这些平时可靠粤米湘米输入补足的县份，今日已在绝望中变得哀鸿遍野，人民挣扎在饥饿中。

浔江流域的藤县、桂平，和产米素丰的容县，今日也免不了闹饥。象县人口只有十五万六千多人，饥民竟占了五万；武宣也有三分之二的民众，在掘野菜充饥。他如百寿、义宁、永福、中渡、柳城、宜北、都安、绥禄、凭祥、思乐、来宾、宾阳、迁江、雷平等县，同样处在饥馑的熬煎中，多半的县份饥民竟达人口百分之五十以上。今日桂省灾区的广泛，实在是亘古未有！

在这些广泛受灾的区域中，触目都是惊心动魄的一幅饥民图：因绝粮而死者有之，受不起饥饿而自杀者有之；懦弱者卖儿鬻女，无力觅食，只有挨饿待死；强项者结队抢食，造成社会普遍不得安。这种可怕的现象日渐在省境蔓延着。饥荒！什么时候才能遏制。

（三）死亡威迫下的灾情片段

在受灾的区域中，死亡的阴影在这里笼罩着庞大人民的生命。那些灾害的村庄，等于一座座的墓碑，其中充满着的不是饿殍，便是空屋里伴着灵牌的活孩。他们只有在山间发掘那些老鸦蒜、土茯苓、葛根藤、山薯、土猪菜、野荸荠、野茨菇、蕨根、芭蕉根、野绿豆芽、雷公屎、野芋头、禾蒿菜、剪刀菜，种种野生的植物来充饥，其实等于饮鸩止渴，吃了这些东西，灾民的生命更加濒危了。

随便跑到哪个饥荒的区域去，触目都是惊心的画图。就拿全县来说吧，全县共有271条村子，其中除了九个村的居民还可以勉强过活外，其他262村，通通都是饥馑的灾区。罹难最惨的，是铁路两旁的村落，"无屋不破，有室皆空"，是这些村落最好的写照。六七十里长的区域，有四五个村庄，侥幸才碰到五只鸡，三只狗，这是灾区中绝无仅有的点缀品。与饥饿同来袭击人民生命的，是时疫流行。天花症与饥荒助纣为虐，首先来收拾小孩子的性命；住户中堆满了野生植物的渣滓，每一家户都有灵牌安置，甚至一家中有三四个灵牌之多，这是吃了野生植物死亡的标识。在冷水铺一地竟有四户人家完全死绝了，多么残酷！

沿着湘桂公路300多里的路程中，两旁的乡村，不见粒米，鸡犬绝迹。这些老弱饿病的灾民，杂处于难蔽风雨的破屋中，奄奄一息来等待死亡的降临。那些还有微力行动的人，都上山采掘野生植物去了。一家之中老弱妇孺较多的，每每穷一人之力来掘食，仍然不敷一家数口来充饥，最后的命运唯有全家死亡。全县黄沙河竹海村黄姓妇人有幼子两人，以饥饿难当，苦啼索食，妇人用泥弄成两个粑粑来哄他们，两个孩子竟欢喜若狂，拿来咬食，这个妇人看见这个惨状受不住了，便自缢而死。

还有全县咸水车田村，一个黄姓的男子，以断食之后动弹不得瘫睡在破絮之中，把枕头里的稻草拿来充饥，死后留着咬断的半只草枕。

估计全县的饥民，不下20多万，类似这种惨绝人寰的事，在灾区广西中普遍的存在着。我们从全县灾区片段观察中，可以想象得到桂省灾情的一般面目了！

23. 劫后灾黎

吴景超

这本日记，是我视察贵州、广西、湖南、广东、江西五省灾情及各区善后救济分署工作的实录。中国经过了八年多的抗战，对于人民的生活上，发生了什么影响，我想凡是留心国事的人都想知道的。这本日记里面，对于战后人民的生活，粗枝大叶的加以描绘，记者由此可以知道抗战胜利之后，我们的老百姓，过的是什么日子。中国是一个多灾多难的国家，自从有史的记载以来，我们的祖先，便不知道经过了多少灾难。现在的灾难也许不是空前的，但救济工作的广泛与普遍，无疑的是空前的。这些救济的办法，富有参考的价值，在这本日记里，对此也有比较详细的记载。

……

五月二十七日　星期一

早起即到河池县府，县长出差未遇，遇到秘书廖德文，及第一科科长叶万机，据说敌人于前年 11 月 21 日到县城，去年 5 月 21 日才行退出。在沦陷期内，敌人将一部分房屋烧毁，一部分拆去木料做工事。河池县十八个乡镇敌人都到过，沿公路的房屋，几乎烧光。在沦陷期内及收复之后，人民所受的痛苦，我们从档案中看到九圩乡公所去年六月的呈文，可以为例。呈文说：

谷米已被敌寇搬食糟蹋殆尽，牛又被抢，田地丢荒，无物变卖以购耕牛。加之无米为炊，筋骨无力，难以劳作。告贷无门，采野菜以充饥，大人犹可，小儿难支，号寒啼饥，为父母者，仰天长叹，坐以待毙而已。且自去冬中国军队屯驻本乡防守以来，迄今半载，初则第 131 师，继则 188 师，完纳 1944 年度田赋，供应不足，继以征借 7.5 万市斤，仍不足，二次又借 10.5 万市斤。人民愤敌寇之压境，忍痛输将，如额筹送，又不足，始奉令乡村长代购，由部队按照市价给予代金，然名则为购，实则仍征，不闻代金之给予，质之主办者，则以上峰未发为词。区区九圩之地，人民所养谷米，能有几何，何能供此再三再四之诛求乎。尤有甚者，人民避难方回，即被派出军米，敌寇搜掠未尽之谷，中国军队一至，复将余粮搜刮搬去。仓徒四壁，室如悬磬。人民敢怒而不敢言，向隅饮泣而已。

这篇呈文，告诉我们九圩的灾民，需要救济，同时也说明，他们的痛苦，是谁给带来的。河池收复之后，省政府发了救济费 100 万元，以全县 11 万人口分派，每人得不到 10 元。另外拨了修建费 100 万元给各机关，但县政府的开办费及修建费，便需 1500 万元。除省府所给的款项外，当地绅士捐 400 万元，还差 1000 万元，由县政府在预算内节流开支。

黔南办事处成立时，也兼办广西收复各县的救济。办事处曾办砖瓦业贷款 200 万元，发了 5 吨种子，派救济队来办理卫生工作约两个月。地方人士，曾请款五百万元，办理平粜，后因米源无着落，将款退回。

广西分署成立以后，曾拨卫生院修建费 120 万元，还有 120 万元要来。除此以外，还给药品。小学修建费已领到 200 万，还有 200 万可得。急赈款领到 300 万，发给鳏寡孤独及绝粮的平民，每人可得千元。面粉 30 吨，发与本县灾民，每人可得 10 斤。种子肥料赈款 250 万，由合作社经办。耕牛贷款 500 万，由中国农民银行办理，以合作社为对象。

我们于十二点离河池，走了三十八公里到三江口。

……

五月二十八日　星期二

我们于讨论建设新宜山的计划之后，便与县府的干部，检讨宜山的灾情及救济工作。宜山是前年 11 月 14 日沦陷的，去年 6 月 14 日收复。在沦陷期内的损失，县府供给我们的统计是：房屋 22000 栋，黄牛 21060 头，水牛 850 头，农具 641491 件，稻谷 85000 担，玉米 5000 担，黄豆 3000 担。像这一类的统计，我在别县也看到过，但我对他总是怀疑的。我们对于一县里有多少人口，现在还没有数清楚，如何能得出黄牛水牛的数目？各县的统计，还有一个毛病，就是缺乏比较的材料，因而我们无法判断统计的意义。比如说宜山在沦陷时损失了黄牛 2 万余头，为了解此种数字之意义，我们必须知道黄牛在沦陷前共有多少头，两相比较，我们才能知道损失的百分数，因而判断损失的大小。单独的数字，给我们的知识是很少的。但沦陷前的数字，许多县政府连估计也没有。

广西分署在这儿的工作，一为发急赈款 350 万元，鳏寡孤独，每人可得 1200 元至 1500 元。二为发面粉 50 吨，饥民大口得 10 斤，小孩 5 斤。三为发放种子肥料赈款 500 万。四为办理耕牛贷款 1000 万元，由 25 合作社承贷。五为拨付修建小学第一期款 200 万元，第二期可得 400 万元。六为拨付修建卫生院第一期款 200 万元，省立宜山医院款 350 万元。七为拨付水利工程款 300 万元。除此以外，省政府曾拨款 120 万元，救济难民。县政府也组织了救灾运动委员会，在县城开办粥厂，每日就食的有 500 人，多有从 30 里外跑来吃粥的。县府对于商人，还办了小本借贷 2000 万元，以为恢复市容之用。所以宜山的房屋，虽然给敌烧毁了许多，但大街上的居屋，有欣欣向荣之象，这是南丹河池所看不到的。

下午中央银行的黄经理供给我们汽车，县长亲自驾驶，领我们去参观离县城约三公里的下官坝。此坝为日人所破坏，花了百万元才修复，可灌溉水田千余亩。坝的附近，有一南山寺，是宜山县的一个名胜。寺后有山洞，曾利用为军火库，藏有防毒面具及迫击炮弹，国军退却时，自行破坏，所以南山寺已经变成一片瓦砾场。由南山寺回来后，我们又去参观省立庆远中学，校舍破坏很重，无图书仪器，无桌，只以土砖堆砌成柱，上置木板，以为书桌。学生晚间自修，每人都要自备油灯。

原定明日搭邮车赴柳州，但邮政局长来谈，明日邮车无班，乃打电话通知广西分署，请其明日下午派车来接。

五月二十九日　星期三

早起参观县立卫生院，该院修复后，现有正房一座，分为候诊室、内科室、外科室及药房，另有病房一座，计头等两间，各一床，日收 800 元，但无铺盖，病人入院的，须自己带铺盖，现住一产妇，一患恶性疟疾的病人。二等房两间，每间有三床，每床日收 600 元，但无一病人。另一房为办公之用。现在计划拟再建病房一座，可容 12 人，另手术间及隔离室一座。县府本年度的预算，有卫生院建筑费 500 万元，另外广西分署已补助 200 万元，勉可够用。该院编制，有院长一，月薪 260 元；医师四人，每人 220 元。另有公共卫生护士 1，护士 4，助产士 3，实习护士 2，药剂士 1，卫生稽查 2，检查员 1，卫生助理员 2，事务员 2，雇员 2，公役 9。但因卫生院经费，本年度只有 2108460 元（生活津贴不计），所以无法将额内人员用足。据院长估计，该院每年须有经费千万元，始可应付局面，但将卫生院经费，在县预算内，提高 5 倍，目前为不可能。

我们于参观卫生院之后，又往参观县立表证中心学校，有教员 33 人，学生800 余人。学校修建费，已用去县款 400 万元，广西分署款 200 万元，但实际需要，在千万以上，现在只修复了一半。另外参观一私立铁城小学，系妇女会主办，教员除五人外，余均为义务职，有学生三班约百余人……

下午三点，广西分署派一吉普车来接，自大塘至柳州，公路极坏，路中大小窟窿，很多都没有填补，有一处的窟窿，大而且深，司机因为天雨没有看清楚，车轮陷入，把玻璃震坏了一块。吉普车在大雨中行走，人与行李，完全打湿。抵柳州后，住皇后饭店，本日行 120 公里。

五月三十日　星期四

上午广西分署黄署长荣华来会，并派庶务课孙课长光涛来，将行李搬至职员宿舍中居住。我又向黄署长要来分署的各种规章及业务旬报，预备在与各主管人员谈话之前，将分署的工作得一鸟瞰的认识。

五月三十一日　星期五

与振务组主任黄嵘芳谈话，所得要点如下：

（1）遣送难民，为广西分署主要业务之一。此种工作，在柳州由分署直接办理，在桂林由分署的办事处办理，在梧州由难民转运站办理，其他各地，委托地方政府机关办理。在柳州设难民登记总站，在桂林设分站，随时登记审核，合乎标准的，一面设所收容，一面遣送回籍。凡属湘鄂及华北籍的，由柳州转送衡阳，其属粤籍的，则运送梧州，由转运站托广东分署西江难民输送站接运回粤。途中膳食，每人日发食米一斤，菜金100元，或发给米菜代金300元至500元，十二岁以下小口减半，三岁以下婴孩免发。被遣送的难民，在出发之前，可暂住收容所中，还有无家可归的难民，则长期住在收容所内。柳州的难民收容所，有寝室五，可容难民200余人。柳州还有两个机关，均与收容难民有关，一为救济院，收容了儿童及鳏寡173人，一为难民寄宿舍，可容65人。难民中可以自立谋生，但晚间无处容身的，寄宿于此。但分署对于此项难民，并不派发给养。桂林的难民收容所，规模较大，可住难民800余人。

（2）紧急救济，主要者为现款急赈及粮食急赈。现款部分，曾发急赈款一亿元，分散于31县市，得款最多的，如全县，有600万元，次如柳江、贵县、桂平，各得500万元，最少的如扶南、上金，也各得200万元。粮食急赈，已办理两次，第一次分发面粉2000吨，第二次分发面粉1500吨，食米1500吨。配发的对象有四，一为本署及所属机关收容之难民，二为已经立案之慈善机关，三为公私兴办之社会事业，如方便医院、儿童教养院、托儿所等，四为受灾惨重贫苦无告之灾民。各县市所得的粮食急赈，其多寡视灾情轻重及人口多少而定。得赈款多的，是桂北受灾最重的三县，如全县得620吨，兴安得370吨，灵川得200吨，最少的也得到10吨，如兴业县。与粮食急赈有关的一种工作，就是在都市中协助办理平民食堂。此事在梧州办起，二月间分署因为梧州国际救济分会办理的平民食堂，颇有成绩，因拨面粉二吨，交该食堂试办免费供给难民面食。柳州方面，分署于三月间，每日拨面粉366斤，托华侨饼家代制免费面包，及平价面包，以救济柳州市贫民。又于四月起，协助柳州社会服务处办理柳州平民食堂，分署拨给开办费156万元，并每日拨给面粉400斤，制售平价面食。现应省府的请求，决定在桂林、梧州、南宁，各设平民食堂一所，办法与桂林市相同。

（3）衣服救济。除由分署发放自制棉衣1000件外，主要的工作，是配发旧衣。这种由盟邦送来的旧衣，广西分署配到 4000 袋，其中 100 袋于二月底运到柳州。总署规定，旧衣须先行整理，方可分发，因每袋内的衣服种类，并不整齐，各式都有，所以先与联总驻广西区人员组织旧衣整理委员会，于三月开始整理。经整理的，陆续分发无衣的难民，以及育幼院、儿童托养所等机构。

（4）房屋救济。广西的房屋，被敌人毁坏的共 29 万余间，分署对于房屋的救济，首重卫生机关、各县市小学校、慈善福利机关的修复，并在都市中建筑平民住宅。在分署已经分配的五期业务费中，第一期曾拨 1.28 亿元，修理省立医院及各县卫生院；拨 0.9 亿元修复各县市小学校舍；拨 0.5 亿元建筑桂林、柳州两市平民住宅。第三期业务费中，曾拨 1.03 亿元，协助省立医院、卫生试验所、县立卫生院等修建房屋；拨 2.03 亿元，协助受灾各县市修复小学校舍；拨 0.5 亿元，恢复省办社会福利机关之房屋。第五期业务费中，有 3.2 亿元，系增拨桂林、柳州二市平民住宅修建费，另有 0.8 亿元系协助各慈善福利事业及广西农事试验场各区农场建筑房屋。

（5）农业救济。农业救济的目标，是协助农民增加生产。分署在这一方面的工作，一为种子肥料赈款，第二期的业务费 1.4 亿元，完全用在这个上面。发给的对象，一为确属受灾最贫苦农民，无力购买种子的；二为确属受灾最贫苦农民，尚有种子，但无力购买肥料的。第一种人，享有优先权利，有余款时，才发给第二种人。发放的方法与发放粮食不同，因为此种赈款，乃是通过合作社，发给农民的。县府得到赈款后，如当地有合作金库，就委托金库办理。如无此种机构，则由救济协会主办，呈请此种赈款的，非个人而为合作社。广西在去年年底，共有合作社 13664 个。合作社先征询社员的需要，得一总数之后，即向金库或协会请款，经审核后发放，每户约得数 100 元至 3000 元。此项赈款，原拟发给实物，但实行时感觉困难，因为各地农民的需要，并不一律，如由分署统筹发放，手续极为复杂，所以结果是以现款发给合作社，而由合作社购买实物，发给申请的社员。根据各地的报告，这次赈款几乎完全是用以购买种子，因为肥料不易购得。现在分署已向农林部，及广西省政府合办的骨粉厂，以 0.2 亿元订购骨粉，此举可以协助骨粉厂复工，将来出货后，即以骨粉分发各县。农业救济的第二种工作，是耕牛贷款。根据省政府的报告，广西共损失耕牛 481016 头，此项巨大的损失，不是短时期内所能补充的。现在中国农民银行，已在广西办理耕牛贷款，分署在第四期业务费中，有购买耕牛，配发灾区紧急救济费 0.5 亿元，为数不多，只能集中在几个县份里面办理。第三件工作，是水利工赈。分署在第一期业务费中，有农田水利费 0.76 亿元，办理八项水利工程。第四期业务费中，也有八步水利工程增加工程费0.1亿元。实际各地所办的水利，其价值当超过此数，因为分署所颁发配给各县市局救济粮食使用办法中，曾规定各县市局，可以利用面粉，以工代赈，办理小型水利，如掘塘之类。

分署办理赈务工作的外勤机构，便是工作队。广西分署，最近成立了六个工作队，分驻桂林、平乐、柳州、梧州、南宁、龙州等处。……工作队的任务，第一为执行分署所分配各县市之赈款物资，使直接达于应受救济之灾民，获得实惠。第二为与各县市社会救济事务协会，及地方慈善团体，通力合作，发动当地之人力物力财力，完成灾民之救济，及地方之善后工作。第三，所有救济之款项及物资，如分署规定，须由工作队直接发放的，必须切实遵照办理。第四，所有救济之款项及物资，如分署规定，可由当地社会救济事业协会配发的，由各该协会办理，但工作队须负监督之责。第五，工作队应随时将各县市实际灾情，及大多数民意，据实转达分署。第六，医药卫生人员，须为当地民众医治疾病，防疫注射，办理环境卫生等一切医务工作。

六月一日 星期六

上午拜访广西分署的卫生组主任甘怀杰及副主任李光宜，知道分署在广西的卫生工作，共有四项。一为协助各大都市恢复医院的机构。分署现正协助省政府在桂林、柳州、南宁、梧州四大城市，恢复四所较完备的省立医院，另外修复龙州、平乐、宜山较次之省立医院三所。二为协助受灾各县恢复卫生院。除补助经费外，还发给他们药品及器械。分署所得药品及器械，有下列的几个来源：（1）中国红十字会，（2）接收美军军医院物资，（3）美国红十字会。（4）行总。其中由行总拨来的，数量还不很多，不到百分之五。三为医疗救济。分署在柳州设有难民医院一所，现有病床一百张，医药伙食，完全免费。工作队的医疗卫生人员，在桂柳邕梧等处及黔桂湘桂铁路沿线，实施免费治疗工作，又成立巡回医疗队二队，担任经常巡回医疗工作。四为防治疫苗。本年在广西流行的疫苗，为霍乱与天花。霍乱于3月11日，在广州开始流行，3月底梧州曾有数例发生。4月21日起，霍乱在梧州开始流行，至5月初为最高度。总共自流行之日起，至5月19日止，共收容霍乱病人335人，死亡80人。自5月15日起，派兵在各挑水码头，为饮水消毒，自该日起霍乱即稍减少，但未完全停止。21日起，加设20个消毒站。除梧州外，龙州、凭祥、桂平、藤县、南宁，于5月内，都电告发生霍乱，工作队已在疫区作霍乱防疫注射。天花自2月27日起，至最近止，已有30县报告发生，现发出牛痘苗30万人单位。据各处卫生机构报告，种痘的已在15万人以上。除霍乱天花外，回归热曾在修仁地方法院看守所流行，死亡

6人，经派员前往防治，证明确为回归热，立即治疗病人，并为全体犯人56名，作灭虱工作。为防止各地犯人发生同样传染病起见，已将DDT粉分发各法院，每院100磅，为犯人灭虱。桂林及柳州，设有灭虱站，为难民灭虱。

下午参观难民医院、柳州省立医院，及分署与中国红十字会合办的诊疗所。柳州省立医院的诊所及病房，建筑已完成。大病房二，每房可容16人，小病房20，每房1人，必要时每房可容2人。难民医院与各省立医院两机构，一共可容病人172人。诊疗所没有病房，每日门诊约200人。我们又看难民收容所，救济院，及难民寄宿所。难民管理科黄嘉谟，给我一些关于难民遣送的统计。由柳州起运的难民，至5月底止，共9307人。由桂林起运的，共4913人。由南宁起运的424人。桂林与南宁的统计，均至4月底止。此14644难民，至衡阳的8384人，由湖南分署接运；至梧州的5181人，由西江难民接运站接运；至南宁的115人，至玉林的20人，至南丹的5人，其余的步行回到省内不通船车的家乡。

六月二日　星期日

早十点出发离柳州，广西分署职员多人同行，他们都是到桂林去参加善后救济审议委员会的，只有顾问黄纬芳，负责送我们到湖南。我们因为鉴于自宜山到柳州时，行李被雨打湿，所以把手提箱与铺盖，都加上一张油布，希望不会再受损失。抵三门江时，还没有到十二点，因渡船罢工，到三点才过江。到雒容县时，因雒清河水太大，渡船已停工二日，乃投县政府借宿，本日行25里。

雒容县于前年11月8日沦陷，去年7月6日收复。战前有人口5万余人，现在只有4.5万人。去年所种的田地，据说只等于战前的三成，所以今年从2月份起，便发生粮荒现象。2月份有1万人靠野生食物度日，3月份加至1.8万人，4月份加至2.9万人，5月份情形相仿。目前县中的饥民，等于全人口的三分之二，他们吃水荸荠、水蘑菇、石头菜、蕨根，饿死的已有30人。县城发现弃婴，已有3次。

广西分署在雒容县，曾发第一期面粉15吨，发种子肥料赈款100万，营养食品160箱。第二期粮食85吨，已到20吨。建筑经费，已收到卫生院120万元，小学200万元。面粉的发放，虽然分署曾有规定，每次每人应发足十天，每日最多1市斤，最少半斤，但因雒容饥民太多，所以第一次发面粉时，大人只得2斤，小孩1斤；有些地方，大人只得1斤，小孩半斤。种子肥料赈款，每户可得800元至2000元。虽然有种子赈款，但今年耕种的田地，只有五成，一因缺乏耕牛，二因种子不够，但最大的原因，还是因为农民无粮可吃。他们因为家无余粮，所以白天多到山中去寻觅野生植物充饥，田地只有让它荒废了。

社会救济事业协会曾有决议，要求各乡长对于县内存粮，调查数量，并估计需要数量，以备设法补救其不足。又由地方公正士绅及各乡村街长，劝导存粮民户，勿将存粮外销。此项工作，并未发生有益的效果。县府领导的救济工作，共有二项，一为平粜，以2000万元为基金，由县府买米运用。二为施粥，已捐得食米1600斤，款50余万元，五月上旬起开始施粥，大人两碗，小孩一碗。宋县长于谈论施粥时，提到雒容城内有四大户，所占土地，等于全县四分之一。此四户之起家的，均为官僚出身，其一为武官，收租最多的一家，每年可达7000余担，县府办粥厂向他捐款时，只捐了五担谷子。这些为富不仁的人，遇到这个荒年，早都跑到上海、香港去享福了。

县长又说，不但灾民吃粥，连县府的同事，过去也是吃粥过日子。雒容因受敌祸，损失惨重，人民无法负担自治经费，自本年正月起，县府的收入，已不敷支出甚巨。县级公务员自正月起，微薄薪金，已无法全部付给。到了3月份，每员每日，只发伙食费500元。自五月份起，得省府的补助，待遇始得略为提高，每人每月可以拿到3万元。雒容的米价，4月份最高，每市担要7.5万元，现在已降到3.6万元。所以县府人员的收入，还不够买一担米。

六月三日　星期一

早起宋县长送我们过雒清河，并一同参观盘古村。住户十余家，房屋多已残破，不能避风雨。两家有稀饭可吃，其余的多吃石头菜、豆角叶、芭蕉根。石头菜的根，可以磨粉，其叶可炒以为菜。芭蕉根晒干之后，亦可以磨粉，煮食时参加少许面粉并野菜。这儿的居民，大部分都得到救济面粉，小孩有两人，得到罐头牛奶。我们要做母亲的，拿罐头来着，都已吃完了，罐头是空的。分署规令营养食品要工作队员亲自发给，现在工作队到别的乡下去了，所以第二罐不知何时才可领到。这儿住户的茅舍，上面不是用稻草盖顶，而是用黄茅草。据县长说，稻草不如黄茅草耐久，稻草只能用一年，而黄茅草可用十余年，但此种草不能作牛羊饲料。

我们十点自雒容开行，两点到荔浦午餐。自柳州到荔浦的公路极坏，与大塘至柳州一段相仿佛。过荔浦后，路面稍佳。晚六点抵桂林，住分署招待所，6人共一间，本日行217公里。

六月四日　星期二

桂林是广西省政府的所在地，我今天便花了大部分的时间，去拜访民政厅厅长陈良佐，建设厅厅长关宗骅，农业管理处处长熊襄龙，合作事业管理处处长魏竞初。我的目的，是要探听广西的灾情，他的起因、分布，以及现状。

综合各方面的谈话，我们得到一结论，就是广西的灾情，乃是寇灾与天灾的混合产物。敌人于1944年秋季入广西境，1945秋季才退出，在广西停留了近一年。在这一年之内，敌搜刮粮食，屠宰耕牛，破坏塘堰，无一不作。沿公路，铁路，河道，及交通方便的地方，因为敌人的残暴，民众多逃入山林，土地因而荒芜了不少。所以即使没有别的因素，广西1945年的收成，一定要大为减色。更不幸的，是跟着敌祸而来的，乃是一连串的水灾虫灾和旱灾。广西省救灾运动委员会所编印的刊物中曾说过："去年夏天，敌寇开始退出省境之际，洪水袭来，尤以产米区的邕江浔江为烈，续着是稻包虫出来，侵蚀省境再插的新稻。留下来一些蚀余的稻谷，却又遭受旱魔的侵害，桂省米粮的最后一线生机，也就窒死在暴烈的秋阳下，全省的收成，给水虫旱灾蚀去大半了。"

寇灾及天灾所造成的粮食方面的损失，我曾向各方面访问，想得到一个具体的数目字。关于寇灾所造成的粮食损失，我们看到三个不同的数字。第一个数字，是农业管理处供给的总数为1400余万担，包括稻谷952万担，玉米91万担，薯类387万担，小麦29万担。第二个数目字，是救灾运动委员会供给的，总数为1700余万担，其中稻谷1265万担，米229万担，杂粮242万担。第三个数目字，是广西建设厅供给的，现已为省政府所采用，总数为1983万担，其中稻谷一项，即有1600余万担。第一与第三两个数字，相差有500余万市担，使我们不知相信那一个数目字是好。

关于天灾所造成的粮食损失，农业管理处曾有估计。熊处长告诉我广西稻谷收获最佳的一年，是民国22年，产量为6100万市担，在平常年份，只能收5000万担左右，民国21年至31年的平均产量，便为5100万市担。平常年份，在消费方面，人用食料，须4100万市担，家畜饲料，须392万市担，种子亦需392万市担，其他用途，为672万市担，共为5600万市担。1945年的收成，只有2500万市担。广西稻作，普通于10月收割完毕。1945年收割之稻谷，假定自11月起，开始消费，只能供给五个月，到1946年4月上旬，便要用完。但以所产杂粮，调剂食用，并减少无谓消耗，及制止粮食出境，或可维持到5月左右。5月以后，粮食恐慌，必定严重。省政府5月份发表的统计，饥民人数为315万人。这个数目，乃是根据各县的报告编成的。广西分署，根据这个饥民数字，估计粮食的需要，以每人日给粮食1市斤计，共需粮食1500余吨，每月需4.5万吨。估计度过三个月粮荒时期，总共需粮13.5余万吨。这样大的数量，是没有方法满足的。行总固然拿不出这样多的粮食，来给广西一省。即使拿得出，运输也大成问题。

六月五日　星期三

上午参加广西省善后救济审议委员会第二次常会。审议委员会的委员，各省不同，自11至19人不等，由善后救济总署就各地负有声望的人士临选聘任，每三个月开会一次，其主要的任务，为对于善后救济工作，设计建议，并辅导协助。

下午参观桂林储运站，晤梁站长。桂林储运站负责桂北受灾最重数县物资的运输，地位在救济工作中，颇为重要。我们看到统计，全县分配到的粮食，共620吨，可是到5月底，只领到115吨。兴安县分配到370吨，只领到79吨，灵川县分配得200吨，只领到46吨。这并不是桂林储运站有粮食而不发放，我们看站中的物资收发对照表，知道三四两月，站中共收到面粉308公吨，发出301公吨，结存只有7公吨。5月份收到面粉124公吨，发出119公吨，结存5公吨。库中结存的物资不多，表示运输站工作效率之高。我们又看储运组供给的数目字，梧州方面，至5月底止，面粉收入3599吨，发出3105吨，结存494吨；白米收入1573吨，发出1377吨，结存196吨，所以梧州方面，运输的效率，也不算低。由此可见运输困难的发生，乃在梧州至桂林一段内，这也是分署储运组所应致力之处。

离开桂林储运站后，我们去访桂林市政府的苏市长新民，及临桂县的社会科长毛松寿。桂林市长所供给的损失统计，共分三栏，一为原有数，二为损失数，三为现存数。这样详细的统计，在他处没有见过。桂林市的人口中，原有418720人，现在只有121219人。房屋原有52557间，损失了47359间，只存5198间。公私立中等以上学校22所全毁，小学校126所，毁了111所，只存15所。耕牛原有10865头，损失9326头，只存1539头。猪的损失，尤为巨大，原有23148头，现在只有25头。

分署在桂林市的救济工作，据苏市长的报告，共有十二项：（1）冬令救济费400万元，此款与桂林市社会救济事业协会劝募所得的赈款106万元合并分发。一共发了两次，第一次受赈灾民3017人，每人得1000元；第二次2880人，每人得600元。（2）平民住宅建设费第一期2500万元，此事组织建筑委员会办理，已有一处完工，其他数处，在建设中。（3）协建小学业务费第一期，1600万元，规定修复8校。第二期2700万元，规定修复15校。（4）耕牛贷款794万元，贷给各区有田无牛的贫农，每人1万元，由彼等自行联合若干人为一小组，共同购牛，轮流使用，共购牛69头。（5）小本贷款206万元，贷给乡间四区受灾特重，无法维持生活，而有意经营小本生意的灾民，每人1万元。（6）分发营养食品 110 箱，依分署规定，将炼乳、奶粉，分发现受赈济灾民的四岁以下婴儿，牛肉干分发灾民中体弱而最缺乏营养的。此项物资，须由工作队前来共同主持分发，因队员未来，所以此项工作，尚未开始。(7) 分发棉背心 100 件，原拟发给灾民，后以数目过少，就转送给省立儿童教养院，分发在院儿童。(8) 工赈款 500 万元。在救济面粉未到以前，桂林办事处曾以 500 万元，办理以工代赈，清理桂南路以东各街道上的瓦砾垃圾，并运之填河坝。每日工赈人数为 400 人，每人发 450 元。(9) 救灾面粉 187138 斤的分发，其方式分为两种。凡老弱残废无能力的灾民，予以无条件的救济，每人日发面粉六两，一次发足 30 日。凡年龄体力堪服劳作的灾民，编为工赈队，以工代赈，4 月 5 日以前，每人日发二十两，自 4 月 6 日起，改为每人日发二十四两。总计工赈人数为 1774 人，无条件领受赈济面粉的，有 3500 余人。(10) 白米 30 吨，最近分配与桂林市，亦拟用两种方式分发，急赈每人日发六两，工赈每人日发 1 斤。(11) 修建阳桥，分署协助建设费 400 万元，洋灰 50 桶。(12) 桂林医院，本为广西分署所办，3 月 11 日移交市政府接收，改为市立公医院，分署除将医院的财产，药械移交外，并经常补助留医院病人 10 名的膳食费。

临桂县有 33 乡镇，384 村街，23.25 余万人口，我们会见毛科长时，特别请他说明发放面粉的方法。据说县府为切实明了各乡镇村街已绝粮饥民的数目，俾作急赈根据起见，曾制定绝粮饥民调查表式，颁发各乡镇村街，由村街长会同各该村的乡民代表及甲长，切实查填，并提出村街民大会公开通过。此项通过的名单，再由县府派出职员，会同各乡的县参议员复核后，汇转社会救济事业协会分别施赈。临桂县的乡镇很多，如令饥民来城领取面粉，未免缓不济急。协会为迅速赈济灾民起见，特于东南西三区，分别设立储发站，将面粉运到储发站发放。每站由县府、县参议会、县党部，各派一人，会同前往各站主持。各村到储发站领取面粉，是由救济协会主持发放，但营养品则由工作队亲自发放。现在已领到乳粉 100 箱，牛乳 91 箱，牛肉罐头 80 箱，因工作队的调查工作，尚未完竣，所以营养品到了半个月，还未发放。

六月六日　星期四

今日善后救济审议委员会，继续听取报告，讨论提案，到了下午五点半，方才闭幕。审议会讨论的问题，我认为最有意义的，一为救济物资的运输问题，二为救济物资发放的技术问题。

关于救济物资的运输问题，参政员廖竞天首先指出，抚河的运输，就是梧州到桂林一段，可以改进的地方很多。抚河的船只，每只可运三吨至五吨，运费每吨不超过 10 万元，普通常在 8 万元上。以运输时间而论，迟则一月，速则半月，平均为 20 天左右。分署所雇的船只，运输所费的时日较多，因分署所出运费，较商家为少。商家出 4000 元至 5000 元一担，而分署只出 3500 元，似乎不够。三民主义青年团的书记长韦赞唐补充说，分署所出的运费使船户无利可图，他们之所以还肯接受的原因，乃是梧州船只甚多，船户不能赋闲，低价也只好承运。但因运费不足，所以雇用水手较少，伙食也不充裕，猪肉减少，招待不周，水手常于中途逃亡。只要逃走一两人，船就不能开行，须补充水手，才能继续前进，所以多花时日。分署的主管运输人员，认为救济物资所出的运费，较市价打八折，乃是事实，但船户并不吃亏，因运输救济物资，可以满载，而运输商货，则每不可能。分署在抚河的船运，所以不如商船迅速的原因，一为救济物资，每每分站请兵护送，各站接防，费时费事。二为分署船只，结队而行，而押运员只有一个，一船出事，他船连带停留。凡此诸点，分署已设法改进。但抚河的民船，专靠人力，无论如何，速度终有限制。如想缩短运输时间，只有请行总拨给机动拖驳，以机械的力量，代替人力，才可奏效。

有人问抚河运输，既然如此迟缓，为何不用卡车。分署主管人的回答是，一因卡车数目有限，二因卡车运费太贵。分署前有卡车 30 辆，自行总公路运输处成立后，便将卡车移交，分署无法指挥，现在行总将另发给广西分署卡车 30 辆。此项卡车，每车运三吨，23 辆完全开出，也只能运 69 吨。自梧州到柳州，来回须六天，如途中在渡口候船耽搁，每次来回便须十天，即以六天来回一次计算，每部卡车，在一个月内，也只能运五次，23 部卡车，每月只能由梧运柳 345 吨物资而已。但利用卡车的最大困难，还在运费。如运往全县的物资，自戎圩车运，即使用木炭车，每吨也要 42.78 万元。单就配发全县的粮食 620 吨而言，如用车 100 辆，要一个月可以运完，运费须 2.65236 亿元，所以从经济方面看，长途运输，无法使用卡车，卡车只能用于短距离的运输上面。

大规模的救济，像现在各地分署所举办的，中国史无前例，所以在运输救济物资的过程中，其所需运输费的巨大，是很多人想象不到的。黄署长告诉我们，每吨物资，由梧州入口，南至运到接受者的地点，平均约需运费 15 万元。过去因物资无多，除支付运费外，尚有余款办理其他业务。5 月份估计要送四千吨物资，运费便要 6 亿元。据储运组主任陈开由粤电告，6 月份可有二万吨物资运桂，估计全部运费，即达 30 亿元。分署已曾迭次函请部署增加业务费，否则即使有交通工具，如果大批物资涌到，分署也无法应付。我们听了这些报告，觉得行总如果分配给某区若干吨物资，同时便应发付相当数量的运费，否则物资无法运到需要的区域。这点道理，行总的主管人员，不是不知道。但因总署经费也不充裕，所以实行这个原则时，便感到困难。关于救济物资发放的技术问题，社会处处长李一尘曾在审议会中提出一议案，请分署将发放粮食的办法，加以修改，以争取时间，而收救济实效。他说：依照本署所订办法，配发救济粮食时，应先由各机关确实调查饥民人数，列册报告分署，然后由分署工作队，督同当地社会救济事业协会，直接按户查明发放。查此项办法，因灾区辽阔，分署工作队人员过少，不敷分配；未能兼筹并顾，往往救济粮食已到，而分署工作队人员，仍未赶到，致使饥民久望，县乡及社会救济事业协会人员，又不敢擅发，如此使急赈工作，无形变缓。拟请省府严饬各县，督同社会救济事业协会，优先挨户切实调查所属各乡镇绝粮饥民人数，列就名册送核，本署可派人抽查。救济粮食，应以即到即发为原则。本署工作人员不能依时赶到灾区时，应由县社会救济事业协会派员督策各乡镇公所，按照分署配放办法凭名册发给。黄署长说是现在广西各地发放救济粮食，大致已照所提办法办理。工作队的职务，只是考核成绩，催交单据，发放粮食的工作，已由社会救济协会主持办理。

六月七日　星期五

上午参观桂林市医院，及省立桂林医院。又过河看难民收容所，该所收容难民 857 人，所中有灭虱设备，及诊疗所。难民十分之九，是桂林人，因为住宅被毁，无家可归，寄宿于此。寝室颇为拥挤，方丈之地要住四家，一家占一竹床。我们参观某一寝室，有一少妇，其夫为小本商人，给日本人捉去挑担，至今未归，她与子女二人共住一床。隔壁的一床住一夫一妇。另外两床，住些什么人，不得而知。

下午，参观平民住宅数处。一处已经完工，共 52 间，每间后面附一厨房。现在有一部分为湖南会馆搬出来的难民暂住，还没有正式招租。又至一处，住宅正在动工，拟花 1100 万元，完成后有 32 间。参观平民住宅后，即至省会育幼院，该院收容儿童六百余人，自四岁以至十四岁不等。每日吃两餐馒头，早餐就吃牛奶粉，所以儿童多红光满面，与院外的贫苦儿童，大不一样。年长儿童，正在盖瓦，因下午为劳作时间，上午则上功课。我们参观的时候，正有数队儿童，从院外河边浴罢归来，又有数队，则整装待发。看壁报上发表的文章，知道儿童对于院内生活，颇感满意。

六月八日　星期六

上午十时离桂林，灵川县长唐志豪同行，下午两点抵灵川，五点抵兴安，住第五工作区事务所，本日行 66 公里。灵川粑粑场聚有饥民数百人请援，县府门口亦有同样的情形，都由县长好语安慰遣散。在灵川的何家铺及兴安的大拱桥，我们曾下车视察。何家铺有一妇人，其丈夫当兵不知下落，有子一人在校中读书。她向我们诉苦，说是同村的人击伤她的面部，不准她领取救济面粉。我们看见她有一牛，而且门前还摆一小摊，贩卖糖果食品，知道她的生活还过得去，不应与村中更苦的穷人，争取有限的面粉。这个例子，给我们的印象很深，因为这个村中，已用民主的方法，来决定谁应当受救济。村中的人，谁穷谁富，彼此都知道得很清楚，由村民大会来决定穷人的名单，似乎比外人的调查还靠得住。大拱桥原有人口 30 余户，现在只余 8 户，其余或到资源县去行乞，或率全家入山采蕨，所以村中颇呈冷落的现象。

灵川的唐县长告诉我们，灵川是 1944 年 9 月 27 日沦陷的，1945 年 8 月 2 日，始告克复。县属 14 乡，只有一乡没有到过敌人，其余 13 乡 134 村街，都受过敌寇铁蹄的蹂躏。物资损失达 83 亿以上，人口损失，不下 2 万。当敌人初来的时候，正是 1944 年秋收的季节，已收的稻谷，没有时间疏散，没有收的，只好遗弃四野。1945 年春耕，敌人还盘踞在县内，民众虽然冒险偷耕，但耕牛既被掠杀殆尽，肥料又无从施用，所以未种的田地，占十分之七八。入夏以后，好久没有下雨，继之以虫害蔓延，所以已种的田地，收获也只有二三成。敌寇溃散之后，民众未归，破坏的房屋，需要修理，生病的需要医药，只以痢疾而论，在沦陷期内，民众有 50%，是患痢疾的。为应付这些急需起见，许多人都把存余的少量稻谷，贱价卖出，剜肉补疮，甚为狼狈。本年正月起，吃树皮草根的，已有所闻。现在全县 12.6 万人中，至少有 3.5 万人，是靠野生植物度日的。其中 1.5 万人为老弱，2 万人如有饭吃，还可工作。过去有好些人，靠砍柴及浇石灰，挑到桂林市去贩卖，以维生计。一担柴原可换 5 斤米，现在只换半斤。一担石灰，原可换 10 斤，现在只换 1 斤。粮食的价格，在过去四个月内，涨了十倍，如去年 12 月，米只售 3500 元一市担，现在要卖 4 万元。但柴与石灰的价格，并没有上涨。贫苦民众，无法依此为生，只好靠挖蕨根过日子，现在蕨根已吃完，饥民只能吃土茯苓、马蹄蕨、棉子叶等野生植物。因为营养不足而饿死的，县中已有 49 人。

分署在灵川县设立一事务所，专办救济的工作。过去已发面粉 20 吨，急赈款 250 万，种子肥料赈款 250 万，卫生院修建费 120 万，小学修建费 200 万。营养品已到，尚未分发。难童收容所拟花 100 万，在修建中。当地士绅，曾于 4 月间代电分署，请增援食米及面粉各 13000 市石，耕牛赈款 5000 万元，农具贷款 2000 万元，春耕种子赈款 2000 万元，食盐 1.25 万市斤。

在兴安，我们遇到事务所的主任盘宝臻，及县长王潜。兴安共有 18 乡镇，218 村街，都为敌人盘踞骚扰的，有 17 乡镇，211 村街。敌人于 1944 年 9 月 15 日入境，到 1945 年 8 月 8 日，方才退出县境。除了兵灾之外，还发生水灾两次，旱灾两次，若干乡村，还有风灾虫灾，至于病灾，则是流行全县。人口总数 16 万人，亟待施赈的有 5.6 万人。他们原来挖着蕨根度日，现在蕨根都挖不着了，只能吃白头翁、鸭脚菜、磨根滕、鹅头菜、野荞麦、麻叶、观音莲、土茯苓、薯莨、石耳、土菌、蕨根渣等十余种野菜植物。这些野草，掺入极少数的米糠、包粟粉，或糙米，煮成糊状的草羹，便是饥民度日的唯一食料。饥民营养不足，饿死的已有 72 人。分署在此，已发耕牛贷款 600 万元，以工代赈款 180 万元，主要工作为修复秦堤。粮食方面，已发急赈米 518 袋，面粉 3644 袋。据盘主任说，兴安与全县的急赈面粉都是由工作队直接发放的，这是与其他各县不同的地方。工作队在沿交通线要点，如溶江、严关、首善、西山、界首五处，设立救济站，每站有职员三人至五人，经常的到附近乡村中，按户查明饥民人数，核发急赈证券。饥民得券后，便可到附近的救济站领粮，每人日发六两，每次可领十日。至目前止，受赈的已有 11145 人，其中有 10765 人，集中在沿公路的五个乡镇。离公路较远的乡镇，得到救济面粉的，到 5 月底为止，只有 380 人。用工作队来发赈粉，因人手短少，难期普遍，于此可见。

分署在兴安及全县，还办了一种耕赈，是很新颖的一种救济农民办法，在别处没有看见过。耕赈的目的，是在救济农民的过程中，还要设法使他们增加粮食的生产。桂北的荒田很多，分署发现田荒的原因，是农民没有饭吃，在应当春耕的时候，他们不在田中耕作，而到田中，去采野草，以维生命。所以分署规定一办法，要农民去开垦荒田，凡垦荒的人，可以领到粮食。兴安县的耕赈面积，定为二万亩。耕赈以村为单位，按村择田。村有五等，一等 29 村，每村分配耕赈田 450 亩；二等 12 村，每村分配 300 亩；三等 13 村，每村分配 200 亩；四等 5 村，每村分配 100 亩；五等 2 村，每村分配 50 亩；伙计 61 村，共 19850 亩，尚余 150 亩，为临时补充之用。应受耕赈的农户，以受灾特重，而无粮维持其生活，从事耕种者为主。其耕种农具，以农户自备为原则。应受耕赈的，须向村街长提出申请书，由村长、乡镇民代表，会同耕赈分站站长，作初步的决定后，即提交村民大会，复决公布。发给农赈的方法，是按田计工，按工计赈。田以亩为单位，每亩给单工 6 个，每工给赈粮 2 市斤，或折发国币。赈粮以 2 万亩计算，须粮食 24 万市斤，原拟向资源县赈米 20 万市斤。但至目前止，只收到糙米 164067 斤，都已发给农民，不足之数，只有折发现金。农赈的结果远超过主办人的期望。原期开荒的田亩，现已超过三倍。据县府的人说，兴安县本年所种的田亩，已达八成，这要算是灾区中难得的成绩。

我们住在兴安的事务所内，事务所的房屋，一部分作为收容所难童之用。分署以桂北的灾情特重，所以在灵川，兴安，及全县，各设一难童托养所，收容难童500名。兴安因房屋难觅，所以分期收容，第一期收容难民208名，自5月12日开始收容，5月19日即收足。这些儿童，据盘主任说，初入所时，身体瘦弱到只存些皮和骨，但在所住了十几天之后，每天喝牛乳，吃白米饭，现在面色已有些血气了。第二期收容的房舍，现已修理八九成，等分署的衣服，运到后，即可积极收容。

六月九日　星期日

……由灵渠回来时，我们参观卫生院，知道昨日郊外有一农民，挑了40斤麦子，被一强盗抢去。被抢者的胸部与背部，中了刀伤十余处，他的妻子因此跑到卫生院来求救。据县长说，饥民铤而走险，近来数见不鲜。5月份类似的案子，在县中已发生十余起。

下午五点离开兴安，七点半抵全县，住事务所，本日行61公里。抵全县后，闻今日上午分署运面粉来全县的货车，在白沙桥遇劫。有土匪十余人，武装齐全，尽劫旅客钞票，未取行李及面粉。劫车后还等了半点钟，想候第二部车，但无车来，因即离去。据土匪说，他们都是附近乡民，因无以为生，不得不走上此路。灾荒对于治安的影响，与此可见一斑。

六月十日　星期一

今日与分署事务所主任谢代生及县长唐智生谈，知道全县的灾情，其严重性与兴安灵川相仿佛。县中人口32万，饥民约10万，饿毙人数，至五月底止，为180人。分署在别县所办的工作，在全县都已举办。另外分署还在全县办理农赈。发面粉时，一部分由工作队直接办理，这是全县与兴安县不同于别处的地方。农赈在全县所定的范围，比兴安县更广，沿公路线选了五万亩，公路线以外，又选了1.65万亩。所需的赈米，系由分署派人到资源县去采购，事先接洽了1.08万担，每担1.65元，于5月5日以前交完。由资源运到全县与兴安，乃是由分署组织受赈农民去肩挑，每人发给单程饭费。但资源县的当局，一因米价逐渐高涨，二因负担军粮，所以未将1万余担的米交足。至5月底止，只交了7104担，已发全县5186担，兴安1644担。农赈的结果，在全县与兴安县一样，都是超过了预定的三倍。

我们在广西各县视察灾情时，也常注意饥饿对于社会各种生活的影响，现在即将离去广西，综合我们视察的所得，也有数点可述。第一是弃婴的案子，不断发生，在都市中尤甚。我们在桂林时，关厅长来访我们，说是在途中曾见一弃婴，还没有死去。黄署长听到这个消息，马上请人把这个小孩抱到分署的执行所来，这个女婴，出世大约只有三四天，而貌颇清秀，在招待所给她吃了几口冷开水后，便送到医院去抚养。卖女孩的事常有，卖男孩的不大听到，据说即使出卖，也无人要。第二为难童的增多，在设有收容所的地方，常感到收容所的房子太少，不能应付各方面的要求。如灵川、兴安及全县，设了三个难童收容所，每天都有人介绍难童入所抚养。这些难童，大多数都是有家庭的，但他们的父母，也在饥饿中过日子，没有能力养活他们，所以初入所时，衣服褴褛，面有菜色，并带病容。入所之后穿着面粉袋改造的制服，或盟邦施与的童衣，又吃牛奶、白米饭、大馒头，几个礼拜之后，便完全改观。我们在难童收容所中，有时还可看到几个小胖子。第三为家庭破裂的故事，也常听到。桂林有一女子，随一远征军逃跑，她的丈夫，追踪到兴安县，扭到法庭，法官判决此女子仍随原夫回去，但女子无论如何不肯，后来她丈夫答应以 23 万元卖给远征军士，军士欣然同意，即将女子领去。此种出卖妻子之事，据说娘家也不反对，一因女儿改嫁，生活或可改善，二因再嫁一次之身价，娘家也可分得一部分。灵川有一女子，因丈夫出征不归，田中又无收成，生活无法维持，拟另嫁一男子，此男子愿意娶她，但不肯收容其与前夫所生的儿子。此女子一方面想改嫁，一方面又不肯舍弃前夫的儿子，两种欲望的冲突，使这个女子终日涕泣，不知如何是好。兴安县的严关乡富里村，有蒋老樟兄弟二人，兄年十岁，弟八岁，父亲早亡，母亲为生活所迫改嫁。幼小二人，无人抚养，鸠形鹄面，乞食为生，性命难保。兴安事务所的盘主任，说是某次乘车到界首，一卖烟女子误认其为司机，邀他到家中一谈，到了她家中时，有几个年轻女子都要求他带至桂林，说是当地无法谋生。第四为地方的治安发生问题，盗匪不但抢车，当常在灾区中，某家如有几十斤的粮食，便引起强盗的光顾。第五为在物价高涨声中，田地价格，却在下降。饥饿的人民，为了救命，常愿以一担谷的价值，出卖一亩田。至于买田的人，属于哪一种人，尚无一致的结论。有的说是富有的地主，现在继续购田，造成土地兼并的现象。有的说是靠收租过日的，去年收不到租，连吃饭都发生问题，恐无余力来购置新田。如某县一地主，往年可收五百担租，而去年只收七担半，现在也在饥饿线上挣扎。有的说买田的乃是商人以及劳动阶级中稍有积蓄的。还有人指出，在他的县内，穷苦人多，买田的人，都来自外县。这个问题，情形颇为复杂，须细加研究，始可得一结论。第六为在若干县份，高利贷颇为猖獗。灵川县长告诉我，他知道这个案子，借了一担谷的人，在借谷时要写两张借据。在第一张借据上，他写借到国币4.2万元，秋收后无息归还，实际在他借谷时，谷价只有3.5万元。但因谷价还在上涨，所以债主要加两成计算，于是由3.5万元，便变为4.2万元。另外还要立一张借据，上面写明借到谷子两担，秋收后无息归还。这张借据，代表利息的部分，因为1万元的利息，是谷子50斤，4.2万元利息，便是谷子两担。在这两张借据，债主毫无把柄，可以使人认为违背法律上的规定。所以县府想要取缔，也无从下手。据好些人说，饥民想要救死，所以这种高利，他是肯出的。有些饥民，因为平素信用不佳，即出此种高利，也借不到谷子。第七是教育的破产，许多小学校，校舍给敌人破坏了，无法修复，有些小学校，虽然还有残破的校舍，但因民众无力交学款，所以请不到教员。有的教员肯尽义务，但为生活所迫，不得不于教书之外，另谋副业，于是一星期内，便不能天天上课。我们所参观的小学，有的是阒无一人，有的是以砖头为凳，木板为桌，学生常常不能如数到齐，因为救命第一，学生在白天也要到山中去采野草以维持生活。有一个县的教育科长说，在他们的县内，小学如想恢复原状，起码要十年。第八是基层政治的解体。在饥荒的社会里，赋税的收入，自然要大为减低，于是县以下的行政人员，生活上便大受影响。雒容县在每日只能发给县行政人员伙食费500元的时候，据说吃稀饭都不够。乡镇长选举出来，有许多不肯担任，选了一次之后，又要重选。几甲的甲长，常是一人兼任。灵川县金坑乡大新村的村长潘某，县长有事去找也找不到，查问起来，才知道他已带领全家老小，到外乡去讨饭了。在这种情形之下，一个乡的政治除了救灾之外，几无别种工作，可以顺利推行。

六月十一日　星期二

早七点三刻离全县，广西的视察，至此告一段落。同行的人，除张视察祖良外，还有广西分署的黄顾问纬芳及谢主任代生，他们两人，预备送我们到衡阳。行26里，到黄沙河，前93军在此，不战而退，全县民众至今谈及，尤有余痛，因民众以为黄沙河可守相当时期，所以没有积极疏散。且劳军猪牛及粮食，运到县城，尽为敌军所得，尤为可惜。过黄沙河，行四里，入湖南境，公路状况，立见改良。广西自大塘到全县，公路欠修理，路中心多窟窿，车行至为颠簸。湖南境内，公路平坦，虽间有不平处，但为例外。

……

（1946年10月12日，广西壮族自治区图书馆藏，藏书号：003020）

（三）口述资料

1. 南宁市周秀婵证言

时间：2008 年 1 月 8 日　　　　地点：南宁市凌铁村居委会

公证人员（签名）：王凯家、马宁　　记录人（签名）：封家麟

询问人（签名）：中共南宁市委党史研究室调查员封家麟、易明海

被询问人（证人）：周秀婵

主要证言：

我叫周秀婵，1935 年 9 月 10 日出生，抗日战争时期家住南宁市凌铁村 1 号，现住南宁市凌铁村 39 号。

听祖父说，1939 年 8 月 30 日本多架飞机轰炸凌铁村，当时我母亲刚生小妹周璧婵不久，当时一枚炸弹落到我家附近，巨大的爆炸声把我母亲当场吓死，我小妹被震落的门板压死。我家 250 平方米的房屋被炸毁。

日本飞机轰炸凌铁村，我父亲周燕忠外出逃难，途径武鸣县高峰坡时，恰遇日本飞机轰炸，被炸断右脚因流血过多而死亡。我奶奶先后听到儿子、儿媳妇、孙女死亡的消息时，当场活活气死。我的曾祖母彭氏，因年纪大（当时约 70 岁左右），不愿外逃，留守房屋，被日本鬼子强奸，其二儿子周汝宁回村（凌铁村）探母亲，被日本兵抓住，捆吊在树上毒打，随后被日军用刺刀活活劈死。曾祖母彭氏亲眼看到儿子被劈死，哭得死去活来，昏死在地上。

我保证我所讲的是真实的，所看到的是当年真实发生的事情，没有任何虚构和夸大的地方。

［此件已于 2008 年 1 月 8 日向广西南宁市桂南公证处作了《保全关系人周秀婵证人证言》公证，公证编号：（2008）桂南内证字第 1424 号，公证员：王凯家。］

2. 南宁市黄法尧证言

时间：2008 年元月 15 日　　　　地点：沙井乐贤村老村坡 9 组

公证人员（签名）：李军、马宁　　记录人（签名）：李友悖

询问人（签名）：中共南宁市委党史研究室调查员梁以固

被询问人（证人）：黄法尧

主要证言：

我叫黄法尧，1930年8月23日出生。我家住南宁市沙井街道办事处乐贤村，解放前叫邕宁县沙井乡乐贤村。

当年南宁第一次沦陷时我已十岁了，日军在我村犯下的滔天罪行我还是记得的。

1939年南宁沦陷后，日军就进驻我们乡的杨村、白坟坡、金鸡坡作为据点。这些据点的日军经常进村来奸淫掳掠，随意杀人。村民们白天外出躲避，晚上才回来住。但日军天天来，部分村民不想外出躲避了，就集中到村中的祠堂，写上"难民所"三个大字挂到大门顶以作避难之所，妇女们用火灰涂在脸上以避日兵。但日军仍未放过，有10多个妇女被强奸了，日军仍随意杀人。村民们非常害怕，便把粮食及贵重财物收藏后，纷纷举家疏散到更远的山村同兴、敢槐、滕村等地避难去了。避难有一些时间后，所带去的粮食快吃完了，于是大家就相约分批回家要粮食。大约是老历年底的一天夜里，村民们趁着夜里天黑沿着铁路（未铺轨）摸着回家，要了粮食后约是半夜时分出村返回避难地。当他们出村不久走到金鸡坡附近时，就被驻守在那里的日军拦截包围了起来，抓走了30多人，只有部分从邕江河岸出村的村民没有被发现而幸免。后来，这30多个村民被押到白坟坡日军据点关押起来，不久就被集体杀害了。

还有一次我印象较深刻的，那是民国二十九年六月的一天，有七只日军火船从南宁开上来，又向上游开去了。一个礼拜后，这七只日军火船开回来了，船上载满了老百姓，火船停靠在我们村地点叫水堂屋的邕江河岸边。日军把老百姓捆绑着押上岸来，送往白坟坡日军据点。以后这么多老百姓在白坟坡被杀害了，约有三四百人之多。

在白坟坡被日军杀害的村民的遗骸是在日军撤退后的第二年被发现的。死者家属们想各自捡回去安葬，但白骨一大堆，无法确认哪块骨头是哪个亲人的。当时我们村北槐坡的黄海山就建议进行统一坟墓埋葬，得到了死者家属们的同意。于是就在黄章岭上挖了个大坑，长、宽、深各2米，捡了六大缸遗骨统一埋在一大坟墓，当时的邕宁县县长方德华还为这个大墓撰写了碑文。墓碑上只刻上知道当年遇害本地村民85个人的名字，由于当年被日军杀害的老百姓太多而无法统计，所以人们就称这坟墓为"千人坟"了。

我保证我所讲的是真实的，所看到的是当年真实发生的事情，没有任何虚构和夸大的地方。

［此件已于2008年1月20日向广西南宁市桂南公证处作了《保全关系人黄法

3. 南宁市邓留孚证言

时间：2008 年 1 月 16 日　　　　地点：坛洛镇吞榄坡

公证人员（签名）：李军、马宁　　记录人（签名）：李友悸

询问人（签名）：中共南宁市委党史研究室调查员梁以固

被询问人（证人）：邓留孚

主要证言：

我叫邓留孚，1925 年 5 月 3 日出生。家住坛洛镇吞榄坡。

问：抗日战争时期，侵华日军飞机曾轰炸吞榄圩场，造成了 700 多人死伤的惨案。你是本村人，知不知道这个事件？可以讲一讲当年日军飞机轰炸的情况吗？

邓留孚答：可以！这件事发生在 1940 年，那年我 15 岁，当时的惨案还历历在目。1939 年 11 月，日本侵略军入侵南宁，为了预防日本飞机空袭和轰炸，坛洛区公所便决定将群众赶集趁圩场地由原来的坛洛圩场转移到我们吞榄坡，这里有大榕树和茂密的竹林作掩护，如果发生空袭，可以随时方便疏散，撤离。

1940 年 5 月 12 日（农历四月初六），是坛洛传统的"四月八"农县节圩日。当天，赶集、趁圩的群众、商人除了本地的村民以外，还有周围扶绥县中东，隆安县南圩、那桐、白马，武鸣锣圩、甘圩等地方圆数十里的群众，人数达到 3 万人左右。

当日中午十一点钟，一架飞机从隆安县白马飞过来，在圩场上空转了一圈后，向南宁飞去。过了半个钟头，人们发现日本飞机三架从南宁方向飞来。起初大家以为飞机不会轰炸，仍然在吞榄圩场来来往往，进行买卖交易。突然间，这三架飞机从不同方向、不同角度向圩场俯冲丢下炸弹，大约有 50 多枚。刹时间爆炸声隆隆，阵阵浓烟，泥土、杂物满天飞，哭喊声一片，乱哄哄的。人们四处逃跑，但已来不及了，很多人已被炸死、炸伤。紧接着，飞机又继续用机枪扫射向外逃跑的群众。从轰炸到扫射，前后有半个小时左右。日本飞机施暴以后，随即往南宁方向飞回去。

过后，人们便赶到现场抢救，场面惨不忍睹。有的尸首分离，有的肠子挂在树枝上，遍地是鲜血。圩场边的鱼塘，被鲜血染红了。圩场上的两棵大榕树树枝被炸断了很多。另外，农具摊、百货摊、猪肉摊、牛肉摊……东歪西斜，遍地狼藉。随后，各地的群众纷纷来认尸收尸，有一个遇难者在一个星期后才有亲人找

到拉回去掩埋。

据当时负责清查的抢救小组负责人说，这次日军飞机犯下的吞榄圩惨案，有400多人被炸死，被炸重伤或轻伤的有300多人。在我们吞榄坡就有4个人被炸死，2人被炸伤。

我保证我所讲的是真实的，所看到的是当年真实发生的事情，没有任何虚构和夸大的地方。

[此件已于2008年1月20日向广西南宁市桂南公证处作了《保全关系人邓留孚证人证言》公证，公证编号：（2008）桂南内证字第1700号，公证员：李军。]

4. 南宁市王乃俭证言

时间：2008年1月21日　　　　地点：南宁市兴宁区五塘镇五塘社区联兴上坡46号

公证人员（签名）：刘聪、马宁　　　记录人（签名）：吕德祥

询问人（签名）：中共南宁市委党史研究室调查员：谭国敦

被询问人（证人）：王乃俭

主要证言：

我叫王乃俭，1931年4月24日出生。抗日战争时期家住邕宁县五塘乡五塘村凌慕坡，现住南宁市兴宁区五塘镇五塘社区联兴上坡。

1939年农历十月十六日上午，我从避难的山上回村，原想去食一家亲戚的喜酒，走到家门下坡处听见一声枪响，吓得连忙跑回山上。后来知道是一个从外村来坡帮做农工的姓欧的村民被日军开枪打死。我的伯爷王杰才也是当天被日军士兵拉到五塘烟墩瞭望哨处用铡刀铡头致死。伯爷的尸身、头颅还是我七叔王超才当晚捡回埋葬。我还清楚记得，我村上的一个叫滕绍勋的村民，就因为腰间扎有一条国军皮带，在1939年11月底的一天，被日军士兵拉走押到村附近的一处岭上活埋。日军除了杀人，还强迫村民为他们做挑夫。当年，我的七叔公王福缘、细叔王宝才和家族亲戚王喜才、王乃兴、王乃洋、王贵才、王引才，就曾被日军拉夫到宾阳思陇宗祠。本来日军答应当晚发通行证让他们回家。但是，日军那天攻打上林失利，就把怒气迁到他们身上，用机关枪扫射他们。我的亲人王福缘、王宝才、王引才被害。王喜才被子弹打中腰部、又被刺刀刺伤颈部，大难不死，得以逃回家中。他颈上的伤痕很显眼，他还特意给我讲起那段经历，所以，留给我非常深的印象，到现在都难忘。

我保证我所讲的是真实的，所看到的是当年真实发生的事情，没有任何虚构和夸大的地方。

[此件已于 2008 年 1 月 21 日向广西南宁市桂南公证处作了《保全关系人王乃俭证人证言》公证，公证编号：(2008)桂南内证字第 1487 号，公证员：刘聪。]

5. 宾阳县黄运清证言

证人签名：黄运清　2007 年 10 月 29 日

调查人：龚承军、江耀玉

代书人：龚承军

调查时间：2007 年 10 月 29 日

主要证言：

我叫黄运清，男，(南宁市)宾阳县武陵镇杨山村委上顾村村民，1917 年 6 月出生，没有身份证。1945 年 3 月我村被日军入侵，日军进村后，把全村群众捆绑起来，然后用刺刀、枪托砸死，全村被杀 90 多人，另有 70 多人是其他村来我村避难的，也被杀死，共计 170 多人。有的妇女被日军强奸。我当时 28 岁，被日军用枪打中下巴和脚(右脚)。然后我走到山口村躲起来，我受伤几个月后才好。日军走后我村统计，全村被烧房屋 22 间，被抢走耕牛 20 头，生猪 50 多头，合计 11708.78 千元(国币)。

[此证人证言于 2007 年 11 月 14 日经宾阳县公证处公证。公证员：甘富民，公证号(2007)桂宾证字第 830 号。]

6. 横县黎秀立证言

被询问人：黎秀立

地点：南宁市横县南乡镇复兴街 105 号黄元华家

记录人：(签名)邓米兰

询问人(签名)：中共横县委党史办公室调查员：邓米兰、余燕、李修雁

采访时间：2008 年 8 月 19 日

主要证言：

我叫黎秀立，1933 年 10 月 12 日出生于横县南乡镇南乡圩复兴街，现住横县横州镇蒙垌村委会大园村 62 号。1940 年 2 月，日本军队从平南县方向入侵南

乡圩。日军侵占期间，全圩 1000 多户人家的房屋被日军纵火焚烧，我家和伯婆家相邻的两户房屋全部被烧毁（我家 8 间，伯婆家 2 间，还有两家共用的大厅）。族里存放在我家的供村人办喜事用的 3 顶花轿、两顶大轿以及 10 多套桌椅板凳也全被烧毁。我伯婆因阻拦日军抢东西、烧屋，而被他们推入火中焚烧，只烧剩一堆焦糊的肠子。我家 80 多岁的太婆跪求日军不要烧房屋，也被日军用拳头大的吹火筒殴打，不到 10 天也死去。另一名 30 多岁的李姓男子则被日军用铁钉将其钉在门板上成"大"字，当场惨死。

［此件已于 2007 年 8 月 29 日向广西横县公证处作了《保全证据》公证，公证编号：（2008）桂横证字第 618 号，公证员：谢东乡。］

7. 马山县韦利英证言

时间：2006 年 3 月 25 日

地点：韦利英家（马山县百龙滩镇大球村百龙街 338 号）

询问人：路胜、黄福华　　　记录人：黄福华

被询问人：韦利英，女，82 岁，汉族，农民，现住南宁市马山县百龙滩镇大球村百龙街 338 号

主要证言：

那是 1945 年旧历三月十二日，是我一生中最黑暗的一天，那天我正好回娘家公常屯，那天日本兵突然包围我屯，先把男人捆绑起来，然后把全屯妇女集中起来，一个一个拉出去，当时我们也猜想到日本兵可能拉我们出去强奸，我当时被三个日本兵拉到屯边的小溪旁边，先撕开我的上衣，接着逼我脱下裤子，一个一个地强奸我，我记得有四次，以后我迷迷糊糊记不得了，到我醒来时已经半夜三更了，我当时身体有病，发痧。醒来后我慢慢摸爬回到家，以后几年我都没有生育，后来我家婆就知道这件事，就逼我离婚。

问：你是否懂得还有多少妇女被日本兵强奸？

答：当时集中起来有 20 多个妇女，还有几个年纪大的妇女，十几个年纪较轻的估计都挨强奸，有的妇女外出做工，傍晚回来进村懂得日本兵进屯就躲到邻屯或者回娘家去，这些妇女才能躲过劫难。

［此件已于 2008 年 1 月 20 日向广西马山县公证处作了《保全证人证言》公证，公证编号：（2008）桂马证字第 014 号，公证员：黄寿清。］

8. 马山县韦祖荣证言

时间：2006 年 9 月 20 日

地点：南宁市马山县白山滩镇上龙村塘头屯 23 号

询问人：路胜、黄福华、陆正德　　　记录人：黄福华

被询问人：韦祖荣，男，79 岁，壮族，现住马山县白山滩镇上龙村塘头屯 23 号

主要证言：

我叫韦祖荣，是 1927 年出生，当时有 17 岁左右。

问：你是否懂得当年日本兵到塘头屯烧毁细洞的情况？

答：这件事我记得很清楚，是民国 33 年冬天，天气较冷，那天早上我上山放牛，大概九点多钟，我在斜对面山上的树丛中亲眼看见三个日本兵砸开那道石墙，然后爬上竹梯到洞口，一面开枪一面火烧洞口的粮食、衣物、玉米秆、稻草等。那时正有北风吹向洞口，滚滚浓烟直吹进洞里，火烧一天一夜才熄灭，几天后才请附近群众进去搬出 95 具尸体放在洞外草地上，我亲眼看见一片悲惨，脸肿脸黑，但还认得是哪家的人，我可以慢慢列出各户死亡人数给你们，我屯有 15 户死 85 人，有二户死 8 个人，坡肖屯死 2 个人，共 95 人死亡，全屯只剩 28 人，小孩剩 5 个人，有三户人全部死光。

［此件已于 2008 年 4 月 18 日向广西马山县公证处作了《保全证人证言》公证，公证编号：（2008）桂马证字第 052 号，公证员：黄寿清。］

9. 上林县苏德仁证言

证人签名：苏德仁

代书人：李致云

调查人：李致云、韦汉才、谭石华、覃刚

调查时间：2008 年 9 月 3 日

主要证言：

我叫苏德仁，男，1936 年出生，广西上林县巷贤镇高贤村委会王丈庄人。

1940 年 2 月 2 日晚，王丈村民听到日军快来到的消息后，慌乱一片，连夜离村出逃。我和妹妹苏秀花随母亲与部分村民逃到黄华山躲进一座瓦窑洞里。第二天天刚亮，日机来轰炸。下午日军突然来到黄华山。因窑内的婴儿啼哭，日军发现了

我们，开枪往窑内射击。有个村民就从窑内走到窑口，跪求日军不要杀窑内村民。日军不但不理他的恳求，而且用刺刀将他活活刺死，然后继续向窑内开枪。窑内村民除我和母亲、妹妹和白美鲜的母亲4人幸存外，全部被枪杀死亡。鲜血流出窑外几丈远。窑内被杀日军枪杀共计28人。我的小腿中了一弹，造成终身残废。

同日（2月3日），我们庄部分村民躲在本村田垌中的塘四沟（地名）里，也被日军发现开枪射杀，死亡30多人，共有苏耀春、苏耀琼两人幸存。后来我村统计，1940年2月3日，我庄被日军杀死62人，伤2人（我和苏耀英）。

以上我所说的，都是真实的。记录与人所讲的一样。

[此份证人证言于2008年9月3日在上林县公证处公证，公证员：蓝玉文、覃珊筠。公证书号为（2008）桂上证字160号。]

10. 隆安县叶以业证言

采访时间：2006年12月31日

调查单位：中共隆安县委党史研究室

采访人员：石灼生　韦英华　李雪明　李丽莲　许凤清

整理：许凤清

被采访人：叶以业，男，1931年9月12日生，南宁市隆安县乔建镇培正村龙生屯第3组人。

见证人叶以业口述：

民国三十三年冬至，我们正在做糍粑吃，日本鬼进村来了，我糍粑还没吃完，父亲赶紧背上刚出生一个多月的弟弟和我一起跑到后山去避难。日军大概有60多人马，他们一进村就到处掳掠东西，村里的50多头猪全部被杀光，被杀掉的鸡、鸭更是不计其数，将猪、鸡杀死后砍掉头、脚，连皮带毛扒下扔掉，内脏到处乱扔，仅挑瘦肉来吃，见到米缸、坛子等一概打烂，有些日本鬼专门搞恶作剧，拉屎到村民的米缸、坛子里面去后又将盖子照原样封住，如果有哪个村民不顺他的意，就被拿来当出气筒，虐待一番。一天，日本鬼子将村民叶明达和邻居80多岁老奶奶陆氏的猪绑起来，预备出去兜风回来后杀了吃，叶明达和陆氏奶奶心疼自己的猪，于是偷偷把猪放走，日本鬼子兜风回来发现猪不见了，立即将他们抓起来痛打一顿，用竹签刺穿叶明达的膝盖，用炒菜锅打叶的头，并将他绑到后山上将他打死，80多岁的奶奶陆氏则被抓起来拖到床上轮奸后，用竹签刺穿腹部、胸部、肛门、阴道致死。日军驻扎在乔建街（现供电所所在地）每天进行操练，过了大概 20 天后又返回培正村来实行"安民"政策，其实，所谓的安民政策不过是一片谎言，他们每天在培正村学校操练，在村子里到处转悠，察看猪栏，有一次十几个人挂着枪，趟进鱼塘里去摸鱼打闹，还强行拉来大量的民工到村后边的杭马山修筑炮楼和战壕，砍伐大量的树木，搜刮大量的竹褡（村民用于晒稻谷用的）和木板将壕沟盖住后，用泥土铺盖在上面。村里有 70 多人被拉去当劳工，当时我才十几岁也挨拉去扛木头，不允许民工察看炮楼的内部，只能将木头放在门口，叶春逢仅仅歪一下脑袋斜看一眼，立即被狠命抽打两边下巴，直至求饶才放走，我们退回到村民叶时荣家后，日本鬼又拆下叶家的床板堆积起来烧火，让我们烤火一会儿后，又急忙赶我们去继续做工。日本军队撤走那天，又强迫我们连人带牛和车替他们装运辎重物资，由于没有子弹，他们就用鹅卵石装满子弹箱后装上车拉走，使人误认为日军军备充足而胆怯，培正村共有十几人连同牛和车被强行拉去运送东西，途中不断迫使民工快马加鞭，劳工叶克求赶车到半路时，由于牛车跑太快，子弹箱从车上滑落下来，鹅卵石撒落出来，立即被扳倒在地上，我那乔建村兰东屯的舅舅陆三（小名）和陪正村龙生屯的杨朝生、太阳升村龙楼屯的陆顺美被抓去拉东西后，下落不明，至今没有音信。

［此件已经隆安县公证处公证，公证书号：（2008）桂隆证字第 120 号，公证员：苏玉琼。］

11. 柳州市陈国荣证言

采访时间：2008 年 8 月 6 日

采访单位：中共柳州市委党史研究室

被采访人：陈国荣

我叫陈国荣，1930 年 3 月 3 日出生，现年 78 岁，我一直住在柳州，现住市城中区鹿山花苑 D 区 9 栋 601 室。

抗日战争时期，我家住在现中山大厦背后（原柳新街南一巷），我亲眼目睹了日机轰炸柳州和日军撤退前放火焚烧柳州的情况，可以说是惨状。

记得最清楚的是，我 9 岁那年（1939 年）夏天，七八月的一天中午，防空警报拉响，父亲拉起我就从家里往郊外跑。当时的柳州城很小，现在的人民广场（当时叫北校场）已是郊外了。当跑到现在的广雅路口立交桥路边时（那时刚铺好铁路路基，尚未铺铁轨），我们躲在路基边的坑里，看见 9 架银白色的飞机由西向东俯冲下来，急转朝着前方的菜地、小林子（现刑警队）低飞过去，从那里日机就开机枪扫射，一直扫射到现在的文昌桥头柳州饭店那里，造成很大一片伤亡。飞机走后，我随父亲立即回家，经过映山街时，那里地带开阔，看到惨景，大树脚下（现妇幼保健院对面，原水产公司后面）的开阔地带上躺卧着许多被炸死的人，有的断头断脚，有的被炸得肠子还挂在树上，衣物破片散落在地上、树上，地面上弹痕累累，有枪弹的，杀伤弹的，因为这是一中爆炸后形成浅弹坑，但杀伤弹爆炸后弹片贴近地面横扫，就是要把地面上的人杀死，当时最惨的是有个母亲正给孩子喂奶就被炸死了，母亲和孩子被炸死时，孩子还衔着妈妈的奶，当时我不敢多看，太惨了！那次在大树脚下死的有几十个人。后来我听说就在那天轰炸被炸死的人很多，有四五百人，时间可以讲就是半个钟头左右，当时柳州棺材都不够卖。

1945年6月、7月，日军撤退前三天，先炸柳州飞机场，然后在中山路、小南路、西大路、曙光路、柳江路（沙街）、解放南路放火烧柳州城。日军在五角星十字路口、人字街口（即现在的市保险公司）和小南路的近河边的街口、老浮桥头分别架了机关枪，为了不给人去救火。当时，日军用抢来的植物油做引火之物，浇在建筑物上，放火烧，市民劫后归来，只好用篾席搭棚子住，那场大火烧了三天，日军来放火都是下午来的，为了避开盟军的飞机，柳州城可以讲烧完了。

本人保证以上陈述属实，否则愿意承担法律责任。

[此件已经柳州市公证处公证，公证员：覃铸琨，公证书号：（2008）桂柳证字第7792号。]

12. 融安县陈仕严证言

声明人：陈仕严，男，1926年4月10日出生，现住柳州市融安县长安镇太平村太平屯。

我声明本人是融安县长安镇太平村太平屯人。我对发生在我屯鸡仔岩惨案的情况作如下声明：

1944年农历10月初2，日军入侵到我县安东乡（当时为融县安东乡，现为融安县长安镇），群众闻讯后，为了躲避日军的烧杀掳掠，免遭杀戮，我屯村民纷纷扶老携幼外逃躲避，有部分村民逃往到我屯白面山的鸡仔岩躲藏。两日后即当年的农历10月初4日，日军在浮石的关香门受阻，返回时有六七个日军往现在的桐榴埔屯方向走，走到境口（地名）鸡仔岩山脚时听到有人说话和小孩的哭声，日军就爬上鸡仔岩叫喊群众出来，群众不敢出，日军就在鸡仔岩口烧火用烟熏进洞内，群众仍未敢出一人，后日军就用棉被、稻草、辣椒烧烟，用风车把烟熏进洞内，当时我是躲藏在该洞的附近，看得一清二楚。当天躲藏进该洞内的除有几个村民逃出外，其余村民皆被日军用毒烟熏死。日军走后，我们屯群众及躲藏在该洞内的亲属到洞内查看。发现躲藏在该洞内死了人。骆广丰家死了4人，3个弟弟骆水成、骆助华、骆助成和1个妹骆新娇，太平陈荣光的夫人和两个儿子陈继成、陈桥养，还有本屯的陈金德、陈八一，陈荣新夫人（贵州人氏），徐柏堂家是死最多的，共11人，徐妹媳、徐世强、徐桥恩、徐三仙、徐弟八等，我记得当天从鸡仔岩抬出尸体24具。

为使后人了解历史，证实历史，特此声明

声明人：陈仕严

2007年9月27日

[此件已经融安县公证处公证，公证员：陈世军，公证书号：（2007）桂事证字第253号。]

13. 鹿寨县黄山云证言

采访时间：2008年7月2日

地点：寨沙镇九敢村洛水屯黄山云家

采访单位：鹿寨县史志办

询问人：潘允剑

被采访人：黄山云，男，1924年7月7日出生，现住鹿寨县寨沙镇九敢村洛水屯21号。

主要证言：

日本鬼子来的时候我们村的人都到山里躲避，1944年11月底的一天傍晚，本村的黄日先、黄成福、黄亚喜、黄亚恩等五人在村里磨谷子回山里吃，第二天早上，在磨谷子的地方被十多个鬼子抓住。当晚被押在官庄坪，第二天早上被在官庄坪后的山上杀死。他们有的被绑在树上，有的被绑在扁担上，被用刺刀乱刀刺死，惨叫声一两里路远都听得到。第二天我和几个同村的人去给他们收尸，看到每个人身上都有一二十个伤口，非常惨。

为此本人特发表声明，上述事项是本人的真实意思表示，绝无欺诈、受胁迫，否则自愿承担一切法律责任。

[此件已经鹿寨县公证处公证，公证员：伍春华，公证书号：（2008）桂鹿证字第220号。]

14. 桂林市王贱妹证言

时间：2006 年 10 月 25 日

地点：桂林市雁山区柘木镇卫家渡村公所王家村

被采访人：王贱妹　性别：男　年龄：87 岁　民族：汉族

采访人：童庭阶、陈金琦　记录人：覃远德

采访单位：桂林市委党史研究室

王贱妹，1919 年 6 月出生，市人民政府《寿星优待证》

主要证言：

已年久了，有的记不清了。日军来时是晚上（1944 年 9 月 13 日或 14 日）。村里大多数人都跑到黄泥岩山洞里躲藏，一直到天亮才躲进完。白天男丁偶尔下山回村里看一看，天黑又只好返回岩洞里躲藏。日军要杀人、强奸，所以都跑到岩洞里 2—3 天才敢出来，日军要找花姑娘，他们沿岩洞方向去找，因山路不好，在追赶中被摔死了一个人，后来日军认为岩洞有国军，又上山包围岩洞口。妇女不敢出来，洞里约百多人，洞里没有通风，躲藏一天一夜，有的往外跑。日军用村里人停放在岩洞口的稻谷、干辣椒等杂物纵火进行了焚烧，用烟气熏岩洞。最可耻的是日本人用毒气罐混合燃烧熏岩，烧了两天（三天三夜），致使躲在岩洞平民百姓 90% 死了，10% 逃生。有的死在路边，有的死在岩洞。因为人们口干想出来找水喝，被日军发现又跑回洞内。事后很久村子的百姓才敢进去查看，那场面十分的凄惨。惨死达 137 人，多是妇幼老人。1962 年，当地百姓为纪念死难亲人，同时让下一代不要忘记这一段惨痛的历史，特将黄泥岩改名为"白骨洞"。

［此件已于 2007 年 12 月 28 日向桂林市公证处作了采访记录属实公证，公证员：陈永泽，公证号：（2007）桂桂证民字第 5534 号。］

15. 桂林市林葱嫂证言

时间：2006 年 11 月 14 日

地点：雁山区雁山镇五塘村委洞上村

被采访人：林葱嫂　性别：女

采访人：童庭阶、陈金琦　记录人：覃远德

采访单位：桂林市委党史研究室

主要证言：

我叫林葱嫂，1911 年 5 月 15 日出生，大吉岩惨案幸存者。

日本人下午来到莫家时，全村人就跑到距离村子不远的大吉岩岩洞里躲藏，躲藏在岩洞两三天后，日本人在洞口纵火烧旱烟和干辣椒，用烟雾熏躲藏在岩洞里的人。原先已存放了一些粮食在岩洞里，我家遇难有 4 口人（我家婆及 3 个儿子）。当时我躲在后岩洞口，凡是进去躲藏的人大多数都死了，都是一些妇女儿童和老人躲在里面。那次惨案总共熏死 208 人，其中垌上村有 168 人、其他邻村及外地逃难来的有 40 人。每年农历十月初六是村里的忌日。为纪念被日军用烟火熏死的亲人，村民们把大吉岩改为血泪岩。

［此件已于 2007 年 12 月 28 日向桂林市公证处作了采访记录属实公证，公证员：陈永泽，公证号：（2007）桂桂证民字第 5536 号。］

16. 桂林市李春玉证言

时间：2007 年 5 月 25 日

地点：桂林市毛巾厂宿舍李春玉住处

采访者：黄筱萍、吴艳梅

记录：吴艳梅

主要证言：

我是 1932 年出生的，今年 75 岁。1944 年日军侵略桂林前我们家住在水东门，一家八口人，我的父亲做炝烟生意，有两个烟铺。

日本侵略桂林时，日本飞机几乎每天都要轰炸桂林，1944 年冬的一天我的一个哥哥当时在阳桥新华戏院门口卖瓜子给看戏的人吃，日军飞机来轰炸，我的哥哥为了躲避日本飞机的轰炸，从戏院里跑到榕湖古南门大树下躲避，被日本的飞机炸死了，尸体被炸飞到榕湖里，当晚家里人见哥哥没有回家，我们第二天去找，最后在榕湖里找到了哥哥的尸体，因为没有钱，家里就用一张谷垫把哥哥埋了，当时埋人的地方也摆满了被日军飞机炸死的尸体。

由于战争给我们家造成了生活上的困难，我和妈妈就去七星岩后面那里摆小菜卖，后来又转到西门卖，因为我家困难，没有地方住，当地有一个卖牛的牛贩子和妈讲，你现在带了两个女孩，没有地方住，就来我家的牛栏里住吧，牛贩子姓白，人很好，后来我们就在那里住下。

不久，日本鬼子来了，当时我 12 岁了，城里面的人都跑出去了，疏散到农村，我们也逃难到临桂四塘的农村躲日本鬼。后来日本人也到四塘，我们就跑到山上的草棚里睡，日本人到山上搜山，日军的胖军官拿着指挥刀带着三个日本兵拿着枪闯到山上我们住的草棚里，日本鬼子用枪把我妈和妹妹赶出草棚，那个胖军官就在草棚里强奸了我，因我个子小，年纪也小，日本军官强奸我时因我阴道小，无法进去，就拿刺刀把我的阴道划开，被强奸后我也昏过去了，昏了好久也不知道。醒来后，我妈回来了看到这种情形后就哭，当时哪个家里出了这种事情，村里面的人都是看不起的，我们没有办法了，因为村里不给我们住了，我们只好一路讨米从四塘又逃到两江，当时年纪又小，伤口又痛，只有忍着痛。因为没有钱治伤，只有用土办法来治疗，找一些消炎草药来洗，随着时间的推移，伤口慢慢好转，现在还有刀伤痕迹。

[此件已于 2007 年 12 月 28 日向桂林市公证处作了采访记录属实公证，公证员：陈永泽，公证号：（2007）桂桂证民字第 5528 号。]

17. 荔浦县周必证言

时间：2008 年 8 月 12 日 11 时 15 分
地点：桂林市荔浦县东昌镇东阳村岭坪屯
被询问人：周必（曾用名周弼）
询问人：荔浦县党史办副主任罗仁传　　记录人：韦东献
调查单位：中共荔浦县委党史研究室
主要证言：

我叫周必（弼），生于 1923 年农历九月二十三。我老伴刘秀菊于 1927 年 8 月 27 日生。当时我 21 岁，老伴 18 岁。日军火烧龙岩洞时我们在山上看得很清楚。

我家原是岭坪屯相邻的东袍屯人，家里是一户富裕户，有田有地有住房，家中有小炮楼，栗木街有商铺，本人简师文化，老伴高小文化。自从日本鬼子 1944 年 11 月进入我们荔浦后，就到了东昌镇东阳村岭坪屯及东袍屯、糯米冲屯等地抢掠群众的财物。当时群众及其能转移的财物大都藏起来了。日军只抢夺去了一些如猪、衣物等一些东西。日军入村后，村中的人基本上都躲起来了，但有一个叫老蒋的，此人个子高大，又会点武术功夫，当时在村子里没有躲出去，被日军发现，被日军抓了去。他与日军打了几手，因日军人多，打不过日本人。日军把他捆了起来，押到村头小庙旁的乌梅树下绑住，开肠剖肚杀死了。日军杀死老蒋后，又在村中找人找物。后来发现村屯边石山上的龙岩洞有动静，估计老百姓藏在里面，但又不敢贸然进去，日军于是就放火烧岩。当时老百姓堆在洞口处有棉被、衣物等被燃烧了，日军还把火油倒进火堆中，使火烧得更大。日军又把老百姓的辣椒干丢进火堆中，呛得洞中老百姓咳声震天。我们当时在山头上看到浓浓的火烟，整整从当天上午烧到下午3点钟。

当时躲在龙岩洞的老百姓有100多人。到日军火烧龙岩洞走后的第三天下午，躲在洞外的人通过各种方法进洞救人，发现洞中的老百姓被烟熏死了30多人，熏昏又抢救过来的有30多人，躲在岩洞深处的有30多人幸免于难。

[此件已于2008年9月29日向荔浦县公证处作了采访记录属实公证，公证员：陆幼云，公证号：（2008）桂荔证字第293号。]

18. 临桂县李沛霖证言

时间：2007年12月25日

地点：桂林市临桂县五通镇山货街25号

被采访人：李沛霖　　性别：男　年龄：77岁　　职业：退休干部

采访单位：中共临桂县委党史办公室

主要证言：

日本人走的时候，在五通街放火烧毁民房560间。我（李沛霖）家上下三间房子全被烧，全家破产，东西被抢光。日军在五通街上先抢后烧，大概一个大队的兵他们封锁了所有街道的出口，用煤油、桐油泼在民房、店铺上，560间房子、商铺全被烧掉。

1944年8月放暑假时，日军飞机有12架，在老市场和黄茅岭，在五通中学（桂林女子中学）当时学校最先叫中央陆军通讯学校，后叫广西省立女子中学。在义江边，日机沿义江两岸由南向北轰炸，当时死了37人，在宛田上空折回五通时，在桂林女子中学投下6枚重磅炸弹，桂林女子中学顷刻变成了一片火海，女校工被炸断了手、腿，五通大浮桥被炸毁，据后来统计，这次有37个民众死亡。

1945年4月，我背起妹妹，看见日军把维持会的18人，用铁丝穿过手掌心，有的穿过肋骨，串起一串先从山货街出来，经过老县府。合峰东茶山人李玉胜走在最前面，日军把 18 名汉子押到水牛塘（老墟坪的葬园肚）用刺刀戳，一刀一个，将他们刺杀，用脚把人踢进早已挖好的坑内。2 天后，日军又把五通墟上和村上捉来的 42 个人拉去东边，用刺刀一个个刺死，没死的，日军也把他们推进坑里活埋。日军在五通残杀平民百姓的手段是十分残忍的。

[此件已经临桂县公证处作了采访记录属实公证，公证号：（2007）桂临证字第 488 号。]

19. 全州县郭德元证言

采访时间：2008 年 10 月 21 日
采访地点：桂林市全州县安和乡文塘村委办公室
被采访人：郭德元　男　79 岁（住址：安和乡文塘村委新墟村）
采访人：唐兴文　蒋小华（全州县党史办公室）
摄像：蒋廷松　执笔：蒋小华　整理：蒋小华
主要证言：

我是郭德元，1929 年 12 月生，当年我 15 岁，文塘村人（12 队）。那年是 9 月 13 日，我亲身经历了日本兵在我们村及我们这一带的罪行。那个时候，在马路上自下而上都能看到有日本兵在行走，由于自卫队向日本兵开了几枪后，开始就来了六个日本兵到我们村转了一圈，我的老爹爹（爷爷）在家里，我叫老爹爹快走了，日本兵来了，就和老爹爹刚走出家门不多远，这时我离他大约有四十多步路远，他就被日本兵用刺刀杀了九刀致死了，我就立刻紧紧伏在园地的篱笆下面，才免遭一难。那天还有一个人（姓名不记得了）被日本兵一枪就打穿了嘴巴，另有一个人想牵牛离开村子逃难，也被打死了。不知过了多久，大队日本兵来了，在我们村左右两边列队守卫警戒，并怪声怪气地大声叫喊，见人就打。先从我们文塘村开始，用汽油淋在屋柱、板壁上，再点燃房子。这样到吊水田、田尾村、龙塘寺、三背、九弓弯村、新墟共烧了 180 多座房子。

李三和鲍维连也被日本兵抓走了做挑夫，后来一直没有回来。

[此件已经全州县公证处作了采访记录属实公证，公证号：（2007）桂全证字第 269 号。]

20. 岑溪市陈诠济证言

调查时间：2007 年 6 月 4 日

调查地点：梧州市岑溪市樟木村

调查单位：中共岑溪市委党史办公室

调查人：杨培龙、陈京伟

被调查人：陈诠济，男，1928 年 11 月 28 日生，现住岑溪市兴宁路 60 号。

情况说明：

日军 1944 年农历八月十五早上入侵岑溪县城，约九点钟入侵占领樟木街。日军大本营当时就扎在我家，此外日军还住上山庙、甘乃光楼、高立忠楼。日军在樟木街惨杀了陈毓铨（我的叔公，当时年已七十三高龄）等二十多人，在城厢水东街惨杀了李子殷（誓与乡土共存亡的岑溪中学教师，爱国义士）于三甲村马练社蕉根边的禾秆木上。日军在樟木街拉夫抓了二三十人，其中有程应昌、梁树涛、周八爷、邝六爷（这几个人后来被日军惨杀于外地），就连当时正在坐月子、刚生下小孩未满月的练宗连的老婆也未能幸免，被日军抓去做担夫。日军还将他们从罗定县抓来的两个妇女奸淫，后来这两名妇女逃脱日军魔爪才得以生还。樟木街陆亨昌的儿媳妇在高联坡被几个日军士兵强奸，樟木街村民叶丽生当时在山上打雀儿刚巧看见了，就开枪射击日军，日军惊慌四散并还击打伤叶丽生的手掌。陈毓锦的老婆患病在床无法逃难，也被日军刺杀在床上。另外，据我所知，探花村的张振南、乌峡村的梁执忠也被日军抓去做担夫，到平南县才得以生还。

（原件存中共岑溪市委党史研究室）

21. 北海市梁广钰证言

时间：2008 年 4 月 11 日

地点：中共北海市委党史研究室会议室

公证人员（签名）：梁自仁　苏娟

记录人（签名）：罗华颂

询问人（签名）：中共北海市委党史研究室调查员：吴志光　罗华颂

被询问人（证人）：梁广钰

主要证言：

我叫梁广钰，1933 年 6 月 19 日出生，抗日战争时期家住北海市珠海东路，现住北海市长青东路东张屋西 13 号。

我是 1933 年 6 月出生于北海的本土人，在我的记忆深处，童年是在战乱中度过的，随父母四处逃难，"走飞机"、"逃登陆"，东躲西藏，心惊胆战，好不容易挨到抗战胜利。

抗战胜利了，然而全家却失去了赖以生存的完整的家园。父亲经常在家人面前叹息、追述房屋、船只被炸破产的情景，深深铭刻在我幼小的心灵中。

据父亲说，他生于清朝庚寅年（1890 年）的高德乡下底沙（现北海高德四街）一个经营渔具、渔货的商人家庭。17 岁分家时（约 1907 年）分到一笔独立生活的款项，便到北海东镇东泰街（现珠海东路）与横街口交叉处置了一幢三丈宽，七丈长双喆头（约占地 230 平方米）砖木结构的两层楼房，在此开了一间渔货店，号"泰昌"，开始经营渔货生意。生意很旺，以后还购置了两艘约十吨载重量的渔船，雇工经营，生意越来越好。抗日战争爆发后，1939 年日军占领了离北海 36 海里的涠洲岛，并在岛上建了军用机场。此后，日军飞机经常从涠洲岛起飞，多次轰炸北海市区和海上作业的渔船。1940 年至 1942 年间，"泰昌"号房屋先被炸毁，不到一年，"泰昌"号的两艘渔船亦在涠洲海面附近被炸沉。至此，我父亲经营的渔货店已破产。

我保证我所讲的是真实的，没有虚构和夸大的地方。

[此件已经北海市公证处公证，公证书号：（2008）桂北证字第 750 号。]

22. 北海市蔡维中证言

时间：2008 年 4 月 11 日
地点：中共北海市委党史研究室会议室
公证人员（签名）：梁自仁　苏娟　　　　记录人（签名）：罗华颂
询问人（签名）：中共北海市委党史研究室调查员：吴志光　罗华颂
被询问人（证人）：蔡维中
主要证言：

我叫蔡维中，1918 年 2 月 28 日出生，抗日战争时期家住合浦常乐皇后村，现住北海市珠海东路 98 号。

日本人入侵北海，电厂拆一部分迁至外地，电话所、纺织厂亦搬迁至乡间，不少商户撤离北海搬至海口、灵山、小江等地，居民撤走，十室九空，公路也毁坏，以防日军坦克、摩托化部队行进；学校停课。日军曾轰炸七星江桥，未果；轰炸海关附近疍家棚户区和渔船，数百间棚户被烧毁。日军登陆涠洲，在岛上修简易公路、飞机场，制造"飞机场大点名"事件，在"万人坑"杀害很多岛民和船民，烧了很多船。

1940年11月左右一艘帆船从安铺返北海，遇到日本海军，女的被抓去强奸后，日军把全船人塞入船舱，钉上舱盖沉入海底，船上40多人被害，船上有西镇镇长王惠如之子及黄国桂之母。

日军轰炸大水沟，炸死120人。日军登陆后强奸妇女，百余妇女被迫到医院假留医，许多市民曾躲进驻北海的外国领事馆避难，但也被日军赶出来。一名七八十岁老妪被日军抓住强奸，还强迫与其子性交，老妪不从被杀。

我保证我所讲的是真实的，没有虚构和夸大的地方。

［此件已经北海市公证处公证，公证书号：（2008）桂北证字第753号。］

23. 北海市邓程景证言

时间：2008年4月1日

地点：涠洲南沥街金湾美食二楼

公证人员（签名）：梁自仁　苏娟　冯娟娟　　　记录人（签名）：罗华颂

询问人（签名）：中共北海市委党史研究室调查员：吴志光　罗华颂

被询问人（证人）：邓程景

主要证言：

我叫邓程景，1928年10月8日出生，抗日战争时期家住北海市涠洲岛盛塘村，现住北海市涠洲镇盛塘村。

问：抗日战争时期，日军入侵涠洲岛，你是否曾经在当年目睹涠洲岛群众被日本兵杀害、强奸及烧船情况，你是否可以讲讲当年日军烧杀、强奸情况？

邓程景回答：可以。我知道被日军杀害的有黄本督（男，40岁）、袁二养（男，26岁）、袁黑佬（男，25岁）、余石婆（女，60岁）、余亚青兄弟2人（37岁）、廖黑姐（女，22岁）、余国养之父（40岁）、廖黑（男，20岁）、邱马菊两父子（父62岁，子33岁）、江阿望（男，40多岁）。临高渔民66人被拉到横岭沙滩"万人坑"杀害。被强奸的有张玖瑰，修女玛丽娅。仔村近百间民房被烧。

我保证我所讲的是真实的，没有虚构和夸大的地方。

［此件已经北海市公证处公证，公证书号：（2008）桂北证字第625号。］

24. 合浦县王贵儒等证言

调查日期：2007 年 9 月 8 日

调查人：庞伟

调查单位：北海市合浦县星岛湖乡党委

证人情况：

王贵儒，男，1929 年 11 月 6 日生于合浦县星岛湖乡珊瑚村五队。

曾绪琼，女，1921 年 9 月 5 日生于星岛湖乡珊瑚村四队。

1945 年 12 月 7 日（农历十一月初三），日军经过合浦县星岛湖乡珊瑚村 5 队，该村村民发现日军报信后村民四处撤离，其中一部分村民（一二百人）从该村大王江面撤离时遭日军（300 人左右）开枪射击，共射击十多枪，其中该村村民曾绪琼（现健在）身上所背的一周岁大的女儿被击中后死亡。村民三瑜光之妻（姓名不详）被击中脚部致残，村民（大炮六、姓名不详）的儿子（乳名"搞搞"，十岁左右）被击伤手臂。

日军在该村中停留开饭，宰杀该村黄牛五六头，宰杀猪十头以上，鸡、鸭一批，饭后还将大便拉到村民家中的米缸、水缸等处，还掠走一辆自行车。

日军在该村还残忍地将一名妇女（村民邱荣华之妻、姓名不详，刚生小孩走不动）强奸致死，另将一老妇（60 多岁，阿祥婆，村民王祥光之妻）强奸。

（原件存中共合浦县委党史研究室。）

25. 钦州市吴子成证言

采访时间：2008 年 8 月 28 日

采访地点：广西钦州市钦南区龙门港镇西村凉水角村

被采访者：吴子成

录音：崖银券　　拍照：曹锦华　　摄像：曹锦华、陈天经

录音整理：梁德胜、陈天经

录音内容：

民国二十八年，农历十月初四，日军从企沙上来，十月初五兵分两路到龙门港镇。一路骑马从陆路，一路乘军舰经防城、企沙从水路登陆，一路放炮打到这里。三架飞机轮流飞到龙门投放炸弹，我们从后背岭看到飞机投放了许多颗炸

弹，离我现在住的地方有半公里左右的旧村屋门前，还有一个很深的大石坑。日军上来就烧屋，什么都烧了，渔民纷纷乘船躲避。当时驻扎在龙门的广西国民党军队与日本军队顶火，有一人受伤。国民党军队在壕沟与敌人顶火时被打伤三人，被机关枪打中，一人伤手腕，一人伤下身，一人伤肩膀，后逃到我们村躲避。我们给他们几件破衣服，带他们过江。日军登陆后捉了两个妇女强奸，一个叫老申公的陈太，一个叫猪骨头婆的女儿，当时才十八九岁。两人受到日军三四天的蹂躏，身心受到极大的摧残，到后来这两人趁日军不注意逃脱，已不成人样。

日军在龙门住下来七八天后才开始杀人，杀了淡水龙村的刘大，后来又杀死骆成芳的大哥，当时，骆成芳的大哥躲在竹山草丛里，他养的狗也跟去。日军搜索，将到他的藏身处时，狗对日军直叫，日本人便对他藏身处开了一枪，恰好打死骆成芳的大哥。

随后的二到三天，日军又窜到深沟村捉了阮癸，接着捉了我的祖父吴雄。记得农历十月十几，北风北雨，日军看到平石渡对面有一艘小船，就逼阮癸游过江去，把船划过来，渡他们过江抓花姑娘。阮癸说浪大过不去。日本兵听了发怒就用枪头打阮癸，阮癸跌落山脚死了。我的祖父逃走，被日军开枪打死。还有在江口做船的杨树广，也被日军用钩刀钩断了头。

后来日军到几次平石坑，平石坑有一个叫凌秀钦，因为被搜到口袋有几颗子弹，被日军绑起来开枪打死了。在壕冲村打死两人，一个是陈绍江的儿子，一个记不清是什么名了。

日军第一、第二次见面并不杀人，但第三次碰见了就开杀了。我的祖父吴雄就是第三次碰见时被杀的。

日军也会对为他们服务的日伪汉奸下手。一个姓陈的、绰号叫大肚六的人，是西村滩"维持会"支会长，被一个日本兵开了两枪打伤了，于是向巡视的日本军官报告，在地上写字让快点请医生来给医治。日本军官听了便拔出指挥刀捅死了他。

日军抢了我们二十几只鸡和一头四五十斤的猪。吃饭台、板凳等一切的都被烧了。日军在龙门港镇驻扎了一年，就是从1939年农历十月初五到龙门，第二年十月初四才离开。

［此件已经钦州市公证处公证，公证书号：（2008）桂钦证民字第1825号。］

26. 钦州市杨永文证言

采访时间：2008 年 8 月 28 日

采访地点：广西钦州市钦南区龙门港镇旧街

被采访者：杨永文

录音：崔银券　　拍照：曹锦华　　摄像：陈天经、曹锦华

录音整理：梁德胜、陈天经

录音内容：

1939 年 10 月 3 日，日军飞机轮流来轰炸，投掷了上百颗炸弹，当场炸死四人，其中有梁姓父子，我还记得儿子花名叫"雷哥"。

日军是在晚上五六点钟开始从龙门港镇北村登陆。当时，国民党在龙门有一个连驻军，但不敢与日军交火，日军来时都撤走。有一个国民党军的排长与日军开火，被打伤。还有国民党军被打死了十几人，有一个连长被日军抓了，并就被日军用刀砍死，具体姓名不知道。群众在日军登陆的晚上坐船过平石渡江逃避，有一艘船，因人多沉了，死了二十几人。

据我所知，日本兵在龙门期间强奸了四个妇女，我记得其中两个人的名字，一个是陈太，是老申公小老婆；另一个是李德权的老婆，后来这四人偷偷逃了出去。

我们村里有五个人在日军进村时不走，被捉去为他们修路，后来也逃跑出来。有一个北海仔被捉去做翻译，后来听说抓去了日本。

当时，我和家人一起逃到东兴，因为饥饿被迫卖了一个小妹和一个小弟，卖给浦北人，得几十斤米钱。我家仅有的一艘船和网统统都不见了。当时，龙门不见了几百艘船，每家每户都有船的。家里的猪鸡都被日军捉光了。日军在龙门整整一年时间。走的时候房屋烧的烧，拆的拆。当时龙门一个渔村都有人口四百多人，走日本时大概不见了七百多人。村里的猪牛羊都不见了，还有几十匹马都不见了。

[此件已经钦州市公证处公证，公证书号：（2008）桂钦证民字第 1826 号。]

27. 钦州市陈邦协证言

采访时间：2008 年 8 月 28 日

采访地点：广西钦州市钦南区康熙岭镇码头村

被采访者：陈邦协

录音：崔银券　　　拍照：曹锦华　　　摄像：曹锦华、陈天经

录音整理：冯振叶、崔银券

录音内容：

我叫陈邦协，1926年7月15日出生，家住康熙岭镇沙坡陈屋村（现改为团和村码头队）。

1939年农历十月初六，日军的大船先到龙门港，当时我已是十三四岁的孩子，印象比较深。日军未入侵时，先派水上飞机来侦探江域水路，时间大概是七至八月份，当时还未投弹轰炸。日军正式入侵是十月初五晚上，用飞机"扫荡"轰炸临江一带，我们于当晚就收拾好衣物搬到船上运走。第二天早上，也就是初六早，我们想逃走的时候，日本兵一早就已经把船开到了码头，我们来不及走只好到对面江的山上躲避。当时日本兵是分三路到我们这里来的，一支兵从防城港企沙上来，一支从白山舟上来，一支从龙门港上来，他们一来到这里，就搞得鸡飞狗跳。他们住在村子里，见鸡抓鸡，见猪捉猪，见牛杀牛，见谷米抢谷米，拿不走的就全部烧掉，反正什么东西都不放过，他们还把捉来的鸡、猪、牛杀了剥掉皮，丢掉内脏，只要瘦肉。他们住在这里，占据了我们的房子，还把一些不适合他们住的房子拆掉。

日本兵大约有几百人，是日军的后方部队，在这里先后住了一年。当时他们有几支部队，一支叫木村部队，一支叫铃木部队、一支叫铁道部队，还有一支叫宪兵部队。他们看到妇女就强奸，大岭脚彭家有一对夫妇，女的已经五十六岁了，日本兵到他们家的时候，他们来不及逃走，丈夫躲到了床底，妻子就被拉到床上强奸，还有横岗岭队有位八十多岁的老奶奶都被他们强奸。

日军在我们村还杀了好几个人，因为当时他们在这里抢了很多东西，堆放在一起，村里的群众有时趁他们不注意去抢回来，结果被发现的一抓到就一刀砍死，不被砍掉的就拿来灌煤油，灌胀后又用脚踏出来，接着继续灌，这样反复灌到死为止。被杀的几个人，一个叫彭玉明，一个是石径的姓林外号叫烟五，具体名字记不清，一个是杨超安的父亲，还有一个是那沙打铁的姓袁的，叫袁三。当时日本兵养有一头母猪，这头母猪走到杨超安家里，杨超安的父亲就把这头母猪围在家里，后来日本兵在他家找到这头猪后，就把杨超安的父亲抓去毒打了一顿，然后绑在一棵树根下，半夜里，杨超安救走了他的父亲，但因伤势太重没过多久就死掉了。袁三被杀，是因为当时日本兵从广东、湖南、台湾抓来当搬运工的工人偷了他们的铁卖给袁三，被日本兵看到后，就把他抓了在车路旁的一岭边，要他自己挖一个坑，挖好后就把他杀了，扔进坑埋掉。

当时日军在这里还到处抓人去做劳役，我们十二三岁的都被抓去，帮他们挑水、洗衣服。我当时被抓到木村部队做工，和我同时被抓去的还有十多人，整个大队被抓去的还有好几十个人。做工的时候，他们都把我们当奴隶使唤，稍有不合意就被他们毒打。

［此件已经钦州市公证处公证，公证书号：（2008）桂钦证民字第1827号。］

28. 钦州市彭智林证言

采访时间：2008 年 8 月 28 日

采访地点：广西钦州市钦南区康熙岭镇团和村五丰队

被采访者：彭智林

采访者：陈天经

录音、拍照：曹锦华、崔银券

录音整理：冯振叶

主要证言：

我叫彭智林，今年 83 岁，家住在康熙岭镇团和村五丰队。日军大概于 1939 年农历十月入侵我们村，日军入侵的时候到处烧、杀、抢，还乱抓人，我父亲那时就被日军抓过。当时，日军入侵后，有一天，有两三个日本兵跑到我家里，用绳子把我父亲绑起来抓走。抓去后就拿黄泥水来灌，灌胀以后又用木板压在他的肚皮上，然后让两个日本兵分别站在木板的两端，把水压出，再灌，再压，把我父亲的胸骨都踩断了，我父亲回来后治了几个月才恢复。日军当时还杀了我们村几个人，一个叫彭玉明，一个叫彭四，还有一些不认识的人，当时我和村里的人出来收尸的时候看到的，日军还烧了我们村好多房子，直到第二年八九月份的时候他们才撤走。

［此件已经钦州市公证处公证，公证书号：（2008）桂钦证民字第1830号。］

29. 钦州市陈业丰证言

采访时间：2008 年 8 月 12 日下午 3 时

采访地点：广西钦州市钦北区贵台镇那美村委会那远村陈业丰家

公证员：广西钦州市公证处　　冯增彪、班　杰

被采访者（证人）：陈业丰，男，汉族，1938 年 2 月 22 日出生，住址：广

西钦州市钦北区贵台镇那美村委会那远村

采访单位及采访人姓名：钦州市钦北区委办　许杰智、邓华炳，钦州市钦北区贵台镇党政办主任　程儒贵

录音、拍照：罗瑞凯、徐小雯

记录：许杰智

问：日本兵当时入侵你们村时的情况是怎样呢？能具体回忆一下吗？

答：我是上那岭日寇大屠杀幸存婴儿之一。听父亲说，民国二十九年（1940 年）大年初三，家还躲日本鬼，逃躲到上那岭村，鬼子把上那岭村包围，将全村人赶到村前斜坡上，我亚婆背着我，一个个被砍头，亚婆被砍下头后，倒在血泊中，可能是枪声、喊杀声把我吓昏了，和亚婆一起倒在死人堆里。后父亲收尸见我还有气便抱我回家。

问：当时你一家被杀了几个人？具体是什么名字？

答：我一家当时只剩下父亲、母亲、我和陈业和共四个人，被杀害了五位亲人，分别是：十五叔陈德珍、十五婶、亚婆、十二姐（少女）、十三姐（少女）。

问：日本兵当时入侵你们村时造成多少财产损失？你记得当时财产损失的具体数字吗？

答：全村房屋已全部烧完，全村人基本被杀，烧死三头牛、两头猪，鸡、鸭、粮食等全部被抢光。

［此件已经钦州市公证处公证，公证书号：（2008）桂钦证民字第 1541 号。］

30. 灵山县廖源芳证言

采访时间：2008 年 8 月 6 日

采访地点：钦州市灵山县灵城镇三多村委会

被采访者：廖源芳　　男　　84 岁

采访者：张柏德、黄子桢

录音、拍照：张柏德

录音整理：张柏德　黄子桢

问：我们今天来这里的目的只要是想了解一下当年日军侵略灵山时的一些情况，希望您老人家把当年的亲身经历和所见所闻跟我们说一下。

答：我叫廖源芳，我 1924 年 12 月出生，今年 84 岁了。日军侵略灵山时我家住在三多村委三坡竹村。我记得那时是旧历二月初八夜，我们全家挑东西牵牛

一直往新圩方向跑去躲日本兵。我村的商创修没有逃跑而被日军杀害，隔离村有一个被日军捉去绑在草坑上，然后点燃草坑烧死，在这之前长江岭村有人被飞机炸死。我村商甲修夫妇二人被炸伤。

我村有十几间房子被烧，我家也有一间房子被烧毁。

[此件已经灵山县公证处公证，公证书号：（2008）桂灵证字325号。]

31. 防城港市江国宪证言

采访时间：2008 年 5 月 8 日

地点：防城港市中共防城区委党史办公室

采访单位：中共防城区委党史办公室

记录人：庞恩信

公证员：黄智国

被采访人：江国宪，1930 年 10 月 15 日生，抗日战争时期家住防城镇中山路米行街。

1939 年 7 月 31 日，日机 6 架侵入防城上空，投弹 15 枚，落防中路口、大门、图书馆门前，炸死 6 人，重伤 6 人，轻伤 10 人，炸毁房屋 10 多间。

第二天，防城街居民，扶老携幼逃难，往华石方向逃亡。

1939 年 11 月 15 日，日军从企沙登陆入侵防城，我母亲扶老携幼从防城向华石方向逃亡，我当时只有 9 岁，随着母亲、弟妹，边走边躲日军飞机轰炸，景光十分凄惨。

三个月之后，我们听说日本鬼子退出防城，我们搭着拉滩船重新回防城，走到中山路米行街，看到整个米行街都是断壁残墙，遍地瓦砾，我们没有住房，没有生计，没有衣服，没有粮食。这就是日寇侵略者造成的浩劫，现在过去 60 年了，重忆此事，依然令人心有余悸。

我保证我所讲的是真实的，没有任何虚构和夸大的地方。

[此件已经防城港市公证处公证，公证书号：（2008）桂防港证字第 156 号。]

32. 上思县王国秀证言

采访时间：2008 年 4 月 24 日

地点：防城港市上思县平福乡

采访单位：中共上思县委党史资料征集小组办公室

询问人：黎华等 2 人

被询问人：王国秀，男，1925 年 11 月 13 日生，现住上思县平福乡平福村茅圩屯。

那是 1940 年 3 月，当时我 10 岁，听说日本鬼子要来"扫荡"，我们全圩的人都跑到山上去躲日本鬼子了。只有卢正发，是个女的，60 多岁了，生病在床，走不了。家人回来后，知道她被日本鬼强行轮奸了。后来过了两天，她就死了。这个事全圩的人都听说了，大家都有议论。我家的鸡、鸭、猪都被抢光。

［此件已经上思县公证处公证，公证书号：（2008）桂上证字第 26 号。］

33. 东兴市叶树秀证言

采访时间：2008 年 4 月 25 日

地点：防城港市东兴市东兴镇公园社区横沟村旧宅

采访单位：中共东兴市委党史研究室

询问人：黄凤珍　　记录人：黄秀

公证人员：黎峰、黄文胜

被询问人：叶树秀，男，1931 年 12 月 13 日生，现住东兴市东兴镇公园社区横沟组。

日本飞机轰炸东兴时，我才 12 岁，时年读小学四年级。我在学校读书，我慌忙跑回家，家人带我躲进禾草棚，大约在里面躲了一个半小时。事后听说，狗岭（福德祠门前）炸死好多人，大约炸死炸伤 100 多人，其中我的大姨公住在建设街（旧田垌街）叫苏五公被炸伤脚。

我保证我讲的是真实的，所看到听到的是当年真实发生的事情，没有虚构、夸张。

［此件已经东兴市公证处公证，公证书号：（2007）桂东证字第 51 号。］

34. 贵港市黄亚华证言

调查时间：2007 年 7 月 26 日　　　　地点：贵港市贵城镇永明街

记录人（签名）：梁泽升

询问人（签名）：贵港市党史办调查员：林依友

被询问人（证人）：黄亚华

我叫黄亚华，1923 年生，家住在永明街（现贵城街道办事处，永明社区）。

在日军未占贵县时，总是派飞机来炸城区，1939 年农历正月二十四日（贵县街日）约下午两点钟，来趁街的人最多时，日军飞机从永明小学开始，沿江自东至西丢下几十枚炸弹，棉新街永亨当铺处有七八间屋被炸毁，在那处被炸死的有 60 多人。我震塘的三个老表、永明街担水巷的龚汉国、刘屋巷的刘春华老婆、蔡燕柏的母亲等被炸死，棉新街、榕兴街、百货大楼一带也被炸了不少房屋。人也死了一些。

我记得的情况就是这样。

[此件已经贵港市公证处公证，公证书号：（2008）桂贵证字第 420 号。]

35. 贵港市罗炳慧证言

调查时间：2007 年 7 月 31 日　　　　地点：贵港市港城镇石寨村委会

记录人（签名）：梁泽升

询问人（签名）：贵港市党史办调查员：林依友

被询问人（证人）：罗炳慧

我叫罗炳慧，1932 年 12 月出生，现住在港城镇石寨村石脚 1 队。

记得民国 33 年农历十一月，日本鬼来到我石寨村，主要是抓夫，同时对一些妇女进行强奸，因我村地处偏僻，好多人到我石寨村躲避。日本鬼是上午八点钟突然入村，一些体弱和一些妇女和外来人不熟地形，到处乱跑出去。一个日本兵在我村口处的一个巷口，碰见我村一个来不及躲上山去的妇女，叫黄幼新，是从大圩乐堂嫁到我村当时 20 多岁（现在罗志立的母亲），鬼子一边叫着中国话"花姑娘"，一边追着，黄幼新跑回家，被鬼子追到，强行奸淫。还有，一些外来的妇女不熟悉地形，加上跑得慢，所以就近躲进靠村的一个当地人叫大山的一个小岩洞里，结果被这些鬼子发现了，鬼子们号叫着冲进岩洞，鬼子就对她们集体奸淫。

这次鬼子进村还抓了共 47 人做担夫，其中有石脚屯的罗伯春、唐彦章、罗显章、白屋屯覃达德、覃道德等村民。

我当时十一二岁，所以许多事情我已懂了，对于被日本鬼强奸妇女一事，老一辈人认为是丑事，不愿提及。这些事是真的，这些倭寇坏透了，对我们中国人民犯下滔天罪行。

[此件已由贵港市公证处公证，公证书号：（2008）桂贵证字第 419 号。]

36. 贵港市覃务昌证言

调查时间：2007 年 7 月 31 日

地点：贵港港城镇石寨村独寨屯

记录人（签名）：梁泽升

询问人（签名）：贵港市党史办调查员：林依友

被询问人（证人）：覃务昌

我叫覃务昌，1930 年 3 月出生，家住在港城镇石寨村独寨屯。

我记得日本鬼是 1944 年秋末冬初某日天刚亮不久，20 来个日本鬼从三龙岭底方向过来，因我村偏僻，许多人认为我村比较安全，城区好多人到我村避难。日本鬼突然来，好多人未能走脱，后来知道被捉去 47 人做担夫，是替日军担子弹、炮弹。这一些人一直到北海才逃跑回来。我又记得十几个妇女躲在当地人称大山的一个小岩洞里，被鬼子发现了，鬼子蜂拥到岩洞里，把她们强奸了。许多妇女衣裤被撕破，头发乱蓬蓬满面泪痕。还有一个姓黄的妇女，是石脚屯的，被日本鬼追到屋里强奸。

日寇到我村只有一次，印象很深，这一次把我村搞得好惨，终身难忘，这些事都是真的。

［此件已由贵港市公证处公证，公证书号：（2008）桂贵证字第 418 号。］

37. 玉林市李胜佳证言

采访时间：2008 年 8 月 6 日

地　点：玉林市司法局三楼会议室

采访单位：中共玉林市委党史办公室

询问人：尹浩　满政

记录人：尹浩

公证人：牟秋鸿　陈华

被询问人：李胜佳，男，1929 年 2 月 13 日出生，住玉林市福绵镇船埠村八江队

我叫李胜佳。住在（玉林市福绵管理区）福绵船埠村八江队 3 社。我是 1929 年 2 月 13 日出生的。没读过书。

我记得的船埠被炸的次数总共有 4 次。我记得初来炸的那天，好像是农历八

月初三，来了 5 架飞机，从船埠上游林大毛屋背一直飞，飞到船埠便立即轰炸。当时船埠有好多船队，经过盐税局登记的有六百八十几号船工，一条江都是船，非常热闹的。其中一张好大的船可载十几万队，相当于现时的十几吨重的，被炸中中间断成两截。在黎头咀处即小江与大江的交界处，炸死了 3 个船家，被炸死的船工家的尸、肠都挂在竹枝头呀勒竹上面去了。这是第一次。第二次是在早上，天已好亮了，看见来了 3 架飞机。这 3 架飞机一来到便到处乱炸，在好高的天空上面就投炸弹下来了。我记得黄德超的大姐那里落下三颗炸弹，其中一颗炸出像一张大水塘那样大的一个大窝来。航运站这一次也被炸着了，那里停放着盐油火水，好彩没炸中水火，要不就惨了。这 3 架飞机不但到处乱炸，还用机枪扫射，黄兴隆家当时人们叫黄弟的家里的榄树木就被飞机的机枪打掉了半边。第三次是炸牛马坡水四爷处，现时船埠桥头的台阶也被炸中，那个住在牛马坡当时是开盐铺的叫水四的舅爷被炸死了。船埠江边有家叫四祥盐庄的屋主叫邱大爷的，他家的猪舍被炸崩了，也炸死了几头猪，其他未伤着什么，第四次炸庆安铺门口处，投燃烧弹，烧了三张船。

时间久了，记得的情况就这些了。我保证所讲的是真实的。

[此件已经玉林市公证处公证，公证书号：（2008）玉证内民字第 775 号。]

38. 陆川县黄经参证言

采访时间：2008 年 7 月 25 日下午
地 点：玉林市陆川县清湖镇老年活动中心
采访单位：中共陆川县委党史办公室
询问人：温俊辉　　记录人：李应泽　　公证人：梁家勇
被询问人：黄经参

我叫黄经参，1928 年 2 月 24 日出生，初中文化。1945 年参加地下工作，1984 年开始一直在陆川县清湖镇政府工作，1990 年退休在家。家住清湖镇政府。

日本侵略中国全世界都清楚，我想跟你们谈日军侵略清湖的一些情况，1944 年 9 月中旬，日军从广东侵入清湖，日军进入清湖时，我看见他们住在清湖街边的蛇窑村，当时日军有三五百人，在黄榄木根处烧猪、烧鸡、烧鸭、烧鹅吃，我还看见日军在清湖街边马旺塘（广东管辖）杀了三头猪，开了清湖粮仓，抢走了很多稻谷，谷主要用来喂马，有些农户的米缸还被拉上屎和尿，田上的甘蔗全部砍了用来喂马；我听说清湖街李明良的老婆被日军轮奸，后来较严重，经医生医了很久才好，还听说日军在清湖街对面的广东管辖的猪堂村奸死了两个女青年。

我和大哥当时也被日军捉去当挑夫，到了广东猪堂村我和大哥一起逃脱了，和我一起被捉做挑夫的十几个人，其中有三人至今未见回家。

我刚才所讲的句句真实。

[此件已经陆川县公证处公证，公证书号：（2008）陆证经字 74 号。]

39. 陆川县李超祥证言

采访时间：2008 年 7 月 25 日上午
地　　点：玉林市陆川县清湖镇老年活动中心
采访单位：中共陆川县党史办公室
询问人：温俊辉　　　记录人：李应泽　　　公证人：童世广
被询问人：李超祥

我叫李超祥，男，1917 年 1 月 9 日出生，1980 年离休在家，家住清湖镇塘榄村塘坡队。联系电话：7180549。

1944 年 9 月中旬，日军从广东省廉江进入广西古城镇盘龙村、清湖乡，日军在清湖街打死一个自卫队长黄朝祥，开了一个粮仓，捉了好多人去当挑夫，强奸妇女 3 人，一个是李明良的老婆，一个是谢成业的老婆，一个是黄乾昌的老婆。日本兵在清湖河对面的广东化州市平定镇马旺塘村杀了两头猪，只要猪肉不要猪肚、猪肠，猪肚、猪肠给挑谷的人捡了去，抓去挑担的人有八九人，我认识的有刘宁钦和谢福如，这两人一直不见回来。我知道的就是这些了。

我刚才所讲的全部真实。

[此件已经陆川县公证处公证，公证书号：（2008）陆证经字 77 号。]

40. 北流市谢奕海证言

采访时间：2008 年 8 月 15 日
地　　点：玉林市北流市石窝镇坡头村村委会办公室
采访单位：中共北流市委党史办公室
询问人：廖琨东、陈敏　　　记录人：冯国廷　　　公证人：梁予深
被询问人：谢奕海

我叫谢奕海，1928 年 7 月 26 日出生，抗日战争时期家住北流市石窝镇坡头村。

1944 年 9 月 15 日，日军进村烧、杀、抢、掠，我家被日军抢了两担谷种、稻谷三担、花生一担、鸡十几只、猪两头、猪油一缸。日军在本村开枪打死有两人：一是大田头杨辉来的伯父花名禾秆八，当时他正抱着一个鹅嫲走向河边，被日军开枪打死。另一个是湾角的张某，当时他正想逃走避免捉去挑担而被打死。有三个妇女被强奸，她们是谢奕培的母亲陈玉英、谢林生的五婆陈桂英，还有我的阿奶欧业芳，都是被绑在条凳上轮奸，直至不能动弹。

我保证我所讲的是真实的。

〔此件已经北流市公证处公证，公证书号：（2008）桂北证字第 326 号。〕

41. 田东县李修恒等证言

采访时间：2007 年 9 月 24 日上午 10 时

地点：百色市田东县平马镇合恒村那恒屯

采访人：潘润泽　李　世　黄炳红

被采访人：李修恒：男，1933 年生，现年 75 岁

李如彪：男，1927 年生，现年 80 岁

李修猛：男，1933 年生，现年 75 岁

李修恒、李如彪、李修猛老人回忆说：抗战期间，日军飞机共对我们田东县城炸了九次，造成田东县城的人口和财产重大损失。其中我们合恒村也遭受两次轰炸，第一次轰炸时间是 1940 年旧历七月中旬，日机 3 架一组，多批飞到平恒村上空对抗日战地医院进行轰炸，战地医院被炸，10 多名伤员被炸死。被炸死的家禽、家畜不计其数，那恒屯李修力的两个妹妹同时被炸死，李大仁的女儿"的生"（壮语），李修爱的妹妹"的宋"（壮语）也被炸死，张本能的祖父被炸得血肉横飞，肠被飞挂到竹丛上。那平屯黄配川的房子被重型炸弹炸毁，黄仁升的妈妈来不及逃跑也被炸死。

〔此件已经田东县公证处公证，公证书号：（2007）桂东证字 249 号。〕

42. 田东县梁翠荣等证言

时间：2007 年 9 月 19 日下午 3 时 30 分

地点：平马镇南华街刘光培家

采访人：黄志川、梁天山、陆建良

记录：梁天山

采访形式：座谈会

参会人员：梁翠荣（女，76 岁）　　刘光培（男，1923 年 8 月出生）

黄大妹（女，1921 年 1 月出生）　　邓自甜（女，1923 年 9 月出生）

卢居帅（男，1925 年 2 月出生）　　钟云清（女，1925 年 2 月出生）

黄善雄（男，1929 年 10 月出生）　　卢杰威（男，1929 年 5 月出生）

黄志川：据史料记载，日军从 1940 年 4 月起到 1942 年，3 年间，共出动飞机轰炸田东 9 次，其中 40 年 4 次，41 年 3 次，42 年 2 次。第一次是在 1940 年 4 月 4 日，日军出动飞机 27 架，对田东进行轰炸，第二次是 5 日；第 3 次是 5 月 14 日；第 4 次是 8 月 16 日。1941 年 4 月 8 日，日军第 5 次 9 架轰炸田东；第 6 次是 18 日也是 9 架；第 7 次是 26 日；第 8 次是 42 年 4 月 26 日，日军 9 架轰炸田东，8 月 24 日又出动 12 架轰炸田东。9 次轰炸田东，使田东损失惨重，请你们谈一谈当时的具体情况和时间。

刘光培：我记得第一次是 1940 年 4 月 4 日，日军出动 27 架飞机轰炸田东，那时我们是第一次见到飞机，都躲在树下数，所以记得很清楚。这次来是炸二牙码头，第 2 天来也是 27 架，炸平恒渡口、排后，死伤数百人。

梁翠荣：到第二天又来过，这次是往那恒方向沿江轰炸，人员伤亡也很多，但记不清了。

黄大妹：1942 年 4 月 26 日，日军 9 架轰炸田东，炸卫生大队部，卫生队长牺牲，约 30 人士兵被中弹死亡，兵房被烧，民益米机电灯厂遭轰炸，导致停产。

邓自甜：8 月 24 日，日军对平马轰炸，从飞机上投下炸弹，有的用机枪扫射，这次也死了好多人。部分居民房被炸毁，二牙一带死亡很多。

卢居帅：我记得 1940 年 5 月 14 日，日军轰炸平马，这次损失也很多，但记不清楚了。8 月 16 日也有 9 架来轰炸平马，这次是轰炸国民党兵部，附近的房屋烧了很多，那时我正读四年级。记得第一次来是轰炸关帝庙、港务站后面大园被炸，筏后都是难民居住，男女约有 100 多人死亡，伤者 80 多人抬到茶亭（今工会）治疗，他们是投下炸弹的，二牙街头有户全家 3 人死光，居民死亡 10 多个人，1941 年 4 月 8 日，日军又有 9 架飞机来炸平马四牙（今百谷）炸毁 30 多间房屋，有一家两夫妻都被炸死，那时一间房屋值 5 千—6 千斤大米。18 日日军飞机又有 9 架来轰炸田东，26 日有 5 架轰炸田东，1942 年 4 月 16 日有 12 架来轰炸田东，炸城皇庙（今庆平小学），当时城皇庙旁是驻军，炸死好多兵营房屋，死亡也很多，大概有 60—70 人，都是被炸弹炸死，1940 年 4 月 4 日是国民党的儿童节，这天是第一次日本飞机来轰炸，共有 27 架，炸平马的二牙码头，1941 年 4 月 8 日日军出动 9 架，对德新街轰炸，现工商银行后面，当时有一个地方被炸了一个很大的弹坑。

钟云清：刚才老卢讲得很清楚，情况属实，我同意。

黄善雄：我记得 1940 年 4 月 5 日，日军 27 架飞机轰炸田东，港务站后面和右江桥头的河边，炸烧了很多民房。因为游昌那边有个兵工厂。1941 年 4 月 8 日，日军有 9 架飞机对中山、南华、德新轰炸烧毁很多民房，难民死伤不少。1942 年 4 月 26 日日机 9 架轰炸田东，炸县粮食仓库（今工会内），炸毁很多民房。我这一生最恨的就是日本鬼子。

卢杰威：田东被炸很多，日军飞机来了很多次，最惨重的就是 1940 年 4 月 4 日和 5 日，27 架飞机轰炸环江筏一带，今港务后面至二牙码头，难民约有 600 多人伤亡。8 月 16 日，日军 9 架来炸国民兵站（今农机厂），炸毁很多民房。我记得 1942 年 8 月 24 日日军出动 12 架飞机，炸我们南华街，民房烧毁 12 间，二牙码头一带死了很多人，约 90 人被炸死，有的户全家都被炸死完。1940 年 5 月，日军又来轰炸平马，这回是狂轰滥炸，炸毁建筑物很多。无人员伤亡，1941 年 4 月，日军出动民机 9 架，又对平马镇的德新、中山、南华、庆平四条街道和附近的果园轰炸，居民房被炸毁，居民与从南宁上来的难民死伤不少。这一年我记得日军总共来了 3 次，每次都是 9 架，有时轰炸，有时用机关枪扫射过来。

［此件已经田东县公证处公证，公证书号：（2007）桂东证字 245 号。］

43. 靖西县杨林甫证言

采访时间：2007 年 7 月 24 日

被访问人：杨林甫　　现年 78 岁，系百色市靖西县禄峒乡大史村古星屯人

采访人：沈　锋　　靖西县委党史办副主任

记　录：苏大新　　靖西县委党史办干部

问：您老今年高寿？

答：我今年 78 岁了，读过高小。

问：您和杨清福是亲戚吗？

答：是的，杨清福是我的堂哥。

问：您今年 78 岁了，您对您的堂哥杨清福去征兵的事您都知道吗？他脸上的"亡国奴"是怎么回事？请您说说好吗？

答：好的，我堂哥杨清福大我 10 多岁，他去当兵时我也十一二岁了。他那时去当兵也二十一二岁了，时间大概在 40 年代初了。我堂哥他家有三兄弟，杨清福排行老二。当时听说要征兵了，都出去躲避了，因为当时国民党的政策是两丁抽一，他家三兄弟，认为肯定是免不了。当时凌淮乡警几次到村里找人，不见我堂哥几兄弟，一怒之下，便把杨清福的父亲杨承科绑到乡里，然后又押到县里关起来。为救父亲，三兄弟只得回家，当时老大已成家，老三还小，去征兵便自然落到杨清福的头上。这样，杨清福便去当兵了，他的父亲也被放回家了。杨清福去当兵，一去 10 年，到解放时才回来。我记得我堂哥回家时像一个乞丐，衣服破破烂烂，披一件女人的破衣服回家。当时我们去看望他，见他脸上刻有几个字，左脸刻有"亡"字，额头上刻有"国"字，右脸刻有"奴"字，很醒目。他平时对自己脸上的字不愿提起，时间久了，大家也都知道他的痛苦经历。他平时除了下地干活外，不大出门。

他感到无脸见人，人不人，鬼不鬼的。后来他听人说"毒龙刺"（有毒的草药）的汁能使脸上的字烂掉，他便用针把脸上的字挑出血，然后用毒汁涂抹，但都不成功。1985 年有记者来采访他，后来又把他带去手术，才把他脸上的字去掉。

我堂哥平时不大爱说话，但都是堂兄弟，平时在闲话时也谈起，他当兵大都是在广西，特别是被日本兵俘虏前。他被俘虏是哪一年，他也记不太准，只知道是日本打柳州之时，他的部队打败仗了，他和好多人被俘虏。后来就被刻字了。

［此件已经靖西县公证处公证，公证书号：（2008）桂靖证字第 162 号。］

44. 平果县农振足证言

采访时间：2008 年 6 月 26 日　地点：百色市平果县马头镇炼沙村村部
公证人员（签名）：韦志明　麻泰佳　　　记录人（签名）：黄明公
询问人：中国共产党平果县委员会党史办公室调查员：潘清浩　黄明公
被询问人（证人）：农振足
我叫农振足，1932 年 2 月 17 日出生，家住炼沙村那卖屯。

那卖屯是靠近公路的一个村屯，日本兵侵略的时候，我们屯群众都转到后山的山洞里躲进来，在山洞里望见日军约有十几人骑马进屯，日军队伍前面还抓了十几名群众当拉夫。日军到屯里以后，烧杀打劫，杀人放火，伤害无辜。古炼屯潘顺和被抓，主要是因为日军发现他身上藏有空子弹带。见潘顺和被日军抓住，潘的妻子拉住日军与他们打起来，结果日军把她打得头破血流，然后把潘顺和拉到那左屯农振田家绑起来，淋上火油后点火烧，最后怕他还不死又补开了一枪，将潘顺和活活整死。日军到驮叫屯"扫荡"的时候，抓住了来不及转移的农有芳、农振养、农桂花（女）、农小妹（女）4人，把两个妇女绑到猪栏的栏杆上，欲行强奸，最后不知什么原因没有得逞，在日军准备撤走的当晚，两妇女趁日军喝醉时挣脱绳子逃走，而农有芳和农振养则被日军抓去当挑夫，给日军烧菜煮饭，当他们两人在武鸣给日军挑水时借口大小便后趁机逃脱回家，逃离了虎口。

我保证我所讲的是真实的，所看到的是当年真实发生的事情，没有任何虚构和夸大的地方。

［此件已经平果县公证处公证，公证书号：（2008）桂平证字第76号。］

45. 平果县梁凤升证言

采访时间：2008年6月26日

地点：百色市平果县马头镇雷感社区永安屯梁凤升家

公证人员（签名）：韦志明　麻泰佳　　　记录人（签名）：黄明公

询问人：中国共产党平果县委员会党史办公室调查员：潘清浩　黄明公

被询问人（证人）：梁凤升

我叫梁凤升，1924年9月27日出生，家住雷感社区永安屯。

日本入侵时我有15岁了，日本兵入侵果德前，南宁的难民纷纷逃往田东、百色。日军从南宁武鸣方向上来，由于有群众在马头山山顶上放哨，日本兵入侵到马头街时，街上的群众大部分都已躲到山弄里。但也有一些来不及逃跑的群众和没有能够转移的东西则遭到了日军的摧残和"扫荡"。如上马头屯的陆成高，当时已有90多岁，日本兵进来的时候，年老体弱跑不动，被日军抓住后拉到龙眼树下吊起来用火活活烧死，尸体被烧焦得无法辨认，死得非常悲惨。日军还进到百弄屯，抓住农继道去当拉夫，6天后才放回来（其子农荣芳）。那定屯的梁瑞林在山上养一头牛，被日军直接从牛屁股后面割牛的肉去吃。日本兵还强奸了永安屯农秀珍（当时30多岁），日军的恶劣行径，给群众的生命和财产造成了极大损失，给妇女的身心健康和人格尊严受到了严重伤害。

我保证我所讲的是真实的，所看到的是当年真实发生的事情，没有任何虚构和夸大的地方。

［此件已经平果县公证处公证，公证书号：（2008）桂平证字第72号。］

46. 平果县韦成荣证言

时间：2008 年 6 月 26 日　　　　地点：百色市平果县四塘镇龙马五保村
公证人员（签名）：韦志明　麻泰佳　　　记录人（签名）：黄明公
询问人：中国共产党平果县委员会党史办公室调查员：潘清浩　黄明公
被询问人（证人）：韦成荣

我叫韦成荣，1926 年 10 月 12 日出生，家住四塘镇印山村河池屯（原属安邦村内到屯，后属印山村改称河池屯）。

我今年 86 岁，日军侵略我村时，我已有 18 岁。1944 年 12 月，日军约 30 至 40 人从安邦村局茂屯进入福祥屯，经福在屯再进入我们屯的老村庄——内到屯。日军所到之处，刀枪并用杀人，掠夺财物，可谓丧尽天良、灭绝人性。本屯青年韦成华，20 多岁，未婚，正在那了（地名）的山上放牛，日军路过那了路口时发现后，把韦当成活靶子来瞄准射击，一枪射中韦的脑袋，韦成华当场死亡。同时还开枪打死了本屯 40 多岁的李义昌。内到屯 28 岁的李锦昌正在田里做工，突然发现日军几十个人马来到内到屯，李锦昌觉得大事不妙，急忙丢下农活赶紧逃跑，日军大喊一声后举起枪就打死了李锦昌。在另外一块田里做工的李特兰也没能逃过日军的枪杀。当日军大部队走到百崖那马的时候，抓住了正在逃跑的李特能，李才 20 岁，未婚，正当壮年的他奋力反抗，拼命逃脱，被日军用绳子五花大绑起来，用刺刀刺到李的胸膛上，然后划开肚皮，像杀猪一样杀死了李特能。日军在我们河池屯共杀死了 5 个人，而且都是青壮年，真是惨不忍睹。日军进屯后，屯里没有转移的猪、鸡、牛等杀光吃光，全屯一片狼藉，只记得李之瑶家被杀了几头 160—170 斤的大猪，其他的不知其数，无法统计，损失非常惨重。

我保证我所讲的是真实的，所看到的是当年真实发生的事情，没有任何虚构和夸大的地方。

[此件已经平果县公证处公证，公证书号：（2008）桂平证字第 57 号。]

47. 宜州市张华松证言

调查日期：2007 年 4 月 19 日
调查单位：宜州市庆远镇人民政府
调查人：韦海凤、覃华明

采访地点：河池市宜州市庆远镇龙江社区

被采访人：张华松，男，1927 年 12 月 27 日生，河池市宜州市庆远镇龙江社区建设屯人。

情况说明：

1945 年初，日军在马屁股屯（现建设屯）抓到一韦姓老奶（80 岁），逼其带日军到后山寻找村民收藏的粮食，遭到韦奶的拒绝后把韦奶的鼻子、舌头割掉并折磨致死。

（原件存中共宜州市委党史研究室）

48. 宜州市袁啓植证言

调查日期：2007 年 4 月 18 日

调查单位：宜州市庆远镇人民政府

调查人：樊晓玲、何玉英、黎亚珍、张云星

调查地点：河池市宜州市庆远镇和平社区

被采访人：袁啓植，男，1921 年 1 月 15 日生，家住宜州市庆远镇城中东路 37 号。

情况说明：

1944 年宜山沦陷时，我跟商会到古龙躲日本，后转弯村。当年的五月初五（农历），我回到宜山时看见简家楼里死了 7 个女人，估计是被日军强奸过的；又看见在何家铺面死了 1 个，田家巷口死 1 个，在梁华东家门口死了 7 个，都是日本鬼打死的；在双狮巷出铁路的地方看见日本鬼用几十个尸体垒成墙做掩体跟游击队打仗。

（原件存中共宜州市委党史研究室）

49. 罗城仫佬族自治县周学美证言

采访时间：2006 年 10 月 16 日

地点：河池市罗城县四把镇铜匠屯周学美家

询问人（签名）：中共罗城仫佬族自治县委员会党史资料征集小组办公室调查员

1944 年农历十月至 1945 年农历四月，日军侵占我们村，并驻扎在村里。当时我们村有 60 多户，全部住满日军，约有 2000 人，我们村是日军的指挥部。覃村、苗洛甫、冲眷、冲迈等村屯也都住有许多日军。

日军大部队一进村，就打打杀杀，一幅凶狠残暴的景象。群众在慌乱之中四处逃开，有的上山躲避，有的到远方的亲朋好友家去躲藏。家中所有的财物如猪、牛、马、狗、鸡、鸭、玉米、谷子、红薯、布匹等都被日寇占为己有。同时，日寇还极力地破坏农民的家园，如挖墙、拆房、烧毁门窗、桌椅、桁条、瓦角等，无恶不作。

日寇不仅侵占农民的财产，还拉一批年轻人为他们洗碗、煮饭、挑水、挑粮等。被日寇拉去当劳工的农民，很是不乐意，但不敢激怒他们，要是谁服务不周，谁就挨打，谁惹怒了日军，谁就被杀害。我村周学希和吴禧唐之父被日军杀死，60 多岁的谢氏老妇被强奸，还有周良兵等 40 人被拉去当劳工，去向不明，至今杳无音信。

日军驻我们村的那段日子，极大地浪费食物，如杀猪不要猪头，不吃内脏，杀鸡要剥皮等。上山躲避的村民没东西吃，挨饿受冷，不得不派一些十来岁的小孩下山回村观察日寇情况，帮日军洗菜做饭，才能混口饭吃，发现日寇倒掉的剩饭剩菜、猪头内脏等食物，就及时送上山给饥饿的村民吃，艰难地维持生存。

日军大量破坏群众的财物，浪费群众的粮食，乱扔垃圾，被日寇宰杀的那些牲畜家禽，内脏到处乱扔，臭气冲天，苍蝇蚊子满天飞，到处散布细菌，环境卫生十分恶劣。所以，日军撤走后，村里就发生了霍乱病，死了 30 多人。

总之，日军侵占行为十分恶毒，到处奸淫烧杀，抢夺财物，劫掠拉夫，残害百姓，村民们东躲西藏，过着饥寒交迫、担惊受怕、困苦不堪的日子。

我保证我所讲的是真实的，所看到的是当年真实发生的事情，没有任何虚构和夸大的地方。

（原件存中共罗城县委党史办公室）

50. 罗城仫佬族自治县罗世勤证言

采访时间：2007 年 9 月 25 日

采访地点：罗城县东门镇大罗村孔章屯罗世勤家

询问人（签名）：中共罗城仫佬族自治县委员会党史资料征集小组办公室调查员

记得是 1944 年 11 月初，日本鬼就来到罗城大罗一带，日本鬼来了三天就把孔章屯的房子全部拆平，粮食除了抢走外，剩下带不动的全部埋掉。我们全村老小出去躲了六个多月，到1945年四五月份日本鬼才走。大概有100多名日本兵在这一带活动，主要驻扎在大罗屯。日本鬼子抓得两个人来剖腹，一个是大福的人，另一个是小罗的人。我们孔章屯人去躲得快，所以没有人被抓。我父亲是在躲日本鬼子从山上跌下来摔死的。东门街上有一个妇女来我们村边上躲日本鬼子也从山上跌下来摔死。大罗村罗仁统挑两笼鸭子逃难，途中被日本鬼子开枪打死，小罗屯罗孝生的父亲被日本鬼子抓来活活打死，大罗村罗元方的妹妹（24岁）被日军抓走，后来下落不明。日军强迫一大村（一片几个小村）要提供一名女青年到何家村（日军设的妓院）给日军玩乐，本地人不愿意把自己的女孩送去何家军妓院，被迫出钱买外地来逃难的难民的女孩送去军妓院顶替。当时何家军妓院有十几二十名女青年，日军走后，这些女青年下落不明。日军入侵的半年时间里，我们村的所有东西全部被抢光，房子全部被拆平。

我保证我所讲的是真实的，所看到的是当年真实发生的事情，没有任何虚构和夸大的地方。

（原件存中共罗城县委党史办公室）

51. 东兰县黄家林证言

采访时间：2006年11月3日

地点：东兰县城城东社区龙头街一巷

口述人：黄家林，男，壮族，1932年出生，现住东兰县城城东社区龙头街一巷。

走访笔录人：黄好业、施杰泰

1940年夏，日本侵略军已到河池长老一带，逼近东兰。时年我已是8岁的人了，日本飞机轰炸东兰县城的情景现在还历历在目。当年，为及时发现敌人的飞机，以便疏散群众，减少伤亡，当时的抗日组织就在县城的马鞍山顶上设立了一个防空警报瞭望台，一旦发现敌机，就以钟声、锣鼓声和灯笼为信号，疏散群众。民国29年（1940年）7月份的一天，敌人的几架飞机从隘洞方向沿河田公路飞临县城上空，首先投弹轰炸我们这排街（当时称五权街第一甲）附近的县城监狱，监狱内来不及转移的40多名犯人（可能还有看守狱警）全部被炸死，当天晚上，我亲眼看见先前转移到水月宫（现在凉风洞）的犯人回监狱把被炸死在监狱内的人运送到鹧鸪坪（现在的压力锅厂）的荒沟内埋葬。监狱共有四间监舍，1 间关押女犯人，2 间关押重刑犯人。1 间关押轻刑犯人。当时郑木兰的父亲在监狱当狱警，她随父经常到监舍玩才知道全部被炸塌。同时，日本飞机还投弹轰炸五权街（现在的龙头街一巷），许多居民房屋被炸塌和烧毁，我们记得被炸塌和烧毁的居民有：

韦仕良 2 间〔其中一女长工，名叫韦桂秋，来不及跑出家门被炸死在屋内；陈树春 2 间；孙光荣 1 间；黄家林 1 间；韦伟承 2 间；覃述堂 2 间；秦忍耐 1.5 间；陈树忠 1.5 间；韦七爷 1 间；莫应先 2 间；黄鸿举（时任县议会副议长）2 间；廖孟祥（时任县府秘书）2 间；覃介生 1 间（此枚炸弹只落在墙上，没有爆炸，后雇请一国军工兵排险）〕。

以上被炸的居民房内炸死生猪 60 多头左右（平均每户约养有 3—4 头猪），烧掉谷子 3000 斤左右（当时有 6 户居民有谷仓并存有粮食），还有其他家具财产和衣物全部被烧毁。同年 8 月的一天上午，日本飞机又对益寿桥，进行轰炸，炸弹没有直接炸对桥面上，而是炸对桥的前后左右，桥身被震断一半（后于 1954 年维修）。同时，底堂街（现在的新街）李述林的妈来不及逃跑被弹片击中死亡。韩树荣家有一根柱子被弹片炸坏。9 月的一天，日本飞机又再次轰炸益寿桥，因炸不对，炮弹飞到国民中学（现在的兰中）炸塌学校围墙。民国 30 年（1941 年）底堂街曾有一国民党卫兵被日本飞机的炸弹炸死。

除此以外，我还记得民国 33 年（1944 年）周塘队陆忠德之父、拉料队廖卩艳之父、红卫队陆金安之父、光明队韦土和之父，以及龙头街的韦仕新曾被征作民夫前往九圩、保平一带接运军需品，被日军发现并被俘房，有的逃跑回家，都先后病、老死亡。龙头街一巷的韦仕英、韦仕良两兄弟曾参加抢修河田公路，韦仕英在工地死亡，韦仕良回家后病老死亡。

〔此件已经凤山县公证处公证，公证书号：（2008）桂凤证字第 43 号。〕

52. 钟山县陈定发证言

采访时间：2006 年 9 月 8 日、12 月 6 日

采访地点：贺州市钟山县钟山镇潮滩村委黄竹山村陈定发家的菜地边

被采访者：陈定发　　男　　77 岁

采访者：董志明　周厚红

录音、拍照：董志明

录音整理：董志明　周厚红

我叫陈定发，今年78岁（虚岁），家住黄竹山村。

日军是农历九月十三日（公历10月29日）上午10点左右来的，那天下着雨，当时钟山大桥被炸断了，县自卫队隔河向日军开火，日军就拐进了我们村，9月13—18日都有日军住在村里。他们是陆续经过的，到9月18日才全部走完。

当时村里大概有20多户人家，70多人。13日村里好几十人躲进了岩洞（长山仔岩洞），然后从里面把洞口封了起来。我母亲和两个妹妹也躲了进去，当我背着弟弟跑到洞口时，洞门已关起来了，我没法进去，就躲到相隔的螺岩山上。

日军进村后就抓人。我二爷陈温长当时六七十岁，日军到他家抓他的鸡，他绑好鸡后拿了把称来想称一下重量，结果被日军打了几巴掌，又被抓去挑担，后失踪；陈温喜，60多岁，被抓去挑鸡，后来跑回家，他儿子叫陈朝新。陈朝祥，20多岁，他当时是学生的穿着打扮，日军抓到他后，就把他押到村民钟喜通的房子关着，14日上午被日军用刺刀捅了一刀肚子，丢在村边的水沟边，后来死了。我父亲陈朝东当时四十多岁，被抓去挑担，后来逃回家。李发宝，当年四五十岁，被抓去后再也没回家，他的儿子叫李连昌。钟立头梦（绰号），四五十岁，在城肚（即城厢街）东门摆摊，很会煮菜，被日军抓去当伙夫，他在煮菜时尝尝菜的咸淡都被打，这人后来也不见回家，老婆也改嫁了。还有几个被抓去后回来的，名字记不清楚了。

日军在村里强奸妇女2人，一个是黄称福的老婆，名叫董苟大（又名苟三），当时30岁左右；一个是李华昌的老婆，李华昌当时在国民政府军中当兵，他老婆姓周，我叫她二嫂，当时20多岁，她刚从洞里爬出来，半生死时被日军抓住后强奸。

日军进村后就杀猪、杀牛、杀鸡，我家有两头七八十斤重的猪被日军杀掉，鸡就不知几多了，全都杀完，是被剥皮吃的。

日军是在14日下午架桥的，当时我在山上听到村里乒乒乓乓响，还以为是村里人回家舂米，就回了。回到长山仔山脚时，看见两个日本兵在杀牛，有一个挑水的日本兵，看见我身上挂着一个装水用的竹筒，还要我给他闻一下。回到村边一看，原来是日军在拆村民房屋的楼木、楼板、门扇及河边的水车来架桥。我家有间老屋的楼木全被拆去。

9月14号下午4点钟左右，第一批的两个日本兵发现洞口后，就撞烂木门进去，用洞里的斗笠、蓑衣当火把，点着了洞里收藏的谷米、衣服等物品，结果熏死了20多人。我母亲原姓邓，但过继给姓蒙的，有40多岁，眼睛不好，走动不方便，被熏死在水边；大妹十二三岁，小妹十岁左右，大妹背着小妹想从北面的洞口出，但有人的说洞口外有人（指日军），只好往洞顶上面的小洞口爬，结果没有爬出来。

当天村里的人就进去救人了，几天后尸体才扛完出来。

［此件已经钟山县公证处公证，公证书证号：（2008）桂钟证字第042号。］

53. 钟山县董苟三证言

采访时间：2006年9月8日

采访地点：贺州市钟山县钟山镇潮滩村委黄竹山村董苟三家

被采访者：董苟三　　女　　93岁

采访者：董志明　周厚红

录音、拍照：董志明

录音整理：董志明　周厚红

我叫董苟三，有些人也叫我董苟大，今年93岁，家住黄竹山村。

日军是60多年前的九月十三日（公历10月29日）上午进村的，当时我才30多岁。

日军在村里杀死了陈朝祥，他当时有20多岁，有病在家，被日军抓住后要他挑担，他就指着胸口说有病，日军就用刺刀捅死他了。朝祥的父亲小名叫大长（即陈温长），有四十多岁，被日军抓去挑担，后来死了。还有陈定发的伯父陈朝东，当时四十多岁，也被抓去挑担，这人后来回家了。

日军来之前，我们把谷子、花生、油（食用油）、辣椒干、衣服等东西藏进了洞里（长山仔岩洞），他们进村的那天一早我们就躲进了洞中，第二天中午左右日军发现洞口，开始熏洞，在洞中熏死27个人，还有的背出洞后救不过来死去了。我的儿子和家公（公公）也被熏死，我家公姓黄，绰号叫"老羊船"，名字记不清了，当时60多岁，我的儿子才1岁多，还吃着奶。我本人当时被熏倒在洞里潭水边，乡亲们把我背出后，用火烤暖才救了过来的。一同背出来的有2个救活。大家藏进洞里的两大排谷子、花生、辣椒干、油还有衣被都被烧光，岩洞里的火三四天后还在燃烧。

日军进村的当天就拆屋架桥了，河边附近的3间屋的楼木都被拆了。

我回到家时，家里什么都没有了，屋里原来剩的谷米也被日军拿去喂马了。

［此件已经钟山县公证处公证，公证书证号：（2008）桂钟证字第041号。］

54. 富川瑶族自治县李福姣证言

采访时间：2008年3月24日上午

采访地点：贺州市富川县福利镇洞池村委唐家村李福姣家

被采访者：李福姣　　女　　82岁

采访者：周光友　陈记林　全水养

录音、摄像、整理：周光友　陈记林　全水养　张军　陀正东

我叫李福姣，今年82岁。

1944年的时候，我才18岁，还没有出嫁，娘家在白竹村委虎穴村，日本鬼子路过竹村时是老历9月，有很多的日本鬼子，在我的房子旁边过，一直走了很久，日本鬼子进村时，很多人都躲出去了，当时我爸爸妈妈不在家，我两个人在家，还有我公公在家，来不及躲出去，日本鬼子就抓到我了，其中有五六个日本鬼子还把我按在地上强奸了，日本鬼子没有打我，当时是早上，日本鬼子进了一屋子，有几十个人，抢谷子来喂马，还杀了我们的猪、鸡、鸭、牛吃了一餐饭后，下午就下福利圩了。

我被日本鬼子强奸后，到现在一直没有生育，胸口也一直不舒服到现在八十多岁都是这样。

［此件已经富川瑶族自治县公证处公证，公证书号：（2008）桂富证字第018号。］

55. 富川瑶族自治县何焕德证言

采访时间：2008年3月21日上午

采访地点：贺州市富川瑶族自治县麦岭镇涌泉村委桐木宅村何焕德家

被采访者：何焕德　　男　　75岁

采访者：周光友　陈记林　全水养

录音、摄像、整理：周光友　陈记林　全水养　张军　陀正东

我叫何焕德，今年75岁。

当时我10多岁，日本鬼子从湖南省江永县到富川，到了我们这边找吃，有牛夺牛，有鸡抓鸡，他们驻在乡公所，住了一个月多，在驻地干尽了坏事，我亲自看到我们村的何日才被日本鬼子抓去挑东西，十多天后，他就跑回来了，我家里有一

担米，有一笼鸡也被日本鬼子抓来吃了。我们村的何日维的女儿的皮箱，是两个，也被日本鬼子用枪托砸烂。最可恨的事，是我们村的义保花遭到日本鬼子强奸，是她和我们讲，有十二个日本鬼子和她睡过，日本鬼子还把尿从头浇到脚，她跑回村子的时候，一身都是湿的，她被强奸的地点在村子的旁边石榴树林里，可能是日本鬼子认为她死了，实际上她是晕过去，日本鬼子走了以后，她才跑回来。

[此件已经富川瑶族自治县公证处公证，公证书证号：（2008）桂富证字第014 号。]

56. 昭平县黎镒清证言

采访时间：2006 年 11 月 29 日下午

采访地点：广西昭平县昭平镇重庆街（一小旁边）

被采访者：黎镒清　男　78 岁

采访者：邱宗莹　唐荣行　汪洋（公证员）

录像、拍照：丁永敏

笔录整理：邱宗莹　唐荣行

我叫黎镒清，今年 78 岁。

民国二十七年（公元 38 年农历十月），日本飞机轰炸昭平，投了五枚炸弹，其中一枚掉落码头河边，炸死一个船妇，年龄约有 45 岁；第二枚投下利民桥，炸死一名姓莫的男人，约 50 岁，他是卖糍粑的小贩。还有一名被炸的花名叫豆腐秋，做豆腐卖姓梁男子，约 40 岁左右；第三枚投于平安街黄顺纲房屋的墙头上，伤中正在紧张收门面货物的黄锡鹏右太阳穴，年龄 34 岁；第四枚炸南华街黎姓及罗瑞记连串房两栋，无人伤亡；第五枚炸毁北秀街姓严的民房两间，无人口伤亡。损失价值 2 万斤谷。

我记得，日军和蒙山伪军入侵昭平，昭平被杀死 9 个人，其中大壮村的一个农民（男的）被打死，明源村也有一个农民（男的）也被打死，还有 7 个是民国民团士兵，即蒋如荃部士兵在马滩被日军在文笔的地方居高临下打死，这 7 个士兵有碑刻记载。日伪军入侵昭平时，抢了不少东西，强奸了 10 多个妇女。据说明源村一个妇女被抢去蒙山；昭平镇也有一个妇女被抢去蒙山。

日伪军在昭平还放火烧了国民中学建筑物，还烧了县府衙门七八间。明源中心小学也被烧了。但是放火烧的是蒋如荃部趁日伪军入侵时放火自烧。

[此件已经昭平县公证处公证，公证书证号：（2008）桂昭证字第 94 号。]

57. 昭平县王安富证言

采访时间：2006 年 12 月 19 日上午

采访地点：贺州市昭平县文竹镇文竹村王安富家里

被采访者：王安富　男　70 岁

采访者：邱宗莹　唐荣行　汪洋（公证员）

录像、拍照：丁永敏

笔录整理：邱宗莹　唐荣行

我叫王安定，今年 70 岁。

民国三十四年正月初三，日军从白石岭入侵文竹，在文竹坪放火烧民房，王新兴砖瓦结构房屋 4 间被烧；王安荣 8 间被烧。正月初六，日伪军从县城返回，再次经过文竹，放火烧房；冯连枝的房屋 4 间被烧；王志新被烧了四五间；王少云 4 间；王振英（王福新）、王禄新、王寿新三兄弟的瓦屋结构的前后座和四角炮楼全部被烧；黄仲章被烧了 3 间；还有一个姓傅的人家也被烧了 3 间；王福新家的七八间铺店全部被烧，店内的货物也全部被烧光。

文竹村自卫队员，在正月初三，被入侵文竹的日伪军从念田（小地名）炮击线冲顶，队员蓝成华（男，35 岁）左手被击伤，郑显禄（男，40 岁）大腿炮火打中，周广明（男，40 岁）的脚和腿都受了伤。

正月初六，佛槽口妇女吴爱华，17 岁，被日军抓后轮奸。吴爱华后趁日军不注意时逃回。但造成终生不育。

［此件已经昭平县公证处公证，公证书证号：（2008）桂昭证字第 97 号。］

58. 龙州县岑雪映证言

采访时间：2007 年 10 月 24 日

采访地点：龙州镇龙江街社区办公点

采访单位：龙州县委党史研究室

被采访者：岑雪映（女），75 岁

采访者：卢海强　何子功

录音、拍照：唐鸣亮

录音整理：余晋书

我是岑雪映（女），75 岁（1932 年生），家住龙州镇新龙街 79 号。我 10 岁左右（1940 年），有一次，日本飞机来轰炸龙州，我们 7 人躲进我爸在屋后挖的一个防空洞内，炸弹在洞口边爆炸，防空洞被震塌，我们 7 人被埋在下面，有个被炸伤的人爬得出来，喊来国民党兵把我们救了出来，我 80 多岁的奶奶被炸死，还有一个 3 岁小孩也被炸死，我们 7 人有两死一伤。我有个大姐幸好没有躲在一起，当时她去看在丽江河上被日本飞机炸中的轮船，见有个老太婆被炸烧死。

〔此件已经龙州县公证处公证，公证书号：（2007）桂龙证字第 124 号。〕

59. 龙州县何秀芳证言

采访时间：2007 年 10 月 24 日

采访地点：崇左市龙州县水口镇水口居委会

采访单位：龙州县委党史研究室

被采访者：何秀芳（女），74 岁

采访者：卢海强　何子功

录音、拍照：唐鸣亮

录音整理：余晋书

我叫何秀芳（女），74 岁（1933 年生），水口街人。1945 年二月初四，日军打入水口，我家亲戚被打死三人，当时我十三岁左右。那天一大早，我们正在睡觉，被炮声惊醒，我就叫五婆赶快一起跑，但她还顾拾包袱，我就先跑上山，在山上见三婆被炮弹打中断腿重伤（后不治身亡）；我害怕不敢下山，第二天回家见五婆趴在地上已死，是日兵用刺刀刺嘴巴穿颈而死；我姑爹叫农兴茂，由于躲避不及，在屋里见日兵冲入不跪拜，被刺刀刺嘴巴而死，很悲惨。我还知道水口街有妇女被日军强奸，其中有个姓陈的年轻女子被强奸致死。又见到日军烧毁了很多房屋。

〔此件已经龙州县公证处公证，公证书号：（2007）桂龙证字第 129 号。〕

60. 龙州县李世林证言

采访时间：2007 年 10 月 24 日

采访地点：龙州镇龙江街社区办公点

采访单位：龙州县委党史研究室

被采访者：李世林（男）74 岁

采访者：卢海强　何子功

录音、拍照：唐鸣亮

录音整理：余晋书

我叫李世林（男），74 岁（1933 年生），现在住龙州镇新填地簸箕桥 15 号。小时候母亲带我疏散（躲避日军）三次，第一次是民国二十八年（1939 年）逃到水口；第二次逃到上龙月亮村；第三次跑到凭祥岜勾（音译）现在火车南站一带。记得是六岁时，有一次躲飞机，藏在青龙庵桥洞里，我妈背我往洞深处躲，日本飞机的炸弹在离桥洞十米左右爆炸，躲在洞口的 26 人被炸死，有一个人的半边腿被炸飞，挂在竹枝上，非常悲惨。我又听到朋友"大哥朱"讲，他爸（姓黄）被日兵活埋。我在凭祥躲日本时，看见有两个日兵追赶老百姓，找花姑娘，我妈带我跑得快，躲进山洞逃过一劫，有个扫街佬的老婆（20 多岁），眼瞎躲避不及被强奸，同时又有一个男的被日兵强奸。

［此件已经龙州县公证处公证，公证书号：（2007）桂龙证字第 115 号。］

61. 扶绥县郭崇证言

采访时间：2007 年 9 月 19 日

地　点：崇左市扶绥县渠旧镇渠旧街其家中

走访人：扶绥县党史办玉美英、黄雪花、黄新光、陆彩霞、谢永东等，县司法局公证处李志勇，渠旧镇人民政府党政办公室主任梁全东。

摄　像：县广播电视局韦燕辉

记录人：黄新光　黄雪花

拍　照：谢永东

走访对象：郭　崇，男。

证人证言：

我是郭崇，渠旧镇渠旧新街人，今年 72 岁。

日本人来两次，第一次来时，我们都到布河村躲避了，只有新街尾被烧。

日本人第二次来，先用大炮轰炸然后才进村，把房子全烧光了，并把梁廷章、梁克才抓去，后来他们两人趁日本人洗澡时偷跑出来才得以逃脱，跑出来后有人问他们说是如何跑的，他们两个竟然当场昏倒了。

日本的飞机很猛、炸得又准。轰炸时村里死了好多人：李时送、张洁姨婆、姓凌的外地女人、李炳权阿婆、刘四5个人被炸死；当时我表姐逃跑，但逃到半路时突然想起家里还有豆芽没有收好，就返回家，路上被炸弹炸中头部而死；有一船人被飞机扫射，全船人都死了，具体死了多少人，数目不详。

日本人就是狠毒，其中的一户有一男盲，日本人放毒给他吃，这盲人立即死在餐桌上；另外有一老太婆被日本人活活地打死；有一个30多岁的男人名叫李三星，喝酒后梢门在家睡觉，村里人逃跑时也敲他的门叫他逃跑，可是他睡着了听不见，日本人进村后便破门而入把那个男人吊在木棉树上开膛破肚……

[此件已经扶绥县公证处公证，公证书号：（2007）桂扶证字第1086号。]

62. 扶绥县凌汉财证言

采访时间：2007年9月14日

地　点：崇左市扶绥县山圩镇渠怀村其家中

走访人：县党史办玉美英、黄雪花、谢永东、陈少武、黄新光等，县司法局公证处李志勇，山圩镇文化站站长姚文

摄　像：县广播电视局梁永标

记录人：陈少武　黄新光

拍　照：谢永东

走访对象：凌汉财，男。

证人证言：

我是凌汉财，山圩镇渠怀村人，今年88岁。日本人来到山圩时我24岁左右。山圩战役之前我被国民党征兵，当了两年兵后跑回家刚好遇上山圩战役。

日本人第一次来山圩时，山圩乡组织民兵到岜鱼山看守，因为日本的枪炮很厉害，民兵顶不住而逃离。

日本人第二次来山圩，见到妇女就抓、见到男人就抓去打马草。渠坤的张奇瑞小妹（十几岁）在地里种玉米，被路过的日本人拉到路边强奸。此外，有两名妇女被奸，其中60多岁的成光阿婆，被日本人强奸后晚上回来就病死了。我被日本人抓去打马草、修路，共2天时间。

日本人第三次来，先是飞机低飞轰炸开路，我和汉先等几个人被日本人追

杀，慌忙逃跑，跑到鱼塘边时被日军开枪打中脚，但还是忍痛死跑，后来日军追不上我们。庭荣等3个人被日军抓去挑担，因为庭荣年纪较大没有多少力气，日本人放狼狗咬死了庭荣。这次日本人从龙州方向下来，主要是北上南宁支援昆仑关战役。日本人到山圩时群众已经转移逃难，胆大的年轻人则在村里留守。我当时也是留守人员之一，当时我和188师的士兵躲到安全地带，当天下午3点就开始打仗，一直打到第二天天亮。天亮后日本飞机又到绿亡（地名）轰炸战场，停战后日本人退回龙州，188师部队也退回那白、防城等地。停战后的战场浓烟滚滚，我和几个年轻人到战场捡东西，捡到一个口盅。逃难的群众回村后也纷纷到战场捡东西，他们拾吃日本人余下的牛肉、水、米饭、罐头等食品，食用这些食品后4天左右，即有30多人死亡，死时全身浮肿变黄色，凌飞瑞全家吃了这些食品，全家死亡了。有一天连续死了10多个人。没有吃到这些食品的村民见到死这么多人，就不敢吃这些日本人余留的食品了。死这么多人，村民把死尸抬出去，抬尸的村民有好多也被传染而死。村里把这种死亡称作"死黄"、"黄死"。全村300多人，家家户户都有这种"黄死"现象，唯独我家5兄弟没有，我帮扛抬了两具"黄死"的死尸，我四哥扛抬了四具"黄死"死尸，就是没有被传染。这次村里死人，多数是女人，凌飞瑞老婆、凌飞鹏老婆、德政老婆、端华老婆、庭秀老婆、卢仕贤老婆等好多的女人死了。全村30多个人"黄死"，大约5个月以后，村里的这种"黄死"现象自然消失了。

[此件已经扶绥县公证处公证。公证书号：（2007）桂扶证字第1085号。]

（编辑：梁宝渭、庾新顺）

四、大 事 记

1937 年

7月24日 侵华日军飞机轰炸梧州市区造成城东镇压云盖街（今万秀区）梁亚妹死亡。

9月17日 日军飞机掩护六艘军舰入侵北海港外的海域，进行武装挑衅。25日，日军海军7艘又入侵北海的海域示威。

10月10日 桂平县城举办抗日救亡献金活动，共捐得现钞、银元、铜元、金戒指等共值法币2000余元。

10月15日 上午11时35分，日军数十架轰炸机飞抵桂林市上空，向城内投弹8枚，炸毁民房39所，炸死市民53人，伤200人，在城郊投弹40余枚，被炸乡村共9处，毁民居50多所，死伤市民逾300人。

10月 柳州各界捐献救国金，第一批8197.84元法币，第二批2350元法币。

10月 航空委员会征调柳江县民工12280人扩修柳州飞机场，次年5月完工，用去工款283929元（法币）。

11月 沦陷区难民不断逃入信都县铺门镇，其中六合村鸡咀岩就有难民50多人。他们日出乞食，夜宿庙堂岩洞。

12月12日 南宁各界民众以极高的爱国热情，捐集布鞋5.2万多双，送给开赴华中抗日前线的广西军队。

12月 南宁当局为预防日军飞机轰炸南宁，拆毁具有南宁地标意义的建筑物——青山塔。青山塔（又名龙象塔）位于南宁市区青秀山，始建于明代万历四十六年（1618年），为明吏部右侍郎肖云举（南宁淡村人）所建。塔高十余丈，塔形为九级八角重檐砖结构。

1938 年

1月8日至9日 日机两天四轮轰炸南宁，造成中方战机1坠3伤（日机3

坠 3 伤），有多间房屋被毁，20 余人死伤。

1 月 扩修融县长安飞机场，扩长 1200 米，宽 320 米，征用融县民工人数 10460 人，用去工款 173435 元（法币），7 月完工。

2 月 15 日 百色机场开始修建，征用民工 7000 人，用去法币 110970 元，于 5 月 16 日建成。在修建机场过程中，民工饿死 30 多人，病死 40 多人，被石碾轧死 20 多人。

3 月 2 日 上午七时至下午七时，9 架日机轮流轰炸合浦县城，投弹逾百枚，平民伤亡、房屋被毁：西门城下有 2 人死亡，康乐街旧碾米机旁死 2 人，龙门桥下死 4 人，新街菜市数人被炸死。

5 月 昭平县民工 8000 人前往雒容参加建筑湘桂铁路，次年 2 月完工回县。

6 月 10 日 日军飞机轰炸梧州城东镇水泉街、大同街，投弹 11 枚，居民廖襦、周邦伟被炸死。

6 月 28 日 湘桂铁路柳（州）南（宁）段开工，全长 255.79 公里。次年因日军入侵南宁，于 11 月奉令停工。

6 月 日机在桂林机场附近投弹 16 枚，炸死农民 7 人，伤 3 人，毁民房 10 余间。

6 月 日机 9 架轮番轰炸桂平县城，孔庙中弹，菩萨被炸倒。

7 月 16 日 日军飞机 17 架次两次轮番轰炸迁江县城，投弹 200 余枚，繁华的盐埠街被炸成废墟，财产损失 1000 万元（法币）以上。

7 月 24 日 日军飞机轰炸梧州城东镇云盖街、大同街、石彭街，李森、易氏等 16 人伤亡。

7 月至 8 月间 日机狂炸钦州城，大较场兵营、中山路等处房屋被炸毁，众多市民被炸伤炸死。为防止暴露目标，中国驻军下令拆毁石盘文塔、尖山文塔，将镇龙楼、中山图书馆等较高建筑物的上层拆去，并破坏金鸡塘大桥及钦防、钦董、钦合公路的部分路面和桥梁。

8 月 13 日 日机轰炸灵山县城，投下炸弹 14 颗，炸死居民 1 人，伤者数十人，炸毁房屋多间，灵山中学、中山公园等处损失最为惨重。

8 月 25 日 日机 8 架轰炸梧州城区，投弹 25 枚，炸毁房屋数十间，伤 8 人，炸沉民船 2 艘。

8 月 28 日 下午三时许，日机 2 架侵入合浦县城，在廉州中学上空盘旋不久，投弹数枚，命中廉中礼堂（质文堂），将整座建筑夷为平地。

8 月 桂平县城的省立浔州中学校舍遭到日军飞机轰炸。第一次中弹两枚，学校图书馆及一年级三个班的男生宿舍被夷为废墟，第二次学校东门附近的教师宿舍被炸毁。

8月 都安县政府征调民工24000多人，对三纲机场（第7空军站）进行施工。历经四个多月后，机场竣工使用。机场施工费用由国库支出，民工每天每人支伙食费桂币八角。

9月10日 征调融县民工9750人到榴江县黄冕开筑湘桂铁路。

9月11日 日军两艘军舰驶抵北海市以南约28海里的涠洲岛横岭村海面，日军200多名上岛后大肆烧杀掳掠。居民16人被杀害。岛上6000多名居民有4000多人逃往北海、江洪、安铺等地避难，在逃难过程中，计有60多人因沉船而死。20天后日军撤离。

9月13日 日机22架由海上航空母舰起飞经北海侵入柳州机场，投弹数十枚，炸死2人，伤6人，毁坏财产价值84万元。这是柳州首次遭日机轰炸。

9月17日 日机30架，轰炸广州、柳州、梧州。在梧州市区大东路、竹安路一带投弹80余枚，商务印书馆被炸，思达医院被炸，培正中学被毁，共炸毁房屋300余间，震塌房屋176间，死伤民众300余人，无家可归者3000余人。19日，日机8架又炸广西大学区，投弹30余枚，炸毁全部校舍。

9月17日 日军飞机两批共36架空袭南宁，共投弹66枚，南宁机场落弹较多，茅桥、西乡塘等处均遭日飞机扫射和投掷手榴弹，损失不详。

9月18日 日机3批共38架次轰炸扫射柳州机场，在河南窑埠、水南村、河南路一带投燃烧弹炸弹百余枚，毁屋33间，财产损失55.3万元，民众死伤不详。

9月20日 征调融县民工4000人扩修长安飞机场，扩大7000亩。

9月21日 由海南岛机场起飞的日海军第3联合航空队飞机9架轰炸企沙街及山心（今为山新）村，毁民房16间，学校1间，死伤居民数人。

9月24日 日机轰炸合浦县城，造成13人伤亡，合浦女子小学部分校舍被炸毁。

9月25日 日机31架入侵龙州城上空，轰炸簸箕桥，炸死炸伤群众56人。是年，日本飞机在龙津、上金县（今属龙州县）境内轰炸扫射达174次，炸死炸伤群众1200多人，炸毁民房1600多间。

9月27日 日机9架侵入平乐上空，在沙子街投弹1枚，造成1人死亡、3人受伤、部分民房受损，财产损失153000元（法币）。

9月 大批沦陷区难民入柳州市境。柳州市在城区设立灾民临时收容所，每人每天发伙食费 2 角。至次年 12 月共有 3550 人（男 2640 人，女 910 人）在柳居留。

9 月 大量难民开始陆续进入桂林。截至 1939 年 3 月底，由湖南入境广西的难民 11547 人，其中由湖南到全县的难民为 2095 人，由湖南坐火车到桂林的难民为 9452 人，大部分为江苏、安徽人（另有 11 月以前到桂林难民 441 人因原存名册被炸，未统计入内）。

9 月 日机 9 架轰炸桂平县城，驻桂山的中央军校四分校（今县城乳泉酒厂）中弹多枚，上校战术教官陈寿昌及学生共 9 人被炸死。

10 月 5 日 柳州抗敌后援会决定募寒衣 5 万元慰问前方将士。柳州各界征募寒衣，至 11 月 28 日，收到各界捐款共计桂钞 48736.12 元，另募得金器 3 两 6 钱 5 分。

10 月 21 日 由海南岛机场起飞的日本海军第 3 联合航空队飞机 1 架轰炸防城企沙街，炸毁民屋 5 间，死伤居民 5 人；同时敌舰开炮轰击企沙，防军士兵 1 人受伤。

10 月 29 日 日机轰炸北海外沙渔港，炮弹落在龙母庙旁，菜农和驳艇女船民 2 人被炸死。

11 月 15 日 日机 14 架空袭南宁市区镇宁炮台、兴宁路、民生路等，共投弹 8 枚（其中 2 枚燃烧弹），炸死 4 人，伤 24 人，炸坏、炸毁房屋 14 间，烧毁 7 间。

11 月 16 日 上午，日机 22 架由广东肇庆经梧州入侵柳州，在市区共投弹百余枚，炸死 18 人，伤 24 人，受灾 250 人，毁屋 46 间，炸沉船 1 艘，财产损失 220.5 万元。事后，柳江县政府给予在敌机轰炸本市事件中被炸死者 18 人每人恤赈法币 20 元，重伤者 10 人每人法币 8 元，轻伤者 14 人每人法币 4 元，共计法币 496 元；赈济被敌机炸毁之赤贫民房之房主，除麦广兴被炸毁两间赈济法币 40 元，其余炸毁一间者赈济法币 30 元。

11 月 17 日 日机第一次轰炸百色城，出动飞机 4 架，投弹 6 枚，共炸死居民 21 人，伤 36 人，炸塌房屋 80 间；百色日光电力公司受损 50%，损失资本额为 25000 元（法币）。这次轰炸共造成财产损失 505000 元。

11 月 20 日 日军飞机 3 架，轰炸贺县平桂矿务局西湾电厂及煤矿，电厂被投弹 12 枚，厂房机房、机器、仪表、管道被炸毁，煤仓及存煤约 200 吨被烧为灰烬，直接损失价值银毫 4.7 万元，即 203584.26 元法币（1938 年币值），间接损失 7692274.99 元法币（1938 年币值）。煤矿被投弹 4 枚，石灰库房及铁道被炸毁，直接和间接财产损失达 37450 元法币。

11 月 20 日 日军飞机轰炸贺县县城贺街，造成 366 人受灾，财产损失法币 5155000 元。

11 月 21 日 日机 21 架分 3 批侵入桂林市城区上空，投弹 70 枚，炸死平民 1 人，炸伤 6 人，炸毁民房 5 栋，震倒民房 4 栋。

11 月 22 日 日本飞机 7 架轰炸玉林县城，投弹 31 枚，炸毁房屋百余间，死伤 17 人。

11 月 30 日 日机 35 架分 3 批侵入桂林市城区上空，投弹 100 枚左右，共炸死炸伤市民 171 人，炸沉民船 3 艘，炸毁商店、平民住宅 200 多家。繁荣的商业区桂北路、桂南路成了一片瓦砾。桂林清真寺被炸毁。

11 月 30 日 日军飞机轰炸贺县县城贺街，投弹 20 枚，炸死 8 人，炸伤 7 人，毁房屋 37 间，河东中闸街中弹 16 枚，河西图书馆、三民书局、致昌杂货店、文友印刷厂等被毁。损失财产折法币 525000 元。

11 月 30 日 日军飞机 2 架盘旋八步上空，并投放 10 枚炸弹轰炸八步（三加村罗卜滩）飞机场，炸毁民房 24 间，炸死民众 3 人、耕牛 1 头、猪 20 多头，炸伤民众 1 人，失踪 1 人。

11 月 北海共有 34 艘货船、渔船在北部湾海面被日军掳掠、烧毁，遇害渔民、船员 262 人。

12 月 2 日 日机 21 架侵入桂林上空，投弹 60 多枚，燃烧半日，炸毁房屋 366 栋，震倒房屋 76 栋，平民死 11 人，伤 17 人。

12 月 2 日 日军飞机 10 架，两次轰炸贺县县城贺街（八步），炸死 8 人，伤 7 人，毁房屋 37 间，损失财产折值法币 50258 元。

12 月 5 日 日机 9 架在柳州城河南投弹 72 枚，毁屋 52 间，炸沉船艇 12 艘，炸毁汽车 3 辆，炸死 13 人，炸伤 17 人，受灾 832 人，财产损失 14.7 万元。

12 月 7 日 日机 6 架轰炸桂平县城，死伤民众 10 余人，毁房屋 10 余间。

12 月 14 日 日军飞机一架轰炸昭平县城，投弹 8 枚，炸死 3 人，伤 7 人，其中重伤 1 人，轻伤 6 人，房屋倒塌 12 间，受灾人数 84 人，财产损失折国币 117000 元。昭平县政府支出救济费法币 353.7 元。

12 月 19 日 日军两艘军舰突然封锁北海涠洲南湾港，向停泊在港口内的几百艘渔船开枪扫射，迫使渔船停靠岸边，渔民登岸四处逃散。日军将港内渔船用绳拴在一起，淋上汽油，纵火焚烧，400 多艘大小渔船化为灰烬。有 3 名渔民死亡。

12月24日 日机9架侵入桂林上空，投弹100多枚，炸毁烧毁房屋600多栋，死伤80多人，其中外籍牧师苏宝贵、韦中庸等12人被活埋于地洞，著名音乐家张曙及其女儿被炸死于寓所。

12月29日 日机18架侵入桂林上空，在市区投弹100多枚，然后又在南郊区投弹数十枚，炸毁、烧毁与震倒房屋1500栋以上，死伤数十人，使1万多人无家可归。

12月 南宁博物馆将部分重要文物和文献迁移田东。次年11月南宁沦陷时，南宁共损失文献（物品）约2.7万余件。

是年 广西省政府征调苍梧县民工2500人修建梧州机场，征调民工581人，建筑防御工事，征调苍梧、岑溪民工28624人破坏公路等，耗损法币数百万元。

1939 年

1月2日 日军6艘军舰搭载数百名官兵登陆侵占北海涠洲岛，设支那派遣军南支海军部队第18基地，从此涠洲沦陷6年之久。日军把涠洲岛作为军事基地，强拉岛上居民做苦役，在岛上修筑机场、公路、码头、营房、工事。日军杀害中国民工112人，殴伤1700人。

1月10日 上午9时许，日军飞机9架侵袭南宁，在陆军医院（今凌铁村）和印刷所一带投弹数十枚，百余间民房被炸毁，死伤群众20余人。

1月11日 日机18架轰炸桂林，投弹100余枚，民众死8人，伤50余人。

1月12日 日机18架分3批侵入桂林上空，在郊区投弹40多枚，炸毁房屋10余间，炸伤平民4人。

1月15日 上午9时，9架日机炸贵县城东镇南斗村，投弹17枚，炸毁卡车及汽车各一辆，财产损失3万元（法币，按1939年价值折算）。

1月17日 中午12时，9架日机炸贵县罗泊湾南岸（今渔民新村），投弹18枚，炸毁广西糖厂机房一座，炸毁真空炼糖器一个，炸毁民房一间，炸死4人，伤5人，财产损失500万元。

1月19日 上午9时，8架日机炸贵县城罗泊湾车站，投弹17枚，炸死9人，炸毁汽车一辆，湘桂铁路材料库3座，财产损失5.2万元。

1月20日 日本飞机2架3次轰炸玉林县城，投弹17枚，炸毁房屋10余间，死伤平民9人。

1月23日 日军2架飞机空袭武鸣县太平镇，在该镇渌村投弹4枚，炸毁民房 2 栋 6 间。

1 月 24 日 中午 12 时，8 架日机炸贵县城东镇南斗村，投弹 23 枚，炸毁湘桂铁路路轨一小段，财产损失 1000 多元。

1 月 30 日 下午 1 时 27 分，日军飞机 7 架空袭南宁，在郊区投弹十余枚，其中，陆军医院（凌铁村附近）中弹 4 枚，并对医院进行低空扫射，炸毁病房 2 所，死伤病号数人；在瓦窑乡（现雅里）江边一带投弹多枚（拟轰炸来镇铁路铁桥工地）。同日，行驶在梧州至南宁（郁江段）航线上的永安泰号、利行号两艘电船在永淳河段上遭 7 架日军飞机低空扫射，永安泰号轮船多名乘客受伤。

1 月 平桂矿务局筹建田东炼锑厂并于上年 11 月建成投产。不久，因日军侵桂，南宁沦陷，炼锑厂被迫停产，损失 1.152 亿元法币（1945 年币值）。

1 月 钟山全县征集民工 7 千余人去榴江修筑湘桂铁路，8 月，又征集民工 2 千余修筑黔桂铁路。

2 月 3 日 中午，日军飞机 18 架空袭邕宁大塘，投弹多枚，多间民房遭毁（损失不详）。

2 月 5 日 日军飞机 18 架首次狂炸宜山县城，至年底先后共炸 7 次，据第一至第三次累计，日机出动 42 架次，投弹 18 次 284 枚，炸死 87 人，炸伤 104 人，炸毁房屋 154 间，浙江大学宿舍 1 栋，驻军油库 1 处。

2 月 6 日 上午 10 时，9 架日机再炸贵县东镇南斗村，投弹 83 枚，炸毁房屋 3 间，财产损失 3000 多元。

2 月 柳城凤山河灌溉工程开工，投资 243 万元，以工代赈 3000 难民。

3 月 31 日 下午 2 时，6 架日机炸贵县县城市区，投弹 12 枚，毁屋 39 间，炸死 2 人，伤 9 人，财产损失 5.9 万元。

3 月 日军五架飞机轮番轰炸都安县三纲飞机场，机场损失未发现记载资料。

1939 年春 为阻止日军从海上入侵，国民党政府征集钦县 37 个乡镇民工 3000 多人，大小木船十多艘，在龙门港外乌雷入口处用帆船载石填海，横筑石墙。此项工程耗资 20 余万，耗费数月。

4 月 1 日 日军飞机两批 19 架侵袭南宁，投弹 30 余枚，死伤群众 20 余人。

4 月 8 日 上午 9 时许，日军飞机 7 架空袭宾阳，投弹 15 枚（另一说 19 枚）并进行低空扫射，广西瓷器厂（今宾阳县政府所在地）被炸损失惨重（具体损失不详）。

4 月 一艘遂溪渔船驶入涠洲南湾港，船上 9 人被日军抓押上岛，8 人被杀害，1人逃脱。

5月上旬　日军在涠洲岛宣布成立"中华涠洲岛维持会"，实行保甲制，岛民按村建立户口册，实行保甲联保制，数名村民因未及时到场被杀害。

5月26日　日军轰炸隆山县城，投弹数十枚，炸死廖氏（廖家毕的母亲）、黄某（黄西南的姐姐）、陈志章、唐达妹等78人，炸伤13人，炸毁房屋5间。

6月6日　日军飞机两批空袭南宁市区。投弹30余枚，并低空扫射。德邻路被炸毁、烧毁民房10余间，死伤10余人。另有正在邕江（西乡塘段）行驶的恒泰号电船被炸起火烧毁。

6月9日　日军飞机18架空袭南宁市区。日机在师范街（今华强路）、北门外（今人民路东段）、特察里（今上海路、济南路一带）等投弹10余枚，其中，师范街被炸起火，烧毁民房七八间，死5人，伤19人。

7月8日　日机27架空袭柳州机场，投下百余枚炸弹，机场设备大部分被毁，被迫暂时停止使用。

7月8日　三江县奉令捐募戎衣，苗侗部族极踊跃。计捐获棉衣、夹裤、棉背心、单衣裤、夹被、雨帽等各数百套（件）约合法币8000余元。

7月12日　玉林县奉令把县城城墙拆毁。在此前后，玉林、陆川、博白、北流、容县等县城的城墙均尽行拆毁。

7月15日　上午，日机18架空袭柳州河北一带，投弹百余枚，炸死384人，伤245人，毁屋300间，财产损失57.3万元。龙城中学着弹3枚，所有教室、宿舍被炸成一片瓦砾。

7月18日　日军出动9架飞机分3路轰炸忻城大塘、木林、桥孔一带，投弹近10枚，造成村民死亡13人，伤数人，烧毁民房100多间。

7月22日　日机18架袭击柳州河北市区，投弹300枚，炸死151人，伤129人，毁屋3440间，小船沉没七八艘，财产损失421万元（法币）。东门附近刚建半年多的"柳州电话局"新楼中弹，被炸毁西北角二楼、三楼，两座大门震塌，二楼机房设备和两部总机全遭震坏。柳州救亡剧场被炸毁，东大路文慰会会址房屋亦全部被毁。柳州交通银行三楼被炸倒一角，县政府监狱被震坍，犯人趁机逃逸。

7月22日　日军飞机约20架次，空袭武鸣县。在县城投弹200枚，轰炸广西学生军集训总队驻地（标营飞机场）。校舍被炸平，飞机场废弃。

7月23日　下午1时42分，日军飞机8架空袭南宁，在东郊金牛桥至二塘附近投弹7枚，炸毁民房数间，毁车辆2辆，炸死5人，伤4人。

7月26日　日机18架分两组队偷袭梧州。炸毁房屋600余间，位于市区的美国传教团思达医院（今工人医院）也无法幸免，焚毁大筏6座，电船2艘，拖渡4艘，汽轮1艘，大小船艇300余艘，死伤居民800多人，受灾477户，难民6000多人，直接财产损失200多万元（法币）。

7月30日　下午3点10分，日军6架飞机空袭武鸣里建圩，投下炸弹7枚，炸毁民房5间，炸死、炸伤平民8人。

7月30日　沦陷涠洲岛的日军第7基地日机轰炸防城镇，造成6人死亡，重伤6人，轻伤10多人，毁坏民房20多间的惨剧。此次敌机共投弹15枚，炸毁防城县中学等建筑。

7月31日　日机18架轰炸桂林市区及郊区老人山下被炸死平民26人；中山纪念学校操场上中弹十余枚；将屋上置有美国国旗的美侨房屋两处炸毁，损失达港币五万元；警察死1人，伤2人，其余损失不详。

7月　广西当局为抗战需要，紧急开辟河（南丹车河）田（百色田阳）公路东兰县段，历时10个月，县内民工参加修路累计达2万余人。

7月　日军飞机于都安县府后翠屏山下投炸弹三枚，炸倒民房一间，县政府军事科参谋韦卓英和居民二人被炸死。

8月3日　日军飞机再次对迁江县城狂轰滥炸，损失无数。

8月8日　4架日机轰炸北海，在大水沟市场俯冲扫射和投弹轰炸，市民死伤过百人，民房被毁多间，酿成北海历史上最惨的"大水沟血案"。

8月12日　日军派飞机6架轰炸博白，投弹12枚，炸死妇女儿童3人，伤1人，炸毁房子19间，炸毁码头一座、汽车站一座，炸死马一匹。

8月13日　日机6架轰炸岑溪县城，并用机枪扫射民众，伤2人。

8月14日　日机29架分3批滥炸柳州市河南河北，投弹500余枚，炸死42人，伤9人，炸沉10余艘船，毁屋千余间，死伤牛20余头，财产损失209.2万元（法币）。

8月14日　日军飞机39架轰炸信都县，炸死居民1人，伤3人，毁房8间，同月，日军飞机轰炸贺街，炸死13人，伤7人，毁房120间，财产损失76000元。

8月25日　上午7时许，日军飞机9架空袭南宁市区，在师范街一带投弹10枚，毁民房12间；在亭子圩一带投弹8枚，毁民房2间，炸死平民6人，伤24人。

8月26日　日机14架袭击柳州市，在河南、河北两岸投下炸弹百余枚，毁屋数十间，死伤数十人，财产损失 1.5 万元。县府提款派员会同警局人员分别前往各处收容所发给无家可归之灾民 3 日伙食费，以资救济。

8 月 30 日　上午 7 时，6 架日机炸贵县县城市区，投弹 13 枚，毁屋 46 间，炸死 3 人，伤 9 人，财产损失 4.5 万元。

8 月 30 日　日军飞机空袭南宁市区。当日，日军先后有六批飞机或空袭或窜过南宁轰炸，炸死平民达 200 多人，伤者不计其数（仅送往英、美教会浸信医院、小乐园医院的伤员达 300 多人）。

8 月　日军飞机轰炸都安县城，投下杀伤弹三枚，忠烈祠被炸，一名守卫兵被炸死。

9 月 2 日　上午 8 时，5 架日机炸贵县县城市区，投弹 10 枚，炸毁房屋 12 间，炸死 1 人，财产损失 7000 元。

9 月 4 日　日本飞机分 2 次轰炸玉林县城。第一次 6 架，第二次 7 架，共投弹 21 枚，炸毁房屋 10 余间，汽车 11 辆。

9 月 4 日　下午 1 时，5 架日机炸贵县三塘乡附近汽车路，投弹 10 枚，炸毁商营汽车三辆及洋纱布匹一大批，财产损失 10 万元。

9 月 10 日　上午 10 时许，敌机 9 架空袭南宁在凌铁、军医院等处投弹数十枚，炸毁民房百余栋（间），伤亡 20 余人。

9 月 11 日　日本飞机 2 次各 9 架轰炸玉林县城，共投弹 89 枚，炸毁房屋 200 余间，死 36 人，伤 82 人，大同书庄、利济堂一带被炸起火。

9 月 11 日　上午，玉林县船埠街遭日机 9 架轰炸，投弹 13 枚，炸毁房屋 10 多间，炸沉民船 8 艘，死伤平民 10 多人。

9 月 12 日　日本飞机两次轰炸玉林县船埠街。第一次 6 架投弹 16 枚，第二次 8 架投弹 10 枚，共炸毁房屋 16 间。

9 月 14 日　上午 9 时，5 架日机炸贵县县城市区，投弹 10 枚，炸毁房屋 14 间，财产损失 2.5 万元。

9 月 18 日　上午 8 时 50 分，日飞机 8 架空袭南宁市区，共投弹 18 枚，炸伤 7 人，炸毁民房 16 间。其中，亭子圩场落弹 6 枚，炸毁房屋 6 间，琅边村落弹 12 枚，伤 7 人，毁房屋约 10 间。

9 月 18 日　日军飞机第三次轰炸都安三纲飞机场。同日，日机又轰炸县城，共投下杀伤弹 5 枚，均落在迎晖街范围，炸倒民房一间，炸死居民男女各 2 人。

9 月 26 日　驻守在涠洲岛的日本第 7 基地日机 3 架轰炸防城镇那梭街，共投弹 12 枚，居民被炸死 4 人，伤 6 人，毁屋 3 间。当日，日本第 7 基地日机还轰炸华石街，炸毁铺屋 10 余间，死伤居民 10 余人。

9 月 28 日　日机 49 架侵入桂林上空，投弹数十枚，轰炸市区及象鼻山高炮阵地，被高炮击落 2 架，炸死防空部队士兵 3 人，居民伤亡数十人。

9 月　日机轰炸桂平县城仁寿桥，死 30 人左右，浔郡中学堂（今桂平市一中）学校旁的关帝庙被炸毁。

1939 年秋　为防日军飞机利用地标轰炸县城，宾阳县当局奉省府之命，组织 2 万民工拆除建于明代正达年间的宾阳古城墙，珍贵的文化遗产毁于一旦。

10 月 7 日　日本飞机分 2 次轰炸玉林县城。第一次来机 2 架，第二次来机 6 架，共投弹 20 枚，炸毁房屋 19 间。

10 月 8 日　日机 8 架在市区上空投弹 70 余枚。

10 月 10 日　日军飞机 9 架第一次轰炸南丹飞机场，有一对夫妇被弹片击中，女的不幸死亡。

10 月 12 日　日机 9 架在北门外凤凰山湘桂路附近投弹十余枚，伤 10 余人，死 7 人。

10 月 14 日　日本飞机 7 架轰炸玉林县城，投弹 8 枚，炸毁民房 25 间。

10 月 14 日　上午 11 时，11 架日机炸贵县县城市区，投弹 10 枚，炸毁房屋 18 间，财产损失 7000 多元。

10 月 18 日　征调融县民工 5000 人到融县和睦修筑融和公路，12 月 10 日完工。

10 月 26 日　上午 9 时 26 分，日军飞机 7 架空袭南宁，其中 2 架空袭邕宁乔板、老口（今属南宁市西乡塘区石埠街道办事处），投弹 4 枚，炸毁民房 2 间，死 4 人，伤 4 人；另有 5 架日机，分别空袭驮卢（今属崇左市）、扶南等地。

10 月 30 日　日机 18 架侵入桂林上空，投下数十枚炸弹，炸死平民 10 多人，炸毁房屋 20—30 间。

10 月　北流县实行空室清野，拆除可资敌人利用的城堡、碉楼、高层楼房及县城城墙，并将城东印岭七级聚奎塔和城西苍狗岭三级镇龙塔拆毁，至当年年底拆除完毕。

11 月 4 日　上午 12 时许，日机 18 架由博白经百寿侵入桂林市西南城区。日机向南轰炸柳州，于 13 时 56 分在柳州河南郊外投弹十余枚。

11 月 6 日　日军飞机数架空袭隆安县城，在保守乡（今隆安县城）城内、新街、拱阁街等处投下 16 枚炸弹和低空扫射。空袭造成王祖高母亲等 3 人死亡，2 人受伤，毁房屋 29 间。

11 月 11 日 上午 9 时，12 架日机炸贵县罗泊湾及横岭各村，投弹 71 枚，炸毁房屋 7 间，炸死 2 人，伤 2 人，财产损失 2 万多元。

11 月 15 日 凌晨，由日本第 5 师团、台湾混成旅团、其他配合部队、第 5 舰队、海军第 3 联合航空队等兵种组成的日军从防城港企沙镇西南面疏鲁和蝴蝶岭沿岸登陆入侵防城。驻企沙中国军队顽强阻击，20 多人为国捐躯。

11 月 15 日 日军侵入防城县城。城内中国军民共万人慌忙疏散，国军向大直、小董撤走，县政府先向那梭后向那良转移，有不少兵员来不及撤离，被敌人捕杀。防城中学疏散中损失较大，校舍挨炸、校园被占、教具被毁、校址迁移，师生搬家，珍贵图书散失数千册。

11 月 15 日 日军在钦县龙门岛，用机枪扫射乘船逃跑的群众，击沉民船 1 艘，打死民众 10 多人，强奸龙门妇女 4 人。

11 月 15 日 日军在钦南黄屋屯大显村强奸妇女 3 人，其中一名致死。

11 月 15 日 日机轰炸钦县城区，此后两天内共轰炸扫射 20 多次，育婴堂（今城内十字街）、南门城楼（今大戏院）、锦昌酱料厂（今调味厂）、白虎庙（今实验小学）、钦江临街一带，群众死伤和财产损失惨重。

11 月 16 日 日军在钦县山口村张氏宅设立海军指挥部，在山红岭等地设立军火仓库，还在杉木麓设立刑场，惨无人道地把捉来的人杀死或烧死。日军还在水井麓设立军妓馆，还强拉本地妇女当军妓，一个 80 多岁的老太婆被抓去轮奸，折磨致死。

11 月 17 日 日军六七百人向防城县大菉方向"扫荡"，欲追击中国撤退部队，途经龙头石，开枪打死 1 村民，当晚抵那米峒，在千隆村左侧禾场上宿营。

11 月 17 日 钦县沦陷，钦县县政府先迁往久隆后到那彭办公。日军占领县城后，大量征集民工，将城内九成多的公署寺庙房屋拆毁，所拆的砖石用于修建位于西门岭外白屋面前的飞机场。

11 月 17 日 日军在钦县城内大肆破坏城内建筑物，缸瓦窑渡的渡船被毁坏。县城内九成的房屋被拆毁或受到不同程度破坏，养济院、尊经阁、文届学署、三贤祠、孔圣庙等都受到严重破坏。

11 月 18 日 日军入侵防城县大菉圩，当地居民闻风而逃。当晚日军在墟北一华里那周村前面江坝宿营。用大炮向长坼山（距那周村十华里许）乱行轰击，炸死居民 1 人。

11 月 18 日 日军分两路向钦县那天推进，一由大直、一由大寺，由大直开来之日军，抵那隆村时，一位 80 多岁的老妇因年老体迈逃避不及，惨被日军轮奸而死。

11月18日 从钦州湾登陆的日军进入邕宁县境。当晚，数百名日军包围雅王街（今良庆区南晓镇雅王村），驻雅王乡街自卫队曾一度进行抵抗。在交火中，雅王自卫队3名乡丁（杨东昌、刘源新、陆建廷）阵亡，村民10多人被打死，13人被抓走。日军纵火烧毁雅王街上120多间民房、铺面和雅王小学。30多头牛、200多头猪、400多只鸡鸭被杀或被抢，被烧毁的农具、家具500件，谷物10多万斤，衣服棉被5000件。

11月18日 晚，日军分两路进犯邕宁县南晓田东坡、白露坡和福邓坡（均属现在良庆区南晓镇所辖），打死村民3人，放火烧毁民房数间，村民财产损失惨重。

11月19日 日军小队37人，欲由防城赴平旺圩，到百桶村时，见到两位村民身穿军服，即将其两人俘虏到雷庙枪杀。

11月19日 驻扎防城县大菉圩日军小队途经书房漏村，开枪打死1村民。

11月19日 日军在攻占邕宁区大塘镇华灵古先村（原灵山县古先村），2名抗日自卫队员阵亡。日军杀害华灵村及周边乡村10名村民，烧毁280多间房屋，村民猪牛、鸡鸭和粮食、财物被抢劫一空。

11月20日 桂林行营主任白崇禧指示广西省政府召集全省村（街）民大会，动员民众，配合军队，破坏公路，实行空室清野，痛击桂南进犯之日军。

11月21日 下午3时，13架日机炸贵县北厢镇永安前后街，投弹3枚，炸毁房屋21间，炸死9人，伤5人，财产损失7000元以上。

11月21日 日军占领邕宁县那莲乡，在那莲圩建立据点，将那莲村务力坡村民张显清、张树荫、张廷彬、张显亮、张上志、张上冲、李兆南等15名村民先后杀害。360多间砖瓦结构房屋（其中那莲圩270多间），1座古庙宇，一间学校被日军烧毁。

11月22日 日军攻占邕宁县蒲庙镇。在飞机的配合下，日军1个大队攻陷蒲庙圩街，纵火焚烧了"镇宁街"（今蒲津路）和"朝阳街"（今汉林街）的商铺、民房共26间。在莫村一地散落有中国军队阵亡官兵和逃难民众尸体38具。战后，莫村甲长组织村民用两口水缸收敛这些遇难者，合葬在莫村老虎地处（今邕宁区交通局大院），并为遇难者立"阵亡将士并死难同胞之墓"石碑。

11月24日 南宁沦陷。为配合进攻，日军出动飞机40余架，轮番轰炸市区和沿江的中国守军阵地，东郊，城区被炸房屋达几百间，死伤守军、警察、居民上千人。日军占领南宁后，在城区、郊区进行两天的"扫荡"屠杀，将城内没有来得及撤退的部分民众、中国军人等700余人杀害（日方资料记载：合葬在中山公园的中方军队阵亡人员达 4200 人）。

11 月 24 日　日军在占领南宁后对市区、郊区进行"扫荡"。在郊区同兴乡见有民工（扬美乡民工）50 多人在木村留宿，即用机枪扫射，当场打死 8 人，受伤 10 多人。在亭子街纵火烧毁莫桂芳等民房多间，街民莫文驹被杀死抛尸池塘，一名 77 岁老妇（莫瑞香的家婆）和 12 岁的莫琼，被日军轮奸致死。

11 月 24 日　日军占领南宁后在郊区沙井乡设立据点哨卡（驻扎于杨村华光祠堂）。邕宁县百济乡村民苏大增、苏大强、苏大用、包日益、黄德才、黄源立、黄其林、黄祖荣、黄天派、阮大生、潘永茂、梁仁和、黎焕叻、廖天保等 18 人，挑盐到沙井乡送货，被日军杀害 17 人。

11 月 25 日　日军 20 余人，荷枪实弹闯入钦县小董圩以南 9 公里处的佛子坳村搜索，将该村男丁一个个地捆绑，把女的推倒路边进行强奸，然后将全村 5 户男女老少共 25 人杀害。

11 月 25 日　日军经过钦县大岭村时，杀害来不及躲避的村民何仁泰全家 4 人。

11 月 25 日　日军进犯灵山县陆屋、旧州。此后 3 个月内，杀害 80 多人，强奸妇女 10 人，烧毁房间 470 间，稻草垛 263 个，抢走家畜 1130 只，共计财产损失 9480 万元（法币）。

11 月 25 日　日军在灵山县太平镇南一带村庄，杀害村民 29 人。

11 月 25 日　南宁市郊万秀村陈储孙等 5 人被日军枪杀，100 人被日军拉夫作苦力。日军占领南宁后，又在市区、心圩一带强征民夫 1700 多人扩建南宁机场，在南宁邕江河段的亭子圩、津头、窑头（尧头）、沙滩等处搭建 4 条跨江浮桥。南宁机场扩建后，日军利用其为空港，对云南（滇越铁路、滇缅公路）和桂南各地进行空袭。

11 月 26 日　日军占领邕宁县七塘乡。日军在占领七塘期间，疯狂地对周边的村庄"扫荡"、施暴。安良村共有 20 多名村民被日军杀害，3 人被抓夫后失踪，50 多家房屋被毁或烧，数万斤粮食被毁，被劫掠的牲畜、毁坏的生产工具和生活用具，难以计数。

11 月 27 日　日军在进攻昆仑关途经邕宁县五塘乡那眉村时，残暴地枪杀、烧死李立三、李定香等村民 16 人，伤 1 人，烧毁房屋 30 多间。

11 月 27 日　日军在南宁郊区西乡塘原广西民团干校设立据点后，在心圩、沙井、乐德、乐仁、陈村等多个村乡乡村建立维持会，将心圩乡指定为伪广西省会，将没有逃走的 1.7 万市民，赶到"新省会"集中，利用维持会为日军派工、拉夫、征粮和食品供给，在心圩山口、路边设卡，刺探情报和监视抗日武装活动，甚至征派当地妇女供日军奸淫。

11月30日 日机9架轰炸高峰坳，掩护日军向高峰坳发起猛攻。同日，日机近60架，分批轰炸八塘和昆仑关守军阵地，下午5时八塘失陷。

11月 桂林儿童教养院（驻临桂县两江镇宝山村），收救因日军入侵受难的广西省儿童500多名入院。至1940年11月，收容难童达1600多名。

11月 日军在攻占邕宁五塘，残暴地杀害周边的凌慕、陈明两村无辜村民。25日、26日，日军在凌慕、陈明等村抓走村民共30人给日军作挑夫。除凌慕村王乃兴等3人途中逃脱外，27名村民（挑夫）在完成运输任务后全部被枪杀。26日，日军在凌慕村枪杀害村长兼小学校长王杰才。次年2月26日，一股日军窜入凌慕村，杀害韦瑞霖等3名村民。至1940年2月，日军撤离五塘止，凌慕、陈明两村共34人遇害，3人受伤，被烧毁房屋3间。

11月 日机3架投弹14颗，轰炸灵山县旧州街，炸死8人，一座忠义亭及一间民房均中弹被毁。

11月 日军在钦县黄屋屯附近长塘割板山乡村杀害陈均普，在大寺将梁宸基先裸体暴晒，后用沙石和水火油灌喉，再斩手挖眼剖腹凌迟致死。

11月 日军入侵钦县小董，将附近大部分乡村的财物掠夺一空，疯狂奸淫妇女，所捉孩童则有数船之多，还强拉民工修筑邕钦公路。在那兰村，要该村壮丁将村内所有的新棉被、丝布三十四担全部挑回小董，抢妇女，抓壮丁。

11月 邕宁县蒲庙附近村庄被日军烧杀掳掠。其中，日军在占领赖村期间杀害莫大盛等50多人，掳走莫肇君等4人下落不明，强奸妇女3人，烧毁民房400多间。

12月1日 上午11时59分，日机9架轰炸桂林市郊区机场，投弹80余枚。是日，日机到全州、蒙山、柳州、贵县、桂平、梧州等处侦察。

12月2日 日机2次侵入桂林上空。上午11时22分，日机21架在西南城区投下燃烧弹多枚，致使义仓街、白果巷、西门外、南门汽车站等地大火冲天。稍后，日机多架再次在西南城区投下燃烧弹、重型炸弹70多枚，致使临桂路、西城路、交通路、崇善路等地燃起熊熊大火。这天，日机的投弹，炸毁烧毁与震倒房屋1000多栋，死伤70多人。

12月2日 日机6架轰炸平南县城和上渡街，死1人，伤5人。被毁民房14户，炸毁平南初中、乐群小学教室两座。

12月3日 11时25分，日机6架侵入桂林市上空，在西南郊外红庙一带投弹两次，震毁草屋十余间，伤平民 4 人，死 1 人；投弹后分两批向北飞在灵川甘棠渡等处侦察后逸去。

12 月 3 日 日军占据宾阳县昆仑乡柳溪、柳洞（现属思陇镇）两村，至 13 日，日军共屠杀当地民众 100 人，杀死耕牛 26 头、猪 16 头，抢走粮食 4 万多斤，烧、炸毁民户 140 多间。

12 月 4 日 日本飞机分 2 次轰炸玉林县。正午 12 时，日机 6 架轰炸三山汽车站附近，投弹 7 枚，炸毁房屋 1 间，伤 3 人；下午 2 时，来机 6 架炸玉林县城，投弹 23 枚，共炸毁房屋 76 间，死伤 10 余人。

12 月 6 日 广西省政府制定《战区中等学校处理办法》，规定各级学校应计划疏散，但不得离省县境。

12 月 17 日 驻邕宁县八塘日军"扫荡"八塘乡腾屋坡，杀害村民 8 人，纵火烧毁 42 间房屋，掳掠粮食数千斤，抢走银元 300 块。

12 月 20 日 广西省政府公布战时办法。督促民众，实施空室清野，彻底破坏铁路、公路。

12 月 22 日 入侵凭祥的日军在县城附近进行搜索，掠夺到汽车 108 辆，汽油及重油 58 万加仑，电解铜及铁棍 2000 根，铅 180 吨，锡 6.8 吨，钨钢约 1 吨，步枪 359 支，重工业材料 32 捆及大量火药、弹药、被服等。

12 月 22 日 日机炸贵县棉新街一带，炸死 20 多人；榕兴街庞三娘等 3 人被炸死，吴全宗母亲黄三娘被炸伤手臂，陈良一记一家 5 人被炸死，在江南电影院对面住的做桐油帽的一家 5 人被炸身亡，永亨当铺一带被炸死 20 多人。

12 月 27 日 日军占领绥渌县城，县政府及各机关全被焚毁，东门街民房十有八九被烧，受重伤和阵亡的中国士兵被扔进火堆焚烧；日军还将俘获的民夫捆绑在树上，把耳、舌、鼻、眼睛割挖掉，然后用火焚烧把民夫活活烧死。

12 月 28 日 日本飞机 1 架轰炸玉林县城，投弹 10 枚，炸毁房屋 13 间，伤 4 人。

12 月 28 日 日军从蒲庙撤防亭子圩。在日军攻打和占领蒲庙期间，有中国军队士兵上千人阵亡；300 多名街（村）民无辜被杀害或失踪，近 200 妇女被强奸致死；70 多间民房、商铺被烧毁或炸毁，大批街（村）民财物、生活用品、粮食、牲畜等被劫掠或被烧毁，损失巨大。

12 月 日本飞机第二次轰炸百色城。3 架日机在太平街投下数枚炸弹，炸死居民 16 人，伤 24 人，房屋倒塌 63 间，财产损失 10 万元（法币）。

12 月 日军入侵钦县陆屋，炸毁烧毁有着好几百间店铺的盐街和另一条同样有好几百间房屋的街道。

12 月 在日军进攻昆仑关期间，日军将高田圩以及八塘一带村庄纵火烧毁，该村村民十余人严刑拷打来获取情报，多名村民殉难。

1939 年冬 南宁沦陷后，日军在南宁中山公园、解放路、金狮巷、中华戏院等处开设"慰安所"，南宁未及出逃的妇女250 余人被强迫充当"慰安妇"供日军士兵蹂躏。

1939 年 侵华日军印制大批假币，通过奸商携入境使用，扰乱柳州金融市场。

1939 年 敌机前后轰炸桂平县城5 次，炸毁民房和公用建筑一大批，死伤民众106 人。

1940 年

1 月 14 日 日军入侵灵山县太平四峡坳，此后5 天内杀害村民29 人，烧毁民房90 多间。

1 月 16 日 侵占邕宁县四塘的一股日军窜到周边的那桐坡，杀害村民11 人，奸淫妇女1 人，烧毁方耀光民房2 间，劫掠大量粮食、牲畜、鲜鱼及村民准备过春节副食品。同日，日军还闯入四塘乡三叉坡，抓走13 名村民，惨无人道地将他们集体活埋在四塘附近的下丹岭，纵火烧毁该村6 间民房，烧毁粮食近万斤。

1 月 20 日 日军在进入邕宁南忠乡大廖村驻宿时，受到南忠乡南村的团林、古志抗日自卫队袭击。南乡团丁阵亡7 人。日军迁怒于百姓，将古志坡抢尽、烧光。

1 月 31 日 27 架日军飞机从南宁起飞，空袭行进在宾阳——武陵公路上的中国军队（2 万余人，50 辆汽车），中国军队损失惨重。

1940 年初 驻南宁郊区沙井乡杨村据点的日军在三津村"扫荡"时，将未能及时逃走的村民黄廷伟、黄廷启、黄汝荣、黄冠英等8 名村民捉住，除黄干英逃脱外，7 人被拉到村边橄榄树下集体枪杀。

2 月 1 日 上午9 时，日机第90 战队第1 中队7 架轻型轰炸机狂炸宾阳城，第38 集团军总司令部中弹，通讯设置遭破坏。

2 月 2 日至 9 日 日军占领宾阳县城后到处烧杀，奸淫掳掠。全县45 个乡镇中除民治、林山两乡外，其余乡均被日军蹂躏，全县被烧房屋3780 间，男女被害 2760 人（事前飞机炸死不计在内），重伤 360 人，轻伤 33 人，失踪 440 人，被抢耕牛 5463 头，马 239 匹，猪 10557 头，鸡鸭 80521 只，稻谷 70281 担，米 32383 担，杂粮 9354 担，其他物品损失约 100 万元左右（法币），间接损失无法统计。另有 100 余名妇女被日军强奸、轮奸。

2 月 3 日　下午 4 时，数万中国军队从宾阳县溃退至上林县，在巷贤乡、王仗村、圩地村和巷贤桥等地日军展开激战，中国军队阵亡数千人。在鹿域、塘井、马村、坡亭等村民众死伤数百人。高贤灵村（今巷贤乡辖区）被日军杀害的村民 87 人。同日，巷贤镇王仗村 60 多人到黄华山避难，被日军"扫荡"时发现，用机枪打死窑里的 28 人和沟里的 30 多人。后人把这个瓦窑和水沟称为"血泪窑"和"血泪沟"。

2 月 4 日　为阻止日军侵占昆仑关后继续北上，宾阳县政府当晚组织 5 万多群众破坏从邹圩到昆仑关的公路、桥梁。事过几天，又出动 6000 多劳工修好桥梁，架设（桂林行营前线指挥部驻地）新桥镇白岩村通到昆仑关前线部队的电话线。

2 月 4 日　日军飞机空袭那马县（今属马山县）石塘街，炸毁两列圩亭和 28 间民房，炸死 15 人，伤 11 人。

2 月 4 日　一支日军从宾阳县古辣、三王路过水瓜村（今宾阳县大桥镇新道村辖），日军进村后，残暴地杀害了 9 名村民，重伤 9 人，轮奸妇女 1 人，烧毁民房 15 间，村中财物被搜劫一空。

2 月 5 日　日军制造上林石寨村惨案。日军侵占上林县巷贤镇第 3 天，逃往石寨村后高九山山麓避难的群众，轻信"皇军安民"的传言，下山回村。是夜，日军将回村的村民按男、女、老、少分别关押，然后把男性青壮年外衣剥光，一个一个押到村头东门边的一张池塘边，用大马刀砍头后推到塘里，共杀死 72 人。

2 月 6 日　下午 2 时，2 架日机炸贵县五里乡五里街，投弹 3 枚，炸毁房屋 18 间，炸死 12 人，伤 6 人，财产损失 4000 多元。

2 月 7 日　日军开始撤离上林县，大肆烧毁民房。大丰、亭亮、万加、巷贤等圩场及日军途经的数十里村庄皆大火燃烧。至 8 日，日军全部撤离上林县。在日军占领期间，县政府机关、县图书馆全部被焚毁，全县伤亡民众 2000 余人。

2 月 8 日　日机 80 架分炸柳江县玉山，先后投掷延期炸弹数十枚，经探询为专炸飞机场用。

2 月 8 日　日军侵占灵山旧州一个多月里，杀害 80 多人，其中的上井村有 9 个老人被杀，还强奸妇女 4 人，间接死亡 22 人。

2 月 8 日　武鸣县沦陷，日军入县城洗劫。次日退出，据守高峰坳。日军进攻和占领武鸣，造成武鸣县公私财产共损失 2306045 元（1941 年法币）。其中住户损失 1606849 元，商店损失 242074 元，机关损失 286907 元，学校损失 159712 元，公私营事业损失 6600 元，团体损失 3300 元。

　　2 月 9 日　日军在钦州黄屋屯大显村枪杀了 70 多岁的曾海宗、农载田、胡家犹和 80 多岁的张桂廷 4 人，还抢走仅剩的两头耕牛，同时出动飞机投下四个重型炸弹、燃烧弹，炸毁房屋 20 多间，烧光全村 20 多个禾草棚。

　　2 月 9 日　上午 8 至 9 时许，1 架日机从南宁方向飞过隆安县丁当乡上空，投下 4 枚炸弹，分别炸中登昌、中兴、维新三条街，5 人炸死，炸伤 7 人，周德其等 7 人被炸伤，炸毁 5 间房屋，损失价值 1500 元（法币）。

　　2 月 10 日　日军百余人到防城县茅岭乡大陶村，用炮轰击邓本殷（广东省高钦民八属军司令）老家庄园，纵火焚烧庄园。3 人被烧死。

　　2 月 10 日　30 多名日军包围钦州贵台上那岭村，把该村及附近村庄的村民赶到村前山坡上，变着花样杀人，甚至拿婴儿抛起来再用刀往上捅。全村男女老少有 118 人惨遭杀害。

　　2 月 10 日　驻南宁市区西乡塘几十名日军包围对岸（邕江南岸）乐义村，将全村人赶出来集中，把村内多名妇女就地强奸，村民眼见亲人被奸无可奈何。

　　2 月 14 日　日军飞机 2 架空袭那马县石塘街，投弹多枚，炸毁 2 列圩亭和 28 间民房，炸死 15 人，伤 11 余人。

　　2 月 14 日至 15 日　日军 700 余人从灵山方向进犯邕宁县那楼街、中山村、罗马村和坛墩村的仁里坡、华亮坡屯，枪杀黄景煐等 4 名村民。那楼地区被日军烧毁民房 240 多间，大批粮食、牲畜被抢。

　　2 月 19 日　上午 10 时左右，日军飞机轰炸隆安县那桐、那重、雁江、保守四乡，投炸弹 40 枚和低空扫射。在轰炸中有 22 人被炸死，15 人被炸伤，37 间房屋被炸毁，财物损失主要有稻谷和牛，总损失 50000 元（法币）。

　　2 月 22 日　蒋介石主持在柳州羊角山召开桂南会战检讨会，当天下午，日机 51 架猛炸羊角山行营所在地，投下百余枚炸弹，12 名卫士负伤。

　　2 月 25 日　日军飞机 4 架对兴业县城隍镇莲塘村进行轰炸，投弹 12 枚。炸毁房屋 10 间，炸死 8 人，炸伤 3 人，炸死军马一匹。

　　2 月 29 日　驻守在涠洲岛的日军第 7 基地日机 1 架炸防城华石街，投弹 12 枚，死伤 12 人。

　　2 月中上旬　日军在宾阳会战结束撤退时，对沿途邕宾公路村庄烧杀掳掠，难民死伤数以千计，掳走妇女数百人，并在宾阳县廖平、莲花、邓圩等地强征民夫（拉夫）2000 余人，为其运送辎重南撤，许多民夫放回时被砍去右臂。14 日，日军还纵火烧毁南宁亭子一带民房数十间。

2 月底 驻邕宁剪刀圩日军对罗村等村屯进行"扫荡"，围捕躲藏在罗村附近引子岭上的村民，并将搜捕到 42 名妇女带回据点强奸后放回。

3 月 1 日 下午 1 时，1 架日机炸贵县覃塘乡圩中街，投弹 2 枚，炸毁房屋 8 间，炸死 6 人，伤 9 人，财产损失 1 万元。

3 月 2 日 下午 4 时，6 架日机炸贵县县城市区，投弹 41 枚，炸毁房屋 97 间，炸死 48 人，伤 40 人，财产损失 12 万元。

3 月 6 日 日军在市郊沙井金鸡村附近的饶铍山冲千斤岭下麓集体枪杀 35 名村民。

3 月 9 日 当天是武鸣县轵圩（今陆斡尚志村委）圩日，周边来赶圩的村民数千人。下午 3 时许，2 架日军飞机空袭轵圩，投下了 5 枚炸弹，当即炸毁圩亭 1 所 9 间，炸毁民房 6 间（陆建辉 2 间、陶如花 4 间），伤亡 180 多人。日军飞机轰炸轵圩后，接着又在武鸣尚志村黄覃屯，投弹 2 枚，炸毁村民黄梅华的房屋 5 间，屋主黄梅华被炸弹片击中左胸，几天后不治身亡。

3 月 10 日 日机轰炸灵山县沙坪镇沙坪街，炸死伤 80 多人。

3 月 10 日 宾阳县山口乡山口圩日，下午 2 时许，1 架日军飞机空袭山口圩，先后投下 10 枚炸弹（其中 1 枚未爆炸弹于 1964 年修筑水库时发现），当场炸死赶圩民众 23 人。

3 月 11 日 上午 10 时及 11 时，10 架日机炸贵县县城市区及河面，投弹 90 枚，炸毁房屋 9 间，炸死 3 人，伤 8 人。另一次炸毁电船及轮拖各一艘。两次合计财产损失 20 万元。

3 月 13 日 日军由钦州蚊虫山侵扰大直街，打死妇女 4 人，盐客 1 人，烧店数间。

3 月 13 日 日艇 13 艘从钦州蚊虫山开出掠劫防城大直圩，打死妇女 2 人和盐商 1 人，并抢走大批财物。

3 月 14 日 日军飞机轰炸邕宁县大塘乡安详圩（今良庆区大塘镇那造村安详坡）。当天，约有 2000 多人赶圩。上午 10 时左右，日军出动 3 架飞机向圩场投下 12 枚炸弹，并用机枪低空向四处逃散的人群扫射，造成 72 人死亡，多人受伤，大批财物和临时搭建圩棚被烧毁，损失惨重。

3 月 16 日 日军在灵山县茅针杀害群众 6 人，烧毁房屋 200 多间。

3月16日　日军飞机轰炸横县大同乡新五福村，炸死村民2名。

3月16日至25日　横县南乡、禄嘉、蔡板、冷水、龙门、桥笪、大同、飞龙、上灵、独竹、陈宣11个乡镇相继遭到日军的侵占和窜扰，被焚烧和毁坏房屋1627间，乡、村公所6座，烧毁和劫走粮食33.26万斤，劫杀牲畜3208头。其中，南乡、冷水乡，被打死村民33人、伤40人，被掳9人，纵火焚烧房屋1252间；禄嘉乡（1952年6月划入灵山县）魁策、六潭、岑平村，被焚毁房屋208间、焚烧和抢去粮食5.12万斤、掳掠及宰杀牲畜204头。

3月17日　日机轰炸灵山县城，全城2/3被烧毁，仅剩下坍毁的民屋和很少的烧去一半而自熄的店子，居民30人被炸死，房屋307间被炸毁。

3月17日　日军入侵灵山檀圩，连续4天烧杀抢掠，打死龙三婆等5人，强奸80岁的刘二婆及其他3名妇女后用刺刀捅死，强拉12名男子挑担带路，放火烧毁街上房间132间，附近严屋、平头塘两村庄的20多户民房和禾秆全被烧光，撤退前还拉走耕牛30头，捉去生猪220多头，鸡、鹅、鸭500多只。

3月18日　日军"扫荡"灵山县城附近乡村，乡民都躲到城郊的龙武岩洞里，日军就焚烧稻草熏洞，乡民被烟熏出洞。敌人就把所有的男子捆缚起来，稍为抗拒的，立即当场枪杀。女的分成三级，20岁以下少女为第一等，20至30岁的为第二等，30至40岁的为第三等。一等的给军官，二等的给士兵，三等的给伪军及汉奸。并且就在她们亲属旁边轮奸，有些少女当场就被糟蹋死了。日军在灵山龙武山共杀害村民192人。

3月18日　3月18日，日军在灵山丰塘杀害村民11人，抢耕牛17头，猪44头。

3月20日　晚，横县龙门乡新兴、大平、廖村部分村民配合中方驻防部队潜回新城村，将停泊在河边的船舶毁坏，沉没河底，以免落入日军手上，在行动中被日军发觉，日军用机枪向村民扫射，13人死亡。

3月21日　占据横县新城村日军向南乡撤退时，纵火烧毁新城村房屋33间、烧去谷米5000多斤及一批家私什物。

3月22日　上午10时，日机1架炸贵县县城市区，投弹8枚，炸毁房屋8间，财产损失500元。

3月26日　3架日军飞机轰炸崇善县（今属崇左）驮卢街，投弹35枚，炸死居民18人，炸伤居民23人，炸毁民房2间，民船18条，轮船1艘。

3月29日　是日下午，日军将从南宁郊外的西平村、根竹岭坡抓来的29名村民押到柴子渡口邕江岸边，将其中的24名村民集体枪杀，抛尸邕江。其中有村民邓禹忠、邓禹信、杨炳生3人被日军带到杨村据点做苦役，事后趁机逃走才幸免一死。当天，日军还射杀了两头耕牛。

1940年春 一天上午，日机轰炸合浦廉州，低飞扫射并投弹10余枚，轰炸君庙塘、白石场街张家祠等处，造成3人死亡，2人受伤。

1940年春 日军第二次入侵防城时，在米行街放火烧街，致使约200多间房屋被烧毁。

4月2日 日军出动飞机4架，从河池方向入侵飞临东兰县城上空，在距离县城中心约一公里的郎团屯附近投下5枚炸弹，对河沿岸和村庄附近进行轰炸。

4月4日至5日 日机47架袭田东，于河边一带投弹轰炸，炸毁民船200余艘，炸死炸伤群众400余人。

4月11日 日军飞机轰炸武鸣县马头圩，投弹4枚，炸死平民4人，伤多人，炸毁民房4间。

4月12日 征调融县民工6000人到三江、龙胜修筑桂穗公路，6月18日完工。

4月26日 日军飞机9架到田阳县那满镇上空进行侦察，第二天即派来4架飞机到田阳县那满镇上空，对那满镇三同村、自强村投放燃烧弹，街道两旁的房子（25座）全部烧毁，黄卜生等25人被炸死。

4月26日 上午9时，日军飞机轰炸来宾县合山矿务局白鹤隘，投弹4枚，死2人，伤4人，炸毁宿舍、厂房数处，旋又轰炸河里车站及合山矿场，炸毁煤卡车3辆，炸死工眷3人。

4月 在灵山县城及在附近的山上，有300多青年妇女被日军搜捕捉去，分别关在各间房子里，任凭日兵奸淫兽行。

4月 日军"扫荡"邕宁县公曹村郎细坡（今邕宁区蒲庙镇辖），枪杀村民4人，打伤3人。同月，日军在"扫荡"那楼乡（原属灵山县，1951年划入邕宁县）时，枪杀那头村村民5人，烧毁村公所1座；在那良村烧毁民房3间；罗马村烧毁民房1间；在屯了村烧毁古庙一座。

5月4日 日军一架飞机轰炸忻城县思吉乡思吉村一带，死7人，伤10余人。

5月5日 下午1时，日机1架炸贵县东北乡，投弹4枚，1死1伤。

5月6日 日机9架袭击格柳州城鱼峰山一带，投弹数十枚，炸死5人，伤11人。

5月6日 日军4架飞机从河池县城飞东兰县同乐乡（今隘洞镇同乐村）轰

炸，投下 8 枚炸弹，轰炸当时设在同乐附近的军用物资转运站。

5 月 12 日 日军飞机轰炸隆安县保守、乔建、那桐等乡，投炸弹 7 枚，乔建乡公所、邮电所门柱被炸坏，乔南街黄安继、黄子贡夫妇等 6 人被当场炸死，3 人被炸伤，炸毁房屋 11 间，损失价值 6000 元（法币）。

5 月 12 日 日机空袭邕宁县坛洛乡吞榄圩场，造成重大伤亡。当日，是坛洛地区传统的"四月八"农具节圩期，有扶绥县的中东，隆安县的南圩、那桐、白马，武鸣县的锣圩、甘圩等地民众、商人 3 万人赶圩。中午，11 时许，1 架日军侦察机在吞榄临时圩场上空盘旋后返回。不到半个小时，3 架日机飞临吞榄圩场，投弹 50 多枚，并用机枪反复向逃命人群追逐扫射，400 余人被炸死，重伤者有 300 多人，轻伤者逃命回家人数无法统计，轰炸造成财产损失无从统计。

5 月 14 日 日机 1 架轰炸靖西县化峒街，时值圩日，化峒街群众当场被炸死 21 人，炸伤 3 人。

5 月 14 日 日机一架轰炸忻城思吉村，投弹 4 枚，炸死村民 7 人，伤 10 余人，炸毁民房 2 间。

5 月 21 日 日军 200 余人，从钦州沙坡开来寻找在平旺撞山坠毁的两架日机的残骸，并侵扰平旺街，将墟内店铺尽行烧毁，共计焚屋 38 间，打死居民 1 人。

5 月 21 日 日军 100 余人侵扰防城大直那隆峒，在美竹江村后大岭，开炮轰击那庄村宋屋，该村中弹 4 枚，房屋被毁 5 间。

5 月 22 日 驻邕宁八尺区赖村的日军被驻邕宁中国军队袭击伤亡重大。事后，日军对邕宁县的赖村、颜村和陆寨等村屯进行报复，残杀村民 50 余人，烧毁民房 400 余间。

5 月 26 日 驻邕宁县赖村日军 130 多人到六奂、塞上、颜村、莫屋等村"扫荡"，屠杀无辜村民 50 余人，伤 7 人，掳走村民 4 人下落不明。1 名妇女被日军强奸，日军入村大肆抢劫后烧毁 400 多间民房。

5 月中旬 日军飞机数架第四次轰炸南丹，炸死炸伤农妇各 1 人。同日下午日机又轰炸城郊，投弹 3 枚。

6 月 2 日 日军飞机 1 架空袭那马县。那马县百慕村被日机低空扫射，永州镇永固街被轰炸，炸毁民房 2 间，炸死 13 人，炸伤 30 多人。

6 月 3 日 日本军机 1 架入侵德保县足荣街上空，向正在进行物资交流、人群集中的足荣圩场投掷重量级炸弹 1 枚，居民死亡 12 人，受伤 10 余人。两次轰炸，德保县直接财产损失达 4230000 元（当年法币），其中：炸毁房屋 36 间，估价 1500000 元，财物家具无数，损失估价 2370000 元。

6月16日 为剿灭本地的抗日自卫武装，当日约 700 名日军"扫荡"邕宁县新丁村（今属南宁市良庆区新兰村）。同月 29 日，日军再次"扫荡"新丁村。该村被日军打死或外逃躲避日军"扫荡"时溺水死亡的共有 142 人，38 间民房被烧毁，耕牛 50 多头被抢被杀。被抢、被烧毁粮食 30000 多斤，蔗糖 30000 多斤，花生油 28000 斤；被抢被杀的鸡、鸭 500 多只，猪 700 多头；被炸毁烧毁的其他财物有：农具 80 多具，生活用品 10000 多件，衣服棉被 2000 多件。

6月19日 日军飞机轰炸隆安县保守乡（今隆安县城）在城内、城北、拱阁街等处投炸弹 6 枚，炸死 5 人，伤 1 人。

6月24日 上午 9 时左右，3 架日军飞机轰炸隆安县留德乡公所和中心小学（今雁江镇联隆村），共投炸弹 4 枚，小学生许仕德、许秀玉以及村民廖永祥等 5 人被当场炸死，伤 3 人。

6月上旬 日军飞机数架第五次轰炸南丹县城，炸死炸伤各 1 人。

6月 驻邕宁县大塘日军强征（强拉）当地民夫 3000 余人，企图修筑邕宁至钦州铁路。

7月4日 日军在钦州犀牛脚杀害 60 多岁的陈伦和黄超等 4 人。老太婆陈大妈重伤而死。

7月4日 为报复当地抗日自卫武装，日军"扫荡"邕宁县乌兰村（今属南宁市良庆区新兰村）。另据统计：杀害村民 10 余人，全村共有 52 间房子被日军烧毁，被抢或被烧毁的稻谷 50000 多斤，蔗糖 70000 斤，农具 160 件，衣服棉被 2800 件，约有 3000 多只鸡、鸭被抢被杀，2000 多件生活用品被烧毁。村里有 3 名妇女被日军强奸。因日军多次入村"扫荡"和缺衣少食，有 30 名村民外出逃荒，其中，村民玉家保、玉文松饿死在逃难路上。

7月6日 7 架日军飞机空袭隆安县城，在拱阁街至陈黄村一带，投弹 42 枚。当时还有当地民夫在隆安国泰码头为中国军队装粮上船。轰炸中有群众 45 人被炸死，43 人被炸伤，炸毁 1 家锑矿，毁民屋数十间。

7月22日 日军飞机轰炸隆安县雁江乡公所、保守乡新街，共投炸弹 4 枚，死 1 人，伤 1 人，毁屋 5 间，价值 3100 元。

7月27日 日军飞机 3 架轰炸东兰县城，分四次投下炸弹 10 枚，东兰监狱中弹 2 枚，监舍全毁，监舍内 42 名犯人和狱警被炸死，五权街中弹 5 枚，10 多间民房被烧毁。

8月17日 一股日军从邕宁县那马乡进入新江乡的屯阳、那陶两村"扫荡",掠去财物后,将村中谷仓烧毁。

8月22日 日军轰炸机八架先后四次对都安县城及飞机场进行轰炸,造成机场严重损坏,总计四次被炸损失,房屋被炸毁70多间,伤亡官兵民众27名,损失价值约三千多亿元(法币,1947年币值)。

8月22日 日军飞机9架,从河池方向飞临东兰县属安篓村红水河渡口(今东兰镇同拉村安篓屯)上空,投下炸弹20余枚,轰炸红水河汽车码头,6艘渡船被炸沉,码头被炸毁,附近7座民房被烧毁,死伤男女7人。8月30日上午,日军飞机7架,飞临东兰县城上空,投弹14枚,炸塌烧毁民房30余间。8月30日同日下午,日军又出动飞机7架,两次对东兰县城实施轰炸,先后投掷炸弹14枚,县城益寿桥桥身被震垮,民房被损坏10余间,同时,又在县属安篓村投弹8枚,炸毁民房数间。

8月24日 日机51架侵入桂林上空,投弹数十枚,全国木刻协会及漫画家抗敌协会会址、美国浸信会医院、四川会馆馆址、桂西旅馆、银宫戏院等被炸毁,死伤平民30多人,毁房屋数十间、邮局停汽车房的旧汽车数辆。

8月25日 驻守在涠洲岛的日本第7基地日机3架起飞轰炸防城那梭街,投弹12枚,炸死居民4人,伤6人,毁屋3间。

8月26日 日军飞机轰炸恭城县栗木矿区,炸死7人,伤40余人,矿区民舍、厂房全部被炸倒,设备毁坏。

8月上旬 日机轰炸万冈(巴马)县凤凰街,投弹数十枚,炸死5人,伤50多人,炸毁房屋10多间,禽畜100多头。

8月 日机12架在灵川县城三街镇小南门投弹79枚,炸死一三六伤兵医院36人。共炸死平民107人,炸伤42人,炸毁房屋1327间。

9月5日 日军飞机6架,在东兰县城上空投下炸弹3枚,炸毁民房数间,炸死炸伤男女4人。9月6日 日军飞机3架,在距离县城中心约一公里的郎团屯投下炸弹8枚,没有造成人员和财产损失。9月12日 日军3架飞机,在东兰县城上空投下炸弹4枚,县国民中学部分校舍被炸坏。

9月8日 日军飞机3架在邕宁县三江口附近的东南乡大滩村投弹多枚,躲在屋外扁桃树附近草丛的黄炳辉和妻子、孩子及其他村民共8人被炸死。

9月14日 盘踞在钦州沙坡的日军700—800人再次入侵防城县城,驻扎10多天,成立维持会,以维持会名义出示安民通告,发放顺民证,强迫国民帮其做工修路,日军四处抢粮、捉猪、抓鸡鸭、奸淫掳掠妇女,无恶不作,民愤极大。

9月15日 9架日军飞机轮番轰炸象县石龙镇,向柳江河沿、河中投弹140

余枚，油船爆炸，火烟蔽天，震倒民房一座，炸毁民船百余艘，死伤民众200多人。

9月16日 盘踞在防城的日军步兵400余人于夜晚侵扰防城滑石（华石）街，将墟民来不及搬避的猪、鸡、鹅、鸭尽行抢掠宰杀。

9月23日 日军在钦州犀牛脚杀害70多岁的驼背老翁林锦祥、看家陆××、服务员余××等3人，将陆××剖腹，五脏六腑暴露尸外。日军还放火烧房子，并抢走群众不少财物。

9月24日 日军飞机6架侵入武鸣县府城（今府城镇）上空，赶圩民众为躲避日机轰炸而涌向武鸣河边的燕子岩避难。当日，日军投弹3枚，并用机枪低空扫射逃散的村民，共炸毁民房数间，炸死、打死平民谢云瑶、方阿福等14人，重伤11人。

1940年秋 日军为打探抗日游击队的情况，将钦县平山乡（今沙埠镇部分地区）螃蟹孔村杨光宗、杨焕钊、杨象南、杨干卿、杨焕序5人先后抓来严刑拷问，最后惨遭杀害。

10月25日 日军出动3架飞机，投弹18枚对钦北大寺江两边街道进行轰炸。其中有2颗炸弹落在江边街中间处，炸死及重伤40多人；6颗炸弹落在饮食店及附近处，炸死50多人；6颗落在下正街至闸门内外的糖行处死40余人。这次轰炸共计炸死及开枪射死居民146人，重伤医治无效者8人，伤者无数，炸毁房屋30多间。

10月26日 日军出动2架飞机轰炸钦县屯强村，炸死10多人。

10月26日 日机两次空袭横县江口圩，共炸死炸伤16人，炸毁民房25间。

10月26日 3架日军飞机轰炸隆安县乔建乡，共投炸弹25枚。炸死12人，炸伤18人，共有42间房屋被炸毁，群众的猪、牛、稻谷、家私等大量财物被毁，共计损失38000元（法币）。

10月27日 日军派出2架飞机投下12颗炸弹，对钦县宿和、那角两村进行轰炸，共炸死村民24人，炸伤10多人，炸毁房屋20余间。

10月27日 日军飞机轰炸隆安县保守乡拱阁、新街，投炸弹20枚，死3人，毁屋27间，价值23000元；财物损失主要有稻谷和玉米，价值5000元。

10月30日 南宁沦陷11个月零6天后光复。光复时的南宁城被破坏严重，残垣断壁，十室九空，房屋之间所有墙壁均被打通大洞作通道，室内木制家什、门窗等大多被日军劈做柴火作煮食或取暖，城内垃圾成山，许多街道、马路上长满杂草。

10 月 广西省政府颁令，为防止公路被敌人利用，遏制其机械部队横行入侵。全省各县实行战时破路。

11 月 4 日 驻守在涠洲岛的日军第 7 基地日机 2 架炸防城华石街，投弹 12 枚，毁屋数间。

11 月 9 日 驻守在涠洲岛的日本第 7 基地日机轰炸防城多秀村，乡长陈铭卿及其妻子、儿子一家三口惨遭炸死，前乡长（转充事务员）黄翰亦被炸死。

11 月 12 日 日军轰炸灵山，投弹 127 枚，炸死 10 人，房屋损失不计其数。此后直至 12 月初，在不到一个月的时间里，日机投下了 300 多枚炸弹，扫射了数千发机关枪子弹。

11 月 14 日 广西沦陷的桂南 19 县全部光复。由省赈济会办理调查沦陷期间一切损失，整理结果，曾刊载于《广西统计》月刊第 1 卷第 5 期。1939 年 11 月至 1940 年 11 月桂南 19 县沦陷损失：死亡人数 11147 人，受伤人数 2161 人，失踪 3986 人；财产损失总计 146631853 元法币（1940 年币值）。

11 月 容县抗日动员委员会根据广西省政府和梧州区民团指挥部关于阻滞日军机械化部队入侵广西毁路御敌的指令，先后组织了三次对容苍（容县至苍梧）、容武（容县至平南县武林镇）、容北（容县至北流）公路进行大规模毁坏。在几次行动中，先后调征民工 25.9 万人次，毁坏形式或挖坑、或蓄水、或拆桥、或放置障碍物。

11 月 广西省驿运管理处确定玉林经博白到麻坝为驿运要道，全长 234 公里，征调玉林、博白、陆川的后备运输队共 6000 多人，抢运战备物资。

11 月 驻守在涠洲岛的日本第 7 基地日机 9 架次，3 次轰炸防城那良街，投弹 15 枚，炸死炸伤居民数十人，毁房屋数间。

11 月 日军撤退前，派飞机连续轰炸钦县大显村两天，投燃烧弹烧了房间两间，炸死群众曾美川、黄贝、张锦文、老范妈和黄琛未满十岁的儿子 5 人，炸伤曾镇熙、曾镇和、曾十妹、曾镇熙等人。

12 月 9 日 日机 30 架，由越南海防起飞炸东兴街，街民大多往福德祠躲避，被日机发现，即对福德祠进行轰炸，共计炸死 110 多人，崩屋 16 间。

1940 年 日军在邕宁心圩维持会的协助下，在南宁一带强行征兵（伪军）两次。第一次是当年三四月，第二次是 7 月，共征 500 人左右，集中在西乡塘、石埠等地训练后运往广州。

1940 年 日军占领南宁后在占领区内四处鱼肉百姓。驻邕宁苏圩、吴村（圩）日军，在汉奸带领下经常到苏圩各村屯搜抢粮食，强逼逃离家园的百姓回村当"顺民"。在登记、发放"良民证"时每人收取法币 1 元（维持会分 40%，日军分 60%），每村勒索大米 200 斤、糯米 100 斤、番薯 300 斤、红糖 50 斤，上交驻吴村（圩）据点的日军。同时，日军在汉奸的协助下，到那些不愿登记为"良民"的村庄抢劫，日军要黄牛（宰杀），汉奸要水牛（倒卖），并强迫村民（拉夫）为其做苦役，每村强征妇女 10 名为日军烧火做饭，遭受凌辱强奸，老百姓凡遇到日军都要下跪，不愿意者则被殴打。在日占区，日军还用大量伪币（伪造广西银行发行的桂钞）购买当地食品和日用品，扰乱市场。

1941 年

1 月 8 日 广西省政府 513 次委员会通过重架柳江军用浮桥案，预算 15 万元。

2 月 3 日 日机轰炸迁江渡口。

3 月 3 日 晨，日军 200 余人在北海之高德登陆，后增兵 1000 余人。驻防北海的国民党军地方团队稍作抵抗便仓皇出逃。日军所到之处，烧杀抢掠，奸淫妇女。从 3 月 3 日日军登陆至 3 月 8 日日军撤离这 6 天中，北海市民被杀害有 37 人，伤 29 人，被俘 2 人，被劫粮食、牲畜、居民财物等物资共计法币 450 万元。

3 月 4 日 上午 9 时，日军骑兵 30 余骑由合浦属之三合口向南康前进，下午 1 时在三合口、南康间残酷"扫荡"。北海市内之日军将市内货物抢掠运上敌舰，市区内的铜、锡具及铁板全被抢掠一空。

3 月 6 日 日军在马栏、翁山、平阳等村进行劫掠粮食、牲畜等物资，2 辆运输车往返运输多次返抵北海，放火焚烧高德、外沙民房和北海渔船。

3 月 7 日 日军强拉民夫将在北海劫掠的物资金属器材、棉被、粮食、食盐、食油、糖、牲畜、家禽等搬聚海滩集中，用小艇驳运上军舰。

3 月 8 日 11 时，日军飞机一架在北海赤壁投弹 4 枚。14 时，日军全部下舰撤走，掳去李庆荣和林万里 2 人。

3 月 17 日 驻守在涠洲岛的日军第 7 基地日机 8 架轰炸防城街，共投弹 16 枚，一弹炸中救济院，当时国防军驻扎在救济院，被炸死伤 11 人，街上居民死 24 人，炸毁房屋数间。

3 月 18 日 从越南起飞的日机 9 架轰炸东兴街，投弹 36 枚，死伤居民 11

人，毁屋 30 余间，以克强街崩屋最多。

4 月 8 日 日军飞机 9 架轰炸田东县城，炸毁德新街、中山街、南华街和东庆街数十间民房，居民和难民死伤数十人。18 日和 26 日日机又空袭轰炸田东县城。

4 月 25 日 日本飞机 9 架入侵上金县（今属龙州县）窑头圩，炸死群众 31 人，伤 3 人。

4 月 30 日 国民党小董驻军经呈准枪决汉奸 38 人。

5 月 2 日 北海一艘渔船被日军舰劫走。

5 月 29 日 日军 1 架飞机对田林县定安（当时为西林县县城）进行轰炸，造成民众伤亡 25 人，房屋损失 21 间，财产损失 350000 元（法币）。

6 月 9 日 日军派出飞机 9 架，飞临东兰县城上空，投下炸弹 7 枚，炸毁民房 10 余间，震坏 60 多间，炸死炸伤 2 人。

6 月 24 日 2 艘日军军舰在电白寮海面对货船、渔船各一艘实施抢劫后焚毁。

6 月 桂平县政府筹拨法币 3.5 万元，修复桂山等中学被敌机炸毁的部分校舍。

7 月 20 日 日军两艘军舰在北海附近海面抢劫、焚毁渔船数艘后离去。

7 月 26 日 在越南起飞的日机一架轰炸东兴，投弹 4 枚，死 1 人，伤 4 人，毁屋 1 间。

8 月 4 日 中午 12 时许，日机 21 架侵入桂林上空，在市区 3 次投弹轰炸，市内文化机构如助产护士学校、省临时参议会、新运妇委会、乐群社等房屋多被炸毁，中华圣公会、美国浸信会则被部分炸毁，炸毁烧毁与震倒房屋数百栋，平民有 200 多人丧生，受伤 400 多人，警察死 7 人，伤 11 人。

8 月 20 日 日机 28 架炸柳州市区及市属六道等乡镇，对该市文化机关所在地及市民住宅区疯狂投弹 70 余枚，炸死 45 人，伤 168 人，毁屋 72 间，其中柳州日报社编辑部、曲园、红十字会、慈善戏院及警察局等处均被炸毁。

8 月 23 日 日机 53 架次从湖南入侵轰炸灵川县城三街镇，投弹 161 枚，炸死 88 人，伤 13 人，炸毁房屋 334 间。

8 月 24 日 日机 27 架由湖南窜入广西省境，在灵川、兴安、界首、全州等地投弹后向湖南逸去。

8 月 25 日 日机 6 架袭击柳州马鞍山一带，投弹 20 余枚，炸死 12 人，伤 23 人。

9 月 邕宁县县长方德华为沙井乡"千人坟"合葬墓撰写碑文,纪念南宁沦陷期间在郊区沙井一带遇害的同胞。1940 年 11 月,南宁光复后,在沙井乡乐贤村一带先后发现上千具被日军杀害同胞的遗骸。出于对遇难者的尊重,在沙井乡乡长郭赞襄安排下,乐贤村村民在黄章岭北坡挖一个长、宽、深各 2 米的大墓穴,将收集到的遇难者头颅盛满 6 个特大水缸入墓安葬。由于遇难者头颅壳太多,6 个大缸仍装不完,剩下部分颅骨只好另行处理。在这批遇难者中,仅查明 85 个本地村民的姓名,故合葬墓又称为"千人坟"。

10 月 26 日 据《柳州日报》报道:柳江县奉命募集战债共计 2965000 元(法币)。

11 月 13 日 日机 41 架,先后在柳州、平乐、桂林等地投弹。敌机窜逃时,两架在桂平被迫降,其中 1 架坠落在桂平麻洞乡莲塘村公所附近。

11 月 30 日 从越南起飞的日机 18 架分 2 批轰炸江防城平街及附近村庄,在市区投弹 20 余枚,市区外附近投弹 40 余枚,又在墟北隔江吒仑、那兵两村投弹 50 余枚,共计死伤居民 35 人,毁民房 35 间。

12 月 9 日 日机 9 架,狂炸钦县县城,在大南路(今人民南路)、鱼寮东街、二马路、中山路、宜兴街等投弹 58 枚,毁屋 45 间,死伤 200 余人,其中有名可查者,死 31 名,重伤 36 名,轻伤 68 名。

12 月 15 日 上午 9 时 19 分,日军飞机两批 9 架空袭南宁城区,共投弹 30 余枚,毁民屋 11 间,死 19 人,伤 30 余人。

1942 年

1 月 18 日 当天,日军出动 25 架次飞机,分四批从北海方向前来空袭南宁,在城区投下燃烧弹、杀伤弹等共 114 枚。据次日《南宁国民日报》报道:此次空袭,南宁有 128 间房屋被烧毁,271 间房屋被炸毁,被炸死、炸伤 430 余人。

1 月 29 日 日军 3 艘军舰在合浦营盘青头山海面向中国货船、渔船射击,致 2 名船员死亡,2 人受伤。随后,日舰又劫走货船 2 艘,打死打伤船员 21 人。

2 月 25 日 日机 9 架排成三个品字形,飞至钦县县城上空,投下 10 余颗炸弹,共炸死 4 人,炸毁房屋 24 间。

3 月 5 日 日军 9 架飞机投下 10 多颗炸弹,轰炸钦县城区鱼寮西街猪子行一带,死 40 多人,伤 30 多人。

3月6日　合浦恒昌公司1艘盐船在北海冠头岭海面被日本军舰击沉，损失盐5万斤。北海三盛利商行一艘货船被劫往涠洲，损失法币10万元，当天还有数艘渔船遭日舰、日机扫射、轰炸。

4月22日　日军舰劫去货船一艘，乘客10人被缚投入海中，除2人幸免于难外均溺死。

4月22日　日机12架窜入钦县钦州城上空，城内大部分群众从二马路蜂拥跑出江滨一带疏散。日机投弹至二马路、江滨、江中和二马路对岸的中沙村等处。钦江中有三艘木船载满群众正向对岸中沙村驶去，当场被炸沉，江水成了血水；江滨、沙滩、二马路街上血肉横飞，惨不忍睹。这次轰炸伤亡男女共六七百人。

4月26日　日军飞机9架轰炸田东县城东庆街等数处，炸毁民益米机、电灯厂、田东县立国民中学校及国民政府军政部第43补充兵训练处、步兵第3团团部等，损失巨大，死伤30多人。

5月27日　日机空袭柳州，河北映山街大火，被焚毁铺户185间，受灾1356人，财产损失4011100元（法币）。

5月30日　日机17架侵入桂林上空，在市北门外难民所附近投下燃烧弹20多枚，烧毁简易民房一大片，炸死炸伤难民多人。

6月4日　柳州城区发现霍乱。下旬后，蔓延文笔、流山、成团、洛满、土博等乡，到10月31日止，柳州本年患霍乱者总计847人，死亡295人，死亡率占33%，共支出防治经费23509.43元。

6月13日　日本军舰在北海冠头岭海面劫去装载白糖、豆麸一艘货船，损失价值法币3万元。

8月24日　日军飞机12架轰炸田东县城南华街部分民房被炸毁，二牙码头一带90多人被炸死，居民苏三、陆寿德两家被炸死8人。炸毁房屋1505间。

8月26日　崇善县政府派出民工900人，到县内板利乡破坏邕龙公路。

8月30日　日机7架侵入桂林，在北门外投燃烧弹20余枚，使难民所发生大火，经过防护团消防队员努力扑救，燃烧约半小时才被扑灭。

10月2日　驻守在涠洲岛的日本第7基地日机1架轰炸企沙街，投弹2枚，毁渔船2艘。

10月29日　凌晨3时，敌机5架侵入桂林市空，在市南郊投弹20余枚后逸去。另批敌机32架于是日晨窜至桂林市空。

11月11日　晨，日机35架，分4批袭扰桂林市。

11 月 23 日　凌晨 1 时，日机 3 架趁月夜侵袭桂林。

12 月 8 日　清晨，日机分两批共 28 架侵扰桂林，在西南郊投弹多枚。

12 月 31 日　日军飞机 27 架狂炸梧州，投弹 100 多枚，多属燃烧弹，市区多处燃起大火，死伤共 300 余人。城东镇大东上街、城中镇大中上街（今万秀区）何观阳等 12 名平民死亡。

1943 年

1 月 4 日　日机 21 架袭击桂林，投弹 100 余枚。

1 月 19 日　日军军舰在合浦西场与钦州交界处追击渔船，有 3 艘渔船被洗劫后遭焚毁。

2 月 8 日　日机 60 架分三批侵入桂林，在西南郊投弹百余枚、在北门贫民区投弹数十枚，炸毁郊外草屋数间、民房 5 间。

2 月 9 日　上午，日机 11 架侵柳州，在机场投弹多枚；下午，日机 9 架袭柳，在河北市区投燃烧弹和杀伤弹 20 余枚，炸死 3 人，伤 4 人，毁屋 65 间。

2 月 12 日至 13 日　日机轰炸合浦廉州沙街尾、二甲社等处，造成多人死伤，多间民房被毁。

2 月 23 日　日军在广州湾登陆。广西省政府令梧州等区专员公署转饬南路边区之郁林、陆川、博白、岑溪、北流、兴业、苍梧等县立即疏散，以防患于未然。

2 月 23 日　日本飞机 3 架轰炸玉林县城，国民中学等处 12 间房屋被炸坏或震坏。

2 月 25 日　日军 2 架飞机空袭北海市区，投弹 6 枚，海关验货厂中弹 2 枚被毁，附近沙滩落弹 1 枚，3 间民房被毁，中山东路波楼院内中弹 1 枚，波楼被炸崩一截。

2 月 28 日　一艘日军汽艇在营盘港开机枪向渔船扫射，部分渔船纷纷驶近岸逃避，一艘渔船逃避不及，被日军放火烧毁。日军汽艇逞凶后，即向涠洲岛方向驶去。

3 月 13 日　日机 8 架趁雨侵入桂林上空，袭击广西大学由桂林开往良丰的校车，炸死炸伤 15 人。

3 月中旬　日军飞机再次轰炸合浦县廉州城区。一天上午，日机 3 架轰炸附城镇公所和海门中学一带，投弹 30 余枚，附近商店、民房被炸成废圩，居民数人被炸死炸伤，其中卖凉茶名叫三妈的被炸得找不到尸体。城内大北街曾屋、马屋、合浦医院损失惨重。

3月 中美合作兴建平南丹竹飞机场，开始动工，10月建成。机场可供先进的重型轰炸机起降，成为中美空军轰炸华南日军的军事基地。

4月5日 上午10时日机10余架侵入南宁市空。

4月26日 日军飞机11架空袭南宁市区，在东北郊区投弹32枚，毁房3间。

4月28日 柳州城区发现霍乱。7—8月，疫情蔓延严重。8月1日起，半个月内已死31人，在医72人。

4月 广州湾难民大量涌入柳州。紧急救侨委员会柳州办事处在融县和睦建新村安置。

4月 驻桂林的美国第14航空队3号油库被日机轰炸，损失航空汽油1万多加仑。

4月 由于大批大米被奸商运往越南海防卖给日军，造成合浦发生米荒，米价飞涨，许多人生活无着，闸口卜宅一家4人自杀，西场有2人饿死，乾江一农民投江自杀。

7月11日 日军飞机1架，从东南方向飞来，在信都县（今属贺州市八步区）黄祺岭哨所投弹两枚，接着用机枪扫射，哨所电话员罗亚炎被击身亡。

7—8月间 日本侵略军飞机5架，飞临信都县城上空，向信都中学、县政府低空投弹，炸毁县中学教室及办公楼。8月，信都中学迁往中华乡宾兴大庙上课。

8月7日 日机轰炸梧州市区城东镇平民街（今万秀区），造成胡李氏、胡亚群等8名平民伤亡。

8月10日 日军飞机2架，盘旋信都县城上空，空投传单、炸弹，炸死居民5人，牧畜数十头。毁街两条，社会财产不计其数。

9月4日 日军飞机16架空袭梧州，向市内平民住宅区、商业区投弹，并用机枪低空扫射，死伤民众颇多。其中九坊街逢源银行中弹倒塌，银行地下室出入口被封，水管被炸断，淹死避难市民49人。

10月15日 日军飞机9架轰炸桂林秧塘机场，炸死民工多人。

12月31日 日机27架再次轰炸梧州，向市区投下炸弹和燃烧弹100多枚，全市伤亡300多人，其中梧州女子中学学生张文英等6人死亡，黄淑媛等14人受伤，在女子中学暂住的平民1名保姆、1名律师也被炸死。

12 月 香港私立华侨工商学院迁来柳州，校址在东大路"琴园"（今中山东路原柳州地区土产公司处）。12 月 31 日，举行开学暨庆祝复校典礼，次年在柳招生，设土木工程、商业、银行 3 个系，后因日军侵柳停办，1946 年迁回香港。

1943 年秋 日军飞机 9 架，侵袭贺县沙田镇逸石村马京塘、同胞尾和马鞍山，盘旋俯冲，投弹 9 枚，毁良田 10 亩。

1943 年 在桂平木圭开业的锰矿公司有 13 家。翌年秋日本侵略军沦境，木圭采矿业全部停产。

1944 年

6 月 15 日 第四战区司令长官张发奎在柳州召开广西党政军负责人会议，研究备战事宜，决定桂林、柳州应及早疏散。

6 月 25 日 第四战区司令长官张发奎任命第十六集团军副司令韦云淞为桂林防守司令，负责坚守桂林，同时还向当地各团体代表发布了立即疏散令。

6 月 26 日 日军侵占衡阳机场，桂林开始疏散。

1944 年夏 日军轰炸桂平县城，太平天国纪念堂被炸毁，堂内收藏的珍贵文物图书，毁于一旦。

7 月 3 日 广西省政府部分机构迁到宜山县城。在路工纪念学校办公。11 月 10 日迁都安县，后转百色县。

7 月 13 日 日机袭击桂林机场，击落或击毁中国飞机 89 架。

7 月 28 日 日机 12 架袭柳州机场，投弹 70 余枚，炸毁大型飞机 5 架，小型飞机 5 架，焚毁大型飞机 17 架，小型飞机 9 架。

同日 夜，日机袭击桂林机场，焚毁、击毁中国飞机 62 架。

7 月 31 日 日机第 90 战队袭击桂林秧塘机场，击毁机场飞机 44 架。

7 月至 8 月间 日军两次轰炸融县长安镇。长安飞机场航空指挥塔被炸，机场遭破坏。河西兴仁街 1 家 4 口被炸死 3 人炸伤 1 人，该镇大坡村前来购办嫁妆的母女 2 人被炸死，一农妇背上的婴儿被弹片割掉头颅死亡。

8 月 10 日 日架 6 架，对临桂县义江两岸平民百姓轰炸扫射，平民死伤 37 人，炸毁桂林女中校舍。

8 月 12 日 日军飞机 4 架飞临信都上空，向信都小学、中学、县府投弹，县府警卫员黎桂青被炸死，信都中学教学楼、办公楼被毁，信都中学被迫迁往铺门中华村石城宾兴大庙上课。

8月15日　征调融县民工2100人破坏长柳（融县长安至柳州）公路78公里，于10月17日完工。

8月26日　商人卢德利和货船在桂平白额村河面遭日机轰炸沉没，船上十余人全部炸死于江中。

8月29日　晚，美军第14航空队一架大型轰炸机在昭平县黄姚猪头岩田垌坠落，7名随机人员跳伞生还，3人在机舱内遇难。

9月8日　衡阳陷敌后，日军沿湘桂铁路沿线进犯，是日，桂林防守司令部发出第2次疏散令。

9月9日　广西省公路管理局为阻碍由湖南进犯的日军，将钟山、平乐、阳朔、桂林、义宁（今属临桂县）、龙胜各县一线东北地区的县乡道路、公路铁路一律彻底破坏。

9月10日　日军进犯抵达苍梧广平乡月洞村、马圩村（今苍梧县广平镇）杀害平民黄柱芳等8人。

9月11日　桂林市城防司令部发布强迫疏散令，限期在14日正午前疏散完毕。从6月开始的三次疏散，导致桂林交通严重拥挤混乱，发生不少事故；黔桂铁路沿线难民达到70万人，逃难状况惨不忍睹。

9月12日　桂林防守司令部发出限期3日强迫疏散令，桂林市居民纷纷离城疏散。在桂林的一批进步文化人士何香凝、梁漱溟等人及文化供应社、广西艺术馆等单位沿漓江撤往桂东。

9月13日　日军第11军第13师团急袭全县县城，守军第93军不经激战即放弃该城，撤退时焚弃子弹150万发和军粮、军用物资一大批。

9月14日　广西省政府机关最后一批人员撤离桂林，向宜山县城转移。

9月14日　美军史迪威中将由缅甸飞抵桂林与张发奎会晤，研究美空军在桂各机场的设施处理问题，史命令除留1个机场外，其余全部破坏。

9月14日　湘桂铁路苏桥段发生火车相撞事故，撞坏火车头1个、车厢6个，死100多人，受伤四五十人，其中桂林《扫荡报》总编钟期森遇难。

9月14日　日军太平洋舰队陆战队，从广州湾（湛江）经遂溪、廉江入侵到陆川县盘龙、清湖边境。在东村、丁村、清湖抓走群众50多人，轮奸妇女10多人。

9月15日　晚，日机3架袭柳机场，先投照明弹，再投弹10枚，大型飞机被炸起火。

9 月 15 日 陈纳德执行盟军中国战区参谋长史迪威将军命令破坏桂林机场，除极小的战斗机用的降落地点外，其余以 1000 公斤的炸药完全炸毁，凡不能撤退的司令部的设备、仓库、武器弹药、燃料、炸弹均被焚毁。当时桂林共有三个机场：二塘机场于 1929 年修建，1936 年征调民工 2 万余人扩建，1938 年征调民工 17034 人再次扩建，耗资 147143 元（法币），1940 年抢修被日军轰炸后机场的民工共 5000 余人，1943 年再次进行扩建；秧塘机场于 1933 年修建完成，并于 1939 年、1940 年、1941 年进行了三次较大规模的扩建，共征调民工 3.7 万人，耗资法币数十万元，1942 年组建 6000 余人的抢修机场民工大队，应付日军空袭后的抢修；李家村机场于 1943 年开始修建，两次征地费用共 750041.45 元（法币），1943 年征调民工 43123 人，1944 年征调民工 66191 人，1944 年秋完工。

9 月 15 日 早上 8 点钟，日军 23 独立混成旅团两千余人，突然从广东化州文楼窜入北流县石窝坡头村，村警发现后，马上敲响警报锣通知村民，村民扶老携幼直往山沟里钻。日军一进村就挨家挨户搜查，强抓挑夫，奸淫妇女，烧杀践踏。坡头村有 9 人被抓去挑担，1 人下落不明，4 位村民被日军打死，其中李明东因生病挑不了担而被烧死，尤云高的父亲也因有病挑不了担而被抛进筋竹丛刺死，还有两个被抓去挑担的村民被日军毒打致死，3 名妇女被日军轮奸。

9 月 15 日 日军先头部队从石窝镇黄田村窜入了北流县六靖镇大坡村、水冲村、六靖圩、镇南村大坡村有 5 人被日军捉去挑担，两人生死不明，年老体弱的梁庭桂被推落荒坡摔死，根垌组有两个智障妇女被日军轮奸；水冲村的龙宗成、顾文祥、龙锡祺等 5 人被日军捉去挑担，龙锡祺不服从而被踢打得满身是伤；云罗村一名百姓被日军打死，一妇女被轮奸；六靖圩三名妇女被日军轮奸，其中一妇女被轮奸致死，两村民被抓去挑担惨遭杀害，还有两名盐警在与日军交战中牺牲；镇南村有 3 人被抓去挑担，一人被打伤，一产妇被日军折磨致死，在镇南村铜鼓塘，日军还杀害了一名不知姓名的外地挑夫。

9 月 16 日 早晨，日本四架飞机炸贵港东津码头和附近的岩洞、大榕树根范围及市场，投了 8 枚炸弹并用机枪扫射，造成船民和街民、学生等死去 30 多人、伤残 10 多人的惨案。

9 月 16 日 晚，日本侵略军火烧信都县铺门街后，沿三洞、上洞、下洞小道经苍梧往梧州方向继续进犯，焚烧了沿途的三洞、上洞、下洞三个村的民房 100 多间，抢夺并宰杀大量的禽畜，放火焚烧大批粮食。18 日，日本侵略军撤出铺门。日军入侵信都县 4 天时间内，就有 7 个乡镇 32 个行政村（街）惨遭践踏和蹂躏，仅铺门就有村民251人被杀害，40多人受伤，12人被俘捕，17人被抓去做劳工，182人失踪，22467人沦落为灾民。

9月18日　日机6架袭柳州机场，投弹20枚，炸毁小型飞机5架，机场5处起火。

9月18日　日军在全州县两河山安村强奸妇女20多人。

9月19日　日军在全州县石塘乌田村搜山，24名（其中有12名儿童）村民被日军杀害。

9月20日　日机轰炸藤县蒙江镇，致使谭光昌之妻胡氏、大良村梁拨信等5人被炸死，有一颗炸弹带着小降落伞挂在居民朱四后院的果树上，朱四拆伞时被炸死。同日，日军进驻藤县蒙江镇，抓去妇女数名，集体轮奸，一名妇女被强奸致死。

9月20日　日本兵从贵县的龙山到东龙，杀害村民21人。老亚婆（60—70岁）被日军强奸。

9月22日　日军一部进犯平南大安镇。大安狮岭及大安街部分民众避难于山野中因流行病疫使100多人染上冷热症状。龙继晌、龙兆淮等数十人村民致病死亡。

9月23日　晚，日机7架利用月光在柳州机场投弹10枚，毁大型飞机2架，另2处起火，焚毁大型飞机3架，小型飞机5架。

9月24日　日机9架轰炸灌阳县城，炸毁房屋266座，占全城原有房屋470座的57%，受灾居民290多户，1150多人。

9月25日　梧州市区城东镇云盖街、大同街、贤德乡（今万秀区）李水民、吴陈氏、尹林等13人遭日军杀死，廖锦奇1人重伤。

9月25日　日军进攻中和乡、民治乡（今苍梧县岭脚镇、蝶山区），致梁秀金等20人伤亡。

9月25日　日军另一方面鹿兵团从广东郁南都城侵入梧州，占领以东西江沿岸城区和梧州机场等重要设施。其间日军强行没收大小船只48艘。

9月26日　一队日军经过苍梧广平乡，有甘伟楷等5人遭日军屠杀死亡。

9月26日　美军飞机对恭城县龙虎关日军及龙虎街原中国军队粮仓进行轰炸，并用飞机机关枪对地面扫射，轮番轰炸了3天。

9月27日　藤县太平镇沦陷。日军进入太平镇，4名赶圩农民被枪杀，数名妇女被轮奸，其中一名被轮奸致死。

9月27日　晚，日机7架袭柳机场，投弹数10枚，焚毁小型飞机9架；炸毁大型飞机 1 架, 小型飞机 4 架。

9月27日 日军"扫荡"经过全州县才湾宾家、南面庄、水婆田时, 杀死村民 14 人。

9月28日 日军进入藤县和平镇石桥、河村、大塘、十里、都竹、志成、务伦等村抢劫食物, 枪杀村民吴积宗、吴积敏、卓胜新、韩某等人, 打伤吴光文、邓表植、林桂才等十余人; 抓到妇女数名集体轮奸; 抓去 10 余名男人做苦役。

9月28日 日军入侵原藤县糯峒圩(今属岑溪市辖)捉去妇女 10 多名进行强奸, 连七十多岁的彩利婆婆惨遭奸淫; 抓去 20 多名男子做苦役。居民李鸿祯被用辣椒汤灌肠后, 吊死在大树上。

9月28日 日军飞机在恭城县西岭乡对河屯投下燃烧弹, 并用机枪对地面进行扫射, 炸死 5 人, 炸伤 2 人, 20 余户民房被烧毁。

9月28日 日军占领了平南丹竹机场, 在邻近的丹竹村大肆烧杀抢掠, 杀害平民百姓 22 人, 强奸妇女 9 人, 拉夫 148 人, 失踪 14 人。另有躲避至大桂山病死饿死数人。

9月29日 日军进犯原藤县三堡圩(今属岑溪市辖), 抓到一批妇女和少女, 进行强奸, 李甫南之妻不从逃走, 被开枪打中成重伤; 有 11 名村民被集体枪杀, 陈尸于雷塘坪上。

9月30日 日机 3 架攻击宜山怀远铁路桥。

9月 三江县发动民工数千人将接近湘西之大小道路及通龙胜的公路彻底破坏, 以备堵截日军。又为利军行, 于古宜、光辉、老堡、丹洲等处架设浮桥。

9月 桂林图书馆雇用民船, 将馆藏图书进行疏散, 1945 年 12 月初将疏散出外地的图书运回。馆藏文献原有藏书 251300 册, 损毁 182931 册, 劫后存书 68369 册, 馆舍、设备等财产均遭完全损毁, 总计各项损失 5 亿元(1945 年币值)。

9月 桂林中学进行疏散, 至 1945 年 9 月重建校舍复课, 期间图书仪器损失殆尽, 包括图书 4 万余册, 物理仪器 600 余种 2000 多件, 化学仪器 300 余种 7000 多件, 显微镜 14 架, 校舍遭焚毁。

9月 国立桂林师范学院在迁移过程中, 大部分仪器及学校公利互助社价值 10 余万元的存货因无人搬运而损失。

9月 广西日报社的大部分器材在搬迁到河池县金城江、那马县眼圩时, 因为日军的进逼而全部被毁, 只有部分人员利用幸存的器材坚持在昭平维持出版昭平版《广西日报》。

9 月 日机和盟机滥炸桂平县城上股、中股和下股街，所剩店铺民房全部炸毁。南河码头也被炸毁。

10 月 1 日 日军陷岑溪。年近花甲的岑溪中学教师李曦被日军吊打致死。

10 月 1 日 日军包围藤县岭景镇南塘村。民众与敌激战，村民梁任能、梁之桐在战斗中牺牲，梁之全被敌杀害；梁亚养、梁之胜重伤不治而死，梁国光和梁玉阶两人被惊吓至死；梁庆任、梁居和、梁之佳、梁庆德等 20 人受伤，后有 6 人因救治无效死亡。梁庆东、梁之德、梁居俊等 30 人被敌俘去，逃回 20 人，其余 10 人在押解途中被杀害。珠塘哨警梁英和被打断左脚。南塘村被烧房屋、被捣毁的家私用具、被抢劫的财物，折价数百万元法币。

10 月 1 日至 6 日 中国军队为扫清视界，火烧城外房屋，桂林城北门外大火 6 昼夜。

10 月 5 日 日机 2 架袭柳州，对铁桥投弹多枚，未命中。自 7 月 28 日至本日，日军共出动 14 批 87 架次飞机袭击柳州机场和柳江铁桥，投弹 500 枚，炸毁大小型飞机 102 架。

10 月 6 日 日军在苍梧县金鸡圩附近乡村抓到 10 多名妇女，进行强奸；抓到 20 多名男子，强迫做苦役或引路。

10 月 6 日 日军进驻资源县浔源乡（今两水乡），驻扎期间，每日搜山掠夺财物、抓捕壮丁和清缴抗日武装，打死平民 6 人，打伤多人，抓走 10 多人，驻地附近财产牲畜被洗劫一空，奸污妇女多人，其中 1 人被轮奸致死。

10 月 8 日 日军偷袭驻栗木宝成公司的恭城抗日自卫队，自卫队、矿警、群众共 37 人牺牲。

10 月 11 日 日军从湖南进扰资源县梅溪乡境内，侵扰 20 余个村子，在大里溪驻扎两天，杀害村民 10 多人；轮奸妇女 3 人，其中一人致死；放火烧毁民房 8 座、庵堂 1 座。

10 月 12 日 万余日军占领桂平蒙圩及附近村屯。到处奸淫妇女，知姓名被奸妇女 3 人，另有 1 个少女被轮奸后捅死，陈尸在蒙圩学校。

10 月 12 日 日军在桂平蒙圩圩边万昌荣菜园和温家菜园（今蒙圩村）制造了蒙圩惨案，枪杀村民 300 多人。

10 月 13 日 日军围攻藤县金鸡镇社山咀村，枪杀村民 7 人，纵火烧村，全村数十间房子，除了一座青砖炮楼和一间附屋外，其余全被烧光，烧死大猪 7 头，鸡 300 多只，烧毁稻谷 5 万多市斤。

10 月 20 日　日军第二次进攻藤县和平座峒村，以和谈、发良民证为名，并以威胁的手段，诱骗 34 人出村，除 4 人逃脱外，30 人全被杀死，造成座峒惨案。

10 月 24 日　国民政府军事委员会副参谋总长白崇禧到忻城县大塘乡召开抗日民团后备队训话会，大塘、木罗、三寨三乡 1000 余名壮丁参加。会议结束不到一个小时，大塘圩遭到日军飞机轰炸，国民党军大塘驻军 20 余名官兵被炸身亡。

10 月 26 日至 28 日　日军第 11 军第 3 师团 1000 余人从湖南省江华县白芒营进犯富川县福利镇，在该镇的白竹、福利、务溪、香草坪、石桥井、八百岭、山子石、大波洞等村滥杀无辜，奸淫妇女，强拉民夫。日军侵犯福利镇期间，杀害 3 名村民，强奸 4 名妇女（其中 1 人遭强奸后被敌人活埋致死），强拉夫役 17 人，后有两人被打死。

10 月 29 日　日军第 13 师团一部用毒气加火熏烧桂林市东郊柘木镇王家村黄泥洞内避难的平民，造成平民中毒窒息死亡 137 人。

10 月 29 日　日军在全州县安和乡文塘洞一带烧毁房屋 186 座，杀死村民 16 人。

10 月 29 日　日军在灵川县大圩镇金山岩用烟熏死洞内 7 人，烧毁稻谷 2000 多担。

10 月 29 日　日军在灵川县九屋苏村，烧毁房屋 8 座，杀死 5 人，劫杀猪牛 300 多头；灵岩乡（九屋）被劫耕牛 400 多头，猪 1600 多头，青狮潭岩背村一妇女被奸污后被割断脚筋致死。

10 月 29 日　日本侵略军侵犯钟山县黄竹山村，在黄竹山村杀害村民 2 人。30 日，留守浮桥的日军于下午 4 时发现黄竹山村长山仔岩洞，点燃洞中的物品，熏死躲藏在洞内的村民 44 人。日军在村中强奸妇女 3 人，抓夫 10 人，其中 4 人失踪。

10 月 30 日　日军 100 余人，于拂晓时侵入桂平石咀东叶村。村民与之作战终日，经马皮、石咀各村自卫队营救，日军被击走。是役毙日军 30 余人，自卫队牺牲 13 人。

10 月初　数百日军洗劫平南思旺圩，将 100 多间店铺洗劫一空，杀死民众 20 多人，抓夫 4 人，强奸妇女 6 人。

10 月　黔桂交通基本断绝，滞留柳州的万余难民大都以乞食为生。

10 月　日机和盟机每日出动飞机 30—100 架，轮番狂轰滥炸蒙圩，店铺民房连片被炸崩烧毁。

10月 日军占领桂平金田。日军在新圩抓到10余名妇女，拉到当楼轮奸，反抗不从者当场用军刀捅死。抓走壮丁20多人，多人被打伤。

是年秋 平南县丹竹圩圩日，村民吴锦明在摆卖吃喝时用扇扇凉，恰被一日军发现扇上写有"抗日救国"字样，被日军抓去，用辣椒水灌至肚胀，用脚大力踩踏让其喷出，反复折磨至奄奄一息。某一天丹竹镇廊廖村村民黄日光等9人在树下聊天，遭日机轰炸，9人全部遇难。日军进犯武林竹南村，大肆烧杀掳掠，周绍被烧屋时因病无法躲避而烧死，周德佳等5人被打死，梁丽珍遭到轮奸后被杀，周祖田等8人被抓做苦力挑夫。

是年秋 一小队日军进驻桂平下湾圩数日，在圩上和周围村庄强奸和调戏妇女2人，枪杀平民13人，伤12人。

11月1日 富川县境光复。据统计，全县遭日军杀害的有435人，重伤42人，轻伤168人。因日军陷麦岭，富川县最早成立的富阳镇幼稚园被迫停办。

11月2日 晨，临桂县会仙镇税江村避入大赤岩洞内的村民被200名日军围住，炮轰、扫射、火烧达2小时，村民死38人，秦六妹等3户人家无1人生还。

11月2日 驻扎在永福罗锦的日军116联队约20多人到林村掠取财物，村里的人能逃的均逃到山上去了，村民老幼妇女84人，就近躲在林村村旁鳌峰山"下岩"中。79人被日军熏死在洞里。

11月2日 日军出动几百人到武宣通挽镇伏柳村抢掠群众财物，焚烧谷子15000斤，杀猪170头，鸡400只，砸烂生活用品500件、生产工具300件，烧毁山林500亩、房屋140间。

11月2至6日 为阻止日军侵犯，国民党军事当局下令彻底破坏湘桂铁路，鹿寨县境内火车站和重要桥涵全部炸毁。桂柳公路上的重要桥涵也尽行炸毁破坏。

11月3日 日军第3师团陷荔浦。日军进入镇东乡岭坪屯（今东昌镇东阳村岭坪屯）后，便入村四处搜索，掠夺物资，当日军搜索至该屯龙岩洞，发现有动静，便火烧烟熏，洞中村民被烧死熏死30多人，烧熏后重轻伤30多人。

11月4日 日军第40师团步兵第234联队攻击七星岩洞窟高地，步兵第235联队攻击月牙山山瑞树林里的阵地，中国守军伤亡惨重。

11月4日 日军进入梧州长洲区长洲乡，屠杀黄永钊等4名平民。

11月4日 日军入侵荔浦县镇西乡松林村（今属青山镇），打死打伤村民

10 多人，抓当地村民作为挑夫 10 多人，村中房屋被日军毁坏。

11 月 4 日　日军第 6 方面军第 11 军 3 师团司令部及第 34 联队由湖南经平乐、荔浦、修仁县进入金秀县境三江乡、头排乡一带，大肆烧杀抢劫，强奸妇女，蓬容村 4 名村民遭杀害。

11 月 5 日　日军在阳朔县白沙岩塘村的硝岩发现岩洞内躲藏有村民，就在洞口用稻谷、米糠混合毒药、辣椒粉等点火，致使躲藏在洞内的陈守若等 27 人被熏死。

11 月 6 日　日军逼近柳州，情势危急，合山煤矿股份有限公司下令各矿井停产。9 日，日军逼近，公司总管理处由白鹤隘迁至合山矿场，后再迁到忻城弄麟办公。

11 月 7 日　桂林城东郊申山岩洞口附近中日军队发生激烈战斗，日军用窒息性毒气、煤气及火焰放射器向岩洞攻击，申山守兵伤亡殆尽，估计中国军队因毒气伤亡 60 余人。

11 月 7 日　凌晨 1 时，柳州电厂紧急停机，抢拆重要机件，用汽车运至重庆，设立柳州电厂驻重庆留守处。

11 月 7 日　夜，湘桂铁路管理局奉命将柳江铁路大桥炸毁。柳江铁路桥于 1939 年 10 月动工修建，1941 年 1 月通车，全桥造价 239 万元法币。

11 月 9 日　日军在阳朔县白沙五里店笔架山村的后山岩发现躲藏在洞内的百姓多人，日军将百姓收藏在洞内的衣物、稻谷、辣椒等掺上毒药点燃，致使骆十一嫂等 14 人被熏死在洞内。

11 月 9 日　晨，日军第 40 师团步兵第 234 联队占领桂林市东部七星岩顶，随后封锁了洞窟入口，并向洞内投放毒气弹，守军第 391 团及在洞内的野战医院人员和伤兵及居民 800 余人中毒死亡。晚，七星岩高地失陷。

11 月 10 日　为避免铁路被日军利用，合山煤矿公司接第四战区长官命令，派出 20 多人分乘 3 辆铁道摇车，赴王所、河里一带破坏铁路。

11 月 10 日　日机 5 架临空轰炸柳州，各据点及核心阵地工事多被炸毁。守备北岸之国民政府第 44 师第 131 团第 3 营，经与敌激战至 11 日全部牺牲。守备南岸城区之第 41 师第 121 团遭敌轰炸，死伤亦重，11 日夜，由团长赵凤铭率余部突出重围。

11 月 10 日　日军进入龙华乡（今梧州市长洲区），屠杀陆兆才等 15 名平民。

11 月 11 日　桂林失陷。据当日日军第 11 军发布战报称：守军遗尸 5665 具，被俘 13151 人。日军占领桂林后，抓夫上万人对桂林的三个机场进行修复。

11月11日　日军第6方面军第11军第3师团、第13师团和第23军第104师团攻占了柳州，柳江县城沦陷。后相继在驾鹤路天主教堂内建立伪宪兵便衣队，在半山酒店成立伪柳州维待会，在水南路建立日伪警备便衣队。

11月11日　日军用辣椒、谷糠、稻草放火熏烧临桂县庙岭乡（今属临桂镇管辖）马埠江村燕岩洞口，大火整整烧了7天，导致洞内避难的村民111人被烟火熏死，后为牢记日军暴行，改燕岩为白骨岩。

11月11日　日军在阳朔县葡萄乡东瓜寨村骚扰、掳掠，发现村后的山洞躲藏有老百姓，就点火熏，躲在洞内的百姓从岩洞的后门逃出，来不及逃跑的村民陈老悦等7人被日军抓住杀死。另有宾香才、黄喜秀、宾德万、宾肩连、宾喜万5人被日军抓去做挑夫，下落不明。

11月13日　日军放火熏烧临桂县聚田村山脚门岩，导致洞内避难村民14人死亡。

11月13日　日军入侵忻城县境，17日占领县城。思练乡毛洞村匪霸罗志宏为首任维持会会长，光复后被缉拿枭首示众。

11月13日至15日　日军占领桂平大洋圩和罗播。日军闯进罗村（今大洋镇双罗村）劫掠村民财物。全村300多户，家私杂物被打烂，抢走粮食7000余斤，猪、鸡、鸭被杀光。油缸被日军屙上粪便。

11月15日　驻扎于柳江县进德乡塘头村上屯的100多个日本兵全体出动，杀死中屯村民40多人，烧毁民房25间，烧毁粮食20000余斤。

11月15日　日军从百寿县山口城圩到雅窑圩，沿途杀死无辜村民20多人，洗劫村庄14座，纵火烧毁民房100多间。

11月15日　日军在临桂县四塘乡岩口村油笼岩抢劫洞内财物，洞内300多只装有衣物、钱币、首饰等桂林商家的贵重物品，及60多箱（件）军械，被日军抢劫一空。

11月16日　日军用毒气和烟熏桂林市雁山镇五塘村委洞上村大吉岩，造成洞内208名避难的村民死亡，后为牢记日军暴行，改大吉岩为血泪岩。

11月16日　日军烟熏桂林雁山镇五塘莫家村小吉山岩，洞内数十人死亡。

11月17日　合山煤矿公司总管理处办事员杨坤廷、助理员谭福等人前往溯河码头起卸公司食盐，恰与日兵相遇，日军架机枪向码头扫射，杨当场殉职，同去的矿警1死1伤，另有4名男女村民身亡。

11月19日　国军第4战区司令长官张发奎率领所部第37军和第188师沿西南公路向贵州撤退。撤退途中，将河池县城西面的大山塘公路桥炸毁，以此延滞日军的追击。炸桥过程中，桥上、桥边的难民当场被炸死 500 余人，史称"大山塘惨案"。

11 月 20 日 日军入侵融县县城融乐镇（今融水镇），据县城 3 天，烧、杀、掳、掠，有 90 多人被杀害。日军在长安镇掳掠 2 天，烧毁民房 100 多间，打死打伤 10 多人。

11 月 20 日 盘踞在融县县城的日军一支小队，经东良侵占和睦圩。次日撤走时纵火焚烧，大火持续 3 天，烧毁 383 户房屋。

11 月 20 日 日军放火烧毁融县雅瑶街民房 56 户 126 间，占全街房屋的 50% 有余。陈祖波的祖母人被烧死在屋中，4 人被拉夫。

11 月 20 日 国军第 46 军军长周祖晃率领军部及一个警卫营总共约 800 人撤退河池县驻保平乡，次日凌晨遭日军偷袭，造成"保平惨案"。事后，被掩埋的保平街军民尸体计有 470 具，还有周边村庄的死难者 200 多名。保平街居民被日军抓走 100 多人，妇女 100 余人被日军强奸，乡公所和小学以及 83 间民房被烧毁，50 头牲畜和近万斤粮食被日军掳走。在战火中被毁的广西省邮政局、河池县警察局、县立河池中学等单位物资及群众财物损失无法统计。

11 月 20 日 日军从环江县城经西南过内南屯、宽桥屯到达温平街。当天，是温平街圩日，日军到达时，街上大乱，日军掳掠人民群众财产无法统计，日军发现屯肯灰洞韦炳茂（壮语叫他永，公曼）家有一万多斤和收藏在岜药岩洞里 3000 多斤谷子，日军用火焚烧，烧了三天三夜，把粮食全部烧光。

11 月中旬 国民党军队在桂平蒙圩被日军击溃以后，有 17 名伤员流落到武宣县桐岭，睡在大街上（在今桐岭街搬运社处），除广东南海人谭林侥幸逃脱外，其余全被日军用刺刀捅死，血流满街，场面极惨。

11 月中旬 日军进犯忻城县城关镇都乐村，抢劫财物一批，村民张志坚等 12 人被抓夫役，途中张志坚被杀害，其余下落不明。

11 月 21 日 中午，一股日军由邕宁县坛洛乡方向进入隆安县镇流村小学驻扎（后改在刘氏宗祠住）。日军进村后即行烧杀掳掠，将村里的禽畜、粮食、衣物、家当等洗劫一空，并将村内青壮年劳动力强行拉夫，为日军挑水、劈柴、烧饭做菜、缝补衣物、搬运等。首志屯 80 多岁村民刘锦仙之妻，被日军强奸致死。入村当日，日军用刺刀轮番捅死村民刘绳利，百般虐待残疾村民刘绳桃。

11 月 21 日 日军从宜山（今宜州）向天河县（今属罗城县）进发，遭阻击。战斗中，抗日自卫队牺牲 4 人，伤 6 人。

11 月 23 日 日军火烧荔浦两江街房屋，两江街房屋大部分被日军焚毁。入侵的日军 600 余人还分别向天开、江埠等 19 处掳掠。

11 月 25 日　日军围攻融县太平村鸡仔岩，用稻草、辣椒、树叶堆在岩口大火焚烧，并用风车鼓风熏岩，熏死躲在洞里的太平、竹子、下里等村男女老少共 24 人。

11 月 25 日　日军搜山，柳江县覃加林、覃应芳等五六人被抓夫，拉到进德乡黄岭屯关押。几天后，日军将被关押的 44 个民夫，每 3 人由 1 个日本兵执枪监管，从黄岭屯出发挑重担沿着柳邕公路向西南行进。经过几十天的行程，沿途受尽凌辱，到达龙州时只剩 21 人，死去 23 人。

11 月 25 日　盘踞在武鸣县小陆乡杨李屯的日军"扫荡"小陆圩、板阮、全曾等村庄。在小陆圩上，日军当众公开奸淫妇女，枪杀 9 名无辜民众，将掳走的 5 名村民拉到杨李屯据点活埋。小陆圩在"扫荡"中有 12 间店铺被日军烧毁。

11 月 25 日　日军占领河池县城。攻陷河池县城之前，日军曾用火炮向县城一侧的大杨村轰击，有几户被国民党军租用存放手榴弹的民房被击中引起爆炸，全村有 50 余间房屋被毁，该村村民连同难民百余人被炸身亡。

11 月 26 日　日军 100 多人进攻柳城县伍家祠。是役，李家屯被烧毁住宅 2 间，炮毁 1 间；骆家屯被烧毁住宅 19 间，炮毁 1 间；毁谷 200 多石，劫走杂货 300 多件和大批物资，共计损失价值法币 1000 万元以上。

11 月 27 日　下午 1 时许，美空军飞机 16 架在六寨（南丹县境）及麻尾火车站（贵州省境）一带误投炸弹数十枚，炸死炸伤中国军队及难民五六千人。

11 月 29 日　日军入侵思恩县川山镇五圩村时，把当地居民收藏在才甘屯岩洞内的粮食、衣物、家具等财产统统烧光。损失粮食约 20 万斤，躲藏在岩洞里的 13 名妇女儿童无法逃出，悉数被烧死、熏死在里面。

11 月 30 日　日军第 22 师第 84 联队 100 多人入侵平治县（今属平果县），日军先占据龙马乡，所到之处，烧杀掳掠，奸淫妇女，无恶不作。当日，惨遭日军枪杀、刀杀的无辜村民 5 人，惨遭日军轮奸的妇女 1 人。

11 月下旬　日军纵火焚毁来宾县合山河里乡三家村、甘龙村、长模村、安塘村、双凌村等村民房共计 1887 间。

11 月　日军用毒气和烟熏桂林市柘木镇穿山村龙爪支岩，洞内 30 多名村民死亡。

11 月　日军用干辣椒烟熏桂林市南郊二塘乡佛殿村白虎山，洞内避难村民 40 多人死亡。

11 月　日军使用毒气弹及干辣椒烟熏桂林市朝阳乡欧家村红庙山岩，死亡平民 70 多人。

11 月 日军到百寿县（今属永福县）城北一带烧杀掳掠，返回途经朝阳村中村时，发现村民在中村后山的花岩内躲藏，日军先用枪弹攻击，继而在岩口堆上柴草、干辣椒混以硫磺等物焚烧，用风车将毒烟扇入岩内，32 人被熏死。

11 月 日军在全州县安河乡湾村大肆搜捕奸淫妇女。至次年 2 月，在该村共有 168 名妇女被奸淫，其中有位妇女被 42 名日军轮奸致死。

11 月 日军在灵川县潭下黎源村，点燃稻草将躲在大寨岩内的 15 人熏死。

11 月 日军在灵川县大圩镇东岸仙人山西边脚杀死群众 26 人。

11 月 日军从南宁北部高峰坳经葛阳村侵入太平镇林圩，用小钢炮炮击六卢山，致使避难平民林六九、阿荣（乳名）、姆宾阳、特羊（乳名）4 人当场死亡，林六二（终身残废）、姆阿荣、姆特恒 3 人重伤。

11 月 忻城县大塘乡木林村韦满月等 2 名妇女化装去敢杰岩取粮，被日军发现跟踪。两妇女进岩后，日军便在岩口烧火并放进辣椒，把两名妇女活活熏死在岩洞中。

11 月 忻城大塘拉寨村民老大优（绰号）在木林屯看望病人时，趁敌不备扛走枪一支，后被日军发现抓获倒立活埋。

11 月 日军进犯忻城县大塘乡平安屯，抓到郑秀荣、刘氏及韦承塘、韦承基的母亲等 10 多名妇女押至韦承机家轮奸三天三夜。

11 月 日军窜至忻城县大塘柳雅屯行劫，枪杀村民黄克勤，枪伤黄瑞芝等 3 人，妇女黄达蒋被强奸。

11 月 同月 日军从武宣东乡圩附近几个村抓来 30 多个妇女，关进花罗村一间民房实施轮奸，当场奸死 6 人。

11 月 日军在武宣桐岭街附近村庄抓来 8 名 30 多岁的妇女，拉到雅岗村郭松年家，强迫她们脱光衣裤，天天磨米舂米，并加以奸污，折磨达五个月之久，后被释放出来有 4 人相继死亡。

11 月底 日军袭忻城扰拉寨屯，枪杀村民黄立定、潘光章、卢学捌、卢太优 4 人，打伤致残黄志珍、黄志勤、潘克金 3 人，一名妇女被轮奸。

11 月某日 凌晨四点多钟，日军侵扰武宣县桐岭镇和律村委王官村，在村背山上开枪打死何祖牛妻一家三口，接着又进村袭扰，打死何祖安、何更申等 8 人，打伤何祖牛等 2 人。

11 月 日军第 104 师团先遣第 108 联队奔袭柳州途中，20 多人侵袭象县石龙镇屯巩村，村民团奋起抵抗，民团牺牲 3 人，伤 3 人。日军进村后放火焚烧全村房屋多间。

12 月 2 日 日军占领隆山县城（今马山县白山镇）。日军占领期间，烧毁县政府机关和民房数间，并毁坏电话、收音机等一批物品。另有，县政府粮仓因撤退时搬运不及，库存 2 万余斤粮食被日军抢走。

12 月 2 日 日军入侵思恩镇（今属环江县）禾仓屯，并在禾仓屯驻扎，全屯所有粮食约 15 万斤全部被日军抢走，牛 100 多头，猪 150 头，鸡、鸭等家畜 2000 多只全部被日军抢光。

12 月 3 日 早晨，一股日军由隆山县城窜入杨圩乡（今马山县古零镇杨圩村），日军行近塘头屯时，屯中村民逃至附近敢细岩洞内躲藏。日军发现后以烟火熏洞。逃进洞内的村民共 95 人全部被烟火熏死。

12 月 5 日 下午 6 时许，日军约 100 多人由隆安县雁江乡向留德至杨湾公路进犯杨湾乡杨圩，杨圩抗日自卫队员任绍华、任遂詹和电报局文某 3 人阵亡。当天，日军还在杨湾乡枪杀那造屯村民任耀举等 6 人。之后，日军又放火烧毁 8 间店铺。日军撤退时还开枪打伤任绍桓（副街长）后，将其押到杨圩，绑到树上，用刺刀活活捅死。

12 月 6 日 日军窜入隆安县丁当圩，将全街圩各户的粮食及财物搜刮殆尽，纵火将丁当圩维新街戴志坚的房屋烧毁后，将丁当圩全圩洗劫，用刀架着将梁秀英、劳益周、苏正权等十几个本地人以及几十个外地难民赶到武鸣河边的山洞里关押，周秀清 40 多岁的侄子李成礼越墙逃跑时，被日本兵开枪打死。

12 月 6 日 日军 20 余人到兴安县界首镇宝峰掌甲田村行劫，掠夺了百姓的大批财物，并抓走李贵大、李傻子、刘润年、刘鉴明等 5 人，逐个用刺刀砍死，其中刘鉴明受伤幸存。

12 月初 河里乡环山村民黄怀即、岑长村民韦庆瑞被日军抓夫，他们半路逃跑被抓回，日军先用绳子将黄、韦 2 人绑在一起，再用刺刀戳穿腹部将其残忍杀死。

12 月初 日军入侵思恩县川山社村时，把当地居民收藏在距村一华里地的宝塔山岩洞里的粮食、衣物、生活用具全部烧毁，损失粮食近 20 万斤，衣物、生活用具近 5000 件，导致当地居民在较长时间内生活无着落。

12 月 11 日 日军二进河池县六圩京洞村，放火烧毁 10 户人家 25 间房子。

12 月 12 日 日军用大炮猛攻钦县县城，县城陷落，商民逃避一空，日军随街搜索各店户柴米油盐牲畜衣物等东西。

12 月 12 日 从南宁退至钦县公鹅田的日军约 300 余人强逼村民李华高、刘万才、林生 3 人当向导，后失踪。全村还被烧毁砖瓦房屋 30 多间，木屋 4 幢 60 间，禾秆棚 24 个。

12 月 13 日 日军侵扰罗城县下里姚村，将躲在勇岩山洞里的群众用火烟熏，其中 48 人被熏死。

12 月 18 日 日军在全州县两河毛（茅）坪村搜捕自卫队，屠杀村民 18 人，并抓走 78 人。

12 月 18 日 日军出动飞机 3 架，在东兰县县城上空投下炸弹 7 枚，省立简师 1 座教室被炸垮，炸死 2 人。

12 月 19 日 日军侵扰融县城南东良村，开枪打伤村民梁个成，放火烧打狗塘岩，岩中 27 名男女老少全被熏死。日军接着窜到东良炉岩下，在岩洞下的山坡上做早饭的群众躲避不及，男人被抓去当挑夫，小孩被抓去养马，妇女全被强奸。

12 月 19 日 晨 8 时，日军闯进忻城县大塘乡金山村北建屯，发现北建岩里躲人藏物，即放火烧岩。岩内有村民收藏的稻谷，谷篓底垫有稻草，干草着火，顿时浓烟滚滚。烧了 3 天 3 夜，洞内藏谷 2 万余斤均化为灰烬，躲在岩里的大人小孩计 44 人，除韦举结从猫眼爬出幸存外，其余 43 人熏死烧死。其中 5 户人家亡门绝户。

12 月 20 日 日军在全县两河乡鲁山等村杀死 78 名村民，其中杀绝了 12 家。

12 月 20 日 日军 20 多名持枪进犯忻城思吉乡岜毛屯，杀猪宰鸡，酒肉饭饱后，6 名日军将煮饭的一名妇女进行轮奸。

12 月中旬 日军在忻城县思练乡新练屯冲梅岭抓到村民韦十公、韦诗才、韦诗作、韦鸿义、韦鸿文、韦兰绍 7 人，除年仅 7 岁的韦兰绍趁着夜幕降临翻身滚下山沟有幸逃命外，其余 6 人被日军用军刀砍头致死。

12 月中旬 来宾县合山石村覃氏和那娥村罗氏俩妇女被日军抓去轮奸致死。同月下旬，那举村谭炳勋母亲和村民韦氏在李子坳被日军用脚活活踢死。

12 月 22 日 晚，日军第 3 师团骑兵数十人由来宾县大湾侵入象州县石龙镇，打死群众 10 多人。第二天日军撤离时，放火烧全镇 4 条大街民房，大火燃烧三天三夜，毁房屋 380 多间。

12 月 23 日 一股日军进犯隆安县博恭乡（今慕恭、博浪、儒浩、鹭鸶、罗兴、龙扶一带），并在慕恭村兰马屯驻扎，大肆抢掠财物、家畜，下雨天时还将村民的粮食（玉米、稻谷）倒在巷道铺路。日军驻扎期间，先后抓 600 多民夫供其奴役、使用，有拉去挖战壕、运送军备物资的，有拉去砍树木、捞鱼、磨谷、春米、挑水做饭等。期间，日军30多名士兵还将菊桃屯妇女黄冬莲（30多岁）进行轮奸，使黄冬莲昏迷了一天才苏醒。1945年2月16日，日军撤走时，拉去180多名村民当民夫，替他们运送物资和行李，一部分经罗村、屏山，另一部分经福何往万承（今大新）、越南方向撤离。

12月23日　60多名日军进入隆安县乔建乡培正村"扫荡"，所到之处烧杀掳掠，村里的60多头猪及鸡鸭鹅全部被杀得精光。日军驻村期间，拆下村民的门窗、床板、家具等，用于烧火取暖，将村民叶明达活活打死；将80多岁的陆氏用竹签刺穿腹部、胸部、肛门、阴道残害而死。期间还强行拉来大量的村民，砍伐大量的树木，搜刮大量的竹褡、木板到马鞍山修筑炮楼和战壕。

12月23日　驻扎在宾阳邹圩街的小股日军进犯新华村"扫荡"，挨家挨户搜寻、抢劫财物、粮食和猪牛、鸡鸭等。在大松村，日军将村民蓝荣嘉等8名村民，用生锈铁线穿过手掌。蓝结树、蓝荣宝两父子因被铁线穿掌时痛得难受大哭几声，被日本兵当场开枪打死。蓝荣嘉等6人则被日本兵拉到弄堂田头用机关枪扫射而死。日军再到谭村"扫荡"时，遭谭村村民抵抗，日军将村民谭绳祖和谭祖芬的妻子打死。在"扫荡"中，日军还在大松村抓走村民覃氏（时年17岁）、覃啓秀（时年13岁）、覃福英（新婚）等4个青年妇女，押送到石牛村，供驻扎在邹圩街的20个日本兵轮奸了一天一夜。日军士兵对她们施暴之后，还把她们的头发剪光，在邹圩街上"游街示众"。

12月23日　驻扎在合山煤矿公司本部的日军，以"复兴队"之名张贴布告，强令矿山员工为其生产煤炭，并于次年1月20日开工，每月至少出煤20吨。

12月24日　东兰县运送军用品民夫20多人，驮马50多匹在河池县九圩、保平一带被日军拦劫，马匹被抢，民夫被俘，仅有5人逃脱外，其余15人及驮马下落不明。

12月25日　日军600余人第二次侵入融县长安镇，300多人长期盘踞长安镇，筑工事，设关卡，成立日伪组织"维持会"，强迫群众领取所谓"良民证"等。

12月30日　日军2000余人由钦州开来，经过合浦县境时抢劫、拉夫、奸淫。

12月底　驻忻城县思练乡日军窜到安东乡北荡屯掠劫，抓到村民25人（其中女性8人），强迫脱光衣裤裸体押回思练据点，男的强迫做苦力劳动，女的惨遭轮奸5昼夜。

12月 罗城县清端乡东门街居民郑继善、银天义、范立昌三人被日军当作活靶子练刺枪术，直至肠子外露而死。

12月 日军入侵思恩县大安乡，驻扎纳龙屯，1945年5月，日军败退时，对该屯实行"三光"政策，烧毁该屯瓦房47间，粮食10万多斤，村民家畜、家禽、财产全部被抢光。

12月 驻扎在思恩县清潭村中哨据点的20多个日军突袭米洞屯，村民被杀三人，伤数人并被拉夫多人。

12月 日伪"梧州维持会"的李家怡、刘雨江、刘觉鸣等开办《曦光报》，每逢1、4、7日出版，宣传日本"东亚共荣圈"殖民思想和歌颂汉奸卖国有理，欺骗群众。至1945年6月停刊。

12月 驻忻城县古蓬日军窜至凌头村板岑屯行劫，樊宏昌、韦绍壁等率众抗击，毙伤敌数人。次日，日军增兵报复，樊宏昌战死，余人后撤。日军即将全屯民房烧毁，7个老人被集中起来烧死，一个老人躲在地洞里，被连刺40多刀死去。

12月 日军进犯忻城县思练乡梅岭村，向逃往梅岭山上的村民开枪射击，打死村民莫怀武、莫弄等3人，蓝桂连被打伤致残。

12月 日军第3师团第34联队部分由柳江县穿山侵入象县运江岩村，村民覃兆堂被绑在苦楝树脚用滚水活活烫死，全身皮肉烫烂烫脱。半年多后日军方退走，村人才得以回村收殓其骸骨。

12月 日伪军数百人为追击退入蒙山县忠良乡的国民党军王赞斌部队，兵分二路，分别经蒙山县文圩、夏宜和新圩入侵忠良乡。日军侵驻忠良后，枪杀忠良村民温建栋，烧毁忠良、平庙、车田、高田等村民房屋。

12月 一股日军由桂林经百寿县第二次入侵融县北区，掳掠黄金、冠带、杨眉等村，杀害群众10人，其中3名妇女被强奸后惨遭杀害；驻扎在富乐的日军，强迫附近村屯群众送粮菜半年。

12月 日军在百寿县城东边山的路上抓住3名逃躲不及的群众，将1人砍去手脚，任其流血不止呻吟而死，将1人用开水灌入腹中活活烫死，将1人用脚蹬至七窍流血而死。

12月 日军将抓来的16名群众绑至永福县东岸村后的弄场，当作活靶练习刺杀，有的受害人身上被捅了十几刀，有两名妇女的双乳和下阴处被戳得稀烂。

12月 驻扎在阳朔县杨堤的日军夜袭葡萄乡报安下寨村，抓走妇女约60余人（大部分为逃难至下寨村的妇女），轮奸妇女数人。日军还强迫被掳掠的妇女赤身裸体为他们挑水、烧火做饭等。

12月 驻灵川县定江大丰西的日军点燃稻草将躲在走边岩的20多人熏死；将躲在毛家村铜盘岩的4人熏死。

是年冬 日军侵入柳江县洛满乡何家屯，何五三一家8人、何亚谷一家4人、何亚贵一家2人到何家屯避难的外村一姓张的全家8人，这四家全被日军杀绝，一妇女被轮奸后挨割乳部死亡，全屯10多户被日军杀死共28人。

是年冬 日军半夜出兵对柳城县沙埔乡大滩村新南屯进行"扫荡"，有19人被日军杀害，4名妇女被轮奸、72人被抓走，被劫耕牛20多头，肉猪10多头，鸡鸭等家禽无数，粮食几千斤。

是年冬 一小队日兵把柳江县成团乡古途村的老统和石龙村的老三两位70多岁的老人捆成粽子样，在成团大荣村用木棍撬开他俩的嘴巴灌辣椒水，灌得肚子胀了又用脚踩，肚皮踩瘪了又灌，如此三番五次，两位老人当场死亡。

是年冬 日军七八十人在柳江县抓得28个民夫（其中8个女的）向梧州开拔。途中这8个妇女昼夜遭受这帮日兵的任意凌辱而死，另5个年老体弱的因掉队被日兵用枪托敲打倒地，被日军从身上连续践踏过而死亡。

是年冬 日军在武宣桐岭镇禄沙村烧毁房屋60间，抢走猪180头、牛100头、鸡2000只，村民来不及带走的粮食全被日军搜出拉走，花生油带不走，日军就拉屎拉尿进油缸里。

是年冬 日军在罗城县东门何家设军妓馆，强抢民女40人进军妓馆供日军淫乐。

是年冬 日军将罗城县东门大罗村群众赶走，把大罗村作为指挥部，并放火烧房屋，拆桁条楼板作燃烧材料。

是年冬 为阻滞日军西进，万冈（今属巴马县）县被迫破坏境内公路36公里、桥2座，涵洞5处。

是年底 驻中渡（今属鹿寨县）的日军到石桥屯背山弄"扫荡"，发现难民避难的"凤凰岩"，日军将洞中难民睡觉用的稻草和被褥点燃，又烧辣椒烟熏，难民被烧死的、烟熏窒息的、情急中跌下深洞摔死的共死亡40多人，幸存者仅6人。

1945 年

1月1日至下旬 日军先后两次沿宾阳双桥路"扫荡"塘村、六岭、莫村、定子、黄兴等村（现宾阳县黎明镇辖区），枪杀村民10多人，抢走耕牛30多头及大批财物。

1月4日　日军、伪军约400人，附挑夫100多人，在荔浦县大古西、汉田、大旺、青龙等村屯劫掠物资数百担，抢去耕牛47头，猪20余头，荔浦县自卫队员蔡传珍阵亡，韦亚人负伤，村民被屠杀8人，击伤2人，被拉去当挑夫10余人。日军还焚毁了大旺村公所及油榨的房屋。

1月5日至12日　横县抗日自卫团队3000余人在四排岭（现横县附城镇辖区）抵抗和围攻入侵日军八昼夜，自卫团队战死28人、伤46人。日军在入侵四排岭一带时，抢劫宋村、蒙村、小岭等一带村庄村民牛猪鸡鸭1000头（羽），枪杀村民7人，焚烧民房67间。

1月7日　拂晓，日军围攻弄麟屯，合山煤矿公司总管理处人员及眷属百余人奋力突围，撤至忻城古万，但内奸旷启修附敌报信，使公司500余万元法币现款被敌洗劫一空。

1月9日　武宣镇大龙村卓月光、卓荣光、卓亚东等19人被日军抓去当挑夫，12天后挑到桂平才放回，沿途受尽凌辱。

1月12日　日军占领横县县城。上午，日军用炮火猛轰抵抗的横县民团。民团自卫武装抵挡不住日军进攻撤离阵地，退守郁江南岸。下午5时横县县城（槎城镇）沦陷。日军进城后枪杀居留城内老、病、乞丐等8人。13日，占据县城之日军以山炮轰击郁江南岸横县自卫团队阵地，3名自卫队员被炸死。驻横县县城日军230人，"扫荡"莲塘乡杨彭、莲塘圩、苏光村、木里村，夜晚驻永淳县（今属横县）新圩宿营。沿途皆有掳掠（杨彭村民3人被掳）、焚烧民房。

1月15日　拂晓，日军在汉奸带领下出动百余人，掳押融县四合乡西廓村数十名村民做挑夫，偷袭四联乡稽村。自卫队与群众被日军打死11人，伤8人，牲畜被抢走，财产被掠一空。

1月18日　驻横县县城日军约400人再次"扫荡"莲塘乡，枪杀张村、新村村民4人，掳去男女村民7人。

1月20日　日军80余人包围全县两河乡茅坪村自卫队驻地，自卫队死6人后转移，日军入村杀村民7人，抓走78人，后除1人未被杀死外，其余均被枪杀。

1月20日　日本侵略军任旷启修为合山煤矿公司总经理。2月1日，日军逼令矿工开采嘉巴岭煤炭。

1月22日　日军将来宾县南泗乡百姓600多人追赶入秋风洞，造成熏死44

人的惨案。

1月23日　日军连续四天洗劫蒙山乐拥村吕仲篪家，吕家被劫稻谷4万多斤，肉猪6头，塘鱼1200斤，家用物资60余担，法币5万元，房屋被烧，总计损失约1200万元法币（当时币值）。

1月29日　日军一中队入侵融县桥板，奸污妇女，抢走稻谷500多公斤，耕牛9头，猪3头，鸡鸭50多只。

1月　日军在柳江县成团乡灵江村海螺岩用柴草烧辣椒熏灌躲在洞里的200多个村民，致使10人当场窒息而死，伤200余人，后陆续有因被烟熏而引发疾病身亡的群众达数10人。

1月　中国军队第31军和第46军由桂林突围经龙胜、百寿县至三江县，为阻止日军从桂林方向追击侵入三江县城，将修建中的沙宜大桥桥墩炸毁。

1月　日军侵扰武宣县桐岭镇禄鸿村，开枪打死廖炳烟妻、廖金庭等11人，打伤何其所、廖国锋等3人。

2月2日　日军入侵融县桥板，实行"三光"政策，焚烧山脚、下皇、拉境、下古莫、东安、龙兴6个自然村28户房屋58间，其中龙兴村被烧成废墟；被日军枪杀4人，活埋2人，拉夫下落不明2人。

2月4日　一股日军从越南入侵龙州县水口圩，杀害60多名居民，10多名妇女被抓到水口小学集中轮奸，其中1名17岁的少女被轮奸致死。另一名少女轮奸后，砍去四肢抛下水口河淹死。

2月6日　日军窜入蒙山县黄村那兵村，连续3天那兵村被劫稻谷4万余斤，耕牛100多头，猪、鸡、鸭全部被抢光杀光，被劫棉被100多床，村民黄甫新被杀死。

2月12日　傍晚，日军第58师团第95大队部分由象县运江侵陷协和乡三里圩，逃避不及的居民惨遭杀害，妇女多人被强奸致死。

2月15日　日军200余人窜到融安县东江、晚诺村抢粮，开枪打伤群众1人，抓走1人，抢去粮食5000多公斤，茶油数千公斤，衣物一批。

2月16日　日、伪军从白石岭向昭平县城进攻，担负阻击的国民党军7人遇难。下午1时，昭平县城沦陷。日军及伪军占领县城后，对城厢机关、民宅以及附近的龙坪、大壮、德兴岭、何屋、罗洞、同古岭直至大冲口一带村庄的民宅进行大肆搜查，抢劫财物，杀猪宰牛，强奸和掳掠妇女，遇到抵抗的民众便杀死或打伤，放火烧毁民房、学校及政府办公楼。

2月16日　日军从隆安县那桐、乔建、博恭镇撤走时，强行拉走村里的几十辆马车、牛车装运粮草、行李，把残存的粮食以及牛、猪和鸡、鸭等禽畜全部拉走，还抓走 50 多名青壮年劳动力替他们赶车、挑行李，往同正（今属扶绥县）、万承（今属大新县）、越南方向撤退，途中对车夫、挑夫百般虐待。

2 月 18 日 驻扶南（今属扶绥县）日军沿汪庄河西岸，对汪庄（今渠黎镇汪庄村）、姑豆、岜蒙、驮辽、姑标（今岜盆乡姑豆、岜蒙、驮辽、姑标等地）等地进行骚扰，炮轰弄模、弄那（地名）等地，黄焕梅、何其仁被击伤，烧毁稻谷、玉米、薯类和红糖约 6000 多斤，猪马牛被打死 4 头。

2 月 19 日 伪军韦汉初部汇同日军丰田部队 1000 多人，攻陷柳城县龙美乡，焚烧掠夺公私财物一空，次日返罗城经梅峒村掳去牛 36 头，烧毁房屋 8 间，杀死覃德山、覃德进两人，并劫尽一切财物。

2 月 22 日 盟军飞机再次轰炸涠洲日军据点，日军因害怕盟军飞机在涠洲降落而破坏岛上机场。

2 月 日军在柳州城内主要街道广设赌场和鸦片烟馆。

2 月 日军将在百寿县四乡抓来的妇女 30 余人关禁在东岸村军营，供日军奸淫。在日军侵占百寿期间，共有 80 多名妇女被关禁在东岸村惨遭日军蹂躏。其中不少被奸杀至死，有的被强迫做随军军妓，日军投降前又将许多"慰安妇"残杀。

2 月 日军进犯忻城县安良乡（今北更乡）凤凰村，在下烂、中方一带烧杀劫掠、烧毁民房 30 多间，杀害村民 10 多人，抢劫耕牛 10 多头、肥猪 20 多头，其他衣物银元无从计数。

2 月间 日军入侵思恩县川山镇古宾时，将村民收藏在虎岩（地名）岩洞里的粮食、衣物、家具等全部焚烧，大火在岩洞里燃烧了一月，把岩洞里的岩石烧成石灰。损失粮食约 20 万斤，其他财产无法统计。

2 月间 日军入侵思恩县人和村的内道、外道两屯，抢粮 10 多万斤、猪 200 多头、黄牛 80 多头，水牛 120 多头，2 屯 80 多户均被掳掠，被烧瓦房 118 间，草房 80 多间，衣被、家具、粮食、生产工具全部化为灰烬。

3 月 4 日 日军进攻大盈乡（今梧州市万秀区旺甫镇），甘瑞宏等 5 名农民遭杀害。

3 月 7 日 日军第 58 师团第 95 大队近千人再陷象县县城。东街居民李绍记、徐达文、岳继生等多人惨遭杀害，济安堂药房被焚毁。未及逃离的妇女被集中关押在东街东城利客栈内惨遭奸淫，连客栈主人、70 多岁的崔奶也遭到 3 名日军轮奸，居民陆可凡 60 多岁的母亲被强奸致死。

3月上旬 踞象县县城日军侵入近城乡，驻扎在永隆、古城两村，向附近村庄四出奸淫杀掠。强奸曾家村一个姓曾的盲眼女子后用鸡蛋塞入其阴道，导致该女子受摧残后终生不育；强奸永隆村因年老跑不出去的邓十二奶、金喜奶，后又用木棍扎入金喜奶阴部将其折磨致死；枪杀村民韦器良、关押老人邓玉白致其死亡；掳掠大量粮食、禽畜运往县城。

3月14日 晚，日军袭击宾阳县武陵乡上顾村（现属武陵镇）。这场浩劫，上顾村被日军杀害170人（上顾村村民99名，其他村疏散到该难民70余人），其中儿童就有10多人。黄梦廷、黄运普、黄见贤、黄受廷、黄运宁5户被全家杀绝，全村被烧毁的房屋22间，抢走耕牛20多头，生猪被抢、被杀50多头，谷米全部被抢光，各家门板、床板都被日军毁坏或烧掉。

3月15日 日军"扫荡"宾阳县恭村。自1月9日至2月13日，日军前后侵犯恭村12次。15日，晨4时，日军调集重兵围攻恭村。日军入村后屠杀村民18人，受伤7人，失踪6人，全村房屋被焚毁十之七八，被掳耕牛28头，物资劫掠一空。乡绅蒙恩涵被捕杀。

3月17日 一股日军"扫荡"上林县白圩镇熊村（现归覃王村辖），进村后放火烧房，逐户抄家抓人，把来不及逃走的村民集中到熊高新、熊锦贤、熊振帮家中集体枪杀，在3户家中杀死几十人；另在熊仁德家屋边走廊也杀死7人。当日，日军枪杀熊村村民72人。

3月20日 日军窜归象县县城，所掠粮食搬运不及的均用火焚毁。

3月22日 盘踞在武鸣县双桥镇快下屯驻地的几十名日军趁黑夜突然包围"扫荡"杨李村板下屯，当晚杀害平民韦树周、韦尚桂等2人，烧毁民房3间，并抓捕6名男村民和数名妇女拉到快下屯。日军士兵把抓来的男人用铁链锁紧手脚拴在大树下，暴晒数天，方嘉仕被折磨致死，数名妇女被轮奸三四个晚后再杀害。

3月25日至28日 日军300人攻占荔浦县桂山岩，打死自卫队员1人，伤3人，杀死村民12人，施放毒气毒死村民2人，1000余户村民避难之处被日军洗劫一空，掠走物资数百担。

3月26日 日军半夜共出动120多人重重包围武宣县二塘镇乐业村，村自卫队奋力抵抗，击毙日军6人，自卫队3人中炮阵亡，一人被击伤。次日下午，日军冲进村中对群众进行疯狂捕杀，共屠杀36名群众，奸淫10多名妇女，烧毁民房100间，抢走耕牛100多头、猪50多头、鸡300只，粮食被烧毁无数，全村财物被洗劫一空，酿成远近闻名的"乐业村惨案"。

3月下旬 日军将合山河里村民蒙元兴等3人绑在一起，先用石灰腌、木棍打、军刀割，最后放火一起烧死。

3月 日军在阳朔县白沙竹桥村的牛岩，将村民收藏在洞内的衣物、稻谷、家具等点火熏烧，致使躲在洞内的苏日泰、苏日杰等24人被熏死。后来进洞去寻找家人的村民苏良云的妻子也被熏死，村民苏谋正的父亲等人被熏昏。

3月 日军袭击忻城县隆光村古胡屯，烧毁民房16间，枪杀村民2人，樊有成的妻子被强奸后割掉乳房。

3月 日军在思恩县洛阳镇普乐村肯利屯把全屯7户人家的26间房屋全部烧光，粮食全部抢走，有5户因饿死、病死或被拉去当挑夫未回而灭绝。尚存的2户人家投靠普乐小屯亲戚才得以生存，该屯也因此而成废墟。

1945年春 日军怀疑合山煤矿公司矿警队准备投奔抗日自卫队，以给领遣散费为由，骗12名矿警到日军驻地（今岭南镇岭南村）后，强令自行挖坑，将其全部活埋（只广西陆川籍吴德佳1人逃脱）。随后，日军又在合岭山山捉得3个农民，诬是土匪，用铁铲烧红将他们活活烙死。

1945年春 日军放火烧光河池县六圩欧洞群众藏在山洞里的粮食两万多斤，开枪打死耕牛30多头，带走10多头。

4月初 日军第3师团40多人由象县石龙经中团侵扰木㮟村，遭到村民伏击，死伤10人。约10天后，日军100人前来报复，杀害群众7人，伤2人。

4月10日 驻武鸣县马头乡小陆村杨李屯的300多名日军，"扫荡"全曾村。驻村的抗日义勇队在抵抗日军入村时有队员曾振纪、曾建行等3人阵亡。日军入村后，掳走村民曾绍灵、曾绍麟、曾绍庭、曾宏裕、曾全政等19人。事后，除有7人逃脱外，村民曾绍灵被折磨致死；村民曾全政、曾邦杰、曾再后、曾秀×、曾养仁及其父、母等7人活埋在板杨李屯（今板杨屯）"岭下使"（地名）杨海星的菜园里；村民曾绍庭、曾均秀、曾维统、曾鉴堂4人被日军抓走后下落不明。当天，被杀害的村民还有曾立成（公画）、马氏（姆侬）等人和4名村民被打伤，4名妇女被奸淫。

4月10日 8架日军飞机飞到昭平上空，在利步村投弹2枚，炸死2人，毁屋1间，在城厢投弹10枚，落在县城东门外郊区，其中1枚落城西水圳，县府会计被炸得血肉横飞，找不到尸骨，两个挑纸进城的农民被炸死，1枚落在水井头（现县人民武装部背后），炸死1人。后敌机在空中盘旋用机枪扫射，伤数人。

4月15日 梧州市区城北镇四坊街关容海等4名商人被日军杀害。

4 月 22 日 日军再次入侵隆山县（今属马山县）。23 日，日军在勉圩村六常屯抢走、宰杀牲畜数百头，强奸妇女 10 多人，有一妇女（苏氏）逃跑被日军开枪打死，村民马连京被日军捆在大树下用刺刀捅死，几个村民被拉去当挑夫下落不明。

4 月 23 日 数百名日军入侵隆山县勉圩村常六屯，宰杀牲畜数百头（只）强奸妇女 10 多人，几名被拉去充当日军挑夫的村民下落不明。

4 月 24 日 溃退武鸣县的日军纵火烧毁小陆乡公所房屋 17 间和小陆圩上街民陶美莲、李伯俊、李伯章、夏文光、陆启兴、欧文远等共计 60 多间民房和店铺。

4 月 27 日 日军、伪军附挑夫近 1000 人进犯荔浦县小成村。小成村人抵抗一天，何长姣等 6 人阵亡，何韦氏等 13 人惨遭日军杀害，全村墙崩楼塌，损失猪、牛 200 余头，谷米等物资百余担。

4 月 日军掠去复兴商业公司存放在苍梧县夏郢乡的桐油 15971 桶。

4 月 日机 5 架在柳城县凤山镇上空扫射并投下重磅炸弹多枚。西门、南门两条大街被炸毁，县府一角被摧毁，县中学的教学楼和礼堂被炸平，古典秀丽的四穿楼被炸塌，凤凰珍农场房屋被炸光，被毁坏的民房、学校、政府机构、农场 115 家。

4 月 驻守象县县城日军东扰十里、二贤庄等村屯，攻陷潭村，搜集粮食数百石运往县城。

4 月 日军在铁甲车的掩护下侵入河里乡安塘村，纵火烧毁民房 4 间，打死村民 5 人，抓走 6 人。除 2 人逃脱外，余 4 人被日军拉到江那村前用煤油活活烧死。

4 月底 日军又放火焚烧柳城县城集市贸易的中心沙街，烧了两天一夜，整条街共有民房 100 多间被化为灰烬。

4 月底 驻义宁县县城（今五通街）的日军怀疑义宁县维持会及保安队反叛，把副会长苏章甫当场刺死，其余 18 人被铁丝穿掌游街后，用刺刀刺死、活埋。2 天后，日军又把从五通圩上和村捉来的 42 个人拉去圩的东边用刺刀刺死、活埋。

4 月 日军在灵川县塘西日军据点岭坪地上，刀砍、刺杀和活埋 30 余人，仅 1 人被埋后爬出被救。

5 月 1 日至 4 日 日军为报复宾阳县大桥乡各村抗日自卫队，出动步、骑兵 2500 余人"扫荡"大桥乡的磨道、三塘、四合等村。各村自卫队与"扫荡"日军展开交战，有自卫队员 2 人阵亡，各村被日军焚民房 46 间，损失谷米 2 万余斤。

5 月 2 日 日伪军窜到融江西岸的降龙、镜背村掳掠，烧去 2 间房屋，抢走 30 多头耕牛。

5 月 4 日 驻宾阳县邹圩的日军由汉奸卢培秀向导，对邹圩塘鸦村进行"扫荡"，日军进村后烧杀掳掠，仅有 40 多户 140 多人的村庄，当场被打死、烧死的村民有 45 人（其中 3 人为其他村人），受伤 13 人，和延寿一家四口、和贤秀一家四口等五户全遭杀绝，和兰芬、和庆文等 3 人被抓走后至今下落不明。全村被烧房屋 42 间，被抢走耕牛 40 多头、粮食 450 担（45000 斤）。

5 月 11 日 日军洗劫来宾平阳大龙村古服屯，掳走 21 人，押至石牌乡龙安村用刺刀刺死，其中褪袄中的五个婴儿全被砍为两节。

5 月 13 日 日军从藤县濛江镇乘船而下，到县城与自卫队、保安队交战，打死打伤队员 10 余人。

5 月 16 日 驻扎在柳城县上雷榴村的一队日本兵到上漏、下漏抢劫，返程之后日本兵还将一名村民杀死后把碎肢挂在树枝上用火焚烧，又以同样残忍的手段把第二个村民五马分尸。

5 月 16 日 日军 60 多人包围攻入鹿寨县四排乡木料村，屠杀群众 23 人，烧毁房屋百多间，近百名青壮年男子被抓夫。

5 月 19 日 一支日军到柳江县穿山乡竹根屯抢夺食物，在村口被村里 30 多个武装农民阻击。日军打死村民 3 人，日军入村后把猪、牛、鸡杀个精光，全村的谷种被撒在路上践踏。

5 月 20 日 日军围攻凤凰镇东汉塘村，惨杀村民男女老幼 108 人。

5 月 21 日 日军窜到柳江县成团乡板吕屯遭到联防队的袭击后将搜索到的无反抗能力的老人、小孩及妇女共有 19 人分别用刺刀捅死。

5 月 24 日 凌晨 2 时 日军第 6 方面军第 34 联队本部第 2、3 大队约 3000 多人由象州经罗秀溃退桐木，抓捕 4 名妇女轮奸至死，烧毁民房 220 多间，抢夺 600 多银毫，掳掠、糟蹋粮食（稻谷）48200 斤，宰杀猪 1280 头、牛 23 头、鸡鸭无数。

5 月 25 日 驻扎在武鸣县城的 200 名日军"扫荡"夏黄村，入村后焚烧民房 40 多间，杀害平民 3 人。当中，黄上线老人被捆绑在大树上，将四肢用竹尖钉在大树上，活活钉死。

5 月 29 日 融县县城光复。融县政府派员掩埋城里 20 多具被日军残杀留下的居民尸体。

5月初 日军在临桂县宛田乡崇实小学、义宁县立国民中学（今宛田初中校内）烧毁教室12间，办公室1座，教师、学生宿舍18间，图书仪器室2间。校舍一切用具均被日军焚毁。

5月 日军第六方面军第三十四联队由迁江县（今属兴宾区）北撤全州县，23日，联队本部、第三大队由象州退至桐木街；24日，第三大队第十二中队驻进头排岔路口，负责掩护整个联队撤退，后又掩护日军第二、第四野战医院经桐木、头排一带进入修仁，前后历时半月。24日傍晚，大雨，山洪暴发，第二大队被阻于象州罗秀镇，至25日傍晚才撤至桐木，次日经头排、岔路口北撤修仁、荔浦。此期间，桐木街普遭日军洗劫，禽畜被掠一空，街民5人被害，其中2名妇女被强奸致死。

5月 日军途经罗秀期间，将岸村时年70多岁的老人熊永秀捆绑在村前榕树下一根根拔光胡须取乐，之后用刺刀砍头致死，仅剩脖颈处一点皮肉悬着头颅；老潘村熊奠伦70多岁的老父亲，被日本人用铁耙叉住脖子，上面再加一块大白石压着趴在阴沟里动弹不得，受尽凌辱，致使之后老人觉得受了耻辱而跳河自尽。

5月 在退出河池前夕，日军对河池县城和附近村庄进行了大规模的焚烧、破坏，河池县城七百余户房屋仅余数十栋。

6月1日 日军、伪军附挑夫共800余人进犯荔浦县茶香街，自卫队员赖盛福、黄振高阵亡，日军杀害村民5人，日军烧毁房屋20余栋，劫掠至半夜才退去。

6月5日 广西企业公司龙潭农场被敌焚毁财产损失404993.907元（法币）。

6月5日 日军撤退途经荔浦县大塘大勃村屯，一名50多岁的老人和一名8岁女孩被日军投进火堆中烧死，打死、打伤村民13人，被烧毁民房数十间。

6月7日 日军由长安、融县沿江退却被围于柳城县伍家祠一带，日军将各屯掳掠殆尽，折门户楼板作柴烧，所有家具尽行捣毁，损失共计法币700万元以上。

6月7日 晚，日军约500人从柳城县凤山镇来袭击沙埔镇，包围正在圩亭看戏的600多群众，大部分群众在县大队武装掩护下撤出。在战斗中，自卫队牺牲10多人；30多个村民被日军屠杀，30多个妇女被日军拉到水二寨屯赵宝元家进行轮奸。

6月8日至9日 8日，日军100多人兵分三路进攻柳城县上雷镇鸡母岭村，遭到该村村民及前来避难的群众1000多人的抗击。多次冲进村未果。9日，日军使用毒气弹毒害村民，攻破村门，挨家挨户把村民赶到地坪，按青壮年和妇女儿童分开站队，用先灌辣椒水后用木杠压、鞋踩、刺刀捅等惨无人道的办法杀害村民，强迫老人小孩在旁边观看，吴亚炳等17名青年被日军用刺刀活活捅死；村民曾亚定则被日军拉到屋背岭的大石板上残暴地剖腹挖心；年轻妇女被抓到另一个院子剥光衣服进行轮奸。村民21人遇难（死20人，村民李雪辉被日军用刺刀捅了六下倒地后被村民救活）。

6月15日 日军300多人进犯荔浦县大塘义敢屯，自卫队员黄森福、刘兴记等7人阵亡，潘荣刚受重伤，民房被烧掉数十间，被掠走不少猪、牛、家禽和粮食。

6月23日 日军以数倍优势兵力包围柳江县进德自卫队据点黄岭寨，日军当晚放火焚烧全寨，烧死1人烧伤1人。在与日军激战后，寨中最后一批掩护突围的6名自卫队弹尽后就用石头当武器，宁死不屈，全部牺牲。

6月29日 柳州光复。日军在撤出柳州之前，在飞机场周围布雷250多处，纵火烧城两天，烧去柳州南北两岸残存房屋3000余间。

6月下旬 撤退到柳江县成团雅中村的日军对村中实行"三光"政策，烧掉房子33间，打死5人，强奸妇女数人。因烧杀而引发霍乱又病死12人。

7月8日 日军撤退时，在鹿寨镇放置定时燃烧装置，当天夜里镇数条街道陆续起火。大火持续烧了三天，全镇10多条街道几百间房屋被烧毁，其他财产难以计数。

7月10日 侵桂日军撤出桂林市区，撤走时将中正桥彻底炸断，并对桂林城进行了有组织的放火焚烧。

7月18日 日军在全州县龙水白石脚石灰窑里用石头砸死8名群众。

7月24日 兴安县高尚乡宅子上自然村秦利荣、秦利计、常德朝和小水村2名湖南木匠，被日军用刺刀集体屠杀，4人被害，秦利荣未被刺中要害幸存。

7月28日 桂林光复，全城已成一片焦土。日军在占领桂林期间，杀害市区居民9932人、重伤12137人、轻伤34000人、失踪2700人。市区绝大部分房屋被毁，仅存487间，其中学校校舍被焚毁的面积为20万平方米，重建费用需30亿元（法币）。

7月 全州县龙水磨头江西岸，谢敦钊等4人被日军挂在树上用于打靶死亡。

7月　日军在临桂县五通圩烧民房，从水牛塘开始，烧到山货街，烧毁民房560多间，2000多人无家可归。

8月5日　日军在全州县百福、小洞、小竹、辛田舒家一带枪杀农民28人，还在下新塘村用碓舂死8岁小孩1人。

8月10日　征调融县民工4000人修复县属各乡道路共1200公里，9月30日完工。

8月15日　日本投降消息传到玉林县城，全城欢腾，鞭炮声、机枪声不绝于耳。抗日战争共造成玉林市人口伤亡总计121653人，其中直接伤亡35270人，间接伤亡86383人。财产损失总计1132781.32万元法币（1945年10月币值），其中直接损失891456.10万元（法币），间接损失241325.22万元（法币）。

8月　全州县龙水井头村，日军杀害五六十人，其方式有用枪托打死、用刺刀捅死、小孩被抛刺刀、活埋等。

8月　榕江山洪暴发，城内外一片汪洋，迁往贵州榕江的广西大学图书仪器损失巨大，"漂没几尽"，光复后统计，保存图书30321册，损失图书7万册以上。

8月中旬　日军撤退时，烧毁全州县才湾寨圩10万余公斤存粮。

8月底至11月　广西省政府委派调查专员到80县市局开展1944年9月至1945年8月日军入侵广西造成的人口伤亡和财产损失调查，前后共收到调查表102.312万张。

9月15日　广西省政府机关由百色迁回桂林，是日开始办公。

11月6日　广西抗战损失调查统计资料整理委员会成立，负责整理有关资料。

12月1日　征调三江县民工4286人修复桂穗公路，于1946年1月30日完工。

12月20日　七星岩骸骨清理收埋完毕，共计823具。

1946 年

3月15日　广西省1944年9月至1945年8月日军入侵造成人口伤亡和财产损失调查整理工作结束。整理结果，损失地域范围计有80县市局，1101个乡镇，9214个村街，679794户，人民财产损失计3638.72196亿元法币（1945年10月币值），平均每户损失50余万元。

3月21日 据《广西日报》（柳州版）报道，中渡"查有受饥饿而死者三十余人，以野菜芭蕉野茨菇等充饥者二万余人……"

4月15日 柳州城区发现霍乱。5月，蔓延至城郊。9月，仅流山乡即死亡70余人，城区死亡500多人。

4月26日 据《广西日报》（柳州版）报道：黄旭初发起救济捐募运动，中国农民银行柳州分行全体职员捐薪法币56505元，省立柳州医院全体职员捐薪法币68500元。

5月20日 桂林市政府灾荒调查：桂林城区9个区，124个村（街道），曾被日军劫掠的21848户，未被日军劫掠的2868户，而灾民就有18271户76298人，其中已绝粮全靠野生植物为食的17312人，在本地无法生活离家逃荒的604人，因饥饿死亡115人。

6月11日 榴江县务本乡向榴江县（今属鹿寨县）政府报告，"电报本乡各村饿死饥民姓名请予备案，并饥情严重请迅予设法赈济以救垂危灾黎仍候令遵由"，并附饿死灾民9人名单，从6岁至68岁，男女老少都有。

6月30日 据《广西日报》（柳州版）报道榴江"全县已月四万余人完全绝粮，从二月到五月，饿死者约五百余人，六月份已死百余人。"

7月18日 广西省府公布全省对日抗战期间伤亡失踪人员为100万左右，财产损失按1945年币值计8000余亿元（法币）。

7月 全县因灾情严重，饿死人数达3000人。

12月 广西省府统计室公布全广西现有人口总数为1453.6万人。

1947 年

2月 据广西省政府统计室"广西省抗战损失调查统计"，全省损失按现值法币达7万亿元（1947年币值），人口死亡49万余人。此数仅就调查表整理之结果，其中被害人未申报或调查遗漏无法调查者甚多，实际损失当不止此数。

4月10日 据《业务旬刊》报道：融县自1944年10月沦陷至光复，全县30个乡镇，有26个乡镇被日军蹂躏，田园荒芜，损失惨重，尤以1946年夏秋发生严重灾荒、虫害，受灾民户达22000余户。

（整理：梁宝渭、庾新顺）

后 记

从 2006 年春开始，我们在全区组织开展了抗日战争时期广西人口伤亡和财产损失课题调研工作。广西壮族自治区委党史研究室调研课题组经过 8 年的艰苦奋斗，调研成果之一《广西抗日战争时期人口伤亡和财产损失》一书终于与读者见面了。

8 年来，广西壮族自治区课题组在中央课题组的具体指导和广西壮族自治区委党史研究室主要领导重视关心之下开展工作。中央课题组的李蓉、姚金果等同志亲临广西指导调研工作的进行。广西壮族自治区委党史研究室王福琨、陈平两任主任对课题提出具体要求，及时解决工作中出现的种种困难和问题。

8 年来，以庚新顺为课题组组长、梁宝渭为副组长的广西抗日战争时期人口伤亡和财产损失调研课题组，组织全区开展调研工作。在全区各级调研工作组的艰苦努力之下，形成了一批反映日军入侵广西造成重大人口伤亡和财产损失的调研成果：一是完成了近百篇综合调研报告；二是撰写了 200 多份专题惨案和个案调研报告；三是在全区铺开采访知情人、见证人和亲历者工作，形成了 2000 多份有重要价值的证人证言材料，并对重点惨案的证言进行了公证；四是记录了3000 多条有关人口伤亡和财产损失的大事记条目；五是收集整理了一批重要的文献、档案、图片和音像等材料，为今后的研究提供了重要条件。在此基础上，编纂完成了调研成果的广西精华本即《广西抗日战争时期人口伤亡和财产损失》A 卷本。同时，我们将陆续编纂出版反映区、市调研成果的广西 B 卷本系列丛书。8 年来，课题组在人员少且变动多的情况下，始终本着为历史负责、为民族负责的态度，坚持不懈地开展工作，取得了来之不易的成果。

本书由庚新顺、梁宝渭进行编纂，李伟宁参与了校对工作。吴忠才、黄铮、江虹、陈欣德、莫凤欣五名研究员即课题专家组成员对书稿认真审读并提出具体的修改意见，为本书的出版付出了心血。在此，我们谨致以衷心的谢意！

广西壮族自治区委党史研究室调研课题组

2014 年 4 月

总后记

　　历时多年的《抗日战争时期中国人口伤亡和财产损失调研丛书》终于问世了。参加这套丛书编纂工作的，主要是承担《抗日战争时期中国人口伤亡和财产损失》课题调研任务的各省、自治区、直辖市及其下属市、县的领导同志和课题组成员，以及部分著名专家。他们以高度的责任心和使命感，竭尽全力，攻坚克难，终于完成了各自承担的任务，并按统一要求，形成了调研成果的 A 系列书稿。同时，有关省、自治区、直辖市还从实际情况出发，编纂了主要反映市、县调研成果的 B 系列书稿。由于各地情况不尽相同及其他原因，呈现在读者面前的丛书，将分批陆续完成和出版。

　　为了保证质量，我们对本丛书中由各省、自治区、直辖市完成的 A 系列书稿（即省级调研成果）实行了四级验收制，即：所有的省级调研成果，先由有关省（自治区、直辖市）课题领导小组及其聘请的省级专家验收组分别审读通过、写出书面意见；然后提交到中共中央党史研究室课题组。中共中央党史研究室课题组审读后，再聘请国内知名专家审读书稿，提出书面意见。对每次审读提出的意见，各省、自治区、直辖市课题组都认真研究落实，对书稿进行反复修改，或是说明相关情况，直到符合要求。由一批专家完成的 A 系列书稿（即带全局性的专门课题调研成果），也通过类似的办法验收。主要反映市、县调研成果的 B 系列书稿，则由有关省、自治区、直辖市党史研究室组织验收。各种调研成果验收修改的过程，同时也是调研的深化过程、提高过程。经过反复修改补充的成果，在质量上都有明显提高。

中共中央党史研究室课题组在中共中央党史研究室室委会和分管室副主任的具体领导下开展工作。中共中央党史研究室几任主要领导同志即曲青山和孙英、李景田、欧阳淞主任，非常关心和重视本课题调研工作的开展。分管这项工作的室副主任李忠杰同志始终严格把握政治方向，精心部署和安排，明确提出创建"精品工程、基础工程、警世工程、传世工程"的要求，给工作指明方向，还及时领导解决调研过程中遇到的种种困难和问题。各地同志和有关专家同中共中央党史研究室课题组保持密切联系，对中共中央党史研究室课题组的工作给予了积极配合和支持。

　　中共中央党史研究室课题组由李忠杰、霍海丹、李蓉、姚金果、李颖、王志刚、王树林、杨凯等同志组成。先后担任中共中央党史研究室第一研究部领导职务的黄修荣、刘益涛、蒋建农同志参与了课题调研部分和审改的工作。中共中央党史研究室科研管理部、办公厅的部分同志也参与了有关工作。特别是在北京市和山东省召开的两次全国性会议，中共中央党史研究室科研管理部、办公厅的有关同志自始至终参与了繁忙的会务工作，付出了大量心血和辛勤劳动。

　　在李忠杰同志直接领导下，中共中央党史研究室课题组承担了组织指导与协调推进各地课题调研和联系有关专家完成全局性专题调研的繁重任务。在人手十分有限的条件下，课题组同志们近10年如一日，以对民族负责、对历史负责的自觉精神，克服困难，埋头苦干，为圆满完成任务做了大量工作。计先后编发213期达60多万字的《工作简报》，同各省、自治区、直辖市的同志和有关专家进行了数以千次、万次的电话联系及当面沟通，先后到10多个省、自治区、直辖市实地调查、参加会议，了解情况，当面指导，协助各地完成调研工作，或邀请有关地方的同志到北京进行座谈；还组织22个省、自治区、直辖市课题组编纂《抗日战争时期全国重大惨案》，同中央档案馆联合编辑《抗日战争时期解放区人口伤亡和财产损失档案选编》，同中国第二历史档案馆、中国人民解放军档案馆联合编辑其馆藏的相关档案资料，撰写有关专题报告，等等。将近10年来，课题组成员虽有变动，但工作始终如一，没有延误和懈怠。

需要说明的是，《抗日战争时期中国人口伤亡和财产损失》课题，有时也简称为抗战损失课题或抗损课题。虽然有学者认为"抗战损失"或"抗损"通常只能反映抗日战争中财产方面的损失，人口伤亡不能称作损失，但考虑到当年国民政府习惯采用"抗战损失汇报"或"抗战中人口与财产所受损失统计"等表述，所以本课题参照前例，以"抗战损失"或"抗损"作为课题简称。

2014年初，根据中央领导同志的指示精神和中共中央党史研究室室委会关于做好出版和对外宣传全国抗战损失课题调研成果准备工作的要求，我们组织部分省、自治区、直辖市的分管领导和课题组成员对已经印出样本的A系列书稿再次进行复审和互审，并邀请部分承担了抗战损失专题调研任务的专家参加审稿工作。这次集中复审和互审的主要任务是：审核已经印出样本的A系列书稿，对相关数据、史实严格把关，保证课题调研结论的真实性，保证书稿没有重大差错。中共中央党史研究室主要领导同志和分管领导同志也提出要求：把工作做得再深入、再扎实一些，统一规范，责任到人，把问题消灭在书稿正式出版之前。

在复审和互审过程中，地方同志和邀请的专家以多种形式及时沟通，围绕审稿发现的问题研究讨论，和中共中央党史研究室分管领导进行交流，对一些重要的共性问题达成一致。经过复审和互审，对有关的A系列书稿做出进一步修改。在此基础上，中共中央党史研究室课题组同志又对拟第一批出版的每一部A系列书稿进行多环节的审读、检查、修改、校对，严格审核把关，尽可能如实、客观地反映调研情况和成果。

中共中央党史研究室的其他同志及一些外聘同志、从地方党史部门借调的同志，如徐玉凤、谢忠厚、杨延力、郭明泉、戴思厚、王俊云、梁亿新、宋河星、毛立红、王莹莹、茅永怀、庚新顺、李蕙芬同志等，满腔热情地参加了本课题调研的部分工作。不论是调研选题的讨论、同有关各方的联络，还是资料的整理、归类、建档等，他们都付出了辛勤的劳动。

这里，还要特别感谢国家社会科学基金规划办公室、国家新闻出版广电总局有关领导和同志对本课题调研工作的支持和帮助，感谢有关部门对丛书出版经费的支持和保证。中共党史出版社的领导汪晓军以及陈海平、姚建萍等同志，也为这套丛书的出版花费了很多心血。

我们相信，本丛书 A 系列和 B 系列各卷的陆续公开出版，必将大大有助于抗战损失课题调研成果的推广利用，有利于固化历史，更好地发挥以史为鉴、资政育人的作用。但是，我们也深知，本课题调研迄今所取得的成果，还只是阶段性的、部分的、不完全的成果。在已经取得的来之不易的成果的基础上，今后，这一课题的调研工作还要深入不懈地继续进行下去。

中共中央党史研究室课题组

2014 年 4 月 30 日